民法Ⅵ

親族・相続

第7版

前田陽一・本山 敦・浦野由紀子

YUHIKAKU

第7版はしがき

　本書の第6版は，所有者不明土地問題関連の相続法（遺産共有，相続財産の管理・清算等）や特別養子に関する改正，生殖補助医療特例法の成立などを踏まえた改訂版として，2022年3月に刊行され，幸いにも，多くの読者に迎えられた。この間，①親権に関する改正（懲戒規定の削除等），②嫡出推定や関連規定（再婚禁止期間〔廃止〕，認知無効等）に関する改正，③公正証書遺言のIT化に関する改正，④氏名の振り仮名等に関する戸籍法の改正など，重要な法改正が相次ぐ（近年の改正等の一覧についてはxxviii頁以下参照）一方，離婚後の共同親権等に関する改正の方向性も定まったことから，改訂することとした。

　本書のコンセプトは，初版から変わらない（次頁の「初版はしがき」をぜひ参照されたい）。改訂の方針も，従前と同様，①法改正や新判例に的確に対応するとともに，②下級審裁判例や社会の動きで注目されるものをフォローする一方，③説明の正確性や分かりやすさ等の見直しにも努めた。なお，2024年中に，親権・監護等をはじめとする改正が見込まれているが，現段階では「要綱案」にとどまることから，巻末にその概要をまとめることとした（有斐閣のウェブサイトで適宜追補する予定である。本文での言及は中間試案を基本とした）。

　今回も共著者全員で本書全体を見直すこととして，ときに学問上の議論をも交えながら，各自のパソコンを結んでのZoom会議による検討会を重ねた。

　第7版も読者から愛され，さらに版を重ねてより良いものにしていくことができれば，何よりである。

　最後になるが，有斐閣法律編集局学習書編集部の佐藤文子氏には，初版（2010年）から第7版まで一貫してお世話になってきた。また，第6版を担当された北口暖氏（現法学教室編集室）に代わり，第7版では新たに中村希穂氏にもお世話になった。両氏のご尽力に厚く御礼申し上げる。

2024年1月

平穏な日々を願いつつ

前　田　陽　一
本　山　　　敦
浦　野　由紀子

i

　本書は，リーガルクエスト民法シリーズの『物権』に続く2冊目として刊行されるものである。主な読者として想定しているのは，親族法・相続法をやや専門的に学習したいと考えている法学部生，法科大学院（既修）や予備試験の受験を考えている法学部生，および，未修の法科大学院生であるが，既修・未修を問わず法科大学院生が新司法試験の受験に向けた知識の整理に活用することにも十分堪える内容となっていると思われる。

　執筆に当たり，さまざまな制度の基本的な枠組みについては，基礎となる概念や制度趣旨を踏まえた体系的な説明をすることを心がけた。また，解釈論上の問題点については，判例の理論的位置づけや学説を含めた議論の背後にある考え方の違いを明らかにするように努めた。さらに，親族法・相続法を多角的に学習するための一助として，コラムや本文の一部では，上記の事項にとどまらず，議論の背景をなす歴史的な経緯や家族関係の実態に遡って説明をしたり，かなり立ち入った議論や立法を含めた最新の議論の動向に言及したところもある。巻末には，基本的な問題から応用的な問題まで，多彩な練習問題を用意したが，いずれについても論点のヒントとして本書の関係する箇所を挙げておいた（なお，本書の最初のほうの序論・総論的な記述は，親族法・相続法全体の理解を深める上で有用ではあるが，初学者には取っ付きにくい面もあるので，第1編第2章「夫婦」から読み始めるのも一つの方法であろう）。

　私が法学部生であったのは30年ほど前であるが，その頃，親族法・相続法の代表的な教科書といえば，有斐閣双書の『民法(8)親族』『民法(9)相続』であった（4年生で受講した米倉明先生の講義でも指定されていた）。コンパクトで平易な記述ながら，やや細かい点についてまで満遍なく整然とした体系的な説明がされていたので，自習の際に抱いた解釈論上の疑問点についてこれを参照するだけで一応の解決がつくことが少なくなかった。当時は新版（第2版）であったが，その後も版が重ねられて，教える側になってからは第3版や第4版を教科書として使用することが何度かあった。近時は，優れた教科書が次々と出版されるようになり，今回の執筆に際しても教えられることが多かったが，執筆

のスタイルという点で最も意識していたのは，同書である。読者の皆さんの多くは実務家を目指していると思われるが，現実の紛争解決に当たっては，雑多な事実の中から法的に意味のある事実を拾い上げて，要件・効果の両面を細大漏らさず検討することが肝要であろう。そのためには，有名な論点に偏ることなく，親族法・相続法の基本的な事項について幅広く体系的に理解していることが必要であり，その意味で前記のような同書の執筆スタイルが再評価されてしかるべきであると考えている。とはいえ，昔の法学部生として，あるいは法学部の教員として使用した経験から，その良さを参考にしつつ，さらに工夫を加えたつもりである。同書のように読者の皆さんから愛されて版を重ねることができれば何よりである。

　本書は3名の共著であり，共著者それぞれの持ち味を尊重しつつ，記述すべき事項，その内容の妥当性，および，全体の統一性・整合性などについて合議を重ねて完成させたものである。その過程では，従来の学説や実務があまり十分に検討してこなかった点について議論が白熱することも少なくなく，その一部は本文に反映されている。本書は，あくまでも教科書ではあるが，財産法の解釈論の蓄積が壮大なピラミッドをなしているのに比べて，その規模が小さいと評されてきた親族法・相続法の解釈論のピラミッド上に「小石を乗せる」ことを意図した部分もある。

　毎回数時間にわたる14回の検討会（その殆どは東京と京都の間のテレビ会議）を経て完成にこぎつけたが，不十分な点や思わぬ誤解もあるかもしれない。読者の皆さんからのご意見も参考にして，さらに良いものにしていきたい。

　最後になるが，有斐閣書籍編集第一部の佐藤文子・大原正樹両氏には，3年半以上にわたり，たいへんお世話になった。また，同部長の土肥賢氏からも貴重なご助言を頂いた。ここに厚く御礼申し上げたい。

　2010年8月

猛暑の京都での最後の検討会に際し

3名を代表して

前 田 陽 一

執筆者紹介

前 田 陽 一（まえだ・よういち）

前立教大学大学院法務研究科教授

《序第1節；第1編第1章第2節・第3節，第2章第1節～第4節・第6節，第5章；第2編第4章，第6章，第7章第3節，第8章，第11章》

本 山 　 敦（もとやま・あつし）

立命館大学法学部教授

《序第2節；第1編第1章第1節，第2章第5節，第3章，第4章；第2編第7章第1節・第2節》

浦 野 由 紀 子（うらの・ゆきこ）

神戸大学大学院法学研究科教授

《第2編第1章～第3章，第5章，第9章，第10章》

目　　次

平成以降の法改正等一覧　　（*xxviii*）

序　親族法・相続法総論 ————————————————— *1*

第 1 節　親族法・相続法の意義 ……………………………………… *1*

1 親族法・相続法の伝統的位置づけとその背景　*1*

2 今日における親族法・相続法の位置づけ　*4*

3 親族法・相続法の課題── 立法論を中心に　*5*

(1) 序（*5*）(2) 親族法の課題（*6*）(3) 相続法の課題（*7*）

第 2 節　手続からみた親族法・相続法 ………………………… *7*

1 家族紛争の解決　*7*

2 家庭裁判所　*9*

3 調停・審判　*10*

(1) 家事調停（*10*）(2) 家事審判（*11*）

4 人事訴訟　*12*

第1編　親　族　法　*15*

第1章　序　　論 ——————————————————— *16*

第 1 節　親族法序論 ……………………………………………… *16*

1 前　　史　*16*

2 家　制　度　*17*

(1) 概　観（*17*）(2) 戸　主（*18*）(3) 家督相続（*18*）

3 親族法・相続法改正　*19*

4 家族法の基本原理と親族法の特殊性　*21*

(1) 家族法の基本原理（*21*）　**(2)** 親族法の特殊性（*22*）　**(3)** 親族法のゆくえ（*22*）

第2節　親　　族 ……………………………………………………………… *23*

(1) 親族の種類と親等（*23*）　**(2)** 親族の意義と主な効果（*26*）　**(3)** 親族関係の変動（*27*）

第3節　戸籍と氏名 …………………………………………………………… *28*

(1) 戸　籍（*28*）　**(2)** 氏（*30*）　**(3)** 名（*34*）

第*2*章　夫　　婦 ──────────────────── *37*

第1節　婚　　約 ……………………………………………………………… *37*

1 婚約の成立　*37*

(1) 序（*37*）　**(2)** 将来婚姻する合意（*38*）　**(3)** 婚姻障害との関係（*38*）

2 婚約の効果　*39*

(1) 不当破棄による損害賠償責任（*39*）　**(2)** 誠実交際義務（*40*）

第2節　婚姻の要件 …………………………………………………………… *41*

1 序　*41*

(1) 日本の婚姻制度（*41*）　**(2)** 要件の概観（*41*）

2 届　　出　*43*

3 意　　思　*44*

(1) 婚姻意思の内容（*44*）　**(2)** 婚姻意思の存在時期（*47*）

4 婚姻障害のないこと　*48*

(1) 婚姻適齢（*48*）　**(2)** 重婚の禁止（*49*）　**(3)** 近親婚の禁止（*49*）　**(4)** 婚姻障害に関連する問題──同性婚（*50*）

第3節　婚姻の無効・取消し …………………………………………………… *51*

1 序　*51*

2 無　　効　*52*

(1) 無効原因（*52*）　(2) 無効の性質と主張方法（*53*）　(3) 無効の効果と追認の可否（*54*）

3 取　消　し　*55*

(1) 取消原因（*55*）　(2) 取消権の消滅（*56*）　(3) 取消しの方法（*57*）
(4) 取消しの効果（*58*）

第 4 節　婚姻の効果 ……………………………………………………*59*

1 一般的効果　*59*

(1) 氏の共同（*59*）　(2) 同居協力扶助義務（*60*）　(3) 貞操義務（*62*）
(4) 契約取消権（*65*）　(5) その他の効果（*65*）

2 夫婦財産制　*66*

(1) 契約財産制と法定財産制（*66*）　(2) 婚姻費用の分担（*67*）　(3) 財産の帰属（*69*）　(4) 日常家事債務の連帯責任（*72*）

第 5 節　離　　　婚 ……………………………………………………*75*

1 序　*75*

(1) 離婚の動機（*76*）　(2) 離婚の動向（*78*）

2 離婚の方法　*80*

(1) 協議離婚（*81*）　(2) 調停離婚（*85*）　(3) 審判離婚（*86*）　(4) 裁判離婚（*87*）

3 離婚の効果　*95*

(1) 身分関係（*95*）　(2) 財産関係（*96*）　(3) 親子関係（*101*）

4 離婚制度の課題　*106*

(1) 協議離婚制度の再考（*106*）　(2) 別居の法定（*107*）　(3) 離婚後の共同親権（*109*）　(4) 再構成家族への対応（*110*）

第 6 節　内　　　縁 ……………………………………………………*110*

1 序　*110*

2 要　　件　*112*

(1) 婚姻意思と夫婦共同生活（*112*）　(2) 婚姻障害との関係（*113*）

3 効　　果　*114*

(1) 序（*114*）　(2) 不当破棄（*114*）　(3) 法律婚の効果との関係（*115*）
(4) 不法行為法上の効果との関係（*116*）　(5) 相続法・借地借家法上の効果と居住権の保護（*116*）　(6) 社会保障法上の効果（*117*）

4　**重婚的内縁**　*117*

(1) 婚姻費用の分担（*118*）　(2) 財産分与（*118*）　(3) 不当破棄による損害賠償（慰謝料）（*119*）　(4) 相手方配偶者の死亡による損害賠償（*120*）
(5) 社会保障給付など（*120*）

第**3**章　**親　　子**────────────────────*122*

第1節　序──法的親子関係の意義……………………………………*122*

第2節　実　　子………………………………………………………*123*

1　**序**　*123*

(1) 実母子関係（*123*）　(2) 実父子関係（*124*）

2　**嫡出親子関係**　*125*

(1) 嫡出推定・嫡出否認──令和4年改正〈前〉の状況（*125*）　(2) 嫡出推定──令和4年改正（*127*）　(3) 嫡出否認──令和4年改正（*129*）
(4) （嫡出）推定の及ばない子（*133*）　(5) 虚偽嫡出子出生届（*139*）　(6) 父を定めることを目的とする訴え（*140*）

3　**非嫡出親子関係**　*141*

(1) 認知とは（*141*）　(2) 母の認知（*142*）　(3) 父の認知（*143*）　(4) 認知の無効（*149*）　(5) 認知の取消し（*151*）　(6) 認知の効力（*153*）　(7) 準正（*154*）

4　**生殖補助医療と親子関係**　*155*

(1) 生殖補助医療（*155*）　(2) 生殖補助医療に関する判例と問題（*157*）

第3節　養　　子………………………………………………………*160*

1　**序──制度の変遷**　*160*

2　**普通養子**　*162*

(1) 制　度（*162*）　(2) 成立要件（*162*）　(3) 効　果（*167*）　(4) 転縁組

（*168*）　(5) 縁組の無効・取消しおよび離縁（*168*）

3 特別養子　*172*

　(1) 制　度（*172*）　(2) 成立要件（*173*）　(3) 手　続（*175*）　(4) 効　果（*176*）　(5) 離　縁（*176*）

4 藁の上からの養子　*177*

第4節　親　　権 ……………………………………………………*179*

1 序——親権の性質　*179*

2 親　権　者　*180*

　(1) 嫡出子の親権者（*180*）　(2) 離婚後出生子の親権者（*183*）　(3) 嫡出でない子の親権者（*183*）　(4) 養子の親権者（*183*）　(5) 親権代行者（*184*）

3 親権の内容 1—— 身上監護権　*184*

　(1) 監護・教育——身上監護（*184*）　(2) 令和 4 年改正——懲戒の削除（*185*）　(3) 居所指定（*185*）　(4) 職業許可（*186*）　(5) 他の身上監護権の態様（*186*）

4 親権の内容 2—— 財産管理権　*191*

　(1) 財産管理の態様（*191*）　(2) 利益相反行為（*192*）

5 親権・財産管理権の濫用・制限　*196*

　(1) 親権喪失（*196*）　(2) 親権停止（*197*）　(3) 管理権喪失（*198*）　(4) 親権・財産管理権の辞任・回復（*198*）

6 親権の終了　*200*

　(1) 子の成年到達（*200*）　(2) 親権者の死亡・親権喪失等（*200*）　(3) 未成年者の死亡（*200*）　(4) 成年後見（*200*）　(5) 親権代行者の場合（*200*）

第4章　後見・保佐・補助 ————————————*201*

第 1 節　序—— 制限行為能力者制度 ……………………*201*

第 2 節　未成年後見 ………………………………………*202*

1 未成年後見の開始　*202*

2 未成年後見人の選任　*204*

3 未成年後見人の事務　*205*

　(1) 身上監護（*206*）　(2) 財産管理（*206*）

4 未成年後見監督人　*207*

5 未成年後見の終了　*207*

第3節　成年後見・保佐・補助 ……………………………………………*208*

1 制度の概観　*208*

　(1) 前　史（*208*）　(2) 制度の類型（*209*）　(3) 制度の利用状況（*209*）
　(4) 利用促進に向けた取組み（*210*）　(5) 資格制限の撤廃（*210*）　(6) 制度
　の改正動向（*211*）

2 成年後見等の開始　*211*

　(1) 成年後見の開始（*211*）　(2) 保佐の開始（*212*）　(3) 補助の開始（*212*）

3 成年後見人等の選任　*212*

4 成年後見人等の事務　*213*

　(1) 成年後見人の事務（*213*）　(2) 保佐人の事務（*216*）　(3) 補助人の事務
　（*217*）

5 成年後見監督人等　*218*

　(1) 選　任（*218*）　(2) 職　務（*218*）

6 成年後見等の終了　*219*

7 任意後見契約　*220*

第5章　扶　　　養────────────────────────*224*

第1節　序 ………………………………………………………………*224*

第2節　扶養の当事者 ………………………………………………………*225*

　(1) 扶養義務者（*225*）　(2) 扶養の順位（*226*）　(3) 扶養関係の変更・消滅
　（*227*）

第3節　扶養の程度と方法 …………………………………………………*227*

(1) 序（227）　(2) 生活保持義務と生活扶助義務（228）　(3) 類型論の問題点（229）

第4節　過去の扶養料の請求と過去の立替分の求償················229

(1) 過去の扶養料の請求（229）　(2) 扶養義務者間の過去の立替分の求償（230）　(3) 第三者からの立替分の求償（231）

第2編　相　続　法　233

第1章　序　　論 ————————————234

第1節　相続法序論 ································234

1 親族的共同生活・私有財産制と相続制度　234

2 相続法の沿革　236

(1) 明治民法（236）　(2) 現行民法（236）　(3) 戦後の法改正（237）
(4) 今後の展望と課題（239）

3 相続の根拠　240

(1) 相続制度の必要性（240）　(2) 相続の根拠（241）

第2節　相続の過程 ································242

1 死亡による相続の開始　242

2 法定相続の過程　243

(1) 被相続人の死亡＝相続開始時（243）　(2) 遺産共有（244）　(3) 各相続人による相続の承認や放棄（244）　(4) 遺産分割（245）　(5) 相続財産に対する各相続人の具体的取得部分の確定（245）

3 法定相続と債権者　246

(1) 当然承継主義と清算主義（246）　(2) 清算の必要性（246）

第3節　相続の開始 ································246

1 被相続人の死亡　246

(1) 死　亡（246）　(2) 失踪宣告（247）　(3) 認定死亡（247）

2 相続開始の場所　*248*

第2章　相続人─────────*249*

第1節　序 ··*249*

1 同時存在の原則　*249*

2 同時存在の原則の例外── 胎児の出生擬制　*250*

第2節　相続人と相続順位 ···*252*

1 相続人の範囲　*252*

2 配偶者相続人と血族相続人　*252*

(1) 配偶者相続人（*252*）　(2) 血族相続人（*253*）

3 代襲相続　*254*

(1) 趣　旨（*254*）　(2) 被代襲者と代襲原因（*255*）　(3) 代襲相続人（*255*）

(4) 代襲相続の効果（*257*）

4 相続資格の重複　*258*

第3節　欠格と廃除 ··*260*

1 相続権を奪う制度　*260*

2 相続欠格　*260*

(1) 欠格事由（*260*）　(2) 欠格の手続（*261*）　(3) 欠格の効果（*262*）

(4) 欠格の宥恕（*262*）

3 相続人の廃除　*263*

(1) 廃除の意義（*263*）　(2) 廃除事由（*263*）　(3) 廃除の手続（*264*）

(4) 廃除の効果（*264*）　(5) 廃除の取消し（*265*）

第3章　相続の承認・放棄─────────*266*

第1節　当然承継主義と相続人の選択権 ····················*266*

第2節　承認・放棄に関する総則 ····························*267*

1 承認・放棄の性質　*267*

(1) 意思表示による承認・放棄（*267*）　(2) 財産に関する法律行為（*267*）
(3) 承認・放棄の撤回・取消し・無効（*268*）　(4) 承認・放棄の自由と債
権者（*269*）

2 承認・放棄の時期　*269*

(1) 相続開始「後」の承認・放棄（*269*）　(2) 承認・放棄のための期間
——熟慮期間（*270*）　(3) 熟慮期間の起算点（*270*）　(4) 熟慮期間の起算
点に関する特則（*271*）

3 承認・放棄と相続財産の管理　*272*

(1) 熟慮期間中の相続財産の管理（*272*）　(2) 承認・放棄後の相続財産の
管理（*273*）

第 3 節　単純承認 ……………………………………………………………*273*

1 単純承認の意義・効果　*273*

2 法定単純承認　*274*

(1) 法定単純承認が生じる場合（*274*）　(2) 法定単純承認の取消し（*275*）

第 4 節　限定承認 ……………………………………………………………*275*

1 限定承認の意義　*275*

2 限定承認の要件　*276*

3 限定承認の効果　*276*

第 5 節　相続放棄 ……………………………………………………………*277*

1 相続放棄の意義　*277*

2 相続放棄の要件　*277*

3 相続放棄の効果　*277*

第**4**章　**相続の対象** ——————————————————————*279*

第 1 節　序—— 包括承継主義 ………………………………………………*279*

第2節　相続財産に属しない財産 ································280

　1　序　*280*

　2　一身専属的な権利義務　*280*

　　(1) 民法上の明文のあるもの（*280*）　(2) 民法上の明文のないもの（*281*）
　　(3) 他の一身専属性（*281*）

　3　祭祀に関する権利　*282*

　　(1) 祭祀主宰者の決定（*282*）　(2) 祭祀主宰者と遺骨の帰属（*282*）

　4　被相続人の死亡時に発生するが被相続人に属しない財産　*283*

　　(1) 死亡保険金（*283*）　(2) 死亡退職金・遺族給付（*284*）　(3) 香典・葬儀
　　費用（*284*）

第3節　相続財産の範囲 ····························285

　1　物　　権　*285*

　　(1) 序（*285*）　(2) 占有権（*285*）

　2　債権・債務　*286*

　　(1) 損害賠償請求権（*286*）　(2) 財産分与請求権・財産分与義務（*288*）
　　(3) 身元保証債務・信用保証債務・普通の保証債務（*289*）

　3　契約上の地位　*290*

　　(1) 序（*290*）　(2) 借地借家契約の借主・貸主の地位（*290*）　(3) ゴルフク
　　ラブ会員契約（*291*）　(4) 無権代理人の地位と本人の地位── 無権代理と
　　相続（*292*）

第5章　相　続　分───────────────────*298*

　第1節　相続分の意義································*298*

　第2節　法定相続分································*299*

　　1　序　*299*

　　2　相続人とその法定相続分　*299*

　　3　法定相続分による相続財産の承継　*302*

第3節　指定相続分 ……………………………………………………………303

1 相続分の指定の方法　*303*

2 相続分の指定の効力　*304*

3 指定相続分による相続財産の承継　*304*

第4節　具体的相続分 ……………………………………………………305

1 具体的相続分の意義　*305*

(1) 遺産分割の基準としての具体的相続分（*305*）　(2) 具体的相続分と消極財産（*307*）

2 相続人に対する贈与・遺贈の考慮──特別受益の持戻し　*307*

(1) 特別受益とされる財産（*307*）　(2) 特別受益者（*310*）　(3) 特別受益たる財産の価額評価（*311*）　(4) 特別受益がある場合の相続分の算定方法（*311*）

3 相続財産に対する寄与の考慮──寄与分　*314*

(1) 定　義（*314*）　(2) 寄与の主体（*314*）　(3) 寄与の態様（*315*）　(4) 寄与分の決定（*315*）　(5) 寄与分がある場合の相続分の算定方法（*316*）　(6) 寄与分と特別受益がある場合の，具体的相続分の算定方法（*317*）

4 具体的相続分の法的性質　*318*

第6章　遺産の共有と分割 ─────────────*320*

第1節　序 ………………………………………………………………*320*

第2節　遺産共有とその対象 ………………………………………*323*

1 遺産共有の意義　*323*

(1) 民法898条と遺産共有（*323*）　(2) 共有説と合有説（*323*）　(3) 判例の立場（*325*）　(4) まとめ（*325*）

2 物　　権　*326*

(1) 序（*326*）　(2) 共有持分の処分をめぐる問題（*326*）

3 債権・債務　*328*

(1) 序 (*328*)　(2) 可分債権 (*329*)　(3) 可分債務 (*332*)

第3節　遺産の管理 ……………………………………………………*334*

(1) 序 (*334*)　(2) 遺産の管理に関する規定 (*334*)　(3) 共有の規定の準用 (*335*)　(4) 生前の使用貸借契約の合意の推認 (*337*)

第4節　相続分の譲渡・取戻し ………………………………………*338*

(1) 序 (*338*)　(2) 相続分の譲渡 (*338*)　(3) 相続分の取戻し (*339*)

第5節　遺産分割 ………………………………………………………*340*

1 序　*340*

2 遺産分割の方法　*342*

(1) 序 (*342*)　(2) 遺産分割方法の指定 (*342*)　(3) 遺産分割協議 (*344*)　(4) 審判による分割 (*348*)

3 遺産分割手続の対象　*350*

(1) 対象となる財産の範囲 (*350*)　(2) 対象となる財産の過不足 (*354*)

4 遺産分割手続の当事者　*355*

(1) 序——当事者の範囲 (*355*)　(2) 胎児がいる場合 (*355*)　(3) 相続人の一部が行方不明の場合 (*355*)　(4) 分割後に当事者の過不足が判明した場合 (*356*)

5 遺産分割の効力　*358*

(1) 遺産分割の遡及効 (*358*)　(2) 遺産分割と対抗問題 (*358*)　(3) 遺産分割と担保責任 (*359*)

第7章　*配偶者の居住の権利*―――――――――――*362*

第1節　序 ………………………………………………………………*362*

第2節　配偶者居住権 …………………………………………………*363*

1 序——配偶者居住権のイメージ　*363*

2 配偶者居住権の内容　*363*

(1) 性　質 (*363*)　(2) 成　立 (*364*)　(3) 効　力 (*364*)　(4) 消　滅

（365）

3 配偶者居住権の課題　*365*

第3節　配偶者短期居住権 …………………………………………*366*

1 序　*366*

2 要件および内容　*366*

(1) 要　件（366）　(2) 内容（対象・期間等）（367）

3 効力等　*367*

(1) 配偶者の使用等（367）　(2) 居住建物の修繕等・費用負担（368）

(3) 消滅等（368）　(4) 費用償還請求権等の期間制限（368）

第**8**章　相続回復請求権 ──────────────*369*

第1節　序 ………………………………………………………*369*

(1) 意義・沿革（369）　(2) 今日における意味（370）

第2節　適用範囲 …………………………………………………*371*

1 序　*371*

2 共同相続人間の争い　*372*

(1) 昭和53年大法廷判決（372）　(2) 判例理論の精緻化（374）

3 転得者がからむ争い　*375*

第3節　相続回復請求権の行使と消滅 ………………………*376*

(1) 相続回復請求権の行使と相続人（376）　(2) 5年と20年の期間制限
（376）　(3) 取得時効との関係（377）

第**9**章　相続財産の清算 ──────────────*378*

第1節　清算の必要性 ……………………………………………*378*

第2節　限定承認における清算手続 ……………………………*380*

1 相続財産と相続人の固有財産の分離　*380*

　2 債権の申出の催告　*380*

　3 申出をした債権者等への弁済　*381*

　4 申出のなかった債権者等への弁済　*381*

第3節　財産分離 ……………………………………………………*381*

　1 財産分離の意義　*381*

　2 財産分離の手続　*382*

第4節　相続人の不存在 ………………………………………*384*

　1 相続人の不存在の意義　*384*

　　(1) 相続財産の管理・清算の必要性（*384*）　(2)「相続人のあることが明らかでないとき」（*384*）

　2 相続財産の管理・清算手続　*385*

　　(1) 相続財産法人と相続財産の清算人（*385*）　(2) 相続人の捜索（*386*）　(3) 相続財産の清算（*386*）

　3 相続財産の終局的帰属　*387*

　　(1) 相続人不存在と相続財産の帰属ルール（*387*）　(2) 特別縁故者に対する相続財産の分与（*387*）　(3) 国庫への帰属（*389*）

第 *10* 章　遺　　言 ─────────────────*390*

第1節　序 …………………………………………………………*390*

　1 遺言の自由　*390*

　2 遺言の自由の制限　*391*

　　(1) 制限の必要性（*391*）　(2) 要式性（*391*）　(3) 遺言事項の限定（*392*）

第2節　遺言の成立 …………………………………………………*392*

第3節　遺言の方式 …………………………………………………*393*

　1 普通方式と特別方式　*393*

　2 普通方式の遺言　*393*

(1) 自筆証書遺言（*393*）　(2) 公正証書遺言（*397*）　(3) 秘密証書遺言（*399*）　(4) 各普通方式の特徴（*399*）

3 **特別方式の遺言**　*401*

(1) 遺言者が死亡の危機に瀕した場合に認められる方式（*401*）　(2) 遺言者が交通の遮断された場所にいる場合に認められる方式（*402*）

4 **各方式におおむね共通する要件**　*403*

(1) 遺言の変更の方式（*403*）　(2) 証人・立会人の欠格事由（*403*）　(3) 共同遺言の禁止（*405*）

第4節　遺言の解釈と無効・取消し　……………………………………………*405*

1 **遺言の解釈**　*405*

(1) 序（*405*）　(2) 遺言の解釈（*406*）

2 **遺言の無効・取消し**　*408*

(1) 遺言の成立過程に問題がある場合（*408*）　(2) 遺言の内容に問題がある場合（*409*）

第5節　遺　　贈　………………………………………………………………*409*

1 **序**　*409*

(1) 遺贈の意義（*409*）　(2) 遺贈の種類（*410*）

2 **受遺者・遺贈義務者**　*411*

(1) 受遺者（*411*）　(2) 遺贈義務者（*411*）

3 **遺贈の無効・取消し**　*412*

(1) 遺言の無効・撤回（*412*）　(2) 法律行為一般の無効・取消事由（*412*）　(3) 遺贈特有の無効事由（*412*）

4 **特定遺贈**　*413*

(1) 意　義（*413*）　(2) 遺贈目的物（*413*）　(3) 受遺者による承認・放棄（*414*）　(4) 効　力（*415*）

5 **包括遺贈**　*416*

(1) 意　義（*416*）　(2) 効　力（*417*）

6　**付款を伴う遺贈**　*418*

　　(1) 条件・期限付遺贈（*418*）　(2) 負担付遺贈（*419*）

第6節　遺産分割方法の指定 ……………………………………………*421*

1　**序**　*421*

　　(1) 分割方法の指定のしかた（*421*）　(2) 効　力（*421*）

2　**特定財産承継遺言**　*423*

　　(1) 性　質（*423*）　(2) 効　力（*424*）　(3) 特定財産承継遺言と対抗問題
（*425*）

第7節　遺言の撤回 ………………………………………………………*426*

1　**撤回の自由**　*426*

2　**撤回の方法**　*426*

　　(1) 概　説（*426*）　(2) 遺言で撤回の意思表示をした場合（*427*）　(3) 前の
遺言と抵触する遺言や法律行為をした場合（*427*）　(4) 遺言書または遺贈
目的物を破棄した場合（*428*）

3　**撤回の効力**　*429*

第8節　遺言の執行 ………………………………………………………*430*

1　**遺言内容を実現する手続**　*430*

　　(1) 遺言書の検認・開封（*430*）　(2) 遺言の執行（*430*）

2　**遺言執行者**　*432*

　　(1) 遺言執行者の指定・選任（*432*）　(2) 遺言執行者の就職（*432*）　(3) 遺
言執行者の解任・辞任（*432*）

3　**遺言執行者による遺言執行**　*433*

　　(1) 遺言執行者の権利義務（*433*）　(2) 遺言執行者の任務（*433*）　(3) 遺言
執行者と相続人の関係（*435*）　(4) 遺言執行者の報酬（*436*）

4　**遺言執行の費用**　*436*

第*11*章　遺 留 分 ────────────────────────── *437*

第1節　序──遺留分制度の意義と構造 ……………………………*437*

1 遺留分制度の意義　*437*

2 遺留分権利者　*439*

   (1) 遺留分権利者の種類（*439*）　(2) 遺留分権の喪失（*439*）

3 遺留分侵害額請求権とその行使　*440*

   (1) 請求権者（*440*）　(2) 相手方（*441*）　(3) 侵害額請求権の行使（*441*）

第2節　遺留分額と侵害額の算定 …………………………………*442*

1 遺留分額　*442*

   (1) 遺留分算定の基礎となる財産（*442*）　(2) 総体的遺留分率・個別的遺留分率と各人の遺留分（*445*）

2 遺留分侵害額　*446*

   (1) 遺留分侵害額の算定方法（*446*）　(2) 算定の具体例（*447*）

第3節　遺留分侵害額請求の方法 …………………………………*449*

1 序　*449*

2 遺留分を侵害する相手方が複数いる場合　*449*

   (1) 受遺者と受贈者（*449*）　(2) 複数の受遺者・同時贈与の受贈者（*449*）　(3) 複数の贈与（*450*）

3 請求権者が複数の場合　*451*

4 受遺者・受贈者による遺留分権利者承継債務の弁済等　*452*

第4節　遺留分侵害額請求権の性質と効力 …………………………*453*

1 改正前の減殺請求権の性質と効力　*453*

2 改正後の遺留分侵害額請求権の性質と効力　*454*

   (1) 改正後の基本的な枠組み（*454*）　(2) 金銭債権化に伴う新たな制度──支払期限の許与（*454*）

第5節　遺留分と寄与分 ……………………………………………*455*

(1) 序（*455*）　**(2)** 寄与分と遺贈との関係（*455*）　**(3)** 寄与分と遺留分との関係（*455*）

第6節　遺留分侵害額請求権の消滅と行使の制限 ·····················*456*

1　序　　*456*

2　遺留分侵害額請求権の期間制限　　*456*

(1) 民法 1048 条前段と後段の法的性質（*456*）　**(2)** 期間制限の対象（*457*）　**(3)** 消滅時効の起算点（*458*）　**(4)** 遺留分侵害額請求の意思表示の有無と消滅時効の成否（*459*）

3　遺留分侵害額請求権と取得時効との関係　　*460*

(1) 改正前の判例（*460*）　**(2)** 改正法における意味（*461*）

4　遺留分侵害額請求権と権利濫用・信義則違反　　*461*

法制審議会家族法制部会「家族法制の見直しに関する要綱案」の概要
（*464*）

書　　式　　*468*
①戸　籍（従来型戸籍，電算型戸籍）（*468, 469*）
②婚姻届（*470*）
③離婚届（*471*）
④出生届（*472*）
⑤自筆証書遺言（*473*）

事項索引（*474*）
判例索引（*485*）

目　次

◇ 判　例 ◇

序

　0-1　最大決昭和 40・6・30 民集 19 巻 4 号 1089 頁　*11*

第1編　親　族　法

第*2*章

　Ⅰ 2-1　最判昭和 44・10・31 民集 23 巻 10 号 1894 頁　*44*

　Ⅰ 2-2　最判昭和 47・7・25 民集 26 巻 6 号 1263 頁　*54*

　Ⅰ 2-3　最判昭和 54・3・30 民集 33 巻 2 号 303 頁　*62*

　Ⅰ 2-4　最判昭和 44・12・18 民集 23 巻 12 号 2476 頁　*74*

　Ⅰ 2-5　最判昭和 57・3・26 判時 1041 号 66 頁　*83*

　Ⅰ 2-6　最判昭和 34・8・7 民集 13 巻 10 号 1251 頁　*84*

　Ⅰ 2-7　最大判昭和 62・9・2 民集 41 巻 6 号 1423 頁　*89*

　Ⅰ 2-8　最判昭和 45・11・24 民集 24 巻 12 号 1943 頁　*93*

　Ⅰ 2-9　最判昭和 53・11・14 民集 32 巻 8 号 1529 頁　*96*

　Ⅰ 2-10　最判昭和 46・7・23 民集 25 巻 5 号 805 頁　*98*

　Ⅰ 2-11　最判平成 12・3・9 民集 54 巻 3 号 1013 頁　*99*

　Ⅰ 2-12　最判平成 9・4・10 民集 51 巻 4 号 1972 頁　*107*

　Ⅰ 2-13　最決平成 12・5・1 民集 54 巻 5 号 1607 頁　*108*

第*3*章

　Ⅰ 3-1　最判昭和 44・5・29 民集 23 巻 6 号 1064 頁　*134*

　Ⅰ 3-2　最判平成 10・8・31 家月 51 巻 4 号 33 頁　*136*

　Ⅰ 3-3　最判平成 12・3・14 家月 52 巻 9 号 85 頁　*136*

　Ⅰ 3-4　最判平成 26・7・17 民集 68 巻 6 号 547 頁　*137*

　Ⅰ 3-5　最判平成 18・7・7 民集 60 巻 6 号 2307 頁　*139*

　Ⅰ 3-6　最判昭和 37・4・10 民集 16 巻 4 号 693 頁　*149*

　Ⅰ 3-7　最判昭和 48・4・12 民集 27 巻 3 号 500 頁　*165*

　Ⅰ 3-8　最判昭和 39・9・8 民集 18 巻 7 号 1423 頁　*169*

第2編　相　続　法

第*8*章

　Ⅱ 8-1　最大判昭和 53・12・20 民集 32 巻 9 号 1674 頁　*372*

第*10*章

　Ⅱ 10-1　最判昭和 58・3・18 家月 36 巻 3 号 143 頁　*407*

II 10-2　最判平成 3・4・19 民集 45 巻 4 号 477 頁　*422*

`Column`

第 1 編　親　族　法

第 *1* 章

I 1-1　法制審議会「民法の一部を改正する法律案要綱」　*20*

I 1-2　氏の歴史的・社会的意義　*30*

I 1-3　戸籍と性　*35*

第 *2* 章

I 2-1　結　　納　*40*

I 2-2　再婚禁止期間の制度の廃止　*42*

I 2-3　判例における身分行為意思　*45*

I 2-4　昭和 54 年判決と平成 8 年判決の関係　*63*

I 2-5　将来の婚姻費用分担債権と詐害行為取消権　*68*

I 2-6　DV 防止法　*77*

I 2-7　離婚時年金分割制度　*80*

I 2-8　有責配偶者の離婚請求　*90*

I 2-9　祖父母と孫の関係　*106*

I 2-10　同居協力関係のないパートナー関係の解消（最判平成 16・11・18 判
　　　　時 1881 号 83 頁）　*112*

第 *3* 章

I 3-1　無戸籍者問題　*126*

I 3-2　性別変更と嫡出推定　*129*

I 3-3　新生児の取り違え　*140*

I 3-4　匿名出産・内密出産　*142*

I 3-5　性別を変更した者に対する認知請求　*147*

I 3-6　内縁関係から生まれた子の地位　*155*

I 3-7　生殖補助医療特例法　*158*

I 3-8　里親制度・児童福祉法　*178*

I 3-9　ハーグ条約　*190*

I 3-10　児童虐待防止法　*199*

第4章

Ⅰ4-1　成年後見人と監督義務者責任　*214*

Ⅰ4-2　介護保険法・高齢者虐待防止法・障害者権利条約・認知症基本法
221

第5章

Ⅰ5-1　父子関係の否定と養育費（扶養料）の返還請求の可否　*232*

第2編　相　続　法

第1章

Ⅱ1-1　法定相続制度の正当性　*242*

第2章

Ⅱ2-1　法定相続情報証明制度　*258*

第3章

Ⅱ3-1　再転相続人による承認・放棄の選択　*272*

第5章

Ⅱ5-1　嫡出でない子（非嫡出子）の相続分　*301*

Ⅱ5-2　「相続させる」旨の遺言（特定財産承継遺言）と相続分指定　*303*

Ⅱ5-3　相続人以外の親族がした寄与の考慮　*318*

第6章

Ⅱ6-1　相続財産の多義性　*321*

第9章

Ⅱ9-1　相続財産の破産　*379*

Ⅱ9-2　特別縁故者への分与の対象となる相続財産　*389*

第10章

Ⅱ10-1　自筆証書遺言の保管制度　*396*

Ⅱ10-2　公証制度　*398*

Ⅱ10-3　言語・聴覚・視覚機能障害者と遺言　*400*

Ⅱ10-4　死因贈与　*410*

Ⅱ10-5　信託と遺言　*420*

第11章

Ⅱ11-1　遺留分減殺請求権の債権者による代位行使の可否　*440*

Ⅱ11-2　相続分の指定・持戻し免除と遺留分（改正の前後関係）　*451*

Ⅱ11-3　改正前の物権的効果の問題点（金銭債権化の改正の背景）　*453*

Ⅱ11-4　遺留分制度と信託　*462*

凡　　例

1　法　律　等

遺言保管	法務局における遺言書の保管等に関する法律
学　教	学校教育法
家　事	家事事件手続法
家事規	家事事件手続規則
健　保	健康保険法
戸	戸籍法
戸　則	戸籍法施行規則
公　選	公職選挙法
厚　年	厚生年金保険法
国　籍	国籍法
子奪取	国際的な子の奪取の民事上の側面に関する条約の実施に関する法律
裁	裁判所法
児童虐待	児童虐待の防止等に関する法律
児童約	児童の権利に関する条約
自賠法	自動車損害賠償保障法
児　福	児童福祉法
借地借家	借地借家法
少	少年法
人　訴	人事訴訟法
生殖補助医療特例法	生殖補助医療の提供等及びこれにより出生した子の親子関係に関する民法の特例に関する法律
相　税	相続税法
相続国庫帰属	相続等により取得した土地所有権の国庫への帰属に関する法律
任意後見	任意後見契約に関する法律
破	破産法
不　登	不動産登記法

　上記の他，有斐閣六法の法令名略語を用いることを原則とした。

2　判　　決

大連判	大審院連合部判決
大判（決）	大審院判決（決定）

控　判	控訴院判決

最大判（決）	最高裁判所大法廷判決（決定）
最判（決）	最高裁判所判決（決定）
高判（決）	高等裁判所判決（決定）
高……支判（決）	高等裁判所……支部判決（決定）
地判（決）	地方裁判所判決（決定）
地……支判（決）	地方裁判所……支部判決（決定）
家審（判）	家庭裁判所審判（判決）
家……支審（判）	家庭裁判所……支部審判（判決）
家……出審（判）	家庭裁判所……出張所審判（判決）

3　判決登載誌

民　録	大審院民事判決録
民　集	大審院民事判例集（〜昭21）
新　聞	法律新聞
評　論	法律〔学説・判例〕評論全集

民　集	最高裁判所民事判例集（昭22〜）
家　月	家庭裁判月報
高民集	高等裁判所民事判例集
訟　月	訟務月報
交民集	交通事故民事裁判例集
東高民時報	東京高等裁判所民事判決時報
判　時	判例時報
判　タ	判例タイムズ
金　判	金融・商事判例
金　法	金融法務事情
家　判	家庭の法と裁判

　なお，上記に登載のないものについては，次のデータベース等で閲覧可能なことを明記した。

裁判所ウェブサイト	裁判所ホームページのなかの「裁判例情報」
LEX/DB	LEX/DB インターネット（TKC ローライブラリー）のなかの「判例データベース」。数字は，当該裁判例の文献番号を表す。

平成以降の法改正等一覧

平成 8 （1996）年：民法の一部を改正する法律案要綱【 Column I 1-1 】

*

平成 11 （1999）年：民法の一部を改正する法律【成年後見関係】

平成 12 （2000）年：児童虐待の防止等に関する法律【 Column I 3-10 】

平成 13 （2001）年：配偶者からの暴力の防止及び被害者の保護に関する法律

【 Column I 2-6 】

平成 15 （2003）年：人事訴訟法

　　同　　　年：性同一性障害者の性別の取扱いの特例に関する法律

【 Column I 1-3 】

平成 16 （2004）年：民法の一部を改正する法律【現代語化】

平成 23 （2011）年：家事事件手続法

　　同　　　年：民法等の一部を改正する法律【親権関係】

平成 25 （2013）年：国際的な子の奪取の民事上の側面に関する条約の実施に関する法律

【 Column I 3-9 】

　　同　　　年：民法の一部を改正する法律

【嫡出でない子の法定相続分： Column II 5-1 】

平成 28 （2016）年：成年後見制度の利用の促進に関する法律

　　同　　　年：成年後見の事務の円滑化を図るための民法及び家事事件手続法の一
　　　　　　　　部を改正する法律

平成 30 （2018）年：民法の一部を改正する法律【成年年齢，婚姻適齢など】

　　同　　　年：民法及び家事事件手続法の一部を改正する法律【相続関係】

　　同　　　年：法務局における遺言書の保管等に関する法律【 Column II 10-1 】

令和 元 （2019）年：民事執行法及び国際的な子の奪取の民事上の側面に関する条約の実
　　　　　　　　施に関する法律の一部を改正する法律

【養育費等の履行確保，子の引渡しなど】

　　同　　　年：民法等の一部を改正する法律【特別養子関係】

令和 2 （2020）年：生殖補助医療の提供等及びこれにより出生した子の親子関係に関す
　　　　　　　　る民法の特例に関する法律【 Column I 3-7 】

令和 3 （2021）年：デジタル社会の形成を図るための関係法律の整備に関する法律

【戸籍法：婚姻届等の押印廃止など】

　　同　　　年：民法等の一部を改正する法律【所有者不明土地関係】

令和 4（2022）年：民法等の一部を改正する法律

【再婚禁止期間，嫡出推定，認知など】≪令和 6 年 4 月 1 日施行≫

＊

令和 5（2023）年：行政手続における特定の個人を識別するための番号の利用等に関する法律等の一部を改正する法律

【戸籍法：氏名の振り仮名など】≪未施行≫

同　　　年：民事関係手続等における情報通信技術の活用等の推進を図るための関係法律の整備に関する法律

【家事事件手続・公正証書遺言などの IT 化】≪未施行≫

■序■
親族法・相続法総論

第1節　親族法・相続法の意義
第2節　手続からみた親族法・相続法

　第1節では，財産法との関係を中心に，第2節では，手続からみた特色を中心に，親族法・相続法の総論的な説明をする。学習を始める上で基礎となる説明もある一方，ある程度学習が進んでから読み直すと全体の理解が深まる説明も少なくない。第1編第1章までは抽象的な説明が多いので，第1編第2章「夫婦」から本格的に読み始めて，必要に応じて序や第1章に戻ってもよいだろう。

第1節　親族法・相続法の意義

1 親族法・相続法の伝統的位置づけとその背景

　(a)　**親族法・相続法の意義と家族法**　　民法が1つの典型とする人の一生は，次のようなものといえよう。すなわち，①夫婦間に生まれた子は，夫婦と未成熟子から成る家庭内で監護・教育される（財産の管理もされる）。②こうして成熟した子は，婚姻して新たな家庭を形成し，夫婦間の人格的・経済的協力の下で共同生活を送る。その中で，自らの子をなして監護・教育する（財産の管理もする）とともに，必要があれば老いた親も扶養する。③そして，老いた親や配偶者が死亡すれば，その財産上の権利義務関係を承継し，④自らの死亡の際は，自らの財産上の権利義務関係が子に（生きていれば配偶者にも）承継されていく。

　上記の①②にかかわる法律関係を扱うのが「**親族法**」であり，民法第4編

「親族」を中心とする，夫婦・親子などの親族間の身分関係・財産関係に関する法をいう。一方，上記の③④にかかわる法律関係を扱うのが「**相続法**」であり，民法第5編「相続」を中心とする，自然人が死亡した場合における主に親族関係を基礎とした財産上の権利義務の承継に関する法をいう。

　このように，親族法も相続法も「**家族**」（現行民法は家族という概念を用いていないが，夫婦・親子を中心とする親族関係を家族ということが多い〔育児介護2条4号参照〕）を基礎とした法律関係を扱う法であることもあって，親族法・相続法の両方を含む意味で，「**家族法**」という用語が使われることが多い（親族法のみの意味で使われることもあるが上記の使われ方のほうが多い）。これに対し，英米でFamily Law，ドイツでFamilienrecht，フランスで droit de la famille というのは，いずれも日本でいう親族法のみを指して相続法は含んでいない（フランスでは夫婦財産制も含んでいない）。そもそも，親族法・相続法を一体をなすもの（家族法ないし身分法）として把握して財産法と対置する考え方は日本独自のものであり，そのような伝統的な考え方の形成に大きな影響を与えたのが，中川善之助博士であった（第1編第1章第1節 **4** (2)も参照。以下の説明はある程度学習が進んでからもう一度読み返してほしい）。

　(b)　**親族法・相続法の伝統的位置づけと中川理論**　　中川博士は，親族法・相続法における法律行為を「**身分行為**」として，財産法における法律行為とは性質を異にするものと位置づけた。とくに親族法における婚姻・養子縁組などの「形成的身分行為」については，《習俗と感情に支配された，非合理的・性情的・決定的な意思であり，かつ，全人格的な意思である》という独自色の強い表現で，財産法上の法律行為との違いを強調することによって，①意思能力があれば足りることや，②民法総則の93条・94条・95条などが適用されないこと，を理論的に基礎づけるとともに，③法律効果に向けられた意思ではなく社会習俗ないし社会観念上の意思（実質的意思）を問題とすべきことを主張した。

　中川博士は，上記の議論をさらに発展させて，④民法総則は財産法総則であって身分法（親族法・相続法）には適用がないとする理論をも展開した（本節 **2** (b)で述べるように④の理論は今日では支持されていない）。

　(c)　**背景としての民法典編纂の歴史**　　ではなぜ，中川理論のように親族法・相続法を一体として把握して財産法と対置する考え方が出てきたのか。そ

れは明治期の民法典編纂の経緯に大きな要因を求めることができる（親族法・相続法の歴史については第1編第1章第1節も参照）。

　財産法の部分は，当初，フランス人ボワソナードによって主にフランス民法を参考に草案が起草され，いったん明治23（1890）年に公布された（旧民法）が，後述する法典論争を契機に施行が延期され，梅謙次郎・富井政章・穂積陳重を中心とする法典調査会でドイツ民法草案などを参考に内容が修正されて，明治29（1896）年に公布された（明治民法：財産法の部分は平成16〔2004〕年に現代語化されたものの，平成29〔2017〕年に債権法の大改正が成立するまでは内容的にはあまり変わっていない条文が多かった）。一方，親族法・相続法の部分は，ボワソナードの指導の下，主にフランス民法を参考にしつつ，日本の風俗慣習を考慮するために日本人委員によって原案（旧民法第一草案）が起草され，全国の知事や裁判官などの意見を踏まえて内容がより日本の事情に合う形に修正された上で，明治23年に財産法の部分と併せて公布された（旧民法）。しかし，主に親族法・相続法の部分について，日本の風俗慣習に合わず「民法出でて忠孝滅ぶ」とする批判が出され（法典論争），上記のように施行が延期されたため，法典調査会において旧民法よりも「家制度」の位置づけを重視する形に大幅な修正がされた上で，明治31（1898）年に公布された（明治民法：親族法・相続法の部分は本節 **2** (a)(d)で述べるように戦後大改正された）。

　このような経緯から，財産法の部分はドイツ法やフランス法を継受した近代民法の性質を有するものであり，解釈論においてもドイツ法やフランス法が参考とされることが多かった。これに対し，親族法・相続法の部分は，旧民法第一草案においては，儀式婚制度（身分吏の前で婚姻の意思を確認する儀式を行うことで婚姻が成立する制度）など西欧の制度が色濃く残っていたものの，明治民法に至る過程で家制度が強化されて，西欧の個人主義的・平等主義的な近代民法とは性質を異にする封建的な内容となり（だからこそ親族法・相続法の部分は戦後大幅に改正された），解釈論においてもドイツ法やフランス法を参考にできない特殊な領域になったことが指摘されている。例えば，婚姻意思について社会観念上あるべき婚姻関係を結ぶ意思（実質的意思）を問題とする中川理論は，財産法上の法律行為とは異なる日本独自の解釈論であるが，明治民法における戸主（家長）の強力な権力と，儀式婚に比べて意思確認が十分とはいえない届出

婚の制度の下において，夫婦としての愛情を当事者が有しないまま婚姻させられる例が少なくなかったことがその背景にあるといえよう。

2 今日における親族法・相続法の位置づけ

(a)　**序**　これに対し，戦後の民法改正で，家制度の廃止や夫婦平等の原則などが導入されたことから，親族法・相続法の部分も近代民法の性質を有するものとなった。戦前の明治民法下のように財産法と親族法・相続法とを対立的に考える事情はなくなり，個別の検討が必要になっている。

(b)　**民法総則との関係**　親族法・相続法全体にかかわる議論として，かつて有力に主張された，民法総則が財産法にのみ適用されて親族法・相続法には適用がないとする議論は今日では支持されていない。確かに，例えば，婚姻などの身分行為について93条・94条などの民法総則の無効原因は適用がないが，それは742条が婚姻という法律行為について無効原因を限定し民法総則の規定を排除している結果にすぎない。そのような特別規定のない財産分与（768条）については，親族法上の法律行為であっても93条や94条の適用があると解されている。また，相続法上の法律行為についても，適用を排除する特別規定がない限り，民法総則の規定の適用があると解されている。

(c)　**親族法の位置づけ**　第1に，夫婦の財産関係については，専業主婦を保護するために条文からやや離れた解釈がされてきた部分もあるが，基本的には対等な個人間の財産関係であり，財産法に対する独自性は薄いといえよう。

第2に，婚姻などの身分行為については，現在でも判例や学説において実質的意思説が支持されているが，学説では財産法上の法律行為の意思と同様に解すべきだとする説が有力化しており，後述する（ Column I 2-3 〔45頁〕）ように判例においても必ずしも実質的意思説が貫徹されている訳ではない。婚姻のあり方が多様化するなかで「社会観念上の意思」を問題とすることの意味は薄れているというべきである。

第3に，親子関係は，対等な関係ではなく，私的に保護される関係であるので，財産法に対する独自性をなお残す領域といえる（成年後見制度も同様である）。

第4に，親子関係・夫婦関係を問わず，身分関係に関する紛争解決の仕方についても独自性が指摘されている。財産法の紛争解決においては，《過去に起

きた事実を認定し，それにルールを適用する》という形で紛争解決をするのに対し，例えば，離婚の際の親権者の決定については，《将来を見渡して，どちらの親がこの子の今後の幸福に適するのか》というカウンセリング的手法で紛争処理がなされている。離婚紛争についても夫婦関係の修復が可能かどうかという将来を見渡しての判断が入らざるをえない。裁判所の関与の仕方も，通常の民事訴訟に比べて後見的性格が強い。

　(d)　**相続法の位置づけ**　　相続法と財産法は，896条が示す財産の包括的移転（包括承継）を主に扱うか，売買契約のような個別的移転（特定承継）を扱うかの違いはあるものの，基本的には共通した性質を有するとされている。

　戦前の明治民法における相続法の中心は家督相続であり，戸主が隠居したり死亡した場合の戸主という親族法上の身分の変動に付随して財産が移転するものであった。しかし，家督相続が廃止されて均分相続が導入された現行民法の相続法は，身分関係を基礎とするものではあるが，基本的には財産の移転を扱うものといえる。

3　親族法・相続法の課題──立法論を中心に

(1)　序

　財産法の中核を占める債権法（民法総則を含む）は，平成29（2017）年に全面的な改正が成立した。これに対し，親族法・相続法については，最近多くの分野で改正が進んでいる（平成30〔2018〕年に成立した相続法改正，令和3〔2021〕年に成立した所有者不明土地問題関連の相続法改正，令和4〔2022〕年に成立した親子法等改正など）ものの，財産法に比べれば部分的な改正にとどまっている。

　日本の親族法・相続法は，条文・解釈論のいずれのレベルにおいても権利義務関係の細部までの詰めが足りず弱者の権利保護の機能を十分果たしているとはいえないという重要な指摘がされている。上記の相続法改正でその改善に向けた取組みが始まっているように，現在の判例や学説の到達点を（一定の柔軟性を残しつつ）明文化していく中で，後述する個々の問題への対処を進めることが必要であろう。

　いずれにせよ，親族法・相続法は，基本法としての民法の中でも，とくに我々の生き方に大きく関わる領域であるので，従来の内容を実質的に大きく変

更する場合には，その点を十分に踏まえた慎重な検討が求められる。

(2) 親族法の課題

　平成 8（1996）年民法改正要綱（ Column I 1-1 〔20 頁〕）で提案された項目のうち，面会交流の明文化，再婚禁止期間の 100 日への短縮（現在は削除），および，婚姻適齢の男女平等化（18 歳）については改正が実現しているが，選択的夫婦別氏制度の導入，5 年以上の別居を原因とする離婚の導入，および，夫婦の財産形成の寄与割合を 2 分の 1 と推定することなどは実現していない（最後の点は後述する中間試案に盛り込まれた）。これら以外にも，①同要綱作成の際に議論の対象となった夫婦の居住用財産の処分制限の導入，②使いにくい制度となっている夫婦財産契約（756 条以下）の制度の整備，③夫婦間の財産の帰属について，従来は妻を保護するために夫婦別産制を原則とする 762 条の規定からかなり離れて夫婦共有制的な解釈がされてきたが，女性の社会進出が進むなかで，解釈論・立法論としてどう対応すべきか，④欧米で同性婚（やそれに準じたもの）を認める国が増え，日本では同性パートナーシップ証明制度を導入する自治体が増える中（⇒本編第 2 章第 2 節 **4** (4)），同性カップルに対し社会の構成要素としてどのような法的保護を与えるか，⑤現行法では親権者の財産管理権について 826 条の制限以外は代理権濫用の法理による制約しかないが，それで十分かなど，改正等を検討すべき問題が挙げられる。

　そのほか，⑥再婚相手に連れ子がいる場合など従来の民法が典型（モデル）としてこなかった家族に関する法のあり方，といった問題もある。

　なお，親権については，平成 23（2011）年の親権停止制度（834 条の 2）の新設に続き，令和 4（2022）年に懲戒権の規定（改正前 822 条）が削除されて子の人格尊重等に関する規定（821 条）が新設されるなど，従前の制度の問題点への立法的対応が進んでいる。離婚後の親権も共同親権を可能とすべきかなど離婚後の子の監護養育に関する多くの問題（例えば養育費・親以外の親族等の第三者との交流など）についても法制審議会の部会で中間試案が示された（令和 4 年 11 月 15 日）。離婚前の親権についても，従来は許容されることが多かった相手方配偶者の同意のない子連れ別居（里帰り）を「共同」親権や自力救済禁止の原則との関係で再検討することが必要となっている。

(3)　相続法の課題

平成8年民法改正要綱に盛り込まれた，嫡出子と非嫡出子の法定相続分の同等化は，最大決平成25・9・4民集67巻6号1320頁を受けて，改正に至った。これを契機に，前述した相続法の改正（配偶者相続人の居住権の保護や遺留分制度の見直しなど）が成立した。

残された課題として，上記(1)で述べた規定の明文化のほか，戦後の相続法改正の際，戦前は例外的であった遺産相続を一般化するにあたり，制度的な手当が不十分であった点の見直しや，それに関連して，家督相続制度の下で意味があった相続回復請求権の期間制限を現行の相続回復請求権（884条）においても維持する必要があるのか等の問題が提起されている。

第2節　手続からみた親族法・相続法

1 家族紛争の解決

民事事件は，原則として，民事訴訟法の手続に従って，地方裁判所または簡易裁判所で第1審の裁判が行われる。これに対して，親族法・相続法の事件（以下，家事事件という）の大半は，**家庭裁判所**が第1審の裁判所となる。もっとも，家事事件の中にも地方裁判所を第1審の裁判所とするものがある。

そして，家事事件に対しては**家事事件手続法**および**家事事件手続規則**といった特別な手続法規が用意されていることもあって，家事事件の処理は相当に複雑な様相を呈している（なお，家事事件手続法および家事事件手続規則の制定により，家庭裁判所の設立当時に制定された家事審判法および家事審判規則は廃止された）。

大まかに整理をするならば，家事事件の管轄裁判所と手続は，以下の4類型となる。

①　成年後見人（7条・843条）・保佐人（11条・876条の2）・補助人（15条・876条の7）の選任事件など，家庭裁判所の審判手続によるもの。

これらについては，保護を必要とする高齢者と保護を受けさせようとする周囲の者との間で，契約によって成年後見人等を選任するというようなことはできないし，調停などの手続も予定されていない。家庭裁判所が後見的な立場か

ら審判手続によって成年後見人等に相応しい者を選任する。

　②　遺産分割事件（907条）など，家庭裁判所で調停を経た後に，家庭裁判所で審判手続となるもの。

　遺産分割は，本来的に共同相続人間の協議によって解決されるべき事項である（遺産分割協議：907条1項）。同協議が調わない場合，共同相続人の誰かが申立人となり，他の共同相続人を相手方として家庭裁判所に遺産分割審判を申し立てることができる（同条2項）。しかし，家庭裁判所は職権で審判事件を調停に付すことができ（家事274条），遺産分割調停を経ずに遺産分割審判が申し立てられた場合であっても，ほぼ全ての事件について，家庭裁判所は調停を行うように命じている。つまり，一度は調停による解決を模索し，調停が不成立になった段階で，審判に移行するのである（家事272条）。

　③　離婚事件（770条）など，家庭裁判所で調停を経た後に，家庭裁判所で審判手続または判決手続（人事訴訟）となるもの。

　民法上，離婚は，協議上の離婚（協議離婚：763条）と裁判上の離婚（裁判離婚：770条）の2種類しか用意されていない。しかし，協議離婚が成立しなかったからといって，いきなり家庭裁判所に離婚の訴えを提起できるのではない。裁判離婚を提起しようとする者は，訴えに先だって，必ず家庭裁判所に調停を申し立てなければならない。これを**調停前置主義**という（家事257条）。そして，調停が成立しなかった場合に，家庭裁判所が**調停に代わる審判**（家事284条）をするか，または，離婚を求める一方当事者が原告になり，他方当事者を被告として，家庭裁判所に離婚の訴えを提起することになる。

　なお，調停に代わる審判は，異議の申立てによって失効することから（家事286条5項），利用は少ない（審判がなされるのは，相手方が調停に不出頭のような場合である。家事審判法時代の事件として，福井家審平成21・10・7家月62巻4号105頁）。

　④　遺言無効確認事件（民訴134条）など，地方裁判所で判決手続（民事訴訟）となるもの。

　なお，それぞれの紛争ごとの具体的な手続については，各紛争に関する箇所において，必要な範囲で適宜記述する。

2　家庭裁判所

　家庭裁判所は，旧法下の家事審判所と少年審判所が統合されて，昭和24 (1949) 年に発足した。識者からは，戦後の司法制度改革の中にあって，最も成功した制度の1つと評価されている。

　家庭裁判所の管轄する事件は，家事事件手続法で定める審判と調停，人事訴訟法で定める人事訴訟の第1審の裁判，少年法で定める少年審判，これら以外の法律で家庭裁判所が管轄すると定められている裁判である（裁31条の3）。

　家庭裁判所は，少年非行の背景には家庭問題が存在するという認識の下に，家事事件と少年事件を総合的に扱う，比較法的に見ても特異な裁判所である。そのため，家庭裁判所では，紛争の司法的な解決よりも，紛争の解決を通じて，当事者に福祉的・教育的な支援をすることが重視されてきた。

　家庭裁判所の特徴は多々あるが，第1に，**家庭裁判所調査官**の存在を指摘できるであろう（裁61条の2）。大学・大学院で専ら心理学・社会学・教育学等を修めた者で，家庭裁判所調査官補として最高裁判所に採用された後，研修を経て，家庭裁判所調査官となる。全国に約1,600名いる。家庭裁判所調査官の職務は，裁判官の命を受けて家事事件・少年事件について必要な調査を行い，裁判官に報告することである。例えば，夫婦（父母）が未成年の子の親権をめぐって争っているような場合に（819条5項），家庭裁判所調査官は，子に対して心理テストなどを実施して，父母のどちらが子の親権者としての適性をより備えているかについての調査を行い，その結果を裁判官に報告する。裁判官はその調査報告を参考にして親権者決定の審判を行うのである。

　第2の特徴として，家庭裁判所には医務室が設置されており，医師（精神科医）と看護師が技官として（非常勤で）勤務していることが挙げられる（裁61条）。例えば，遺産分割事件では，家庭裁判所に出頭した当事者（相続人）が高齢であったりすることがある。そのような当事者が遺産分割の法的意味や家庭裁判所の手続を十分に理解しているかについて疑問が持たれるような場合に，技官に立ち会いを求め，当事者の心身の状況に関する意見を求めるなどする。

　第3に，家庭裁判所の庁舎にも特徴がある。戦後，福祉的・教育的な機関を目指した家庭裁判所は，純粋な司法裁判所である地方裁判所との差異化を図る

ために，地方裁判所とは別の場所に設置された。家庭裁判所と地方裁判所の物理的な分離は，予算の制約もあり，全都道府県で実現するには至らなかったが，東京・名古屋・京都・大阪など主に大都市では，家庭裁判所と地方裁判所は別の場所に設置されている。また，地方裁判所や高等裁判所の法廷に設けられている壇上の裁判官席は，家庭裁判所の審判廷や調停室には，設けられていないし，家庭裁判所で扱う事件は，一部を除いて非公開なので，傍聴席も設けられていない。さらに，家庭裁判所には，上述の家庭裁判所調査官の調査に関連して，「心理テスト室」や幼児の状態を観察するための「キッズ・ルーム」などが設置されている。

③ 調停・審判

(1) 家事調停

　家庭裁判所で行う調停を家事調停，審判を家事審判という。ともに，本人出頭主義，非公開主義，職権探知主義が採用されている（家事33条・51条・56条）。
　家事調停は，家庭裁判所の裁判官1名と民間人から選任された家事調停委員2名以上の合計3名以上で調停委員会を組織し（家事247条・248条。調停委員については，民事調停委員及び家事調停委員規則を参照，家事249条），紛争当事者から話を聞き，当事者の主張を調整して，妥当な解決を目指す。すなわち，調停は，家庭裁判所という公の場において，調停委員会という第三者を交えて行われる話し合いであり，当事者による主体的な解決を目指す手続である。これは，家事調停の当事者の大半は親族関係にある者たちであり，紛争終了後も当事者の親族関係が継続することから，訴訟のような「勝ち負け」による解決は必ずしも望ましくないと考えられたからである。そのため，家事事件手続法別表第一の事件を除くほとんどの家事事件において，審判手続や訴訟手続に先だって，調停手続が行われる（調停前置主義：家事257条）。また，例えば，婚約中の男女に関する事件や，いわゆる内縁に関する事件など，厳密な意味では法的な夫婦（＝親族）の身分が無い当事者間の紛争であっても，家庭裁判所では家事調停の対象としている。そして，話し合いとはいえ，当事者間で合意が成立して，調書（調停調書）が作成されると，確定判決と同一の効力を有することになる（家事268条）。

(2)　家 事 審 判

　家事事件手続法別表第一の事件および前置された家事調停が不成立となった同法別表第二の事件に対して，家事審判が行われる。その他の審判としては，身分関係の形成および解消について当事者の合意を受けて審判が行われる場合（**合意に相当する審判**：家事 277 条），離婚や離縁等の調停の不成立を受けて審判が行われる場合（**調停に代わる審判**：家事 284 条）がある。家事調停と同じく，家事審判も確定すると確定判決と同一の効力を有する（家事 281 条・287 条）。なお，合意に相当する審判または調停に代わる審判を経ないで人事訴訟に移行する場合もある。合意に相当する審判の公表は稀だが，親子関係不存在確認調停に関する合意に相当する審判の公表例や（東京家審令和 2・9・10 判時 2492 号 64 頁），合意に相当する審判が利害関係人の異議（家事 279 条 1 項）により失効した公表例（大阪高決令和 3・3・12 判時 2517 号 59 頁）がある。

　ところで，非公開で行われる家庭裁判所の審判手続が，裁判の公開を定める憲法 82 条に違反するのかどうかが争われた事件がある。

> ◆**判例 0-1**◆　**最大決昭和 40・6・30 民集 19 巻 4 号 1089 頁**
>
> 【**事案**】夫 Y（相手方・抗告人）と妻 X（申立人）が婚姻し，Y の親元で生活を始めた。約 10 か月後に X が実家に戻った。その後，X が Y 方への帰還を求めた。Y が同居に応じないため，X が「Y に同居を求めたく，本件申立におよ」んだ。第 1 審は，虐待や病気等，同居できない特段の事情のない限り夫婦には同居義務があるとして，Y に X との同居を命じた。Y が抗告した。原審は Y の抗告を棄却した。そこで，Y は公開・対審によらない家事審判が憲法 32 条・82 条に違反するとして特別抗告した。
>
> 【**判旨**】最高裁大法廷は，このような「審判は夫婦同居の義務等の実体的権利義務自体を確定する趣旨のものではなく，これら実体的権利義務の存することを前提として，例えば夫婦の同居についていえば，その同居の時期，場所，態様等について具体的内容を定める処分であり」，「家庭裁判所が後見的立場から，合目的の見地に立って，裁量権を行使してその具体的内容を形成することが必要であり，かかる裁判こそは，本質的に非訟事件の裁判であって，公開の法廷における対審及び判決によって為すことを要しないものである」と判示して，公開の法廷で行われない家事審判が憲法に違反しないとした。

　同様の判示は，婚姻費用分担に関する最大決昭和 40・6・30 民集 19 巻 4 号 1114 頁や遺産分割に関する最大決昭和 41・3・2 民集 20 巻 3 号 360 頁などで

繰り返されており，非公開の審判手続は合憲とされている。しかし，最高裁の示した理論構成は，多くの学説から批判されている（詳細は，民事訴訟法の文献を参照）。

　また，婚姻費用分担（760条）の審判手続と憲法32条（裁判を受ける権利）の関係が争点となった最決平成20・5・8家月60巻8号51頁を受けて，家事審判における適正手続のあり方が問題とされるようになり，（当時の）家事審判法の改正の検討が始められた。そして，平成23（2011）年5月，家事審判法に代わる家事事件手続法が制定された。家事事件手続法では，家事審判規則で規定されていた事項（規則事項）のほとんどを同法に取り込む，再審のように規定がなく解釈で運用されていた事項を条文化する（家事103条），いわゆる「子どもの代理人」として機能することが予定されている裁判長による手続代理人の選任（家事23条）などの新制度を導入するなど，大きな制度変更が行われた。

4　人事訴訟

　人事訴訟とは，夫婦関係・実親子関係・養親子関係という人の基本的な身分関係の形成または解消もしくは存否に関する訴えのことである。例えば，婚姻の無効（742条）や取消し（743条以下），嫡出否認（774条以下）や認知（779条以下），縁組の無効（802条）や取消し（803条以下）などの訴えのように，実体法である民法が規定している身分関係の成立・解消・存否を争う訴えである（人訴2条）。また，実親子関係存否確認の訴えや養親子関係存否確認の訴えのように，実体法である民法には規定がないものの，人事訴訟法においてそれらの訴えが訴訟類型として予定されているものもある（同条）。

　民事訴訟が対象とする物権・債権等の問題とは異なり，人事訴訟は人の基本的な身分関係に関わる。夫婦や親子といった人の身分は，社会の基礎的な単位であって，私人間の関係であると同時に，社会的・公益的な性質を有している。したがって，画一的処理が要請され，かつ，相対的効力になじまず，対世的効力が求められる。その一方で，家族の身分関係というプライバシーにも関わることから，通常の訴訟とは異なり，非公開といった配慮が求められる。

　人事訴訟の手続は，民事訴訟法の特別法である人事訴訟法に従って行われる。同法では，職権探知主義（人訴20条）や裁判の公開停止手続（人訴22条），家

庭裁判所調査官による事実の調査（人訴 34 条），公益の代表者である検察官の関与（人訴 12 条 3 項・23 条）など，通常の民事訴訟とは異なる手続が用意されている。人事訴訟は，かつて，地方裁判所が第 1 審裁判所とされていたところ，平成 15（2003）年に人事訴訟手続法が廃止されて新たに現在の人事訴訟法が制定され，その際に，管轄裁判所が地方裁判所から家庭裁判所に移管された。したがって，移管以前の人事訴訟事件の判決文では第 1 審裁判所として地方裁判所名が表記されている。家庭裁判所への移管により，例えば離婚事件では家事調停と人事訴訟を連続して運営することができるようになる，人事訴訟においても家庭裁判所調査官による調査を活用することができるようになる，といった利点が生まれている。他方で，家庭裁判所を争訟の場としたことで，家庭裁判所が従来から保持してきた福祉的・後見的機能が後退するのではないかという懸念もある。

　以上のように，家事事件の手続は，若干複雑ではあるが，これから婚姻・離婚・実親子・養親子……と具体的な制度を学習するのに際して，あわせて，各制度に対応する手続についても学習することで，家事事件に対する理解がより深まるであろう。

　なお，令和 5（2023）年の「民事関係手続等における情報通信技術の活用等の推進を図るための関係法律の整備に関する法律」によって，家事事件手続法や人事訴訟法などが改正され，家庭裁判所における諸手続（家事調停・家事審判，人事訴訟）の IT 化が進められることになっている。

第1編
親 族 法

第1章

序　論

第 1 節　親族法序論
第 2 節　親　　族
第 3 節　戸籍と氏名

第 1 節では親族法の歴史について，第 2 節では「親族」の概念について，第 3 節で
は親族法と密接不可分な関係にある戸籍と氏名について説明する。なお，第 2 節から
学んでもらい，第 1 節と第 3 節については，ある程度学習が進んだ段階で戻ってきて
もらってもよいだろう。

第 1 節　親族法序論

1 前　史

　江戸時代以前のわが国において，全国民に等しく適用されるような，家族に
関する統一的な法規範は存在しなかった。皇族，僧侶，武士階級については，
それら構成員の婚姻・縁組・相続等について，幕府法や各地の藩法が存在した
ものの，農工商の庶民階級については，慣習（法）が法規範として最も重要で
あったと思われる。このことは，明治政府（司法省）が，新政府の樹立後まも
なく，民法の制定作業に先だって，日本全国の慣習（法）を調査収集し，明治
10（1877）年に「民事慣例類集」，明治 13（1880）年に「全国民事慣例類集」を
それぞれ明らかにしたことからも窺われる。これらの資料によって，明治初期
におけるわが国の家族に関する法規範が，地域により，また，身分・職業によ

り，いかに多様であったかを知ることができる。

　明治政府は，当初，フランス民法を模範としてわが国の民法を構想した。1804年に成立したフランス民法典は，第1編「人」，第2編「財産および財産の所有権の様々な変容」，第3編「所有権を取得するための諸種の態様」から構成されていた（その後，2006年になって第4編「担保」が追加された）。その第1編「人」は，婚姻・離婚・実親子関係・養親子関係・父権（後に親権）・後見など，もっぱら家族に関する規範となっていた。

　では，民法典という1つの法典の中に，家族に関する事項と財産（取引）に関する事項という異なる規律対象が「同居」していることにつき，明治政府の民法起草者たちが疑問を感じなかったのかどうか，今となっては詳らかでない。だが，少なくとも，ボワソナードは疑問に思わなかったのであろう。なぜなら，ボワソナードが起草した旧民法は，「財産編」「財産取得編」「債権担保編」「証拠編」「人事編」というようにフランス民法とは編成・順序が異なってはいたものの，フランス民法典第1編「人」に相当する事項が「人事編」として，民法の一部を構成していたからである。

　法典論争を経た結果，民法の構成原理として，ドイツ民法に倣ったパンデクテン方式が採用されることになった。民法起草者が参照したドイツ民法第1草案は，第1編「総則」，第2編「債務」，第3編「物権」，第4編「親族」，第5編「相続」であったが，ここでも，親族，すなわち家族に関する規範は財産に関する規範とともに民法典に組み込まれていた。

　近代民法典の嚆矢であるフランス民法典において，また，ローマ法を継受したドイツ民法典において，両民法典がいずれも家族と財産（取引）を規定しているのを目の当たりにしたわが国の民法起草者が，家族法と財産法の「同居」について，疑問を持つはずはなかったであろう。

2　家　制　度

(1)　概　　観

　法典論争を経た後の民法（以下では，明治民法という）では，旧民法財産取得編に置かれていた相続や遺言の規定が第5編「相続」に，また，旧民法人事編に置かれていた家族に関する諸規定が第4編「親族」にそれぞれ組み替えられ

て規定された。

　明治民法には旧民法を踏襲した規定も少なくないが，注目すべきは，旧民法から明治民法への改正作業を経て，いわゆる「**家制度**」の位置づけが，法典構成の上で一層明確になったことである。すなわち，旧民法人事編では，「**戸主**」の規定は全293条中の第243条以下に置かれていた。つまり，当初は，相当後方に配されていたのである。これが，明治民法では，第725条から始まる親族編の冒頭直後（732条以下）に置かれることになった。さらに，旧民法では家督相続制度が「財産取得編」にあって「人事編」との連続性が物理的・視覚的に断絶していた。しかし，明治民法では親族編の戸主制度と相続編の家督相続制度が第4編・第5編と連続しており，戸主制度と**家督相続制度**を中核とする「家制度」が物理的・視覚的にも把握しやすいものとされたのである。

　家制度は，多義的な概念だが，明治民法に即して言えば，上述の戸主制度と家督相続制度を両輪とするものであった。

(2)　戸　　主

　戸主とは，「一家ノ長」である（旧民法人事編243条1項）。この定義自体は明治民法に承継されなかったが，これは規定を置くまでもなく当然と考えられたためであろう。戸主と同一戸籍にある者を家族といい，戸主の兄弟姉妹・子・孫などは，法定の手続を経て離籍または分籍しない限り，同一戸籍上に記載され続けた。このため，第2次大戦後の戸籍法改正によって，戸籍の編成原理が夫婦とその間の未婚の子に限定されるまで（戸16条～18条），ある「家」の戸籍簿に戸主を筆頭として数十人の家族が名を連ねて記載されていることは珍しくなかった。

　その戸主は，家族に対して絶大な権限を有した。例えば，家族は戸主の同意を得なければ婚姻できなかった（明治民法750条）。他方，戸主は，家族に対する扶養義務を負うなど（明治民法747条），義務もまた重かった。戸主を支配者，家族を被支配者と見るならば，戸主制度は封建制度そのものであった。

(3)　家　督　相　続

　家督相続とは，江戸時代の武士階級の相続制度に，近代法の衣を被せたよう

な制度である。戸主の地位は，戸主の死亡や隠居などを原因として，新戸主（家督相続人）に相続される。家督相続人になれるのは，旧戸主の直系卑属で，親等としては戸主により近い者が，男女では男が，年齢では年長者がそれぞれ優先するとされていた（明治民法970条）。要するに，原則として長男子が家督相続人として新戸主になった。そして，戸主個人の財産ではなく，家の財産（家産）が観念され，新戸主は家督相続によって戸主の地位（家督）と家の財産（家産）の両方を同時に承継した。家督相続の開始によって新戸主は前戸主の権利義務を包括的に承継し（明治民法986条），相続放棄をすることは許されなかった（明治民法1020条）。前近代における「父債子還（父の債務を子が弁済する）」が，近代民法の姿を借りて維持された。

　将来，戸主の地位を承継する者を**推定家督相続人**と称した。戸主に子（とくに男子）がいないと，「家」が途絶えてしまうので，推定家督相続人の確保は家にとっての最重要課題であった。そのため，子を産めない女性（妻）が冷遇され，妾（めかけ）制度の温存が許容され，「家のための養子」縁組が盛んに行われるなど，問題が多かった。

　なお，21世紀に入ってからも，明治民法における戸主・家督相続に関連した事件が発生している（最判平成21・12・4家月62巻6号60頁）。その意味では，明治（民法）は未だ終わっていないのである。

3　親族法・相続法改正

　明治民法下の家制度は，民主主義国家の理念に反するものとして，第2次大戦後に激しく糾弾された。日本国憲法は，個人の尊重（憲13条），法の下の平等（憲14条），両性の本質的平等（憲24条）といった原理を掲げたが，これらの原理は家制度に含まれる団体主義，年齢による差別，性別による差別という，明治民法の悪しき規範の除去を目的とするものでもあった。日本国憲法の制定を受けて，明治民法第4編・第5編は改正を迫られることとなり，家制度に関する規定が民法から削除され，また，同時に戸籍法も全面的に改正された。

　もっとも，この終戦直後の民法改正は，短時間のうちに改正作業を終えねばならないという事情を抱えていた。そのため，改正の内容としては，日本国憲法に合致しない家制度的な規定の削除が当面の関心事とされ，新たな制度の導

入は最小限に留められた。そのような状況ではあったが，この改正に際して，親族法においては離婚に伴う財産分与（768条）や未成年養子縁組の際の家庭裁判所の関与（798条）が，また，相続法においては配偶者相続権（890条）がそれぞれ創設されるなど，重要な制度変更が行われた。これらを通じて，離婚後や死別後の配偶者（もっぱら妻）や子の福祉に対する配慮が制度化されたことは，画期的な変革であった。

　その後，親族法・相続法は，昭和37（1962）年，同51（1976）年，同55（1980）年などに軽微な改正を経た。大きな改正としては，昭和62（1987）年に特別養子制度（817条の2以下）が，平成11（1999）年に成年後見制度（7条以下・838条以下）が，それぞれ導入されたことが挙げられる。また，平成23（2011）年には，児童虐待防止法等と連動して親権関係の改正（820条以下）が，平成25（2013）年には，非嫡出子相続分違憲決定（最大決平成25・9・4民集67巻6号1320頁）を受けて法定相続分の改正（900条4号）が，平成28（2016）年には，成年後見関係（860条の2・同条の3・873条の2）の改正，および，一部違憲判決（最大判平成27・12・16民集69巻8号2427頁）を受けた再婚禁止期間関係（733条・746条）の改正が，平成30（2018）年には，成年年齢（4条）の引下げや婚姻適齢（731条）の男女平等化，および，相続法の大改正がそれぞれ行われた。さらに，令和に入り，特別養子の年齢要件の引上げ（817条の5），所有者不明土地問題に関連した相続法の改正，再婚禁止期間の廃止（■Column I 2-2■），嫡出推定（772条以下）や認知無効（786条）などの改正がそれぞれ行われた。しかし，平成8（1996）年に，法務省法制審議会が取りまとめた夫婦別氏（夫婦別姓）を中心とする改正案（平成8年民法改正要綱）の一部は実現を見ていない（■Column I 1-1■およびxxviii頁参照）。

> **■Column I 1-1■　法制審議会「民法の一部を改正する法律案要綱」**
> （平成8〔1996〕年，ジュリ1084号126頁参照）
> 　戦後の民法改正は応急的な内容であった。そこで，法制審議会は，昭和30（1955）年と昭和34（1959）年の2度にわたり，親族法の改正に関する「仮決定及び留保事項」を取りまとめた。しかし，これら改正案は長期間にわたり立法の俎上に載らなかった。その後，平成3（1991）年から，同審議会民法部会は親族法の改正検討に着手した。背景には，諸外国における親族法の改正動向

や，戦後約 50 年を経てわが国の家族をめぐる状況が大きく変貌したことがあった。本要綱は平成 8（1996）年 2 月に答申されたが，時の政権与党の反発に遭い，1 度も国会に上程されることなく放置された。平成 21（2009）年の政権交代によって本要綱は実現されるかと思われたが，立法に向けた道程は依然不透明である。

　すでに本文中で何度か言及したが，本要綱について概観する。未だ改正に至っていない項目には下線を付してある。

　ア　婚姻関係
　　・婚姻適齢を男女とも 18 歳とする（731 条関係）
　　・再婚禁止期間を 100 日とする（733 条関係）
　　　　　　　　　　　　　　　※令和 4（2022）年改正で同条削除
　　・選択的夫婦別氏制度を導入する（750 条関係）
　　・夫婦間の契約取消権を削除する（754 条関係）
　イ　離婚関係
　　・面接交渉を「面会及び交流」として明文化する（766 条関係）
　　・財産分与に「1/2 ルール」を導入する（768 条関係）
　　・精神病離婚を削除し，5 年別居離婚を導入する（770 条 1 項 4 号関係）
　　・裁量的離婚請求棄却を苛酷条項と信義則で再編する（770 条 2 項関係）
　ウ　失踪宣告関係
　　・失踪宣告の取消しで重婚状態が生じないように前婚が解消されるものとする（32 条関係）
　エ　相続関係
　　・嫡出子と嫡出でない子の法定相続分を同等にする（900 条 4 号関係）

4 家族法の基本原理と親族法の特殊性

（1）家族法の基本原理

　民法財産法の基本原理として，「所有権絶対」「契約自由」「過失責任主義」の 3 つが挙げられる。これに対して，民法家族法の基本原理として，「個人の尊厳」「両性の本質的平等」の 2 つが挙げられる（2 条，憲 24 条）。家族法の基本原理は，上述のように，戦後の民法改正を踏まえ，導き出されたものである。

(2) 親族法の特殊性

戦後の民法改正に先だって，財産法と家族法の差異を強調する学説が強い影響力を持って主張されてきた。そこでは，家族法の中でも，とりわけ親族法の特殊性が強調された。

すなわち，財産法に登場する「人」は，自らの利益を最大化しようとして契約を締結し，所有物を利用しようとする利己的な経済的合理人である。これに対して，家族法（とりわけ親族法）に登場する「人」は経済的合理性で説明ができない。親は子を選んで産むことはできないし，子も親を選べない。配偶者の選択も完全な自由の下で行われる訳ではない。ひとたび形成された家族も，理性的な判断だけに基づいて，関係を継続しているわけではない。家族は，地縁・血縁・人情などによって支配される存在であって，経済的合理性に還元できないという所説である。

上記のような認識の下に，財産法とは異なる家族法（とりわけ親族法）の体系化ならびに解釈論を展開したのが，中川善之助博士であった。中川博士は，財産法における法律行為（90条以下）に，親族法における**「身分行為」**という概念を対置させ，親族法の特殊性を理論的に強調した（序第1節**1**(b)参照）。

中川博士の所説（中川理論）は，大正期からごく近年まで，強い影響力を持って，家族法学説を主導してきた。しかしながら，今日，中川博士の所説に対しては批判的な学説が多くなっている。また，近時では，「身分行為」という概念も，婚姻・離婚・縁組・離縁・認知といった身分の形成・解消のための行為を総称する整理概念としてもっぱら用いられ，財産法における「法律行為」概念との対立・緊張関係は失われつつある。つまり，家族法（とりわけ親族法）も，民法の一部を構成しているにすぎず，その特殊性を強調する風潮は終息しつつある。

(3) 親族法のゆくえ

もっとも，親族法が民法の一部分にすぎないとしても，家庭裁判所，家事調停，家事審判といった特別な紛争処理機関・手続は確固として存在する（序第2節参照）。存在するどころか，人口減少局面にあっても，家庭裁判所に持ち込まれる調停事件・審判事件は毎年増加しており，紛争処理機関・手段としての

重要性は高まる一方である。そのような状況にあって，親族法，ひいては家事事件の独自性ないし特殊性といったものが皆無であるとは到底思われない。そして，これらの独自性ないし特殊性を解消すべきものと考えるのか，それとも再評価すべきものと考えるのかによって，家族法（とりわけ親族法）の将来像は大きく変わることになるであろう。

　解消すべきと考えれば，極論としては，家庭裁判所や家事調停手続を廃止して，すべての紛争を地方裁判所の判決手続で解決するという方向に行くであろう（家庭裁判所の地方裁判所化）。反対に，家族法の独自性を再評価すべきものと考えれば，民法典から家族法（とりわけ親族法）を独立させ，児童福祉法などの福祉法制と連携・結合させ，家族をめぐる紛争の福祉的・教育的解決を強化する，場合によっては家族紛争の解決機関を家庭裁判所から行政機関に移行するということになるかもしれない。なぜなら，親族法分野の紛争処理は，問題の根本的な解決のためには，民法および家庭裁判所による対応では足りず，福祉や教育，さらには医療などとの協働が不可欠だからである。

　明治の民法起草者は，家族に関する規範を民法典に置いたが，今後も，家族が民法典の中に在り続けるのか，在り続けるべきであるのかについては，もっと議論がされてよいように思われる。

　親族法の特殊性を強調した，かつての中川理論の復活はありえないと思われるが，中川理論とは離れた形で，まったく異なる要因・動機から，国家法体系における親族法の再定位はなされうるし，なされてよいのかもしれない。少なくとも，そのような発想を抱く余地が親族法およびその周辺の諸問題には存在するのである。

第2節　親　　族

(1)　親族の種類と親等

　(a)　序　　**親族**は，一般的には血縁・姻戚関係にある人々を意味するが，民法では，①6親等内の血族，②配偶者，③3親等内の姻族，とされている（725条）。以下では，血族・配偶者・姻族について説明した上で，これらに関する直系・傍系の区別，尊属・卑属の区別，および，親等について説明する。

⒝　**血族・配偶者・姻族**　　（ⅰ）　**血族**は，法的親子関係の連鎖でつながる者をいい，自然血族と法定血族に分かれる。

　自然血族は，出生による血縁の関係にある者をいう。生物学的血縁関係が基礎となるのが原則であるが，あくまでも法的な親子関係によって決定される点に注意が必要である。すなわち，婚姻関係のない男女から生まれた子（嫡出でない子）については，父に認知されて初めて父子関係が法的に認められるので，父の認知がなければ父や父の血族との血族関係は生じない（逆に，婚姻中に妻が懐胎した子は民法772条によって夫の子と推定されるので，生物学的血縁関係がなくても，推定が覆されない限り，血族関係が認められることになる）。

　これに対し，**法定血族**は，養子縁組による血縁の法的擬制によって生ずる関係である。養子縁組によって養親およびその血族と養子との間にその日から法定血族の関係が発生する（727条）が，養親およびその血族と養子の血族（すでにいる子など）との間には血族関係が生じない（養子縁組後に養子に生まれた子との間には血縁関係が生ずる）。

　（ⅱ）　**配偶者**は，婚姻した当事者の一方からみた他方である。

　（ⅲ）　**姻族**は，婚姻を媒介とした配偶者の一方と他方の血族との関係をいう。すなわち，夫からみた，妻の両親や妻の兄弟姉妹との関係（**図表Ⅰ1-1左**）のように，親子関係からなる連鎖の「一端」に配偶者関係が介在する関係が姻族であって，兄弟の妻同士（**図表Ⅰ1-1右**）や夫婦の親同士のように配偶者関係が両端や中間にある関係は姻族ではない。

⒞　**直系・傍系**　　ある者からみて，祖父母・父母や子・孫のように，世代を直上または直下した形でつながる関係を**直系**という。これに対し，ある者からみて，おじ・おば・おい・めい・いとこのように，同一の祖先から分岐・直下した形でつながる関係を**傍系**という。

　直系・傍系の区別は，上記の例のような血族についての区別（直系血族と傍系血族）だけではなく，姻族関係にもある。自己の配偶者の直系血族（例：妻からみた夫の父母や祖父母），または，自己の直系血族の配偶者（例：自分の子や孫の配偶者）を**直系姻族**といい，自己の配偶者の傍系血族（例：妻からみた夫の兄弟），または，自己の傍系血族の配偶者（例：自分の兄弟姉妹やおじ・おばの配偶者）を**傍系姻族**という。直系姻族と傍系姻族の区別は婚姻禁止との関係で意味

図表Ⅰ1-1

〈夫からみた姻族関係〉
妻の両親

夫＝妻　　　　　　妻の兄弟姉妹
（婚姻関係が連鎖の一端にある）

〈姻族関係ではない：兄弟の妻同士〉

兄の妻＝兄　　弟＝弟の妻
（婚姻関係が連鎖の両端にある）

をもつ（735条：死亡した夫の父は直系姻族であるので婚姻することはできないが，死亡した夫の兄弟は傍系姻族であるので婚姻することができる〔**図表Ⅰ1-2**〕）。

図表Ⅰ1-2
亡夫の父
（直系姻族：婚姻できない）

本人＝亡夫　　　　　亡夫の兄弟
（傍系姻族：婚姻可能）

（d）**尊属・卑属**　　ある者からみて，父母・祖父母・おじ・おばのように，自分よりも前の世代にある血族を**尊属**といい（父母・祖父母は直系尊属，おじ・おばは傍系尊属に属する），子・孫・おい・めいのように，自分より後の世代にある血族を**卑属**という（子・孫は直系卑属，おい・めいは傍系卑属に属する）。自分と同じ世代である，兄弟・いとこは，尊属でも卑属でもない。

直系尊属は，第2順位の血族相続人となり（889条1項1号），直系・傍系を含む尊属は養子にすることができない（793条）。

姻族については尊属・卑属の区別がないとされているが，父の再婚相手が自分より年少である場合に養子にすることができるという不自然な結果となる点に疑問が出されている。

（e）**親　等**　　**親等**は，親族関係の近さを表す単位であり，直系血族はその間の世代数，傍系血族は共通の先祖まで遡ってから下るまでの世代数による（726条）。例えば，親は1親等，祖父母・孫は

図表Ⅰ1-3

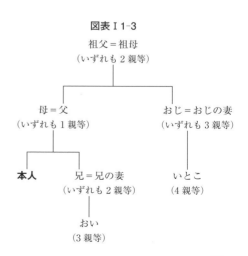

祖父＝祖母
（いずれも2親等）

母＝父　　　　　　　おじ＝おじの妻
（いずれも1親等）　　（いずれも3親等）

本人　　兄＝兄の妻　　　　　いとこ
（いずれも2親等）　　（4親等）

おい
（3親等）

2親等，兄弟は2親等，おじ・おばは3親等，いとこは4親等となる（前頁**図表Ⅰ1-3**）。

　姻族の親等は配偶者を基点として同じ方法で計算する（配偶者間には親等はない）。

(2)　親族の意義と主な効果

　(a)　**親族の意義**　　前述のように，①6親等内の血族，②配偶者，③3親等内の姻族が**親族**とされている（725条）。これは戦前の親族会の構成員を引き継いだものであるが，今日では親族であることの効果のほとんどがさらに範囲を限定した形で個別的に規定されており，親族一般の効果として規定されているのは，婚姻取消権（744条）など一部にすぎない。また，6親等内の血族や3親等内の姻族というのは範囲が広すぎることからも，このような形で親族の範囲を包括的に規定することには疑問が出されている。

　(b)　**親族の効果**　　親族の効果の多くは，上述のように，範囲を限定した形で個別に規定されている。代表的なものは以下のとおりである。

　①扶養義務：直系血族および兄弟姉妹のほか，特別の事情があるときは，3親等内の親族（血族・姻族）が扶養義務を負う（877条）。もちろん配偶者も扶養義務を負う（752条）。なお，親族間の扶け合いに関する730条は訓示規定にすぎないと解されている。

　②相続権：配偶者は常に，子・直系尊属・兄弟姉妹は法定された順位により，相続権を有する（890条・887条・889条）。代襲相続によって，孫・ひ孫やおい・めいに相続権が発生することもある（887条2項・3項）。

　③近親婚の禁止：直系血族・直系姻族間の婚姻は禁止されている（734条・735条）。直系血族・直系姻族であった者についても同様である（734条2項・735条後段・736条）。

　また，3親等内の傍系血族間の婚姻も禁止されている（734条1項：おじ・おば・おい・めいは傍系3親等であるので婚姻が禁止されるが，いとこは傍系4親等であるので婚姻は可能である）。ただし，養子と養方の傍系血族（例：養親の子）との婚姻は可能である（734条1項ただし書）。これに対し，傍系姻族との婚姻については，(1)(c)で述べたように，制限はない。

④尊属養子の禁止：(1)(d)で述べたように，直系・傍系を問わず，尊属は養子にすることができない（793条）。

(3)　親族関係の変動

(a)　**血族関係の発生・終了**　　血族関係は，出生や養子縁組によって発生し，死亡・離縁・縁組の取消しによって終了する。

自然血族・法定血族を問わず，本人が死亡しても他の関係者間の血族関係は終了しない。養親が死亡しても養子と養親の血族との血族関係は終了しないので，養子が上記の血族関係を終了させたいときは，家庭裁判所の許可を得て**死後離縁**をする必要がある（811条6項：(2)(b)①で述べた3親等内の親族の扶養義務〔877条2項〕を免れる実益がある）。

これに対し，養子縁組が離縁や取消しによって解消された場合は，縁組によって生じた他の血族関係も当然に終了する。

(b)　**配偶者関係の発生・終了**　　配偶者関係は，婚姻によって発生し，一方の死亡・離婚・婚姻の取消しによって終了する。

(c)　**姻族関係の発生・終了**　　姻族関係は，婚姻によって発生し，離婚・婚姻の取消しによって終了する。

夫婦の一方が死亡しても姻族関係は当然には終了しない（生存配偶者が再婚しても終了しない）。生存配偶者が（死亡配偶者の血族の側からはできない）**姻族関係終了の意思表示**をして戸籍法96条の届出をしたときは終了することになる（728条2項：(2)(b)①で述べた3親等内の親族の扶養義務〔877条2項〕を免れる実益がある）。

(d)　**親族関係終了の効果**　　扶養義務に代表されるように，親族関係の終了によって親族関係に伴う効果も消滅するのが原則である。例外として，前述（(2)(b)③）のように，直系血族間・直系姻族間の婚姻禁止の効果は残る（734条2項・735条後段・736条）。

第3節　戸籍と氏名

(1)　戸　籍

(a)　戸籍の意義　戦前の戸籍は，家制度における家の存在を示すものであり，家の所在地たる本籍，家の統率者たる戸主，家のすべての構成員を表示した。戦後は，戦前の家制度が廃止され，小家族主義（核家族主義）がとられた結果，現行法における**戸籍**は，夫婦とその未成熟子を単位とする身分登録制度となった（(d)で述べるように本籍・戸籍筆頭者の意味も形式的なものになった）。

(b)　戸籍の編成　上述した経緯から，戸籍法6条は，戸籍を「夫婦及びこれと氏を同じくする子ごと」に編成するものとしている（**夫婦同籍・親子同籍・同氏同籍の原則**）。

すなわち，AB夫婦と氏を同じくする子は同一戸籍に入るが，子CがDを相手方としてCの氏を称する婚姻をした場合は，Cを戸籍筆頭者とするCD夫婦の新たな戸籍が編成されて（戸16条），CはABの戸籍から除籍されることになる（戸23条）。

また，両親ABと同一戸籍に入っていた子Cに氏を同じくする子Dができた場合（例えば婚姻していないCがDを産んだ場合）も，Cを戸籍筆頭者とする新戸籍が編成され（Dはその戸籍に入る），CはABの戸籍から除籍されることになる（戸17条：**三代戸籍禁止の原則**：親子孫三代は同一戸籍に入らない）。

さらに，成年になった子は，自分を戸籍筆頭者とする新たな戸籍を作ることができる（戸21条：**成年者分籍の自由**）ので，その場合も両親の戸籍から除籍されることになる。

なお，平成8年民法改正要綱の選択的夫婦別氏制度のもとで夫婦別氏を選択した場合の戸籍については，若干の議論があったが，夫婦同籍の原則を維持し，同氏同籍の原則の例外とする方向である。

(c)　戸籍の記載　戸籍には，本籍，氏名，氏名の振り仮名（令和5〔2023〕年改正〔未施行〕で追加），出生の年月日，戸籍に入った原因・年月日，実父母（養親）の氏名・実父母（養親）との続柄，夫婦については夫または妻，他の戸籍から入った者についてはその戸籍の表示，その他法務省令で定める事項が記

載される（戸 13 条。**巻末書式①参照**）。

　(d)　**戸籍筆頭者と本籍**　　戸籍筆頭者は，本籍を自由に定め，また，その本籍を自由に移動することができる（戸 108 条：**転籍の自由**）。

　両親 AB と同一の戸籍（本籍地甲・戸籍筆頭者 A）に入っていた子 C が D と婚姻して C が戸籍筆頭者となって乙を本籍地とする新戸籍が編成された場合，両親 AB の戸籍には，除籍された子 C について，本籍地乙・戸籍筆頭者 C の新戸籍の編成により除籍された旨が記載される。一方，新たに編成された CD の戸籍にも，本籍地甲・戸籍筆頭者 A の戸籍から入籍した旨が記載され，戸籍相互の連結が図られることになる（電算化された戸籍では「従前戸籍」という形でどこから入籍したかが示される：以上について**巻末書式①参照**）。

　このように，現行法では本籍も戸籍筆頭者も，戦前の家制度的な意味合いはなくなり，単に戸籍相互の連結を図る際のキーワードにすぎないものになっている。本籍と戸籍筆頭者によって戸籍相互が連結されることによって，相続の際もあまり困難なく相続人を明らかにすることができる（日本の土地登記制度に公信力がなくてもあまり問題が生じなかったのは，戸籍によって相続関係が明確に分かることが 1 つの要因であったという指摘がされている）。

　(e)　**戸籍の届出**　　戸籍の届出は，報告的届出と創設的届出に分かれる。

　報告的届出は，出生・死亡・失踪宣告・裁判認知・遺言認知・調停離婚・裁判離婚・調停離縁・裁判離縁・特別養子縁組など，すでに法的効果が生じているものについて（遺言認知につき 985 条 1 項参照），届け出るものである。報告義務を負い，これを怠ると過料に処せられる（戸 137 条）。

　創設的届出は，婚姻・協議離婚・普通養子縁組・協議離縁・（生前行為の）任意認知・姻族関係終了など，届出によって初めて法的効果が生じるものであり，報告義務は問題にならない。

　(f)　**戸籍の訂正**　　戸籍の記載が不適法であったり真実に反する場合，利害関係人が家庭裁判所の許可を得てする申請（戸 113 条）または市町村長の職権（戸 24 条）によって，訂正することができる。名前の誤記の訂正や相続などの権利関係に影響を与えない出生日の訂正など，軽微な訂正は上記の方法によるが，虚偽の婚姻届がされた場合などの身分関係に重大な影響を与える訂正については，確定判決を得て訂正する必要がある（戸 116 条）。

(2) 氏

(a) **氏の意義** 氏（日常的には姓・名字ともいう）は，名と一体となって人の同一性を明らかにするものであって，氏の異同と法的効果は連動しないのが原則である。例えば，婚姻によって氏を改めた配偶者は，相手方配偶者の死亡によって婚姻前の氏に復すること（復氏）ができる（751条1項）が，姻族関係は姻族関係終了の意思表示をしない限り続く。また，離婚の際に復氏した（767条1項）結果，子と異なる氏になって戸籍も同一でなくなった親であっても親権者になりうる。

ただし，氏の異同が影響を与える場合もある。AB夫婦が離婚して，復氏したBが除籍された後にAとABの嫡出子Cが同一戸籍に残っていたとしても，Cの氏がBの氏に変更された場合（791条1項）は，CはAの戸籍からBの戸籍に入ることになる（同氏同籍の原則）。そのほか，墓などを承継した祭祀主宰者（897条）が離婚・死別・離縁等によって氏を改めた場合は，当事者その他の関係人の協議で祭祀主宰者を再度決定することが定められている（769条・751条2項・817条）が，氏を改めた者がそのまま承継することも可能である。

氏については，以下(b)(c)で述べるように，戸籍制度と関連した細かい技術的な問題が多い（初学者は細かい点に立ち入らなくてよい）。

> **Column I 1-2 氏の歴史的・社会的意義**
>
> 水野紀子教授は，歴史的・社会的にみると，氏には以下の4つの意義があるとする（水野紀子「夫婦の氏」戸籍時報428号6頁以下）。
>
> 第1は，血統に基づく所有権的な意味をもつ氏であり，明治維新までの日本の氏（武士や貴族の氏）はこの意味が大きかった。
>
> 第2は，国家による個人識別のための氏であり，明治初期において主に徴兵制度のために氏名の制度を整備したのは，この意義から来るものである。
>
> 第3は，国家による家族秩序維持のための氏であり，この点が極めて強化されたのが明治民法施行後の家制度のもとにおける氏であった。
>
> 第4は，個人の人格を表象するものとしての氏であり，夫婦別氏論はこの意義から来るものである。ただし，夫婦別氏を擁護する議論の一部には，他に氏を受け継ぐ子がいないので夫婦別氏によって氏を残したいという，第1の意味における氏を意識したものもある。

(b) **夫婦の氏** (i) 夫婦同氏の原則 夫婦は，婚姻の際に定めた夫また

は妻の氏を称するものとされ（750 条），この**夫婦同氏の原則**は婚姻関係にある限り貫徹される。すなわち，AB が A の氏を称する婚姻をした事例で説明すると，①A が養子となる縁組をして A の氏が養親 C の氏に変われば（810 条本文），B も A とともに C の氏に変わる一方，②B が C の養子となる縁組をしても，B は婚氏のまま変わらない（同条ただし書）という形で，いずれの場合も夫婦同氏が維持される。

　(ii)　離婚による復氏と婚氏続称　　婚姻の際に氏を改めた配偶者は離婚によって婚姻前の氏に復する（767 条 1 項）。

　しかし，復氏によって社会生活に支障を来すことがあるので，「**民法上の氏**」は婚姻前の氏に観念的には戻るが，「**呼称上の氏**」（つまり戸籍上の氏）としては婚姻中の氏を継続使用すること（**婚氏続称**）が認められている（767 条 2 項：離婚から 3 か月以内に戸籍法 77 条の 2 の届出をすることによる）。例えば，甲山太郎との離婚後に甲山の氏を続称した甲山花子（呼称上の氏は甲山，民法上の氏は婚姻前の乙川）が丙野一郎と再婚する場合，甲山を称する婚姻をするか丙野を称する婚姻をするかの選択となり，後者の場合，離婚後に復する氏は甲山であって乙川ではない。「民法上の氏」という観念を用いるのは戸籍制度の「同氏同籍の原則」との兼ね合いからであり，この点については後で「子の氏の変更」に関連して言及する（(d)の最後を参照）。

　なお，復氏した配偶者は，従前の親の戸籍に復籍するか，または新戸籍を編成することになる（多くの場合は後者）が，婚氏続称の届出をした場合は必ず新戸籍を編成することになる。

　婚姻が取り消された場合も，離婚による復氏と婚氏続称に準ずる（749 条）。

　(iii)　相手方配偶者死亡による復氏　　相手方配偶者死亡による婚姻関係解消の場合は，離婚の場合とは異なり，婚姻の際に氏を改めた配偶者は当然には復氏をしない。復氏を希望する場合に戸籍法 95 条の届出をすることを要する（751 条 1 項）が，期間制限は定められていない。

　(iv)　選択的夫婦別氏制度　　平成 8 年民法改正要綱は，**選択的夫婦別氏制度**を導入し，夫婦がそれぞれ従前の氏を称する婚姻を認めるものとしている。子が生まれた場合の子の氏については，同要綱策定の際にさまざまな議論があったが，子が未成年の間は，婚姻の際に届け出た夫（父）または妻（母）の氏に

よるものとし，父母の婚姻中は，特別の事情のない限り，他方の氏への変更を許可しないものとした（少なくとも未成年の兄弟姉妹は同じ氏となる）。成年になった子については，父母の婚姻中であっても，家庭裁判所の許可を得て他方の氏に変更することを認めるものとした。

(c) **子の氏** (i) 嫡出子 嫡 出 子（⇒本編第3章第2節**1**(2)）は父母の氏を称し（790条1項），父母の戸籍に入るのが原則である（戸18条1項）。ただし，父母の離婚後に出生した嫡出子（772条2項参照）は，離婚の際の父母の氏を称し（790条1項ただし書），離婚の際の父母の戸籍（復氏をしなかった親の戸籍）に入ることになる（離婚後300日問題の一因をなしている）。

上記のように嫡出子は父母と氏を同じくするのが原則であるが，その後，父と母のいずれか，さらには父母の両方と氏を異にしても，子の氏が当然に変わるわけではない（例えば，ABがAの氏を称する婚姻をして嫡出子Cが生まれた後に離婚した場合，Bの復氏によりCとBは氏を異にすることになり，さらにAがDを相手方としてDの氏を称する婚姻をした場合は，CはABとも氏を異にすることになる結果として，ABとも除籍された戸籍にCが従前の氏のまま残ることになる）。夫婦同氏の原則が貫徹されるのに対し，親子同氏の原則は必ずしも貫徹されないが，子が父または母と氏を異にする場合は同じ氏に変更することができる（791条）。

(ii) **嫡出でない子（非嫡出子）** 非嫡出子は，母の氏を称し（790条2項），母の戸籍に入る（戸18条2項。前述のように母が親の戸籍に入っていた場合は，戸籍法17条により母は親の戸籍から除籍され，子とともに新戸籍が編成される）。なお，戸籍や住民票の続柄では嫡出子・非嫡出子の区別はない（いずれも，戸籍では「長男」「長女」など，住民票では「子」と記載される）が，出生届の際は上記の区別の記載が義務づけられる（戸49条2項1号：最判平成25・9・26民集67巻6号1384頁は，市町村長の事務処理の便宜に資するものとして，合理性を欠くものとはいえず，憲法14条1項に違反するものではないとした）。

非嫡出子についても，母の氏が婚姻や養子縁組によって変わったとしても，当然に子の氏が変わるわけではない（子が従前の氏のまま母が除籍された戸籍に残ることになる）。また，認知されていない非嫡出子が父から認知されても当然に母の氏から父の氏に変わるものではない。いずれの場合も，(d)で述べる791条の手続によって，子の氏を母や父の氏に変えることができる。

⑷　**氏の変動・変更**　　子が婚姻したり養子になるなど，子の身分関係の変動に伴って子の氏が変わる場合もある（これを「**氏の変動**」という）が，以下では，子が父や母と氏を異にする場合における，身分関係の変動を伴わない「**氏の変更**」について説明する（子の氏の変更〔791 条〕のほか，生存配偶者の復氏〔751 条〕，離婚時の婚氏続称〔767 条 2 項〕，離縁時の縁氏続称〔816 条 2 項〕も，民法の定めによる「氏の変更」という点で共通する。戸籍法の定めによる後記(e)「やむを得ない事由」による氏の変更との違いに注意）。

(i)　第 1 に，「**子が父又は母と氏を異にする場合**」は，「家庭裁判所の許可を得て」，届け出ることによって，その父または母と同じ氏に変更することができる（791 条 1 項，戸 98 条 1 項・38 条 2 項）。

例えば，① AB 夫婦の嫡出子 C が，AB の離婚や A の死亡による B の復氏（767 条 1 項・751 条 1 項）で，B と氏を異にする場合（離婚後に B が C の親権者になった場合は変更されることが多い），②離婚した（または最初から婚姻外の）AB の子 C が，B の氏を称していたが，B の D との婚姻や養子縁組（810 条）に伴う B の氏の変更で，B と氏を異にする場合，③母 B の非嫡出子 C が，父 A に認知されて（779 条），父 A と氏を異にする場合である。

とくに③については，認知した父に婚姻家庭がある場合に変更の可否が問題となる（父の氏に変更されると父の戸籍に入ることで婚姻家庭からの反発が生ずるため）。審判例は分かれているが，あくまでも非嫡出子の福祉の観点を中心に据えつつ，父の婚姻家庭の反発を子の福祉を制約する一要素として考慮するにとどめる立場（東京高決昭和 60・9・19 家月 38 巻 3 号 69 頁）を支持する学説が有力である。母の非嫡出子は母に婚姻家庭があっても当然に母の戸籍に入ることから，父の婚姻家庭の反発を考慮することに疑問も出されているので，婚姻家庭の反発を上記の形で考慮するとしても抑制的であるべきだろう。

(ii)　第 2 に，「父又は母が氏を改めたことにより」，「**子が父母と氏を異にする場合**」は，「父母の婚姻中に限り」，届け出ることだけで，子の氏を父母と同じ氏に変更することができる（791 条 2 項，戸 98 条）。

例えば，① AB 夫婦と嫡出子 C が A の氏を称していたが，A が D の養子となり，AB ともに D の氏になって，子 C と父母 AB が氏を異にする場合，②母 B の非嫡出子 C を父 A が認知した後，AB が A の氏を称する婚姻をして，

子C（出生時からBの氏のまま変わらない）と父母ABが氏を異にする場合である。

　(iii)　前記(i)(ii)の子の氏の変更は，①子が15歳未満の場合は法定代理人が行い（791条3項），②子が15歳以上であれば子自身が行う。①②の場合とも，氏を改めた未成年の子は，「成年に達した時から1年以内に」，届け出ることだけで，従前の氏に復することができる（791条4項，戸99条）。子の自由意思や思慮分別を考慮したものである。

　(iv)　なお，やや細かい点であるが，前記(i)①の事例に関連して，「民法上の氏」と「呼称上の氏」の問題がある。

　①の事例で，Aの氏を称する婚姻をしたBが，離婚による復氏（767条1項）の際に婚氏続称（同条2項）をした場合，Bの「民法上の氏」はあくまで復氏による婚姻前の氏（旧姓）であるので，ABの嫡出子CがAの戸籍からBの戸籍に入るためには，791条1項の手続によりCの民法上の氏をBの民法上の氏に変更する必要がある。BCとも，民法上の氏はBの氏（旧姓）になるが，呼称上の氏（戸籍上表示される氏）はAの氏という難解な説明がされている。

　(e)　**「やむを得ない事由」による氏の変更**　　氏は戸籍法の定めにより「やむを得ない事由」があれば家庭裁判所の許可を得て変更することができる（戸107条1項：(d)で述べた民法の定めによる「氏の変更」との違いに注意）。

　上記の変更は，社会的影響が大きいため，後述する名の変更よりも厳しい要件になっており，珍奇なものや難解なものでなければ許可されない傾向にある。ただし，社会的影響が少ない場合については柔軟な判断もされており，オランダ人と婚姻してオランダで結合氏を使っている女性について結合氏への変更が許可された事例（神戸家明石支審平成6・1・26家月47巻6号78頁：「シモンズ」から「シモンズ石川」への変更）や，婚氏続称の届出をした後に婚姻前の氏への変更が許可された事例（大阪高決平成3・9・4判時1409号75頁）もみられる。特別な事情から認められたものとして，戸籍上の氏名の使用が幼い頃に性的虐待をした近親者や加害行為を想起させて精神的苦痛を与えるとして氏名両方の変更が許可された事例（大阪家審平成9・4・1家月49巻9号128頁）もある。

(3)　名

　(a)　**名の意義**　　氏も名も，一体となって人の同一性を明らかにする法律上

の呼称である点では共通するが，歴史的には，氏は一定の身分集団に帰属すること，名はその身分集団の中の特定の個人であることを示す機能を有してきた。

(b)　**名の取得**　かかる背景もあって，氏は，790条で出生時に親子関係を基準として取得されるが，名の取得については，民法・戸籍法に明文の規定はなく，父母その他の出生届出義務者に関する規定しかない（戸52条・56条）。通常，命名権を有すると解される親権者が命名して，出生届をする際に（戸籍法49条2項の届出事項には入っていないが）子の名の欄に記入し，これに基づいて戸籍への記載がされる（親権者の命名権について⇒本編第3章第4節 **3** (5)(a)）。

子の名は常用平易な文字を用いなければならず（戸50条），常用漢字・人名用漢字（戸則別表第二）・片仮名・平仮名（変体仮名を除く）に限られている（戸則60条：ただし，事件当時上記に含まれていなかった「曽」を常用平易な文字として使用を認めた最決平成15・12・25民集57巻11号2562頁参照）。平成5（2023）年の戸籍法改正（未施行）で，氏名の「振り仮名」が戸籍の記載事項に追加される（戸13条1項2号）とともに，その「読み方は，氏名として用いられる文字の読み方として一般に認められているものでなければならない」（同条2項）とされた。これまで，出生届には読み方の記載があったがとくに制限がなく，いわゆるキラキラ・ネーム（例えば，騎士〔ないと〕）が問題となっていたことに対応したものである。

(c)　**名の変更**　名は，「正当な事由」があれば，家庭裁判所の許可を得て変更することができる（戸107条の2）。氏の変更よりも要件が緩く，親が子に珍奇な名を付けた場合のほか，営業上の襲名や長い間通称として使って定着していることを理由とする変更も許可される傾向にある。

> **Column Ⅰ1-3**　**戸籍と性**
>
> 　出生届には「子の男女の別」の記載を要し（戸49条2項1号），戸籍上も男女の別が親との続柄（長男・長女など）として記載される（戸13条1項5号・6号）。かつては，戸籍上の性を変更することはできず，性同一性障害を理由とする名の変更が家庭裁判所によって許可される場合があるにとどまった。そこで，平成15（2003）年に「性同一性障害者の性別の取扱いの特例に関する法律」が制定され，現に配偶者や「未成年の子」（制定時は「子」）がいないなど一定の要件（同法3条）の下で，家庭裁判所の審判により戸籍上の性別を変更できるようになった（変更した性別による婚姻も可）。「生殖腺がないこと又は

生殖腺の機能を永続的に欠く状態にあること」も要件とされ（同条1項4号），審判を受けるために望まない手術を強いられることから同規定の合憲性が争われてきた。当初，最高裁は，「現時点では，憲法13条，14条1項に違反するものとはいえない」とした（最決平成31・1・23判時2421号4頁。「現に未成年の子がいないこと」の要件を合憲とした最決令和3・11・30判時2523号5頁も参照）。しかし，大法廷（最大決令和5・10・25裁判所ウェブサイト）は，本件規定（性同一性障害3条1項4号）による身体への侵襲を受けない自由の制約については，現時点で，その必要性が低減しており，その程度が重大なものとなっていることなどを総合較量すれば，必要かつ合理的なものとはいえないとして，憲法13条違反とした。

第2章 夫婦

第1節　婚　　約
第2節　婚姻の要件
第3節　婚姻の無効・取消し
第4節　婚姻の効果
第5節　離　　婚
第6節　内　　縁

　本章では，まず，婚姻によって夫婦になる前の段階の「婚約」に触れた上で（第1節），「婚姻」について，要件，無効・取消し，効果の順に説明する（第2節～第4節）。次いで，夫婦関係を解消する「離婚」についてその方法や効果などを説明した上で（第5節），最後に，それまで述べてきた法律婚との関係を意識しながら，婚姻届を欠いた事実上の婚姻である「内縁」について検討する（第6節）。

第1節　婚　　約

1 婚約の成立

（1）序

　明治期の判例は，将来婚姻をする合意（婚約）を有効と認めると一方が婚姻する意思を失ってもその合意に拘束されて自由な意思による婚姻に反することになるとして，婚約を無効と解していた。その後，判例は，婚姻届出による婚姻の成立までの婚約や内縁などの関係を「**婚姻予約**」と捉えて，これを有効なものとし，婚姻の成立を強制はしないが，正当な理由なく拒絶した場合には損

害賠償義務を負わせる，という形で一定の法的保護を与えるようになった（大連判大正4・1・26民録21輯49頁参照）。

(2)　将来婚姻する合意

婚約は，将来婚姻しようという男女の間の真摯な合意によって成立する（大判昭和6・2・20新聞3240号4頁は，結納などの儀式によらなくても「誠心誠意」をもってする合意により婚約の成立を認める）。

単なる恋愛感情や性的関係があるだけでは婚約は成立しないが，上記の合意さえあれば，結納・指輪の交換などの方式を伴わなくてもよく（これらは上記の合意を認定する証拠方法の1つにすぎない），また，必ずしもその合意を周囲が知らなくても婚約は成立しうる。最高裁（最判昭和38・9・5民集17巻8号942頁）は，将来婚姻することを約して性的関係を長く続けた事例で，2人の関係を両親・兄弟に打ち明けず，結納の取り交わしや同棲をしなかったとしても，婚姻予約の成立を認めることができるとしている（ただし，社会通念や社会状況は当時から大きく変化しているので，今日においても本件と同様の性的関係から婚約の成立が認定されるかどうかは疑問である）。

(3)　婚姻障害との関係

では，上記の合意が，その時点では婚姻の実質的要件を欠く（婚姻障害がある）ために婚姻することができない当事者間でなされた場合はどうか。

婚姻適齢（731条）に達しない者が，合意をしたとしても，あくまでも将来婚姻する合意であるので，婚姻の時点でそれらの要件を満たせば問題がない（令和4〔2022〕年改正前の再婚禁止期間についても同様とされていた）。したがって，そのような合意も有効である（ただし，意思能力があることは必要である）。

法律婚の配偶者がいる者が当事者となる婚約については，離婚をすれば婚姻はできるものの，まだ一方が婚姻中であるのにその離婚と次の婚姻を前提とする点で問題があり，古い判例には，そのような婚約を公序良俗に反するものとして無効としたものがある（大判大正9・5・28民録26輯773頁：ただし，内縁を婚姻予約と構成したうえでの重婚的内縁に関する判断）。しかし，すでに法律婚が破綻して事実上の離婚状態にある場合の婚約についてまで公序良俗違反というこ

とはできず（重婚的内縁に関する近時の裁判例もそのように解している），上記のような場合の婚約は有効と解することができよう。

　これに対し，近親婚となる関係は，婚約時から将来にわたって不変のものであるので，近親婚となる婚約は無効である。

2　婚約の効果

(1)　不当破棄による損害賠償責任

　婚約をした当事者は，互いに，婚姻を成立させるように努める義務を負うが，婚姻を最終的に成立させるかどうかは当事者の自由意思が尊重されるべき事柄である。したがって，一般の契約のように強制的に履行させることはできず，正当な理由なく婚約を破棄した場合に損害賠償の請求ができるにとどまる（最判昭和38・9・5民集17巻8号942頁参照）。婚約破棄が正当な理由のないもの（不当なもの）かどうかは，破棄の理由・原因や方法などに照らして判断される。裁判例では，Y男がX女と将来の婚姻を約して性的関係を続けながら他方でA女と性的関係を持ってAと婚姻した事例（最判昭和38・12・20民集17巻12号1708頁）や，相手方の女性の容姿や性格に対する不満から挙式の1週間前に男性側が一方的に婚約破棄を通告した事例（徳島地判昭和57・6・21判時1065号170頁）では，損害賠償責任が肯定されたのに対し，結婚式の引き出物をめぐる男性の母親の態度などが原因となって挙式の約2か月前に女性の側から婚約破棄した事例（東京地判平成5・3・31判タ857号248頁）では，損害賠償責任が否定された。

　婚約の不当破棄による損害賠償責任の法的性質については，後述する内縁の不当破棄（本章第6節 **1**・**3** (2)参照）と同様，一種の**債務不履行責任**と構成することも（前掲最判昭和38・12・20参照），婚約者の地位という法律上保護される利益の侵害による**不法行為責任**と構成することもできる（前掲徳島地判昭和57・6・21のほか，前掲最判昭和38・9・5〔不法行為構成による原審判断を是認〕参照）。前者と後者との間には，消滅時効に関する違い（166条によるか724条によるかの違い）がある。また，婚約の不当破棄に親などの第三者が関与した場合，前者の構成では当事者の債務不履行責任と第三者の債権侵害の不法行為の競合となるのに対し，後者の構成では当事者と第三者との共同不法行為（719条）とな

る（前掲徳島地判昭和 57・6・21）。

　不当破棄による損害賠償の対象の中心となるのは，精神的損害（慰謝料）であるが，財産的損害も対象となりうる。例えば，結婚式場などを予約していた場合のキャンセル料のほかに，相手の意向に従って購入した嫁入り道具の購入費や，婚姻の準備のために退職したことによる逸失利益などが認められた事例もある（前掲徳島地判昭和 57・6・21：有責性が大きい事例である点に注意）。

Column Ⅰ2-1　結　　納

　判例は，**結納**とは「婚約の成立を確証し，あわせて，婚姻が成立した場合に当事者ないし当事者両家間の情誼を厚くする目的で授受される一種の贈与」である（最判昭和 39・9・4 民集 18 巻 7 号 1394 頁のほか，大判大正 6・2・28 民録 23 輯 292 頁も参照）とする。婚姻が成立しなかった場合は，上記の目的の不到達により不当利得に基づく返還請求権が発生する（前掲大判大正 6・2・28）ため，婚姻不成立を解除条件とする贈与契約と構成する説もある。

　事実上の婚姻に至ったが届出はされず法律婚に至らなかった場合はどうか。挙式後に 2 か月間事実上の婚姻をしたがその間も不和であった事例では返還が肯定された（大判昭和 10・10・15 新聞 3904 号 16 頁）が，事実上の婚姻が 1 年間続いた事例では返還が否定された（大判昭和 3・11・24 新聞 2938 号 9 頁）。

　では婚姻の届出がされた場合はどうか。挙式後に 8 か月間同居をしてその間に届出をしたが妻の申出により協議離婚に至った事例では返還請求が否定された（前掲最判昭和 39・9・4）が，届出がされたとしても婚姻共同生活がなく短期間で離婚した場合については，返還請求が認められる余地があろう。この場合は，実質的には婚姻は不成立であり，当事者ないし当事者両家間の情誼を厚くする目的を達しなかったといえるからである。

　なお，婚姻の不成立ないし解消について結納を授与した側にもっぱら帰責性がある場合は，信義則上返還を請求できない（東京高判昭和 57・4・27 判時 1047 号 84 頁参照）。双方に帰責性があったとしても，結納を授与した側の帰責性のほうが大きければ返還請求はできない（福岡地小倉支判昭和 48・2・26 判時 713 号 108 頁）。その点で，708 条の類推適用という法律構成も考えられる。

---

(2)　誠実交際義務

　婚約をした当事者は，互いに，誠実に交際する義務を負う。例えば，婚約中の女性が他の男性と性的関係をもってその男性の子を懐胎して婚姻後に出産し

た場合は，この義務に違反したことを理由とする損害賠償責任を負うことになる（甲府地判昭和 55・12・23 判時 1023 号 107 頁は，結婚後，子供の血液型に疑問をもった夫が妻と協議離婚した後，子に対する親子関係不存在確認請求と元妻に対する慰謝料請求をして，いずれも認められた事例）。

第 2 節　婚姻の要件

1 序

(1)　日本の婚姻制度

（i）西欧における婚姻は，歴史的にはキリスト教会における宗教的儀式によって成立していたが，近代になってからは，宗教上の儀式とは別の国家法上の手続（世俗上の儀式）によって成立するようになった。例えば，フランスでは，身分吏に婚姻する旨の申出をして公告をした上で，公開の場において身分吏の面前で婚姻意思を確認する儀式を行うことによって婚姻が成立する（**儀式婚主義**）。

　日本では，明治時代の一時期，フランス民法にならって上記のような婚姻制度を導入することも検討されたが，煩雑であることなどから，戸籍吏に婚姻の届出をすることによって，法律上の婚姻をする意思を確認するという簡略化された制度（**届出婚主義**）がとられることになった。後述するように，日本の届出婚主義は，書面で意思確認をすることに伴う様々な問題を生じさせている。

（ii）フランスにおける儀式婚，および，日本における届出婚のいずれも，婚姻が成立するためには国家法に定められた方式を踏むことが必要とされる点で共通する。これを**法律婚主義**といい，多くの国で採用されている。これに対し，当事者が社会習俗上の婚姻の儀式を挙げたことや婚姻意思をもって共同生活を始めたことによって法律上の婚姻の成立を認める**事実婚主義**をとる国も一部にみられる。

(2)　要件の概観

　婚姻の要件は，**形式的要件**としての①届出（739 条〜741 条・742 条 2 号），実

質的要件としての②当事者間の婚姻をする意思（742条1号の反対解釈），および，③婚姻障害がないこと（731条・732条，734条～736条）の3つの要件に大別される。これらのいずれかの要件を欠く場合に，すべて婚姻を無効とするならば契約など一般の法律行為が無効になる場合に比べて当事者や第三者に対する影響が大きいため，問題となった要件に応じて効力の扱いを変えている。

　①または②の要件を欠く場合，742条は婚姻を「無効」とする。ただし，通説は，①は成立要件であるとして，①を欠く場合は「不成立」であると解している（追認によって無効から有効になる余地がない）。

　③の要件を欠く場合は，取り消しうるものにとどまる（744条）。なお，ここで述べた取消しは，婚姻制度の公益的な観点からの取消しであって，これ以外に，婚姻意思に詐欺・強迫による瑕疵がある場合については，当事者保護の私益的な観点から取消しが規定されている（747条）。

> **Column I 2-2　再婚禁止期間の制度の廃止**
>
> 　令和4（2022）年改正で，婚姻の実質的要件（婚姻障害がないこと）に関わる「再婚禁止期間」（待婚期間）の制度が廃止された。再婚禁止期間は，前婚の解消（離婚や夫の死亡）・取消しの日から一定期間が経過しなければ女性は再婚することができない（改正前733条1項。同条2項の例外を除く）とするものである。その趣旨は，生まれた子について，前婚の夫と後婚の夫の双方に改正前772条による父子関係（父性）の推定が重複する事態を回避し，父子関係をめぐる紛争や父性確定の困難を避けることにあった。明治民法から近時まで，その期間は6か月であった（前夫の子を懐胎していないことが女性の外観上明らかになる6か月間という余裕を持った期間を妥当とした制定時の経緯による）が，同条の推定が重複しないためには，前婚解消等から300日以内の期間と後婚成立から200日経過後の期間とが重複しない100日の間を置いて再婚すれば十分である。最大判平成27・12・16民集69巻8号2427頁は，「医療や科学技術が発達した今日」，「100日超過部分」は，「〔改正前〕772条の定める父性の推定の重複を回避するために必要な期間ということはでき」ず，その「部分は合理性を欠いた過剰な制約を課すもの」として，憲法14条1項・24条2項に違反するとし，平成28（2016）年改正で，再婚禁止期間は100日とされた。さらに，令和4（2022）年改正で，「子を懐胎した時から子の出生の時までの間に2以上の婚姻をしていたときは，その子は，その出生の直近の婚姻における夫の子と推定する」（772条3項）として，推定の重複への対処がされたことにより，再

婚禁止期間の必要性が失われて廃止されるに至った（改正前 733 条・746 条の削除に伴って，740 条・743 条・744 条・773 条も改正された）。

2　届　　出

　739 条 1 項は，婚姻は届出によって「その効力を生ずる」と規定するが，通説は，届出によって婚姻が成立し，かつ，効力も発生すると解して，届出を婚姻の**成立要件**と位置づけている。届出を効力要件とする少数説もある（**3**(2)(a)参照）が，前述（本節**1**(1)）のように婚姻する当事者の意思を確認するための方式として届出が規定された歴史的経緯に照らして，通説を支持すべきである。

　届出は，口頭または署名した書面（**巻末書式②参照**）の方法ですることができるが，いずれについても，当事者双方のほかに 2 人以上の成年の証人（成年であれば当事者の親族でもよい）を必要とする（739 条 2 項）。口頭の場合は，当事者と証人の全員が出頭しなければならないのに対し，書面の場合は，当事者と証人が署名した書面さえ作れば（令和 3〔2021〕年の戸籍法 29 条等の改正により当事者・証人の押印義務は廃止された），当事者が提出する代わりに，使者が提出しても，郵送してもよいので，通常は書面による届出がされている。戸籍事務管掌者が，民法（婚姻障害に関する 731 条・732 条・734 条〜 736 条，届出に関する 739 条 2 項）その他の法令の規定に違反しないことを確認し，届出を受理することによって（740 条），婚姻は成立する。

　書面による届出の場合，本来は，当事者の意思を確認するためにその本人の署名（自署）を要求すべきであるが，理由を付記すれば代署が許され（戸則 62 条），また，理由を付記していない代署であっても，受理されれば本人の意思に沿っている限りは有効と解されている（742 条 2 号ただし書）。書面による届出という制度は，署名という簡略化された方法によって意思を確認しようとするものであるが，代署が広く認められることに加えて，当事者以外の者による書面の提出が認められるなど，当事者の意思の確認は必ずしも十分とはいえない。このような中，平成 19（2007）年の戸籍法改正で，届け出たのが本人であることを戸籍窓口で確認するとともに，本人であることが確認できない場合には，本人に対して届出を受理したことを通知するものとされた（戸 27 条の 2）。

3 意　　思

(1) 婚姻意思の内容

(a) **序**　　当事者の婚姻する意思が婚姻の要件であることを明示した民法上の規定はないが，当事者に婚姻する意思のない婚姻を無効とする742条1号は，このことを当然の前提としている。この規定が例示する「人違い」（相手の同一性を誤ることであって，相手の性質ないし属性について誤ることを意味しない）の場合は明らかに婚姻意思がないといえるが，それ以外の場合において婚姻意思の有無はどのように判断されるか。

(b) **伝統的な学説上の対立**　　伝統的通説は，婚姻・協議離婚・養子縁組・協議離縁の4つの身分行為を一貫する議論として，**実質的意思説**（実体的意思説ともいう）をとり，婚姻意思については，社会通念ないし社会習俗上の婚姻関係を形成する意思と解してきた（(d)で述べるように今日でもこの立場をとる学説が続いているが批判も多い）。これに対立する学説として，かつては，婚姻の届出をする意思（届出意思）があれば足りるとする**形式的意思説**が主張された。

(c) **判例の立場**　　判例は，子に嫡出性を与えるための婚姻を「当事者間に真に社会観念上夫婦であると認められる関係の設定を欲する効果意思」を有しないものとして無効としており，婚姻について実質的意思説を基本としている。

> ◁判例 I2-1▷ **最判昭和44・10・31民集23巻10号1894頁**
> 【事案】Y女はXとの間の子Aを出産したため，XがAの命名をするとともにYとの婚姻届の準備をしたが，届出をするに至らなかった。その後，XにB女との婚姻の話が持ち上がり，そのことをYに告げたところ，Yの強い希望により，Aのためにいったん婚姻の届出をしてから離婚をするという便宜的手段をとることを認めざるをえなくなった。XとYの婚姻の届出がされた後に，XはBと挙式をし，XとYは戸籍のことで書簡を交換する関係にとどまった。XがYに対し婚姻無効の訴えを提起。原審がXの請求を認めたため，Yが上告。最高裁は以下のように判示して上告を棄却した。
> 【判旨】742条1号「にいう『当事者間に婚姻をする意思がないとき』とは，当事者間に真に社会観念上夫婦であると認められる関係の設定を欲する効果意思を有しない場合を指すものと解すべきであり，したがってたとえ婚姻の届出自体について当事者間に意思の合致があり，ひいて当事者間に，一応，所論法

律上の夫婦という身分関係を設定する意思はあったと認めうる場合であっても，それが，単に他の目的を達するための便法として仮託されたものにすぎないものであって，前述のように真に夫婦関係の設定を欲する効果意思がなかった場合には，婚姻はその効力を生じないものと解すべきである。」

「本件婚姻の届出に当たり，ＸとＹとの間には，Ａに右両名間の嫡出子としての地位を得させるための便法として婚姻の届出についての意思の合致はあったが，Ｘには，Ｙとの間に真に前述のような夫婦関係の設定を欲する効果意思はなかったというのであるから，右婚姻はその効力を生じないとした原審の判断は正当である。」

　その一方で，判例は，死後の相続権などを付与する目的で死の間際にされた**「臨終婚」**について，婚姻意思の内容をとくに問題とせずに有効としており（最判昭和44・4・3民集23巻4号709頁，最判昭和45・4・21判時596号43頁），ここでは必ずしも実質的意思を厳密には要求していない。

> **Column Ⅰ2-3**　**判例における身分行為意思**
> 　伝統的通説は，婚姻・協議離婚・養子縁組・協議離縁のすべてについて実質的意思説をとるものであるが，判例は，上記のように婚姻についても必ずしも常に実質的意思を厳密に要求しているものではなく（学説では典型意思・非典型意思という枠組みで説明するものもある），養子縁組意思についても，次男の相続分を減らす意図で同居している長男の2人の子（自分の孫）と縁組をしたが養育は長男夫婦が続けていた事例で実質的意思を認めており（最判昭和38・12・20家月16巻4号117頁），ここでも実質的意思を厳密には要求していない（相続税の節税のための孫との縁組を有効とした最判平成29・1・31民集71巻1号48頁も参照）。さらに，離婚意思については，古くから法律上の婚姻を解消する意思があればよいとしており（大判昭和16・2・3民集20巻70頁，最判昭和38・11・28民集17巻11号1469頁，最判昭和57・3・26判時1041号66頁 〈**判例Ⅰ2-5**〉〔83頁〕），実質的意思説とは明らかに異なる立場をとってきた。

　(d)　**近時の学説の状況**　　近時においても，婚姻意思については（後述する批判を受けて）社会通念上の意思内容をより明確にする努力をしながら実質的意思説を支持する学説が続いているが，伝統的通説が4つの身分行為を画一的に扱う点に疑問を呈し（婚姻に比べて成年養子や協議離婚は社会通念上の定型性に乏しい），実質的意思説を類型ごとに修正する多元的類型説も唱えられている。

　一方，実質的意思説が社会通念上の意思を問題とした点については，そのよ

うな非法律的で曖昧な意思ではなく（とくに近時は婚姻のあり方は多様化している），民法上定型的に規定された効果に向けられた意思を問題とすべきであると批判する説が有力化している（形式的意思説についても，養子縁組に関してではあるが，例えば，高校受験の学区制度を潜脱するために養子縁組届が出された場合〔岡山地判昭和35・3・7判時223号24頁参照〕，届出意思はあるために縁組が有効に解されて，養親が死亡した場合に相続権が発生してしまうという問題があるが，上記の有力説からは縁組意思は否定される）。

　もっとも，実質的意思説は民法上の効果をすべて享受することを前提とするものであるので，法的な効果意思を問題とする上記の有力説の考え方に立っても，民法上定型的に定められたすべての効果に向けられた意思を必要とする立場を仮にとった場合は，実質的意思説と結論においてはあまり差異がないことになる。

　したがって，問題は一部の法的効果のみを目的とする場合（①臨終婚や②子を嫡出子とするための婚姻）であっても婚姻意思ありとして有効と解することができるかどうかである。実質的意思説を厳密に適用すれば，上記の①②とも婚姻は無効となるが，判例は(c)で述べたように，①は有効とし，②は無効としている。これに対し，上記の有力説のうち，婚姻の基本的効果を享受する意思があればよいとする立場をとれば，①②とも有効になりそうである。もっとも，婚姻の基本的効果を享受する抽象的な意思があれば婚姻意思が認められるが，婚姻の基本的効果の一部を具体的に排除する意思があるときは婚姻意思が否定されるという立場をとった場合は，やや異なる結論になりうる。①については，相続以外の基本的効果についても，実現可能性はともかく，抽象的にはこれを享受する（排除しない）意思が認められるので有効と解されるが，②については，前掲最判昭和44・10・31 ◁ 判例Ⅰ2-1 ▷（44頁）のように別の女性Bと婚姻しようとする明確な決意のもと，婚姻届を出したYとの婚姻の同居協力扶助義務や貞操義務を排除する（むしろBとの関係でこれを享受する）意思を明確に有していた事情がある場合は，婚姻意思が否定されて無効と解されることになる（Bのような女性がいなければ有効となる場合もあろう）。この立場は，婚姻だけでなく他の身分行為に関する判例の結論とも整合的である点で魅力的である。

(2)　婚姻意思の存在時期

(a)　効力要件説と成立要件説　　では，婚姻意思は届出との関係でいつ存在すればよいか。届出に関する効力要件説と成立要件説の対立が，この問題に関係する。

一部の学説は，739条が届出によって婚姻の「効力を生ずる」と規定していることや，届出のない段階にある内縁関係を保護したり届出書作成時の婚姻意思の合致を重視する見地から，届出を効力（発生）要件と解する（届出の**効力要件説**）。この説は，届書作成時に婚姻意思があればその時点で婚姻は成立し，届出によって法的効力が完全に付与されるにすぎないと解するので，届出の受理時にまで婚姻意思の存在を必要としない。

これに対し，通説は，前述（本節**2**）のように届出を成立要件と解する（届出の**成立要件説**。成立しかつ効力が発生する）ので，届出の受理によって婚姻が成立する時点において，届出とともに婚姻の要件を構成する婚姻意思が存在することを必要とする（婚姻障害がないことも必要とする）。以下で検討するように，判例は成立要件説の立場を原則としつつ，必要に応じてこれを緩和・修正している。

(b)　届出受理時の意識喪失と判例　　判例は，事実上の夫婦関係にある者や将来婚姻することを目的に性的交渉を続けてきた者が，婚姻意思を有し，その意思に基づいて届書を作成したときは，届出の受理時に意識を喪失していたとしても，受理前に翻意したなど特段の事情がない限り，婚姻は有効に成立するものとしている（最判昭和44・4・3民集23巻4号709頁，最判昭和45・4・21判時596号43頁）。これは，届書作成時に婚姻意思を明確に有していれば，届出の受理時に意識を喪失していたとしても，特段の事情がない限り，婚姻意思がそのまま失われずに受理時にも存続しているという扱いをしたものといえる（前記の関係にある者以外でも事情により同様に解される場合もあろう）。したがって，届出受理時にも婚姻意思が存在することを要求する成立要件説の立場を原則としつつ，意識のある間の届書作成で確認された最終的な意思を尊重して，この原則を緩和したものとみることができる。

なお，上記判決はいずれも届出の受理後に短時間で死亡した事例であって，受理時に当事者の一方または双方が死亡していた場合については届出が受理さ

れても婚姻の効力は生じない（大判昭和 16・5・20 民集 20 巻 629 頁）。ただし，生存中に郵送した届出書が死亡後に到達した場合は，死亡時に届出があったものとみなされる（戸 47 条）。

(c)　**届出前の翻意と判例**　　届書作成時には意思があったが届出受理前に翻意した場合に関する判例は，協議離婚に関するものがみられるにとどまる。判例は，合意により届書を作成した当事者の一方が，届出を相手方に委託した後に翻意し，それを戸籍係員に対して意思表示していた場合について，「届出の当時離婚の意思を有せざることが明確になった以上，右届出による協議離婚は無効といわなければなら」ず，相手方に対する翻意の表示や届出委託の解除の事実がなくても届出は無効であるとする（最判昭和 34・8・7 民集 13 巻 10 号 1251頁〈判例Ⅰ2-6〉〔84 頁〕）。下級審裁判例では，相手方または戸籍係員に対する明白な翻意の表示がないとして，婚姻意思の撤回を認めず，届出がされた婚姻を有効とした事例がみられる（東京高判昭和 41・11・8 家月 20 巻 2 号 35 頁）。

　成立要件説に立ったとしても，受理時に婚姻意思を失っていたという内心は外部からは必ずしも分からず，届書作成で確認された婚姻意思を撤回するには相応の明確性を要するべきである。その意味で，相手方または（戸籍事務管掌者の補助職員である）戸籍係員に対する届出受理前の明確な翻意の意思表示を要求したものといえる（本章第 5 節 **2** (1)(b)(ii)の不受理申出制度も利用しうる）。

4 婚姻障害のないこと

(1)　婚 姻 適 齢

　令和 4（2022）年 4 月 1 日から成年年齢が 18 歳とされるのに合わせて，婚姻適齢も男女とも 18 歳とされた（731 条）。婚姻適齢は，社会の構成要素である家庭の安定を図るという公益的な観点から，肉体的・精神的に成熟していない者の婚姻を禁じたものである。改正前は，女性については 16 歳とされていたが，今日，男女差を設けることに合理的な理由がないとして，平成 8 年民法改正要綱で男女とも 18 歳とすることが提案されていたものである（ Column Ⅰ1-1 〔20 頁〕）。

　なお，やや関連する問題として，成年被後見人については，判断能力が十分でないとしても，意思能力が回復している限り，婚姻をすることができる。成

年後見人の同意を要せず（738 条），単独で婚姻をすることができる。十分な判断能力がないとしても，婚姻については当事者の自由な意思をとくに尊重すべきだからであり，意思能力の有無を問わず法定代理人が本人の代わりに婚姻の意思表示をすることができないのも同じ理由による。

(2)　重婚の禁止

　配偶者のある者は，重ねて婚姻をすることはできない（732 条）。この**重婚の禁止**は，法律婚について一夫一婦制をとる趣旨であり（婚姻している者が他の者と内縁関係にはいる重婚的内縁はここでいう重婚に当たらない），刑法上も重婚は罪とされている（刑 184 条）。

　重婚に当たらないことが確認されてから婚姻の届出が受理されるので，戸籍係員が誤って受理して戸籍上で二重に婚姻が成立することはまれである。重婚は，①協議離婚をして再婚したが，離婚が無効であるか取り消された場合，②配偶者の失踪宣告（30 条）を得て再婚したが，その者が生存していて宣告が取り消された場合（32 条：平成 8 年民法改正要綱では，重婚が生じないよう，前婚が解消される），③配偶者の認定死亡（戸 89 条）を受けて再婚したが，その者が生存していた場合などが典型例（とくに①）である。

　重婚になる婚姻届が誤って受理され，父性推定の重複が生じた場合は，父を定めることを目的とする訴えにより裁判所が父を定める（773 条。再婚禁止期間の制度の廃止に伴い改正）。

(3)　近親婚の禁止

　優生学上または倫理上の理由から，以下のように，一定の親族間における婚姻が禁止されている（**近親婚の禁止**）。

　(a)　**直系血族・3 親等内の傍系血族**　　①直系血族の間の婚姻や，②3 親等内の傍系血族の間の婚姻は禁止される（734 条 1 項本文）が，③養子と養方の傍系血族の間の婚姻はその限りではない（同項ただし書）。

　①の場合は，優生学上のみならず倫理上からも禁止されているので，自然血族だけではなく法定血族をも含んだ形で禁止されている（後述するように(c)の736 条と重複する）。これに対し，②の場合（兄弟姉妹間やおいめいとの婚姻）の例

外として，③の場合（例えば，養子と養親の子との関係は兄弟姉妹に当たる）は，自然血族関係にないので少なくとも優生学上の問題はなく，慣習上も広く行われて倫理上も問題がないことから，婚姻が許容されている（養子の実子と養親の実子の婚姻については，③の趣旨を優生学上の問題を重視して解するか慣習や倫理の問題を重視して解するかによって，1項ただし書を類推適用して婚姻を許容する説と1項本文をそのまま適用して禁止する説とに分かれている）。

なお，特別養子縁組により養子と実方との親族関係が終了した（817条の9）後も上記の①②の制限は残る（734条2項）。

(b) **直系姻族間** 倫理上の理由から，直系姻族の間の婚姻も禁止される（735条第1文）。例えば，死亡配偶者の兄弟姉妹と婚姻することはできるが，死亡配偶者の親と婚姻することはできない。

このような制限は，配偶者が死亡した後に生存配偶者が姻族関係終了の意思表示（728条2項）をして姻族関係が終了した場合や，離婚によって直ちに姻族関係が終了した場合も残る（735条第2文）。また，特別養子縁組により実子と実方の父母および血族との親族関係が終了した（817条の9）後も同様である（735条第2文）。

(c) **養親子関係者間** ①養子，その配偶者，養子の直系卑属，その配偶者というグループに属する者と，②養親とその直系尊属のグループに属する者との間の婚姻は禁止される（736条）。これは倫理上の理由によるものである。

①の養子の直系卑属については，縁組後の直系卑属に限定されると解されている（縁組前の直系卑属と②との間には親族関係が生じないため〔727条参照〕）ので，結局のところ，736条で禁止されている範囲は734条・735条でカバーされていることになるが，736条は離縁によって親族関係が終了（729条）した「後でも」婚姻をすることができないとした点に意味がある。

(4) 婚姻障害に関連する問題──同性婚

日本の民法上は，婚姻は異性間でするものであることが当然の前提とされている（憲24条1項の「両性」も参照。ただし，同条について，最大判平成27・12・16民集69巻8号2586頁は，婚姻をするか，いつ誰とするかにつき，「当事者間」の自由かつ平等な意思決定に委ねられるべき趣旨を明らかにしたものとする）ので，同性の

カップルは婚姻をすることができない。したがって，同性のカップルは，法律婚に伴う法的・社会的効果それ自体を求めることはできず，養子縁組を結ぶことによって相続や扶養など婚姻に類似した一部の法的効果を得るしかないと解されてきた。そこで，婚姻で生じる効果の一部ですらも享受できないことは憲法 14 条 1 項違反だとする裁判例が現れた（札幌地判令和 3・3・17 判時 2487 号 3 頁。立法の不作為が違法とはいえないとして国家賠償責任は否定。その後の裁判例は，合憲〔大阪地判令和 4・6・20 判時 2537 号 40 頁など〕・違憲〔名古屋地判令和 5・5・30 裁判所ウェブサイト。国家賠償責任は否定〕の判断が分かれている）。一方，当該同性カップルについて，内縁と同様の「婚姻に準ずる関係から生じる法律上保護される利益」を認めた裁判例も注目される（東京高判令和 2・3・4 判時 2473 号 47 頁。「貞操義務」違反で関係解消を余儀なくされたことについて不法行為責任を認めた）。

　　同性婚を是認するかどうかは同性の共同生活に社会の構成要素としてどのような意義と法的保護を認めるかという問題であり，婚姻に準じた法的保護を与える立法をする国がある一方，カナダ・フランス・イギリス・アメリカ・ドイツ・台湾など同性婚自体を認める国もある。日本では，社会生活上家族としての扱いを求める際（例えばアパート入居・家族割引・病院での面会などの申込時）に用いる「パートナーシップ証明」をする制度が 2015 年に渋谷区（条例）と世田谷区（要綱：法規の性質がない行政内規）で導入されてから，主に要綱で同様の制度を実施する地方自治体が増える（2024 年 1 月時点で 370 を超える自治体）なか，議論が盛んになっている。

第 3 節　婚姻の無効・取消し

1 序

　　婚姻が，第 2 節で説明した要件を満たさないものである場合や，婚姻の要件である婚姻の意思はあるがそれに瑕疵がある場合は，無効な婚姻，あるいは，取り消しうる婚姻として，婚姻の効力を否定する必要がある。しかし，婚姻の効力が否定されると，当事者や子はもちろん，第三者との関係においても，契約などの一般の法律行為の無効・取消しとは異なる重大な影響が生ずることに

なる。そこで，民法は，婚姻を無効とする場合を限定するとともに，取消しによって婚姻の効力を否定する場合については，将来に向かってのみ取消しの効力が生ずるものとした。

2　無　　効

(1)　無 効 原 因

742条は，上記の見地から，婚姻は，「当事者間に婚姻をする意思がないとき」（同条1号）および「当事者が婚姻の届出をしないとき」（同条2号）の2つの場合に「限り，無効」とする旨を規定し（同条柱書），民法総則の無効の規定の適用を排除している。例えば，94条は婚姻には適用されず，742条1号の無効の問題とされるにとどまる（善意の第三者を保護する94条2項は身分関係の画一性の要請からも適用されない）。90条についても適用を否定するのが伝統的通説であるが，同条は全私法秩序を貫く大原則であるとして，重婚や近親婚など婚姻の取消事由に挙げられている場合を除いて，適用を認めるべきだとする見解も有力である（なお，判例においては，婚姻への適用を認めたものは見当たらず，養子縁組について，適用の有無の判断を留保しつつ，仮に適用されるとしても公序良俗に反しないものとした最判昭和38・12・20家月16巻4号117頁があるにとどまる）。

このように，民法は2つの無効原因を規定するが，通説は，742条2号の届出のない婚姻については，成立要件を欠き，有効・無効を争う余地がない（追認する余地もない）ものとして，**不成立**と解している。通説の立場からは，本条2号はただし書を導くための規定であり，739条2項の要件を欠く不完全な届出であっても受理されれば有効になる——例えば，証人が成年でない場合や，届出人の署名が代署によってなされたが代署事由の記載（戸則62条）を欠いている場合（養子縁組届につき，最判昭和31・7・19民集10巻7号908頁参照）にも，受理されれば有効になる——というただし書にのみ意味がある，ということになる。これに対し，742条2号本文の「当事者が」という文言に着目し，当事者ではなく第三者が届出をした場合を示すものと解する説もあるが，そのような場合も同条1号の「婚姻をする意思がないとき」の問題と解するのが一般的である（なお，当事者の一方が勝手に婚姻の届出をした場合について，最判昭和47・7・25民集26巻6号1263頁は，本条1号の無効の問題としている）。

(2) 無効の性質と主張方法

(a) **無効の性質**　　婚姻無効（婚姻の意思がない場合）について，訴訟法学では，①外形上婚姻の届出がなされている以上，婚姻無効は判決・審判によってはじめて画一的・遡及的に無効とされるべきである，②無効判決に対世効が認められている（人訴24条）こともこの趣旨である，などを理由に，婚姻無効の訴えを**形成の訴え**と解するのが多数説である。

これに対し民法学では，①婚姻の取消しについては訴えによるべき明文があるが，婚姻無効については明文がない，②したがって，対世効のある判決とは別に一般の法則に従って個々の訴訟の先決問題として婚姻無効を主張することを妨げないのが民法の趣旨である，などを理由に，判決や審判を待たずして当然に婚姻は無効であり，婚姻無効の訴えは**確認の訴え**であると解するのが多数説である。

判例は後者の立場をとるものとみられる（最判昭和34・7・3民集13巻7号905頁，最判平成8・3・8家月48巻10号145頁）。

(b) **無効の主張方法**　　婚姻の無効の訴えは，上記のいずれの立場をとるにせよ，人事に関する訴訟事件であり，家庭裁判所に提起されることになる。この訴えには調停前置主義が適用される（家事244条・257条）が，当事者の処分に親しまないという身分関係の性質上，当事者に争いがなくても当事者の合意にそのまま効力を認めることができないため，「合意に相当する審判」（家事277条）がされることになる（合意に相当する審判がされないとき，または，されても異議申立てがされたときは，訴訟に移行しうる）。合意に相当する審判が確定した場合や，訴訟に移行して婚姻無効の判決が確定した場合は，対世効が認められる（人訴24条1項）。

婚姻無効の訴えは，婚姻当事者のみならず，無効を主張する利益のある限り第三者も提起することができる（最判昭和34・7・3民集13巻7号905頁は，死亡した夫の父が提訴した事例で，無効を主張する第三者がたとえ婚姻届を偽造した本人であっても別異に解する必要はないとした）。訴えの相手方は，夫婦の一方が提起するときは他方の配偶者，第三者が提起するときは夫婦（一方が死亡しているときは生存者），相手とすべき者が死亡したときは検察官となる（人訴12条）。

判例は，婚姻の無効確認請求が信義則に照らして許されないかどうかは，婚

姻当事者以外の利害関係人に対する影響をも考慮して判断すべきだとする（前掲最判平成 8・3・8）。

(3) 無効の効果と追認の可否

(a) **無効の効果**　　婚姻の無効（婚姻する意思がない場合）については，前述のように，当然に無効と解するか，訴えによって遡及的に無効になると解するかの争いがあるが，いずれの立場でも，婚姻に伴う効力は初めから生じなかったことになる。したがって，子が出生していても嫡出子とはならず，761条の日常家事債務の連帯責任も否定される。

(b) **無効な婚姻の追認**　　現在の学説や判例は，婚姻の届出がされたときには一方当事者に婚姻意思がなく無効であったとしても，その後，その当事者が婚姻意思を有するに至った場合について追認によって遡って有効とする余地を認めている。

　民法起草時は，そのような場合は改めて届出をし直すべきものであり，婚姻する意思のない無効な婚姻は119条本文との関係からも遡及的に追認することはできない，と解されていた。しかし，その後の学説では，①(ア)身分行為には民法総則の119条の適用はなく，(イ)意思に基づかない婚姻届があることを承認して内縁関係を継続した場合は身分的事実を重視して無効な身分行為の追認を認めるべきだとする中川善之助博士の主張や，②財産法・身分法を問わず119条が適用されない「追認を許す無効」の類型（116条をあくまでも1つの典型とする）を認めようとする見解が主張されるようになった。一方，判例も，無効な代諾縁組の追認の肯定（最判昭和 27・10・3民集 6 巻 9 号 753 頁），無効な協議離婚の追認の肯定（最判昭和 42・12・8家月 20 巻 3 号 55 頁）を経て，上記①(イ)・②の学説を踏まえた理論を展開して，無効な婚姻が追認により届出時に遡って有効になる場合を認めるに至った。

◁判例Ⅰ2-2▷ **最判昭和 47・7・25 民集 26 巻 6 号 1263 頁**
【事案】夫 X と妻 Y は，いったん離婚したが，子の養育のために再び同居を始めた。Y は X に無断で婚姻届を出したが，夫 X はこれを黙認し，税の申告にあたり Y を妻として記載したり，共済組合が Y を妻と認定したことに異議を唱えなかった。X が婚姻無効の訴えを提起したが，原審は X の追認により婚

姻は届出時に遡って効力を生じたとした。Xが上告。

【判旨】「事実上の夫婦の一方が他方の意思に基づかないで婚姻届を作成提出した場合においても，当時右両名に夫婦としての実質的生活関係が存在しており，後に右他方の配偶者が右届出の事実を知ってこれを追認したときは，右婚姻は追認によりその届出の当時に遡って有効となると解するのを相当とする。けだし，右追認により婚姻届出の意思の欠缺は補完され，また，追認に右の効力を認めることは当事者の意思にそい，実質的生活関係を重視する身分関係の本質に適合するばかりでなく，第三者は，右生活関係の存在と戸籍の記載に照らし，婚姻の有効を前提として行動するのが通常であるので，追認に右の効力を認めることによって，その利益を害されるおそれが乏しいからである。」としてXの上告を棄却した（なお，上記の理由のほか，①無効な婚姻の追認を否定する規定がない反面，取消事由のある婚姻につき追認を認める規定があること，②他人の権利の処分につき，権利者が追認した場合に116条の規定を類推適用する判例〔最判昭和37・8・10民集16巻8号1700頁〕の場合との類似性も指摘している）。

　その後の下級審裁判例の中には追認をかなり緩やかに認定したもの（横浜地判昭和51・7・23判タ347号273頁）もみられるが，学説では，追認の認定を厳格にすべきだとする見解が有力であり，法律婚をする意思が認められて初めて追認を肯定すべきである。追認時までは法律婚をする意思がなかったことから遡及効に反対する学説も有力である（前記の民法起草時の見解に類似する）。

3　取 消 し

(1)　取 消 原 因

　743条は，婚姻の取消しについて，744条・745条・747条の規定のみによるべきものとして，民法総則の法律行為の取消しに関する規定の適用を排除している（民法総則の取消権の消滅時効に関する規定〔126条〕についても適用が排除されるというのが起草者の見解であり，無効に近い性質がみてとれる）。

　婚姻の取消原因は，2つの類型に大別される。第1の類型は，婚姻の実質的要件のうち，婚姻意思の合致の要件を欠く場合を除く，3つの要件違反の場合，具体的には，婚姻適齢違反（731条）・重婚（732条）・近親婚（734条〜736条）を原因とする取消し（744条・745条）である。第2の類型は，詐欺・強迫により婚姻意思に瑕疵があることを原因とする取消し（747条）である。

第1の類型は，**公益的取消し**と呼ばれる。不適法な婚姻届が誤って受理された場合に，反社会的な婚姻を公益的な観点から取り消すものである。したがって，婚姻当事者以外にも親族などや公益代表者である検察官にも幅広く取消権が与えられる。取消原因ごとに規定された取消権者は，以下のとおりである。ただし，検察官の取消権は，一方配偶者の死亡により消滅する（744条1項ただし書）。

①婚姻適齢違反——婚姻の各当事者，その親族，検察官。

②重婚——婚姻の各当事者，その親族，前婚の配偶者，検察官。

③近親婚——婚姻の各当事者，その親族，検察官。

これに対し，第2の類型は，**私益的取消し**とよばれる。詐欺・強迫（相手方配偶者によるものか第三者によるものかを問わない）を受けた当事者を保護する私益的な観点からの取消しであるので，取消権は詐欺・強迫を受けた当事者に限定される（近時の詐欺取消しの肯定例として，東京高判平成18・11・21 LEX/DB28131219）。

(2) 取消権の消滅

(a) 公益的取消し 公益的取消しについては，原則として追認その他の事由による取消権の消滅は認められないが，いくつかの例外が条文上または解釈上認められている。

（ⅰ） 婚姻適齢違反 不適齢者が適齢に達した場合は取消権が消滅する（745条1項）が，不適齢者本人については，適齢に達してから3か月間は追認をしない限り取消権が認められる（同条2項）。

（ⅱ） 重 婚 判例は，婚姻の取消しの効果が離婚の効果に準ずることから，後婚が離婚によって解消した場合は，特段の事情がない限り，後婚を取り消す法律上の利益はないとする（最判昭和57・9・28民集36巻8号1642頁）。離婚の効果との差異が生じる748条2項・3項が問題となる場合は，上記の特段の事情による，後婚の取消しが認められる余地がある。また，後婚の離婚の際に過大な財産分与がされた場合に，前婚配偶者による後婚の取消しを認める学説もある（離婚後の婚姻取消しは離婚時に効果が生じて，財産分与の効力が否定される）。

後婚および前婚が重婚者の死亡により同時に解消した場合は，後婚配偶者の

相続権を失わせる実益からも取消しが認められるのに対し，前婚が前婚配偶者の死亡により解消した場合は，重婚の瑕疵が治癒されるので取消権は消滅する。

　⒝　**私益的取消し**　　詐欺・強迫による取消しは，私益的見地からの取消しであるので，追認による取消権の消滅が認められる一方，婚姻の安定性を優先させる見地から，詐欺を発見し若しくは強迫を免れた後3か月を経過したときも取消権は消滅する（747条2項）。相手方配偶者が死亡して詐欺・強迫による婚姻が解消した場合になお，検察官を相手に取消しの請求ができるかについては，否定説と肯定説が対立しているが，死亡による解消と取消しとでは効果に差異があるので，肯定説を支持すべきである。

(3)　取消しの方法

　一般の法律行為の取消しは，意思表示による（123条）が，婚姻の取消しは，身分上の重要な事項であり，また，その効果を対世的・画一的に確定する必要があることから，公益的取消し・私益的取消しを問わず，**家庭裁判所に対する訴えによる**（744条1項・747条1項）。

　婚姻取消しの訴えは，人事に関する訴訟事件であるので，婚姻無効の訴えと同様，調停前置主義が適用され，合意に相当する審判がされる場合がある（本節 **2** (2)⒝参照）。婚姻取消しの審判や判決が確定した場合は**対世的効力**が認められる（人訴24条1項）。婚姻取消しの訴えは，形成訴訟であり，取消しの審判や判決が確定して，はじめて将来に向かって婚姻の効力が失われる（死後取消しの例外については(4)で述べる）。

　取消しの相手方は，婚姻当事者の一方が提起するときは配偶者，第三者が提起するときは夫婦（一方が死亡したときは生存配偶者のみ），相手方となるべき者の死亡後は検察官である（人訴12条）。第三者から詐欺・強迫がされた場合も，相手方配偶者（善意悪意を問わない）を相手方とする。

　なお，詐欺・強迫によって婚姻した者が死亡した場合，747条には取消権者として「承継人」が規定されていない（適用が排除される民法総則の法律行為の取消しに関する120条と比較せよ）ことから，相続人による取消しの請求は否定すべきである。

(4)　取消しの効果

　一般の法律行為の取消しには遡及効がある（121条）が，婚姻が遡って無効とされた場合には当事者・子・第三者に重大な不都合をきたす（嫡出子として生まれた子が非嫡出子になる点がとくに問題となるほか，日常家事債務の連帯責任の消滅など）ため，婚姻の取消しについては**将来に向かってのみ効力が生ずる**ものとされた（748条）。したがって，嫡出子（準正によって嫡出子になった者を含む）は婚姻取消し後も嫡出子としての地位を失わない（直系姻族間の婚姻禁止については，反対説もあるが，取消し後も維持されるとする説が多い）。ただし，一方配偶者が死亡した後に婚姻が取り消された場合は，死亡時に取り消されたものとして，生存配偶者は相続権を失うものと解されている。次に説明するように，婚姻の取消しには離婚の財産分与の規定が準用されるが，死後取消しによって相続権を失う生存配偶者が，死亡配偶者を相続した者に対し財産分与を請求できるかどうかが問題となる（東京高決昭和56・9・30家月35巻1号87頁が，この点に「問題がないわけでない」とした趣旨は明らかではないが，配偶者の死亡の時点で婚姻が取り消されると，その時点で財産分与請求権が発生するところ，その義務の帰属主体が同時に死亡しているため，その相続人に相続承継されると解することに理論的な支障が生ずる点を問題としたものと思われる。取消しによって相続権を失うだけでなく財産分与の請求もできないとすれば，内縁配偶者が死亡した場合と同様に財産法の一般法理〔共有・不当利得〕による解決をするか，あるいは，748条1項の反対解釈として，同条2項・3項を形式的にも遡及効を認めたものと解してその適用によることが考えられる）。

　このように婚姻の取消しは，将来に向かって効力が生ずる点において離婚との共通性があることから，離婚の規定（姻族関係の終了，子の監護者の決定，復氏，財産分与，復氏の際の権利の承継，子の氏，親権者の決定の各規定）が準用されている（749条）。

　これに対し，婚姻によって得た財産上の利益については，一般の不当利得の法理（703条・704条）に準じた扱いがされており，この範囲では実質的に遡及効を認めたものということができる。すなわち，婚姻の当時，取消原因を知らなかった当事者は，婚姻によって得た財産を，現に利益を受ける限度で返還する義務を負う（748条2項）。また，婚姻の当時，取消原因を知っていた当事者は，婚姻によって得た利益の全部を返還する義務を負い，かつ，相手方が善意

のときには，損害賠償責任も負う（同条3項）。

なお，婚姻の取消原因は協議離婚に一部準用されている（764条）が，取消しの遡及効を否定する本条の準用はなく，協議離婚の取消しについては一般原則通り遡及効がある。

第4節　婚姻の効果

1 一般的効果

(1) 氏 の 共 同

夫婦は，婚姻の際に夫または妻の氏を夫婦共同の氏として選択してこれを称する（750条）。

氏の共同（**夫婦同氏の原則**）は，婚姻時のみならず，婚姻中も維持される。夫婦の一方が養子になった場合も同様であり，AとBがAの氏による婚姻をした後，①AがCの養子になった場合は，AがCの氏になる（810条）のと連動してBもCの氏になり，②BがCの養子になった場合は，BはAとの婚姻中はAの氏のまま変わらない（810条ただし書），という形で原則が維持される。

夫婦の一方の死亡によって婚姻が解消されたときは，婚姻の際に氏を変更した生存配偶者は，戸籍法95条の届出をすることによって婚姻前の氏に復することができる（751条）が，上記の届出をしなければ婚姻中の氏が維持される。一方，離婚によって解消した場合は，婚姻の際に氏を変更した配偶者は婚姻前の氏に復する（767条1項）が，離婚の日から3か月以内に戸籍法77条の2の届出をすれば，婚姻中の氏を称し続けること（**婚氏続称**）ができる。

なお，平成8年民法改正要綱では，選択的夫婦別氏制度が提案されている（⇒本編第1章第3節(2)(b)(iv)）が，改正が見送られてきた。そこで，夫の氏を称する婚姻をした女性らによって750条の憲法違反と立法不作為の違法を主張する国家賠償訴訟が提起されたが，最大判平成27・12・16民集69巻8号2586頁は，合憲とした。①「氏の変更を強制されない自由」は「人格権」の一内容とはいえず，②「夫婦同氏制それ自体に男女間の形式的な不平等が存在するわけではな」く，③夫婦同氏制には合理性や一定の意義が認められ，氏を改めた

者の不利益は，「氏の通称使用」の広まりで「一定程度は緩和され得る」ことなどを理由とする（5名の裁判官は違憲とした）。最大決令和3・6・23判時2501号3頁も上記判例を変更すべきものとは認められないとした（750条およびこれを受けた戸籍法74条1号を合憲としたが，違憲とする反対意見・意見がある。最決令和4・3・22裁判所ウェブサイトも参照）。

(2) 同居協力扶助義務

夫婦は，同居し，互いに協力し扶助する義務を負う（752条）。

(a) 同居義務　**(i)**　夫婦である以上は一般抽象的には**同居義務**を負っているが，一定の状況のもとで具体的に同居義務を負うかどうかは当該夫婦の事情によって左右される。すなわち，正当な理由なく夫婦の一方が同居を拒否したときは，他方は同居の審判を請求することができる（家事39条・別表第二1項。ただし，審判の前に当事者の申立てにより〔家事255条〕，または，職権により〔家事274条〕，調停がされることがある）が，夫婦の円満な共同生活の回復が期待できない場合については，同居請求が否定されることがあるからである。

また，同居を命ずる審判が出されたとしても，義務者の自由意思が尊重されるべきものとして，強制履行になじまないとされる。直接強制（414条1項本文）ができないのはもちろんのこと，間接強制（民執172条）もできない（大決昭和5・9・30民集9巻926頁）。

結局，同居義務はこれに違反すると離婚原因になりうる（770条1項2号・5号）という形で担保されているにすぎないともいえる。

(ii)　同居審判については，上記の強制の問題のほかに，審判手続が非公開で職権主義で行われる点が，憲法32条・82条に反しないかという問題がある。この点について，判例は，同居審判は，「同居の義務等の実体的権利義務自体を確定する趣旨のものではなく」，これらの義務の存することを前提として「同居の時期，場所，態様等について具体的内容を定める処分であり」，「前提たる同居義務等自体については公開の法廷における対審及び判決を求める途が閉ざされているわけではない」として，合憲であるとした（最大決昭和40・6・30民集19巻4号1089頁　判例0-1〔11頁〕）。

(iii)　なお，夫婦関係が破綻している場合は，同居請求が否定されるにとどま

らず，一時的に別居が望ましいと判断されることもある。さらに，ドメスティック・バイオレンスがされている場合については，いわゆる DV 防止法（配偶者からの暴力の防止及び被害者の保護等に関する法律）が規定する保護命令（接近禁止命令等〔10 条〕・退去等命令〔10 条の 2〕）の中で実質的に別居が命ぜられることもありうる。

(b)　**協力義務**　　**協力義務**は，共同生活の分業を行う義務であり，これも法的強制になじまない。この義務も違反すると離婚原因になりうる（770 条 1 項 5 号）ことで担保されるにすぎない（離婚の際の財産分与でも考慮されうる）。

(c)　**扶助義務**　　(i)　**扶助義務**は，夫婦間の金銭的な協力の問題であり，審判による命令は強制履行が可能である。もちろん離婚原因になりうる（770 条 1 項 2 号・5 号）という形でも担保されている。もっとも，自分から同居協力義務を著しく怠っておきながら扶助義務を請求することが権利濫用とされる余地もある（本節 **2** (2)(c)参照）。

(ii)　扶助義務に関連する 2 つの問題に触れておく。

第 1 に，扶助義務（752 条）と婚姻費用分担義務（760 条）との関係が問題となる。前者は夫婦間の一般抽象的義務，後者は当該夫婦の事情を踏まえた具体的な負担義務者を定めたものであり，観念的には区別できるが，機能的には重複していると解されている。したがって，手続上は，前者に基づく請求（家事 39 条・別表第二 1 項）をしても，後者に基づく請求（家事 39 条・別表第二 2 項）をしてもよいが，両者の理論的な位置づけの違いから，後者のほうで処理されることが多い。

第 2 に，夫婦間の不動産使用については，使用貸借契約に基づくものと解する余地もあるが，多くの裁判例は，扶助義務（752 条）に基づくものと解している。別居中の夫が夫所有の不動産に居住する妻に対し明渡請求した事件で，特段の事情がない限り妻は 752 条に基づいて居住し続ける権利があるとした事例（東京地判昭和 45・9・8 判時 618 号 73 頁）や，別居中の妻が妻所有の不動産に居住する夫に対し明渡請求した事件で，夫婦の円満な共同生活の回復が期待できず，夫の性格が異常であって妻が夫との同居を拒む正当な理由があるとして，夫は 752 条に基づいて居住し続ける権利はないとした事例（東京地判昭和 61・12・11 判時 1253 号 80 頁）などがみられる（なお，別居中の夫から妻に対する居住用

共有不動産の共有物分割請求について752条などを理由に権利濫用にあたるとして否定した事例〔大阪高判平成17・6・9判時1938号80頁〕も参照）。

　もっとも，配偶者の一方が死亡して婚姻が解消された後については，752条を根拠とすることができなくなるという問題が残るが，判例は，死亡後遺産分割終了時までについて無償使用の合意の存在を推認している（最判平成8・12・17民集50巻10号2778頁は，被相続人と同居していた相続人に関する事例であり，配偶者が相続人の場合も射程とする。新設された配偶者短期居住権は，判例のような配偶者が遺産分割に参加する居住建物〔1037条1項1号〕のほか，他に遺贈されるなど遺産分割の対象にならないもの〔同項2号〕にも認められる）。

(3)　貞操義務

(a)　**序**　　**貞操義務**は，明文の根拠はないが，不貞行為が離婚原因となること（770条1項1号）や，民法が一夫一婦制をとっていることから導かれる。

　貞操義務に違反すると，上記のように離婚原因になるほか，不法行為責任も問題となる。すなわち，少なくともこれが原因で離婚に至った場合は，不貞行為によって離婚を余儀なくされた相手方配偶者に対する不法行為責任を負うことになる。離婚に至らなかった場合も，一種の債務不履行ないし不法行為として，相手方配偶者の精神的損害に対する損害賠償責任を問題とする余地はあるが，この場合は，不貞の相手方である第三者の損害賠償責任のほうが問題とされる傾向にある。では，第三者は損害賠償責任を負うのか，負うとしたらいかなる理由によるのか。

(b)　**第三者の損害賠償責任に関する判例・学説**　　この点に関する最初の最高裁判決からみていくことにする。

> ◁**判例Ⅰ2-3**▷ 最判昭和54・3・30民集33巻2号303頁
> 【**事案**】Y女はホステスをしていてA男と知り合い，Aに妻子がいることを知りながら性的関係をもち，Aの子Bを出産し，AはBを認知した。Aの妻X₁がYとBの存在を知り，Aを厳しく責めたので，AはX₁や子X₂〜X₄と別居して，Yと同棲した。XらがYに対し不法行為に基づく慰謝料請求をしたところ，原審は，YはAからの誘いにより自然の愛情から性的関係をもったものであり，Aに同棲を求めたこともないなどとして，Xら妻子いずれとの関

係においても，不法行為は成立しないとした。X らが上告。

【判旨】「夫婦の一方の配偶者と肉体関係を持った第三者は，故意又は過失がある限り，右配偶者を誘惑するなどして肉体関係を持つに至らせたかどうか，両名の関係が自然の愛情によって生じたかどうかにかかわらず，他方の配偶者の夫又は妻としての権利を侵害し，その行為は違法性を帯び〔る〕」として，妻 X$_1$ からの請求を認めた。しかし，未成年の子に対する監護・教育は，他の女性と同棲するかどうかにかかわらず，父親自らの意思で行うことができ，他の女性が子に対する監護等を積極的に阻止するなど特段の事情がない限り，女性の行為と子の不利益との間の相当因果関係が否定されるとして，子 X$_2$～X$_4$ からの請求については否定した。

上記判決は，第三者について，故意または過失による他方配偶者の「夫又は妻としての権利」の侵害による不法行為責任の成立を認めたが，学説では，あくまでも夫婦間の問題として解決すべきであって，第三者に対する損害賠償請求を一切認めるべきではない（かかる請求を認めることは，他方配偶者の人格についていわば排他的支配権を認めることになってしまう）という批判がされた。

その後，判例（最判平成 8・3・26 民集 50 巻 4 号 993 頁）は，「甲の配偶者乙と第三者丙が肉体関係を持った場合において，甲と乙との婚姻関係がその当時すでに破綻していたときは，特段の事情のない限り，丙は，甲に対して不法行為責任を負わない」として，第三者の不法行為の成立範囲を狭めた。その理由として，丙の行為が甲に対する不法行為になるのは，「甲の婚姻共同生活の平和の維持という権利又は法的保護に値する利益」を侵害する行為だからであって，甲と乙の婚姻関係が破綻していた場合は，原則として甲にこのような権利または法的保護に値する利益があるとはいえないからであるとした。

> **Column I 2-4　昭和 54 年判決と平成 8 年判決の関係**
>
> 　昭和 54 年判決は，単純に夫または妻の権利の侵害の問題としていたので，一般論の射程の取り方によっては，たとえ破綻していても離婚していない限り不法行為が成立する可能性があったのに対し，平成 8 年判決は，「婚姻共同生活の平和の維持」という，より実質的な利益を問題とすることによって，破綻している場合を排除して，不法行為の成立範囲を絞ったものである。他方，性的な関係がなくても親密な関係をもったことで「婚姻共同生活の平和の維持」

> に対する侵害を考えることができるとする説もあり，別の面では不法行為の成
> 立範囲を広げる可能性がある。また，同判決では子からの慰謝料請求は問題と
> なっていないが，上記の法益を一歩進めて子を含めた家庭の共同生活の安定を
> 考えるならば，子からの慰謝料請求を認める余地もあるかもしれない。

　なお，第三者に対する慰謝料請求権の消滅時効について，判例は，相手方配
偶者と第三者との同棲関係を知ったときから，それまでの間の慰謝料請求権の
消滅時効が進行する，としている（最判平成6・1・20家月47巻1号122頁）。

　(c)　**判例・学説の再検討**　　前述のように，学説では，夫婦間の問題として
扱うべきであって，第三者の不法行為責任を一切認めるべきではないとする説
が有力である。しかし，債権が債権者と債務者の間の問題であっても，債権侵害
の不法行為が成立しうることや，民法が婚姻共同生活をいろいろな面から法的
に保護していることに照らせば，第三者の不法行為の成立を一切否定するのは
行き過ぎである。さりとて，判例のように行為態様を問わず過失による侵害で
も不法行為の成立を認めることは，逆に成立範囲を広くしすぎている。保護法
益がそれほど権利性の高いものではないことから，少なくとも第三者の害意に
よって婚姻共同生活の平穏が侵害された場合には，不法行為の成立を認めてよ
いだろう（なお，最判平成31・2・19民集73巻2号187頁は，配偶者の一方と不貞行
為に及んだ第三者に対する「離婚に伴う慰謝料」の請求については，当該夫婦を離婚の
やむなきに至らしめたものと評価すべき特段の事情がない限り，認められないとする）。

　(d)　**不貞行為の相手からの慰謝料請求**　　夫の不貞行為の相手の女性から夫
に対して，慰謝料請求がされることもある。判例は，「情交関係を誘起した責
任が主として男性にあり，女性の側におけるその動機に内在する不法の程度に
比し，男性の側における違法性が著しく大きいものと評価できるとき」には，
女性の男性に対する慰謝料請求を認めても，「民法708条に示された法の精神
に反するものではない」とした（最判昭和44・9・26民集23巻9号1727頁）。こ
の判決に対する賛否は分かれているが，当該事案における男性側の行為態様の
悪性の強さ（職場の上司である米国人男性が，高校卒業直後の部下の女性と婚姻する
気がないのに，妻と離婚して婚姻する旨の詐言により性的関係をもって子を生ませた）
や当時（昭和35〔1960〕年）の男女関係のあり方を踏まえた判断といえよう。

(4)　契約取消権

　754 条は，夫婦間でした契約は，婚姻中いつでも夫婦の一方から取り消すことができるとして，**夫婦間の契約取消権**を認めている（ただし，第三者の権利を害することはできない）。これは，①夫婦間では，妻が夫からの威圧によって契約をしたり，夫が妻への愛に溺れた契約をするなど，必ずしも十分な意思決定の自由をもたないで契約をすることがあるので，これを取り消す権利を与えるという趣旨や，②夫婦間の契約に法による強制が介入することは家庭の平和を害することになるとして夫婦間の契約の法的な拘束力を否定するという趣旨に基づくものである。

　しかし，①②の立法趣旨にあてはまらない場合，すなわち，十分な意思決定の自由のあった契約について，関係が破綻して守るべき家庭の平和が失われている夫婦間で取消権が行使される場合が問題となった。

　判例は，夫婦関係が破綻に瀕しているときに締結された贈与契約は 754 条で取り消すことはできないとし（最判昭和 33・3・6 民集 12 巻 3 号 414 頁：離婚を前提として贈与契約をしたうえで協議離婚届を作成したが，届出の前に契約取消しの意思表示がされた事例），さらに，（契約時は破綻していなかったが）取消しの主張がされた時に婚姻が破綻していた契約についても同条による取消しを否定した（最判昭和 42・2・2 民集 21 巻 1 号 88 頁：754 条にいう「婚姻中」とは，「形式的にも，実質的にもそれが継続していることをいうものと解すべきである」）。判例は，主に②の趣旨との関係で 754 条の「夫婦間」「婚姻中」を限定解釈しているといえよう。

　学説では，①②とも合理性がないとして 754 条を削除すべきであるとする主張が多く，平成 8 年民法改正要綱は同条の廃止を提案している。一部の学説には，①の趣旨との関係で，夫が妻に対して甘い言葉を用いて妻の多額の財産を贈与させた後に裏切るような行動をした場合には，妻に取消権を認めるべきだとして，同条を再評価する見解もあるが，忘恩行為による贈与の撤回ないしは負担付贈与の負担の不履行による解除を認めれば足りよう。

(5)　その他の効果

　婚姻の効果は，一般的効果（夫婦の身分上の効果や身分に付随して財産にも関係する効果）と，次の項で扱う夫婦財産制（夫婦の共同生活の基礎となる財産関係）

に大別することができる。

　一般的効果については，ここまで説明してきた，①氏の共同（750条），②同居協力扶助義務（752条），③貞操義務，④契約取消権（754条）のほかに，⑤相手の親族と親族（姻族）関係になること（725条），⑥子が嫡出子になること（772条参照），⑦法律上の婚姻を解消するには離婚手続を踏まなければならないこと，⑧配偶者相続権（890条），⑨配偶者の居住の権利（1028条・1037条），⑩遺族固有の慰謝料請求権（711条）などがある。

2 夫婦財産制

（1）　契約財産制と法定財産制

　夫婦は，共同生活のための費用の負担，共同して取得した財産の帰属，共同生活から生じた債務の帰属など，他人同士とは異なる夫婦特有の財産関係の規律を必要とする。このような夫婦間の財産関係の規律を**夫婦財産制**といい，①756条以下のように契約でこれを定める**契約財産制**と，②契約がない場合に755条によって760条以下の規定が適用される**法定財産制**とに大別される。

　夫婦財産契約をする場合，その内容として，婚姻中に得た財産の帰属・管理・処分，婚姻中に負った債務の帰属，婚姻解消の際の財産の清算などが考えられる。これらの契約内容は，婚姻の届出をする前に契約をして登記所に届け出て公示しなければ第三者に対抗できず（756条），婚姻中は原則として変更できない（758条1項。例外につき，同条2項・3項，759条参照）。婚姻後の契約については夫婦間の契約取消権（754条）の対象となることや，変更によって第三者に不測の損害を与えかねないことがその理由ではあるが，上記の制限によって非常に使いにくい制度となっているため，日本ではほとんど使われていない（1年に2件程度）。これに対し，諸外国では，公証人が夫婦財産契約の締結を身近で助けたり，法律が契約のモデルを複数用意していたり，婚姻中の変更を認めるなど，夫婦財産契約を締結しやすい環境が整えられており，日本よりも広く利用されている。

　上記のように日本では契約財産制はほとんど選択されていないので，以下，法定財産制（760条・761条・762条）について説明する。

(2) 婚姻費用の分担

(a) **婚姻費用**　　**婚姻費用**とは，婚姻家族（夫婦とその間の未成熟子）の共同生活を維持するのに通常必要とする費用のことであり，衣食住の費用，医療費，娯楽費，交際費，子の養育費・教育費などが含まれる。連れ子の養育費や親の生活費も婚姻費用に含まれるとする審判例もあるが，理論的にはこれとは別の親族間の扶養の問題とみるべきである。

(b) **分担義務**　　前述（本節 **1** (2)(c)(ii)）のように，752条が夫婦間の一般的な扶助義務を規定したものであるのに対し，760条は夫婦間の具体的な費用の分担義務を規定したものである。

分担の額や方法は，双方の「資産，収入その他一切の事情」（760条）を考慮して，①第1次的には夫婦間の協議で定められ，②協議が調わないときは，家庭裁判所の審判（家事39条・別表第二2項）で命ぜられることになる（審判の手続の前に，まず調停の手続が行われ，それが不調に終わってから，審判の手続に移行する場合も少なくない）。

なお，扶養の箇所（本編第5章第3節(2)）で説明するように，夫婦間（および親と未成熟子との間）の扶養義務の程度は，一般の親族間の扶養義務の程度（生活扶助義務）とは区別された，より高度なもの（生活保持義務）とされている。

(c) **破綻している場合**　　婚姻費用は，婚姻が破綻して別居していても，離婚しない限り，分担の義務を免れないのが原則である。ただし，破綻について有責性のある側からの婚姻費用の請求は，制限される場合がある。

すなわち，東京高裁（東京高決昭和58・12・16家月37巻3号69頁）は，上記の原則を述べつつ，「夫婦の一方が他方の意思に反して別居を強行し，その後同居の要請にも全く耳を藉さず，かつみずから同居生活回復のための真摯な努力を全く行わず，そのために別居生活が継続し，しかも右別居をやむを得ないとするような事情が認められない場合には」，「少なくとも自分自身の生活費にあたる分についての婚姻費用分担請求は権利の濫用として許されず，ただ，同居の未成年の子の実質的監護費用を婚姻費用の分担として請求しうるにとどまる」とした。

この裁判例のように，有責者からの自分自身の生活費の請求については全額否定されることが多いが，最低生活を維持する程度の請求の限度で認められた

事例もある（札幌高決昭和 50・6・30 判時 809 号 59 頁）。一方，別居について双方に有責性がある場合については，①請求が減額された事例（大阪家審昭和 48・6・30 家月 26 巻 3 号 51 頁）や，②離婚訴訟が提起されてからは（生活保持義務ではなく）生活扶助義務を前提とした必要最低限の生活費を基準とした分担をすれば足りるとされた事例（札幌高決平成 3・2・25 家月 43 巻 12 号 65 頁）がみられる。

　(d)　**過去分の請求**　　過去の婚姻費用の請求ができるか否かも問題となるが，最高裁は，「家庭裁判所が婚姻費用の分担額を決定するに当り，過去に遡って，その額を形成決定することが許されない理由は」ない（最大決昭和 40・6・30 民集 19 巻 4 号 1114 頁）とした。請求をしなくても相手方は請求者が生活費を必要としている状況を当然に知りうる立場にある以上は，過去に遡っての請求が認められてしかるべきである。

　なお，判例は，離婚の際の財産分与の中に過去の婚姻費用の清算のための給付を含めること（最判昭和 53・11・14 民集 32 巻 8 号 1529 頁 判例 I 2-9 〔96 頁〕。(a)で述べたように子の養育費も婚姻費用に含まれる）や，離婚前の別居中に負担した未成熟子の監護費用について離婚訴訟の中で離婚後の監護費用と一括して請求すること（最判平成 9・4・10 民集 51 巻 4 号 1972 頁）を認めている。

> **Column I 2-5**　**将来の婚姻費用分担債権と詐害行為取消権**
>
> 　調停によって夫 A の妻 X に対する毎月の婚姻費用分担額が決定されたにもかかわらず，A がそれを支払わず，唯一の財産である不動産を第三者 Y に売却した場合，X は，AY 間の売買契約を詐害行為として取り消すことができるか。最判昭和 46・9・21 民集 25 巻 6 号 823 頁は，このような事件に関するものである。原審は，裁判中に A が過去分について弁済したことから，将来の婚姻費用債権を保全するために X が Y に対して詐害行為取消権を行使することを否定した。これに対し，上告審は，将来の婚姻費用の支払に関する債権であっても，「いったん家庭裁判所が審判または調停によってこれを決定した以上……すでに発生した債権というを妨げないのであ」り，「将来弁済期の到来する部分は全く算定しえないものとも即断し難いのであって，少なくとも……調停または審判の前提たる事実関係の存続がかなりの蓋然性をもって予測される限度においては，これを被保全債権として詐害行為の成否を判断することが許される」として，原判決を破棄し差し戻した。

(3)　財産の帰属

(a)　**夫婦別産制の原則**　　762 条 1 項は,「夫婦の一方が婚姻前から有する財産及び婚姻中自己の名で得た財産は, その特有財産（夫婦の一方が単独で有する財産をいう。）とする」とし, 同条 2 項は,「夫婦のいずれに属するか明らかでない財産は, その共有に属するものと推定する」と規定する。

上記の「婚姻中自己の名で得た財産」には, 婚姻中に相続や贈与で得た財産のほか, 婚姻共同生活の中で各自が得た収入なども含まれるというのが自然な解釈であろう。そうだとすると, 762 条は, 1 項で, ①婚姻前から有する財産や, ②婚姻中に相続や贈与で得た財産だけではなく, ③婚姻共同生活の中で各自が得た収入やその収入で得た財産についても, 幅広く特有財産に属するものとする一方, 2 項で, 帰属不明の財産のみごく例外的に共有財産とするものといえよう。

諸外国には, 夫婦の財産を幅広く夫婦の共有財産に属するものと扱う**夫婦共有制**をとる国もあるが, 日本民法は, 少なくとも条文の素直な解釈からは, 夫婦の財産をできるだけ別々に帰属させる徹底した**夫婦別産制**をとるものとみることができる。

(b)　**夫婦別産制の問題点**　　上記のように 762 条を解釈すると, 婚姻中の夫の収入やその収入で買った住居や家財は, あくまで夫のものでしかなく, 妻からの支出がない限り, 妻には何ら持分がないということになるが, それでよいかどうかが問題となる（かつては専業主婦が多かったことがこの問題が議論されてきた大きな要因であり, 後述のように, 学説は専業主婦の保護を意識した議論を展開してきたが, 共稼ぎが多くなってきた今日においては, 夫婦別産制を再評価する動きもあることにも留意されたい）。

この問題に関連する最高裁大法廷判決（最大判昭和 36・9・6 民集 15 巻 8 号 2047 頁）がある。X（夫）が, X 名義の給与所得と事業所得は妻の家庭における協力によって得られたものであり, 762 条は憲法 24 条の夫婦平等に反するものであって, X の上記所得は夫婦平等に帰属するものとして, 夫婦別々に課税されるべきだと主張した（所得税には累進性があるのでこのような主張が認められるほうが税金の総額が安くなる）事件で, 最高裁は, 762 条は,「夫と妻の双方に平等に適用されるものであるばかりでなく」,「民法には, 別に財産分与請求

権，相続権ないし扶養請求権等の権利が規定されており」，「夫婦相互の協力，寄与に対しては，これらの権利を行使することにより，結局において夫婦間に実質上の不平等が生じないよう立法上の配慮がなされている」として，憲法24条に違反するものではない，とした。

しかし，多くの学説は，単にあとから相続や財産分与で配偶者の協力や寄与を清算するだけでは実質的に平等とはいえないとして，婚姻中から共有持分を実質的に認めるべきだと主張してきた。下級審裁判例においても，このような考え方が採用されてきた。

(c) **実質的共有説**　　上記の主張（**実質的共有説**）は，762条1項を縮小解釈し，同条2項を拡張解釈するものである。すなわち，同条1項の特有財産については，(a)で述べた①〜③のうち，①婚姻前から有する財産や，②婚姻中に相続や贈与で得た財産に限定しつつ，同条2項の共有財産の中に，「性質上当然の共有財産」と「実質上の共有財産」という2つの類型を幅広く認めている。

「**性質上当然の共有財産**」は，婚姻生活に必要な家財道具などの動産であり，一方の収入で購入した物でも，物権的に2分の1ずつの共有持分が認められる。

「**実質上の共有財産**」は，婚姻中に協力して得た土地・家屋・預金などであり，一方の収入で獲得しその名義になっていても，夫婦間では実質的に2分の1ずつの持分が認められる。ただし，第三者との関係においては名義人の財産と扱わざるをえず，名義人が他方配偶者の同意なくこれを処分したときはその持分を対抗できない。

(d) **裁判例**　　下級審裁判例においても，このような実質的共有説の考え方を採るものが少なくない（その効果については各裁判例の説明を参照）。

すなわち，①夫婦の共同生活に必要な家財道具で婚姻後に取得した動産について購入の際の名義や支出のいかんを問わず夫婦の共有財産に属するとしたもの（東京地判昭和50・4・16判タ326号249頁：妻の特有財産であることを立証するまでもなく夫の債権者による差押に対抗しうるとした），②夫婦の収入に差があるときでも夫名義で預金した預金債権について持分各2分の1の準共有になるとしたもの（横浜地判昭和52・3・24判時867号87頁：このような預金について離婚の際の財産分与によらずに分割請求ができる旨を述べたが事案はやや複雑である），③夫婦の収入に差があるときでも夫名義で購入した不動産について持分各2分の1の共

有となるとしたもの（札幌高判昭和 61・6・19 判タ 614 号 70 頁：妻からの持分確認と更正登記の請求を認めた），④もっぱら夫の収入で購入されたゴルフクラブ会員権について実質的には夫婦の共有財産であるとしたもの（東京地判平成 4・8・26 家月 45 巻 12 号 102 頁：専業主婦の妻が別居の際に持ち出しても離婚の際の財産分与の範囲を著しく逸脱しないかぎり違法性がないとした）などがみられる。④にみられるように，実質的共有説は，婚姻中の共有持分を認めることで，離婚の際の財産分与（清算的財産分与）を拡大しようとするねらいもある。

　一方，最高裁判決には実質的共有説をとったものは見当たらず，やや古いが，実質的共有説を採用しなかったとみられる判決（最判昭和 34・7・14 民集 13 巻 7 号 1023 頁）がある。この事件は，夫 X が建物を所有し経営していた旅館の収入でそれまで借りていた敷地を購入した際に，その登記を妻 Y の名義にしていたため，両者が離婚するにあたって，その帰属が問題となったものであり，最高裁は，《夫婦間の合意で，夫の買い入れた土地の登記簿上の所有名義人を妻としただけでは，右の土地を妻の特有財産と解すべきではない》として，その土地を夫の特有財産と認めた原判決を維持した。旅館の女将をしていた Y が，旅館の収益は夫婦の共有財産であり，その収益で買った土地も共有物とみるべきだと主張した上告を棄却した点で，実質的共有説を採用しなかったとみることができる（ただし，事案を仔細にみるならば，実質的共有説を仮にとったとしても，Y は離婚の際に相当な額の金銭を受け取っていたので，事案の解決には影響がなかったということもできる）。

　(e)　**実質的共有説の問題点**　このように学説や下級審においては，762 条に忠実な夫婦別産制を徹底する考え方を否定し，夫婦が協力して得た財産をできるだけ共有財産にしていこうという傾向がみられるが，問題点もある。

　すなわち，実質的共有説の背後にみられる「内助の功」という考え方には擬制的要素がつきまとうことや，実質的共有説では不動産などの名義人による処分を阻止できないという限界もある。

　前述のように，最高裁レベルでは実質的共有説をとったものはなく，夫婦別産制の原則が維持されているが，女性の社会進出が拡大して共稼ぎが増える中で夫婦別産制を再評価する動きもあり，最高裁判例は周回遅れで時代に適合しつつあるともいえる。

　一方，夫婦の共同生活を，夫婦それぞれがお金や労務を出資することによる一種の**組合**事業と考える学説も主張されている。従来の実質的共有説には前述のような限界があったことから，平成8年民法改正要綱の議論の過程では，夫婦の居住用不動産について，他方配偶者の同意なく処分することができないとする案も検討された（上記要綱には盛り込まれなかった）。上記の組合法理を参照する説は，このような立法論を基礎づけることができる点（676条が組合員による組合財産の処分を制限していることを参照）からも注目される（ただし，組合理論を徹底すれば，お金を出せば労務〔家事〕をしなくてもよいということにもなりかねないが，752条に照らせば，そのように考えるべきではない）。

(4)　日常家事債務の連帯責任

　(a)　**序**　　761条は，例えば，妻が生活用品の購入のような日常家事に関する契約を第三者との間でした場合，その契約が妻名義でされても夫婦の連帯責任として，夫に支払義務を認めるものである。

　この規定は，沿革的には，夫が夫婦の代表者であるという家族観のもとで，婚姻費用の負担者が夫とされ，妻が行為無能力者とされていた戦前の民法の制度を前提として，妻に夫の代理権を与えて，家事に関する契約の効果を夫に帰属させるものであった。今日でも通説・判例は，連帯責任という効果の前提として，配偶者の日常家事に関する法定代理権を認めている。

　これに対し，最近では，連帯責任という効果と夫婦別産制の原則に着目して，次のような団体的な家族観による説明がされている。

　すなわち，762条は，夫婦別産制の原則をとっているので，本来は債務の帰属も別々であるはずである。しかしながら，共同生活に伴う取引については，妻名義でされたものであれ，夫名義でされたものであれ，共同して債務を負わなければ，夫婦の間で公平を欠くことになる。さらに，第三者は，そのような取引については，夫婦双方を相手と考えるのが普通であり，また，そのような取引の利益は夫婦双方に帰属することから，第三者との関係においても，夫婦が共同して債務を負わなければ公平を欠くことになる。そこで，762条の夫婦別産制の原則の例外として，761条を置き，日常家事債務については別債務ではなく夫婦が連帯して責任を負うことにした。

(b)　**日常家事**　そもそも「**日常家事**」とは，夫婦が（その未成熟子とともに）日常の家庭生活を営む上で通常必要とされる事務である。衣食住に関する日用品の購入や，保健・医療・教育・娯楽等に関する契約のほか，金額や現実の使用目的に照らし日常生活に必要な範囲といえる金銭消費貸借契約も，日常家事に関する法律行為に含まれる。

　ただし，日常家事に関する法律行為か否かは，「その法律行為の種類・性質等」の客観的な事情も考慮される一方で，「その法律行為をした夫婦の共同生活の内部的な事情やその行為の個別的な目的」も考慮される（最判昭和 44・12・18 民集 23 巻 12 号 2476 頁〈判例 I 2-4〉〔74 頁〕参照）ため，個別の事案の様々な事情で判断が分かれうる（子の教材購入につき，肯定例〔東京地判平成 10・12・2 判タ 1030 号 257 頁〕と否定例〔八女簡判平成 12・10・12 判タ 1073 号 192 頁〕参照）。また，配偶者が日常家事のためと偽って法律行為をすることもあるため，第三者からみれば日常家事に当たる場合をどう処理するかが問題となり，(d)で述べるように 110 条の類推が問題となる。

(c)　**連帯責任**　761 条は，例えば，妻が妻名義で契約しようと，妻が夫名義で契約しようと，妻が双方の名義で契約しようと，日常家事に関する法律行為の効果として，これによって生じた債務について夫婦の**連帯責任**とした（ただし書の規定する第三者に予告した場合を除く）。連帯責任の内部的負担部分については，760 条によって定まると解されている。

　前述（(a)参照）のように，判例（前掲最判昭和 44・12・18〈判例 I 2-4〉）・通説は，明文にはないが，761 条の前提として，夫婦は相互に日常家事に関する法律行為について法定代理権を有しており，この代理権の効果として，連帯責任が生ずると解している。

(d)　**日常家事債務と表見代理**　判例・通説の代理権説を前提とすると，これを基本代理権として 110 条を適用できるかどうかが問題となる。

　古い学説には，夫婦の日常家事代理権を基本代理権として 110 条を直接適用できるとする説が多かった。しかし，この説では，《当該法律行為に関する代理権があると信じたこと》についての「正当な理由」が問題とされることになる。したがって，日常家事に関する法律行為の範囲を超える場合であっても，さらに特別な代理権が与えられていたと信じたことについて「正当な理由」が

あれば，日常家事を超える場合まで連帯責任の効果が生じてしまい，その結果，夫婦別産制の財産的独立を侵すことになる，という批判がされた。

上記の批判をした学説は，110条を直接適用するのではなく，110条の趣旨を類推適用するにとどめ，《その行為が当該夫婦の日常家事に関する法律行為の範囲内に属すると信じたこと》に関する「正当な理由」を問題とすることによって連帯責任の成立範囲を狭め，夫婦別産制とのバランスをはかったものである。判例もこの説を支持するに至った。

> ◁判例Ⅰ2-4▷ **最判昭和44・12・18民集23巻12号2476頁**
>
> 【事案】妻Xが婚姻前に働いて取得しX名義にしていた不動産を，夫Aが夫個人の借金の返済のために無断で妻の代理人と称してYに売却したため，離婚後にXが無権代理行為であるとしてYに対し移転登記の抹消を請求した。原審がXの請求を認めたため，Yが上告。
>
> 【判旨】「夫婦の一方が……日常の家事に関する代理権の範囲を越えて第三者と法律行為をした場合……，その代理権の存在を基礎として広く一般的に民法110条所定の表見代理の成立を肯定することは，夫婦の財産的独立をそこなうおそれがあって，相当でないから，夫婦の一方が他の一方に対しその他の何らかの代理権を授与していない以上，当該越権行為の相手方である第三者においてその行為が当該夫婦の日常の家事に関する法律行為の範囲内に属すると信ずるにつき正当の理由のあるときにかぎり，民法110条の趣旨を類推適用して，その第三者の保護をはかれば足りる」とし，Xの特有財産に属する不動産の売却であることなどから正当の理由を否定して，Yの上告を棄却した。

(e)　**学説・判例の評価**　　110条適用説は，外形上日常家事の範囲を超える場合まで第三者を保護する可能性のある説であるのに対し，類推適用説は外形上は日常家事にみえるが内部的には日常家事ではなかった場合のみを救済するものである。上記の事案では，他方配偶者の特有財産である不動産の処分という点で，特段の事情がない限りは，外形上も日常家事とはいえない法律行為であったので，第三者はもともと保護されないことになる。

では，判例と同じような解決は761条のみを適用するだけでも導けないか。761条は，第三者を保護するための規定であるので，第三者からみて日常家事の範囲に属するかどうかを問題とする余地はあろう。しかし，条文の文理からやや離れる解釈になるので，判例の解釈のほうが妥当である。また，110条の

趣旨を類推することによって，他方配偶者の外観作出への帰責性を考慮することができる点でも解釈論上の利点がある（名古屋地判昭和 55・11・11 判時 1015 号 107 頁は，妻が医療費・家計費の足しにすると偽って夫名義で借財をした事案で，妻が夫に依頼して会社から取り寄せた給与証明書や夫の印鑑証明書を提出した事情などを指摘して，110 条の類推適用を肯定した。なお，この場合，夫の連帯責任の内部的負担部分はゼロと解されよう）。

第5節　離　　婚

1 序

　婚姻の解消には，無効・取消しによる解消（742 条～749 条），死亡による解消（728 条 2 項），そして離婚（763 条～771 条）がある。これらのうち，取消しによる解消例はごく少数であり，また，死亡解消はやむをえない事態である。

　離婚は，生存中の夫婦が，婚姻関係を解消する法定の手続である。何らの手続を経ずに，当事者の意思のみで離婚することはできない。したがって，民法は，離婚を婚姻の効果の 1 つとして，婚姻の解消には法定の手続を求めることにしたと見ることもできる。

　さて，婚姻に際して，当初，男女は婚姻，すなわち夫婦関係を永続させるつもりでいたはずである（そもそも期限を付した婚姻は無効と解されている）。そのような関係が，何らかの理由によって破綻し，解消（＝離婚）に至る。そうすると，多くの場合，離婚する当事者は永続しなかったことに対する失望や永続の希望を断ち切られたことに対する憎悪といった感情を抱いている場合が多いに違いない。離婚には，法律上の問題だけでなく，精神的・感情的な問題が付随する。そして，精神的・感情的な問題を全く無視して法律上の問題だけを解決することは，恐らく無理であろう。しかし，民法によって精神的・感情的な問題を解決することが困難だということも事実である。民法にできることは，離婚するかしないかを決めること，離婚する夫婦間に未成年の子がいれば子の親権者や養育費などについて定めること（766 条・819 条），離婚に際しての夫婦の財産関係について定めること（762 条・768 条）等々，離婚が引き起こすもろ

もろの問題の一部（しかし中核的な一部）にすぎないことを十分にわきまえる必要がある。

(1)　離婚の動機

　民法上の離婚の説明に入る前に，夫婦がなぜ離婚を望むのか，夫婦が離婚に踏み切ろうとする動機をまず見ることにしよう。

　家庭裁判所の調停においては，「夫婦関係調整調停（離婚）事件」という事件の類型がある。これが，いわゆる離婚調停である。この申立ての際に，家庭裁判所は離婚を求める申立人から「申立ての動機」を答えてもらっている。それは，事前に用意されている全13項目から最大3つまでを選ぶという，複数回答方式になっている。そして，その結果は，申立人が夫であるか妻であるかによって，明らかに異なる傾向を示している。

　離婚調停を申し立てた夫の動機の上位は，第1位「性格が合わない」，第2位「精神的に虐待する」，第3位「その他」，第4位「家族親族と折り合いが悪い」，第5位「異性関係」である。これに対して，妻の動機の上位は，第1位「性格が合わない」，第2位「生活費を渡さない」，第3位「精神的に虐待する」，第4位「暴力を振るう」，第5位「異性関係」である（令和4年の司法統計による）。

　ともに第1位の「性格が合わない」は，一般に**性格の不一致**と言われており，数十年来，不動の首位を維持している。

　夫の動機の第2位，妻の動機の第3位「精神的に虐待する」は，暴力（有形力）の行使を伴わず，暴言をはく，無視する，物を壊すなど，いわゆる**モラル・ハラスメント**であろう。

　「異性関係」は，夫・妻ともに第5位であり，この動機も上位に定着している。要するに，配偶者が他の異性と性的な関係を持つことであり，俗に言う浮気・不倫であり，民法では**不貞行為**という。後述するが，不貞行為は裁判上の離婚原因（770条1項1号）となる。典型的，かつ，具体的な離婚の動機である。

　わが国の婚姻制度は，一夫一婦（一夫一妻）制を採用している。夫婦には，排他的な性関係，つまり夫婦間の性交渉しか許されない。夫が妻以外の女性と，妻が夫以外の男性とそれぞれ性的な関係を結ぶことは，婚姻制度の本質に違反する。したがって，不貞行為が発覚したならば，裏切られた当事者が離婚を考

えるのは当然であろう。

　さて，離婚の動機の上位のうち，夫と妻で明らかな差異があるのが，夫の動機の第4位「家族親族と折り合いが悪い」と妻の動機の第4位「暴力を振るう」である。

　まず，夫の第4位「家族親族と折り合いが悪い」であるが，要するに，「家風に合わない嫁」「嫁ぎ先と折り合いの悪い妻」ということであろう。嫁姑（よめしゅうとめ）問題は，今日なお，健在なのである。夫の両親や兄弟姉妹等と妻との折り合いの悪さが夫婦関係に波及し，夫が離婚を申し立てる。憲法24条は，婚姻を夫婦間の関係としているが，現実には，婚姻（夫婦）は，その周囲の人々の影響を免れえないのである。

　つぎに，妻の動機の第4位「暴力を振るう」である。いわゆるDV（Domestic Violence ドメスティック・バイオレンス）である。かつては，「夫婦喧嘩は犬も食わぬ」ということで，他人が夫婦喧嘩に介入するのは愚かしいとされてきた。また，「**法は家庭に入らず**」とも言われ，夫婦間で暴力があったとしても，当事者（妻）が死亡したり重傷を負ったりしない限り，犯罪としての立件は稀であった。暴力が離婚の動機の上位を占めているのであるから，その背後には，夫の暴力を恐れて離婚を切り出すことができないでいる妻も存在するだろう。

　なお，妻の第2位の「生活費を渡さない」は，いわゆる兵糧攻めで，経済的虐待ともいえよう。

Column I 2-6　DV 防止法

　正式には，「配偶者からの暴力の防止及び被害者の保護等に関する法律」という。昭和60（1985）年に，国連の「女子に対するあらゆる形態の差別の撤廃に関する条約（女子差別撤廃条約）」が批准され，平成11（1999）年に男女共同参画社会基本法が制定され，配偶者間の暴力に対する社会的認識が高まり，平成13（2001）年に議員立法で成立した。

　法律としての分類上は，男女平等の実現を目的とするという側面からは憲法の体系に，また，暴力＝犯罪から被害者を保護するという側面からは刑事法の体系に，それぞれ位置づけることが可能である。以下，同法の骨格を説明する。

　①　配偶者には，法律婚の配偶者のみならず，内縁の配偶者も含まれる。また，婚姻（内縁）解消後の元配偶者も含まれる（配偶者暴力1条3項）。

　②　暴力とは，「生命又は身体に危害を及ぼす」暴力，「心身に有害な影響を

及ぼす言動」である（配偶者暴力1条1項）。なお，配偶者への暴力を同居の子に見せる態様は，児童虐待に当たる（児童虐待2条4号）。

　③　被害者は裁判所に保護命令の申立てをすることができる。裁判所は，保護命令として，加害者に対し，被害者への接近禁止命令および被害者と同居している住居からの退去命令を発する（配偶者暴力10条・10条の2。接近禁止命令が認容された裁判例として，静岡地決平成14・7・19判タ1109号252頁）。加害者が接近禁止命令ないし住居からの退去命令に違反した場合は拘禁刑または罰金が科される（配偶者暴力29条。住居からの退去命令に違反した加害者が執行猶予の付いた懲役（当時）となった裁判例として，高知地判平成14・9・3判タ1140号298頁）。

　④　配偶者からの暴力の防止および被害者の保護のための施策を講じることが都道府県に義務づけられ，市町村に対しては努力義務とされている。具体的には，都道府県が「配偶者暴力相談支援センター」を設置して，相談等に応じる（配偶者暴力2条の3〜5条の4）。また，都道府県，市町村，警察，福祉事務所，児童相談所などの連携協力も求められている（配偶者暴力9条）。

　同法の課題として，法律婚でも内縁でもない親しい男女間の暴力（いわゆるデートDV）が対象外であること，自治体の取組みに格差があること，妻から夫への暴力が想定されていないこと（同法前文参照。なお，警視庁「配偶者からの暴力事案の概況」（令和5〔2023〕年3月）によれば，DV相談の約20%が男性からである）などがある。

　同法は頻繁に改正されており，令和5（2023）年には，保護命令違反の厳罰化（1年以下の懲役または100万円以下の罰金→2年以下の拘禁刑または200万円以下の罰金：29条）などの改正が行われた（令和6〔2024〕年4月1日施行）。

(2)　離婚の動向

　離婚の動機に続いて，離婚の量的・質的な動向を見ることにしよう。

　(a)　**離婚の件数**　　法制史的な知見によると，江戸期において，離婚はかなり多かったようである。明治に入り，離婚は徐々に減少し，昭和10年代に最も少なくなった。戦後は，昭和30年代半ばからほぼ右肩上がりで増加を続け，平成14（2002）年に28万9836件と最高の件数となった。ここ数年は，年間20万件前後で推移している。**図表Ⅰ2-1**は，厚生労働省の「人口動態統計」から，年間の離婚の件数と離婚率（人口1000人あたりの離婚件数）を示したものである。

　今後の予測としては，いわゆる未婚化・晩婚化によって婚姻数（夫婦の数）

図表Ⅰ2-1　離婚件数の推移

年	昭和25 (1950)	昭和35 (1960)	昭和45 (1970)	昭和55 (1980)	平成2 (1990)	平成12 (2000)	平成22 (2010)	令和2 (2020)	令和4 (2022)
数	83,689	69,410	95,937	141,689	157,608	264,246	251,379	193,253	179,099
率	1.01	0.74	0.93	1.22	1.28	2.10	1.99	1.57	1.47

厚生労働省「人口動態統計」による。

自体が伸び悩んでいること（「婚姻なければ，離婚なし」），わが国の総人口が減少局面に入ったことから，離婚数が大きく増加することはないと考えられている。ただ，離婚が年間約18万件ということは，人数にして約36万人が離婚を経験するということであり，少ない数ではない。ちなみに，経済学的分析によると，離婚率と失業率の間には相関関係があるとされる。景気が悪化し，失業者が増えると，離婚も増えるのである。夫婦，ひいては家族は，家計という経済的な単位の1つでもあり，家族（夫婦）の安定のためには，経済の安定も重要な要素なのである。

　(b)　**離婚の傾向**　　かつては，未熟な男女が勢いで婚姻をし，短期間で離婚に至ることが多く，「早婚の弊害」が問題視されていた（いわゆる「成田離婚」が極端な例である）。そして，婚姻をする年齢が上昇した現在においても，家庭裁判所の婚姻関係事件において，婚姻期間5年未満の夫婦の占める割合は約26%に達しており（令和4年の司法統計による），婚姻直後から問題を抱える夫婦は多いのである。

　昭和60（1985）年前後から，同居期間20年以上の夫婦による婚姻関係事件が増加し，直近では，全体の約25%を占めるまでになっている（上記統計による）。このような夫婦による離婚は，俗に「**熟年離婚**」と呼ばれる。婚姻期間20年以上であるから，夫婦の年齢としては50歳代以上，夫婦間の子も成年に達しているような場合が多いであろう。熟年離婚の増加の背景には，社会全体の高齢化が進んだこと，女性（妻）の就労の機会が拡大したこと，年金や生活保護といった制度の整備が進んだことなどがあると思われる。

　当然のことであるが，離婚しようとする夫婦の年齢や婚姻期間によって，それぞれの離婚の抱える問題は異なる。若い世代の離婚では，夫婦間に子がいれば，その子は未成年であることが多いだろうから，親権や監護権，場合によっ

ては「子の奪い合い」といった問題が生じる（766条・819条）。また，若い夫婦の離婚では，夫婦の協力で婚姻中に形成された財産は少ないだろうから，財産に関しては，少ない財産をいかに清算するのかという問題になりそうである。

　他方，熟年離婚であれば，子はすでに成人し，子の問題よりも，居住用不動産（持ち家）の帰属や年金分割（厚年78条の2。Column I 2-7）といった，長期間にわたる夫婦の協力関係で形成された財産の清算に関する問題が大きな比重を占めることになるであろう。

Column I 2-7　離婚時年金分割制度

　夫がサラリーマン，妻が専業主婦といったような夫婦間の離婚では，夫婦それぞれが老後に受給する厚生年金の金額に大きな開きがある。なぜなら，厚生年金は，全国民が加入する基礎年金部分（1階部分）と賃金に応じて年金保険料を支払い，支払保険料に応じた額の年金を受給できる報酬比例部分（2階部分）からなるところ，夫が1・2階部分を受給できるのに対して，専業主婦については2階部分の受給権がなく，1階部分しか受給できないためである。したがって，離婚をすると，元妻が低年金ゆえに老後の生活に困窮することが予想され，それが，本来自由に行えるべき離婚を思い止まらせる方向で作用している（年金縛り）という指摘がされた。

　そこで，平成16（2004）年に厚生年金保険法が改正され，婚姻期間に対応する2階部分について，夫婦間で分割が行えるようになった。これを離婚時年金分割制度という。そして，分割の割合は原則として2分の1とされており（厚年78条の3第1項），家庭裁判所の決定においても，2分の1の割合による分割が命じられている（2分の1ルール。札幌高決平成19・6・26家月59巻11号186頁）。しかし，妻の年金について分割の割合を妻7：夫3とした事例や（東京家審平成25・10・1判時2218号69頁），長期間別居している夫婦における分割割合を申立人3.5：相手方6.5とした事例（大津家高島出審令和元・5・9判時2443号54頁。ただし，抗告審・大阪高決令和元・8・21判時2443号53頁で2分の1の割合とされた）が現れている。

2　離婚の方法

　離婚の方法としては，協議上の離婚（**協議離婚**：763条〜768条），**調停離婚**（家事244条），**審判離婚**（家事284条），裁判上の離婚（**裁判離婚**／判決離婚／離婚訴訟：770条・771条，人訴2条1号）の4種がある。なお，人事訴訟法では，訴

図表I2-2　離婚手続の見取り図

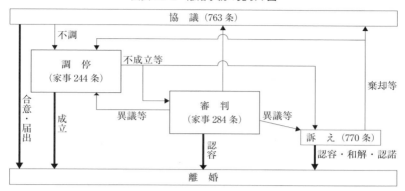

訟における和解による離婚（**和解離婚**）および離婚請求の認諾による離婚（**認諾
離婚**）が規定されており（人訴37条1項），これらを裁判上の離婚とは別個の方
法として論じる向きもあるが，本書では，裁判上の離婚の一部として扱うこと
にする。

(1) 協 議 離 婚

協議離婚は，離婚の基本形であり，離婚全体の9割弱を占める。夫婦の協議
だけで離婚が成立するという制度は，比較法的にも珍しく，世界で最も簡単な
離婚の方法だと評されている。時間的・経済的コストがかからないという利点
はあるものの，後述するように，簡単であるがゆえに生じる問題も多い。

(a) **協議離婚の要件**　　夫婦は協議で離婚をすることができる（763条）。協
議をする前提として，夫婦双方に意思能力が必要である。成年被後見人であっ
ても，離婚の協議時に意思能力を回復していれば，自らの意思で離婚をするこ
とができる（764条・738条）。離婚は，婚姻同様，人の身分に関する行為であ
るから，代理に親しまず，成年後見人の代理権の範囲に含まれない。

協議離婚における実質的な要件は離婚意思の存在であり，形式的な要件は離
婚の届出（離婚届：765条，戸76条）である（**巻末書式③参照**）。離婚をしよう
とする者は，市区町村長に対して離婚の届出をしなければならない。なお，夫婦
間に未成年の子がある場合はその子（未成年の子が複数いる場合にはそれぞれの

子）について離婚後の親権者を決定し（819条1項），その旨を離婚の届出に記入しなければ，離婚の届出は受理されない。

(b) **離婚意思の瑕疵・不存在** （i）詐欺・強迫による離婚の取消し 離婚も法律行為の一種であるから，離婚の意思表示に瑕疵があれば取消しの対象となり，そもそも離婚の意思が不存在であれば無効の問題となる。

配偶者または第三者の詐欺または強迫によって離婚の意思を形成し届出をした者は，離婚の取消しを家庭裁判所に請求することができる。この取消権は，詐欺の発見または強迫が終了した後，3か月が経過すると消滅する。取消権を行使できるのは，詐欺・強迫を受けた本人に限られる（764条・747条）。なお，詐欺・強迫を原因とする離婚取消請求訴訟はごく少数にとどまる。

（ii）離婚の無効 婚姻無効の規定（742条）が存在するのに対して，離婚無効の規定は存在しない。しかし，判例・通説は，離婚無効を古くから承認しており，手続法である人事訴訟法2条1号には人事訴訟の1つとして離婚無効確認訴訟が置かれている。婚姻無効同様，離婚無効が問題となるのは，その意思が不存在の場合である。

離婚無効の事件には2つの類型がある。第1の類型は，一方配偶者に離婚意思がないにもかかわらず，他方配偶者が勝手に離婚の届出をしてしまう場合である。第2の類型は，離婚以外の他の目的を達成するために便法として，夫婦の合意に基づいて離婚の届出がされる場合である。それぞれについて敷衍する。

第1の類型は，離婚に限らず婚姻・縁組等においても見られるが，届出に際し市区町村の戸籍担当窓口において形式的審査（形式審査）しか行われないことから生じる問題である。従来，届出の際に，当事者本人による届出を担保する方途が存在しなかったため，一方配偶者の知らぬ間に，他方配偶者から離婚の届出がされてしまう事態が頻発した。そのため，戸籍実務では，そのような離婚の届出を他方配偶者からの申出によって受理しないとする**「不受理申出制度」**を通達で設けて対応してきたが，必ずしも十分ではなかった。離婚の届出が受理され，一方配偶者（夫の場合がほとんどである）が他の女性と再婚をする。そこで，知らない間に離婚の届出をされた他方配偶者（妻）が離婚無効確認請求訴訟（人訴2条1号）を提起して，離婚の届出が虚偽であったことが発覚する。

平成19（2007）年に戸籍法が改正され，窓口における届出人の身元確認，本

人の意思の照会，上述の不受理申出制度の法制化が行われた（戸 27 条の 2）。これらの対応により，一方配偶者の離婚意思を反映しない離婚の届出は減少したと考えられる。なお，協議離婚届だけでなく，婚姻届・養子縁組届・養子離縁届なども不受理申出制度の対象となっている。

　第 2 の類型は，これも必ずしも離婚に限られない問題であるが，夫婦に届出の意思はあるものの，離婚の届出の目的が他の目的の達成にあり，当該目的が達成ないし不達成となった後に，当事者（の一方）が離婚意思の不存在を理由として，離婚無効確認を求める場合である。次のような事件がある。

> ◁判例 I 2-5▷ **最判昭和 57・3・26 判時 1041 号 66 頁**
> **【事案】** A と X（原告）の夫婦は生活保護を受給するための方便として離婚の届出をした。A が死亡した後，X が検察官 Y を被告として離婚無効確認請求を起こした（人訴 12 条 3 項参照）。離婚が無効になれば，X は A の配偶者＝相続人として，A の遺産を相続できることになる。原審は A と X の間に離婚意思があったとして，X の請求を斥けた。
> **【判旨】** 最高裁も，「本件離婚の届出が，法律上の婚姻関係を解消する意思の合致に基づいてされたものである」と判示して，X の上告を棄却した。

　便法としての離婚の届出には，社会保障給付の受給を目的とする場合のほかに，債権者からの追及や差押えを免れることを目的とする場合がある。債務者である夫が，離婚に際して妻に居住用不動産を財産分与（768 条）し，債権者による同不動産の差押えを妨害しようとする。それに対して，債権者が詐害行為取消権（424 条）を行使する，といった事件は少なくない（最判昭和 58・12・19 民集 37 巻 10 号 1532 頁，本節 **3** (2) (c)(ⅲ)参照）。

　婚姻無効について，判例・通説は「実質的意思説」を採用しているとされ，他の目的の達成のために便法として届け出られた婚姻を無効としている（最判昭和 44・10・31 民集 23 巻 10 号 1894 頁◁判例 I 2-1▷〔44 頁〕）。しかし，前述の最判昭和 57・3・26 ◁判例 I 2-5▷ に見られるように，離婚においては，離婚の届出が他の目的を達成するための便法であったとしても，有効な離婚であるとされ，離婚無効は認められない。すなわち，判例は，身分関係の形成に関する行為（婚姻）と解消に関する行為（離婚）とで，当該行為を無効にするかどうかを分けているようであり，学説ではその理解をめぐって議論がされている（本

章第2節 **3** (1)(d)参照)。

　さて，一方当事者に離婚意思がないにもかかわらず，離婚の届出がされ，本来的には離婚無効と評価される場合に，離婚意思のない他方当事者が離婚を追認することは許されるか。**無効な離婚（届）の追認**という問題である。判例は追認を認めるような態度をとっているが（最判昭和42・12・8家月20巻3号55頁），学説では追認を認めることに慎重な立場が有力である。

　(c)　**離婚意思の存在時期**　　離婚意思についてはその存在時期も問題となる。すなわち，離婚の届出に署名押印した時には離婚意思が存在したが，その後，市区町村の戸籍担当窓口に同届出が提出される時点で，当事者が翻意していたような場合である。次のような事件がある。

> ◁**判例 I 2-6**▷ **最判昭和 34・8・7 民集 13 巻 10 号 1251 頁**
> 【事案】夫 X（原告）・妻 Y（被告）の夫婦は，3 月初旬に離婚に合意し，離婚の届出に署名・押印した。同月 10 日，X は市役所を訪れ，窓口の担当者に離婚の届出を受理しないよう口頭で申し出たが，拒絶された。翌 11 日，Y から離婚の届出が提出され受理された。X が離婚無効確認請求訴訟を提起した。
> 【判旨】最高裁は，「Y から届出がなされた当時には X に離婚の意思がなかったものであるところ，……右届出による協議離婚は無効であるといわなければならない」と判示して，X の請求を認容し，離婚を無効とした。

　協議離婚の実態として，一方配偶者が離婚の届出に署名押印し，他方配偶者に同届出を預けておく，という状況は頻繁に見られる。そうした場合，一方配偶者の署名押印から他方配偶者による届出までに数日から数か月といった時間的なズレが生じることは珍しくない。離婚の届出が提出されたあと，他方配偶者が再婚し，しばらくしてから，一方配偶者から離婚の届出がされた当時には離婚意思を喪失していたという主張がされる。もし，そのような主張が認められ，離婚の意思なしとして，離婚が無効となれば，他方配偶者が再婚していたような場合に重婚状態が発生するといった問題が生じる。したがって，上記の最判昭和34・8・7のような解釈に対しては，批判も少なくない。この判例の射程は，X が，口頭とはいえ，窓口に不受理を申し出ていたという事実関係を重視したものと限定的に解し，一般化することには慎重であるべきだろう。

　なお，既述のように離婚の届出は，形式的審査を経て受理される。離婚の届

出に法令違反があれば，当該離婚の届出は受理されてはならないが，法令違反があるにもかかわらず，何らかの事情により受理されたならば，有効な届出として扱われる（765条）。

(d)　**協議離婚制度の問題点**　　協議離婚は，当事者の協議に委ねられているために，さまざまな問題を内包している。

まず，協議というからには，対等な当事者によって対等な協議がなされなければならないはずである。しかし，例えば，配偶者間に暴力（DV）があるような場合，夫の暴力の激化を恐れて妻が離婚を言い出せないとか，子の親権者の決定や財産分与の協議について十分な話し合いが行えないとかいう事態が生じる。離婚を求める配偶者が，正当な要求をできなかったり，不当な要求に屈してしまったりするのである。とくに，夫婦間に交渉力の格差・不均衡がある場合の協議離婚においては，夫婦間で未成年の子の監護（766条）のあり方について十分な協議がされないことが多い。離婚後の子の監護に必要な費用（養育費）の取り決めがされず，その結果として母子家庭が生活に困窮するなど，「子どもの貧困」の原因にもなる。

つぎに，協議離婚制度が存在する限り，離婚意思を欠いた離婚の届出がされる事態を完全に排除することはできない。とくに，夫婦自身による偽装離婚や仮装離婚については，戸籍法の改正によっても，防止は不可能である。

立法論としては，役所の戸籍担当窓口で離婚意思を確認すること（実質的審査）や，家庭裁判所を関与させて離婚意思を確認するといった対応も考えられるが，行政・裁判事務の増加，簡易・迅速な制度として協議離婚制度が国民生活に根付いていることとの兼ね合いから，協議離婚制度の抜本的な見直しには多くの困難がある。

さらに，現行の協議離婚制度では，離婚の動機の把握が不可能である（既述の離婚の動機は調停離婚の申立てに際してのものである）。離婚の9割弱を占める協議離婚において，離婚をしようとする当事者の心情の把握ができていないことは，離婚制度のあり方を考えるための基礎的な資料の欠落にほかならない。

(2)　調　停　離　婚

夫婦の協議が調わず，協議離婚ができない場合に，即座に家庭裁判所に離婚

の訴え（770条）を提起することはできない。民法には規定がないが，協議離婚と裁判離婚の間に，「調停離婚」（家事244条）および「審判離婚」（家事284条）という，折衷的な手続が置かれている（序第2節参照。審判離婚については次の(3)で説明する）。

調停では，離婚を求める配偶者が申立人となり，家庭裁判所に離婚調停（正式には「夫婦関係調整調停（離婚）事件」）の申立てを行う。当事者である夫婦と家庭裁判所をまじえて離婚についての調停が行われる。仮に，当初から調停による解決の見込みがないと思われる場合であっても，必ず1度は調停手続を経なければならないとされている。これを調停前置主義という（家事244条・257条）。調停は，裁判官と最高裁判所から任命された民間人の男女からなる調停委員2名以上の合計3名以上が調停委員会（家事247条・248条）を構成して，夫婦双方から話を聞き，離婚をするのかどうか，離婚をするのであれば未成年の子や財産の扱いなどについて，提案や斡旋を行う一種のADR（裁判外紛争処理）である。

離婚紛争中の夫婦の大半は別居しているだろうし，多くの場合，当事者間の信頼関係は失われていて，冷静な話し合いができなくなっている。そのような当事者を家庭裁判所が支援して法的解決に導く。調停離婚は年に約1万8000件であり（令和4年の司法統計による），これは協議離婚に次ぐ数であり，調停離婚は離婚全体の中で重要な役割を果たしている。

調停離婚では，協議離婚に比べて子の養育費の取り決めの比率が高く，また，取り決められた養育費の額も多いなど，調停離婚は離婚紛争の適正な解決に貢献しているとされる。反面，調停の主体はあくまでも当事者なので，夫婦の一方が調停に出席しないとか，断固として離婚に応じないような場合には，調停を成立させられず，調停による解決はできない。そうした場合，調停は不成立ないし取下げで終了し，後述の裁判離婚に場面が移るのである。

(3) 審 判 離 婚

調停が不成立となった場合に，家庭裁判所は，職権で離婚を命じる審判をすることができる。これを調停に代わる審判という（家事284条）。ただし，この審判で離婚が命じられても，当事者が異議を申し立てると，その審判は効力を

失う（家事 286 条 5 項）。したがって，一方の当事者が離婚を明確に拒否しているなど，審判に対する異議の申立てが確実に予想される場合には，家庭裁判所があえて審判をする意義に乏しい。そのため，家庭裁判所が審判を行うことは多くない。審判離婚は年に約 5500 件である（令和 4 年の司法統計による）。

(4)　裁 判 離 婚

(a)　**総　説**　　(i)　離婚の思想的背景　　西欧では，キリスト教の影響の下で，離婚は認められていなかった（離婚不許主義）。その後，徐々に離婚は認められるようになっていくが，婚姻の破綻についての当事者の責任を追及し，婚姻の破綻について責任のない配偶者（無責配偶者）が離婚を望んだ場合に，婚姻の破綻について責任のある配偶者（有責配偶者）から無責配偶者を解放するという「**有責主義**」が採用され，厳格な裁判手続の下で有責配偶者の有責性を証明した上で，離婚を認めるとした（有責主義離婚法）。そのため，仮に夫婦双方が真摯に離婚を望んでいたとしても，有責な事由がなければ離婚ができないことから，有責性を示す証拠の捏造が行われたり，馴れ合いの離婚訴訟が提起されたりするなど，有責主義離婚法はさまざまな問題を抱えるようになった。

また，有責主義の法廷では，夫婦の一方が他方の有責な行為を糾弾することになる。その内容は不貞行為であったり，虐待であったりと，公開の法廷において公衆の面前で開示されることが望ましい内容ではない。

さらに，このような離婚のハードルの高さは，ひとたび婚姻をすると，離婚が困難だったことから，そもそも婚姻という選択を回避するという傾向をも生じさせた。1950 年代以降，西欧では法律婚を選択しないで同棲関係にとどまるカップルが急増したが，その背景には離婚の困難さ，離婚手続の煩雑さもあったのである。

そして，有責主義離婚法のさまざまな弊害を克服するために，西欧の離婚法は「破綻主義離婚法」へと移行していった。**破綻主義**とは，婚姻が一定期間以上の別居等で客観的に破綻していると評価されるのであれば，当事者の有責性を問わずに離婚を認めるという考え方である。

(ii)　日本の離婚　　わが国に目を転じると，江戸期においては，離婚はかなり多かったということが分かっている。夫が妻に離婚を一方的に言い渡す（夫

の) 専権離婚 (いわゆる三行半(みくだりはん)) や妻がいわゆる「駆け込み寺」に入って夫に離婚を求めることもあったが，当事者双方ないし親族等の関係者を交えた話し合いによる離婚も決して少なくなかった (協議離婚の原始型であろう)。

　そのような背景から，旧民法人事編78条以下では「協議ノ離婚」として，また，明治民法808条以下では「協議上ノ離婚」として，離婚の規定の冒頭に協議離婚が置かれた。わが国では，協議離婚が離婚の原則型と位置づけられて，現在に至っている (763条)。そして，協議離婚に加えて，一定の離婚原因のある場合に裁判所が離婚を判断する「裁判上ノ離婚」制度を西欧法から継受して (明治民法813条以下)，離婚制度を協議離婚と裁判離婚の2本立てとした。

　(iii)　裁判離婚と離婚原因　　協議や調停で離婚ができず，裁判に至るということは，当事者の一方が離婚を望まないか，協議等で示された財産分与 (768条) の内容などに納得しない場合であろう。すなわち，裁判離婚は，離婚を望まない配偶者に離婚を強制することになる場合もある。そこで，裁判離婚では，離婚が命じられてもやむをえないと考えられる場合にのみ，離婚の訴えが提起できるように設計されている。それが，770条1項に列挙されている離婚原因である。

　この離婚原因は，1号～4号が具体的離婚原因，5号が抽象的離婚原因といわれ，1号～4号は5号の例示と解されている。つまり，離婚原因は限定的なものではなく，5号によって相対化されている。実際の離婚訴訟でも，例えば1号の不貞行為が主張されるとともに，婚姻継続意思の喪失が5号の婚姻を継続しがたい重大な事由として主張されるような場合が多い。

　具体的離婚原因のうち，1号の不貞行為と2号の悪意の遺棄は有責性のある離婚原因である。3号の3年以上の生死不明では，生死不明について当該配偶者が有責の場合もあれば，事件や事故によるなど無責の場合もあるだろう。4号の精神病については，一般的には病気について有責性を問うことはできない。このように，離婚原因には，有責の原因もあれば，無責の原因もある (各離婚原因の詳細については後述する)。

　(iv)　有責配偶者の離婚請求　　では，例えば，770条1項1号の不貞行為について，不貞行為を自ら働いた配偶者が離婚訴訟を提起すること，すなわち有責配偶者からの離婚請求は許されるだろうか。不貞行為が原因で夫婦間に紛争

を生じ，その結果，婚姻が破綻する。有責配偶者は，この破綻を「婚姻を継続し難い重大な事由」（770条1項5号）にあたると主張して離婚を求める。そして，同号を原因とする離婚請求であれば，同条2項の適用はなく，離婚請求は常に認容されるとも解される。

　「**踏んだり蹴たり判決**」として著名な最判昭和27・2・19民集6巻2号110頁は，不貞行為を働いた夫からの離婚請求を「不徳義」であるとして斥け，その結果，有責配偶者からの離婚請求は許されないという最高裁の判例法理が確立された（消極的破綻主義）。同法理は，弱い立場にある妻の保護に資するとして，当初歓迎された。しかし，消極的破綻主義の下で有責配偶者からの離婚請求を許さないとした弊害が徐々に指摘されるようになった。例えば，夫の不貞行為が原因で夫婦が別居し，数十年にわたり別居が続いて夫が他の女性と内縁関係に入り，内縁関係から子が生まれ，社会的（対外的）には家庭が形成されていたとしても，消極的破綻主義に立てば，夫からの離婚請求は一切認められない。妻が離婚に応じない限り，離婚をする手立てがなく，内縁関係を法律婚にすることも，内縁関係から生まれた子（嫡出でない子）に嫡出子の地位を与えることもできない。

　学説は消極的破綻主義に対する批判を高めていった。その背後には，欧米の離婚法が消極的破綻主義から積極的破綻主義に移行したこともある。そして，このような変化の中で，最高裁は大法廷を開いて「踏んだり蹴たり判決」以来の有責配偶者からの離婚請求を認めないという判例を変更した（裁10条3号）。

◁**判例 I 2-7**▷ **最大判昭和62・9・2民集41巻6号1423頁**

【事案】夫Xと妻Yの夫婦は昭和12（1937）年に婚姻をした。昭和24（1949）年頃，Xと訴外A女との不貞関係が発覚し，別居に至った。Xは昭和26（1951）年に離婚訴訟を提起したが，有責配偶者からの離婚請求であるとして棄却された。その後，Xは2回にわたり離婚調停を申し立てたが，Yが離婚に応じないため不成立となった。Xは，本件離婚訴訟を提起したが第1審・原審で斥けられたので，上告した。

【判旨】最高裁は，離婚が信義誠実の原則（1条2項）に服することを前提に，有責配偶者からの離婚請求が認容されるためには，同原則への適合性が審査されなければならないとし，具体的には，「有責配偶者からされた離婚請求であっても，夫婦の別居が両当事者の年齢及び同居期間との対比において相当の長

期間に及び，その間に未成熟の子が存在しない場合には，相手方配偶者が離婚により精神的・社会的・経済的に極めて苛酷な状態におかれる等離婚請求を認容することが著しく社会正義に反するといえるような特段の事情の認められない限り，当該請求は，有責配偶者からの請求であるとの一事をもって許されないとすることはできないものと解するのが相当である」と判示して，有責配偶者からの離婚請求が許される場合の解釈指針を明らかにした上で，原判決を破棄し，原審に差し戻した。

　差戻控訴審は，Xの離婚請求を認容するとともに，XがYに対して，「離婚後の生活費」として財産分与 1000 万円，慰謝料として 1500 万円，合計 2500 万円を支払うよう命じた（東京高判平成元・11・22 家月 42 巻 3 号 80 頁）。

　最高裁は，制限を付して積極的破綻主義を採用した。この間，欧米の離婚法は，有責配偶者からの離婚請求であっても，別居期間など一定の要件の下で破綻さえ認定できればとくに制限なく離婚を認める積極的破綻主義に移行したが，そのような考え方は，わが国では全面的に支持を得ているわけではない。

Column I 2-8　　有責配偶者の離婚請求

　上述の大法廷判決は，多くの課題を残した。具体的には，①相当長期間の別居とはどのぐらいの期間か，②未成熟子とは何歳ぐらいか，③苛酷な状態とはどのような状態か，である。これらについて，大法廷判決後の事件を通じて，最高裁自身が明らかにすることとなった。

　①　別居期間については，最判平成 5・11・2 家月 46 巻 9 号 40 頁が 9 年の別居期間で離婚請求を認容した。下級審裁判例では，平成 8 年民法改正要綱（**Column I 1-1**〔20 頁〕参照）が 5 年間の別居を離婚原因とするという方針を示したことに触発されて，6 年の別居期間で離婚請求を認容した事例が現れた（東京高判平成 14・6・26 家月 55 巻 5 号 150 頁）。他方，8 年の別居期間で離婚請求を棄却した事例もある（最判平成元・3・28 家月 41 巻 7 号 67 頁）。

　②　未成熟子の基準については，高校 2 年生の子のいる夫婦について，未成熟子と認定した上で，他の要素を加味して離婚請求を認容した事例がある（最判平成 6・2・8 家月 46 巻 9 号 59 頁）。

　③　苛酷条項については「精神的・社会的・経済的に極めて苛酷な状態」は漠然としており，これらのうちのどれか 1 つだけを取り上げて，○○的に苛酷であるから離婚請求を認めない，といった判断がされることはない。他の要件と併せて，離婚請求を棄却する事例が見られる。例えば，最判平成 16・11・18 家月 57 巻 5 号 40 頁は，別居期間 2 年 4 か月，子 7 歳，かつ，妻が「子宮

内膜症にり患しているため就職して収入を得ることが困難であり，離婚により精神的・経済的に苛酷な状況に置かれることが想定される」として，有責配偶者である夫からの離婚請求を棄却した。

　別居期間の要件については，別居が継続すれば，自ずと長期になる。未成熟子の要件についても，別居の長期化に伴い，子は成長するので，いずれは未成熟子でなくなる。これらに対して苛酷条項については時の経過とともに苛酷な状態に陥る可能性が高まる。すなわち，別居が長期化すれば夫婦は高齢となり，高齢化に伴って健康を害したり，就労・稼働が困難になったりするはずである。苛酷条項だけを重視すると，別居が長期に及び，かつ，子が成人に達しても，離婚が認められなくなる事態となりかねない。

(b)　**離婚原因**　　では，770 条 1 項の離婚原因を個別に検討する。

(i)　不貞行為（1 号）　　不貞行為とは配偶者以外の異性と性的関係を持つことである。かつては，姦通・姦淫（明治民法 813 条，旧刑 183 条）などと呼んだ。今日の言葉では，いわゆる浮気・不倫である。一度だけ，あるいはごく短期間の性的関係であっても，不貞行為に該当する。わが国は，婚姻制度として一夫一婦（一夫一妻）制を採用している。一夫一婦制の本質は，夫婦の排他的な性的関係にあり，不貞行為は婚姻制度の本質に悖ると考えられる。性風俗産業従事者との性的関係も不貞行為に該当すると解されている。なお，同性愛行為は，不貞行為に該当しないと解されており，同性愛行為を理由として離婚を請求する場合には，5 号の「その他婚姻を継続し難い重大な事由」に該当するものとして，訴えを提起することになる。

　ところで，近時，妻と女性との間の性的行為が不貞行為に当たるとして，夫からの慰謝料請求を認容した事例が現れた（東京地判令和 3・2・16 判時 2516 号81 頁，横浜地小田原支判令和 4・4・26 判時 2569 号 44 頁）。このような解釈が，今後，離婚原因としての不貞行為にまで波及するのかどうか，注目される。

(ii)　悪意の遺棄（2 号）　　悪意の遺棄とは，夫婦間の同居・協力・扶助義務（752 条）ないし婚姻費用分担義務（760 条）に違反して，夫婦の一方が他方を放置するような行為をいう。例えば，夫が婚姻住居を出て，妻からの同居請求に応じず，生活費をまったく負担しないなどの態様である。離婚の前段階として，通常，ある程度の別居期間が存在し，別居期間中に同居・協力・扶助義務や婚姻費用分担義務の違反が見られる例は少なくない。しかし，本号を離婚原因と

する訴えの提起は多くない。別居の背後には，別居の契機となる不貞行為や暴力などがある場合がほとんどであり，離婚原因としては1号や5号に基づいて離婚請求がされるためと思われる。

　(iii)　3年以上の生死不明（3号）　　配偶者が3年以上にわたって生死不明になる場合としては，事件や事故に巻き込まれて生死不明な場合（戦災や津波など），自ら婚姻住居を離れて生死不明な場合（失踪など）が考えられる。いずれであっても，この要件は，生死不明配偶者の故意過失・有責無責を問題にせず，客観的に音信不通で3年以上生死不明であればよい。第二次大戦後，戦地から戻らなかった夫について，妻が本号によって離婚請求をする例が散見されたが，今日，本号に基づく離婚請求はほとんどない。事件や事故の場合であれば，失踪宣告（30条）や認定死亡（戸89条）といった制度を用いて，婚姻を「死亡解消」とすることができるからである。

　(iv)　回復の見込みのない強度の精神病（4号）　　**「精神病離婚」**と呼ばれ，破綻主義的離婚原因の端緒となった制度である。かつて，欧米では，一方配偶者が精神病に罹患した場合，他方配偶者がその看護に努めるのは，配偶者の義務として当然と考えられていた。とはいえ，強度の精神病であるから，配偶者間で意思の疎通もできなくなってしまう。そのような婚姻が，果たして婚姻の名に値するのかどうか，あるいは，そのような婚姻に健康な配偶者を縛りつけることの悲惨さが認識されるようになった。そこで，精神病を離婚原因とし，健康な配偶者を不幸な婚姻から解放することにした。その結果，解放された健康な配偶者は，再婚の自由を得る。

　精神病にもさまざまなものがあるが，実際の裁判に現れるのは，ほとんどが統合失調症（かつての精神分裂病）の事案である。そして，精神病の程度が回復の見込みのない強度なものかどうかについては，医師による専門的な診断を基に，裁判所が法的判断を下すことになる。

　もっとも，精神病に罹患したのは，当該配偶者の責任ではない。そして，夫婦間には同居・協力・扶助義務（752条）があり，罹患した配偶者を看護するのは，健康な配偶者の当然の義務であるとも考えられる。そこで，一方配偶者が回復の見込みのない強度の精神病に罹患したからといって，それのみで単純に離婚を認めるべきではないと解されるようになった。判例は，**「具体的方途**

論」といわれる解釈を採用し（最判昭和 33・7・25 民集 12 巻 12 号 1823 頁ほか），精神病離婚が認められる要件を加重している。

> ◁判例 I 2-8▷ **最判昭和 45・11・24 民集 24 巻 12 号 1943 頁**
> 【事案】妻 A が精神分裂病（統合失調症）を発症し，A は当時の禁治産宣告（現在の成年後見開始審判）を受け，A の父 Y が A の後見人に選任された。医師の診断によれば，A の回復の可能性は低い。夫 X が Y を被告として離婚を求めた。第 1 審・原審とも X の請求を認容した。Y が上告した。
> 【判旨】最高裁は，「X は，……将来の療養費について……自己の資力で可能な範囲の支払いをなす意思のあることを表明しており，X と A の間の長女 B は X が出生当時から引き続き養育している」などの諸事情を考慮して，Y の上告を棄却した。

　「具体的方途」とは，離婚後の病者の看護について，離婚を求める配偶者に具体的な提案をさせ，それを踏まえて，離婚の可否を判断するという判例の解釈である。当事者が離婚後に同居することは考えられないから，もっぱら，健康な配偶者（原告）から，精神病の配偶者（被告）に対する財産分与という形を取ることになると思われる。そして，財産分与の性質としては，清算的財産分与（清算的要素）に加え，とくに扶養的財産分与（扶養的要素）が中心になると解される。

　弱者に対する配慮に満ちた解釈のようにも思えるが，学説からは厳しく批判されている。すなわち，離婚後の経済的支援に見込みが立たない場合に，離婚が認められないのであれば，財産のない者，稼得能力の乏しい者は離婚ができず，経済状態によって不幸な婚姻からの解放が認められないことになる。また，離婚後の経済的支援を約して，離婚が認められたとしても，元配偶者が支援を確実に行うという保証がない。「具体的方途」の要求は，法的強制になじまない，道義的責任を負わせるものであって，司法的判断として相応しくない等々である。さらに，精神病者の療養看護は，本来，国家が社会福祉・医療で行うべきものであり，「具体的方途論」は国家の責任を元配偶者に転嫁する発想だというのである。他方，病者（の家族）からすると，不治の病気は他にもあるにもかかわらず，民法が精神病だけを離婚原因としていて，精神病は離婚されても仕方のない疾患であるとの差別的認識を社会に与えているようにも見える。

そこで，平成8年民法改正要綱では，精神病離婚を削除し，精神病に限らず病気を理由とする離婚原因は，すべて5号の問題として扱うという方向性が打ち出された（　Column I 1-1　〔20頁〕参照）。

　(v)　その他婚姻を継続し難い重大な事由（5号）　　5号は，抽象的離婚原因と呼ばれ，1号から4号以外の離婚原因がすべて含まれる。例えば，暴力，虐待，犯罪行為，性的異常，性的不能，同性愛行為，親族との不和，過度の宗教活動など広範囲にわたる。これらのような原因で，婚姻関係を継続しがたいと思う配偶者が，当該原因が婚姻を継続しがたい重大な事由にあたるとして，訴えを提起する。

　(c)　**裁量的離婚請求棄却**（770条2項）　　裁判所は，離婚訴訟において，1号から4号までの具体的離婚原因が存在すると認定した場合であっても，一切の事情を考慮して婚姻の継続を相当と認め，離婚請求を棄却することができる。これを**裁量的離婚請求棄却**という。例えば，精神病離婚（4号）の事案で，配偶者が回復しがたい強度の精神病に罹患していることを認定しながら，具体的方途の必要を説いて，離婚請求を否定するなどである（最判昭和33・7・25民集12巻12号1823頁）。

　ところで，婚姻以来，夫が妻に激しい暴力をふるい続け，成人した子の許に避難した妻が770条1項5号による離婚請求をしたという事案で，裁判所は，「原告と被告との婚姻関係はこれを継続することが困難な事情にある」と認定しながら，婚姻の継続が相当であるとして離婚請求を棄却したという例（名古屋地岡崎支判平成3・9・20判時1409号97頁：「青い鳥」判決）が存在する。

　離婚原因が明確に存在する場合であっても，裁判所の判断によって離婚が認められないというのでは，法的予見可能性がなく，離婚原因を法定した意味がない。また，裁判所にあまりにも過大な裁量権を与えるものといえる。有責主義から破綻主義への移行は，離婚の主観的な認定から客観的な認定への移行でもある。本項については，削除ないし裁量の制限が強く求められており，平成8年民法改正要綱では，離婚原因がありながら離婚請求が棄却されるのは，当該請求が信義に反する場合にするとの方向性が示された（　Column I 1-1　〔20頁〕参照）。

　(d)　**和解離婚・認諾離婚**　　平成15（2003）年に制定された人事訴訟法によ

って採用された離婚の方式である。離婚訴訟において，当事者は訴訟上の和解および離婚請求の認諾によって離婚をすることができる。当初，離婚について争っていた当事者が，離婚訴訟の過程で離婚について合意する場合もある。ところが，旧人事訴訟手続法は，身分に関する事項は当事者による処分に委ねられるべきでないとして，和解による離婚を認めていなかった。これは，協議離婚制度の存在と矛盾するし，当事者に離婚訴訟の取下げと，離婚についての協議を再度求めるのも煩瑣である。このような経緯から導入された和解離婚は，令和4（2022）年では3040件となっており（最高裁判所事務総局家庭局「人事訴訟事件の概況」），離婚の解決方法の1つとして定着した。

3 離婚の効果

離婚によって，夫婦関係は解消し，夫婦としての権利義務関係は終了する。また，姻族関係も終了するが（728条1項），一部，姻族であったことの効果が残る。夫婦の間に子がある場合には，法的親子関係の存続は離婚によって何ら影響を受けないが，子が未成年の場合には親権（818条以下）に大きな影響を及ぼす。以下，身分関係，財産関係，親子関係の順に見ていく。

(1) 身 分 関 係

(a) **夫婦関係の終了**　離婚により，夫婦関係は終了する。同居・協力・扶助義務（752条），婚姻費用分担義務（760条）は消滅する。

婚姻の際に氏を改めた配偶者は，婚姻前の氏に復する（**離婚復氏**：767条1項）。婚姻中の氏を引き続き称したい場合には，離婚の日から3か月以内に戸籍法上の届出をする必要がある（**婚氏続称**：767条2項，戸77条の2）。

なお，離婚後，男性（元夫）の再婚は何ら制限されていなかったが，女性（元妻）については，100日の再婚禁止期間（待婚期間：改正前733条）が設けられ，再婚が制限されていた（最判平成7・12・5判時1563号81頁，最大判平成27・12・16民集69巻8号2427頁）。これについては，令和4（2022）年の民法改正により，再婚禁止期間を定めた733条が削除され，再婚の制限が撤廃された。

(b) **姻族関係の終了**　離婚によって姻族関係も自動的に終了する（728条1項）。死亡解消の場合には終了の意思表示が必要であり（同条2項），姻族関係

終了届によって行う（戸96条）。両者の取扱いの違いに注意が必要である。

　姻族関係が終了し「他人」になったはずだが，かつて直系姻族の関係にあった者同士の婚姻は禁止される（735条）。例えば，夫と妻が離婚をした後，元妻が元夫の父（かつての義父）と婚姻（再婚）をすることは許されない。禁止の理由は，倫理的・道徳的な観点からであるとされる。しかし，元妻が元夫の兄弟（かつての義兄・義弟：傍系姻族）と婚姻（再婚）をすることは可能である。

(2)　財 産 関 係

(a)　**扶助義務，婚姻費用分担義務**　　婚姻中の夫婦間の扶助義務ないし婚姻費用分担義務は，離婚によって消滅する。婚姻中に履行されなかった扶助義務ないし婚姻費用分担義務は，財産分与（768条）に含めて処理をすることになる。

> ◆**判例Ⅰ2-9**◆ **最判昭和53・11・14民集32巻8号1529頁**
> 【事案】妻Xは，夫Yとの離婚にあたり，財産分与を請求した。その請求中に，別居期間中にXが出捐した子らの生活費・教育費を含めて請求した。Yは，婚姻費用分担および扶養の額は家庭裁判所の管轄（審判事項）であり，離婚訴訟（当時の第1審管轄は地方裁判所）において決めることはできないはずだと反論した。
> 【判旨】最高裁は，「当事者の一方が過当に負担した婚姻費用の清算のための給付をも含めて財産分与の額及び方法を定めることができる」と判示して，Yの上告を棄却した。

　なお，婚姻費用分担審判が申し立てられた後，離婚によって婚姻関係が終了した場合であっても，離婚時までの婚姻費用分担請求権は消滅しないと解されている（最決令和2・1・23民集74巻1号1頁）。

(b)　**夫婦財産の清算**　　夫婦が，婚姻時に夫婦財産契約（755条）を締結し，その中で，離婚後の財産関係について約定していれば，夫婦の財産は契約に従って清算される。しかし，夫婦財産契約はほとんど利用されていない。したがって，法定財産制＝別産制（762条）を前提にして夫婦の財産の清算がされるはずであるが，現実の紛争解決としては，別産制は貫徹されておらず，婚姻中に取得された財産についてはある種の——多様な解釈がある——共有財産として清算がされる。

　一般に，夫婦の一方が婚姻中に稼得した財産については，取得につき他方配偶者の協力があったものと見て，実質的に夫婦の共有財産であると解する説が有力である。例えば，夫が会社員，妻が専業主婦で，婚姻中に夫が住宅ローンを組んで，夫名義の住宅を購入したような場合，夫の稼働の背後には，家事・育児に従事した妻の協力があったと解し，夫の収入を夫婦の実質的な共有財産と見て，その収入で取得された住宅も夫婦の実質的な共有財産と見るのである（住宅ローンが未済であれば，住宅の現在価値からローンの残債務額を差し引いた金額を清算の対象にする）。主婦婚の離婚事件では，このような解釈に立って，婚姻中に取得された夫婦の実質的な共有財産を清算する。

　(c)　**財産分与**　　(i)　総　　説　　夫婦の実質的な共有財産であるとしても，あえて共有名義にしない限り，不動産や預金は，夫婦のどちらか一方の単独名義となっている場合が大半である。そもそも，名義上共有であれば，共有持分に応じて分割すればよいが，そうなっていないため，離婚に際して，財産の名義を有する配偶者から他方の配偶者へ財産を分与するかたちを取る。

　従来から，財産分与には3つの要素が含まれると解されてきた。第1は，夫婦の実質的な共有財産の清算である（**清算的要素**）。第2は，離婚後，生活に困窮する配偶者に対する扶養である（**扶養的要素**）。第3は，離婚によって精神的な損害を被った配偶者に対する慰謝料である（**慰謝料的要素**）。しかし，現実の協議離婚や調停離婚では，財産分与の内訳を細かく示さず，「財産分与として○○万円」，「解決金として○○万円」などのように合意されることが大半である。

　これらのうち慰謝料については，さまざまな場合がある。不法行為と評価される行為があり，それによって精神的な損害を被った者が慰謝料請求できるのは当然である。では，離婚を余儀なくされたことを捉えて慰謝料請求できるか。判例（最判昭和31・2・21民集10巻2号124頁）は，離婚自体についても慰謝料請求を認めるかのようだが，このような解釈に対しては学説から批判がされている。

　財産分与請求権は，観念的には夫婦双方に存するが（768条1項），具体的には，夫婦の一方から他方に対する請求を経て，当事者間の協議・調停・審判等によって権利が形成される（768条2項本文）。財産分与の範囲（分与財産）については，当事者間で協議が調わなければ，家庭裁判所が裁量で定める（768条3

項）。今日では，分与財産の範囲（額）は，特段の事情がない限り2分の1とするのが家庭裁判所における実務の主流であり，当事者が2分の1を超える，または，2分の1を下回る財産分与額を主張するのであれば，そのような主張をする当事者が，当該範囲（額）の根拠について立証すべきと解されている（「**2分の1ルール**」という。 ◆Column I 2-7 〔80頁〕参照）。

　財産分与は，通常，権利者が請求する。しかし，有責配偶者の離婚請求を認容した最大判昭和62・9・2民集41巻6号1423頁の角田・林両裁判官の補足意見は，当時の人事訴訟手続法15条1項（現在の人事訴訟法32条1項に相当）の解釈として，離婚訴訟に際して，財産分与の義務者からの財産分与の附帯処分の申立てが可能という解釈を示した。つまり，離婚を求める財産分与義務者が同権利者に対して財産分与の内容を提示できるとする。この解釈によれば，有責配偶者からの離婚請求では同人からの，また，精神病離婚では健康な配偶者からの，財産分与の附帯処分の申立てが許されることになる。

　なお，離婚請求に附帯して財産分与の申立てがされ，裁判所が離婚請求を認容する判決をする場合には，財産の一部について財産分与の裁判をしないことは許されない（最判令和4・12・26民集76巻7号1948頁）。

　(ii)　財産分与と慰謝料の関係　　財産分与と慰謝料の関係については，従来から，包括説と限定説という2説が対立してきた。包括説は，慰謝料についても財産分与の中で包括的・1回的な解決をすべきと解する説である。限定説は，財産分与には慰謝料は含まれず，慰謝料請求は財産分与請求とは別に実現されるべきと解する説である。判例は，財産分与には慰謝料的要素も含まれるという通説的な理解を基礎にして，財産分与が一度された場合でも，事情によっては，別途，慰謝料請求ができるという折衷的な解釈を示している。

◇判例 I 2-10◇ **最判昭和46・7・23民集25巻5号805頁**
【事案】妻Xは夫Yの暴力等が原因で離婚訴訟を提起した。裁判所は，離婚を認めるとともに，YがXに整理タンスと水屋（茶道で用いる道具入れ）を分与するように命じた。後に，XがYに対して慰藉料（慰謝料）請求をした。第1審・原審はXの請求を認容した。Yが上告した。
【判旨】最高裁は，「財産分与がなされても，それが損害賠償の要素を含めた趣旨とは解せられないか，そうでないとしても，その額および方法において，請

求者の精神的苦痛を慰藉するには足りないと認められるものであるときには，すでに財産分与を得たという一事によって慰藉料請求権がすべて消滅するものではなく，別個に不法行為を理由として離婚による慰藉料を請求することを妨げられない」と判示して，Ｙの上告を棄却した。

　この判例で，最高裁は慰藉料（慰謝料）請求権の消滅時効の起算点を離婚成立時と解した。そして，近時，最高裁は離婚に伴う慰謝料支払義務が離婚成立時に遅滞に陥る（離婚成立時の法定利率が適用される）と解するに至った（最判令和4・1・28民集76巻1号78頁）。

　財産分与の履行方法はさまざまである。裁判所は，不動産であれば分与義務者から分与権利者への所有権（持分）移転登記，動産であれば目的物の引渡し，金銭であれば現金による支払ないし振込みなどを命じる。また，金銭については，一時金払いを基本とするが，分割払いや期限を設けた支払などもありうる。とくに困難な問題としては，夫名義の居住用不動産を妻に分与することにしたが，夫名義の住宅ローンが完済されていない（すぐには完済できない）というような場合である。

　(iii)　財産分与と詐害行為取消権　　債務者が責任財産を隠匿することを目的として，「協議離婚＋財産分与」を悪用する事例がしばしば見られる。すなわち，離婚の際の財産分与に仮託して，財産の移転が行われるのである。この問題についての嚆矢となった最判昭和58・12・19民集37巻10号1532頁は，財産分与が「民法768条3項の規定の趣旨に反して不相当に過大であり，財産分与に仮託してされた財産処分であると認めるに足りるような特段の事情のない限り，詐害行為として，債権者による取消の対象となりえないものと解するのが相当である」と判示して，財産分与は特段の事情のない限り詐害行為取消（424条）の対象とならないとした。しかし，同判決後も，財産分与に対して詐害行為取消が主張される事件は少なくない。

⟨判例 Ⅰ2-11⟩ 最判平成12・3・9民集54巻3号1013頁
【事案】夫Ａは，自ら設立した会社の役員であったところ，会社の資金繰りが困難となった。ＡＡは妻Ｙと夫婦関係の悪化を理由に協議離婚することにした。離婚に際して，ＡはＹに慰謝料2000万円と毎月10万円の生活費を支給する旨の公正証書が作成された。会社の債権者ＸはＡの会社に対する役員報酬債

権を差し押さえ，Yも同様の差押えをした。会社が金員を供託したため，XY
のどちらが配当を受けられるかが争われた。
【判旨】最高裁判所は，昭和58年判決を引用しつつ「特段の事情があるときは，
不相当に過大な部分について，その限度において詐害行為として取り消される
べきものと解するのが相当である」と判示して，修正を図った。

　例えば，協議離婚に伴って夫名義の居住用不動産を妻に財産分与したような
場合に，離婚が有効であれば，妻は夫婦の実質的共有財産の分与として原則的
に財産の2分の1の分与を受けられると解されているから，不動産の分与全体
が詐害行為として取り消されるのではなく，妻には2分の1の共有持分が認め
られることを前提に解決を考える。詐害行為取消権の行使によって，妻名義か
ら夫名義に復帰した2分の1の持分を差し押さえ，競売等を通じて債権者が債
権を確保する方法もある。しかし，妻の居住の安定性に欠ける。そこで，裁判
例では，居住用不動産を不可分物であるかのように捉え，財産分与を一部取り
消しつつ債権者に対する価額賠償を命じるという解決をしたものがある（大阪
高判平成16・10・15判時1886号52頁）。居住の安定性の観点から肯定される解決
方法であろう。

　また，近時，居住用不動産に関して，元妻が夫婦の協力によって取得した元
夫名義の建物を離婚後も占有していたところ，元夫が元妻に財産分与として当
該建物の明渡しを求めた事案が現れた。最高裁は，このような明渡請求は民事
訴訟による必要はなく，家庭裁判所が家事事件手続法154条2項の定める「物
の引渡し」として財産分与審判において明渡しを命ずることができるとした
（最決令和2・8・6民集74巻5号1529頁）。居住用不動産をめぐる財産分与事件の
速やかな解決に資する判断といえる。

　(iv)　財産分与と債権者代位権等　　債権者が債務者の財産分与請求権を代位
行使できるかどうかについては，協議等によって，財産分与請求権が具体的に
形成されている場合についてのみ，可能と解されている。したがって，財産分
与請求権の譲渡についても，具体的な権利の形成の有無・前後によって可否が
異なると解されている。また，財産分与請求権が債権者代位権（423条）の被
保全債権になるかどうか，という問題がある。判例は，財産分与請求権の具体
的内容が形成されるまでは，債権者代位権の被保全債権にならないと解する

（最判昭和 55・7・11 民集 34 巻 4 号 628 頁）。判例に対しては，批判的な学説もある。

　（ⅴ）　**財産分与請求権の除斥期間**　　財産分与請求権は，離婚の時から 2 年を経過すると消滅する（768 条 2 項）。この期間制限は消滅時効ではなく除斥期間と解されている（最決平成 17・3・8 家月 57 巻 6 号 162 頁）。当事者が離婚に際して，あるいは，離婚後速やかに財産分与について協議をすることが望ましいが，協議が調わなかった場合には，家庭裁判所に財産分与の調停・審判を速やかに申し立てるべきである。

(3)　親 子 関 係

　(a)　**離婚と親子関係**　　子のいる夫婦が離婚しても，子と親の関係（父子関係・母子関係）の存続には何ら影響しない。しかし，子の氏をはじめとして，とくに子が未成年である場合には，いろいろな問題が生じる（本編第 3 章第 4 節**2**参照）。

　(b)　**子の氏**　　戸籍は氏を基準に編成されているので，両親と戸籍を同じくする未婚の子は，成年であるか未成年であるかを問わず，両親が離婚しても氏は変わらない。例えば，田中夫婦が離婚し，妻が婚姻前の鈴木に復氏したとする（767 条 1 項）。この場合，子の氏は田中のままであり（790 条 1 項），子は父（元夫）を筆頭者とする戸籍に記載される。子が母と同じ氏を称するためには，家庭裁判所の許可を得て鈴木に氏を改めた後に届出をしなければならない（791 条 1 項，戸 98 条 1 項）。そして，未成年の子が生来の田中から鈴木に氏を改めた場合には，子は成年到達後 1 年以内に，届出によって氏を田中に復することができる（791 条 4 項）。

　(c)　**親権者の決定と監護に関する事項の定め**　　未成年の子がいる場合，婚姻中の夫婦は共に親権者であるが（**共同親権**：818 条 1 項・3 項），協議離婚に際し，父母はどちらか一方を子の親権者に定めなければならず（**単独親権**：819 条 1 項），その旨の記載のない離婚届は受理されない（戸 76 条）。裁判上の離婚では，家庭裁判所が父母のどちらか一方を親権者に定める（819 条 2 項）。親権者は，未成年の子について監護教育を行う権利義務を有し（820 条），子の財産を管理する（824 条）。実際には，未成年の子のいる夫婦の離婚の約 9 割で，母が親権者となっている。

　ところで，親権者の決定とは異なり，766条1項は，離婚をする父母が「子の監護をすべき者，父又は母と子との面会及びその他の交流，子の監護に要する費用の分担その他の子の監護について必要な事項」を協議で定めるとし，その場合には，「子の利益を最も優先して考慮しなければならない」としている。

　以下，親権者と監護者の分離，面会およびその他の交流（面会交流），子の監護に要する費用（養育費）の分担，子の利益の考慮，について見ていく。

　(i)　親権者と監護者の分離　　親権の内容に子の監護が含まれることは当然である。しかし，親権者（819条1項）とは別に，766条1項が「子の監護をすべき者」と規定している点を捉えて，親権者と監護者を分離することができると解し，親権者と実際に子を監護する監護者を別々に定めることがある。例えば，父を子の親権者に，母を子の監護者に，という具合である。離婚によって不可避的に単独親権となるため，子の父母が共に親権者になることを望んで紛争が解決できないような場合に，親権者と監護者を分離して，子と別居している親（別居親）を親権者に，子と同居して監護している親（同居親）を監護者にするといった解決が図られることがある。

　また，父母以外の第三者（例えば子の祖父母などの親族）を子の監護者に定めることも可能と解されている。第三者を監護者にする場合，父母と第三者の合意が前提となる。なお，父母以外の第三者は，766条に基づいて，自らを監護者と定めることを求める審判を申し立てることができない（最決令和3・3・29民集75巻3号952頁。　Column I 2-9 〔106頁〕参照）。

　(ii)　面会およびその他の交流（面会交流）　　面会交流とは，離婚後に子と別居親が面会したり，子が別居親宅に宿泊したり，子の写真や成績表などを別居親に送付したりするといった，親子間の交流のことである。もともと，明文規定は存在しなかったが，解釈により以前から認められ（初期には「面接交渉」と呼ばれていた。東京家審昭和39・12・14家月17巻4号55頁），平成23（2011）年の民法改正で明文化された（766条1項）。

　面会交流の法的性質については，親の権利と解する説，子の権利と解する説，両者の権利と解する説，権利性を否定する説などが対立しており，そのため766条1項は権利性を明確にしないで，夫婦間の取り決め事項のひとつという体裁をとっている。もっとも，大半の事件では，別居親が子との面会交流を求め

るという形をとるので，別居親が子と面会交流できるか否かという問題となり，子が別居親と面会交流できるか否かが問題とされるわけではない。通説的な理解では，別居親は原則的に面会交流ができるものの，子の福祉に適合しないような場合には，面会交流は許されないと考えられている（面会交流原則的実施論）。

　調停や審判における面会交流の具体的な内容は，「毎月 1 回，第○曜日，○時から○時まで，同居親は○○に子を連れて来て別居親と面会させる」といったように決定される。交流の形態として，写真やビデオ，成績表，誕生日プレゼントの送付などが定められることもある（間接交流という）。

　調停や審判で面会交流について定められたにもかかわらず，例えば，子と同居する親（同居親）が面会交流に消極的で，子と別居する親（別居親）と子との面会交流が不履行となった場合にどうなるか。面会交流は強制履行になじまないので，別居親は家庭裁判所による履行勧告（家事 289 条），間接強制，損害賠償，親権者・監護者の変更（家事別表第二 3 項・8 項）などの手段をとることになる。判例は，これらのうち間接強制について，「面会交流の日時，各回の面会交流時間の長さ及び子の引渡しの方法」が定められ，給付が特定されているのであれば，間接強制の対象になるとした（最決平成 25・3・28 民集 67 巻 3 号864 頁）。

　なお，平成 24（2012）年から，離婚届の様式が変更され，面会交流および養育費についての取り決めの有無をチェックで記入する欄が設けられた。これは面会交流および養育費の取り決めを促進する趣旨であるが，記入は任意のため，実効性に限界がある（**巻末書式③**参照）。そのため，面会交流が実現されないのは立法不作為によるとして，国家賠償請求訴訟が提起されるなどしている（東京高判令和 2・8・13 判時 2485 号 27 頁）。

　(iii)　子の監護に要する費用（養育費）　　これも，明文規定は存在しなかったが，解釈により以前から認められ（一般に「養育費」といわれている），平成 23（2011）年の民法改正で明文化された（766 条 1 項）。未成年の子を監護するために必要な費用（以下「養育費」という）は，離婚した父母がその資力に応じて分担する。

　実は，協議離婚では，父母間で養育費についての取り決めがされないことも多く，そのことが，結果的に母子家庭の困窮の一因になっている。これに対し

て，調停離婚・裁判離婚では，家庭裁判所が関与するので，ほとんどの場合，養育費が定められることになる。

　では，その養育費の具体的金額はどのようにして定められるか。かつては，さまざまな計算方式が乱立し，具体的金額の算出も煩瑣だった。

　平成15（2003）年に，裁判官らで構成された「東京・大阪養育費等研究会」が婚姻費用および養育費の「算定表」を公表し（判例タイムズ1111号285頁以下），その後，同算定表に依拠して養育費の算定が行われるようになった。そして，令和元（2019）年には，司法研修所が婚姻費用および養育費の「改定標準算定表（令和元年版）」を公表し（司法研修所編『養育費，婚姻費用の算定に関する実証的研究』参照），現在，家庭裁判所の調停・審判の実務では，それに基づいて養育費の算定が行われている。

　この「改定標準算定表」によると（父母ともに給与所得者の場合），例えば，子が16歳（高校生），子と同居する母（養育費の権利者）の年収が200万円，子と別居する父（養育費の義務者）の年収が600万円の場合，父が分担すべき養育費は月額6〜8万円になる。また，例えば，子が8歳と11歳の2人（小学生），母の年収が200万円，父の年収が600万円の場合，父が分担すべき養育費は月額8〜10万円になる。調停・審判では，算定表によって計算された金額を基準として，当事者の具体的事情を加味して，養育費の月額を定める。月額のほかにも，「賞与（ボーナス）支給月に5万円を加算する」，「私立高校に入学した場合は入学金相当額を加算する」などというように一時金について定める場合もある。養育費は父母の収入に比例せざるをえないので，収入が低いと，当然，養育費も低額となり，生活保護や「子どもの貧困」につながる。

　養育費が支払われる期間については，子が成年（18歳）に達する月までとするのが一般的だが，子が大学を卒業する月までというように定められることもある。子が複数いれば，子ごとに定める。なお，成年年齢が20歳から18歳に引き下げられたため（4条），改正以前，養育費の期間を「成年」までと定めて離婚した当事者（父母）の間で，養育費の期間をめぐり紛争となる事態が想定される。離婚時の「成年」は20歳であり，当事者は子が20歳に達するまでという意思であっただろうから，18歳に短縮されることにはならないであろう。

　養育費は，原則，父母の協議（合意）で定められる。その合意の子に対する

効力がしばしば問題となる。例えば，養育費無しで合意した場合や，いったん定めた養育費で生活を賄えなくなった場合に，子（親権者母が子を代理して）が父に対して扶養料を請求する（877 条）。下級審裁判例では，扶養料の請求を肯定する説（仙台高決昭和 56・8・24 家月 35 巻 2 号 145 頁）と否定する説（長野家伊那支審昭和 55・3・4 家月 33 巻 5 号 82 頁）が拮抗している。

　いったん定められた養育費が支払われなくなったり，さまざまな事情から支払義務者（債務者）が減額を求めたりすることは珍しくない。額の増減については，協議・調停・審判で解決することになる（766 条 3 項）。

　不払いについては，平成 15（2003）年の民事執行法改正で差押禁止財産の特例（民執 152 条 3 項），および，平成 16（2004）年の同法改正で間接強制（民執 167 条の 15・167 条の 16）の規定が設けられるなど，養育費の履行確保の実効性を高める努力がされてきた。しかし，その成果は十分ではなかった。そこで，令和元（2019）年の同法改正で，「債務者の財産状況の調査」が行えるようになった。すなわち，婚姻費用・養育費等（民執 151 条の 2）に関する債務名義の強制執行において，債権者（養育費等の権利者）は，債務者（養育費等の義務者）の財産状況の調査を行うことができるとされた。具体的には，債権者は，執行裁判所を通じて，地方自治体等から債務者の納税・公的年金に関する情報（民執 206 条），および，銀行等の金融機関から債務者の金融資産に関する情報（民執 207 条）を取得することができる。

　ところで，養育費に関して，興味深い裁判例がある。夫 X・妻 Y 間には 3 人の男児（A・B・C）がいる。B は Y と他の男性の性関係で出生した。X・B 間の自然的血縁関係の不存在が DNA 鑑定によって明らかにされた。しかし，嫡出否認の出訴期間（令和 4 年改正前 777 条）を経過しているため，X・B 間の法的父子関係は維持されている。X・Y 間で離婚訴訟となり，Y が 3 子の養育費を求めた。原審は，X・B 間に自然的血縁関係がないとしても，法律上の親子関係があるから，X に養育費支払義務があるとした。しかし，最高裁判所は Y の養育費請求を権利濫用に当たるとした（最判平成 23・3・18 家月 63 巻 9 号 58 頁）。いわゆる事例判決と解されるものの，法的親子関係の存在を認めながら，養育費という法的親子関係の効果を否定した点に批判が寄せられている。

　法的親子関係に関連して，次のような問題もある。離婚後，別居親（実父）

が養育費を分担していたところ，同居親（実母）が再婚し，再婚相手と子が養子縁組をした。別居親（実父）の養育費分担義務はどうなるか。このような場合，同居親（実母）と養親（養父）が共同親権者となり（818条3項本文参照），子の扶養義務者となる。そのため，別居親（実父）の子に対する扶養義務は後退し，原則として，養育費の支払義務を免除される（東京高決令和2・3・4判時2480号3頁）。

(iv)　子の利益　　平成23（2011）年の民法改正で，766条1項に子の利益を最優先する旨の文言が挿入された。これは，児童の権利に関する条約3条の「児童の最善の利益（best interest of child）」に由来すると解される。これにより，離婚後の子の監護に関するさまざまな事項は，子の利益を最優先して決定されることが必須となった。

> **Column I 2-9**　**祖父母と孫の関係**
>
> 　766条1項は「父母が……定める」と規定している。そこで，父母以外の第三者が766条の監護者指定や面会交流について定める手続の当事者になれるか，という問題がある。典型的には，祖父母が孫を監護したい，あるいは，孫と面会交流したいという調停・審判を申し立てるという形で現れる。
>
> 　学説では，766条を類推適用して，祖父母について当事者適格を肯定する説が有力化していた。ところが，最高裁は，祖父母が孫についての監護者指定，あるいは，孫との面会交流を求めた事案で，祖父母はそれらについて定める審判を申し立てることができないと判示した（最決令和3・3・29民集75巻3号952頁―監護者指定，最決令和3・3・29判時2535号29頁―面会交流）。最高裁は父母以外の第三者の申立てには「法令上の根拠」が存在しないとまで述べており，父母以外の第三者による766条の申立ては不可能になったと解される。祖父母による申立てを実現するには，立法が必要になると解される。

4　離婚制度の課題

　離婚制度には，多くの課題がある。

(1)　協議離婚制度の再考

　離婚の届出だけで離婚が成立するわが国の協議離婚制度は，比較法的に見ても，世界で最も簡便な離婚の方式である。それゆえ，虚偽の離婚の届出（仮装

離婚・偽装離婚）の前には無力であるし，財産分与や養育費の内容が当事者間で十分に話し合われないまま，離婚が成立する場合も少なくない。当事者の明確な離婚意思を確認し，財産分与や養育費といった離婚の条件が適切に取り決められるようにするには，現在の協議離婚制度では不十分であるという認識が学説の一部にはある。反面，費用や時間をかけずに離婚をしたいという国民も少なくないであろうし，離婚全体の 9 割弱を占める協議離婚制度は，日本社会に定着しているとも言え，協議離婚制度に手を加えることに対しては慎重な意見も根強く存在する。現行制度の維持か，改変を求めるかは，いずれにしても立法政策の問題であるが，議論そのものは継続していくべきであろう。

(2)　別居の法定

　夫婦は，ある日突然，離婚をするわけではなく，長短は別としても，ある程度の別居期間を経て，離婚に至るのが通常であろう。ところが，社会的には実在するはずの「**別居**」という夫婦の状態について，民法は何も定めていないのである。例えば，夫婦間の同居・協力・扶助義務（752 条）のうち，夫婦が別居状態にある場合に，協力義務や扶助義務はどのように果たされるべきなのだろうか。また，夫婦が別居している期間の婚姻費用分担義務（760 条）はいかなる内容なのか，これらの点が明らかでないという問題がある。

　関連して，最高裁判所は，別居中の夫婦に関する 2 つの事件で判断を示している（いずれも，平成 23〔2011〕年改正前の 766 条に関する事案である）。

　1 つは別居期間中の子の監護費用についてである（同趣旨の事件として最判平成 19・3・30 家月 59 巻 7 号 120 頁）。

> ◁**判例 I 2-12**▷ **最判平成 9・4・10 民集 51 巻 4 号 1972 頁**
> 【**事案**】平成 3（1991）年 12 月，妻が子を連れて家を出た。その後，妻は夫に家を出た翌月から子が成年に達するまでの養育費の支払を求めた。
> 【**判旨**】最高裁は，「離婚の訴えにおいて，別居後単独で子の監護に当たっている当事者から他方の当事者に対し，別居後離婚までの期間における子の監護費用の支払を求める旨の申立てがあった場合には，裁判所は，民法 771 条，766 条 1 項を類推適用し，……子の監護費用の支払を命ずることができるものと解するのが相当である。けだし，民法の右規定は，父母の離婚によって，共同して子の監護に当たることができなくなる事態を受け，子の監護について必要な

事項等を定める旨を規定するものであるところ，離婚前であっても父母が別居し共同して子の監護に当たることができない場合には，子の監護に必要な事項としてその費用の負担等についての定めを要する点において，離婚後の場合と異なるところがないのであって，離婚請求を認容するに際し，離婚前の別居期間中における子の監護費用の分担についても一括して解決するのが，当事者にとって利益となり，子の福祉にも資するからである」と判示した。

　もう1つは，別居期間中の子と別居親との面接交渉（面会交流）についてである。

⟨判例 I 2-13⟩ **最決平成 12・5・1 民集 54 巻 5 号 1607 頁**
【事案】 妻が子を連れて家を出た後，離婚調停となった。調停継続中は，事実上，子と夫との面接交渉が月2回ほど行われていた。調停が不成立となり，妻が離婚訴訟を提起し，和解交渉が決裂したため，妻が子と夫との面接交渉を拒否した。そこで，夫が子との面接交渉を求めた。
【決定要旨】 最高裁は，「父母の婚姻中は，父母が共同して親権を行い，親権者は，子の監護及び教育をする権利を有し，義務を負うものであり（民法 818 条3項，820 条），婚姻関係が破綻して父母が別居状態にある場合であっても，子と同居していない親が子と面接交渉することは，子の監護の一内容であるということができる。そして，別居状態にある父母の間で右面接交渉につき協議が調わないとき，又は協議をすることができないときは，家庭裁判所は，民法766 条を類推適用し，家事審判法9条1項乙類4号により，右面接交渉について相当な処分を命ずることができると解するのが相当である」と判示した。

　いずれの事件でも，判例は，離婚に関する規定である 766 条を，離婚前の段階である別居中の夫婦に類推適用することを明らかにした。離婚の規定が，別居の段階でいわば前倒しされて適用されるのである。
　もっとも，上記のような解釈によって，別居中の問題が全て解消されるわけではない。わが民法は**婚姻住居の保護**について沈黙しているため，別居中の婚姻住居の扱いも不安定である。例えば，夫婦が別居して，妻と子が夫名義の不動産に居住しているような場合に，夫が当該不動産を第三者に譲渡するようなことが起こる。また，夫が住宅ローン債務の不履行に陥り，妻と子が居住している夫名義の不動産が競売に付されるようなことも起こりうる。これらの住居問題は，まず，婚姻住居の保護の問題として対応がなされ，それを踏まえて，

別居中の夫婦にもその保護が及ぶというような制度の整備がされる必要があるだろう。

　例えば，下級審裁判例では，夫婦の共有不動産につき，裁判所が，財産分与として妻の共有持分を夫に取得させ，夫と妻の間で期限付の賃貸借契約を設定し，離婚後，一定期間，妻子の住居を確保するというような処理をした事案も現れている（名古屋高判平成 21・5・28 判時 2069 号 50 頁）。公平で妥当な婚姻住居の保護のために，さまざまな手法がとられるようになっている。

　なお，平成 30（2018）年の民法改正で創設された「配偶者の居住の権利」（1028 条〜1041 条）は，一方配偶者の死亡によって夫婦関係が終了した後の他方配偶者（生存配偶者）の居住を保護するための制度であり，ここでいう婚姻住居の保護とは異なる。

(3)　離婚後の共同親権

　現在，離婚に伴う問題のうち，最も重要かつ喫緊の課題は，親権者の決定と子の監護である。わが民法は，離婚後の単独親権制度を採用しているため（819 条 1 項・2 項），離婚をする父母が親権者の地位を求めて激しく争うようになっている。父母（ないし親族）による子の奪取・誘拐なども，単独親権制度に一因があると考えられる。

　欧米では，1970 年代から，それまでの離婚後単独親権制度を改めて，離婚後共同親権制度を導入した。離婚後も両親に親権者としての責任を課し，日常的な子の監護は父母の一方が行うとしても，別居親と子には宿泊などを伴う頻繁な面会交流を認め，子に関する重要な問題（医療や進学など）については，共同親権者である両親（元夫婦）の協議で決めさせるというようにして，単独親権制度に伴う弊害を除去するようにした。

　わが国でも，平成 8 年民法改正要綱の検討過程で，離婚後の共同親権の導入が議論されたが，時期尚早として見送られたという経緯がある。離婚後の共同親権は，わが国の法文化に合わない，離婚紛争をかえって激化させ子の福祉に反するという指摘もされている。学説では，離婚後の共同親権を支持する立場が有力であり，また，離婚後の共同親権を認めない現行制度に対する違憲訴訟も複数提起されている（東京地判令和 3・2・17 訟月 67 巻 9 号 1313 頁など）。現在，

法制審議会で離婚後の共同親権を認める方向での改正が検討されている。

(4)　再構成家族への対応

再構成家族とは，離婚・再婚が繰り返されるなどして，形成・再形成・再々形成されるような家族のことである（「ステップファミリー」と呼ばれたりもする）。その結果，連れ子同士のように血縁関係にはない子同士が「家族」として共同生活をしたり，実親・養親・事実上の監護者などと子との間に複数の「親子関係」が形成されたりする。わが国よりも先に離婚が増加した欧米では，このような新しい家族のかたちが法制度に反映されるようになってきている。

第6節　内　　縁

1 序

《社会観念上夫婦となる意思をもって夫婦共同生活を送っているが，婚姻の届出を欠くために，法律婚とは認められない男女の関係》を**内縁**または**事実婚**という（伝統的通説・判例を前提にした説明）。

このように夫婦としての社会的実体を有しながら，なぜ届出がされないのか。その事情はさまざまであり，時代によっても異なる。

届出による法律婚という制度が定着していなかった時代は，社会習俗上の婚姻の儀式を行い，親類や地域社会の間で夫婦と認められることのほうが重要と考えられていた。また，法律婚制度がある程度受け入れられるようになってからも，一定の社会階層においては，届出の必要性が十分に意識されなかった。

他方，戦前の家制度のもとでは，婚姻には戸主の同意が必要であった（男30歳，女25歳までは親の同意も必要であった）ため，①婚姻に反対されて届出をすることができなかったり，②婚姻の儀式を挙げても，封建的な意識の中で，跡継ぎを産むなどして嫁として認められて戸主や親の同意が得られなければ届出をすることができなかったりして，内縁を余儀なくされることもあった（さらに，長男と長女がいずれも推定家督相続人である場合は，家制度のもとでは婚姻をすることが制度的に不可能であって届出が受理されないために，内縁を余儀なくされること

もあった）。

　そこで，判例は，当初は，婚姻の儀式を挙げながら届出がされなかった事例において，この関係を「**婚姻予約**」ととらえ，婚姻予約は適法・有効であり，婚姻の成立を強制はしないものの，正当な理由なく成立を拒絶した場合には損害賠償義務を負うものとして，一定の法的保護を与えるようになり（大連判大正4・1・26民録21輯49頁参照），他の類型における内縁関係の不当破棄にも保護を拡大していった。さらに，不当破棄以外でも，日用品供給の先取特権（310条）や相手方の生命侵害による損害賠償（709条・711条：固有の財産上・精神上の損害）などの場面で，内縁の妻を法律婚と同様に扱う判断を示していった（前者につき大判大正11・6・3民集1巻280頁，後者につき大判昭和7・10・6民集11巻2023頁〔傍論〕参照）。

　学説は，内縁を**準婚**関係ととらえ，婚姻の効果を準用して法的保護を与えることに努め，判例も，戦後の昭和33年判決（最判昭和33・4・11民集12巻5号789頁）で準婚理論を採用するに至った。同判決は，内縁の不当破棄による慰謝料と内縁関係中に妻が負担した医療費の支払を請求した事件であり，婚姻費用の分担の規定（760条）の準用の可否が1つの争点であったところ，婚姻予約の構成のままで準用を認めることは理論的に不整合であるため，準婚理論の採用に踏み切ったものとみることができる（本節 **3** (2)で述べるように，同判決は，慰謝料について，準婚という法律上保護される生活関係の侵害による不法行為という構成を用いたが，婚姻予約の不履行という構成も否定していない）。

　前述（本章第2節 **2**・**3** (2)(a)）のように通説・判例は，届出を婚姻の成立要件と解してきたので，届出がなければ婚姻は不成立・不存在という帰結となるため，内縁を婚姻とは別個の婚姻に準ずる関係（準婚関係）と位置づけることによって，一定の効果を付与しようとしたものである（これに対し少数説は，届出を効力要件と解することによって，届出がなくとも実質的意思の合致により婚姻は成立しており，届出がなくても一部の効果が生ずるという説明によって内縁を保護しようとした）。

　しかし，戦後は，家制度に伴う障害は解消され，内縁保護の必要性は少なくなってきている（法制度上内縁を余儀なくされていると考えられるのは，婚姻障害を除けば，法律婚によって氏の同一を強いられることを避けるために内縁にとどまる場合

くらいか)。さらに，自己決定の自由という見地から，内縁保護は余計な「おせっかい」であるという考え方も出されている。つまり，法的拘束力のない関係を選択したいと思っても，同居しているうちに内縁保護という法的拘束力が生じてしまうので，そういう選択ができないというのは問題である（少なくとも従来のような保護は過剰である）という考え方である。

　近時の最高裁判決が，同居・協力関係がなく内縁とまでいえないパートナー関係の解消について不法行為責任を否定したその判断の背後には，上記と類似する発想をみてとることもできよう（かといって，このようなある種の契約に基づく男女関係について一切の法的保護が不要かどうかは今後の課題である）。

> **Column Ⅰ 2-10**　同居協力関係のないパートナー関係の解消
>
> **（最判平成 16・11・18 判時 1881 号 83 頁）**
>
> 　Ｙ男による，Ｘ女との間の同居・協力関係がなく内縁とまではいえないパートナー関係の解消について，ＸがＹに対し慰謝料の請求をした事件で，原判決は慰謝料 100 万円を認めた。これに対し，最高裁は，婚姻およびこれに準ずる関係のものと同様の存続の保障を認める余地がないことはもとより，この関係の存続に関しＹがＸに対し何らかの法的な義務を負うものではなく，Ｘがこの関係に関する法的な権利ないし利益を有するとはいえない，として原判決を破棄した。両者には 16 年間の関係があり子が 2 人いるものの，住居も生計も別で共有財産がなく，Ｘが子供の養育に関わりを持たず，出産の際に金員を受領し，関係存続に関する合意もないなどの事情を指摘して上記のように判断したものである。ＸとＹが，生活実態と意思の両面において，内縁関係のような法的拘束力が生じない関係を選択してきた以上は，この場合におけるＸに法的保護を与える必要がないという考え方がみてとれる。

2　要　　件

(1)　婚姻意思と夫婦共同生活

　伝統的通説・判例は，法律婚に関する実質的意思を前提に，内縁について，**婚姻意思**（社会観念上の夫婦関係設定の意思）と**夫婦共同生活**があることを要件と解してきた。これは届出がないだけで，意思と生活事実（生活実態）の両面において婚姻としての実質を有するがゆえに，内縁が保護に値すると考えられるからである。ここでいう婚姻意思は，社会的・実質的に夫婦となる意思さえ

あれば，届出はもちろん社会習俗上の儀式がなくても，認めることができる。

(2)　婚姻障害との関係

　法律婚について婚姻障害がないことが要件とされるように，内縁でも婚姻障害の有無が問題となる。

　(i)　学説では，法律婚とは異なり，①問題となった効果が関係解消に伴うものか，関係維持のためのものか，②第三者との効果か，当事者間の効果か，③当該関係の反倫理性が弱いか（重婚的内縁の場合は法律婚が形骸化しているか），否か，によって相対的に考える説（**相対的効果説**ないし**相対的有効説**）が有力である（①～③のいずれも前者の事情があるほうが保護される方向に働く）。

　(ii)　判例にも，そのような傾向が窺われる。

　前述（本節**1**）の婚姻予約に関する判例には，婚姻適齢や改正前の再婚禁止期間に反する関係の不当破棄について損害賠償責任を認めたものがある（前者につき大判大正8・4・23民録25輯693頁，後者につき大判昭和6・11・27新聞3345号15頁）。

　重婚的内縁（法律婚の配偶者のある者との内縁関係）について，公序良俗に反するとして法的保護を否定する古い判例もあったが，法律婚が破綻している場合については，重婚的内縁の解消の際の財産分与を認める裁判例や，重婚的内縁配偶者の側に社会保障給付を認める判例がでている（⇒本節**4**(2)(5)）。

　一方，近親婚的内縁について，判例は，社会保障給付の受給資格を認めることを否定してきたが，当該関係の態様の特殊事情に照らして例外的に肯定する場合を認めるに至った。すなわち，亡夫の連れ子と内縁関係にあった女性が，相手方の死亡による遺族厚生年金の支給が認められなかったため，これを争った事件では，直系姻族間（735条参照）で内縁関係にある者は厚生年金保険法3条2項にいう「事実上婚姻関係と同様の事情にある者」には該当しないとして受給資格を否定した（最判昭和60・2・14訟月31巻9号2204頁）のに対し，叔父と姪（3親等内の傍系血族：734条1項参照）の内縁関係の事例（42年にわたって夫婦としての共同生活を送り，2人の子が生まれて認知されていた）では，当該地域の叔父姪婚の風習に基づくものであったという特殊事情などから，3親等の傍系血族の内縁関係の反倫理性・反公益性が婚姻法秩序維持等の観点から問題とす

る必要がない程度に著しく低く，公益的要請よりも遺族の生活の安定等の法の目的を優先させるべき特段の事情が認められるとして，受給資格を認めている（最判平成 19・3・8 民集 61 巻 2 号 518 頁）。

3 効　　果

(1) 序

内縁が成立し，婚姻届を出す約束があっても，届出を請求し，その履行を強制することはできない（大連判大正 4・1・26 民録 21 輯 49 頁）が，次に述べるように関係を不当に破棄した場合は損害賠償（慰謝料）が認められる。また，民法の規定する法律婚の効果の一定範囲のものが解釈によって準用されるほか，民法や特別法などの明文の規定で内縁に一定の効果が与えられている。これらの規定のなかには，内縁配偶者の居住権を保護するものがあるが，これらの規定によって保護されない場合についても，民法の解釈論による保護が与えられる場合もある。

(2) 不 当 破 棄

内縁関係を不当に破棄された場合について，前述のように，大審院は，婚姻予約の不履行という一種の債務不履行責任の構成で，慰謝料支払の損害賠償責任を認めていた（大連判大正 4・1・26 民録 21 輯 49 頁など）。

準婚理論が通説化するなかで，判例は，準婚理論を採用して，不法行為構成による損害賠償責任を認めるようになった。すなわち，本節*1*で言及した昭和 33 年判決（最判昭和 33・4・11 民集 12 巻 5 号 789 頁）は，内縁を「婚姻に準ずる関係というを妨げない」とした上で，内縁も法律上「保護せられるべき生活関係に外ならないのであるから，内縁が正当の理由なく破棄された場合には，故意又は過失により権利が侵害されたものとして，不法行為の責任を肯定することができる」とした（「婚姻予約の不履行を理由として損害賠償を求めることができるとともに，不法行為を理由として損害賠償を求めることもできる」とした）。最近は，同性カップル XY について「婚姻に準ずる関係」にあるとし，Y の「貞操義務」違反で X が関係解消を余儀なくされたとして，Y の不法行為責任が認められた事例もみられる（東京高判令和 2・3・4 判時 2473 号 47 頁）。

　さらに，判例（最判昭和 38・2・1 民集 17 巻 1 号 160 頁）は，内縁を不当破棄した当事者とともに，関与した第三者についても責任を認めている。すなわち，内縁の夫 Y の父 Z の暴言等で内縁関係が破綻するに至った事例において，内縁の当事者でなくても「社会観念上許容されるべき限度をこえた内縁関係に対する不当な干渉」によって破綻させた者は不法行為責任を負う旨の判示をして，破綻の主導的役割を果たした Z とそれに加担した Y の共同不法行為責任（719条）を認めている（なお，大判大正 8・5・12 民録 25 輯 760 頁は，婚姻予約の構成のもと，内縁配偶者の一方と性的関係をもって内縁関係を破綻させた第三者について，一種の債権侵害による不法行為責任を認めていた）。

(3)　法律婚の効果との関係

　(i)　内縁は，届出を欠くだけで，夫婦としての社会的実体を有しているので，夫婦共同生活に関係する法律婚の効果は準用される。例えば，同居協力扶助義務（752条），婚姻費用分担義務（760条），日常家事債務（761条），夫婦の財産の帰属（762条），離婚の際の財産分与（768条）などである（760条につき最判昭和 33・4・11 民集 12 巻 5 号 789 頁，761 条につき東京地判昭和 46・5・31 判時 643 号 68 頁，762 条 2 項につき大阪高判昭和 57・11・30 家月 36 巻 1 号 139 頁，768 条につき広島高決昭和 38・6・19 家月 15 巻 10 号 130 頁参照）。

　なお，夫婦間の契約取消権（754条）については，婚姻共同生活に関係するため内縁への準用を肯定する説も有力であるが，規定自体の不合理性から否定説が多い（高松高判平成 6・4・19 判タ 854 号 261 頁は否定説をとる）。

　(ii)　他方，内縁は届出を欠いているため，届出による戸籍への身分関係の表示に関係する効果や，戸籍による画一的処理が要請される効果については，準用が否定される。例えば，同一の氏への変更（750条），相続権（890条），子の嫡出性（772条），姻族関係（725条3号）の発生などの効果は準用されない。

　なお，内縁配偶者が死亡しても生存配偶者には相続権がないため，相手方の死亡と同じく婚姻解消原因である離婚の財産分与の規定を準用することで保護を図ることができないか問題となった（肯定する裁判例もあった）が，判例は，「財産分与の法理による遺産清算の道を開くことは，相続による財産承継の構造の中に異質の契機を持ち込むもので，法の予定しないところ」であるとして，

準用を否定する立場をとった（最決平成 12・3・10 民集 54 巻 3 号 1040 頁）。今日内縁保護の必要性が低下していることからも，この決定のように，法体系を乱す無理をしてまで財産分与の規定を準用する必要はないだろう（当事者は遺贈や死因贈与を活用すべきである）。

(4) 不法行為法上の効果との関係

例えば，法律婚の夫が不法行為によって死亡した場合，妻は，①夫の逸失利益の損害賠償請求権（709 条），および，②夫の慰謝料請求権（710 条）を夫の相続人として承継するとともに，③固有の慰謝料請求権（711 条）を有する。

これに対し，内縁の妻は相続権を有しないので①②を承継することはできないが，①に代わるものとして，①' 扶養利益の侵害による損害賠償請求権を有する（大阪地判昭和 54・2・15 交民集 12 巻 1 号 231 頁など。大判昭和 7・10・6 民集 11 巻 2023 頁〔傍論〕も参照）とともに，法律婚の妻に準じて，③が認められている（東京地判昭和 36・4・25 家月 13 巻 8 号 96 頁など。前掲大判昭和 7・10・6〔傍論〕も参照）。

なお，死亡した内縁の夫に相続人がいた場合，その相続人は，上記①' （扶養構成）を控除した残額を相続構成で取得すると解されている（札幌高判昭和 56・2・25 判タ 452 号 156 頁。自賠法 72 条 1 項による請求に関する最判平成 5・4・6 民集 47 巻 6 号 4505 頁も参照）。なぜなら，もし亡夫が不法行為で死亡せずに天寿を全うした場合，生前の総収入（通常 67 歳までを就労可能年数として計算される）から内縁の妻を扶養した額などを控除した残額が相続開始時に残され，それを相続人が取得したはずである，と仮定して，損害額を考えるからである。

(5) 相続法・借地借家法上の効果と居住権の保護

(ⅰ) 内縁配偶者には相続権がないが，相続人がいない場合については，「被相続人と生計を同じくしていた者」に清算後の相続財産の全部または一部を与えることを認める特別縁故者の制度（958 条の 2）の適用がありうる。したがって，例えば，内縁配偶者が持家を残して死亡した場合は，上記の制度によって，生存配偶者の居住を保護することもできる。

しかし，相続人がいる場合は，上記の規定を適用することはできない。判例

は，死亡内縁配偶者が残した持家を相続した者が生存内縁配偶者に対して明渡
請求をした場合について，「権利の濫用」の構成によって保護を図っている
（最判昭和 39・10・13 民集 18 巻 8 号 1578 頁）。また，「内縁の夫婦がその共有する
不動産を居住又は共同事業のために共同で使用してきたときは，特段の事情の
ない限り，両者の間において，その一方が死亡した後は他方が右不動産を単独
で使用する旨の合意が成立していたものと推認するのが相当である」として，
死亡内縁配偶者の共有持分を相続した者からの賃料相当額の不当利得返還請求
を否定している（最判平成 10・2・26 民集 52 巻 1 号 255 頁）。

　(ii)　一方，借地借家法 36 条は，内縁配偶者の居住権を保護するために，相
続人がいない場合について，居住用建物賃借権の承継を認めているが，ここで
も，相続人が存在する場合については，上記の規定では居住権の保護を図るこ
とができない。そこで，判例は，賃貸人からの明渡請求については，相続人が
承継した賃借権を内縁配偶者が「援用」するという構成で保護を図っている
（最判昭和 42・2・21 民集 21 巻 1 号 155 頁）。また，相続人からの明渡請求につい
ては，「権利の濫用」の構成で保護を図ることが可能であろう（亡夫の持家に関
する前掲最判昭和 39・10・13 の権利濫用構成はここでも適用が可能であろうが，今日
の住宅状況の下でどこまで認められるかという問題は残る）。

(6)　社会保障法上の効果

　社会保障法の分野においては，現実に夫婦共同生活を送っている者を保護す
るために，受給権者としての「配偶者」の定義のなかで「婚姻の届出をしてい
ないが，事実上婚姻関係と同様の事情にある者」を含めるものが多い（健保 3
条 7 項，厚年 3 条 2 項，労災 16 条の 2 第 1 項など）。

4　重婚的内縁

　重婚的内縁について，初期の判例は，一夫一婦制を破壊するものであって公
序良俗に反するとして，法的保護を否定していた（大判大正 9・5・28 民録 26 輯
773 頁：不当破棄について損害賠償を否定した事例）。しかし，戦後の裁判例や判例
は，法律婚が破綻している場合を中心に，一夫一婦制の原則との調整を図りな
がら，一定の効果を与えるようになった（後述）。

　現在の学説は，婚姻障害のある内縁の効力について，前述（本節**2**(2)）のように，①問題となった効果が関係解消に伴うものか，関係維持のためのものか，②第三者との効果か，当事者間の効果か，③当該関係の反倫理性が弱いか（重婚的内縁の場合は法律婚が形骸化しているか）否か，によって相対的に判断して，一定の効果を与える**相対的効果説**（**相対的有効説**）が有力である。重婚的内縁に関する裁判例や判例も，問題となった効果の性質と重婚的内縁の態様に応じて一定の効果を与えており，上記の学説と同様の傾向がみてとれる。

(1)　婚姻費用の分担

　婚姻費用分担義務は，相対的効果説の観点からは，関係解消に伴うものではなく，関係維持のための効果であるので，否定的に解される。一夫一婦制の原則に照らし，法律婚と重婚的内縁の効果の重複を避けるという考え方からは，法律婚が完全に形骸化している場合（厳密にいえば，届出を欠いているだけで，離婚の合意や一定の離婚給付が済んでいる状態）でなければ，重婚的内縁のほうに婚姻費用分担義務を認めるべきではないということになる。

　審判例のなかにも，法律婚が完全に形骸化しているとはいえない事例で，法律婚の妻 W から夫 H に対する婚姻費用分担額を判断する上で重婚的内縁の妻 W' の存在を考慮する必要はない（ただし W' との間の子の養育費は考慮しうる）としたものがある（東京家審昭和44・8・20家月22巻5号65頁）。

　ただし，内縁の妻に特別の寄与がある場合（大阪家審昭和49・3・26家月27巻3号70頁）や，法律婚の妻に破綻について帰責性があるがゆえに法律婚の妻からの婚姻費用分担請求の行使が制限される場合（東京高決昭和58・12・16家月37巻3号69頁）については，上記の意味で法律婚が完全に形骸化していなくても，内縁の妻の側に一定の留保を認める余地があろう。

(2)　財 産 分 与

　財産分与は，相対的効果説の観点からは，関係解消に伴う効果であるので，肯定的に解される。裁判例では，法律婚が破綻状態にあることを知りながら重婚的内縁関係に入った者からの財産分与の請求（広島高松江支決昭和40・11・15家月18巻7号33頁）や，法律婚の破綻と無関係とはいえない重婚的内縁関係に

入った者からの財産分与の請求（東京高決昭和 54・4・24 家月 32 巻 2 号 81 頁）についても，離婚の規定を準用してこれを認めたものがみられる。

　清算的財産分与は，内縁配偶者の寄与に基づく要素であるから問題はないが，扶養的財産分与にはやや問題がある。扶養的財産分与は，内縁関係解消に伴う効果という側面がある一方で，婚姻継続中の扶養義務の事後的効果という側面もあるため，法律婚との調整が問題となるからである。学説の中には，法律婚の配偶者が離婚する際の扶養的財産分与を十分に確保するために，法律婚の配偶者に対する離婚給付が終了して法律婚が完全に形骸化していることを要件とすべきだという説もみられる（もっとも，そこまでいかない破綻状態でも，法律婚の配偶者に十分な財産分与を確保できる場合は扶養的財産分与を認めてよいと解する余地もあろう）。

(3)　不当破棄による損害賠償　(慰謝料)

　古い判例では，重婚的内縁という公序良俗に反する不法の原因によって生じたものとして不当破棄による損害賠償は否定されていた（前掲大判大正 9・5・28，大判昭和 15・7・6 民集 19 巻 1142 頁）が，相対的効果説の観点からは，関係解消に伴う効果として肯定的に解することができる。

　近時の裁判例では，法律婚が形骸化している場合には相応の保護が与えられるべきだとして肯定した事例（東京地判平成 3・7・18 判時 1414 号 81 頁）や，妻と離婚するとの言を信じて法律婚の存在を知りながら内縁関係に入って子を産んだ後に妻と離婚ができないとして一方的に破棄されたことについて肯定した事例（京都地判平成 4・10・27 判タ 804 号 156 頁）がみられる。

　相対的効果説からは，第三者によって重婚的内縁関係が破壊された場合については，より肯定的に解される。裁判例でも，重婚的内縁は少なくとも当事者間や第三者との関係では有効だとして，内縁関係を破壊した第三者に対する慰謝料請求を肯定した事例がみられる（東京地判昭和 62・3・25 判タ 646 号 161 頁：離婚するとの言を信じて妻の存在を知りながら内縁関係に入り，その妻に対し法律婚を破綻させる言動をしていたが，今度は別の女性によって内縁関係が破壊された事例）。

(4)　相手方配偶者の死亡による損害賠償

　重婚的内縁配偶者（とくに夫が重婚状態の場合）が不法行為によって死亡した場合の損害賠償はどうなるか。

　損害賠償は，相対的効果説の観点からは，死亡による関係解消に伴う不法行為法上の効果であり，第三者との間の効果であるので，肯定的に解される。

　もっとも，財産的損害の賠償請求権については，主に扶養利益の侵害を理由とするものであるので，法律婚との調整が問題となる。しかし，上記に述べた観点からは，(1)で検討した生存中の当事者間の関係ほどは一夫一婦制の原則を強く考慮する必要はなく，完全な形骸化とまではいえない破綻状態であっても，認めることができると解することができよう。ただし，前述（本節**3**(4)）のように，相続人である法律婚の妻は，内縁の妻の扶養利益の侵害による損害分を控除した残額を相続構成で取得すると解されているので，死亡した夫の逸失利益の額が少ない場合は，法律婚の妻の側の扶養利益に食い込むことが生じうる。裁判例においても，重婚的内縁の妻の扶養利益の侵害による損害額を算定する際に，法律上の妻の存在を考慮して，3分の2に減額したものがある（東京地判昭和43・12・10家月21巻6号88頁）。

　これに対し，711条の近親者固有の慰謝料請求権は，婚姻法上の効果との関係が希薄であるので，一夫一婦制の原則を堅持する必要はなく，法律婚の妻と内縁の妻との間で効果を配分することが許容されよう。裁判例においても，法律婚の破綻の原因となった内縁配偶者についても711条の適用を認めている（前掲東京地判昭和43・12・10。そのほか，法律婚が形骸化していた場合に肯定した事例として，大阪地判平成6・8・25交民集27巻4号1089頁も参照）。

(5)　社会保障給付など

　前述（本節**3**(6)）のとおり，社会保障法などの分野においては，現実に夫婦共同生活を送っている者を保護するために，受給権者としての「配偶者」の定義のなかで，「婚姻の届出をしていないが，事実上婚姻関係と同様の事情にある者」を含めるものが多い（健保3条7項，厚年3条2項，労災16条の2第1項など）。重婚的内縁配偶者についても，一定の場合，上記の「配偶者」として受給資格が認められている。

　すなわち，国家公務員共済組合法の適用に関する内閣法制局意見（大蔵主計局長照会昭和38・9・28決裁）は，法律婚が「実体を失ったものになっているとき」には，内縁配偶者が「配偶者」として受給対象となることを認めるとともに，上記の基準として，①離婚の合意に基づき夫婦としての共同生活を廃止しているが，離婚届を出していないときや，②一方の悪意の遺棄によって共同生活が行われていない場合において，その状態が長期間継続し，双方の生活関係がそのまま固定しているとき，の2つを挙げている（同様の基準が旧・社会保険庁においても採用されていた）。

　判例も，法律婚の婚姻関係が形骸化し，その状態が固定化して事実上の離婚状態にある場合について，重婚的内縁配偶者に遺族給付を認める（最判昭和58・4・14民集37巻3号270頁〔農林漁業団体職員共済組合法の事例〕）とともに，具体的な離婚の合意があったとまではいえない事例でも，婚姻関係が実体を失って修復の余地がないまでに形骸化していたとして，重婚的内縁配偶者に遺族共済年金を認めている（最判平成17・4・21判時1895号50頁〔私立学校職員共済法の事例〕）。ただし，前記のような明文の規定を持たない恩給法に関しては，受給権者たる配偶者を法律上の配偶者に限定している（最判平成7・3・24判時1525号55頁）。

第**3**章
親　　子

第 1 節　序──法的親子関係の意義
第 2 節　実　　子
第 3 節　養　　子
第 4 節　親　　権

> 　本章では，親子法（親子関係法）を扱う。民法では，親子は実子（実親子）と養子（養親子）に分けられる。第 2 節で実子の，第 3 節で養子の親子関係の決定方法を見る。親子関係が決定されると，親子間には親子としての法的効果が生じる。それを親権といい，第 4 節でその内容を説明する。なお，令和 4（2022）年に，実子と親権に関する重要な改正が行われた（令和 6〔2024〕年 4 月 1 日施行）。

第 1 節　序──法的親子関係の意義

　法律上の**親子関係**（法的親子関係）には，自然的血縁関係を基礎とする**実親子関係**（実子：772 条〜791 条）と，自然的血縁関係を基礎としない**養親子関係**（養子：792 条〜817 条の 11）がある。法的親子関係の成立によって，当事者（実親と実子，養親と養子）の間に法律上の権利義務関係が発生する（親権：818 条〜837 条）。以下では，実子（第 2 節），養子（第 3 節），親権（第 4 節）の順に説明する。また，**生殖補助医療**（人工生殖，不妊治療とも呼ばれる）によって出生した子の親子関係については，実親子関係・養親子関係という古典的な親子関係には収まりきらない問題があり，1950 年代から立法的な解決が求められきた。ようやく，令和 2（2020）年に「生殖補助医療の提供等及びこれにより出生した子の親子関係に関する民法の特例に関する法律」（以下「生殖補助医療特例

法」）が制定され，一定の対応が行われた（本章第2節 **4**。 Column I 3-7 〔158頁〕）。

　なお，**児童福祉法**の制度として**里親委託**がある（児福6条の4・27条1項3号）。これは，里親という養育者に要保護児童（里子ということがある）の養育を一定期間委託するものである。里親と里子の間に法的親子関係を成立させるための制度ではないが，擬似的な親子関係と見ることができるし，また，養子とも関連する制度である（ Column I 3-8 〔178頁〕）。

第 2 節　実　　子

1 序

　実親子関係は，民法第4編「親族」第3章「親子」第1節に「実子」として規定されている。実親子関係は，自然的血縁関係（要するに血のつながり）を基礎とするが，後述するように，自然的血縁関係と必ずしもイコールではない。自然的血縁関係が存在したとしても，法的な実親子関係の成立が否定される場合がある。

　実親子関係は，通常，実父子関係と実母子関係に分けて検討する。民法は，まず実母子関係が決定され，実母子関係の決定を受けて，実父子関係が決定される構造になっていると考えられる。これは，ローマ法の「母は確実なり。父は婚姻の示す者なり。Mater semper certa est. Pater is est quem nuptiae demonstrant.」に由来する。以下では，まず実母子関係，つぎに実父子関係の順に決定方法を説明する。

（1）　**実母子関係**

　民法には，実母子関係について直接的な規定は存在しない。772条1項前段の「妻が……懐胎した子」，同項後段の「女が……懐胎した子」が，実母子関係を間接的に定めていると解される。妻（女）が懐胎（妊娠）すれば，いずれ子を分娩（出産）する。子は母体から出てくるのであるから，母と子は1：1で対応しており，他の者を母とする余地はないと解される。

　判例も，実母子関係は「**分娩の事実**」（最判昭和 37・4・27 民集 16 巻 7 号 1247 頁），あるいは，「**懐胎，出産**」（最決平成 19・3・23 民集 61 巻 2 号 619 頁）によって決定されると解している。この「分娩者＝母ルール」は，学説にも承認されている。つまり，分娩（出産）という明白な事実，換言すれば，実母子間の自然的血縁関係をそのまま法律上の実母子関係にするのである。このような実母子関係の決定方法は，子の実親の少なくとも一方（実母）を子の出生と同時に決定することで，子の養育に責任を負う者を速やかに確保することとなるので，子の福祉に合致すると考えられる。

　ところで，生殖補助医療においては（**4**），卵子提供や代理懐胎によって，自然的血縁関係と分娩等との分離といった事象が生じており，「分娩者＝母ルール」が揺らぐ事象が生じた。上述の生殖補助医療特例法 9 条は，「出産をした女性をその子の母とする」と定め，卵子提供や代理懐胎が行われた場合であっても，子を分娩した女性が子の実母であるとして，民法との整合性を維持している（ Column I 3-7 (2)〔158 頁〕）。

(2)　実父子関係

　実父子関係は，子の実母の婚姻の有無を媒介にして決定されるというのが，基本的な構造である。実父子関係については，分娩（出産）という明白な事実が存在しないため，法技術によって法律上の実父子関係を決定する。

　婚姻をしている実母（＝妻）から生まれた子を**嫡出である子**（嫡出子・婚内子），婚姻をしていない実母から生まれた子を**嫡出でない子**（非嫡出子・婚外子）と呼ぶ（790 条参照）。

　嫡出子については，存在する婚姻を媒介にして，子の実母の夫を，子の実父と推定するのである（「父は婚姻の示す者なり。」）。これは法律上の推定であり，夫が，一応，子の実父として扱われる。これを**嫡出推定**という（772 条）。そして，いったんされた嫡出推定を覆す方法を**嫡出否認**（の訴え）という（774 条）。

　嫡出でない子については，母が婚姻をしていないため，婚姻を媒介にして実父子関係を決定することができない。そこで，嫡出でない子については，**認知**という別の法技術で実父子関係を決定する（779 条）。

　なお，令和 4（2022）年には，離婚後 300 日問題（無戸籍者問題。

Column I 3-1 〔126頁〕）を契機として嫡出推定・嫡出否認（772条～778条の4）や認知無効（786条）といった制度の大改正が行われた。改正法は，令和6（2024）年4月1日から施行される。

2 嫡出親子関係

(1) 嫡出推定・嫡出否認——令和4年改正〈前〉の状況

(a) **概要** 夫婦間には，通常，性交渉が存在し，また，夫婦は相互に貞操義務を負う（770条1項1号）。他の異性と性的関係を持たないことは，夫婦の本質的な義務ともいえる。妻が産んだ子を夫の子として推定するという嫡出推定制度の基盤は，妻が懐胎すれば，その懐胎は夫との性交渉によって引き起こされた蓋然性が極めて高い，という点に求められる。

また，子の出生と同時に子の母の夫を，一応（＝推定）ではあっても，子の父と定めることは，子の養育に責任を負う者を2人確保することとなり（母は分娩の事実で既に決定済み），子の保護に寄与すると考えられる。嫡出推定は，子の身分の早期安定を図るための制度であると評価することができる。そこで，いったんされた嫡出推定を覆すためには，嫡出否認の訴えという特別な訴訟類型によることを要するとした。そして，同訴えの提訴権者を夫に限定し（令和4年改正前774条），また，出訴期間を夫が子の出生を知った時から1年以内に限定して（同777条），制度の目的である父子関係の早期確定を企図した。

(b) **批判と解釈論** もっとも，このような嫡出否認の訴えの要件の厳格さに対しては，明治の立法時から多くの批判があった。そこで，嫡出否認の訴えを回避して，他の方法で父子関係を否定しようとする判例・学説が形成されることになった。すなわち，妻が産んだ子を①（嫡出）推定される嫡出子，②（嫡出）推定されない嫡出子，③（嫡出）推定の及ばない子，の3つに類型化し，それぞれについて父子関係を争う訴訟手続を決定するという解釈である。

①の（嫡出）推定される嫡出子とは，改正前772条2項の期間内に出生した子であり，この子について父子関係を争う手続は改正前774条以下の嫡出否認の訴えと解する。

②の（嫡出）推定されない嫡出子とは，女性が婚姻前に懐胎し，婚姻の成立直後に子が出生したような場合（いわゆる「授かり婚」「おめでた婚」）や，内縁が

先行したような場合である。戸籍実務では、婚姻の成立直後に出生した子であっても、夫婦の嫡出子として届出がされたならば、夫婦の嫡出子として戸籍に記載する取扱いとしてきた。しかし、厳密には、改正前772条2項の期間前に出生していることから、（嫡出）推定されない嫡出子と評価して、嫡出否認の訴えの対象外と解するのである。そして、父子関係を争う手続は、嫡出否認の訴えではなく、**親子関係不存在確認の訴え**（人訴2条2号：古くは「父子関係不存在確認の訴え」）によると解するのである。

　この親子関係不存在確認の訴えは、人事訴訟法2条2号の「実親子関係の存否の確認の訴え」に包含される。確認訴訟のひとつであるから、確認の利益のある限り、誰からでも（提訴権者）、いつまででも（出訴期間）、同訴えを提起することができる。①に対する嫡出否認の訴えが極めて制限的であるのに対して、②は戸籍の上では嫡出子とされていても、いつ、誰から父子関係を争われることになるのか分からないという不安定な地位に置かれる。

　③の（嫡出）推定の及ばない子とは、客観的には改正前772条2項の期間内に出生した子ではあるが、夫婦間の性交渉によって懐胎されたのではない場合である。夫婦間の性交渉の存在は、嫡出推定制度が適用される大前提なので（上述(a)）、このような子は嫡出推定制度のそもそも対象外（＝及ばない）と解するのである。この（嫡出）推定が及ばない子という概念は、令和4年改正後も維持されることから、後述(4)で敷衍する。

　これら①②③の類型化は、厳格な嫡出否認の訴えの対象を①に限定し、②③を要件のゆるやかな親子関係不存在確認の訴えの対象とすることで、嫡出推定・嫡出否認制度を空洞化するという再批判にさらされた。判例・学説では、両制度をめぐって多くの議論が積み重ねられてきたところ、無戸籍者問題（ Column I 3-1 ）を契機に、両制度の抜本的な修正が迫られることになった。

Column I 3-1　無戸籍者問題

　典型的とされるのは、以下のような事案である。夫A・妻Bの夫婦は、Aの暴力が原因で別居した。Bは、別居中に男性Cと知り合い、Aとの離婚の成立時には、Cの子を懐胎していた。Bは離婚の成立から300日以内に子を産んだ。このような場合、令和4年改正前772条では、子はAの子と推定され、Aの嫡出子としての出生の届出しか受理されない。Aの子でないというので

あれば，A（提訴権者）が嫡出否認の訴え（改正前774条以下）で争えばよいという趣旨である。しかし，B（・C）としては，Aの子でないことが明らかなのだから Aの子としての届出を望まない。また，Aの子として届出をして，その旨を Aに伝えたとしても，Aが嫡出否認の訴えを提起するかは分からない。あるいは，離婚の経緯から，そもそも Aとの接触を避けたい。そこで，B（・C）は子の出生を届け出ないという選択をする。嫡出否認の訴えの提訴権者が夫に限定されていた（改正前774条）ことの問題が浮き彫りにされたのである。

　出生の届出がされないため，子は，戸籍に記載されず，無戸籍になる。住民票は原則として戸籍に連動して作成されるため，子の住民票が作成されず，健康保険や義務教育といった住民サービスを受けることができない，選挙権を行使できない，住所を証明する資料がないため預貯金口座の開設や運転免許証の取得もできないなど，子（無戸籍者）にとって，非常に深刻な状況となる。無戸籍者の存在は，一部では相当以前から知られていたようであるが，平成19（2007）年にマスコミが大きく取り上げたのを契機に，国会が救済法案の検討に入ったものの，法務省が通達を出して対応することでいったん決着した（平19・5・7民一1007号通達）。しかし，同通達による無戸籍者の救済はごく限定的であった。問題の抜本的な解決には，嫡出推定・嫡出否認制度の改正が不可欠との認識が高まり，令和4年改正に至った。

(2)　嫡出推定──令和4年改正

(a)　**婚姻〈中〉の懐胎子**　夫婦が婚姻し，妻が婚姻中に懐胎した子は，当該婚姻における夫の子と推定される（改正後772条1項前段）。そして，「婚姻中の懐胎」であることは，子の出生の時期から推定する。すなわち，子が，婚姻の成立の日（＝婚姻の届出日）から200日経過後，または，婚姻の解消等（＝夫の死亡や離婚など）から300日以内に出生すれば，婚姻中の懐胎と推定する（改正後772条2項）。つまり，子の出生時期から婚姻中の懐胎であることを推定し（推定その1），婚姻中の懐胎であると推定されたならば夫の子と推定する（推定その2），という2段階の推定になっている。

　以上は，改正前の772条をほぼ踏襲している。

(b)　**婚姻〈前〉の懐胎子**　令和4年改正では，嫡出推定される子の範囲が拡大された。従来，（嫡出）推定されない嫡出子（上述(1)(b)②）とされてきた婚姻〈前〉の懐胎子についても，嫡出推定の対象となった。

すなわち，婚姻の成立の日から200日以内に出生した子については婚姻前の懐胎と推定し（改正後772条2項：推定その1），その子が婚姻の成立後に出生すれば夫の子と推定する（改正後772条1項後段：推定その2）。

(c)　**前婚と後婚が連続した場合の扱い**　再婚禁止期間が廃止されたことから（改正により733条は削除），前婚と後婚が連続する場合や，前婚と後婚が短時日のうちに行われる状況が想定される。令和4年改正では，それらに備える規定が整備された。

すなわち，女性が子の懐胎時から，当該子の出生時までの間に2つ以上の婚姻をしていた場合には，子はその出生に最も近接した婚姻の夫の子と推定される（改正後772条3項）。例えば，母が，2024年1月から4月までは夫Xと，同年5月から8月までは夫Yと，同年9月から12月までは夫Zとそれぞれ婚姻・離婚を繰り返したところ，翌2025年1月に子を産んだ場合には，この子は「直近の婚姻」の（元）夫であるZの子と推定される。

なお，「直近の婚姻」の（元）夫について嫡出否認の訴えによって父であることが否定された場合には，この（元）夫については「直近の婚姻」から除外される（改正後772条4項）。つまり，Zが父であることが否定された場合には，Yが「直近の婚姻」の（元）夫として，子の父と推定されることになる。

(d)　**無戸籍者問題の帰趨**　令和4年改正前においては，夫Aと妻Bが別居した後，Bが男性Cの子を懐胎した場合であっても，Aとの婚姻係属中であれば，出生子はAの子と推定された。それが無戸籍者問題の背景であった（ Column I 3-1 〔126頁〕）。

令和4年改正によって，Aとの離婚後に，Bが，Cと再婚をして，Aとの離婚後300日以内に子を産んだ場合には，子は「出生の直近における夫」であるCの子と推定される（改正後772条3項）。したがって，B・Cの嫡出子として子の出生を届け出ることができるため，子の無戸籍を回避することができる。

しかし，Bが，再婚をしないで，Aとの離婚後300日以内に子を産んだ場合には，改正後772条3項は適用されず，改正後772条1項前段および2項が適用されるため，子はAの子と推定されることになる。このようなケースで，Bが出生の届出を回避するならば，無戸籍者は引き続き発生する。

(e)　**改正法の適用**　嫡出推定に関する改正法は，施行日（令和6〔2024〕年4

月 1 日）以降の出生子に適用される（改正附則 3 条）。

> **Column I 3-2　性別変更と嫡出推定**
>
> 　X_1 は女性として生まれたが，性同一性障害者の性別の取扱いの特例に関する法律 4 条により，男性への性別の取扱いの変更が認められた後（ **Column I 1-3** 〔35 頁〕），X_2 と婚姻をした。X_2 は，第三者から精子の提供を受け（非配偶者間人工授精：AID。 **4** **(1)(a)** ），A を出産した。X_1 が A を嫡出子として届け出ようとしたところ，A は X_2 の長男として戸籍に記載された。X らは，A を X らの嫡出子として記載するよう，戸籍の訂正を求めた。原審は，夫（X_1）と子（A）との間に血縁関係が存在しないことが明らかな場合においては，（令和 4 年改正前）民法 772 条を適用する前提を欠くと解した。しかし，最高裁は，X_1 が「男性とみなされるため，民法の規定に基づき夫として婚姻することができるのみならず，婚姻中にその妻が子を懐胎したときは，同法 772 条の規定により，当該子は当該夫の子と推定される」と判示した。なお，裁判官 5 名中 2 名が反対意見を述べた（最決平成 25・12・10 民集 67 巻 9 号 1847 頁）。
>
> 　この事件も後述する最判平成 26・7・17 ◀判例 I 3-4▶（137 頁）も，父子間に自然的血縁関係が無いことが明確であっても嫡出推定が及ぶ，すなわち，実父子関係が成立すると解する点で共通する。

(3)　嫡出否認——令和 4 年改正

(a)　総説　　嫡出否認は，嫡出推定によって，（一応）成立した実父子関係を否定するための制度である。その手続は，人事訴訟のひとつである嫡出否認の訴え（人訴 2 条 2 号），あるいは，合意による審判（家事 277 条）によって行われる。以下では，令和 4 年に大きく改正された嫡出否認の訴えを中心に説明する。

　嫡出否認の訴えを提起することのできる権利を「（嫡出）否認権」といい（改正後 774 条 2 項・775 条 1 項ほか），その権利を用いることを「否認権の行使」という。令和 4 年改正前においては，否認権を有する者（否認権者という）は夫のみとされていたが（改正前 774 条），令和 4 年改正によって，否認権者の範囲が拡大された（後述(b)）。

　そして，否認権者のうち，父または母が，子の出生後に，その子が嫡出であることを承認した場合は，承認した父または母は否認権を失う。これを「嫡出の承認」という（改正後 776 条）。もっとも，父または母のどのような行為が

「承認」に該当するのかは，詳らかでない。令和4年改正前の解釈では，父による子の命名や出生の届出（戸52条1項）は「承認」に該当しないとされていた。ちなみに，「承認」にあたるとされた事案は，皆無のようである。

(b)　**提訴権者**　嫡出否認の訴えを提起（＝否認権を行使）することのできる者（提訴権者）は，父・子（改正後774条1項），ならびに，母（同条3項本文）である。なお，父が子の出生前に死亡するなどした場合には，子によって相続権を害される者（＝父の相続人）や父の三親等内の血族は，父の死亡の日から1年以内に限り，訴えを提起することができる（改正後人訴41条1項）。

親権を行う母，親権を行う養親，未成年後見人は，子の否認権を子のために行使することができる（改正後774条2項）。通常，子は幼少であるから，子の法定代理人による否認権の行使を認める趣旨である。

ところで，改正後774条2項は「親権を行う母」，同条3項本文は「母」とそれぞれ規定しているところ，後者は〈親権を行わない母〉を意味する。親権を行わない母とは，離婚の際に親権者とならなかった母（819条参照）や，親権の喪失・停止の審判を受けた母（834条・834条の2参照）などである。ただし，当該母による訴えの提起が，子の利益を害することが明らかな場合には，当該母の訴えは認められない（改正後774条3項ただし書）。

また，母の「前夫」も否認権者である。例えば，母が夫X・Y・Zと婚姻・離婚を繰り返し，子が「出生の直近の婚姻」の夫Zの子と推定されたとする（改正後772条3項）。Yは，母の「前夫」として，訴えを提起することができる（改正後774条4項本文）。ただし，前夫による訴えの提起が，子の利益を害することが明らかな場合には，前夫の訴えは認められない（同項ただし書）。そして，Yが訴えを提起した結果，Zの子であることが否定されると，新たにYが子の父と推定される（改正後772条4項）。この場合には，Yは，子が自らの嫡出であることを否認することができない（改正後774条5項）。

(c)　**訴えの当事者**　嫡出否認の訴えの具体的な当事者（原告と被告）の組合せは，以下の通りである（改正後775条。**図表I 3-1**）。①父が原告の場合，被告は子または親権を行う母である（同条1項1号）。②子が原告の場合，被告は父である（同項2号）。③母が原告の場合，被告は父である（同項3号）。④前夫が原告の場合，被告は父および子または親権を行う母である（同項4号）。

図表I3-1 嫡出否認の訴えの当事者と出訴期間（概要）

当事者 （改正後775条1項）			出訴期間 （改正後777条）		
	原告	被告			
1号	父	子／親権を行う母	1号	父が子の出生を知った時	から 3年 以内
2号	子	父	2号	子の出生の時	
3号	母	父	3号	子の出生の時	
4号	前夫	父／子／親権を行う母	4号	前夫が子の出生を知った時	

　親権を行う母は，①および④で被告とされるが，当該母が死亡しているとか，親権の喪失・停止の審判を受けているとかして，当該母が存在しない場合は，**特別代理人**（826条参照）を選任し（改正後775条2項），選任された特別代理人が当該母に代わって被告となる。

　(d) **出訴期間**　　令和4年改正では，提訴権者ごとに，出訴期間について，明確な規定が設けられた（改正後777条。**図表I3-1**）。

　(i) **原則**　　①父が原告となる場合，父が子の出生を知った時から（同条1号），②子が原告となる場合，子の出生の時から（同条2号），③母が原告となる場合，子の出生の時から（同条3号），④前夫が原告となる場合，前夫が子の出生を知った時から（同条4号），それぞれ「3年以内」である。

　上記のうち，②について，3年の満了前の6か月以内に，親権を行う母がいないなどのため子が否認権を行使できない場合は，母が親権を回復したり，未成年後見人が選任されたりするなどしてから6か月が経過するまでの間であれば，子は訴えを提起することができる（改正後778条の2第1項）。

　(ii) **子の出訴期間の特則**　　子は，原則として，出生の時から3年以内に訴えを提起しなければならないが（改正後777条2号），通常，幼少である子が訴えを提起することは容易でないと考えられる。そこで，子と父の同居期間（当該期間が複数ある場合は最長の期間）が3年を下回る場合には，子は，21歳に達するまでの間，訴えを提起することができる（改正後778条の2第2項）。この21歳は，《成年年齢18歳＋3年》という趣旨に基づいている。ただし，子による訴えの提起が，父による子の養育の状況に照らして父の利益を著しく害する場合には，子の訴えは認められない（同項ただし書）。

　なお，親権を行う母・親権を行う養親・未成年後見人が否認権を行使する場合には（改正後774条2項），この特則は適用されない。すなわち，これらの者による否認権の行使は原則通りとされる（改正後778条の2第3項）。

　(iii)　**前夫の出訴期間の特則**　　前夫については，長期間経過後に，子の出生をはじめて知るというようなことが考えられる。前夫の出訴期間は子の出生を知った時から3年以内であるが，3年以内であっても，子の身分の安定という嫡出推定制度の趣旨に鑑みれば，出生から長期間経過後の否認権の行使は好ましくない。そこで，子の成年到達後（4条）については，3年以内であっても，前夫からの訴えの提起を許さないとした（改正後778条の2第4項）。

　(iv)　**否認確定後の訴えの出訴期間の特則**　　例えば，母が夫X・Y・Zと婚姻・離婚を繰り返し，子が「出生の直近の婚姻」の夫Zの子と推定されたとする（改正後772条3項）。嫡出否認の訴え（ここでは前訴と呼ぶ）の結果，Zの子であることが否認されると，新たにYの子として推定される（同条4項）。そして，今度は，Yの子であることを否認するための訴え（ここでは後訴と呼ぶ）が提起されることが考えられる。このような後訴について，出訴期間の特則が設けられた。各否認権者（父〔＝Y〕・子・母・前夫）が，前訴の確定を知った時から1年以内である（改正後778条1号～4号）。

　なお，このような後訴についても，子が法定代理人を欠く場合（改正後778条の2第1項），21歳未満の子が否認権を行使する場合（同条2項），成年に達した子に対する前夫の否認権行使の禁止（同条4項）の各規定が適用される。

　(e)　**嫡出否認の訴えの効果**　　明文規定は存在しないが，嫡出否認の訴えが確定すると，嫡出推定が覆り，父と子の間の実父子関係は，子の出生時に遡って存在しなかったことになる。そして，改正後772条3項・4項が適用される場合には，母の他の元夫が子の父と推定されることになる。そのような元夫が存在しなければ，子は母の嫡出でない子として扱われる。

　令和4年改正では，嫡出否認の訴えが確定した場合の効果について，2つの新しい制度が設けられた。

　(i)　**監護費用の償還制限**　　ひとつめは，「子の監護に要した費用の償還の制限」である（改正後778条の3）。

　子の父と推定された者は，子に対する監護・教育義務を負い（820条），子に

要する監護費用を支出しなければならない。嫡出否認の訴えが確定すると，父とされていた者は，子の出生時から父ではなかったことになるので，子の出生時から訴え確定時までの間に父が支出した監護費用は，子の不当利得（703条）に該当すると解される。そこで，改正後778条の3は，子の福祉の観点から，子は父であった者が支出した監護費用について償還義務を負わないとした（改正後786条4項参照）。

(ii) **価額支払請求**　ふたつめは，「相続の開始後に新たに子と推定された者の価額の支払請求権」である（改正後778条の4）。

例えば，母が夫X・Y・Zと婚姻・離婚を繰り返し，子がZの子と推定された（改正後772条3項）。嫡出否認の訴えが認容された結果，子はYの子と推定されることとなった（同条4項）。ところが，その時点ではYが既に死亡しており，かつ，亡Yを被相続人とする遺産分割が終了していた。このような場合に，亡Yの子と推定された子は，他の共同相続人に対して，価額による支払を請求することができる。この改正後778条の4は，相続の開始後に認知された者による価額の支払請求（910条）と同趣旨の規定である（第2編第6章第5節**4**(4)参照）。

(f) **改正法の適用**　嫡出否認に関する改正法は，原則として，施行日（令和6〔2024〕年4月1日）以降の出生子に適用される（改正附則4条1項）。しかし，これまでの300日問題の当事者（子・母）に改正法による嫡出否認の機会を付与する趣旨から，施行日前の出生子について，「施行の時から1年を経過する時まで」，子・母による嫡出否認権の行使が認められている（同条2項）。

(4) （嫡出）推定の及ばない子

(a) **従来の類型**　改正前の嫡出推定・嫡出否認制度をめぐっては，前述したように（(1)），①（嫡出）推定される嫡出子，②（嫡出）推定されない嫡出子，③（嫡出）推定の及ばない子という3つの類型を立てた上で，それぞれについて父子関係を争う手続が決定された（①については改正前の嫡出否認の訴え，②③については親子関係不存在確認の訴えとなる）。

◁判例 I 3-1▷ **最判昭和 44・5・29 民集 23 巻 6 号 1064 頁**

【事案】 夫婦が別居し，約 2 年半後に離婚した。別居中，妻 A は，被告男性 Y と性交渉を継続し，離婚の日から 300 日以内に子 X を産んだ。A は非嫡出子として X の出生を届け出た。X が Y に対して認知の訴え（787 条）を提起した。Y は，X が婚姻解消から 300 日以内に出生しているので A の夫 B の嫡出子として推定されると反論した。

【判旨】 最高裁は，「右事実関係のもとにおいては，X は母 A と B との婚姻解消の日から 300 日以内に出生した子であるけれども，A と B 間の夫婦関係は，右離婚の届出に先だち約 2 年半以前から事実上の離婚をして爾来夫婦の実態は失われ，たんに離婚の届出がおくれていたにとどまるというのであるから，X は実質的には〔令和 4 年改正前〕民法 772 条の推定を受けない嫡出子というべく，X は B からの嫡出否認を待つまでもなく，Y に対して認知の請求ができる」と判示した。

この事件で，最高裁は，当該子のことを「推定を受けない嫡出子」と表現しているが，これは学説がいうところの「（嫡出）推定の及ばない子」と同趣旨である。

(b) **令和 4 年改正**　　令和 4 年改正では，上記②（嫡出）推定されない嫡出子については，①と同様に扱うこととされた。すなわち，改正後 772 条では 1 項前段が①に，同項後段が②にそれぞれ該当することとなり，①②に対する父子関係の訴訟類型は，ともに嫡出否認の訴え（改正後 774 条以下）とされたのである。換言すると，上記③（嫡出）推定の及ばない子については，令和 4 年改正の対象外とされた。したがって，（嫡出）推定の及ばない子という類型は令和 4 年改正以降も存続し，その子について父子関係を争う手続は親子関係不存在確認の訴えとされるのである。

(c) **嫡出推定の排除**　　（嫡出）推定の及ばない子という解釈論は，改正前 772 条の下で展開されたものであるが，以下では，改正後 772 条に即した形で説明をしてみよう。

妻が婚姻中に懐胎した子は，当該婚姻における夫の子と推定される（改正後 772 条 1 項前段）。妻の懐胎が婚姻中のものであるかどうかは，子の出生の時期から判定する（同条 2 項）。

しかし，妻が懐胎したものの，夫と妻の間に性交渉が存在しなかった場合に

は，嫡出推定制度の前提が失われる（前述 **2** (1)）。そこで，子の出生の時期から（改正後 772 条 2 項），妻が婚姻中に懐胎したと推定され，夫の子と推定される場合（改正後 772 条 1 項前段・2 項）であるとしても，どのような要件を具備すれば嫡出推定の適用が排除され（＝推定の及ばない），その結果，父子関係を争う手続が嫡出否認の訴えではなく，親子関係不存在確認の訴えとしてよいとされるのかについて，多くの解釈論が現れることになった。

　(d)　**学説**　　まず，外観説という学説があり，判例も外観説を採用しているとされる（後述(e)）。この説は，夫婦の長期間の別居，例えば夫の失踪，収監，海外赴任などで，妻が懐胎したとされる時期において，夫婦間の性交渉がありえないことが外観上明らかな場合に嫡出推定が排除され，子が「(嫡出) 推定の及ばない子」と評価されると解する。

　つぎに，**血縁説**（**実質説**）という学説がある。夫と子の間で**血液型**が不一致であるとか，**DNA 鑑定**の結果，夫と子の間の父子関係の存在が否定されるなどした場合に，嫡出推定が排除されると解する説である。

　両説には，それぞれ問題がある。外観説に立つと，夫婦の同居中に妻が夫の子ではありえない子を産んだ場合，例えば夫婦は日本人であるのに子が異人種の特徴を備えているとか，夫は避妊手術を受けているのに妻が子を産んだなどでも嫡出推定がされてしまうことになりかねない（なお，父子の人種が異なり，かつ，夫婦が離婚して家庭の平和が存在しないことから，令和 4 年改正前 772 条の推定が及ばないとした東京地判平成 2・10・29 家月 44 巻 4 号 56 頁がある）。他方，血縁説に立つと，血縁の有無を知るためには，血液型鑑定や DNA 鑑定といった科学的鑑定を行わなければならないことになり，紛争を生じた場合には鑑定が広く行われ自然的血縁関係の有無の探求がされることにつながる。しかし，このような傾向は，自然的血縁関係と法的親子（父子）関係とが 100% 一致するものではないという，民法の基本的な発想になじまない。

　そこで，両説の難点を克服するために，いくつかの折衷説が提唱された。折衷説としては，「**合意説**」「**家庭破綻説**（**家庭崩壊説**）」「**新家庭形成説**」がある。これらは，血縁説を基礎に血縁説に制限を加える，換言すると血縁の探究を認める説である。合意説は，当事者（夫・妻・子）間の合意があれば嫡出推定が排除されると解する。だが，親子関係という人の身分を当事者の自由な処分に

委ねることの是非や合意が得られない場合の扱いが問題となる。家庭破綻説は，夫婦と出生子からなる家庭が離婚などで破綻していれば，嫡出推定によって守るべき家庭の平和が失われているのであるから，嫡出推定を排除してよいと解する。しかし，夫と子の父子関係が争われる場面では，家庭は破綻しているのが通常だから，あまり意味がない。新家庭形成説は，家庭破綻後，妻と子の真の父が婚姻し，子を含めて新たな家庭を形成していれば，嫡出推定が排除されると解する。子には父が必要であるという発想からだが，新家庭がいつ形成されるか分からないし，形成されたとしても破綻するかもしれない。嫡出推定の排除の可否を外在的な要因に委ねてしまうことになる。

(e)　**判例——外観説の維持**　　上述のように，この問題については，多くの学説が主張され，下級審裁判例の中には，折衷説を採用したものも現われるようになった。折衷説の中でも，とくに家庭破綻説が下級審裁判所の支持を受けるようになった（東京高判平成6・3・28家月47巻2号165頁など）。しかし，最高裁は，一貫して，外観説に立つ。

> ◁判例 I 3-2▷ **最判平成10・8・31家月51巻4号33頁**
> 【事案】夫Xと妻Aは別居した後，一度だけ性交渉を持った。約9か月後にAは，子Yを産み，YをXA間の嫡出子として届け出た。その後，Xは嫡出否認・親子関係不存在確認の調停を数度にわたり申し立てたが，いずれも成立しなかった。AはXY間の親子鑑定（DNA鑑定）を拒絶している。第1審・原審とも，親子鑑定への非協力をもって，XY間の親子関係を否定することはできないとした。
> 【判旨】最高裁は，「YはXとAとの婚姻が成立した日から200日を経過した後にAが出産した子であるところ，右事実関係によれば，Xは，Yの出生する9箇月余り前にAと別居し，その以前から同人との間には性交渉がなかったものの，別居後Yの出生までの間に，Aと性交渉の機会を有した」などの事情があり，「XとAとの間に婚姻の実態が存しないことが明らかであったとまではいい難いから，Yは実質的に〔令和4年改正前〕民法772条の推定を受けない嫡出子に当たるとはいえない」と判示した。

> ◁判例 I 3-3▷ **最判平成12・3・14家月52巻9号85頁**
> 【事案】夫Xと妻Aは平成3年2月に婚姻し，同年9月にAが子Yを出産したが，平成6年6月に離婚した。AはYをXA間の嫡出子として届け出た。

離婚から約3年半経過した後，AはXがYの父でないことを認め，Aと交際していたB男はYがBの子であることを認めた。XがYに対して親子関係不存在確認の訴えを提起した。争点は嫡出否認の訴えの出訴期間経過後，親子関係不存在確認の訴えが提起できるかどうかである。原審は，家庭破綻説を採用して，親子関係不存在確認訴訟の提起を適法とした。

【判旨】最高裁は，「夫と妻との婚姻関係が終了してその家庭が崩壊しているとの事情があっても，子の身分関係の法的安定を保持する必要が当然になくなるものではないから，右の事情が存在することの一事をもって，嫡出否認の訴えを提起し得る期間の経過後に，親子関係不存在確認の訴えをもって夫と子との間の父子関係の存否を争うことはできないものと解するのが相当である」と判示した。

　これらの事件で，最高裁は外観説，すなわち別居などによる性交渉の不存在をもって，嫡出推定の排除が可能になるというように，繰り返し判示している。

　とはいうものの，家庭裁判所の調停では，父子関係が争われると，血縁説的な理解に立って，DNA鑑定を行い，DNA鑑定の結果によって親子（父子）関係を不存在とする調停での合意にもとづいて，合意に相当する審判（家事277条）をするという対応が一般的となっている。このようなDNA鑑定の実施状況を，安易な科学技術の利用と見るか，それとも真実の探求と見るかによって，この問題に対する評価は分かれることになる。

　見解が対立するなか，元夫と子の自然的血縁関係の不存在がDNA鑑定によって明らかになっているという事実関係のもと，子（実質的には元妻）が元夫と子との間の親子関係不存在確認を求めるという2つの事案が発生した（最判平成26・7・17民集68巻6号547頁〔札幌事件〕 ◀判例Ⅰ3-4▶，最判平成26・7・17判時2235号14頁②事件〔大阪事件〕）。

◀判例Ⅰ3-4▶ 最判平成26・7・17民集68巻6号547頁〔札幌事件〕

【事案】妻Aは，夫Yと同居中に，B男と性的関係を持ち，X女を出産した。YがAに誰の子か尋ねたところ，AはYの子でないと答えた。しかし，Yは，XをYA間の長女として出生を届け出て，自らの子として監護養育し，嫡出否認の訴えを起こさなかった。約1年後，YAは，Xの親権者をAと定めて離婚した。XはABと共に生活をしている。私的なDNA鑑定の結果によれば，

> BがXの生物学上の父である確率はほぼ100％である。そこで，X（法定代理
> 人A）が，Yを被告として，YX間の親子関係不存在確認訴訟を提起した。原
> 審は，嫡出推定が排除されると解して，親子関係不存在確認訴訟の提起を認め，
> YX間の親子関係不存在を確認した。Yが上告受理を申し立てた。
> **【判旨】** 最高裁は，「夫と子との間に生物学上の父子関係が認められないことが
> 科学的根拠により明らかであり，かつ，夫と妻が既に離婚して別居し，子が親
> 権者である妻の下で監護されているという事情があっても，子の身分関係の法
> 的安定を保持する必要が当然になくなるものではないから，上記の事情が存在
> するからといって，同〔＝令和4年改正前民法772〕条による嫡出の推定が及ば
> なくなるものとはいえず，親子関係不存在確認の訴えをもって当該父子関係の
> 存否を争うことはできないものと解するのが相当である」と判示して，Xの訴
> えを却下した。

　最高裁は，同日付の大阪事件でも同様の判示をした。最高裁は，血縁説を否
定し（「科学的証拠により明らか」），家庭破綻説も否定し（「夫と妻が既に離婚して
別居」），新家庭形成説も否定して（XはABと共に生活している），外観説を維持
したことになる。5名の裁判官のうち2名が反対意見を述べるなど，難しい判
断であった。DNA鑑定の（安易な）利用の問題など，本判決が提起する問題
は多岐に及び，かつ，深刻である。

　そして，問題は，父子間の面会交流事件として具体化した。大阪事件の確定
後，自然的血縁関係のない法律上の父（申立人）が子（未成年者）との面会交流
を求めた。家庭裁判所は，「血縁上の父の下で平穏に暮らしている未成年者に
対し，申立人との面会交流を認め，法律上の父がいることを未成年者に明らか
にすることは，子の利益を最優先しなければならない面会交流の趣旨からする
と，相当性を欠く」として，法律上の父の申立てを却下した（大阪家審平成
27・3・13家判6号89頁）。

　令和4年改正後も，当然ながら，夫婦間には性交渉がないにもかかわらず，
婚姻中の妻が他の男性の子を産むといった「（嫡出）推定の及ばない子」の事
案は発生する。同改正では，嫡出否認の訴えの提訴権者や出訴期間の規律が明
確にされたが，親子関係不存在確認の訴えの提訴権者や出訴期間については何
ら手当てされなかった。これは，立法的な課題といえるだろう（(5)参照）。

(5)　虚偽嫡出子出生届

わが国では，民法制定以前から，子に恵まれない夫婦が他人の産んだ新生児を引き取り，実子として届出をして養育するという慣行があった。このような子は，生まれたての動物の仔を貰ってくる（かつては産褥に藁を敷いていた）のになぞらえて，「藁の上からの養子」と呼ばれる（本章第 3 節**4**参照）。

虚偽の届出によって，戸籍上は嫡出子とされていても，戸籍上の母（妻）は懐胎・分娩をしていないから実母子関係は発生せず，また，婚姻中の妻が懐胎していないのだから（改正前 772 条 1 項），母の夫の子として推定される前提が欠けるので，戸籍上の父（夫）との間に実父子関係も成立しない。したがって，藁の上からの養子について親子関係を争う方法は，嫡出否認の訴えではなく，（実）親子関係不存在確認の訴えになる（人訴 2 条 2 号。藁の上からの養子であるが，戸籍上，夫婦の実子とされているため）。

先述したように，親子関係不存在確認の訴えは，法律上の利害関係を有する者であれば誰でも提訴権者になることができる。例えば，親子関係の存否により法定相続分に差異が生じる者は，利害関係が存すると解されている（最判令和 4・6・24 判時 2547 号 18 頁）。また，出訴期間の制限もないため，藁の上からの養子は極めて不安定な状態に置かれることになる。最高裁は，大審院の解釈を踏襲して，夫婦と藁の上からの養子の間の親子関係を不存在とする判断を重ねてきたが（最判昭和 50・4・8 民集 29 巻 4 号 401 頁など），同訴えが**権利の濫用**（1 条 3 項）になりうる場合を認め，夫婦と藁の上からの養子の間の親子関係の維持を図る方向に転換した。

> ◁判例 I 3-5▷ 最判平成 18・7・7 民集 60 巻 6 号 2307 頁
> 【事案】夫 A・妻 B の夫婦には長女 X と次女 C がいた。昭和 16 年，AB は知人夫婦から頼まれて同夫婦の間に生まれた子 Y を AB の嫡出子として届け出た。昭和 49 年に A が死亡し，その遺産は B が相続した。平成 8 年に B が死亡し，その遺産は C が相続した。平成 14 年に C が死亡したところ，XY 間に確執が生まれ，X は Y に対して親子関係不存在確認の訴えを提起した。この訴えが認容されれば，C の遺産は X がすべて相続する（Y は C の兄弟でなくなり，相続人でなくなる）。Y は X の請求が権利濫用に当たると反論した。原審は X の請求を認容した。
> 【判旨】最高裁は，「戸籍上の両親以外の第三者である丁が甲乙夫婦とその戸籍

　上の子である丙との間の実親子関係が存在しないことの確認を求めている場合においては，甲乙夫婦と丙との間に実の親子と同様の生活の実体があった期間の長さ，判決をもって実親子関係の不存在を確定することにより丙及びその関係者の被る精神的苦痛，経済的不利益，改めて養子縁組の届出をすることにより丙が甲乙夫婦の嫡出子としての身分を取得する可能性の有無，丁が実親子関係の不存在確認請求をするに至った経緯及び請求をする動機，目的，実親子関係が存在しないことが確定されないとした場合に丁以外に著しい不利益を受ける者の有無等の諸般の事情を考慮し，実親子関係の不存在を確定することが著しく不当な結果をもたらすものといえるときには，当該確認請求は権利の濫用に当たり許されないものというべきである」と判示して，Ｘの請求を退けた。

　藁の上からの養子に対して親子関係不存在確認の訴えが起こされる事案は少なくない。最高裁が上記判決で権利濫用法理を採用したことで，争点は同訴えが権利濫用に該当するか否かに移った。そして，権利濫用を肯定した事案（最判平成20・3・18判時2006号77頁）と否定した事案（名古屋高判平成20・12・25判時2042号16頁）がそれぞれ現れている。

> **Column Ⅰ 3-3**　**新生児の取り違え**
>
> 　かつてのわが国では，妊婦は自宅（あるいは里帰りした実家）で出産をするのが一般的であった。産婆（助産師）が自宅に出張して出産を補助していた。それが，昭和30年代になると，医療機関での出産が急増した。自宅であれば，新生児1人・母1人である。しかし，医療機関には複数（多数）の新生児がいる。その結果，子を取り違える事件が発生するようになった。昭和40年代には問題が顕在化し，医療機関は取り違えの防止策を講じるようになった。
>
> 　出生から数十年経過後に取り違えが明らかになる場合もある。これは，DNA鑑定が容易に行えるようになったことも寄与している。昭和33（1958）年に取り違えられた子が産院を設置していた自治体に対して損害賠償請求をした事案（東京高判平成18・10・12判時1978号17頁）や，昭和28（1953）年に取り違えられた子に対して戸籍上の兄弟姉妹が親子関係不存在確認請求をした事案（東京高判平成22・9・6判時2095号49頁）がある。上述した虚偽嫡出子出生届は意図的なものであるが，取り違えは意図せずして発生した点が根本的に異なる。

(6)　父を定めることを目的とする訴え

　令和4年改正前773条が定めていた「父を定めることを目的とする訴え」は，

女性が再婚禁止期間（同改正前 733 条）に違反して再婚し，前夫の子と推定される期間と後夫の子と推定される期間が重複する期間に子が出生した場合に，裁判所が前夫・後夫のどちらが子の父であるかを決めるという訴えであった。もっとも，再婚禁止期間中の女性の婚姻の届出が受理されてしまう事態は，現行の戸籍実務ではまず生じないため，この訴えの提起はほぼ皆無であった。また，重婚（732 条）状態の女性が子を出産した場合に子の父を定めるための明文規定が存在しないことから，そのような場合に，改正前 773 条を類推適用するとの解釈が支持されていた。

　令和 4 年改正で再婚禁止期間を定める 733 条が削除されたため，773 条の消長が問題とされた。そして，上述した類推適用を明文規定にいわば昇格させることとした。すなわち，重婚状態の女性が子を出産し，改正後 772 条の規定によって父を定めることができない場合に，裁判所が前婚の夫と後婚の夫のいずれかを子の父に決定するという訴えにリニューアルして，この訴えを存続させることにした（改正後 773 条，改正後人訴 45 条）。もっとも，現行の戸籍実務で重婚が発生するのは，虚偽の離婚の届出の場合（第 1 編第 2 章第 5 節 **2** (1)(b)）や渉外事件であり，事案はごく限定的であるため，改正後 773 条の出番は多くはないだろう。

3 非嫡出親子関係

（1）認 知 と は

　認知とは，婚姻を媒介に父子関係を成立させること（嫡出推定）ができない場合に，父子関係を成立させる手段である。条文上は，認知による父子関係または母子関係の成立が予定されているが（779 条），母子関係は分娩によって成立すると解されており，いわゆる「**母の認知**」は空文化している。認知が問題となるのは父子関係のみということになる。

　認知の法的性質については，父が自らの意思に基づいて認知をするという意思主義的な説と，自然的血縁関係の存在を前提に，事実として存在する父子関係を確認するのが認知であるとする事実主義的な説が唱えられてきた。当初は，意思主義的に捉えられたが，現在では，事実主義的に考えられている。

　なお，認知制度のうち「認知無効」について（後述(4)），令和 4（2022）年に

大幅な改正が行われた。

(2)　母 の 認 知

「母の認知」はフランス民法の規定を継受したものであった。明治民法の起草過程では，分娩の事実で母子関係を成立させると，母子関係の成立を望まない母が嬰児殺をするような事態が発生するとして，母の認知必要説が主張され，立法されるに至った。当初，判例は，法文に忠実に，母と嫡出でない子の間の非嫡出母子関係の成立には認知を必要とするという態度を採った。しかし，母の認知必要説に対して，学説は批判を強めていった。

次のような事件があった。戦前，X 女は A 男との間に嫡出でない子 Y をもうけた。X は B 夫婦の嫡出子として Y の出生を届け出た（虚偽嫡出子出生届）。X は，Y と養子縁組をし，Y を養育した。X は Y を離縁し，A が Y と養子縁組をした。Y が X との母子関係を否定する態度を示すようになった。そこで，X が XY 間の親子（母子）関係存在確認の訴えを提起した。Y は，非嫡出母子関係は認知によって成立するから，X の親子関係存在確認の訴えは失当であると主張した。最高裁は，「母とその非嫡出子との間の親子関係は，原則として，母の認知を俟たず，分娩の事実により当然発生すると解するのが相当である」と判示して，X の訴えを認容した（最判昭和 37・4・27 民集 16 巻 7 号 1247 頁）。

したがって，母の認知を問題とする余地はほとんどない。学説のごく一部で，棄児（捨て子：戸 57 条）の場合などに母が認知する余地を認めるものがある。しかし，任意認知の書式には「認知する父」の記入欄しか存在せず，実務上も母の認知は想定されていない。

> **Column I 3-4**　**匿名出産・内密出産**
>
> 望まない妊娠をした女性が，氏名や住所などの情報を隠して出産することを可能にする制度を「匿名出産・内密出産」といい，フランスやドイツにおいて制度化されている。熊本市内の産婦人科病院が，平成 19（2007）年にいわゆる「赤ちゃんポスト」の運用を始め，令和元（2019）年から内密出産を導入した。この動きを受けて，令和 4（2022）年 9 月，法務省と厚生労働省が通知（ガイドライン）「妊婦がその身元情報を医療機関の一部の者のみに明らかにして出産したときの取扱いについて」を発出した。両出産については，法制化を求める動きがある一方で，棄児（戸 57 条）を作出するのに等しい，子の出自を知

‖　る権利（児童約 7 条参照）を侵害するなどの批判もあり，多くの課題がある。　　‖

(3)　父の認知

　父の認知（以下，単純に「認知」という）については，いくつかの場面に分けて検討する。まず，①父が自らの意思で嫡出でない子を認知する「**任意認知**」がある（779 条）。つぎに，②認知しない父に対して嫡出でない子が認知を求める「**裁判認知**」がある（787 条）。これは，判決によって，強制的に非嫡出父子関係を成立させることから「**強制認知**」ともいう。そして，③認知の対象となる子が成年者だったり（782 条），胎児やすでに死亡していたり（783 条）という場合がある。

　(a)　**任意認知**　　父は，嫡出でない子を任意に認知することができる（779条）。前述のとおり，「母の認知」は空文化している。

　父は，未成年者または成年被後見人であっても，法定代理人（親権者や成年後見人）の同意なく，認知することができる（**認知能力**：780 条）。これらの制限行為能力者であっても，意思能力を有する者は，認知することができる。他方，認知は身分関係を形成する行為であるので，代理人が本人（父）に代わって認知することはできないと解されている。したがって，本人に意思能力がない場合は，任意認知は行えず，行ったとしても無効である。

　任意認知は，認知届を市区町村の戸籍窓口に提出して行う（781 条 1 項，戸 60条）。また，任意認知は，認知者が遺言ですることもできる（**遺言認知**：781 条 2項，戸 64 条）。遺言認知は，本人＝遺言者の死後に遺言執行者（1006 条）が届け出る。

　認知される子に，すでに法律上の実父があるときは，実父と子の実親子関係を否定した上でないと，認知できないのが原則である（実父＝自然血縁上の父が2 人いることはありえない）。

　認知は，届出または遺言で行う**要式行為**である。ところが，虚偽嫡出子出生届に任意認知の効力を認めることができるのか，という問題がある。かつて，夫が婚姻外でもうけた子を夫婦の嫡出子として届け出るというような事例は珍しくなかった。これは虚偽の嫡出子出生届であるから，無効であり，法律上の親子関係は成立しないはずである。しかし，父子間には嫡出親子関係はないと

しても，非嫡出親子関係は認めてもよいと解されるようになった。判例は，「嫡出でない子につき，父から，これを嫡出子とする出生届がされ，又は嫡出でない子としての出生届がされた場合において，右各出生届が……受理されたときは，その各届は認知届としての効力を有するものと解するのが相当である」として，認知の要式性を緩和した（最判昭和53・2・24民集32巻1号110頁）。これは，**無効行為転換**の一例である。

　(b)　**成年子認知等**　成年に達している子を認知する場合（782条），母の胎内にいる胎児を認知する場合（783条1項），すでに死亡した子を認知する場合には（改正後783条3項），それぞれ特別な要件が存する。

　(i)　**成年子認知**　成年に達している子を認知する場合には，その子の**承諾**を得なければならない。父が，幼少期の子を認知せずに放置し，子の成長を待って，子から扶養を受けるためなどに認知するというような，身勝手な認知を防止するためである。したがって，父から認知されるかどうかは成年子の意思にかかっている。父子間に自然的血縁関係が存在するとしても，父子関係の創設を子の意思にかからせている。このような規定からも，民法は自然的血縁関係の存在をそのまま法的親子関係とは考えていないということが理解される。なお，子が承諾する場合は，認知届の「その他」欄に承諾する旨の記入をするか，承諾する旨の書類を添付する（戸38条1項）。

　(ii)　**胎児認知**　父は，子の出生前，つまり胎児の時点で，届出によって子を認知することができる（783条1項）。子は出生していないから，命名されておらず，性別も不明である。そのため，母を特定して，胎児認知をする（戸61条）。胎児認知をするためには，母の承諾が必要である。承諾の方法は成年子認知と同様である。

　令和4（2022）年の改正で783条2項が新設された（改正前の2項は改正後の3項に繰り下げられた）。男性Aによって胎児認知がされた後，母が男性Bと婚姻し，子が出生したとする。子は夫Bの子と推定されるため（改正後772条1項後段），Bによる嫡出推定とAによる認知が競合する事態となる。そこで，新設された783条2項は，Aによる認知が効力を生じないとして嫡出推定を優先させ，子の身分の安定を図ることとした。

　なお，子がBの子と推定された後，嫡出否認によって嫡出推定が排除され

た場合には，Aによる胎児認知の効力が生じる。嫡出推定が排除されるということは，「第772条の規定によりその子の父が定められ」なかったということであり，したがって，改正後783条2項は適用されず，Aによる胎児認知の効力が生じるのである。

（ⅲ）**死亡子認知**　父は，死亡した子についても，子の直系卑属が存在する場合には認知することができる（改正後783条3項前段）。例えば，父が嫡出でない子を認知しようとしたところ，子が死亡していることが判明した。そして，死亡子に子（父からみて孫）がいる場合には，父は死亡子を認知して父子関係を成立させることができ，それによって父―孫の間の親族関係（直系血族2親等）を成立させることができる（戸60条2号）。親族関係の創設は，父にとっても孫にとっても利益となる場合がある。反対に，死亡子に直系卑属がいないのであれば，認知を認める実益はない。成年子の認知が制限されるのと同じ理由から，死亡子の直系卑属が成年者である場合には，認知に際して当該直系卑属の承諾が必要である（改正後783条3項後段）。

（c）**裁判認知**　任意認知をしない，あるいは，できない父に対して，子が父子関係の創設を裁判で求める手段が裁判認知である（787条，人訴2条2号）。認知の認容判決によって父子関係が成立する。子の認知を望まない父に判決で父子関係を強制することから「強制認知」とも呼ばれる。

当初，裁判認知は，任意認知の意思表示をしない父に代わって，裁判所が子に対して認知の意思表示をするものと，意思主義的に理解されていた。ところが，昭和17（1942）年の民法改正で，父の死後に裁判認知が行えることとなった（死後認知。現787条ただし書）。死亡した父に代わって裁判所が認知の意思表示をする（死者の意思の代行）というのは，論理的な説明が困難である。これを契機に，認知は，自然的血縁の存在を前提に，父子関係の存在を明らかにするものだという事実主義的な行為と理解されるようになった。

（ⅰ）**法的性質**　裁判認知は当事者間に父子関係を創設する形成の訴え（**形成訴訟**）である（最判昭和29・4・30民集8巻4号861頁）。そして，非嫡出子母子関係の成立を求める場合には親子（母子）関係存在確認の訴えによるが，非嫡出父子関係の成立を求める場合には親子（父子）関係存在確認の訴えはできず，認知の訴え（裁判認知）によらなければならないと解されている。判例は，「嫡

出でない子と父との間の法律上の親子関係は，認知によってはじめて発生する
ものであるから，嫡出でない子は，認知によらないで父との間の親子関係の存
在確認を提起することができない」と解している（最判平成2・7・19家月43巻
4号33頁）。

(ii)　訴えの当事者　　裁判認知の原告は，嫡出でない子，嫡出でない子の直
系卑属またはそれらの者の法定代理人である（787条）。法定代理人は，子本人
に意思能力がある場合でも，子を代理して認知の訴えを提起することができる
（最判昭和43・8・27民集22巻8号1733頁）。

被告は父であり，父が死亡している場合には**検察官**が被告となる（改正後人
訴44条1項）。訴えの提起後に当事者が死亡しても，訴訟は当然には終了しな
いとされている（同条2項・3項）。

なお，「（嫡出）推定の及ばない子」の場合であれば，戸籍上の実父がいると
しても，認知の訴えを提起することができるというのが判例の立場である（最
判昭和44・5・29民集23巻6号1064頁）。

(iii)　手　続　　認知の訴えも人事訴訟のひとつであるから，家庭裁判所の調
停前置に服する（家事244条・257条）。調停で当事者が認知について合意に至
れば，家庭裁判所が合意に相当する審判（家事277条）をする。この審判に対
して異議の申立てがなければ，審判が確定し，確定判決と同一の効力を有する
（家事281条）。当事者が認知について合意に至らなければ，合意に相当する審
判は行われず，子が家庭裁判所に認知の訴えを提起する（家事280条5項）。な
お，父の死後に訴えを提起する**死後認知**（787条ただし書）の場合を除き，出訴
期間に制限はない。

(iv)　父子関係の立証　　認知請求が認められるためには，父子間に自然的血
縁関係が存在することが立証されなければならない。そして，立証責任は原告
（子）に課されている。

古くは，科学的鑑定が困難であったため，原告は，子の母と被告（父）が母
の懐胎当時に性交渉を持ち，かつ，母が他の男性と性交渉を持っていなかった，
という事実を証明しなければならなかった。後者の主張が被告から出されるこ
とを「多数当事者の抗弁」という。これは，事実が「あったこと」の証明では
なく，「なかったこと」の証明であるから（**悪魔の証明**），原告の立証はほとん

ど不可能で，多くの場合，子が敗訴していた。学説は，このような判例の態度を非難した。その後，判例は，懐胎可能期間中の性交渉に加え，血液型の一致，容貌や身体的特徴といった人類学的検査の結果，当事者の交流関係などを総合的に考慮して，父子関係があるとしても矛盾しないようであれば，認知を認め，父子関係が矛盾するとの反証を被告（父）に求めるようになった（最判昭和31・9・13民集10巻9号1135頁）。なお，被告（父）と母が内縁関係にあったような場合には，嫡出推定（令和4年改正前772条）を類推適用して（最判昭和29・1・21民集8巻1号87頁），子は被告（父）の子として推定されると解することで，推定を覆す立証責任（反証）を被告に転換している。

　もっとも，判例が総合的な考慮をしているのは，父子関係の存在を認定する決定的な証拠が存在しなかったためであったともいえる。ところが，1990年代に入り，いわゆるDNA鑑定が親子関係の存否の紛争に導入されるようになった。今日では，認知のほか，嫡出否認（775条）や親子関係存否確認（人訴2条2号）などの調停・訴訟で，DNA鑑定が広く行われるようになっている。ただ，当事者・関係者がDNA鑑定に応じない場合（東京高判平成27・7・16家判5号100頁参照）や鑑定が行えない場合もある。DNA鑑定は個人の遺伝情報という究極のプライバシーを対象とするものであるので，どのように取り扱うべきかについて，学説で議論が続けられている。すなわち，嫡出否認や親子関係不存在など親子関係を「壊す」場合と，認知や親子関係存在など親子関係を「作る」場合とで，DNA鑑定の扱いが同じでよいのか，鑑定の真実性をどのように担保するのか，鑑定資料が違法あるいは不適切に収集されたような場合にどのように扱うのかなど，手続法も含めた検討が求められている（東京高判平成22・1・20判時2076号48頁参照）。

Column Ⅰ 3-5　性別を変更した者に対する認知請求

　性自認が女性であるY男は，自らの精子を凍結保存した。YはA女と交際し，AがYの凍結保存精子を用いて長女を出産した。その後，Yは性別の取扱いの変更審判を受けて女性となった（**Column Ⅰ 1-3**〔35頁〕参照）。Aが再度Yの凍結保存精子を用いて二女を出産した。Yが子らについて認知の届出をしたところ不受理とされた。子ら（法定代理人母A）が，Yを被告として，認知の訴え（787条）を提起した。DNA鑑定によれば，Yと子らの間には自

然的血縁関係の存在が認められる。家裁は子らの認知請求を棄却したが（東京家判令和4・2・28判時2560号57頁），高裁は性別変更〈前〉に出生した長女については同請求を認容し，性別変更〈後〉に出生した二女については同請求を棄却した（東京高判令和4・8・19判時2560号51頁）。本件は上告されており，最高裁の判断が注目される（ Column I 3-2 〔129頁〕・ Column I 3-7 〔158頁〕参照）。

(v) 死後認知　死後認知訴訟（787条ただし書）は，前述のように昭和17(1942)年の民法改正で挿入された規定である。それ以前は，意思主義的な認知の理解から，父の死後の認知はありえないと考えられていた。戦時中に立法された背景には，父が戦地で死亡したような場合に，その嫡出でない子について認知を認めず，したがって父子関係の創設を認めないということが，戦争遂行上，不適当であるという事情があった。ただ，戦地で父が死亡したような場合には，父子関係を証明するための証拠の収集が困難であること，時間の経過によって証拠が散逸して真実を証明することが不可能になるといった理由から，死後認知については，3年という出訴期間の制限が設けられることになった。

その後，父の死亡から3年以上経過した場合に，認知の訴えを一切認めないとしてよいのかが問題とされるようになった。起算点の緩和という問題である。学説は，任意認知や父生前の認知の訴え，親子関係存否確認の訴えには期間制限がないにもかかわらず，死後認知訴訟だけに期間制限が設けられていることの不均衡を指摘した。判例は，当初，期間制限の立法目的を妥当なものとしていたが，後に態度を変更して，条文の「父の死亡の日から3年」を「父の死亡が客観的に明らかになった日から3年」というように解して，子の救済を図った（最判昭和57・3・19民集36巻3号432頁）。今日では，DNA鑑定などによって，遺骨や遺髪を鑑定資料にできること，父が死亡していてもその親族のDNA鑑定によって，子との自然的血縁関係を証明できることなどから，期間制限を設けた前提は失われているとして，本条ただし書を廃止すべきとする立法論が有力となっている。

ところで，死後認知訴訟において，被告となるのは検察官だから，亡父の妻や子が存在しているとしても，同人らが同訴訟の当事者になる余地はない。しかし，死後認知が認容されれば，亡父の子が増える（＝相続人が増える）ことに

なるので，妻や子は同訴訟に重大な利害関係を有する。そこで，利害関係人の知らないうちに訴訟が遂行される事態（最判平成元・11・10民集43巻10号1085頁）を防止するため，利害関係人に訴訟係属を通知するとしている（人訴28条）。

　(vi)　**認知請求権の放棄**　　父が嫡出でない子の母に金銭を給付し，母が将来にわたって認知請求しないという約束をすることがある。**認知請求権の放棄**とは，このような場合に，子の認知請求権が放棄され，子は父に認知を求めえないのか，という問題である。放棄を認めると子の保護に欠けること，身分上の権利は当事者による自由処分になじまないことから，判例・多数説は認知請求権の放棄は認められないと解する（否定説）。他方，学説では，一定の場合には認知請求権の放棄を認めてもよいとする説も唱えられている（肯定説・折衷説）。

> ◁判例 I3-6▷ **最判昭和37・4・10民集16巻4号693頁**
> **【事案】**A女はY男の妾であった。Aは子Xを産んだ。XがYに対して認知の訴えを提起した。Yは，抗弁として，X（実質的にA）がYから養育料を受領し認知請求権を放棄した，と主張した。第1審・原審ともYの抗弁を排斥し，Xの認知請求を認容した。
> **【判旨】**最高裁は，「子の父に対する認知請求権は，その身分法上の権利たる性質およびこれを認めた民法の法意に照らし，放棄することができないものと解するのが相当である」と判示した。

(4)　認知の無効

　(a)　**虚偽の認知**　　認知は，自然的血縁関係の存在を前提に法律上の父子関係を成立させる制度である。したがって，自然的血縁関係のない父が子の認知をしたとしても，事実に反する虚偽の認知であり，無効である。そして，虚偽の認知は少なくないのである。

　例えば，母が嫡出でない子を産み，その後，母が子の父でない男性と婚姻し，この男性（母の夫）が子の認知をするような場合がある。本来であれば，養子縁組によって法律上の父子関係を形成すべきだが，養子縁組に対する忌避的な感情などから，子が認知をされていないのをよいことに，虚偽の認知をする。このような認知は**「好意認知」**や**「不実認知」**とも呼ばれる（なお，最判昭和54・11・2判時955号56頁は，無効な認知の養子縁組への転換を否定する）。

　市区町村の戸籍窓口は実質的審査権を有しないため，虚偽の認知届であって

も受理されてしまう。後日，認知をした男性（夫）と子の母（妻）が離婚をするような場合に，夫から子に対して認知の無効が主張されるに至り，虚偽の認知であることが発覚する（最判平成26・1・14民集68巻1号1頁）。

令和4（2022）年の改正前786条は「子その他の利害関係人は，認知に対して反対の事実を主張できる」と規定していた。同条は，認知無効を定めた趣旨とは解されてきたが，文言として「認知無効」が用いられていない，「利害関係人」の範囲が明らかでない（東京高判平成26・12・24判時2286号48頁），出訴期間の制限も置かれていないなど，多くの問題があった。そのため，嫡出否認制度の改正に連動して（⇒**2**(3)），同条は全面的に改正されることとなった。提訴権者や出訴期間が明確化されるとともに，関連する人事訴訟法，家事事件手続法，国籍法（3条）の改正も行われた。

以下，令和4年改正の内容を列挙する（(b)〜(h)）。

(b)　**認知無効の提訴権者**　　子または子の法定代理人は「認知を知った時」から（786条1項1号），認知をした者は「認知の時」から（2号），子の母は「認知を知った時」から（3号），それぞれ7年以内に限り，認知無効の訴えを提起することができる。胎児認知（783条）の場合には，子の出生時から7年以内となる（786条1項柱書本文）。

(c)　**認知について反対の事実**　　提訴権者が認知無効の訴えで主張する内容は「認知について反対の事実」，すなわち，認知者と子との間の自然的血縁関係の不存在である。不存在を証明する証拠として，DNA鑑定の結果が主に用いられることになるであろう。

(d)　**子の母による主張の制限**　　子の母は，認知を知った時から7年以内に認知無効の訴えを提起することができるものの（786条1項3号），母による認知無効の主張が子の利益を害することが明らかなときは，母の認知無効の主張は認められない（786条1項柱書ただし書）。母による嫡出否認の場合（774条3項ただし書）と同趣旨の規定である。

(e)　**子による出訴期間の特則**　　子は，認知を知った時から7年以内に認知無効の訴えを提起することができる（786条1項1号）。さらに，特則として，7年経過後であっても，子と認知者との同居期間（複数あるときは最長期のもの）が3年を下回る場合には，嫡出否認の訴えと同様に（778条の2第2項本文），21

歳に達するまでの間，子は認知無効の訴えを提起することができる（786条2項本文。3項参照）。しかし，認知者の利益を著しく害する場合には，子の認知無効の主張は認められない（同条2項ただし書）。子による嫡出否認の場合（778条の2第2項ただし書）と同趣旨の規定である。

　(f)　**提訴権者死亡の場合**　認知者が認知無効の訴えを提起しないで死亡した場合（最判平成元・4・6民集43巻4号193頁参照），認知された子によって相続権を害される者や認知者の3親等内の血族は，認知者の死亡日から1年以内に限り，認知無効の訴えを提起することができる（改正後人訴43条1項・41条1項）。また，子が786条1項1号の期間内（認知を知った時から7年以内）に認知無効の訴えを提起しないで死亡した場合，子の直系卑属またはその法定代理人は，子の死亡日から1年以内に限り，認知無効の訴えを提起することができる（改正後人訴43条2項）。なお，被告となるべき認知者が死亡している場合には，検察官を被告として訴えを提起する（改正後人訴44条1項）。

　(g)　**監護費用の償還制限**　認知の効力は子の出生時に遡及するため（784条本文），認知が無効となれば，子の出生時から父子関係が存在しなかったことになる。父が認知をした子のために監護費用を支出した後，認知が無効となれば，当該費用の支出は法律上の原因を欠き，不当利得返還請求（703条）の対象になると解される。もっとも，認知無効の事案の大半は，子が関与しないで行われ，また，認知者が虚偽を認識している。そこで，子の利益を保護する観点から，認知が無効とされた場合であっても，子は認知者に対して費用償還義務を負わないとした（改正後786条4項）。嫡出否認の場合（改正後778条の3）と同趣旨の規定である。

　(h)　**改正法の適用**　認知無効に関する改正法は，施行日（令和6〔2024〕年4月1日）以降にされた認知に適用される（改正附則5条2項）。

(5)　認知の取消し

　785条は，「認知をした父……は，その認知を取り消すことができない」としている。取消しの意味をめぐり，さまざまな解釈がされている。

　父子間に自然的血縁関係が存在しない場合には，認知の取消しの問題ではなく，認知無効の問題と考えればよい。したがって，本条は，自然的血縁関係が

存在する状況を前提にして，任意認知に何らかの取消事由に該当するような事情が存したとしても，取消しを認めない趣旨であると解することになる。

　父が民法総則の詐欺・強迫によって認知をした場合には，父子間に自然的血縁関係が存在しても認知を取り消すことができる趣旨だと本条を解する説がある。これは認知を意思主義的に捉えている。したがって，本条で認知の取消しが制限されるのは，民法総則の詐欺・強迫「以外の」取消原因で取り消そうとする場合と解することになる。具体的には，認知の承諾権者の承諾を欠く認知がされたが（782条・783条），父子間に自然的血縁関係が存在するのだから，もはや認知の取消しを認めない趣旨であると解することになる。

　これに対して，本条は，父子間に自然的血縁関係が存在する場合には，民法総則の詐欺・強迫による認知を「含めて」，いかなる取消しも認めない趣旨であると解する説がある。これは認知を事実主義（血縁主義）的に捉えている。仮に，詐欺・強迫を原因とする認知の取消しを父に認めたとしても，父子間に自然的血縁関係が存在するのだから，子が父に対して認知請求をすれば，結局認知は認容されることになり，父による認知の取消しを認めることに実益がないので，認知の取消しを認める必要もない，と解するのである。

　裁判例はほとんどなく，理論的な問題ともいえるが，不明瞭な規定が，解釈問題を引き起こしている一例である。

　他方，本条が封じるのは「認知をした父」からの取消しであるので，父以外からの取消しは制限されない趣旨と解することもできる。もっとも，本条以外に認知の取消しの具体的要件を定めた条文はなく（人訴2条2号参照），取消権者の範囲，取消権の行使期間などが一切不明である。学説では，取消権者を，認知を承諾する成年子（782条），胎児認知を承諾する母（783条1項），死亡子認知の場合の成年の直系卑属（783条3項）と解して，これらの者の承諾なくして行われた認知を取り消すことができる趣旨だと解するものがある。

　なお，令和4（2022）年改正は，認知無効（786条）を対象とするものであり（(4)），本条（785条）には直接的に関係しない。とはいえ，認知無効において提訴権者や出訴期間が明確化されたことは，それらが明確でない本条の解釈に――例えば，類推適用というかたちで――影響を及ぼすことも考えられる。

(6)　認知の効力

　任意認知（認知届の受理），認知の合意に相当する審判の確定，裁判認知の確定により，認知の効力が生じる。父と認知された嫡出でない子との間に，子の出生時に遡って父子関係が創設される（784 条本文：**認知の遡及効**）。父の戸籍には子の認知をした旨の，子の戸籍には父から認知をされた旨の記載がされる。

　認知をした父が日本人であれば，子は日本国籍を取得することができる（国籍 3 条 1 項・2 項。最大判平成 20・6・4 民集 62 巻 6 号 1367 頁：**国籍法違憲判決**）。令和 4（2022）年の 786 条の改正に伴い国籍法 3 条に 3 項が追加され，虚偽の認知による日本国籍取得は認められないとする従前からの解釈が明文化された。

　なお，父が子の認知をしたとしても，原則として，子の親権者は母であり（819 条 4 項），また，子は母の氏を称する（790 条 2 項）。父が子の認知をした後に，父母の協議で子の監護者の変更，子の養育費の分担，子との面会交流などについて定めることになる（788 条・766 条）。

　(a)　**父の氏への変更**　　認知された子が，氏を母の氏から父の氏に変更するには，家庭裁判所の許可を得なければならない（791 条 1 項）。父母が単純な内縁・事実婚であればあまり問題にならないが，認知した父が婚姻しているような場合，あるいは認知した父が重婚的内縁関係にあるような場合に，婚姻家族（嫡出子）側を巻き込んだ紛争になる。氏の変更については，許可の判断基準が条文上明確でないため，解釈に委ねられている。家庭裁判所の実務では，氏の変更を必要とする嫡出でない子の側の事情とそれに反対する婚姻家族側の事情とを比較考量して判断している（大阪高決平成 9・4・25 家月 49 巻 9 号 116 頁）。

　(b)　**過去の扶養料**　　嫡出でない子の出生から認知されるまでの間，母が親権者として子を監護し監護費用を負担していた場合に，母が認知した父に対して，過去に子の養育に要した費用を請求できるかという問題である。認知によって，父子関係は子の出生時から存在していたことになるので，父は子の出生時から扶養義務を負っていたことになる。したがって，母は父が分担すべきであった分を父に対して求償請求できると解されている。

　(c)　**認知によって相続人となった場合**　　認知の遡及効は，第三者がすでに取得した権利を害することができない（784 条ただし書）。これが問題となるのは，死亡した父について遺産分割が終了した後に，嫡出でない子が死後認知訴

訟によって認知されたような場合である。新たに相続人が出てきたわけであるから，その者を含めて再度遺産分割手続を行わせるという選択肢もありえなくはない。しかし，そのような扱いは，遺産分割を不安定にし，取引の安全を害しかねないし，遺産分割をいたずらに遅延させることになる。そこで民法は，認知された子が共同相続人に含まれることになったとしても，遺産分割が終了している場合であれば，認知された子は遺産分割で財産を取得した共同相続人に対して相続分相当について価額による支払を請求することができるとして(910条)，調整を図った（⇒第2編第6章第5節 **4** (4)(b)）。

　なお，認知されるべき子の存在が不明であったため，認知された子に本来劣後する第2・第3順位の相続人が相続をしてしまった場合には，本来の相続人でない者が相続していることになるので，**相続回復請求権**（884条）の問題になると解されている。

(7)　準　　正

　準正とは，嫡出でない子に嫡出子の身分を取得させる制度である。

　母が嫡出でない子を産み，父がその子を認知した。後に，この父母が婚姻をした場合に，子に嫡出子の身分を付与する。これを**婚姻準正**という（789条1項）。また，母が嫡出でない子を産んだ後に，子の父と婚姻し，父が子を認知した場合に，やはり子に嫡出子の身分を付与する。これを**認知準正**という（同条2項）。準正は，婚姻を奨励するとともに，嫡出でない子を嫡出子とするので，子の福祉にも合致する制度といわれる。しかし，嫡出子と嫡出でない子の間にさまざまな差異が設けられているからこそ，必要になる制度ということができる。ドイツやフランスといった民法の母国では，嫡出／非嫡出といった概念自体を廃止して両者を平等化した結果，準正という制度も廃止されている。

　なお，準正の効力発生時期については，789条1項では「婚姻によって」，同条2項では「認知の時から」となっている。しかし，多数説は，双方について，「婚姻の時から」準正の効力が発生すると解してきた。もっとも，嫡出子と非嫡出子の法定相続分が平等とされたため（最大決平成25・9・4民集67巻6号1320頁。 Column Ⅱ5-1 〔301頁〕），多数説のように解する実益は失われたともいえ，今後，文言どおりの解釈に回帰するのかもしれない。

> **Column I 3-6**　**内縁関係から生まれた子の地位**
>
> 　内縁から生まれた子の法律上の扱いについてまとめる。
>
> 　(1)　**親子関係の決定**　　母子関係は嫡出子と同様に分娩の事実による。内縁の子について嫡出推定（令和4年改正前772条）が事実上類推適用されると解されているが（最判昭和29・1・21民集8巻1号87頁），法律上の父子関係の成立はあくまでも認知による。
>
> 　(2)　**子の氏**　　原則，母の氏を称する（790条2項）。父の氏に変更するには家庭裁判所の許可が必要（791条1項）となる。
>
> 　(3)　**子の親権者・監護者**　　原則，母が親権者（819条4項）・監護者（788条→766条）であり，父母が同居していても共同親権にはならない。
>
> 　(4)　**扶　養**　　父ないし父方の親族から扶養を受けるためには，認知による父子関係の成立が前提となる。
>
> 　(5)　**相　続**　　認知前に終了した遺産分割については，認知後に価額による支払請求をすることになる（910条）。

4　生殖補助医療と親子関係

(1)　生殖補助医療

　生殖補助医療（Assisted Reproductive Technology: ART）とは，何らかの原因で自然な懐胎・分娩等ができない場合に，医学的な手段を用いて，子をもうけるものである。かつては**人工生殖**と称され，また，一般的には**不妊治療**と呼ばれている。例えば，女性に排卵誘発剤を投与して人工的に排卵させたり，閉塞した卵管を手術で開通させたりするのも，生殖補助医療である。

　親子法上の問題となるのは，第三者から提供された精子・卵子・受精卵（胚）を用いる人工授精・体外受精や他の女性に懐胎・分娩をしてもらう代理懐胎（代理出産）である。

　(a)　**人工授精**　　人工授精（Artificial Insemination）とは，注射器状の器具で男性の精子を女性の子宮に注入する技術である。夫の精子を妻の子宮に注入する場合を配偶者間人工授精（Artificial Insemination by Husband: AIH），不妊の夫婦の妻に第三者の男性から提供された精子を注入する場合を非配偶者間人工授精（Artificial Insemination by Donor: AID）という。AIH は，性行為の代替として夫婦の婚姻中に行われ，夫の精子で妻が懐胎するのだから，出生子は嫡出推

定されると解して問題ない。問題になるのは，夫でない男性（提供者）の精子を用いる AID である。

　AID は，わが国では昭和 24（1949）年に最初の子が誕生し，現在までに 1 万人以上が出生していると言われている。婚姻中の妻が提供精子で懐胎することから，出生子が夫の子として**嫡出推定**されるかどうかが問題となる。下級審裁判例（東京高決平成 10・9・16 家月 51 巻 3 号 165 頁）・通説は，AID による出生子を嫡出推定される嫡出子とし，夫が AID に同意している場合には，夫は嫡出否認権を失うと解してきた。

　(b)　**体外受精**　　体外受精は，女性の卵巣から卵子を取り出し，体外で精子と受精させ，受精卵（胚）を女性の子宮に移植する技術である。わが国では昭和 58（1983）年に始められ，現在では全新生児の約 9% が体外受精によって生まれている（令和 3〔2021〕年）。

　婚姻している夫婦間で体外受精が行われるならば，出生子の母は妻，父は夫と考えてよい。

　しかし，体外受精では，精子・卵子の一方または双方について，第三者からの提供を受けることが可能である。実際，ある夫婦が，妻の妹から提供を受けた卵子と夫の精子を受精させ，受精卵（胚）を妻の子宮に移植して，妻が子を産んだという事例が報道された。子の法律上の母は分娩により妻と解され，父は婚姻中の妻が懐胎しているから夫と解される。だが，自然的血縁（遺伝）というレベルで見れば，卵子を提供した妻の妹が子の母ということになる。

　(c)　**代理懐胎**　　代理懐胎は，依頼者夫婦の妻が子宮の摘出などによって，懐胎・分娩ができない場合に，他の女性に懐胎・分娩をしてもらい，生まれた子を依頼者夫婦が引き取るというものである。代理出産や代理母とも呼ばれる。

　代理懐胎は，依頼者夫の精子を第三者の女性に注入する代理母出産（surrogate mother）と，依頼者夫婦の受精卵を第三者の女性の子宮に移植する借り腹出産（host mother）という方法に大別できる。かつては前者が行われていたが，今日ではほぼ後者となっている。

　借り腹出産についていうと，子を懐胎・分娩したのは依頼者妻ではなく第三者の女性であるから，母子関係が分娩の事実で発生すると解するならば，子の母は依頼者妻ではなく第三者の女性である。しかし，第三者の女性はそもそも

母になる気はなく，母子関係の成立を望んでいるのは依頼者妻である。また，代理懐胎を引き受ける第三者の女性は，一般的には，妊娠・出産経験のある既婚女性を選ぶので，女性には夫がいる。第三者の女性と出生子との間に母子関係が成立すると解すると，嫡出推定によって女性の夫と出生子との間に父子関係が成立すると解することになる。しかし，女性の夫は出生子の父になるつもりはなく，父子関係の成立を望んでいるのは依頼者夫である。

(d) **小　括**　　以上のように，生殖補助医療のうち，第三者からの精子等の提供を伴う方法や代理懐胎は，既存の民法の実親子関係決定のルールと抵触する深刻な問題を引き起こすことになる。

そして，上記の親子関係の決定に関する問題については，令和 2（2020）年に制定された生殖補助医療特例法（9 条・10 条）によって，一応の規律が示された（ **Column Ⅰ 3-7** **(2)**〔158 頁〕）。

(2)　生殖補助医療に関する判例と問題

生殖補助医療と法的親子関係に関する事件が相次いでいる。それらのうち，最高裁まで争われ，民集に登載された 2 つの事件が重要である。

(a) **死後生殖事件**　　夫が白血病治療のため放射線照射を受けることになった。夫は，治療により生殖機能を失う恐れがあったので，精子を採取して凍結保存した。夫の死後，妻は病院から夫の凍結保存精子を受け取り，別の病院で体外受精を受け，妊娠・出産した。子の出生は夫の死亡から約 2 年後だった。当初，妻は夫の嫡出子として子の出生の届出をしようとしたが，婚姻の死亡解消から 300 日以上経過していたため受理されず（令和 4 年改正前 772 条 2 項），最高裁まで争ったが認められなかった。そこで，夫の嫡出でない子として，**死後認知**（787 条ただし書）を求めた。最高裁は，「死後懐胎子と死亡した父との関係は，……立法によって解決されるべき問題で……立法がない以上，……親子関係の形成は認められない」とした（最判平成 18・9・4 民集 60 巻 7 号 2563 頁）。

(b) **代理懐胎事件**　　妻が子宮を摘出したため，夫婦はアメリカ・ネバダ州でアメリカ人女性に代理懐胎を依頼した。同州法上では，代理懐胎は適法に行うことができ，依頼者夫婦の子として子の出生証明書が発行されることになっている。アメリカ人女性は双子を産み，子らは依頼者夫婦と共に日本に帰国し

た。依頼者夫婦が区役所に子らの出生届を提出しようとしたところ，依頼者妻と子らの間には母子関係が存在しないとして，受理されなかった。依頼者夫婦が区長の処分に不服を申し立てた。最高裁は，「現行民法の解釈としては，出生した子を懐胎し出産した女性をその子の母と解さざるを得ず，その子を懐胎，出産していない女性との間には，その女性が卵子を提供した場合であっても，母子関係の成立を認めることはできない」とした（最決平成19・3・23民集61巻2号619頁）。なお，その後，依頼者夫婦と子らとの間に**特別養子縁組**（817条の2）が成立したとの報道がされた。

　(c)　**問題点**　　これらの事件は，生殖補助医療には法的親子関係だけでなく，多くの法律上の問題を含んでいることを示唆する。現在の技術では，精子や受精卵（胚）は半永久的に凍結保存が可能である。凍結保存は，時空を超えた子の誕生につながるだけでなく，凍結保存された精子等が相続の対象になるのかといった問題も提起する。また，例えば代理懐胎についていえば，合法とする国がある一方で（ネバダ州などアメリカの一部の州），刑罰をもって禁止する国もある（ドイツ・フランス）。グローバル化が進展する中にあって，国家間の法制度の相違をどのように調整するのかという問題も出てくる。

　(d)　**不同意胚移植事件**　　近時，医療機関を巻き込んだかたちでの事件も発生している。夫の精子と妻の卵子を受精させた胚がクリニックに凍結保存されていた。夫婦は不仲となり，別居した。妻は夫の同意を得ずにクリニックで胚移植を受け，子を出産した。夫は，子に対して，嫡出否認の訴えや親子関係不存在確認の訴えを起こしたが，いずれも斥けられた。その後，夫婦は離婚した。元夫が，元妻・クリニック（医療法人）・医師に対して慰謝料を求めた。裁判所は，クリニックと医師については責任を認めなかった（大阪高判令和2・11・27判時2497号33頁）。また，医療機関が受精卵を取り違えて移植したという事件の報道などもある。取り違えの結果，子が出生した場合には，単純な医療ミスでは片付けられない深刻な問題となるだろう。体外受精による出生子は年間約7万人おり（令和3〔2021〕年），さまざまな事件の発生が懸念される。

> **Column I 3-7**　**生殖補助医療特例法**
> 　(1)　**前　史**　　生殖補助医療をめぐる紛争の発生を受けて，同医療に対する法的規律が検討されるようになった。平成12（2000）年，日本弁護士連合会

は，「生殖医療技術の利用に対する法的規制に関する提言」を公表した。同年，厚生科学審議会（旧厚生省）は，「精子・卵子・胚の提供等による生殖補助医療のあり方についての報告書」を公表した。平成 15（2003）年，同審議会（厚生労働省）は，「精子・卵子・胚の提供等による生殖補助医療制度の整備に関する報告書」を公表した。これらは，主に医療行為の規制（行為規制）に関する内容だった。

　親子関係については，平成 15（2003）年，法制審議会（法務省）が「精子・卵子・胚の提供等による生殖補助医療により出生した子の親子関係に関する民法の特例に関する要綱中間試案」を公表したが，その後，検討が中断された。

　平成 20（2008）年，法務・厚生労働両大臣から依頼を受けた日本学術会議が，「生殖補助医療をめぐる諸問題に関する提言」を公表した。行為規制および親子関係を包含した提言であったが，立法化の機運は盛り上がらなかった。

　平成 25（2013）年，自民党は，「特定生殖補助医療に関する法律案」の議員立法を目指してプロジェクトチーム（PT）を立ち上げた。

　令和 2（2020）年 11 月，超党派の参議院議員によって，「生殖補助医療の提供等及びこれにより出生した子の親子関係に関する民法の特例に関する法律」が発議され，同年 12 月に成立し，公布された。

　(2)　概　要　　生殖補助医療特例法は，本則全 10 か条，附則全 3 か条からなる。本則の内容は，趣旨（1 条），定義（2 条），基本理念（3 条），国の責務（4 条），医療関係者の責務（5 条），知識の普及等（6 条），相談体制の整備（7 条），法制上の措置等（8 条），他人の卵子を用いた生殖補助医療により出生した子の母（9 条），他人の精子を用いる生殖補助医療に同意をした夫による嫡出の否認の禁止（10 条）となっており，また，附則の内容は，施行期日（1 条），経過措置（2 条），検討（3 条）となっている。

　卵子提供で子が出生した場合は，「出産をした女性」が子の法律上の母とされる。判例・通説が支持してきた分娩者＝母ルールを維持している。生殖補助医療特例法は，代理懐胎（借り腹出産）を規律するものではないが（後述(3)），代理懐胎を代理母に対する卵子提供と見ることで，代理懐胎が行われた場合には，出産をした女性＝代理母を法律上の母とするとの解釈が含まれている。

　精子提供で子が出生した場合は，分娩者＝母ルールで妻が法律上の母とされることを前提にして，夫が精子提供に同意していたのであれば，「夫は，民法第 774 条の規定にかかわらず，その子が嫡出であることを否認することができない」とされた（令和 4 年改正前 10 条）。なお，令和 4 年の嫡出否認制度の改正に連動して，「夫は」が「夫，子又は妻は」に変更された（令和 4 年改正後 10 条）。夫の子として嫡出推定がされることを前提に，精子提供に対する夫の

同意を根拠として嫡出否認権の行使を封じ，法律上の父子関係を確定させるのである。嫡出推定がされるため，精子提供者が子を認知したり，子が精子提供者に認知を求めたりすることもできないと解される。

(3)　今後の課題　　生殖補助医療特例法は，代理懐胎や死後生殖の可否，内縁夫婦や独身者による生殖補助医療の利用（10条は法律婚夫婦を想定している），精子等の売買（いわゆる生殖ビジネスに対する規制），生まれた子の出自を知る権利の保障といった諸問題については何も定めておらず，「おおむね2年を目途として」検討するとした（附則3条）。その後，上記の諸課題に対応するために，超党派の議員連盟が「特定生殖補助医療法案（仮称）」を提出する動きを見せたものの，代理懐胎の是非や出自を知る権利に関する制度設計などをめぐる意見の対立から，法案の提出は2年の目途を徒過して停滞している。

第3節　養　　子

⒈ 序──制度の変遷

養子制度は，一部の時代・地域を除いて，ほぼ全世界的に存在する。基本的には，何らかの理由で子を欲する者が他人の産んだ子を貰い受けてこれを養育するという制度である。貰い受ける者を「**養親**」，貰われる子を「**養子**」，養親子関係を形成することを「**縁組**」という。これらのうち，縁組は，日常では結婚の意味に用いられることもあるが（例：「良縁に恵まれる」），法律用語としては養親子関係の形成を意味する。したがって，「**離縁**」も，離婚ではなく，養親子関係の解消を意味する。

養子制度は，「家のための養子」から「親のための養子」さらには「子のための養子」という順に発達してきたとされる。

「家のための養子」とは，家系を断絶させないために，家の承継者として養子を求めることである。例えば，武家社会では，男子が家を承継するものとされていたため，実子がいない場合には男子を養子として貰い受け，実子が女子のみの場合には婿養子を取る，といったことが広く行われていた。商家や農家でも同様であった。まさに，家（家系・家業・家産）の承継のための養子である。

　「親のための養子」とは，養親が労働力として，あるいは養親の扶養や介護等をさせることを目的に，養子を求めることである。例えば，かつて，わが国では将来売春をさせることを目的に年少女子を養子にする「芸娼妓養子」が広く行われていた（大判明治 38・11・2 民録 11 輯 1534 頁）。養親が，親子関係（親孝行・親の恩）を悪用して，養子に労働を強制したのである。

　今日，「芸娼妓養子」は消滅したが，家の承継や高齢者の介護等を目的とする縁組は**普通養子**（後述**2**）を用いて広く行われている。

　これらに対して，「子のための養子」は，20 世紀になって現われた新しい概念である。すなわち，養子縁組は，家や親のためではなく，実親による養育に恵まれない子に対して，社会が家庭的養育環境を与えるものだと理解されるようになった。例えば，児童の権利に関する条約（子どもの権利条約）では，児童の養育は第 1 に実父母によるべきとされ（児童約 7 条 1 項），実父母による子の養育が困難な場合には，子の養育は里親・養子縁組・施設によるべきとされている（児童約 20 条 3 項）。つまり，養子とは，家庭的環境によってされる児童福祉の一態様だと位置づけられている。わが国の制度としては，**特別養子**（後述**3**）がこれにあたる（**里親**については，　Column I 3-8　〔178 頁〕参照）。

　なお，養子縁組については，民間の「あっせん機関」が縁組に介在することがある。「あっせん機関」が養親希望者から高額の金銭を受領していたことなどが発覚し，「あっせん事業」の適正化が求められるようになり，平成 28（2016）年に「民間あっせん機関による養子縁組のあっせんに係る児童の保護等に関する法律」が制定された。そのような適正化の努力にもかかわらず，令和 2（2020）年には，民間の「あっせん機関」が突然廃業し，規制の困難さが表面化した。廃業によって養親・養子の個人情報が散逸してしまい，養子が実親に関する情報を入手できなくなることが懸念されている。

　また，令和 4（2022）年には，ある宗教団体についてさまざまな問題が顕在化する中で，信者の実子を他の信者の養子とする縁組に同団体が関与していたことが発覚した。

2 普 通 養 子

(1) 制　　度

普通養子（792条〜817条）は，唯一の養子制度であったところ，昭和62(1987)年に特別養子（817条の2〜817条の11）が新設されたことを受けて，講学上，特別養子に対して普通養子と呼ばれるようになった。

(a) **特　徴**　　世界的に類例を見ないほど，成立要件の緩やかな養子制度である。実の祖父母が実の孫を養子にするというように親族間でも利用されるし，実子のいない夫婦が児童養護施設に入所している児童を養子にする場合にも利用されるなど，非常に間口の広いのが特徴である。

(b) **目　的**　　普通養子制度の利用目的は実にさまざまである。親族間の利用と非親族間の利用に分けて説明する。

(i) **親族間の普通養子**　　実子がいない場合に甥や姪などを養子にするほか，相続税対策のために相続人を増やす目的で（節税養子・税金養子），祖父母が孫と（孫養子），親が子の配偶者と縁組をしたり（嫁養子），実子が女子しかいない父母が娘の配偶者と縁組をしたり（婿養子），配偶者の連れ子と縁組をしたり（連れ子養子）するなどがある。

(ii) **非親族間の普通養子**　　後継者のいない中小企業の経営者が従業員を養子にするほか，歌舞伎など伝統芸能の世界で師匠が弟子を養子にする（芸養子），重婚できないため愛人を養子にする（妾養子），婚姻できないため同性カップル同士で縁組をする（同性愛養子）など，目的は多岐にわたる。臓器移植や生命保険金詐欺を目的とする縁組など，違法目的の縁組が問題となったこともある。

(2) 成 立 要 件

(a) **縁組意思と届出**　　婚姻が，婚姻意思の存在を前提に，届出によって成立するように（本編第2章第2節参照），普通養子縁組も縁組意思の存在を前提に，届出によって成立する（802条・799条・800条）。

縁組意思の内容については，伝統的に**実質的意思説**と**形式的意思説**の対立がある。婚姻意思同様，縁組意思についても実質的意思説が通説とされる。判例も，「『当事者間に縁組をする意思がないとき』とは，……当事者間に真に養親

子関係の設定を欲する効果意思を有しない場合を指すものである」としている（最判昭和23・12・23民集2巻14号493頁。婚姻意思に関する判例 <判例 I 2-1> 〔44頁〕参照）。

　もっとも，上述のように，縁組は多様な目的で行われている。節税目的で，祖父母と孫が縁組をしても，祖父母は孫を養育しないし，孫も祖父母を親だとは思っていないのが通常である。社会観念上親子であるというのであれば，当事者間に共同生活や養育・介護などの事実，親子としての精神的な関係が存在しなければならないはずだが，税金養子にはそれらのようなものはない。しかし，社会観念上，親子のような関係にない節税養子が縁組意思の不存在を原因として，直ちに無効にされるわけでもない。また，縁組は届出でされるから，戸籍窓口では形式的審査しかできないので，当事者間に実質的縁組意思があるかどうかは分からない。結局，縁組意思の問題とは，届出がされた後，当該縁組が当事者に縁組意思なしとして無効にされるべきかどうかという，規範的な判断の問題に帰するのである（(5)(a)）。

　近時，上述の節税養子について，縁組無効を争う事案が発生した。A男には，長男B・長女X_1・二女X_2の3子がいた。Aは，相続税の節税を目的に，Bの子Y（乳幼児）と縁組をした。Aの死後，Xらは，Aが縁組意思を欠いていたとして，縁組無効確認を求めた。原審は，当該縁組が民法802条1号の「当事者間に縁組をする意思がないとき」に当たるとして，Xらの請求を認容した（東京高判平成28・2・3民集71巻1号58頁）。しかし，最高裁は，「相続税の節税の動機と縁組をする意思とは，併存し得るものである」とした上で，「専ら相続税の節税のために養子縁組をする場合であっても，直ちに当該養子縁組について民法802条1号にいう『当事者間に縁組をする意思がないとき』に当たるとすることはできない」と判示した（最判平成29・1・31民集71巻1号48頁）。

　(b)　**養親適格**　(i) 年　齢　縁組の一方当事者である養親は，20歳に達していなければならない（792条）。かつては「成年に達した者」とされていたが，成年年齢の引下げを受けて，「20歳に達した者」と改正された。

　(ii) 尊属養子・年長者養子の禁止　卑属が尊属を養子にすることはできない。祖父母が孫を養子にすることはできるが，孫が祖父母を養子にすることはできない。また，年少者が年長者を養子にすることもできない（793条）。

養親は養子よりも1日でも先に出生していればよいと解されており、親子らしい年齢差は要求されていない。そのため、同性愛養子などでは、同性カップルのうちの年上の者を養親、年下の者を養子として縁組が行われている。なお、生年月日が同一の者同士については、縁組不可と解されている（同日養子の禁止）。これは、擬制的とはいえ、親子関係を設定するのであるから、まったく年齢差がないのは、制度の趣旨に反すると解されているためである。

(iii) **後見当事者間** 未成年後見人が未成年被後見人を、成年後見人が成年被後見人を養子にするには、家庭裁判所の許可が必要である（794条）。後見人は被後見人の財産を管理するが、養親子関係を形成して不適切な管理を隠蔽するような事態を防止するためである。とくに、未成年後見で問題になるだろう。また、成年被後見人が縁組をする場合、養親・養子のいずれになるのであれ、成年後見人の同意は不要とされている（799条→738条）。

(c) **養子適格** 上述のように、尊属養子・年長者養子が禁じられているほか、養子についての制約は、未成年者を養子とする場合（後述(e)）以外にほぼ皆無といってよい。

(d) **夫婦共同縁組** 配偶者のある者（夫婦）が縁組をする場合には、若干の制約が存する。

(i) **成年者を養子にする場合** 縁組は養親と養子との間の法律行為と考えられている。AB夫婦と成年者甲が縁組をする場合、Aと甲、Bと甲の間にそれぞれ養親子関係が発生する。このように夫婦が同時に養親（養子）になる場合を、**夫婦共同縁組**という。夫婦単独縁組、すなわち、AB夫婦のうちのAだけが甲と縁組をすることも可能である（単独縁組）。もっとも、Aが甲と縁組をすることは、Bの法律上の地位に多大な影響を与えるので、配偶者のある者が単独縁組をする場合には**配偶者の同意**を要する。ただし、共同縁組や同意すべき配偶者が意思表示できない場合には、同意は不要である（796条）。

昭和62（1987）年改正前は、夫婦共同縁組が必須であった。同改正前の795条は、「配偶者のある者は、その配偶者とともにしなければ、縁組をすることができない」と定めていた。

<判例 I 3-7> **最判昭和 48・4・12 民集 27 巻 3 号 500 頁**

【事案】 夫 A が妻 X（原告）に無断で養子 Y（被告）との夫婦共同縁組の届出をした。A の死後，X が縁組の無効を求めた（縁組が無効になれば，Y は A を相続できないことになる）。

【判旨】 最高裁は，「夫婦の一方の意思に基づかない縁組の届出がなされた場合でも，その他方と相手方との間に単独でも親子関係を成立させる意思があり，かつ，そのような単独の親子関係を成立させることが，一方の配偶者の意思に反しその利益を害するものでなく，養親の家庭の平和を乱さず，養子の福祉をも害するおそれがないなど，……特段の事情が存する場合には，……縁組の意思を欠く当事者の縁組のみを無効とし，縁組の意思を有する他方の配偶者と相手方との間の縁組は有効に成立したものと認めることが妨げない」と判示した。

　この事件を契機に，AB 夫婦が甲と縁組をする場合，A と甲，B と甲という各独立した縁組があるにすぎないと理解されるようになった。その結果，現行の 796 条に改正されたのである。

　では，現行法を前提に，配偶者の同意のない縁組が届け出られた場合にどうなるか。この場合，同意をしていない配偶者は当該縁組の取消しを求めることができる（806 条の 2）。

　(ii)　**未成年者を養子にする場合**　　AB 夫婦が未成年者甲と縁組をする場合には，原則として，夫婦共同縁組でなければならない。例外的に単独縁組が許されるのは，甲が B の連れ子（嫡出子）であり，A がその甲と縁組をするような場合である（連れ子養子）。すでに B 甲間には実親子関係（嫡出親子関係）があるのだから，B 甲間の縁組は必要ない。甲が B の嫡出でない子の場合には，AB は夫婦共同縁組をしなければならない。A と甲は縁組によって養親子関係（嫡出親子関係）となるが，B と甲は縁組をしなければ実親子関係（非嫡出親子関係）のままであり，A 甲間が嫡出親子，B 甲間が非嫡出親子となってしまうからである。配偶者が意思表示できない場合には単独縁組でよい（795 条）。

　(e)　**未成年養子**　　未成年者が養子になる場合には，未成年者の福祉の観点から，一定の制約が設けられている。

　(i)　**家庭裁判所の許可**　　未成年者を養子にするには，家庭裁判所の許可が必要である（798 条本文）。未成年者が労働力として搾取されたり，虐待されたりするのを防ぐためである。したがって，自己または配偶者の直系卑属を養子

にする場合，例えば祖父母が孫を養子にするとか，夫が妻の連れ子を養子にするとかいうような場合には，搾取や虐待の可能性は通常ないと考えられるので，許可は不要とされている（同条ただし書）。もっとも，連れ子が実親の再婚相手から虐待を受けるという例は少なくないことから，未成年者の縁組すべてについて，家庭裁判所が関与すべきとの立法論もある。

（ii）**代諾縁組**　15歳未満の者が養子になる場合には，法定代理人が子に代わって縁組の承諾をする。これを**代諾縁組**という（797条）。普通養子縁組は，養親と養子の間の意思の合致に基づく法律行為であり，契約的な側面を有する。子は15歳に達していれば，実父母等の法定代理人の同意等を必要とせず，自らの意思で縁組をすることができる。もちろん，養親が直系尊属等でない場合（798条ただし書）には，家庭裁判所の許可が必要である。

父母が離婚し，父が子の親権者，母が子の監護者になっているような場合に，かつて，再婚した父が，母（元妻）に断りなく，子に代わって再婚相手と縁組をさせてしまうようなことがあった。そのため，昭和62（1987）年の民法改正で，親権者と監護者が別な場合には，代諾をするには監護者の同意が必要とされることになった（797条2項前段）。また，平成23（2011）年の民法改正で，親権停止制度（834条の2）が創設されたことから，親権停止中の父母についても同意が必要とされることになった（797条2項後段）。

（f）**親族養子**　（i）**直系卑属・連れ子との縁組**　子が15歳未満であれば，法定代理人の承諾を得て（797条），家庭裁判所の許可なく縁組をすることができる（798条）。子が15歳以上であれば，法定代理人の承諾も家庭裁判所の許可もともに不要である。

なお，実親は実子（嫡出でない子に限る）と縁組をすることができる（798条・795条ただし書）。縁組によって子は嫡出子の身分を取得することから（809条），子の利益にも合致すると考えられている。他方，実親が実子（嫡出子）と縁組をすることは，もともと嫡出子であるので，縁組によって嫡出子の身分を与える必要がないため，実益がなくできないと解されている。

（ii）**傍系血族との縁組**　兄が未成年の弟と縁組をする，叔父が未成年の甥と縁組をするような場合には，傍系血族間の縁組なので家庭裁判所の許可が必要である（798条）。

(3)　効　　果

(a) 養親子関係の発生　　縁組によって，養親と養子の間には養親子関係が発生する。養子は，縁組の日から，養親の**嫡出子**の身分を取得する（809条）。したがって，親権（養子が未成年者の場合，818条2項），扶養（877条），相続（887条）などの権利義務関係につき，実親子関係と同一の親子関係が創設されることになる（727条。自然血族に対して，**法定血族**と呼ばれる）。

　養子は養親の氏を称する（810条本文）。例えば，甲野夫婦を養親，乙山を養子とする縁組が成立すると，乙山は甲野の戸籍に入り，甲野氏を称する。ただし，乙山が婚姻によって改められた氏である場合には（750条），縁組による氏よりも婚姻によって改められた氏が優先して，乙山氏を称し続けることになる（810条ただし書）。

(b) 親族関係の発生　　縁組によって，養子と養親および養親の親族との間に血族関係（法定血族関係）が発生する。縁組は，養親側（**養方**という）に養子だけを取り込む制度である。例えば，養親にすでに実子がいて，縁組がされれば，実子と養子は兄弟姉妹関係になる。養子に実の兄弟姉妹がいて，縁組がされたとしても，養親と養子の兄弟姉妹の間には何の関係も発生しない。また，養子縁組の日よりも前に養子に発生している身分関係は，養親には関係がない（727条）。縁組前に出生した養子の子は養親の孫（直系卑属）ではないが，縁組後に出生した養子の子は養親の孫（直系卑属）になる。したがって，縁組前に出生した養子の子は，養子が死亡し，その後養親が死亡しても，養親の相続について代襲相続人にはならない（887条2項ただし書）。

　養親の実子と養子の婚姻は，形式的には兄弟姉妹間の婚姻に当たり，近親婚として禁止されるはずだが，いわゆる婿養子の一類型として許されている（734条1項ただし書）。

(c) 実親子関係の存続　　縁組によって，養子と養親および養親の親族との間に法定血族関係が発生するものの，実親子関係は従来通り存続する。養子の氏等が変わったとしても，実親および実親側（**実方**という）との親族関係は従来通りである。つまり，普通養子縁組は，養子から見ると，自然血族関係に加えて法定血族関係を取得するという状況である。実親子関係に基づく相続や扶養の権利義務関係は，養子となった後も変わらない。したがって，養子となっ

た者は，養親が死亡すれば養親の相続人になるし，実親が死亡すれば実子として実親の相続人になる。このように，縁組後も実親子関係が存続し，断絶しない方式の縁組を「非断絶型の縁組」という。

(4) 転 縁 組

転縁組とは，Aを養親，甲を養子とする縁組がされた後，この縁組を解消しないまま，今度は，Bを養親，甲を養子とする縁組をすることである。実親子関係はひとつしか観念できないが，養親子関係は複数の縁組が並立可能と解されている。かつてのわが国では，分家の養子になった後に，本家の跡取りがいなくなったため，分家の養子が本家の養子になるというようなことが行われていた。このように，複数の縁組をすることを転縁組という。転縁組は，社会的な必要性があり，民法も明示的に禁じていないため，可能と解されており，現在でも実際に行われている。

(5) 縁組の無効・取消しおよび離縁

(a) **無 効** 縁組当事者間に縁組意思がない，または，当事者が縁組の届出をしないときは，縁組は無効である（802条）。もっとも，後者の届出は縁組の成立要件だから（799条→739条），届出がなければ成立もなく，したがって，無効の問題も生じない。

(i) **縁組意思の不存在** かつて，兵役逃れのための縁組（**兵隊養子**）や越境入学目的の縁組等が，当事者に縁組意思がないとして，裁判上無効にされたことがある。もっとも，前述のように（(1)(b)），普通養子縁組は多様な目的で行われているから，どのような目的の縁組であれば無効と評価されるのかということを類型化するのは容易でない。多様な目的で利用されているということは，利用者である国民が便法としてであっても，養親子関係を形成することに利便性を見出しているともいえる。また，例えば同性愛養子のような場合には，欧米で増えてきた**同性婚**や**パートナーシップ**といった法制度がわが国に存在しないことが原因であるともいえる。したがって，ある目的を取り出して，縁組意思がないものとして無効とするには，慎重さが求められるであろう。

(ii) **虚偽の届出** 縁組意思が不存在である典型的な場合として，そもそも，

縁組当事者の一方（多くは養親とされる側）が知らないうちに縁組の届出がされることがある。例えば，高齢の実親の死期が迫っているような状況で，相続税を軽減したい相続人ら（実子）が，実親と相続人らの子（孫）との間の縁組を届け出て，相続人を増やそうとするような事態である。

　また，とくに深刻なのは，高齢者の財産を入手する目的で，まったくの第三者が，高齢者を養親，第三者を養子とする縁組の届出をする事態である。このような届出は，公正証書原本不実記載罪・同行使罪（刑157条・158条）ないし虚偽届出（戸134条）にも該当する犯罪である。市区町村の戸籍窓口が届出について形式的審査権しか有していないために生じる問題であり，平成19（2007）年の戸籍法改正で，縁組当事者の本人確認等が強化されることとなった。

　(iii)　表見代諾縁組　　虚偽嫡出子出生届（藁の上からの養子：後述**4**）のバリエーションとして次のような事例がある。

> ◁**判例Ⅰ3-8**▷ **最判昭和39・9・8民集18巻7号1423頁**
> **【事案】** ABの間に生まれたY_1は，CD夫婦の嫡出子として届けられた。CDがY_1に代諾して，Y_1はY_2夫婦の養子となった。Y_2は妻を亡くし，後妻を娶った。その後，Y_2と後妻との間に生まれたX（原告）が，Y_2とY_1の縁組の無効確認を求めた（縁組が無効となれば，Y_2の財産をXが全て相続できる）。原審は，Y_1の追認によりY_2とY_1の縁組は当初から有効になったとした。Xは上告理由として，民法116条ただし書の規定により，Xの権利を害する追認はできないと主張した。
> **【判旨】** 最高裁は，「養子縁組の追認のごとき身分行為については，同条但書の規定は類推適用されないものと解するのが相当である。けだし事実関係を重視する身分関係の本質にかんがみ，取引の安全のための同条但書の規定をこれに類推適用することは，右本質に反すると考えられるからである」と判示した。

　すなわち，単なる虚偽嫡出子出生届の場合には，親子関係が不存在とされる可能性があるところ，そもそも縁組の代諾権がない者がした代諾であっても，養子本人が15歳以上になってから（797条1項参照）追認すれば有効な縁組になるとしたのである。このような解釈をめぐっては，養親子関係を維持する結論については異論が少ないものの，**要式行為**が追認，すなわち当事者の意思によって有効に転じることの説明が困難であり，技巧的との指摘がある。

　(iv)　養子縁組無効確認の訴え　　虚偽の縁組の届出がされたなどで，当該縁

組を無効にするためには，当事者は家庭裁判所に養子縁組無効確認の訴えを提起する（人訴2条3号）。

養子縁組無効確認の訴えは，縁組当事者でない第三者も提起することができる。同訴えの原告適格について，判例は，当該養子縁組が無効であることにより自己の身分関係に関する地位に直接影響を受けることのない者（自己の財産上の権利義務に影響を受けるにすぎない者）には，同訴えについての法律上の利益がないと解する（最判昭和63・3・1民集42巻3号157頁）。そして，養親がその全財産を親族関係のない者（包括受遺者）に包括遺贈し，養子が包括受遺者に対して遺留分減殺請求し，包括受遺者が養子縁組無効確認の訴えを提起したという事件で，最高裁は，「養子縁組の無効の訴えを提起する者は，養親の相続財産全部の包括遺贈を受けたことから直ちに当該訴えにつき法律上の利益を有するとはいえない」とした（最判平成31・3・5判時2421号21頁）。

(b)　**取消し**　　縁組の要件に違反しているにもかかわらず，縁組が成立した場合には，縁組の当事者は当該縁組の取消しを求めることができる（803条）。取消事由は，804条から807条までに列挙されているが，現在の戸籍実務では，年齢の誤りなど取消しの対象となるような事態はまず発生しない。また，詐欺または強迫による縁組も取消しの対象となるが（808条1項→747条1項），実例はほとんどない。

縁組の取消しの効力は，遡及せず，将来に向かって取消しの効力が生じる。養子は復氏し，財産の返還義務を負う（808条→748条）。

養子縁組の取消しは，養子縁組取消しの訴え（人訴2条3号）で行う。

(c)　**離縁**　　離縁とは，有効に成立した縁組を解消する方法である。当事者の協議で離縁をする**協議離縁**（811条），当事者が調停で離縁をする**調停離縁**（家事244条），調停が不成立の場合に家庭裁判所の審判で離縁をする**審判離縁**（家事284条），離縁の訴えを提起し判決で離縁をする裁判上の離縁（**裁判離縁**。814条，人訴2条3号）がある。

(i)　協議離縁　　養親と養子の協議により，離縁の届出をすることで（812条→739条），離縁の効力を生じる。養子が15歳未満であるときは，養親と離縁後に養子の法定代理人となる者との間で協議をするなど，離縁に際して特別な扱いがなされる（811条2項〜5項）。また，養親夫婦が未成年養子と離縁をす

る場合には，原則として，夫婦共同で離縁をしなければならない（811条の2）。

　(ii)　死後離縁　　縁組の一方当事者が死亡した後，生存当事者は，家庭裁判所の許可を得て離縁をすることができる。これを死後離縁という（811条6項）。縁組によって親子関係が創設されており，親子関係は一方当事者の死亡によって終了するものでは本来ないが，普通養子縁組についてのみ，死後の親子関係の解消が認められている。死後離縁によって，養子が復氏する，養方の親族に対する扶養義務を免れるなどの実益もある。もっとも，養親が死亡し，養子が多額の財産を相続した後に，離縁を認めるならば，財産の持ち逃げを許すような事態となり好ましくない。そこで，家庭裁判所の許可を要するものとしている（近時の公表例として，大阪高決令和3・3・30判時2519号49頁）。

　(iii)　裁判上の離縁　　裁判上の離縁で離婚原因が要求されたように，裁判上の離縁では**離縁原因**が必要である（814条1項各号）。具体的な離縁原因は，悪意の遺棄（1号）と3年以上の生死不明（2号）であり，抽象的な離縁原因として，縁組を継続しがたい重大な事由（3号）となっている。1号・2号による離縁の訴えは稀であり，ほとんどが3号による。縁組を継続しがたい重大な事由の具体例としては，養親に対する養子の暴言や暴力，交流の途絶，自営業をめぐる対立や金銭トラブルなどが多い。有責な当事者からの離縁請求の可否については，判例は否定的であるとされるが（最判昭和39・8・4民集18巻7号1309頁），有責配偶者からの離婚請求が一定の場合に認められるに至ったことから（最大判昭和62・9・2民集41巻6号1423頁），今後も否定的であり続けるかどうかは分からない。なお，15歳未満の養子が裁判上の離縁の当事者になる場合には，離縁後の法定代理人となるべき者が訴訟の当事者となる（815条）。

　裁判所は，1号・2号の原因がある場合であっても，裁量で離縁請求を棄却することができる（814条2項→770条2項）。

　(iv)　離縁の効力　　離縁によって，養親子関係は終了する。養子と養親の血族（養方）との親族関係も終了し，縁組後に養子に生じた配偶者・直系卑属と養方との親族関係もすべて終了する（729条）。縁組後に養子に生まれた子がいたとしても，離縁によって，その子は養親との親族関係が終了するので，後に養親が死亡したとしても，その子が養親を代襲相続することはない。

　離縁により，原則として，養子は縁組前の氏に復するが（**離縁復氏**），夫婦共

同で養子となった者の一方だけが離縁した場合には例外として復氏しない（816条1項）。縁組後，長期間にわたり養子が養親の氏を称してきた場合に，養子に復氏を強制することは，養子やその配偶者・子などに多大な不利益を与える可能性がある。そこで，縁組の日から7年以上経過して離縁した場合には，養子は届け出ることによって離縁時の氏（養親の氏）を称し続けることができるとされている。これを**縁氏続称**という（同条2項）。

3　特別養子

(1)　制　　度

特別養子は普通養子と根本的に異なる制度である。両者の特徴を対比しよう。第1に，普通養子が実方との親族関係が断絶しない**非断絶型**の縁組であるのに対して，特別養子は実方との親族関係が断絶する**断絶型**の縁組である。第2に，特別養子縁組の当事者は，原則として，養親25歳以上，養子15歳未満とされ，両者の間に実親子に近い年齢差が求められている。第3に，普通養子が当事者の縁組意思の合致と届出で成立する契約型の縁組であるのに対して，特別養子は養子となる子の福祉を実現するために家庭裁判所の審判で成立する国家（司法）**宣言型**の縁組である。第4に，普通養子縁組は当事者の意思で自由に離縁可能であるが，特別養子縁組の離縁は極めて限定的であり，かつ，離縁についても家庭裁判所の審判が必須となっている。

(a)　制度の沿革　　20世紀になると，ヨーロッパの先進国では，「子のための養子」制度の構築が始められた。実親による養育を受けられない子を孤児院などに収容するだけでは子の福祉の実現に不十分であり，子には家庭的環境こそが与えられるべきだと考えられるようになった。そのためには，養親の下にいる子を実親が取り返しに来たり，成長した養子が一方的に養親を遺棄したりするのを防止しなければならない。そこで，実方との親族関係を終了させ，養親を法律上唯一の親とし，養親子関係を実親子関係に限りなく近接させることにした。これらの特徴を指して，各国では，このような養子制度を**断絶養子縁組**とか**完全養子縁組**などと称している。

わが国でも，第2次大戦後に同様の制度の検討がされたが，実現しなかった。ところが，昭和40年代後半から50年代にかけて大きな社会問題となった**実子**

斡旋事件（**菊田医師事件**）を契機に（後述**4**），断絶型の養子制度の導入の機運が高まり，昭和62（1987）年の民法改正で「特別養子」として立法化されたのである（817条の2〜817条の11）。これにより，従来からあった非断絶型・契約型の縁組は「普通養子」と講学上呼ばれることになった。

（b）**利用状況** 特別養子縁組は，昭和63（1988）年1月1日から施行された。当初の数年間においては，相当数の縁組の申立てがあったが，近年の新受件数は年間600〜800件程度となっている。実親の養育に恵まれず，児童養護施設等に入所している子は約3万人もいることから，子に家庭的養育環境を与える特別養子制度は今以上に注目され，かつ，利用されるべきである。

そこで，令和元（2019）年に，特別養子制度の見直しが行われ，特別養子の対象となる子の年齢要件（改正前817条の5は原則6歳未満，例外8歳未満としていた）を引き上げて，特別養子となりうる子の範囲を広げるなどの改正が行われた（後述(2)(c)(d)）。同改正は，令和2（2020）年4月1日に施行された。

(2) 成立要件

（a）**家庭裁判所の審判** 特別養子縁組は，養親となる者の請求に基づいて，家庭裁判所が各要件を審査した上で，成立させる旨の審判によって成立する（817条の2，家事別表第一63項）。子の福祉を確保するとともに，実親子関係の断絶という重大な法的効果を伴うことから，必ず家庭裁判所が関与する。

（b）**養親適格** 養親は原則として法律婚夫婦かつ夫婦共同縁組でなければならない（817条の3）。夫婦の一方の連れ子（嫡出子）を夫婦の他方が特別養子にする場合には，夫婦共同縁組でなく単独縁組でもよいとされている（同条2項ただし書）。しかし，連れ子について特別養子縁組を申し立てる場合には，その子について**要保護性**（817条の7）がそもそもないと評価され，特別養子縁組の成立が認められない可能性も高い。

養親夫婦の年齢は夫婦ともに原則的に25歳以上，例外的に一方が25歳以上であれば他方が20歳以上でよい（817条の4）。これは，養親夫婦と養子との間に，実親子に近い年齢差を要求する趣旨である。

（c）**養子適格** 特別養子の年齢は，原則として，縁組の請求（家裁に対する申立て）時に15歳未満でなければならない（817条の5第1項前段）。しかし，

例外的に，子が15歳に達する前から養親となる者に監護されていた場合で，15歳に達するまでにやむを得ない事由によって縁組の請求がされなかった場合であれば（817条の5第2項），18歳未満の子も対象となる（817条の5第1項後段・第2項）。つまり，子の年齢は，原則0歳〜15歳未満，例外15歳以上〜18歳未満である。そして，子が15歳以上の場合には，特別養子縁組の成立には，子の同意が必要である（817条の5第3項）。なお，家庭裁判所の審判では，子の意思を把握し，子の意思を考慮するものとされており（家事65条），15歳未満の子についても，10歳前後に達していれば子に対する調査が行われているようである。

(d) **実父母の同意**　家庭裁判所が特別養子縁組を成立させるためには，原則として，父母の同意が必要である（817条の6本文）。父母とは実父母および養父母を指す。法律上の親子関係のあるすべての父母の個々の同意が必要である。実父母とは分娩の事実によって実母子関係のある母，嫡出推定あるいは認知によって実父子関係のある父である。子を認知していない男性については，法律上の実父子関係が存在しないので，同意権者ではないと解されている。しかし，実務では，自然血縁上の実父子関係があると思われる男性が存在する場合には，家庭裁判所調査官等が縁組についての意向を聴取しているようである。また，認知していない男性であっても，将来認知する可能性がある者については，意向を聴取すべきであろう（争点は異なるが，最判平成7・7・14民集49巻7号2674頁参照）。

父母が意思を表示できない場合，父母が虐待等により子の利益を著しく害していたり，害する可能性が高いような場合であれば，そのような父母の同意は不要である（817条の6ただし書）。

(e) **要保護性**　特別養子縁組は，父母による養子となる者の監護が著しく困難または不適当であるなどの特別の事情がある場合において，子の利益のためにとくに必要があると認めるときに，家庭裁判所が縁組を成立させる（817条の7）。特別の事情＋子の利益のための必要性＝要保護性が特別養子縁組の成立には必要である。父母に虐待された子（被虐待児）や棄児（捨て子：戸57条）で乳児院や児童養護施設に入所している子などが想定されている。(b)で既述したように，連れ子と特別養子縁組する場合には，すでに一人の親が子を監護し

ているため，要保護性に欠けると認定されることにつながりやすい。

(3)　手　　続

(a)　**マッチング**　　特別養子縁組の前提として，児童相談所（児福12条）や既述の「あっせん機関」が養親希望者および養子候補者の情報を把握していることが一般的である。児童相談所が関与する場合には，養親希望者を里親，養子候補者を委託児童（里子）とする里親委託（児福6条の4・27条1項3号）によって養親希望者が養子候補者を実際に養育する。また，「あっせん機関」が関与する場合には，実親等から，同機関を仲介して，養親希望者に子の監護が委託されるといった形をとることが多い（里親による特別養子縁組の事例として，東京家審令和2・9・7判時2488・2489合併号167頁がある）。

(b)　**2段階の手続**　　特別養子縁組は，2段階の手続を経て成立する。

第1段階は「特別養子適格の確認の審判事件」（家事164条の2）といい，家庭裁判所は，養子に関する要件（817条の5），および，実親に関する要件（817条の6・817条の7）について判断する。そして，実親が特別養子縁組の成立について同意（817条の6）をした場合には，同意の日から2週間が経過すると，実親は同意を撤回することができなくなる（家事164条の2第5項）。この撤回制限は，令和元（2019）年の改正で導入された。改正前において，実親は，特別養子縁組成立の審判が確定するまでは，いつでも同意を撤回することができるとされており，さまざまな問題が生じていた（東京高決平成14・12・16家月55巻6号112頁）。そこで，実親による撤回を制限して，実親は第1段階のみの関与とし，第2段階に関与できないようにした。

第2段階は「特別養子縁組の成立の審判事件」（家事164条）といい，家庭裁判所は，6か月以上の試験養育期間の状況を踏まえて（817条の8），縁組の成立の可否について判断する。ここでは，養親希望者と養子候補者の適合性が審査の中心となる。

養親希望者は，第1段階の審判と第2段階の審判を同時に申し立てるものとされている（家事164条の2第3項）。

(c)　**児童相談所長の関与**　　令和元（2019）年の改正では，児童相談所長（児福12条の2）が特別養子縁組に積極的に関与できるとされた。具体的には，同

所長に上述の第1段階の手続の申立権が付与される（児福33条の6の4第1項，家事別表一128の3項）。例えば，虐待を受け，児童相談所に保護されている子について，養親希望者に実親に関する要件（817条の7）を主張・立証させることには，さまざまな困難や負担が伴うと考えられる。このような場合に，児童相談所長が第1段階の手続を申し立て，その確定後に，養親希望者が第2段階の手続を申し立てることができるようにした。

(4) 効 果

特別養子縁組の審判が確定すると，養子となった子と実方の父母および実方の血族との親族関係は全て終了する（817条の9本文）。実方との親子関係・親族関係が断絶することから，特別養子は断絶型の養子制度と呼ばれる。ただし，**近親婚**についての制限は残る（734条2項・735条）。

特別養子縁組においては，実親子関係を断絶して養親子関係を限りなく実親子関係に近接させる一方で，近親婚の制限や「子の出自を知る権利（生物的な親子関係へのアクセス権）」の確保（児童約7条1項）を図らなければならない。そこで，身分関係の公示方法である戸籍についても，通常とは異なる扱いがされる。普通養子縁組では，子は，実親の戸籍から養親の戸籍に入籍し，双方の戸籍に子についての記載がある。特別養子縁組では，実親の戸籍から子を抜き出して，子単独の戸籍を編成し（中間戸籍。戸20条の3），中間戸籍から養親の戸籍に子を入籍させる。**中間戸籍**を挟むことで，実親の戸籍と養親の戸籍が直接対応しないようにし，しかし，必要に応じて手間さえかければ，子が実親の戸籍を検索できるように工夫されている。

(5) 離 縁

特別養子縁組については，家庭裁判所が成立に関与するから，縁組意思の不存在や年齢要件の誤りといった無効原因や取消事由は制度上発生しえないはずなので，縁組の無効・取消しは制度上想定されていない。また，普通養子縁組に存在する死後離縁（811条6項）も存在しない。

離縁については，極めて制限的な制度となっている。養親による虐待等の養子の利益を著しく害する事由があり，かつ，養子の実父母が子を引き取って相

当の監護ができる場合にのみ，養子・実父母・検察官のいずれかが家庭裁判所に離縁の審判を申し立てて，家庭裁判所が離縁の必要があると判断したときに限って，離縁が認められる（817条の10）。

司法統計によると，離縁の申立ては毎年0〜数件であり，わずかである。そして，離縁事件の内容は一切公表されておらず，具体的な事情は分からない。

4 藁の上からの養子

「藁の上からの養子」とは，出生の届出がされていない子（主に新生児）を引き取った夫婦が，その子を自分たち夫婦が産んだ実子（嫡出子）として出生を届け出ることである。このような出生の届出は，虚偽の届出であり，刑事罰の対象にもなる（刑157条・158条，戸134条）。

もっとも，わが国では，民法制定前から，全国各地でこのような「養子」が行われていたとされる。争いは，戸籍上実子とされている子に対して，親族等が親子関係不存在確認の訴えを起こすことで表面化する。そして，「藁の上からの養子」側は無効な虚偽嫡出子出生届を有効な養子縁組届と見ることができる（**無効行為転換理論**）という反論をする。大審院は，民法施行前に行われた「藁の上からの養子」について，慣行の存在を肯定して，適法な養子縁組として扱った（大判大正8・2・8民録25輯189頁）。しかし，大審院は，民法制定後にされた「藁の上からの養子」については，無効な虚偽嫡出子出生届を有効な養子縁組届と解することはできないとして，無効行為転換理論を否定した（大判昭和11・11・4民集15巻1946頁）。その結果，「藁の上からの養子」は，養親子関係を否定されることになった。大審院の解釈は最高裁にも受け継がれた（最判昭和50・4・8民集29巻4号401頁）。その後も，特別養子制度創設の遠因となった実子斡旋事件（菊田医師事件）などによって，「藁の上からの養子」の慣行が連綿と続けられていることが明るみに出た。「藁の上からの養子」は虚偽の嫡出子出生届に一切関与していない。また，長期間にわたり形成された親子関係が覆滅されることについて，学説から強い批判がされた。近時，最高裁は，一定の場合には，「藁の上からの養子」に対する親子関係不存在確認の訴えが権利濫用にあたり，排斥される場合があるとして，「藁の上からの養子」を保護する立場に転じた（最判平成18・7・7民集60巻6号2307頁 ◀**判例 I 3-5**▶ 〔139

頁〕）。

> **Column I 3-8**　里親制度・児童福祉法
>
> 　子どもの養育と保護（合わせて養護という）をどのように行うかについては
> さまざまな考え方がある。とくに，実親の養護に恵まれない子について，児童
> 福祉の分野では，国・社会が子の養護の仕組みを整備すべきであると考えられ
> ている。このような仕組みを「**社会的養護**」という。
>
> 　社会的養護は，「家庭的養護」と「施設養護」に分けられる。後者は，かつ
> ての孤児院，現在の乳児院や児童養護施設である。施設（建物）があり，多数
> の子がそこに入所し，子らの養護をするために大人たちが働いている場所であ
> る。前者の「家庭的養護」とは，通常の養育環境，すなわち実親子の生活に近
> い環境を子に与えようとするものである。民法上の制度である特別養子縁組と
> 児童福祉法上の制度である里親委託に代表される。施設養護の役割を否定する
> ことはできないが，家庭的環境で育つことが子にとってより望ましいと考えら
> れている。
>
> 　里親とは，家庭に子（委託児童という）を引き取って養育したいという者が，
> 都道府県知事（実際には**児童相談所**）が保護している子について，知事から委
> 託を受けて子を養育するという制度である。里親になるには事前の登録が必要
> であり，研修等を受ける必要もある。子が里親に委託されると，都道府県から
> 里親に委託費が支払われる。
>
> 　最近では，被虐待児が増加し，PTSD（心的外傷後ストレス障害）などの問題
> を抱えて委託される子が増え，里親による養育が困難になっている。そのため，
> 研修制度を充実させるなどして，被虐待児等の養育に特化した「**専門里親**」の
> 養成が進められている。
>
> 　また，実子のいない夫婦が里親になるような場合であれば，将来的に委託児
> 童との間で，普通養子縁組ないし特別養子縁組を行うことが目指されているこ
> とも多い。このような里親を養子縁組里親という。
>
> 　養子制度は民法，里親制度は児童福祉法で，法体系も異なる。また，未成年
> 者の普通養子縁組や特別養子縁組には家庭裁判所（司法）が関与するが，里親
> 制度は都道府県（行政）の管轄であり，司法と行政という垣根も存する。しか
> し，実親の養育に恵まれない子の保護という点においては，両者は連続性のあ
> る制度である。司法と福祉の連携は，往々にして順調ではないが，子の福祉の
> 実現のために，さまざまな分野の協働が求められている。
>
> 　平成28（2016）年，児童福祉法は大幅に改正され，「児童ができる限り良好
> な家庭的環境において養育される」という方針に転換し，家庭的養護の促進が

国および地方公共団体の責務とされた（児福3条の2）。また，養子縁組の相談・情報提供・援助が児童相談所の業務とされた（児福11条1項2号チ）。養子縁組の利用拡大が期待されている。また，児童相談所長が行う一時保護（児福33条）に関連して重要な改正がされている。すなわち，同所長は一時保護された児童について児童の福祉のために必要な措置をとることができ（同法33条の2第2項），親権者はその措置を妨害してはならず（同条3項），同所長は児童の生命等を守るために親権者の意に反しても第2項の必要な措置をとることができる（同条4項）とされた。従来，親権者が一時保護された児童を取り返そうとして，児童相談所と紛争になる事案が頻発したことから，これらの対応が立法化された。

　令和4（2022）年，児童相談所が親権者等の意に反して一時保護を行なう場合には，同相談所は裁判所に一時保護状を請求しなければならないとする改正がされた（児福33条3項）。従来，児童相談所自体が一時保護の要否を判断していたところ，司法審査の導入によって判断に客観性・中立性を持たせる趣旨である。同改正は令和7（2025）年6月1日に施行される。

第4節　親　　権

1 序——親権の性質

　親権は，文字通り読めば「親の権利」である。親権は，歴史的に，家長権から父権へ，父権から親権へと発展してきた。そのため，親権は子に対する親の一方的な権利であるというように，かつては理解されていた。しかし，権利は，本来的に義務を伴うものである。そして，近時では，親権の義務性がむしろ強調されるようになっている（児童約3条2項）。したがって，現在，親権は，子を適切に養育するための親の権利かつ義務であり，同時に，親から適切な養育を受ける子の権利かつ義務である，と理解すべきであろう。

　これら権利および義務が誰に対して向けられているものか，すなわち，親子間の私的な権利義務（**私的義務説**）か，国に向けられた権利義務（**公的義務説**）かについては，これもやはり両面あると解するべきであろう。なぜなら，子の養育は，大半が私的領域（家庭）で行われるものの，他方で，義務教育を提供

しているのは国であるし（憲 26 条 2 項），また，子の養育のために必要とされるさまざまな社会保障制度や社会福祉制度が国によって用意され，それらが親子によって利用されているからである。したがって，国は，子が健全な社会の構成員になるために責任を負うとともに，その責任を果たすために，子の利益を害することで，ひいては国の利益を害するような親（家庭）の親権行使に介入する権限の根拠を与えられていると考えられる。

　親権の具体的内容は，**身上監護権**（820 条）および**財産管理権**（824 条）に大別される（後述**3**・**4**）。なお，親権制度については，法制審議会において，離婚後の単独親権（後述**2**(1)(b)）を改正する方向での検討がされている。

■2 　親 権 者

　未成年者は子の父ないし母の親権に服する（818 条 1 項）。子の法的地位（嫡出子／嫡出でない子，実子／養子）によって，また，父母の法的地位（婚姻継続中，離婚後，未婚）によって，父母の誰が，どのような態様で子の親権者となるのかが変わってくる。

　なお，平成 30（2018）年の民法改正によって，成年年齢が 20 歳から 18 歳に引き下げられたので，親権の対象となるのは，18 歳に達しない子である。

(1)　嫡出子の親権者

　(a)　**共同親権**　　婚姻中の父母は共同して親権を行使するのが原則である（818 条 3 項）。これを「共同親権行使の原則」あるいは単に「**共同親権**」と称する。戦後の民法改正で，父母（＝男女）の平等を実現するために導入された規定である（憲 24 条，民 2 条）。

　父母の一方が親権喪失（834 条）や親権停止（834 条の 2），あるいは親権の辞任（837 条 1 項）などで親権を行使できないときは，例外的に，他方が単独で親権を行使する（818 条 3 項ただし書）。父母双方が親権喪失等となり親権を行使できないときは，**未成年後見**が開始する（838 条 1 号）。

　父母の一方が死亡した場合，生存している親権者が単独で親権を行使する。親権は，一身専属的な権利義務と解されており，相続や譲渡の対象にならない。

　(b)　**離婚後の単独親権**　　共同親権者である父母が協議離婚をする場合には，

父母の協議で父母の一方を親権者と定めなければならない。これを「離婚後の**単独親権**」という。離婚届の所定の欄に，父母のいずれが離婚後の単独親権者になるのかを記入しなければ，離婚届は受理されない（765条1項）。単独親権者の決定について父母の協議ないし調停が調わなければ，家庭裁判所が審判で親権者を定める（819条5項）。父母が裁判上の離婚をする場合には，裁判所が父母の一方を親権者と定める（同条2項）。

(c) **単独親権者の決定の問題点**　　上述の通り，離婚に際して単独親権者を決定しなければならないが，現在，この単独親権者を決定するための協議・調停・審判・裁判が親族法領域における最も紛争性の高い事件として，多くの困難な問題を生じさせている。

親権者は，子の養育に関し，包括的かつ広範な権限を有する。他方で，親権者とならなかった父母の一方（非親権者）は，別居している子と**面会交流**を行うとか，監護費用（**養育費**）を支払うとかいう程度の関係を持つことができるにすぎない（766条1項）。少子化で，離婚する夫婦間に1人しか子がいないことも珍しくなく，祖父母も数少ない孫との交流を維持したいと望むようになっている。また，以前と比べると，育児のための施設（保育所など）も整備されてきた。そのような事情から，離婚に際して，父母双方が離婚後の単独親権者になることを強固に主張し，離婚自体については合意できていても，親権者の決定が進まないために，離婚自体が成立しないという例も多くなっている。

(d) **決定基準**　　父母の協議・調停で親権者を決定できなければ，裁判所が決定する。裁判所が親権者を決定する基準としては，離婚後の父母それぞれが用意できる養育環境（経済状態，居住環境，養育に関与できる者の多寡など）や子の状態（保育園・幼稚園・学校への通園・通学，友人との関係など）を多面的に検討する。また，幼児については，家庭裁判所調査官が心理テストや観察を通じて，父母との適合性を調査する。15歳以上の子については，子の意見を聴取する（家事65条・169条）とされているが，実際には，小学校高学年ぐらいの子についても家庭裁判所は子の意向を聴取しているようである。

したがって，問題は，子が乳幼児の場合である。子が幼ければ幼いほど「**母親優先原則**」が働いて，母が親権者とされるのが一般的であった。しかし，母親優先原則は，**性別役割分担**を強制・固定するものとして強い批判がされてい

る。そこで，近時では，継続的で安定した養育環境に子が置かれることが望ましいとする「**継続性の原則**」が最重要視されるようになっている。とはいうものの，未成年の子のいる夫婦の離婚の約9割で，妻（母）が単独親権者となっている。

ところで，離婚時の単独親権者の決定基準として，「フレンドリーペアレントルール（friendly parent rule）」という考え方がある。非親権者と子との面会交流に寛容（フレンドリー）な者が単独親権者に相応しいと見るのである。同ルールに依拠して，子と同居していない父を単独親権者に指定した事例が現れた（千葉家松戸支判平成28・3・29判時2309号121頁）。しかし，控訴審では単独親権者の決定は総合的に判断されるべきであり，同ルールのみを過大視すべきでないとされた（東京高判平成29・1・26判時2325号78頁）。

(e) **単独親権者の変更**　子の親族は，子の利益のために必要があるときは，協議・審判で一度決定した親権者の変更を家庭裁判所に請求することができる（819条6項）。例えば，離婚時に協議で妻（母）を親権者に決めたとする。その後，親権者母が子を虐待しているとして，別居親（父）や子の親族（父方の祖父母など）が親権者を父に変更するように申し立てる。家庭裁判所は，親権者変更の必要性を調査して判断をする。現実には，一度決定された単独親権者争いの「蒸し返し」的な申立てが多く，親権紛争が激化する一因となっている。

ところで，父Aと母Bが離婚し，Bが子Cの単独親権者となった。その後，BはDと再婚し，Bの代諾で（797条1項）DとCが縁組をした。この場合，BとDがCの共同親権者となると解されている（818条2項・3項）。Aは，DがCを虐待したとして，B・DからAへの親権者変更を申し立てた。では，共同親権から単独親権への変更は認められるか。判例は，「子が実親の一方及び養親の共同親権に服する場合，民法819条6項の規定に基づき，子の親権者を他の一方の実親に変更することはできない」と解した（最決平成26・4・14民集68巻4号279頁）。このような状況は，本来的には，B・Dに対する親権喪失（834条）ないし親権停止（834条の2）によって解決されるべきであろう。

(f) **単独親権者の死亡**　離婚に際して単独親権者となった者が死亡した場合に，単独親権者とならなかった親（非親権者）が親権者になれるのかどうかについて，諸説がある。現在では，単独親権者（同居親）の死亡後に未成年者

について後見が開始されたとしても（838条1号），家庭裁判所は子の親族（別居親）の申立てに基づいて，親権者を別居親に変更することができ，すでに開始していた後見は親権者変更の審判を受けて終了すると解する説（**親権無制限回復説**）が有力となっている（佐賀家唐津支審平成22・7・16家月63巻6号103頁）。

(2)　離婚後出生子の親権者

　子の出生前に父母が離婚した場合，その子が父（夫）の子と推定されるとしても（772条），母が単独親権者となる（819条3項）。子の出生後，父母の協議または審判によって，親権者を母から父に変更することができる（同条5項）。子の親族による親権者変更の申立ても可能である（同条6項）。

(3)　嫡出でない子の親権者

　母が単独親権者となる。子の父が子を認知した場合には，認知した父と親権者である母の協議または審判によって，親権者を母から父に変更することができる（819条4項・5項）。子の親族による変更の申立ても可能である（同条6項）。

　現在，離婚後の単独親権を共同親権にすべきとする議論があり，それに呼応して，嫡出でない子についても，（認知した）父と母による共同親権とすべきではないかとの議論が起きている。

(4)　養子の親権者

(a)　**普通養子**　　未成年養子の親権者は，養親である（818条2項）。未成年者が，まず養親Aの普通養子となり，当該縁組を解消しないで，さらに養親Bの普通養子になった場合（転縁組）には，親権者もAからBに転じる。

　離婚によって単独親権となった未成年者について，単独親権者（実親）が再婚し，実親の再婚相手と未成年者が縁組した場合（「連れ子養子」という）には，実親と再婚相手（養親）が共同で親権を行使する（昭和25・9・22民甲2573号民事局長通達，最決平成26・4・14民集68巻4号279頁）。

　親権者である養父母がともに死亡した場合には，養父母の死亡によって養親子関係が当然に終了するわけではないので，実父母の親権は回復せず，未成年後見が開始するというのが多数説である。したがって，養父母と離縁し，養親

子関係が終了した場合には，実父母の親権が回復するものと解される。

　(b)　**特別養子**　普通養子と同じで，特別養子縁組の養親が親権者となる（818条2項）。養父母がともに死亡した場合には，実父母との法的親子関係は終了（断絶）しているので，未成年後見が開始する。離縁の場合には，離縁の前提として，実父母による監護が要求されていることから（817条の10第1項2号），実父母の親権が回復する。

(5)　親権代行者

　親権を行う者（A）は，Aの親権に服する未成年の子（B）に代わって，Bの未成年の子（C）に対して親権を行使する。すなわち，未成年者Cに対する親権をCの親Bに代わって，Bの親Aが行使するので，このAを**親権代行者**という（833条）。これは，Bが未成年で子Cをもうけたような事態を想定している。親権は，財産管理を含む包括的な代理権であるから，行為能力に欠ける未成年者を親権者にすることは，そのような者の親権に服する子の福祉に反するからである。この場合，Aは法律上当然に親権代行者になるものとされており，親権代行者の地位を他人に譲渡したり，拒絶したりすることはできない。

3　親権の内容1──身上監護権

(1)　監護・教育──身上監護

　親権者は，子の利益のために子の監護および教育をする権利を有し，義務を負う（820条）。

　監護とは，子に衣食住等を与え，子を養育することである。また，子が病気になったりした場合には受診させたり，病気予防のために必要な指導を行うなど，子が成長する上で必要な一切の行為を含んでいる。

　教育とは，家庭教育・学校教育を問わず，子の知育・徳育・体育など，子の成育に必要な教育を子に施すことである。

　子を養育する上で，監護と教育は，そもそも不可分であるし，両者の境界が厳然と分けられるわけでもない。そこで，両者をとくに分けることなく，統合して「**身上監護（権）**」と称することが多い。身上監護「権」といっても，義務としての要素が多分に存することは当然である。

　身上監護権の内容は多岐にわたると解されるところ，民法が具体的に定めているのは居所の指定（822条）と職業の許可（823条）のみである（(3)(4)）。しかし，これら以外にも身上監護権に含まれると解される態様がある（(5)）。以下では，それらの説明の前に，令和4（2022）年の親権制度の改正を紹介する。

(2)　令和4年改正──懲戒の削除

　令和4（2022）年改正前の822条において，親権者は子を懲戒することができると定められていた（懲戒権）。懲戒には，体罰が含まれると解される（学教11条参照）。

　児童虐待の事案において（　Column I 3-10　〔199頁〕），しばしば，子に対する「しつけ」のための体罰＝懲戒であって虐待にはあたらない，また，民法は子に対する体罰＝懲戒を許容しているというように，改正前822条が虐待を正当化するための口実に用いられてしまっていた。そこで，先行して，令和元（2019）年に児童虐待防止法14条を改正して，「しつけ」に際しての体罰を禁止した。

　そして，令和4年の民法改正で改正前822条を削除するとともに，改正後821条において，親権者は，子の監護教育（820条）に際して子の人格を尊重するとともに，子の年齢・発達の程度に配慮しなければならないこと，かつ，体罰その他の子の心身の健全な発達に有害な影響を及ぼす言動をしてはならないことが明記された。この民法改正に連動して児童虐待防止法14条1項が再度改正され，改正後821条と同趣旨の規定とされた。なお，これらの改正は，改正法の公布日（令和4年12月16日）に施行されている。

(3)　居 所 指 定

　子は親権者の指定した場所に居所を定めなければならない（822条：令和4年改正前は821条）。居所指定権と呼ばれる。ほとんどの場合，親権者と子は同居しているだろうから，本条が問題になるのは，親権者と子が居所を異にする場合である。例えば，離婚の際の父母の協議により，父を子の親権者（819条1項），母を子の監護者（766条1項）と定めたような場合には，父が母の居所に子の居所を定めたと見ることができる。また，親権者が全寮制の教育機関に子

を入学させたような場合には，寮に子の居所を定めたことになるだろう。なお，第三者の関与によって子が指定された居所に居住できないなどの場合には妨害排除請求や子の引渡請求の問題となる。

(4) 職業許可

子は，職業を営むには親権者の許可を得なければならない（823条1項）。職業許可権と呼ばれる。職業は，営業（6条1項）よりも広い概念であり，営業が営利を目的とするのに対して，営利を目的としない職業を含む趣旨である。もっとも，営利性のまったくない職業は今日稀である（修行僧や修道士，純粋なボランティア活動がこれに該当するだろうか）。親権者は，未成年者および営業ないし職業の相手方（顧客等）の保護のために，職業・営業を許された未成年者について，職業・営業に堪えない事由がある場合には，許可を取り消したり，制限したりすることができる（823条2項・6条2項）。

義務教育期間にある未成年者は，原則として労働が許されない（労基56条）。中学校を卒業した未成年者が働き始める場合には，職業ないし営業の許可が必要となるが，許可は明示黙示を問わないと解されている。

(5) 他の身上監護権の態様

身上監護権は子の養育のための包括的な権利義務であるから，子の養育に必要な各種の行為が身上監護権には含まれると解されている。

(a) **命名権**　親権者は子に名を付ける権利を有する。命名権という。明文の規定は存在しないし，命名権が誰の権利かについては諸説があるものの，子の出生の届出は親権者の義務とされており（戸52条），出生の届出には子の名が記載され，子が自分で命名することはありえないから，基本的には親権者の権利義務と解するほかないであろう。

では，親権者が命名権を濫用して，社会通念に照らして子に不適切な命名を行ったらどうなるであろうか。この問題に関し，**「悪魔ちゃん事件」**と呼ばれる著名な裁判例がある。親権者である父は，出生した男児に「悪魔」と命名して出生の届出をした。市役所は違法な名に当たるとして，一度した戸籍の記載を抹消し，父に対して別な名で届出をするように求めた。父が市役所のした抹

消処分を不当として不服申立てを行った。裁判所は，「悪魔」という命名を不適法と評価したものの，抹消処分を不当として父の不服申立てを認容した（東京家八王子支審平成 6・1・31 判時 1486 号 56 頁）。

　また，名に使用できる漢字をめぐる争いも少なくない。名に使用できる文字は，常用平易なものとされ（戸 50 条），具体的には戸籍法施行規則 60 条で文字の範囲が限定されている。子の両親が子に「曽」という文字を含む命名をして届け出たところ，出生届が受理されないという事件があった。最高裁は，当該文字が常用平易であると解して，当該文字の使用を認めた（最決平成 15・12・25 民集 57 巻 11 号 2562 頁）。

　ところで，従来から，氏名の読み方（読み仮名）については，法令の定めが存在しなかった。社会のデジタル化を推進するなどの目的から，令和 5（2023）年の戸籍法改正で「氏名の振り仮名」が記載事項とされるとともに（戸 13 条 1 項 2 号），その「読み方は，氏名として用いられる文字の読み方として一般に認められているものでなければならない」との規律が設けられた（同条 2 項）。

　(b)　**子の引渡請求**　　意思能力のある未成年者が自らの意思で親権者の居所指定などに応じず，親権の行使が行えない場合には，親権者による「しつけ」や（児童虐待 14 条 1 項），少年法の問題になろう（少 3 条 1 項 3 号イ・ロ参照）。少なくとも，親権者が未成年者を相手方として強制執行を求めるというような手続が行われることはない。

　しばしば問題になるのは，親権者でもなく，正当な監護権も有しない第三者が，未成年者を養育したり，支配下に置いたりする場合である。明文規定は存在しないが，判例は，このような事態を親権行使に対する妨害であるとし，親権者から第三者に対する**妨害排除請求**を認容する（最判昭和 38・9・17 民集 17 巻 8 号 968 頁）。なお，子の引渡請求を認める判決は，居住移転の自由（憲 22 条）の侵害にはならないとされる（最判昭和 35・3・15 民集 14 巻 3 号 430 頁）。

　近時，離婚後の単独親権者（父）が非親権者（母）に対して，子の引渡しを求めたところ，親権に基づく妨害排除請求としての子の引渡しが合理的な理由を欠くとして，否定した事案が現れた（最決平成 29・12・5 民集 71 巻 10 号 1803 頁）。

　また，民法上の妨害排除請求によらず，戦後に立法された**人身保護法**によって子の身柄の回復を求めることも広く行われてきた。しかし，**人身保護請求**の

安易な利用について反省がされるに至り，現在では，子の引渡請求に人身保護手続が用いられる例は激減している（婚姻中の夫婦間における子の引渡請求は人身保護手続ではなく家庭裁判所の諸手続によるべきだとした最判平成5・10・19民集47巻8号5099頁の可部恒雄裁判官の補足意見が影響している）。その後，離婚前の共同親権者間の子に関する人身保護請求につき，同請求が認容されるのは，「他方の配偶者に監護されることが一方の配偶者による監護に比べて子の幸福に反することが明白である」場合（明白性の要件）とされ（最判平成6・4・26民集48巻3号992頁），同請求の利用はさらに難易度が高まった。

　典型的な紛争として，離婚後，非親権者が子を養育し，親権者からの子の引渡請求に応じない場合がある。親権者からの妨害排除請求（子の引渡請求）は原則的に認容されることになるが，その実現方法については，さまざまな考え方があった。執行官が子の身柄を確保する，いわゆる**直接強制**を肯定する説が有力であったものの，子を動産と同じように取り扱うことに対する忌避感から直接強制を否定し，**間接強制**によるべきだとする説も根強く主張されていた。近時の実務では，直接強制を認める傾向が強まっていた（7歳9か月の小学生について，路上で強制執行した東京地立川支決平成21・4・28家月61巻11号80頁）。

　この問題については，令和元（2019）年に民事執行法が改正され，「子の引渡しの強制執行」が明文化されるに至った（民執174条）。同条1項1号では直接強制が，同項2号では間接強制が規定され，さらに，子の引渡しの強制執行に際しての執行官の権限等（民執175条），執行裁判所および執行官の責務（民執176条）といった規律も新設された。

　間接強制に関連して，以下のような事件があった。別居している夫婦について，家裁が妻を子らの監護者に指定したものの，夫と同居する子が執行官による直接強制を拒絶した。妻が夫に間接強制を求めたところ，最高裁は，夫が子の引渡しを実現するために可能な行為を想定できないとして，妻の間接強制の申立てが権利濫用に当たるとした（最決平成31・4・26判時2425号10頁）。反対に，間接強制の申立てが権利濫用に当たらないとした事案もある（最決令和4・11・30判時2561・2562合併号69頁）。

　(c)　**面会交流**　　離婚の際に子の親権者にならなかった父母（非親権者）で，子と別居している父母（別居親）は，子と面会交流ができる（766条1項）。面会

交流の法的性質については諸説あるが，非親権者ないし別居親の権利と解する立場が有力である。もっとも，面会交流は，子の健全な成育のために必要なものであると考えられており，したがって，子の福祉に反するような面会交流は許されないと解されている。このように，子の福祉を根拠にすれば，親権者が，子の福祉に役立つ面会交流を実施したり，別居親からの面会交流の要望に応じたりすることは，まさに身上監護権の一機能といえる。そして，面会交流は，離婚後の父母だけでなく，離婚前・別居中の父母についても 766 条の類推適用により認められると解されている（最決平成 12・5・1 民集 54 巻 5 号 1607 頁〈判例 I 2-13〉〔108 頁〕）。

　なお，面会交流は父母と子の間におけるものとされており，例えば祖父母と子（＝孫）の間や兄弟姉妹間の交流については，明文規定を欠くことから，可否について見解が分かれていたところ，近時，最高裁は父母以外の第三者（祖父母）による面会交流の申立てを明確に否定した（最決令和 3・3・29 判時 2535 号 29 頁。 Column I 2-9 〔106 頁〕）。

　(d)　身分行為に関する事項　　親権に服している未成年の子が普通養子縁組・認知といった身分行為をすることがある。これらの行為と親権者の身上監護権の関係が問題となる。

　未成年者が養子となる普通養子縁組については，子が 15 歳未満であれば法定代理人（親権者・未成年後見人）の代諾が必要であり，子が自ら縁組するためには 15 歳以上でなければならない（797 条 1 項）。両親の離婚によって未成年者の父が親権者，母が監護者になっているというように，親権者と監護者が分裂していることがある。このような状況で，法定代理人（＝親権者である父）が未成年者の縁組について代諾をしようとする場合には，監護者である母の同意が必要である（同条 2 項前段）。また，父母の一方または双方が親権停止中であるときでも（834 条の 2），当該父母の同意が必要である（797 条 2 項後段）。そして，未成年者が養子となる場合には，原則として家庭裁判所の許可を要する（798 条本文）。離縁については，養子が 15 歳未満であるときは，離縁後に法定代理人（＝親権者＝実親）となるものが，子に代わって協議の当事者となる（811 条 2 項）。

　未成年者が子を**認知**する場合には，法定代理人（＝親権者）の同意は不要で

あり（780条），未成年者の年齢にかかわらず，認知をすることができる。この場合，未成年者には認知の意味を理解できる程度の意思能力が必要である。認知は代理になじまない行為であるので，未成年者と出生子との間の自然的血縁関係の存在が明確であったとしても，法定代理人による認知は許されない。

> **Column I 3-9　ハーグ条約**
>
> 「国際的な子の奪取の民事上の側面に関する条約」のことである。
>
> 　国際結婚が増加した結果，別居あるいは離婚によって居住国を異にすることとなった（元）夫婦＝父母間で，国際的な子の取り合いが増加するようになった。そこで，1980年に国際機関である「**ハーグ国際私法会議**」が本条約を起草した。ごく簡単に要点を説明すると，条約締結国は国内法で離婚紛争中や離婚後に紛争当事者間の合意や裁判所の許可なく子を連れ去ることを禁止しなければならず，子がA国からB国に連れ去られた場合で両国が条約締結国であれば，B国の「**中央当局**」は子をA国に返還する義務を負う。例えば，米国人夫と日本人妻が米国で離婚裁判の係属中に，妻が子を日本に勝手に連れ帰ったような場合，日本の中央当局（外務大臣）は，子を米国に返還する義務を負うのである。
>
> 　平成25（2013）年，わが国が条約を締結するための前提として，「国際的な子の奪取の民事上の側面に関する条約の実施に関する法律」（条約実施法）が制定された。そして，平成26（2014）年1月，日本政府は同条約に署名し，同年4月1日，わが国で同条約が発効した。以後，同条約の実施状況が年度ごとに公表されている（法務省・外務省「国際的な子の奪取の民事上の側面に関する条約の実施に関する法律の実施状況について」）。
>
> 　また，ハーグ条約関連の裁判例も数多く公表されている。
>
> 　例えば，条約実施法に基づく子の返還を命じた終局決定が確定したものの，子が返還されることを拒否して直接強制が奏功しなかった事案がある。最高裁は事情変更によって終局決定を維持することが不当となったと認めて同決定を変更し，子は返還されないこととなった（最決平成29・12・21判時2372号16頁）。また，条約実施法に基づく子の返還を命じた終局決定が確定したものの，子の返還が行われなかったため，人身保護請求がされた事案で，最高裁は，条約実施法に基づいて返還の終局決定が確定している場合には，子を引き渡さない親による監護は人身保護法上の違法な拘束に当たるとした（最判平成30・3・15民集72巻1号17頁）。なお，令和元（2019）年には，条約実施法に基づく子の返還の強制執行（子奪取134条以下）の実効性を向上させるための改正が行われた。

4 親権の内容2 ── 財産管理権

親権者は，未成年者の財産を管理し，その財産に関し契約などの法律行為について未成年者を**代表**する（824条本文）。「代表」とは包括的な代理権を意味する。未成年者が親権者による管理を必要とするほどの財産を有するに至る事態はそれほど多くないと思われる。例えば，未成年者が交通事故の被害者になり未成年者に対して損害賠償金の支払がされたとか，祖父母による生前贈与や遺贈などで未成年者が財産を取得したとか，父母が死亡したことで未成年者が損害賠償請求権を相続したり生命保険金を取得するような場合が考えられる。

824条ただし書は，親権者が未成年者に代わる労働契約等の締結を制限する趣旨である。ただし，親権者による労働契約の締結は労働基準法で禁止されているので（労基58条1項），今日ではまず問題とならない。

(1) 財産管理の態様

親権者は，未成年者の財産管理および財産に関する法律行為について包括的かつ広範な権限を有する。例えば，未成年者の所有する不動産の賃貸や売却を親権者はほぼ自由に行うことができる。他人の財産の管理であるが，親権者に善管注意義務（644条）は要求されておらず，自己の財産に対するのと同一の注意義務（827条）しか法定されていない。不適当な管理の結果，未成年者の利益を害するときは，財産管理権の喪失事由となり（835条），未成年者から親権者に対する損害賠償請求も可能と解されている（709条）。また，親権者と未成年者の利益が相反する行為を親権者が行う場合には，家庭裁判所の関与が必要となる（826条。後述(2)）。

共同親権の場合には，父母は共同で未成年者の財産に関する法律行為を行う。父母の一方のみが共同の名義で法律行為をしても原則的に有効な行為となり，法律行為の相手方が悪意である場合にのみ無効にすることができる（825条）。父母の一方が勝手に単独名義で法律行為をした場合には，表見代理（110条）の類推適用の問題となる。

(a) 財産管理の終了　　子の成年到達により財産管理は終了する。財産管理や法律行為の代表には，費用を要する場合もあるが，親権者は，未成年者の養

育に要した費用と財産管理費用を合わせて，未成年者の財産の収益と相殺することが許されている。つまり，財産管理によって収益が生じた場合には，親権者はその収益の収受をしてよい（828条）。子の養育に要する費用の出捐は，親権者（父母）の本質的な義務であることから，養育費用と収益の相殺を許す本条については批判が強い。なお，親権者は管理に関し報酬を請求できない。また，委任契約終了時の応急義務等が準用される（831条）。元親権者と元未成年者の間に生じていた債権については，管理権消滅時から原則5年で時効消滅する（832条）。

(b)　**第三者が無償で未成年者に与えた財産**　　例えば，祖父母が孫に財産を生前贈与や遺贈する際に，当該財産について親権者に管理させない意思を贈与契約書や遺言で表示していたときは，親権者でなく，祖父母に指定された管理者，あるいは家庭裁判所によって選任された管理者が当該財産の管理を行う（830条・829条）。

(2)　利益相反行為

(a)　**利益相反の意味**　　親権者と未成年者の利益が相反する行為を親権者が行う場合には，親権者は未成年者のために**特別代理人**を選任するよう，家庭裁判所に申し立てなければならない（826条，家事別表第一65項）。つまり，親権者と特別代理人との間で行為が行われるようにしなければならないのである。

利益相反行為の典型は，親権者が未成年者の所有する不動産を購入する，親権者が所有する不動産を未成年者に売却するというものである。なぜなら，購入について親権者は低価格を望み，未成年者は高価格を望むはずであるし，売却については反対に親権者は高価格を望み，未成年者は低価格を望むはずだからである。したがって，対価性のある行為については，ほぼ，利益相反の問題が生じると考えられる。もっとも上記のような，単純な事例は現実には少ない。実際には，親権者が未成年者を代理して，未成年者に何らかの債務・義務を負担させるような法律行為が行われることが多い。そのような場合には，直接的に親権者と未成年者との利益相反とは見えないため，後述(b)における理論的対立が生じる。

また，利益相反が問題となる類型には，「親権者―未成年者」間だけではな

く（826 条 1 項），同一の親権者の親権に服する「未成年者―未成年者」間とい
うケースも少なからず存在する（同条 2 項）。

(b) **利益相反の一般的基準**　　判例は，①親権者が親権者の用途のために子
を代理して金銭を借り入れ，子名義の不動産に担保権を設定する場合には，民
法 826 条の利益相反に該当しないが，②親権者が子の養育費に充当するために
債務者として金銭を借り入れ，子名義の不動産に担保権を設定した場合には，
同条の利益相反行為に該当すると解する（最判昭和 37・10・2 民集 16 巻 10 号
2059 頁）。

①では，債権者（第三者）と債務者（子）が金銭消費貸借契約および抵当権
設定契約の当事者であり，親権者と子の間には，契約上の法律関係は存在しな
い。契約の外形上，親権者は登場しない。しかし，②では，債権者（第三者）
と債務者（親権者）が金銭消費貸借契約の当事者であり，債権者＝抵当権者
（第三者）と抵当権設定者（子）が抵当権設定契約の当事者であって，契約の外
形上，親権者が登場する。すなわち，前掲最判昭和 37・10・2 は，利益相反の
判断に際しては，親権者の「意図」を問題とせず，行為（契約）の外形から利
益相反に該当するか否かを判断するとした。このような解釈を**外形説（形式的
判断説）**という。そして，判例は，「民法 826 条にいう利益相反行為に該当す
るかどうかは，親権者が子を代理してなした行為自体を外形的客観的に考察し
て判定すべきであって，当該代理行為をなすについての親権者の動機，意図を
もって判定すべきでない」と判示し（最判昭和 42・4・18 民集 21 巻 3 号 671 頁），
上記解釈を敷衍した（判例の立場では，親権者の動機・意図は代理権濫用〔107 条〕
の問題となる）。

判例の採る外形説に対して，有力な学説として，**実質説（実質的判断説）**があ
る。実質説は，行為（契約）の動機・目的，行為が惹起する結果などを実質的
に考慮して，利益相反行為に該当するか否かを判断すべきと解する。したがっ
て，実質説によるならば，前掲最判昭和 37・10・2 の①は，利益相反に該当す
るであろう（判例の立場では，①は利益相反ではなく代理権濫用の問題となる）。

それでは，以下，利益相反の有無が問題となった代表的な事例を通じて，個
別具体的な利益相反の実態を見ることにする。

(c) **利益相反行為の態様 1 ── 連帯保証**　　事実関係は次のようなものである。

親権者と未成年者が不動産を共有していた。親権者は，知人の債務の連帯保証人になるとともに，未成年者についても代理して連帯保証契約を締結した。また，共有不動産についても，全部につき抵当権を設定し，物上保証に供した。その後，抵当権が実行され，共有不動産が競落された。未成年者は競落人を被告にして，競落人による所有権移転登記の抹消等を求めた。裁判所は，親権者による無権代理行為を認定し，未成年者の持分に相当する登記の抹消を命じた（最判昭和43・10・8民集22巻10号2172頁）。

　(d)　**利益相反行為の態様2──遺産分割**　　相続に関する事件である。父が死亡し，母が未成年の子らの単独親権者となった。成年の長兄と未成年の弟妹（原告ら）の親権者（＝母）との間で，全遺産を長兄に取得させる旨の遺産分割協議が行われた。未成年者は遺産分割協議に参加できず，未成年者各人を個々に代理する者もいなかった。成年に達した原告らは，親権者の行為は利益相反にあたり，遺産分割協議が無効であると主張した。裁判所は，1人の親権者が未成年者全員を代理したことを捉え，未成年者各自に特別代理人が必要であったとして，原告らの請求を認容した（最判昭和49・7・22家月27巻2号69頁）。

　(e)　**利益相反行為の態様3──相続放棄**　　ある相続について，親権者と未成年の子ABの3名が共同相続人の場合で考えてみる。親権者が，自ら相続放棄をした後に法定代理人として未成年者全員について相続放棄をした場合，あるいは3名分の放棄を同時にした場合には，利益相反行為とならない（未成年後見人の利益相反行為に関する最判昭和53・2・24民集32巻1号98頁参照）。親権者が相続放棄をせず，AB両名について相続放棄をした場合には明らかな利益相反行為である（826条1項）。親権者が相続放棄をせず，Aについてのみ相続放棄をし，Bについて相続放棄をしない場合には，親権者の相続分は増加しないが，AB間で利益相反が生じる（同条2項）。親権者が自らとAについて相続放棄をし，Bについて相続放棄をしない場合も，同様である。

　(f)　**利益相反行為の態様4──代物弁済**　　未成年者の所有財産の処分に関する事案である。親権者父は自らの債務の弁済のために，親権者母と共に未成年者を代理して，未成年者の所有する不動産を債務の代物弁済として譲渡した。利益相反行為は認められたが，特別代理人の選任方法について解釈が分かれた。判例は，このような場合には，利益相反の関係にある親権者父に代わって特別

代理人を選任し，特別代理人と利益相反の関係にない親権者母が共同して代理
行為をしていれば，適法な代理行為となりえたと解した（最判昭和35・2・25民
集14巻2号279頁）。

(g)　**利益相反行為の態様5──物上保証**　相続によって未成年者が財産を
取得したことが発端となった事件である。父の死亡により未成年者が土地を相
続した。親権者母は，義理の弟の依頼で，弟が経営する会社のために，未成年
者を代理して同土地に根抵当権を設定した。成年に達した未成年者が代理権の
濫用を主張して根抵当権の抹消を求めた。最高裁は，「親権者が子を代理して
子の所有する不動産を第三者の債務の担保に供する行為は，利益相反行為に当
たらない」とした。しかし，当該行為が，「子の利益を無視して自己又は第三
者の利益を図ることのみを目的としてされるなど，親権者に子を代理する権限
を授与した法の趣旨に著しく反すると認められる特段の事情が存しない限り，
親権者による代理権の濫用に当たると解することはできない」との解釈を示し
た。そして，当該事案の結論として，「親権者が子を代理して子の所有する不
動産を第三者の債務の担保に供する行為について，それが子自身に経済的利益
をもたらすものでないことから直ちに第三者の利益のみを図るものとして親権
者による代理権の濫用に当たると解するのは相当でない」とした（最判平成4・
12・10民集46巻9号2727頁）。

(h)　**特別代理人**　利益相反行為に該当する場合には，親権者は未成年者を
代理することができないので，親権者が家庭裁判所に未成年者のために特別代
理人の選任を申し立てなければならない（826条1項，家事別表第一65項）。特別
代理人については，とくに資格要件等が定められていない。ほとんどの場合，
選任申立時に，申立人（＝親権者）が特別代理人の候補者として挙げた未成年
者の親族等が特別代理人に選任されていると言われている。要するに，未成年
者の財産を保護するための実効性のある制度とはなっていない。そのため，特
別代理人に選任された者と未成年者との間の利益相反も問題となることがある。
その場合には，判例は特別代理人についても826条1項が類推適用されると解
している（最判昭和57・11・18民集36巻11号2274頁）。

親権者と未成年者ABの利益がそれぞれ相反する場合には，ABそれぞれに
ついて別の特別代理人を選任する必要がある（826条1項）。また，未成年者A

と未成年者 B の利益が相反する場合には，親権者が一方の子（A）の代理人となり，他方の子（B）について特別代理人を選任しなければならない（同条2項）。

　なお，未成年者の親族に特別代理人として適切な者がいないような場合，家庭裁判所は，弁護士等を特別代理人に選任する。遺産分割事件で未成年者の特別代理人となった弁護士に対して，未成年者が，成年に達した後，損害賠償請求をしたという事件で，特別代理人の善管注意義務（644条，旧家審16条）を肯定した裁判例がある（広島高判平成23・8・25判時2146号53頁）。

　（i）　**利益相反の効果**　　特別代理人が選任されないまま，利益相反行為が行われた場合については，明文の規定を欠くことから解釈に委ねられている。古くは，当然無効と解されていたが，今日では，**無権代理行為**の一態様と解されており，本人（＝未成年者）が成年に達した後に，**追認**（113条）をするか，追認をしない場合には**無権代理人の責任**（117条）の問題となる。

5　親権・財産管理権の濫用・制限

　子の利益（820条）のために親権を適切に行使しない父母について，親権者の地位を剥奪する**親権喪失**（834条），2年を上限に親権者の地位を停止する**親権停止**（834条の2），財産管理権のみを剥奪する**管理権喪失**（835条）という親権の3つの制限方法がある。

　なお，平成23（2011）年の改正を契機に，毎年，親権喪失などの事件の概況が公表されるようになった。

図表 I 3-2　親権喪失・親権停止・管理権喪失の件数

年	平成23（2011）	平成24（2012）	平成29（2017）	令和4（2022）
親権喪失	（改正前＝親権喪失＋管理権喪失）119	111	118	81
親権停止		120	250	165
管理権喪失		6	4	9

最高裁判所事務総局家庭局「親権制限事件及び児童福祉法に規定する事件の概況」による。
平成24年は4月～12月，令和4年は速報値。

(1)　親　権　喪　失

子，子の親族，未成年後見人，未成年後見監督人，検察官，児童相談所長

（児福33条の7）が申立権者である。これらの者は，父母による子の虐待・悪意の遺棄や，父母の親権行使が著しく困難・不適当であり子の利益を著しく害するときは，家庭裁判所に親権喪失の審判を申し立て（家事別表第一67項），家庭裁判所は親権喪失の審判をすることができる。ただし，原因が2年以内に消滅する見込みがあるときは，家庭裁判所は審判をすることができない（834条）。平成23（2011）年の改正で申立権者が拡大され，要件も大きく変更された。

　同年の改正前は，申立権者が限定され，申立て自体に制約があった。また，児童虐待の増加を受けて，親権喪失が申し立てられるケースは増えていたが，親権全てを剥奪する制度であるため，子どもの利益を相当ひどく害する事案（東京家八王子支審昭和54・5・16家月32巻1号166頁）でなければ，親権喪失が認められることは稀で，親権喪失を認容する審判は年に数件程度にすぎなかった。しかし，改正後は，機動的に親権喪失手続が行われるようになっている。

　親権喪失審判がされると，その旨が子の戸籍に記載される。そして，同審判によって親権者がいなくなれば，未成年後見が開始する（838条1号）。また，親権喪失の原因が消滅したときは，親権喪失審判を受けた本人またはその親族は家庭裁判所に同審判の取消しを求めることができる（836条，家事別表第一68項）。なお，親権喪失の審判がされると，当該親権者は親権者として，身上監護権・財産管理権を一切行使できなくなる。しかし，法律上の親子関係は存続しているので，相互に扶養義務（877条）があり，また，子が親権者をあるいは親権者が子を相続したりすることは可能である。

(2)　親 権 停 止

　平成23（2011）年の改正で，834条の2として新たに創設された制度である。親権喪失制度は，上述のように従来から存在したが，喪失か否かの選択肢しか存在せず，使い勝手が悪かった。そこで，親権停止，すなわち親権の一時的な喪失という制度の必要性が意識されるようになった。

　申立権者は親権喪失と同様，子，子の親族，未成年後見人，未成年後見監督人，検察官，児童相談所長（児福33条の7）である。これらの者は，父母による親権行使が困難・不適当なため子の利益を害するときは，家庭裁判所に親権停止の審判を申し立て（家事別表第一67項），家庭裁判所は，親権停止の原因が

消滅すると見込まれる期間につき，子の状態・状況など一切の事情を考慮したうえで，2年を超えない範囲内で親権者の親権を停止することができる（認容例として，東京高決令和元・6・28判時2491号3頁がある）。未成年後見の開始（838条1号），停止審判の取消し（836条）の手続，法律上の親子関係の存続などは，親権喪失と同様である。

(3) 管理権喪失

　親権喪失・親権停止が包括的に親権を喪失・停止させるのに対して，財産管理権喪失は，親権のうち財産管理権のみを喪失させる制度である（835条）。申立権者は親権喪失・親権停止と同様，子，子の親族，未成年後見人，未成年後見監督人，検察官，児童相談所長（児福33条の7）である。これらの者は，父母による財産管理権の行使が困難・不適当なため子の利益を害するときは，家庭裁判所に管理権喪失の審判を申し立て（家事別表第一67項），家庭裁判所は親権者の管理権を喪失させることができる。困難・不適当については，明確な基準が存在しないので，個別具体的に判断する（高松家審平成20・1・24家月62巻8号89頁参照）。管理権のみの喪失であるから，管理権者でなくなった親権者は引き続き身上監護権を行使する。管理権喪失審判の取消し（836条）の手続は親権喪失・停止と同様である。

　なお，親権を行使する父母について破産手続が開始された場合には，その父母は財産管理権を喪失する（破61条）。しかし，現実には，父母について破産手続開始決定がされたからといって，財産管理権の喪失手続がつねに行われるわけではない。父母が破産手続開始決定を受けるような場合に，その父母の子が父母による管理を必要とするほどの財産を有していることは，ほとんどないと思われる。

(4) 親権・財産管理権の辞任・回復

　親権または財産管理権を行使する父母は，やむをえない事由があるときは，家庭裁判所の許可を得て，親権または財産管理権を辞することができる（837条1項）。やむをえない事由としては，父母の病気・長期間の海外渡航・服役などが考えられる。やはり，個別具体的な事情に即して，家庭裁判所が辞任の

可否を判断する。辞任の事由が消滅したときは，辞任した父母は，家庭裁判所の許可を得て，親権または財産管理権を回復することができる（同条2項）。

Column I 3-10 児童虐待防止法

親ないし大人による子どもの虐待は時代・地域を問わずに存在する。

子どもの人権が意識されるにつれて，「しつけ」や「懲戒」の名の下に行われていた行為が，「暴力」「虐待」「子どもに対する権利侵害」と見られるようになった。国連は，1959年に「児童に関する宣言」を，1989年に「児童の権利に関する条約」を制定した。同条約3条は，「子の最善の利益（the best interest of the child）」の確保を最重要の命題として掲げている。

わが国は，平成6（1994）年に同条約を批准したが，国内法の整備をとくにしなかった。しかし，虐待によって幼い子どもが命を落とす痛ましい事件の続発を受けて，平成12（2000）年に児童虐待の防止等に関する法律（児童虐待防止法）が議員立法によって成立した。当初の立法の目的は，危険にさらされている被虐待児を，とにかく虐待者から引き離すという**「危機介入」**であった。ちなみに，虐待とは身体的虐待・性的虐待・保護の懈怠（ネグレクト）・心理的虐待であると定義された（児童虐待2条）。

その後，虐待に対する知見が深まるにつれて，同法は，平成16（2004）年に改正された。この改正の目的は，虐待によって壊れた親子関係・家族関係の**「再統合」**と，虐待から保護された子が社会で生きていくための**「自立支援」**であった。

同法の制定・改正を経て，虐待に対する社会の関心が高まり，虐待の相談件数や通報件数は飛躍的に増加した。ところが，子どもが死亡する悲惨な事件は一向に減少せず，むしろ増加した。そこで，平成19（2007）年に，再び同法は改正された。この改正の目的は，虐待が疑われる場合に，一定の手続を経て，住居等に強制的捜査を行う**「臨検」**であった（児童虐待9条の3）。その後も，同法や児童福祉法の改正が頻繁に行われている（ Column I 3-8 〔178頁〕参照）。

この間，民法は，本文中にも述べたように，平成23（2011）年に親権喪失・停止・管理権喪失制度の改正を行い，また，令和4（2022）年に懲戒（権）の規定を削除した（改正前822条）。

少子化の進展にもかかわらず，児童虐待は増加を続けており（子ども家庭庁「令和4年度 児童相談所における児童虐待相談対応件数（速報値）」参照），有効性のある取組みが引き続き求められている。

6 親権の終了

親権の終了を明確に規定した条文は存在しない。しかし，以下の事態に至れば，親権は終了する。

(1)　子の成年到達　　親権に服していた未成年者は，18歳に達すると成年者になり（4条），これにより，当然，親権の対象外になる。仮に，子が重度の身体障害等により成年到達後も父母による保護を必要とするようであれば，成年到達直前に成年後見（7条）を開始しておくことで，未成年のうちは親権により，成年到達後は成年後見により，子の保護を図ることができる。

(2)　親権者の死亡・親権喪失等　　親権を行う父母の死亡や，父母の親権喪失（834条），親権の停止（834条の2），親権の辞任（837条）などにより，未成年者に対して親権を行う者が皆無となった場合には，父母の親権行使は終了し，未成年後見が開始する（838条）。未成年後見人は，親権を行う者と同一の権利義務を有する（857条・859条）。

(3)　未成年者の死亡　　親権に服している未成年者が死亡すれば，当然，親権は終了する。

(4)　成年後見　　明文の規定は存しないが，親権者が成年被後見人とされた場合には（8条），親権者としての職務を果たしえないとして，親権者の地位を失うと解されている。したがって，親権は終了する。親権者が被保佐人とされた場合について（12条），親権者の地位を失うと解するかどうかについては，議論がある。親権者が被補助人とされた場合では（16条），親権者の地位を失わせる必要性は乏しいであろう。実際には，成年後見等を原因として，親権者の地位を失わせるような手続が存在しないため，立法的な課題である。

(5)　親権代行者の場合　　親権代行者（A）が死亡した場合，未成年後見人（A'）が選任され（838条1号），未成年者Bについて未成年後見を開始し，Bの子CについてもA'が親権を代行する（833条・867条）。

未成年者Bが死亡した場合には，代行の前提が欠けることになるため，親権代行は終了し，子Cについて未成年後見人を選任して未成年後見を開始する。

第**4**章
後見・保佐・補助

第 1 節　序──制限行為能力者制度
第 2 節　未成年後見
第 3 節　成年後見・保佐・補助

制限行為能力者制度のうちの，未成年後見および成年後見・保佐・補助について概説する。民法総則の行為能力（4 条～21 条）でも論じられるので，民法総則のテキストも参照するとよい。総則はもっぱら取引の観点から，親族法はもっぱら弱者保護の観点から問題を析出する。

第 1 節　序──制限行為能力者制度

　民法はすべての人を平等な存在として扱う（権利能力平等の原則：3 条 1 項）。しかし，現実の社会には，乳幼児・知的障害者・認知症高齢者など，意思能力（3 条の 2）に問題を有する者がいる。これらの者に対しても，形式的な平等を貫徹し，何らの制限を設けずに取引に参加させ，法律行為（主に契約）の当事者とするならば，これらの者が，意思能力の欠如・不足により，不利な契約を締結させられ，財産を収奪される可能性が高い。しかし，弱者に付け込むような取引は，民法が許容するものではない。

　意思無能力者がした法律行為は，無効である（3 条の 2）。とはいえ，人の意思能力は，健康状態・教育・知識などによりさまざまであるから，個々人について，個別に意思能力の有無・程度を決めることは容易でない。そして，ある者が，契約の当事者として十分な意思能力を有するか否かを，契約の都度，個

別に判定するとしたら，契約に要するコスト（時間・費用）が莫大となり，迅速・円滑な取引の妨げになる。このような事態は，民法が望むものではない。

　そこで，民法は，意思能力の欠如・不足の程度に応じて人を類型化し，同人の法律行為を制限するとともに，同人に対して必要な保護を与えることにした。これを**制限行為能力（者）制度**という（4条〜21条）。同制度の下では，人は，何らの制限なく法律行為をできる者（**行為能力者**）と，法律行為を制限され法の保護の下に置かれる者（**制限行為能力者**）に二分される。そして，制限行為能力者としては，未成年者（5条）・成年被後見人（7条）・被保佐人（11条）・被補助人（15条1項）の4類型が設けられている。

　なお，制限行為能力者制度は，一面では生き馬の目を抜く取引社会から弱者を保護する制度であるが，他面では契約を迅速・円滑に行いかつ取引の安全を図るために，意思能力に問題のある者を取引（市場）から排除するという制度でもある。ゆえに，制度の設計・運用にあたっては，慎重な配慮が必要である。

　次頁の**図表I4-1**は制限行為能力者制度の概要である。以下では，未成年後見・成年後見・保佐・補助の各制度を取り上げる。

第2節　未成年後見

1　未成年後見の開始

　未成年者の保護は，親権制度を通じて未成年者の父母によって行われるのが原則である（本編第3章第4節参照）。未成年後見制度によって保護の対象とされる未成年者は，親権制度による保護を受けられない未成年者である。

　未成年後見は，親権を行う者がないとき，または親権を行う者が管理権を有しないときに開始する（838条1号）。具体的には，親権者の死亡，親権喪失（834条），親権停止（834条の2），管理権喪失（835条），親権・管理権の辞任（837条1項）により，親権者が1人もいなくなるか，親権者がいても管理権を有していなければ，未成年後見が開始する。

　典型的には，未成年者の父母が交通事故の被害で同時に死亡したような場合である。未成年者が生活していく上で，死亡した父母に代わって，未成年者を

図表 I 4-1　制限行為能力者制度の概要

制　度	未成年者	未成年後見	成年後見	保　佐	補　助
対　象	18 歳未満の者		制限なし		
被保護者	未成年者	未成年被後見人	成年被後見人	被保佐人	被補助人
被保護者の要件	未成年者（5 条・818 条）	親権または管理権を行う者のない未成年者（838 条 1 号）	精神上の障害により事理を弁識する能力を欠く常況にある者（7 条）	精神上の障害により事理を弁識する能力が著しく不十分な者（11 条）	精神上の障害により事理を弁識する能力が不十分な者（15 条 1 項）
保護者（機関）	親権者（＝法定代理人）	未成年後見人（＝法定代理人）	成年後見人（＝法定代理人）	保佐人	補助人
保護者の要件	親権者	欠格事由に該当しなければ誰でも（847 条・876 条の 2 第 2 項・876 条の 7 第 2 項）			
保護の開始	出生	遺言または家裁の審判	家裁の審判		
基本的な効果	原則として未成年者の法律行為には法定代理人の同意が必要（5 条 1 項）。例外（同条 3 項・6 条）		成年被後見人は，日用品購入等以外，法律行為を行えない（9 条）	一定の法律行為には保佐人の同意が必要（13 条 1 項）	家裁の定めた法律行為には補助人の同意が必要（17 条 1 項）
監督機関	―	未成年後見監督人（848 条・849 条）	成年後見監督人（849 条）	保佐監督人（876 条の 3）	補助監督人（876 条の 8）
利益相反の場合	特別代理人			臨時保佐人	臨時補助人
保護の公示	戸籍（戸籍法）		後見登記等ファイル（後見登記等に関する法律）		
関連する他の制度	親権制度（818 条～837 条）	親権制度（820 条～823 条）	任意後見契約制度（任意後見契約に関する法律）		

監護・教育（820 条）する者が必要である。また，父母の死亡によって，未成年者は，父母の損害賠償請求権を含む財産を相続し（887 条 1 項），近親者とし

ての慰謝料請求権（711条）や生命保険金支払請求権等を取得することもある。未成年者が多額の財産を有する事態となれば，その財産を管理（824条）する必要が生じる。このような未成年者に未成年後見人を付して，未成年者の保護を図る制度が未成年後見制度である。

　もっとも，父母が死亡しても，未成年者に帰属する財産が皆無であるような場合には，未成年者の親族が事実上の監護・教育を行うだけで，未成年者に未成年後見人が付されない場合も多いであろう。法的には，親権者・管理者の不存在という開始原因があれば，未成年後見は開始するはずであるが（838条1号），現実には，未成年後見に服していない未成年者も少なくないと思われる。例えば，父母が病死して未成年者が残されたところ，父母は生命保険契約等を締結しておらず，かつ，特段の財産も有していなかったような場合であれば，未成年後見人を選任して，未成年後見人が未成年者を代理して財産権を行使するそもそもの必要性がないことになる。裁判所は，申立てがなされない限り，父母を失った未成年者の存在を知ることができないから，未成年者は未成年後見がされないまま，親族等に引き取られ，養育されることになるだろう。そして，未成年者が通常の生活を営むだけであれば，法的な親権者＝未成年後見人がいなくても，未成年者と同居している祖父母等が事実上の親権を行使すれば，あまり問題を生じることもないのかもしれない。

2 未成年後見人の選任

　未成年者に対して最後に親権を行う者は，遺言で，未成年後見人を指定することができる（839条）。遺言で指定された未成年後見人が就職すれば，後見開始の届出をする（戸81条）。しかし，未成年後見人が遺言で指定される例はほとんどない（珍しい例として，大阪高決平成26・4・28判時2248号65頁）。

　したがって，通常は，未成年者本人またはその親族その他の利害関係人が家庭裁判所に未成年後見人の選任審判を申し立て，家庭裁判所が未成年後見人を選任する（840条・841条，家事別表第一71項）。**児童相談所長**にも申立権がある（児福33条の8）。令和4（2022）年の司法統計によると，未成年後見人選任審判の新受件数は，1059件である。

　未成年後見人は，欠格事由にさえ該当しなければ（847条），誰でもなること

ができる。実際には，選任審判の際に，申立人が未成年後見人の候補者を挙げ，その候補者に問題がなければ，家庭裁判所はその者を未成年後見人に選任している。ほとんどの場合，未成年者の祖父・祖母・おじ・おば・成年に達している兄姉などの親族が未成年後見人に選任されている。親族で適当な候補者がいない場合には，家庭裁判所が弁護士や司法書士を未成年後見人に選任することもある。従来，未成年後見人は自然人で，かつ，1名でなければならないとされていたが，平成23（2011）年の民法改正で，法人や複数人を未成年後見人に選任することができるようになった（840条2項・3項）。いわばチーム制を取ることで，未成年後見制度の活性化が期待されている。未成年後見人の存在は，未成年者の戸籍に記載される（戸81条）。

　なお，未成年後見人としてA・Bが選任され，未成年者に複数の財産甲・乙がある場合には，原則として，A・Bが身上監護権および財産管理権を共同行使する（857条の2第1項）。

　家庭裁判所は，職権で，一部の者（例えばB）について，財産に関する権限のみの行使を定めることができる。この場合，Aが身上監護権を行使し，A・Bが財産管理権を共同行使する（同条2項，家事別表第一78項）。また，家庭裁判所は，職権で，財産に関する権限について単独行使または事務分掌を定めることができる。単独行使の場合，A・Bが身上監護権を共同行使し，例えば，Bが財産管理権を単独行使する。事務分掌の場合，A・Bが身上監護権を共同行使し，例えば，財産甲についてはAが，財産乙についてはBが，それぞれ財産管理権を単独行使する（同条3項，家事別表第一78項）。そして，家庭裁判所は，職権で前記の定めを取り消すことができる（同条4項，家事別表第一78項）。いずれにせよ，契約の相手方などの第三者は，複数の未成年後見人の1人に対して意思表示をすればよい（同条5項）。

③　未成年後見人の事務

　未成年後見人の事務（職務）は，**身上監護**（857条）と**財産管理**（859条）である。管理権を有しない親権者がいる場合には，その親権者が未成年者の身上監護を行うので，未成年後見人は財産管理のみを行う（868条）。

　なお，未成年被後見人に子（未成年被後見人の子だから，当然に未成年者である）

がいる場合は，未成年後見人が未成年被後見人に代わってその子について親権を行う（867条）。

(1) 身上監護

　未成年後見人は，820条〜823条に規定する事項について親権を行う者と同一の権利義務を有する（857条）。したがって，未成年後見人は，監護・教育（820条・821条），居所の指定（822条），職業許可（823条）を行う。

(2) 財産管理

　未成年後見人は，選任後，未成年者の財産を調査し，その目録の作成をしなければならない（853条）。これらは，未成年後見開始時点における未成年者の財産状況を確定し，未成年者の生活費・教育費・管理費などについて計画を立て（861条），未成年後見終了時点における計算（870条）に備えるためである。未成年後見人は，善良な管理者としての注意義務を負うこととされており（869条・644条），自己の財産のためにするのと同一の注意義務しか負わないとされている親権者より，注意義務が加重されている（827条）。

　財産管理にあたり，未成年後見人が，自己のために未成年者の財産を費消した場合には，業務上横領罪が成立し（刑253条），親族が未成年後見人の場合でも，親族相盗例（刑255条・244条）の適用はないと解されている（未成年後見人である祖母と他の親族とが，未成年被後見人である孫の財産を費消した最決平成20・2・18刑集62巻2号37頁）。

　未成年後見人は，未成年者の法律行為に対する同意（5条1項）や未成年者の営業に対する許可（6条）も職務とする。

　また，未成年後見人が未成年者の財産の法律行為について代表をする場合（859条1項）には，**利益相反行為**（860条）が問題となる。例えば，兄が未成年後見人，弟妹が未成年被後見人で，亡父の相続について兄が相続放棄をするとともに，未成年後見人が弟妹に代わって相続放棄をした。後に，成年に達した弟妹が利益相反行為として無効を主張した。最高裁は，未成年後見人と未成年被後見人とが共に相続放棄をした場合には利益相反行為にあたらないと解した（最判昭和53・2・24民集32巻1号98頁）。未成年後見人の利益相反行為について，

判例・通説は，親権者の利益相反行為（826条）と同様に，未成年後見人の行為が利益相反にあたるかどうかを外形的に判断する外形説（形式的判断説）に立っている（利益相反を否定した近時の事例として，東京地判平成30・3・20金法2112号67頁がある。本編第3章第4節**4**(2)(b)）。

4　未成年後見監督人

　未成年後見人の事務を監督等させるために（851条），未成年後見監督人という制度が設けられている。未成年後見監督人は親権者による指定（848条）または家庭裁判所によって選任（849条，家事別表第一74項）される。多発している横領事件の影響を受けて未成年後見監督人の選任が増加している。親族が未成年後見人に選任されるような場合に，他の親族や弁護士などの実務家を未成年後見監督人に選任することが行われている。なお，未成年後見人の配偶者，直系血族および兄弟姉妹は，未成年後見監督人になれない（850条）。

　家庭裁判所は，通常，1年に1回程度，未成年後見人に職務の状況を報告させており（863条1項），それに基づいて未成年後見人の職務を監督している。

5　未成年後見の終了

　未成年後見は，未成年被後見人が成年に達したことで終了する（872条1項）。また，明文の規定はないが，未成年被後見人が死亡した場合，未成年後見は当然に終了すると解される。終了に際して，未成年後見人は管理していた財産について計算をし（870条），未成年被後見人に残余の財産を返還するなどしなければならない（873条）。

　未成年後見人は，正当な事由があるときは，家庭裁判所の許可を得て辞任することができる（844条）。また，未成年後見人に不正行為等があるときは，家庭裁判所は，未成年後見監督人等の請求または職権によって，未成年後見人を解任することができる（846条）。辞任も解任も当該未成年後見人については，後見事務の終了であるから，上述の計算等が行われなければならない。未成年後見人の辞任・解任があったときでも，未成年被後見人が未成年者である間は，未成年後見制度によって保護される必要があるため，後任の未成年後見人を選任しなければならない（845条・840条）。

　未成年後見人は，家庭裁判所に報酬付与審判を申し立てることができる（862条，家事別表第一80項）。もっとも，親族が未成年後見人である場合には，報酬付与審判の申立てがされることは少ないであろう。

第3節　成年後見・保佐・補助

1　制度の概観

(1)　前　　史

　民法は，制定以来，意思能力の不十分な者を保護する制度を置いてきた。上述の未成年者・未成年後見制度および禁治産・準禁治産制度である（これらを総称して，かつては，「制限行為能力者制度」ではなく，「無能力者制度」と呼んでいた）。

　禁治産・準禁治産制度は，往時のフランス・ドイツ両民法を模したもので，理解力を失った者（とくに家長＝戸主）に家の財産（家産）を費消させないことを目的としていた。禁治産とは，まさに（自己の）財産の管理を禁止するという意味である。そして，これらのような者を取引社会から排除することで，取引の安全を確保して，円滑な取引を実現するという目的もあった。

　ところで，高齢化が進んでいなかった立法当時において，人が意思能力を失う原因は，精神疾患であることが多かった。そして，裁判所から禁治産（準禁治産）宣告を受けると，それが戸籍に記載されるようになっていたため，家族の中に保護を必要とする者がいたとしても，「戸籍が汚れる」ことが嫌われて，これらの制度の利用は，国民に選好されず，非常に低調であった。

　その後，1980年代ころから，わが国社会の急速な高齢化が問題として意識されるようになった。認知症等で意思能力を失った高齢者が多数生じれば，高齢者の財産を適切に管理する制度が必要となるが，国民に好まれていない既存の禁治産・準禁治産制度では不十分であると認識されるようになった。他方で，社会福祉の領域では，お仕着せの保護ではなく，保護される本人の自己決定を尊重するとともに，本人の残存能力を活用し，可能な限り自立して地域で通常の生活を営むことが目指されるようになった（ノーマライゼーション）。そこで，平成11（1999）年に民法が改正され，禁治産・準禁治産制度に代えて，新たに

成年後見制度と総称される制度が導入されることになったのである。

(2) 制度の類型

新たな制度では，保護を必要とする者の意思能力（条文上は「事理を弁識する能力」）を3段階に分け，同能力の喪失の度合いに応じた保護を与えることにした。同能力を失った者を**成年後見**類型（7条），同能力が著しく不十分である者を**保佐**類型（11条），同能力が不十分である者を**補助**類型（15条1項）としている。旧制度の禁治産が新制度の成年後見に，準禁治産が保佐に相当する。

成年後見・保佐・補助は，家庭裁判所が成年後見人等を選任する**法定後見**制度である。そして，3類型の法定後見に加えて，保護を必要とする本人の自己決定に配慮して，本人と将来後見人になる者との間で契約に基づいて財産管理が行われる「**任意後見制度**」も設けられた（任意後見契約に関する法律）。また，差別の温床となっていた従来の戸籍への記載に代え，登録および公示方法も変更された（後見登記等に関する法律）。広義では，これらの制度までをも含めて成年後見制度という。

なお，以下では，成年後見・保佐・補助をまとめて成年後見等，成年後見人・保佐人・補助人をまとめて成年後見人等と呼ぶことがある。

成年後見等は，法律の定めに基づき家庭裁判所の審判を経て開始される。具体的な要件は，7条以下と838条以下に分置されていて，若干分かりにくい。

(3) 制度の利用状況

新制度発足以降，成年後見等の利用数は増加している（次頁**図表I4-2**参照）。これは，家庭裁判所が成年後見人等を選任して成年後見等を開始する旨の審判数からも明らかである（最高裁が，毎年，「成年後見関係事件の概況」を公表している）。もっとも，このような統計に対して，数百万人といわれる認知症高齢者の総数と比較して，利用者がかなり少ないといった指摘もされており，制度についての周知の必要性や制度の改正が主張されている。そのほかにも，成年後見人等には親族が就職することも多く（「**親族後見人**」といい，令和4年では約20%），親族間の紛争の一因ともなっている（成年後見人等になれば，本人〔成年被後見人等〕の財産をほしいままにできると誤解している親族や，相続紛争のいわば前倒

図表Ⅰ4-2　成年後見人等の選任審判申立件数

	成年後見	保　佐	補　助	任意後見監督人選任
平成 11（1999）年	（禁治産 2,963）	（準禁治産 671）	—	—
平成 12（2000）年	7,451	884	621	51
平成 17（2005）年	17,910	1,968	945	291
平成 22（2010）年	24,905	3,375	1,197	602
平成 27（2015）年	27,521	5,085	1,360	816
令和 2（2020）年	26,367	7,530	2,600	738
令和 4（2022）年	27,988	8,200	2,652	879

（平成 11・12 は年度，平成 17 以降は年間である）

しとして本人の財産を支配しようとしたりする親族がいる）。「後見の社会化」は重要な課題であり，親族でも専門職でもない「**市民後見人**」の育成とそのための支援が必要である。

(4)　利用促進に向けた取組み

　上述の通り，認知症高齢者の総数と比較して，成年後見制度全般の利用は低迷していると評価せざるをえない。そこで，平成 28（2016）年，「成年後見制度の利用の促進に関する法律」（利用促進法）が制定された。同法は，基本理念として，①成年後見制度の理念の尊重，②地域の需要に対応した成年後見制度の利用の促進，③成年後見制度の利用に関する体制の整備を掲げ，関係者の責務として，国・地方公共団体の責務，関係者・国民の努力，関係機関等の相互の連携を定める。具体的には，政府内に，内閣総理大臣を会長とする「成年後見制度利用促進会議」を設置して，「成年後見制度利用促進基本計画」を策定している。

(5)　資格制限の撤廃

　かつて，成年後見が開始して，成年被後見人となった者は，**公職選挙法**の規定により，選挙権および被選挙権を失うとされていた（改正前公選 11 条 1 項 1号）。そこで，成年被後見人となった者が当該規定の無効を前提に選挙権確認請求訴訟を提起した。東京地裁は，当該規定が憲法 15 条 1 項等に違反し無効

とした（東京地判平成 25・3・14 判時 2178 号 3 頁）。同判決を受けて，公職選挙法が改正され，当該規定は削除され，成年被後見人は選挙権および被選挙権を回復した。

　また，成年被後見人・被保佐人については，職業や資格について広範な制限が行われていた。具体的には，公務員，医師，弁護士，会社の取締役等になることができなかった。そのような制限が成年後見制度の利用を阻害する一因と目され，前述の利用促進の一環として，令和元（2019）年に国家公務員法等が改正され，制限は原則的に撤廃された。

　なお，上記撤廃前に保佐開始審判を受け，警備業法の規定により警備員を退職せざるをえなかった者が撤廃後に国家賠償請求をした事案では，国の立法不作為が認められている（名古屋高判令和 4・11・15 判タ 1514 号 54 頁）。

(6)　制度の改正動向

　成年後見制度をめぐっては，親族・専門職を問わず成年後見人等による横領などが絶えないこと，本人の家族と専門職後見人等がしばしば対立的な関係となること，本人の権利擁護のために医療や福祉との一層の連携強化が必要であることなど，さまざまな課題がある。令和 4（2022）年には，最高裁判所・厚生労働省・法務省も参加する「成年後見制度の在り方に関する研究会」が発足し，同制度の改正に向けた検討が開始されている。近々，法制審議会が立ち上げられ，数年後には同制度の改正が行われる見通しである。

② 成年後見等の開始

(1)　成年後見の開始

　成年後見は，「精神上の障害により事理を弁識する能力を欠く常況にある者」を保護するための制度である（7 条）。成年後見は，保護の対象となる本人，その者の配偶者・4 親等内の親族・未成年後見人・未成年後見監督人・保佐人・保佐監督人・補助人・補助監督人，検察官が申立人となり，家庭裁判所に後見開始審判を申し立て，家庭裁判所が後見開始の審判を行うことで，開始される（7 条，家事別表第一 1 項）。市区町村長にも申立権が付与されている（老人福祉法 32 条，知的障害者福祉法 28 条，精神保健及び精神障害者福祉に関する法律 51 条の 11

の2）。保護の対象となる者を成年被後見人，家庭裁判所が選任する保護機関（保護者）を成年後見人という。

(2) 保佐の開始

保佐は，「精神上の障害により事理を弁識する能力が著しく不十分である者」を保護するための制度である（11条）。保佐は，保護の対象となる本人，その者の配偶者・4親等内の親族・後見人・後見監督人・補助人・補助監督人，検察官が申立人となり，家庭裁判所に保佐開始審判を申し立て，家庭裁判所が保佐開始の審判を行うことで，開始される（11条，家事別表第一17項）。成年後見と同じく，市区町村長にも申立権が付与されている。保護の対象となる者を被保佐人，家庭裁判所が選任する保護機関（保護者）を保佐人という。

(3) 補助の開始

補助は，「精神上の障害により事理を弁識する能力が不十分である者」を保護するための制度である（15条1項）。補助は，保護の対象となる本人，その者の配偶者・4親等内の親族・後見人・後見監督人・保佐人・保佐監督人，検察官が申立人となり，家庭裁判所に補助開始審判を申し立て，家庭裁判所が補助開始の審判を行うことで，開始される（15条1項，家事別表第一36項）。成年後見・保佐と同じく，市区町村長にも申立権が付与されている。保護の対象となる者を被補助人，家庭裁判所が選任する保護機関（保護者）を補助人という。

なお，成年後見・保佐と異なり，補助については，本人以外の者の請求によって補助開始の審判をする場合には，本人の同意が必要であり，本人の同意がなければ，補助開始の審判は行えない（15条2項）。

3 成年後見人等の選任

成年後見人等の選任は，家庭裁判所が職権で行う（843条1項・876条の2第1項・876条の7第1項）。通常，申立ての際に，申立人が候補者を示し，家庭裁判所が当該候補者を選任する場合が多い。しかし，候補者が示されないとか，候補者が成年後見人等として相応しくないとか，候補者について親族間で争いがあるとかすると，家庭裁判所は，司法書士・弁護士・社会福祉士などから成

年後見人等を選任する。

　成年後見人等は欠格事由（847条・876条の2第2項・876条の7第2項）に該当してはならないが，複数名を選任することができ（843条3項・876条の2第2項・876条の7第2項），自然人に限らず法人でもよい（843条4項・876条の2第2項・876条の7第2項）。自然人と法人の組み合わせも可能である。複数いる場合の権限については，家庭裁判所が分掌を定める（859条の2・876条の5第2項・876条の10第1項）。この分掌が定められない限り，各成年後見人等はそれぞれ完全な権限を有する。

　なお，成年後見人等の保護者（保護機関）の選任手続は，3類型ともほぼ同一であるが，補助については，本人（被補助人）以外の者が補助開始審判を申し立てた場合には，本人の同意がなければ，裁判所は補助開始の審判をすることができないとされている（15条2項）。補助の場合には本人の残存能力が高いと思われるので，本人の自己決定権を尊重すべきだからである。しかし，新たに設けられた類型である補助の利用が低調に留まっている一因は，この本人の同意を義務づけた点にあるとも指摘されている。

④ 成年後見人等の事務

(1) 成年後見人の事務

　(a) **財産管理**　　成年後見が開始されると，本人（成年被後見人）は，日用品の購入等の軽微な行為を除いて，一切の法律行為をすることができなくなる。したがって，成年後見人は成年被後見人のした法律行為を取り消すことができる（9条）。成年被後見人が取引の相手方に対して詐術を用いて誤信させた場合には，その行為を取り消すことはできないが（21条：成年後見制度導入前の準禁治産者に関する著名な事例として，最判昭和44・2・13民集23巻2号291頁がある），高齢者等と取引をしようとする者には，高齢者等の意思能力について十分な調査をすることが求められる。

　成年後見人は，本人の財産を調査し目録を作成する（853条）。成年後見人の職務は，財産の管理と，管理している財産を用いて本人の療養看護を行うことであり，それらに際して，本人の意思を尊重し身上に配慮しなければならない（858条・859条）。これを身上配慮義務という。成年後見人は，介護や看病とい

った事実行為を行うのではない。この点については，立法過程で議論となったが，成年後見制度が民法上の制度である以上，介護や看病といった事実行為はなじまないと言わざるをえない。なお，親族後見人であれば，成年後見人として財産管理を行い，親族として介護や看病を行うこともあるだろう。

　成年後見人は，本人の財産の管理・処分・運用・換価などについての権限を有するが，本人が居住している不動産の処分については，家庭裁判所の許可を得なければ行えない（859条の3）。本人が老人ホーム等に入居しており現に居住していないとしても，将来，居住する可能性があれば，家庭裁判所の許可を要する居住用不動産にあたると解されている（東京地判平成28・8・10判タ1439号215頁）。

　成年後見人は，成年後見監督人ないし家庭裁判所の監督を受け，就職の初めおよび毎年，財産管理等のための支出の計画を立て，計画的に事務を行い，監督者の求めに応じて，事務の状況について報告をしなければならない（861条・863条1項）。

　財産管理に関連して，成年後見人が成年被後見人宛の郵便物等を受領し，開封できるのかという問題があった。財産管理の一環として，成年後見人による受領・開封が事実上行われてきたが，通信の秘密（憲21条2項），信書開封罪（刑133条）に抵触するという解釈も根強くあった。そこで，平成28（2016）年，「成年後見の事務の円滑化を図るための民法及び家事事件手続法の一部を改正する法律」（事務円滑化法）が制定され，成年被後見人宛の郵便物について，成年後見人による管理を認める趣旨の明文規定が民法に置かれることになった（860条の2・860条の3）。

　さらに，事務円滑化法では，成年被後見人の死亡後の成年後見人の権限として，①相続財産に属する特定の財産の保存に必要な行為，②相続財産に属する弁済期が到来している債務の弁済，③家庭裁判所の許可を得た上での成年被後見人の死体の火葬・埋葬に関する契約の締結などが認められるに至った（873条の2）。

Column I 4-1　成年後見人と監督義務者責任
　成年後見人は714条1項の「責任無能力者を監督する法定の義務を負う者」（監督義務者）に該当するか。古くから通説は，後見人が監督義務者に該当す

ると解してきた。

　認知症高齢者が線路に立ち入って死亡した事件で，鉄道事業者が同高齢者の配偶者と子らに対して監督義務者責任を追及した（JR 東海事件）。最高裁は，傍論であるが，「成年後見人であることだけでは直ちに法定の監督義務者に該当するということはできない」と判示した（最判平成 28・3・1 民集 70 巻 3 号 681 頁）。この判示は，認知症高齢者を介護する家族はもとより，司法書士や弁護士などの専門職後見人からも支持されている。しかし，成年被後見人本人も，成年後見人も責任を負わないとなると，被害者の救済に欠ける事態になりかねない。立法的な解決が求められている。

(b)　利益相反行為ほか　　本人と成年後見人の間の利益相反行為（860 条・826 条）については，成年後見監督人が選任されていれば成年後見監督人と成年後見人との間で（860 条ただし書），成年後見監督人が選任されていなければ成年後見人の申立てに基づいて家庭裁判所が選任する**特別代理人**と成年後見人との間で（826 条 1 項），当該行為（契約）が行われることになる。例えば，成年被後見人（親）が所有している同族会社の株式を，成年後見人（子）が買い取ろうとするような場合，一般的には売主はより高値を望み，買主はより安値を望むはずだから，両者の利益は相反する。利益相反の有無については，子による同族会社株式の取得が会社の安定経営に資し，それが親の利益にもなる，といったような実質的な理由は問題とされない。あくまでも，客観的・外形的に当事者の利益が相反しているかどうかが判断基準となる。

　また，成年後見人が成年被後見人の財産等を譲り受ける行為（866 条）は，原則として回避するように努めるべきであることは言うまでもない。

　なお，成年後見人が自己のために成年被後見人の財産を費消したような場合には横領罪が成立し，親族間の犯罪の特例（親族相盗例：刑 255 条・244 条）の適用もないと解されている。甥が成年後見人であった横領事件で，実刑判決が言い渡されたものもある（仙台高秋田支判平成 19・2・8 家月 59 巻 5 号 81 頁）。

　このような不祥事に対応するために，最高裁判所・法務省・信託協会（信託銀行等の業界団体）が協力して，平成 24（2012）年 2 月に，「後見制度支援信託」が導入された。これは，被後見人の全財産を信託銀行の口座に移し，後見人がまとまった金額を引き出す際には，家庭裁判所の許可を必要にして，不適切な財産管理をさせないようにするものである。後見制度支援信託の令和 4（2022）

年における累計信託財産額は1兆2000億円超となっている。同信託は，未成年後見も対象としているが，利用の大半は成年後見の案件である（最高裁判所事務総局家庭局「後見制度支援信託等の利用状況等について」）。

(c)　**費用と報酬**　　成年後見の事務に要する費用は，成年被後見人の財産の中から支弁する（861条2項）。また，成年後見事務の終了時または事務継続中の一定期間ごと（例えば1年ごと）に，成年後見人は家庭裁判所に報酬付与審判を申し立て（862条，家事別表第一13項），家庭裁判所の定める報酬を受けることができる。もっとも，未成年後見と同じく，親族が成年後見人である場合には，報酬付与の申立てがされることは少なく，もっぱら，弁護士・司法書士等が成年後見人である場合に報酬が問題となる。

(d)　**医療行為への同意——課題**　　成年後見人の事務に関する課題の一つが，医療行為への同意である。成年被後見人は事理弁識能力を欠く常況にある。成年被後見人の大半は高齢者であるから，加齢に伴って，さまざまな医療を必要とする。医療は，患者本人が医師等から十分な説明を受け，どのような検査・手術・投薬等を受けるのかを自己決定すべきものである（インフォームドコンセント）。医療行為は身体への侵襲を伴うものだから，患者本人の同意は必須と考えられている。このような場合，医療機関は患者本人ではなく患者の家族の同意を得て医療行為を行うとするのが一般的である。ところが，家族がおらず，成年後見人が選任されているような場合には，医療機関は成年後見人に対して医療行為への同意を求めてくる。成年後見人の事務は基本的に財産管理であって，医療行為への同意は，事務の範囲外であると解されている。そのため，医療の現場では，本来的に同意を必要とする医療機関，本来的に同意できない成年後見人との間で，悩ましい状況となることが少なからずあり，立法的な解決が求められている。

(2)　保佐人の事務

保佐類型においては，本人（被保佐人）は行為能力を失わないので，本人が法律行為を行う。しかし，意思能力（条文上は「事理を弁識する能力」）が著しく不十分な本人に法律行為を自由に行わせるならば，財産を失うなど本人の福祉が害されてしまう。そこで，民法は，一定の重要な財産の処分行為についての

み保佐人の**同意**を要するとして（13条1項），自己決定を尊重しつつ本人の福祉の実現を図り，かつ，取引の安全にも配慮することにした。また，同様の趣旨から，13条1項に列挙されている行為以外の行為についても，家庭裁判所の審判によって保佐人の同意を要することができるとし（同条2項），柔軟な制度としている。そして，保佐人の同意が必要とされている行為であるにもかかわらず，本人が保佐人の同意なくしてした行為については，保佐人・本人はこれを取り消すことができる（同条4項）。また，保佐人が同意をしない場合で，本人の利益を害するおそれがない行為については，本人の請求により家庭裁判所が同意に代わる許可を与えることができる（同条3項）。

　原則的に，保佐人は同意権のみを有するが，必要な場合には，家庭裁判所の審判によって保佐人に**代理権**を付与することが可能である（876条の4）。

　例えば，本人が訪問販売で日用品とも，重要な財産処分とも言えないような無用な商品を頻繁に購入させられているような場合に（13条2項ただし書），そのような商品購入（契約）を保佐人の同意を要する行為として保佐人に取消権を付与し，かつ，保佐人に代理権を付与しておけば，保佐人が契約を取り消し，本人を代理して既払いの購入代金の返還を受けることが可能となる。

　その他，保佐人については，成年後見の規定がほぼ準用されるが（876条の2第2項・876条の5），利益相反行為については，成年後見の場合に選任される特別代理人に相当する者として，保佐の場合には**臨時保佐人**が選任される（876条の2第3項）。

（3）　補助人の事務

　補助類型においても，本人（被補助人）は行為能力を失わないので，本人が法律行為を行う。また，補助においては，保佐のように（13条1項），保護機関の同意を要する行為が列挙されているのではない。すなわち，補助においては，本人がどのような行為をする場合に補助人の同意を必要とするのかを，13条1項の範囲内で個別に家庭裁判所の審判で定めることとしている（17条1項）。この審判には本人の同意が必要であり（同条2項），補助人の同意が必要とされている行為であるにもかかわらず，本人が補助人の同意なくしてした行為については，補助人・本人はこれを取り消すことができる（同条4項）。また，補助

人が同意をしない場合で，本人の利益を害するおそれがない行為については，本人の請求により家庭裁判所が同意に代わる許可を与えることができる（同条3項）。なお，補助の申立てに際し，13条1項の行為をすべて列挙して，補助人の同意を要する事項（同意権付与事項）とすることはできないと解されている（法務省民1第2139号民事局民事第1課長回答）。そのような場合には，補助ではなく，保佐を申し立てるのが妥当だからである。

　補助人は審判に基づいて特定の行為への同意権のみを有するのが原則であるが，必要な場合には，家庭裁判所の審判によって補助人に代理権を付与することが可能である（876条の9）。

　その他，補助人についても保佐人と同様に，成年後見の規定がほぼ準用されるが（876条の7第2項・876条の10），利益相反行為については，保佐の場合に選任される臨時保佐人に対して，補助の場合には**臨時補助人**が選任される（876条の7第3項）。

5　成年後見監督人等

(1)　選　　任

　監督機関として，成年後見人に**成年後見監督人**が，保佐人に**保佐監督人**が，補助人に**補助監督人**がそれぞれ選任されることがある。以下では，これらの監督人を総称して成年後見監督人等という。

　家庭裁判所は，必要があると認めるときは，成年被後見人等の被保護者本人，その親族もしくは成年後見人等の請求により，成年後見監督人等を選任することができる（849条・876条の3・876条の8）。成年後見人等の配偶者，直系血族および兄弟姉妹は，成年後見監督人等になることができない（850条・876条の3第2項・876条の8第2項）。家庭裁判所の実務としては，親族が成年後見人等であれば，司法書士や弁護士を成年後見監督人等に，非親族が成年後見人等であれば，成年被後見人等の親族を成年後見監督人等に選任したりする。

(2)　職　　務

　成年後見監督人等の職務は，①成年後見人等の事務を監督し，②成年後見人等が欠けた場合に，遅滞なく選任を家庭裁判所に請求したり，③急迫の事情が

ある場合に，必要な処分をしたりすることである（851条・876条の3第2項・876条の8第2項）。また，成年後見人等と本人（成年被後見人等）との利益が相反する行為については，成年後見監督人等が，本人を代表したり，同意をしたりする（851条4号・876条の2第3項・876の7第3項）。

　成年後見監督人等には，成年後見人等と同様に，受任者としての善良な管理者の注意義務等が課せられる。裁判例は少ないが，成年被後見人（母），成年後見人（子），成年後見監督人（司法書士）であったところ，母の財産を横領した子が業務上横領罪で実刑判決を受け，後任の成年後見人（弁護士）が辞任した元成年後見監督人に損害賠償請求をした事案がある（名古屋高判令和元・8・8家判34号93頁：義務違反を否定）。

　また，辞任・解任・報酬については，成年後見人等の規定が準用される（852条・876条の3第2項・876条の8第2項）。

6　成年後見等の終了

　成年後見等が終了するのは，成年被後見人等が死亡したり，成年被後見人等が意思能力を回復したりして，成年後見等による保護の必要がなくなった場合である。死亡の場合については，成年後見等は自動的に終了すると考えられるが，意思能力の回復の場合については，関係者が家庭裁判所に成年後見等の開始の審判の取消しを請求し，それが認容されることによって，成年後見等が終了する（10条・14条・18条）。また，当初，補助開始がされたが，意思能力の欠如が進行したために保佐や成年後見を申し立てる場合や，保佐開始がされたが，同様の理由から成年後見を申し立てるような場合にも，移行前の保護の態様（補助や保佐）は終了する（19条）。さらに，成年後見人等が死亡した場合にも，その者による職務は終了し，いったんは成年後見等が終了したことになると解される。もちろん，関係者が家庭裁判所にあらためて成年後見人等の選任を請求することになる。

　終了に際して，成年後見人等またはその相続人は，財産管理について，終了から原則として2か月以内に計算をしなければならない（870条・876条の5第3項・876条の10第2項）。成年後見監督人等が選任されているときは，計算に際して，その立会いが必要である（871条・876条の5第3項・876条の10第2項）。

　成年後見人等と成年被後見人等との間で，返還すべき金銭がある場合には，上記計算の終了時から利息を付して返還しなければならない。また，成年後見人等が自己のために成年被後見人等の金銭を消費していた場合は，消費時からの利息を付して返還しなければならないし，成年被後見人等に損害が生じていれば，成年後見人等はその損害を賠償する責任を負う（873条・876条の5第3項・876条の10第2項・404条）。

　成年後見等の終了後に急迫の事情があるときは，成年後見人等またはその相続人・法定代理人は，本人またはその相続人・法定代理人が財産管理等の事務を処理できるようになるまでの間，必要な処分を行わなければならない。これを**応急処分義務**という（874条・876条の5第3項・876条の10第2項）。また，成年後見等の終了は，取引等の相手方に対して終了した旨の通知等をしなければ，当該相手方に対抗できない（874条・876条の5第3項・876条の10第2項）。

7 任意後見契約

　任意後見契約は，平成12（2000）年から新たに導入された制度である（任意後見契約に関する法律）。成年後見・保佐・補助の法定後見制度においては，家庭裁判所が成年後見人等を選任するのに対して，任意後見契約では，本人が，将来に備え，信頼できる者を任意後見人として選任し，その者と契約を締結する。成年後見制度における自己決定尊重の理念が具現化した制度である。概要は以下の通りである。

　任意後見契約は，法務省令で定める様式の**公正証書**により（任意後見3条），本人と**任意後見受任者**の間で締結する。同契約は，本人に意思能力がある時点で締結され，将来，本人が意思能力を喪失して自ら財産管理等ができなくなった場合に，同契約で定めておく行為を任意後見受任者に委託するという内容である（任意後見2条1号）。

　同契約を締結し，任意後見契約の登記をした後（後見登記5条），本人の意思能力が不十分になった段階で，関係者が家庭裁判所に**任意後見監督人**の選任を請求する（任意後見4条）。法定後見制度と異なり，任意後見制度では，任意後見監督人は必置の機関である。家庭裁判所が任意後見監督人を選任すると，任意後見受任者は**任意後見人**として後見事務を開始する。任意後見人は，本人の

意思を尊重し，かつ，心身の状況等に配慮して事務を行わなければならず（任意後見 6 条），任意後見監督人が任意後見人の事務を監督する（任意後見 7 条）。

　自己決定尊重の観点から，任意後見契約が締結され，登記がされている場合には，法定後見を開始しないのが原則である（任意後見 10 条 1 項）。しかし，第 1 の任意後見契約（任意後見受任者＝長女）が解除され，第 2 の任意後見契約（任意後見受任者＝長男）が締結された後，任意後見監督人の選任が申し立てられたという事案で，法定後見の開始を相当とした裁判例がある（福岡高決平成 29・3・17 判時 2372 号 47 頁）。

　ちなみに，司法書士・弁護士等の専門職が任意後見契約の当事者になる場合に，任意後見契約を含めて 3 つの契約が同時に締結されることがある（「3 点セット」と言われたりする）。その 1 ：本人が意思能力を失わない間について，本人を委託者，専門職等を受託者とし，受託者が本人の財産を管理する「**財産管理契約**（見守り契約）」。その 2 ：本人の意思能力喪失に備えた上述の「**任意後見契約**」。その 3 ：本人の死後に本人の残した財産を管理・処分する「**死後事務委任契約**」である。最後の死後事務委任契約については，委任契約が本人の死亡によって必ずしも終了するものではないとする判例の解釈（最判平成 4・9・22 金法 1358 号 55 頁）が根拠の 1 つとなっている（653 条 1 号は委任者または受任者の死亡を委任契約の終了事由としているが，同条は任意規定であることから，死後事務委任契約は可能と解されている）。また，3 点セットに加えて，任意後見受任者が本人の遺言の遺言執行者（1006 条）に指定されることも少なくない。このような場合，本人の財産を本人が元気なうちから本人の死後に至るまで任意後見受任者が管理することになる。しかしながら，本人が意思能力を喪失しても，任意後見受任者が任意後見監督人の選任を申し立てず，本人の財産を悪用するような事例も出てきている。

> **Column Ⅰ 4-2** **介護保険法・高齢者虐待防止法・障害者権利条約・認知症基本法**
>
> 　成年後見制度を理解する上で不可欠な 4 つの法律・条約を紹介する。
>
> **(1)　介護保険法**　　介護保険法による介護保険制度は，平成 12（2000）年 4 月 1 日に，成年後見制度と同時に発足した。両制度は，当初，「車の両輪」と称されていた。介護保険制度（介護保険法）を運用するために，成年後見制度

（民法）が必要不可欠だと考えられたのである。従来，老人ホームへの入居などの福祉サービスは，行政から市民に「措置」されるものであった。措置とは，行政の一方的な裁量判断によりサービスの提供が行われるというものである。ところが，高齢化の進展によって福祉財政は窮迫し，従来の施設型・公費（税金）丸抱えの福祉サービスは維持できなくなった。他方，社会福祉においても，本人の自己決定の尊重と残存能力の活用，脱施設＝在宅・地域での生活の継続（ノーマライゼーション）が理念とされるようになった。そこで，福祉サービスの提供方法を「**措置から契約へ**」と変更し，新たに導入した介護保険制度によって40歳以上の全国民から保険料を徴収し，サービスを必要とする者が民間の福祉サービス事業者等から福祉サービスを「購入」するというかたちに，社会福祉制度を転換させることにしたのである。介護サービスを必要とする者は，市区町村による認定（要支援認定・要介護認定）を受け，認定に応じた利用限度額の範囲内で，介護サービスを受けることができる。費用は原則として1割が自己負担，9割が介護保険の負担である。利用者の増加により，財政的に制度の維持が困難になりつつある。数次にわたる改正では，制度の破綻を回避するため，保険料の引き上げやサービスの切り下げが進められている。

　(2)　**高齢者虐待防止法**　　正式には，「高齢者虐待の防止，高齢者の養護者に対する支援等に関する法律」といい，平成18（2006）年4月に施行された。家庭内の介護（家族介護）において，介護されている高齢者に対し，介護者である家族がさまざまな虐待に及ぶことがある。また，特別養護老人ホーム等に入所している高齢者に対して，ホームの職員等が虐待をすることも起きている。そこで，この法律では，高齢者を養護する者による虐待を広く対象とすることにした（高齢虐待2条3項〜5項）。虐待の類型としては，身体的虐待・保護の懈怠・心理的虐待・性的虐待に加え，家族や施設による高齢者の財産の不当な処分についても経済的虐待として，類型化された（同条4項・5項）。他方，高齢者虐待は，介護疲れなどが原因となることから，高齢者を介護する者（養護者）への支援も盛り込まれた。なお，高齢者は，同時に，障害者であることも多い。障害者虐待については，平成24（2012）年10月に，障害者虐待防止法（正式には，「障害者虐待の防止，障害者の養護者に対する支援等に関する法律」）が施行された。これら2法および児童虐待防止法とDV防止法により，家族の中の弱者に対する法制度が整ったことになる。

　(3)　**障害者権利条約**　　正式名称は，「障害者の権利に関する条約」である。2006年12月に国連総会で採択され，2007年9月にわが国も本条約に署名した。その後，上述の障害者虐待防止法や障害者差別解消法（正式には，「障害を理由とする差別の解消の推進に関する法律」）の制定など国内法令の整備を経て，

2014年1月にわが国は本条約を締結し，翌2月に発効した。

本条約は，締約国に対して，障害に基づくあらゆる差別を廃止することを求めているが（4条1項），民法との関係で重要なのは，「締約国は，障害者が生活のあらゆる側面において他の者との平等を基礎として法的能力を享有することを認める。」とした本条約12条2項である。民法の成年後見・保佐・補助制度は，法的能力を剝奪ないし制限するものであるから，本条約12条2項に抵触するという指摘がされている。そのため，平成28（2016）年に制定された成年後見制度の利用の促進に関する法律11条は，「成年後見制度の利用の促進に関する施策は，成年後見制度の利用者の権利利益の保護に関する国際的動向を踏まえるとともに，……」と規定した（傍点は引用者。以下同様）。これは，本条約12条2項を念頭に置いたものである。今後，本条約を受けて，行為能力の制限という成年後見制度の基本的枠組みが見直される方向に進むのか，注目される。

(4)　認知症基本法　正式には，「共生社会の実現を推進するための認知症基本法」といい，令和5（2023）年6月16日に公布され，令和6（2024）年1月1日に施行された。同法は，「認知症の人を含めた国民一人一人が……共生する活力ある社会……の実現」の推進を目的とし（1条），7つの基本理念を定め（3条），認知症施策の策定・実施を国・地方公共団体の責務として（4条・5条），多くの施策を掲げている（14条～25条）。施策のうち成年後見制度との関係では，17条（認知症の人の意思決定の支援及び権利利益の保護）が重要である。同条は，「国及び地方公共団体は，認知症の人の意思決定の適切な支援及び権利利益の保護を図るため，認知症の人の意思決定の適切な支援に関する指針の策定，認知症の人に対する分かりやすい形での情報提供の促進，消費生活における被害を防止するための啓発その他の必要な施策を講ずる」と定めており，成年後見人による意思決定の代行＝行為能力の制限という現行制度からの転換を志向して，前述した障害者権利条約の具現化に近づこうとしている。

第 **5** 章

扶 養

第 1 節 序
第 2 節 扶養の当事者
第 3 節 扶養の程度と方法
第 4 節 過去の扶養料の請求と
　　　　過去の立替分の求償

　本章では，親族間の扶養の意義について触れた上で（第1節），誰がどのような順位で誰に対して扶養義務を負うか（第2節），その場合の扶養の程度（生活保持義務と生活扶助義務の区別など）や方法（第3節），権利者からの過去の扶養料の請求や，他の扶養義務者または第三者からの求償が可能かどうか（第4節）について説明する。

第 1 節　序

　自らの資産や労力だけでは生活を維持できない者に対する援助のことを**扶養**という。親の未成熟子に対する扶養や夫婦間の扶養については，当該身分関係の本質的で不可欠な要素ということができる。さらに，民法は，それ以外の一定範囲の親族関係についても，877条で扶養に関する権利義務を定めている。このように近代民法が近親者による扶養義務を定めた背景として，近親者については，自然の愛情・連帯感・道徳・慣習などによって，自発的に義務が履行されることが期待されたからだと説明されている。

　しかし，上記のような**私的扶養**には限界があることや，日本国憲法が生存権を保障していること（憲25条）などから，生活保護法などによる**公的扶助**の制

度が整備されている。ただし，生活保護法 4 条は，困窮者が自己の資産・能力・その他あらゆるものを自己の最低限度の生活の維持に活用することを要件とし（同条 1 項），かつ，民法による私的扶養が優先的に行われた後で公的扶助が行われる（同条 2 項）旨の原則を定めている（**私的扶養の優先・公的扶助の補足性**）。

　前述のように扶養の権利は，あくまでも一定の身分関係を基礎として当該困窮者の生活を維持するために与えられた権利である。したがって，一定の要件を満たして具体的に発生した扶養請求権の特質として，相続の対象とならず（896 条ただし書），処分が禁止されている（881 条）ことから，譲渡・相殺・債権者代位なども認められておらず，帰属上も行使上も**一身専属権**としての性質を有する（民事執行法 152 条 1 項 1 号の差押禁止債権にもあたる）。また，将来に向かって扶養請求権を放棄する意思表示をしても無効だとされている（札幌高決昭和 43・12・19 家月 21 巻 4 号 139 頁：母が子を代理して放棄した事例）。

第 2 節　扶養の当事者

(1)　扶養義務者

　877 条 1 項は，直系血族，および，兄弟姉妹の扶養義務を規定し，同条 2 項は，「特別の事情があるとき」のみ，3 親等内の親族まで扶養義務を負わせている（相続権が 3 親等のおい・めいまで認められていることと平仄が合っている）。

　(a)　**夫婦間の扶養義務**　　877 条は夫婦以外の扶養義務者を定めるものであり，夫婦間の扶養義務については，752 条（同居協力扶助義務）と 760 条（婚姻費用分担）が適用される。

　(b)　**未成熟子に対する親の扶養義務**　　夫婦間に生まれた子に対する親の義務については，上記の「直系血族」間の規定と並行して，婚姻中は 760 条，離婚後は 766 条（子の監護に関する事項の定め）も適用される。また，認知された非嫡出子についても，上記の「直系血族」間の規定と並行して，788 条（認知後の子の監護に関する定め）が並行して適用される。

　なお，未成年の子に対する親の扶養義務について，877 条 1 項ではなく，820 条を根拠とする議論もあるが，親権者ではない親の扶養義務まで根拠づけることは（潜在親権論という試みもあるが）文理解釈からは困難である。

(c)　**老親に対する子の扶養義務・兄弟間の扶養義務**　　老親に対する子の扶養義務も兄弟間の扶養義務も，もっぱら877条1項が適用される。夫婦・親子・兄弟間の扶養義務は一定の要件を満たせば当然に発生するが，兄弟間の扶養義務については家庭裁判所の審判を要件とすべきであるとの立法論もある。

(d)　**3親等の親族間の扶養義務**　　3親等内の親族間の扶養義務は，「特別の事情」があるときに審判によって初めて発生する。立法論として扶養義務を廃止すべきだという議論もあり，解釈論としても「特別の事情」を厳格に解すべきだとする説が有力である。家庭裁判所の審判例でも，精神障害者の退院後の扶養について，申立人（本人の兄弟姉妹）には扶養能力がないとして，おじを扶養義務者として指定するように申し立てた事件で，877条2項の「特別の事情があるとき」とは，「扶養義務を負担させることが相当とされる程度の経済的対価を得ているとか，高度の道義的恩恵を得ているとか，同居者であるとか等の場合に限定して解す」べきだとして，否定したものがある（大阪家審昭和50・12・12家月28巻9号67頁）。

(e)　**その他の問題**　　扶養義務は一定の親族関係に基づく関係であるので，内縁の夫であった者が内縁の妻であった者の子や兄弟を相手方とする扶養調停事件を申し立てても審判の対象とならない（東京高決昭和53・5・30家月31巻3号86頁）。

なお，730条は，直系血族および同居の親族の扶け合いを規定するが，訓示規定にすぎず，法的意味はないとするのが通説である。

(2)　扶養の順位

(a)　**扶養義務者の順序**　　扶養義務者が数人ある場合の「扶養をすべき者の順序」について，当事者間の協議が成立しないときは，家庭裁判所が審判で定める（878条。扶養の程度・方法についても同様〔879条：次節(1)参照〕）。

子に対する親権者と認知した非親権者との関係については，親権の有無を問わず，父母の資力に応じた義務が認められる（親権者が優先することにはならない）とするのが多数説である。審判例でも，非嫡出子を認知した父は，親権者でなくても，親権者の母と同順位で資力に応じて共同して扶養する義務を負うとされている（広島高決昭和37・12・12家月15巻4号48頁）。

　老親扶養では，収入のない専業主婦が同順位にいる場合に，具体的な扶養義務を負うかが問題となるが，夫の収入のうち自由な使用を認められている範囲を考慮して扶養料の支払を命じた審判例がある（東京家審昭和43・11・7家月21巻3号64頁）。

　なお，次節にも関連するが，離婚した父母間の子の養育費に関する合意（協議）は，扶養権利者である子が当事者として参加していない以上，親の子に対する扶養義務を直接決定するものではない（仙台高決昭和56・8・24家月35巻2号145頁は，扶養料算定の際に斟酌されるべき一事由にすぎないとした）。

　(b)　**扶養権利者の順序**　　878条は，扶養権利者が数人あるが，扶養義務者の資力が全員を扶養するのに足りないときの「扶養を受けるべき者の順序」についても，最終的に家庭裁判所の審判で定める旨を規定する。後述する生活保持義務の関係にある者（夫婦・未成熟子）のほうが，生活扶助義務の関係にある者（老親・兄弟・3親等内の親族）よりも優先すると解される。

(3)　扶養関係の変更・消滅

　扶養の順序や程度等に関する協議・審判の成立後，事情に変更が生じたときは，家庭裁判所は協議・審判の変更や取消しをすることができる（880条）。

　扶養義務も扶養の権利も当該身分関係に基づく一身専属的なものであって，当事者の一方が死亡した場合に，相続による承継の対象とはならず（896条ただし書），死亡によって消滅する。

　当事者が死亡しなくても，養子縁組の解消や姻族関係の終了（729条・728条）により，親族関係が消滅することに伴って，扶養の関係も消滅する。

第 3 節　扶養の程度と方法

(1)　序

　879条は，扶養の程度または方法について，当事者の協議が成立しないときは，扶養権利者の**需要**（困窮度）と扶養義務者の**資力**（余力）を中心に，その他一切の事情をも考慮して，家庭裁判所が定める旨を規定する。この規定から，扶養の程度に関する類型論を直ちに導くことはできないが，学説や実務の大勢

は，この規定を離れて，当事者の関係の度合いに応じた2つの類型化をしている（本節(2)参照）。

　なお，以下のように扶養の程度が問題となることが多いが，扶養義務者の金銭的な給付（定期金給付が原則的な方法である）が困難な場合や，扶養権利者が介護や住居を要する場合などには，扶養の方法が問題となる。そのような場合には，扶養義務者と扶養権利者との合意により，引取扶養の方法がとられることがあるが，人間関係からトラブルになることもある。

(2)　生活保持義務と生活扶助義務

　第1に，親の未成熟子に対する扶養や夫婦間の扶養については，扶養することが，身分関係の本質的で不可欠の要素をなしているとして，自己の生活を切り下げてまで自己と同程度の生活をさせる義務があると解されている。これを**生活保持義務**という。審判例でも，子を認知した父の扶養義務について，たばこ代を節約してまでより多く支払うことを命じたもの（長崎家審昭和41・2・11家月18巻9号60頁）や，認知した父の社会的地位を考慮して大学進学が一般的でなかった当時に進学を前提とした扶養料を命じたもの（東京高決昭和35・9・15家月13巻9号53頁）がみられる（現在は男女とも大学進学率が相当高いとして，成年に達した長女の大学関係費と生活費の一部について離婚後に別居している父の扶養義務を認めた事例もある〔東京高決平成22・7・30家月63巻2号145頁〕）。なお，法制審議会の部会による「家族法制の見直しに関する中間試案」（令和4年11月15日）では，未成年の子に対する父母の扶養義務が「他の直系親族間の扶養義務の程度（生活扶助義務）よりも重いもの（生活保持義務）である」ことを明らかにする規律を設けるものとしている。

　これに対し，第2に，老親・祖父母孫・兄弟姉妹・3親等内の親族に対する扶養については，扶養することは偶然的・例外的な関係であるとして，相手が最低限の生活を維持できない状態にあり，かつ，扶養する側に余力がある場合に発生するものと解されている。あくまで最低限の生活を維持させればよく，自分と同程度の生活までさせる必要はない。これを**生活扶助義務**という。審判例においても，老親の扶養は生活扶助義務であり，子が相応の生活をした上でなお余力がある場合に生活保護基準額を参考に支払えばよいとしたものがみら

れる（大阪高決昭和49・6・19家月27巻4号61頁）。

(3) 類型論の問題点

　上記の類型論のうち，とくに老親の扶養については，最低限の生活の維持でよいのかどうかという問題がある。

　生活保持義務と生活扶助義務の区別（スイス民法を参考にした中川善之助博士の昭和3〔1928〕年の論文に始まる）には，戦前の家制度における妻子よりも親（直系尊属）の扶養を先順位として優先する儒教的な思想に対抗して，核家族中心の近代的な家族法の思想を導入する（妻子の生活費を優先的に確保する）ために唱えられたという背景があり，現在においてもこのような区別を強調し徹底することは，かえって老親を軽視することを助長しかねない点で問題があるとする批判もみられる。また，自分を育て上げた親に対する扶養と自分の兄弟に対する扶養とを全く同一の程度に解することができるのかという疑問も生じうる。

　そこで，老親については，生活保持義務と生活扶助義務とを厳格に区別する（後者の一般的基準である生活保護基準額による）ことなく，余裕がある限り，通常の生活費程度は確保すべきだとする見解も有力である。審判例にも，標準生計費を参考にした扶養料を命じたもの（神戸家審昭和48・11・27家月26巻8号63頁）があるほか，子が高収入の場合に標準生計費を超える扶養料を命じたもの（広島家審平成2・9・1家月43巻2号162頁）もみられる。

第4節　過去の扶養料の請求と過去の立替分の求償

(1) 過去の扶養料の請求

　扶養権利者から扶養義務者に対する過去に遡っての支払請求は認められるか。

　判例は，夫婦間の扶養について過去に遡っての請求を認めている（最大決昭和40・6・30民集19巻4号1114頁）。それ以外の親族扶養についての審判例は分かれているが，多くの審判例や学説は，過去に遡っての請求を肯定している。

　では，どこまで遡っての請求が認められるか。少なくとも要件を満たした扶養権利者が扶養義務者に対して請求の意思表示をした時点まで遡ることについては認める学説や審判例が多い。さらに審判例の中には，請求の意思表示の有

無にかかわらず裁量で相当と認める範囲で過去に遡っての請求を認めたものもみられる。このような裁判実務や学説の傾向を踏まえて，以下のように類型別に整理した議論をする学説が有力である。

　第1に，未成熟子や配偶者に対する生活保持義務については，請求の有無にかかわらず，扶養義務者は扶養権利者が要扶養状態であることを知りうべきであり，要扶養状態と扶養能力の要件を満たした時点で具体的な扶養義務が発生すると考えられる。したがって，上記の時点まで遡っての請求が認められる。

　第2に，子の老親に対する扶養義務や兄弟間の扶養義務については，第1の場合ほどは緊密な関係にないので，要扶養状態と扶養能力の要件を満たした上で権利者からの請求がされることによって初めて具体的な扶養義務が発生すると考えられる。したがって，請求時まで遡っての支払を命ずることができる。

　第3に，「特別の事情」による3親等内親族間の扶養については，家庭裁判所の審判によって初めて扶養義務が発生するので，過去に遡っての請求はできない。

(2)　扶養義務者間の過去の立替分の求償

　(a)　序　　生活保持義務・生活扶助義務のいずれの類型についても，扶養義務者間における過去の扶養料の求償が認められている。

　(b)　生活扶助義務　　①親に対する扶養義務者である子相互の関係においても，②兄弟姉妹に対する扶養義務者である他の兄弟姉妹相互の関係においても，過去の立替分の求償が認められている。

　①については，夫と長男YのもとにいたAが折り合いが悪くなったことから，Yが引き留めるのを聞かずに長女XがAを引き取り，Yが連れ戻しに来た際もXとAはこれを拒んで，XがそのままAの扶養を続けて，Yに対し過去の扶養料の半額を求償した事例において，最高裁（最判昭和26・2・13民集5巻3号47頁）は，原審のようにXに全額負担させることは，「冷淡な者は常に義務を免れ情の深い者が常に損をすることになる」として，Xからの求償を認めた。

　一方，②については，入院中のA女をその姉妹X_1・X_2が扶養していたが，兄弟であるYが何も協力しないため，X_1・X_2がYに対し扶養料を請求した事

件において，原審が Y に対し家裁への申立時より遡って 5 年分の扶養料と将来分の分担を命じたため，Y が申立時以降の分に限られるべきだとして抗告したところ，東京高裁（東京高決昭和 61・9・10 判時 1210 号 56 頁）は，「どの程度遡って求償を認めるかは，家庭裁判所が関係当事者間の負担の衡平を図る見地から扶養の期間，程度，各当事者の出費額，資力等の事情を考慮して定めることができる」として，原審を支持した。

　学説では，①の親に対する扶養も②の兄弟姉妹間の扶養も生活扶助義務であり，扶養権利者 A から扶養義務者 B に対する過去分の請求の問題と同様に，扶養義務を履行している B_1 から履行していない B_2 に対し分担の請求がされた時点（扶養権利者 A から扶養義務者 B_2 に対し請求の意思表示がされなくてもこの時点で請求があったと同視すべきである）までしか B_1 は B_2 に請求できないとする説が多い。

　(c)　**生活保持義務**　　生活保持義務については，①認知された非嫡出子の親権者たる母から父に対する認知後の扶養料（通常の稼働ができない未成熟子の成年に達した後の分を含む）の求償（福岡家小倉支審昭和 47・3・31 家月 25 巻 4 号 64 頁），②離婚後に子を監護している母から父に対する扶養料の求償（最判昭和 42・2・17 民集 21 巻 1 号 133 頁）のいずれについても認められている（①②の事件では，地方裁判所ではなく家庭裁判所が管轄する旨の判示もされている）。

　前記(b)で検討した生活扶助義務に関する場合に対し，生活保持義務に関しては，扶養義務者は扶養権利者が要扶養状態であることを知るべきであり，要扶養状態と扶養能力の要件を満たした時点で具体的な扶養義務が発生するので，扶養義務者間の求償についても，その時点まで遡っての求償が認められることになる。なお，古い判例には，認知された非嫡出子の母から父に対する認知前に遡っての扶養料の求償を認めたものがある（大判大正 13・1・24 民集 3 巻 45頁：当時の法制では前者が第 2 順位・後者が第 1 順位）。認知の遡及効（784 条）や認知の引き延ばしを避ける意味から認知前に遡っての求償を認めてよいだろう。

(3)　第三者からの立替分の求償

　第三者からの立替分の求償については，扶養義務者の全員または任意の 1 人に対し全額の請求ができ，扶養義務者は連帯して支払義務を負うと解されてい

る（神戸地判昭和 56・4・28 家月 34 巻 9 号 93 頁）。

　前述（本節 **(2)(c)**）のように扶養義務者間の求償は，家庭裁判所で判断される（最判昭和 42・2・17 民集 21 巻 1 号 133 頁）。求償の前提となる各扶養義務者が分担すべき額は，協議が調わない限り，家庭裁判所の審判で定めるべき事項だからである。第三者から扶養義務者に対する求償についても扶養義務の程度が前提となるが，扶養の当事者でない第三者に審判申立権を認めることができるのかという問題がある。そこで多数説は，不当利得ないし事務管理に基づく請求として地方裁判所に訴えを提起すべき事項と解している。

> **Column Ⅰ5-1**　**父子関係の否定と養育費（扶養料）の返還請求の可否**
>
> 　夫 X が，妻 Y の産んだ子 A について，X の子として養育費（扶養料）の負担をしてきたが，XY の離婚後に XA の父子関係が否定された場合，X は Y に対し，不当利得に基づく返還請求ができるか。この点に関する判例はまだなく（父と自然的血縁関係のない子の離婚後の養育費に関しては，最判平成 23・3・18 家月 63 巻 9 号 58 頁がある〔105 頁参照〕），下級審裁判例は，事案の相違もあるが，判断が分かれている。
>
> 　肯定例（大阪高判平成 20・2・28 LEX/DB25400319）は，真実（Y の不貞行為の継続）を知らないために，X が配偶者の責任として別居中の Y に交付した婚姻費用（A の養育費を含む）は，真実を告げられれば交付されなかったものであり，審判に基づくものであっても，その保持を適法とすることは著しく社会正義に反し信義則にもとるとして，不当利得に基づく返還請求を認めた。否定例（東京高判平成 21・12・21 判時 2100 号 43 頁）は，① X が Y との婚姻中，法律上の父として養育費を負担してきたことや，②実子でないことが発覚するまで約 20 年間良好な親子関係が形成され，養育費を投じた結果に，是正をしなければ法規範の許容しない違法な不均衡状態があるとはいえないことから，不当利得の成立を認めなかった。
>
> 　父子関係否定の遡及効の有無のほか，連れ子の養育費と婚姻費用や，連れ子と 877 条 2 項の扶養義務などの論点も関係する興味深い問題である。
>
> 　なお，上記の「妻」に対する子の養育費の不当利得返還請求の問題に関連するものとして，令和 4（2022）年民法改正において，嫡出否認や認知無効で父子関係が否定された場合の「子」に対する父であった者からの監護費用の償還請求（不当利得に基づくものと解される）を否定する規定が新設された（778 条の 3・786 条 4 項）。

第2編
相 続 法

序　論

第**1**章

第 1 節　相続法序論
第 2 節　相続の過程
第 3 節　相続の開始

　　この章では，まず，明治から今日に至るまでの相続法の沿革をたどるとともに，相続制度の意義・根拠などに触れる（第 1 節）。次に，相続が開始し，各相続人に具体的な相続財産が確定的に帰属するまでの法定相続の過程を概観しつつ，法定相続における基本原則を扱う（第 2 節）。最後に，相続の開始原因に関する問題を扱う（第 3 節）。

第 1 節　相続法序論

1 親族的共同生活・私有財産制と相続制度

　死者の財産上の権利・義務をその近親者が承継すること（狭義の相続）は，洋の東西を問わず，習俗として古くから社会において承認されてきた。相続制度はなんらかの私有財産の存在と親族的共同生活を前提とし，その社会・時代における親族制度，親族的共同生活の態様や，財産制度と密接な関係がある。

　いつの時代も，人は近親者との共同生活を営んできた。親族的共同生活は，人類の本質に基づく営みであるが，その形態は社会構造や経済構造によって規定される。農業や手工業が主要な経済構造の下では，家族（親族共同体）は生産の共同体であり，家族構成員の労働により生産が行われる。親族共同体の存続＝生産活動の維持のためには，複数の夫婦・親子から成る家族を統率し，生

産を指揮監督する者＝家長が必要となる。家長は家族構成員の婚姻に干渉した
り，共同生活からの離脱を禁じたり（居所指定）して労働力を規律するととも
に，生産の基盤となる財産を単独で管理する。そのような財産は彼の名義にな
っているとしても，実質は彼を中心とする親族共同体に属する財産（家産）で
あり，彼はその生存中に家産を管理する権限を有するにすぎない。この家産共
有の思想によれば，家産は，できるかぎり彼の死亡後に家外に逸出することな
く，家族（親族共同体）に世代を超えて伝えられる必要のある財産である。し
たがって，相続とは，家産を管理すべき地位の承継にほかならず，その性質上，
一定の親族による単独相続が要求される。家長の地位の承継者は，家長が家産
を他者に無償で処分していても，その財産を取り戻して家産の散逸を防ぎ，自
己に家産を集中させることができた（遺留分制度）。家長による統率と家産の
単独管理は，家族構成員の家族に対する依存度を高めた。

　しかし，技術革新や機械の発明によって工業化が進み，大量の商品が廉価に
供給されるようになると，家族は生産の場でなくなり，工場労働者となった家
族構成員の賃金によって生活する消費の場にすぎなくなる。農業も機械化が進
み，余剰労働人口が賃金労働者として都市部へ移動する。複数の夫婦・親子か
ら成る親族共同体は解消され，各夫婦・親子から成る親族共同体（核家族）に
分散して生活が営まれる。家長による統率は意味がなくなり，個人の収入や財
産は，名実ともに，家ではなくその個人の私的所有に属することになる。私有
財産制度の下では，彼の死後，その財産は誰か個人に承継されるのが望ましい。
そこで，今日，多くの国では，その社会で公認された規範としての親族制度に
基づいて，彼（被相続人）の一定範囲の親族ら（相続人）に，承継者としての地
位（相続権）を認めている（共同相続）。

　他方で，個人の私的所有が確立すると，生前処分と同様に遺言で財産を自由
に処分すること（遺言の自由）も認められるようになる。個人は，自らが定め
る承継者に自由に財産を承継させることもできる（広義の相続）。もっとも，公
的扶助が未整備の社会や，公的扶助の私的扶養に対する補充性を掲げる社会に
おいては，個人の私有財産は，彼とその近親者の親族的共同生活を保障する機
能をもつ。そこで，遺留分制度は，各相続人の生活保障のため，被相続人の財
産処分によっても侵害されない取り分を確保する目的をもつことになった。

2 相続法の沿革

(1) 明治民法

わが国の相続法もおおむね**1**で述べたような経緯をたどった。明治31
(1898) 年に公布施行された民法典第4編・第5編 (明治民法) は，家産共有の
思想を基底に，世代を超えて存続する親族共同体＝家を構想し (家制度⇒第1
編第1章第1節**2**)，家の存続のために，家の統率権 (戸主権) をもつ者が死亡
または隠居したときは，原則として長男子が戸主の地位を承継し，これと不可
分的に家の財産も単独で相続することとした (戸主制度・家督相続制度。これに
対して，戸主でない者が死亡した場合は，彼の財産について均分相続がなされた)。家
督相続人を確保できるよう，相続人の範囲は広く定められるとともに，家督相
続人による相続放棄は認められなかった。

もっとも，明治民法制定当時はすでに工業化が進展しており，明治民法の家
制度と家族の実態は必ずしも一致していなかった。例えば，一般慣行として戸
主の財産を子らに分割することも行われていた。資本主義の進展に伴い，個人
が経済力を備えると，戸主の支配権が衰退し，家は観念上の存在にすぎなくな
った。第1次世界大戦 (大正3〔1914〕年) 以後その傾向はさらに強まり，この
ような実態を背景に臨時法制審議会が設置され (大正8〔1919〕年)，長男子単
独相続の緩和・分家の容易化・相続人としての妻の地位の向上などを掲げる
「民法相続編中改正ノ要綱」(昭和2〔1927〕年) が公表された。しかし，その後，
第2次世界大戦による戦時体制への突入により，要綱に基づく改正はなされな
かった。

(2) 現行民法

終戦を経て，日本国憲法が施行され (昭和22〔1947〕年)，「個人の尊厳と両
性の本質的平等」(憲24条) に沿うように民法は改正された。戸主制度と家督
相続制度が廃止され，相続は純粋に私有財産の承継に関する制度となった。夫
婦とその子から成る近代的婚姻家族が念頭に置かれ，配偶者に相続権が認めら
れるとともに，血族相続人の範囲は子 (直系卑属)・直系尊属・兄弟姉妹 (お
い・めい) に限定され，血族相続人間は均分相続が原則とされた。

(3)　戦後の法改正

(a)　昭和期の改正　その後も相続法は，家族形態や相続観の変化をふまえ
つつ部分的に改正されている。昭和 37（1962）年には，代襲相続制度が改正さ
れ，相続人の不存在に備えて，特別縁故者に対する相続財産の分与制度（958
条の 2）が新設された。

　昭和 30 年代以降，核家族率が急速に上昇し，これに伴い一夫婦あたりの子
の数が減少したことや，婚姻中の夫の財産形成に対する妻の貢献に対する評価
が高まったことから，昭和 55（1980）年には配偶者の相続分が引き上げられた。
他方で，人々の間に均分相続の理念が浸透するのに従い，逆にそこから生じる
不公平も意識されるようになった。例えば，均分相続によれば，後継者として
家業に従事し，親の財産形成に貢献した子とそうでない子とで，相続分に実質
的な不公平が生じるうえに，家業の経営基盤が脅かされるという事態（農地の
分散など）が生じる。そこで，昭和 55 年改正では，被相続人の財産の維持形成
に寄与した相続人に対して，法定相続分に上乗せして，遺産から相当額を与え
る制度が設けられた（寄与分制度：904 条の 2）。

(b)　平成期の改正　平成 11（1999）年には，聴覚・言語機能に障害のある
者が公正証書遺言等をすることができるよう，遺言の方式に関する規定が改正
された（969 条 3 号・972 条・976 条・979 条の改正，969 条の 2 の新設）。平成 25
（2013）年には，900 条 4 号ただし書のうち，非嫡出子の相続分を嫡出子の 1/2
とする旨を定めた部分が削除された（　Column Ⅱ5-1　〔301 頁〕参照）。

　平成 30（2018）年には，高齢化社会の進展や家族関係の多様化等の社会情勢
の変化に対応するため，相続法制が大幅に見直された。具体的な改正項目は多
岐にわたるが，以下の 6 項目に分けることができる。すなわち，①遺産たる建
物に関する配偶者居住権・配偶者短期居住権の新設（1028 条～1041 条），②遺産
分割等に関する見直し（生存配偶者に対する持戻し免除の意思表示に関する推定規定
の新設〔903 条 4 項〕，遺産分割前の遺産処分に関する規定の新設〔906 条の 2〕，遺産分
割前における預貯金債権の払戻し制度の創設〔909 条の 2〕），③遺言制度に関する見
直し（自筆証書遺言の方式緩和〔968 条 2 項・3 項〕，遺言執行者の権限の明確化〔1007
条，1012 条～1016 条〕，「法務局における遺言書の保管等に関する法律」の制定），④遺
留分制度に関する見直し（遺留分権利者の権利の金銭債権化），⑤相続の効力等に

関する見直し（899条の2・902条の2），および，⑥相続人以外の親族の貢献の考慮（「特別の寄与」制度の新設〔1050条〕）である。

(c)　**令和期の改正**　　人口減少・都市部への人口集中と高齢化の進展は，とくに地方において，土地についての利用ニーズの低下と所有意識の変化（「資産」から「負」の財産へ）をもたらし，所有者不明土地（その所有者の全部または一部が不動産登記簿から直ちに判明しないか，判明しても所在不明である土地）を生じさせている。所有者不明土地は，公共事業や民間取引などの土地の利活用を妨げるため，社会問題となった。そこで，令和3（2021）年には，①所有者不明土地の発生を防ぎ，②すでに発生した所有者不明土地を円滑かつ適正に利用できるように，民法および不動産登記法が改正された（令和5〔2023〕年4月1日施行。相続登記の申請の義務化関係の改正については令和6〔2024〕年4月1日，住所等変更登記の申請の義務化関係の改正については令和8〔2026〕年4月1日施行予定）。

①に関しては，所有者不明土地の主要な発生要因が相続であることから，相続法に関する規律について重要な改正がなされた。すなわち，第1に，相続財産の管理制度が見直され，統一的な財産管理制度が創設されるとともに（897条の2），相続財産の管理・清算手続の合理化や手続期間の短縮が図られた（⇒本編第9章第4節）。第2に，相続財産について共有に関する規定を適用するときについて，法定相続分または指定相続分をもって各相続人の共有持分とすることが明記された（898条2項）。第3に，遺産分割に関する制度が見直された。遺産分割が長期未了となる状態の解消を促進するために，相続開始時から10年を経過した後にする遺産分割については，原則として具体的相続分の主張を制限することとし（904条の3），遺産分割の禁止の期間の終期にも制限を設けた（908条2項～5項）。さらに，相続財産に属する共有物の分割について特則（258条の2）が設けられるとともに，裁判所に対する所在等不明共有者の持分の取得請求・譲渡権限付与請求（262条の2・262条の3）が新設された。第4に，不動産登記法において，相続登記（不登76条の2）や住所変更登記（不登76条の5）の申請が義務化され，申請義務の履行方法に関する規定が置かれた（不登76条の3）。また，法定相続分による相続登記がされた後に遺産分割等による所有権移転の登記をする場合には登記権利者の単独申請での更正登記によることができ，相続人が受遺者である遺贈による所有権の移転の登記については，登記権

利者が単独で申請することができるなど（不登63条3項），手続が簡略化された。

　②に関しては，相隣関係の規定の見直し（隣地を使用できる場面の拡張，継続的給付を受けるための設備設置権・設備使用権の新設），および，共有関係の規定の見直し（共有物の使用・変更・管理・分割に関する規定の改正）がなされたほか，所有者不明土地管理命令・管理不全土地管理命令等が新設された（LQ民法Ⅱ・第7章第2節**3**，第4節**3**および第5節参照）。

　さらに，「相続等により取得した土地所有権の国庫への帰属に関する法律」が制定された（令和5〔2023〕年4月27日施行）。この法律は，相続や遺贈により土地所有権の全部または一部を取得した者が，その所有権を国庫に帰属させることについての承認を法務大臣に対して申請し，その承認が得られれば，負担金を納付することにより，その納付の時に当該土地所有権が国庫に帰属するというものである（ただし，この法律は，公共的観点から社会的便益のある土地を対象とすべきとの理解，および，所有者のモラルハザードを考慮して，一定の土地を，承認申請をすることができない土地〔相続国庫帰属2条3項〕や法務大臣の承認を得られない土地〔同法5条1項〕として，国庫帰属の対象から除外している）。

　令和5（2023）年には，社会のデジタル化の進展を背景に公証人法が改正され，公正証書が電磁的記録化されるとともに，その作成手続を映像・音声の送受信によって行うことが可能となった。それとともに民法の規定も改正され，遺言公正証書の作成方法は公証人法の規定に委ねられることになった（改正法は令和7〔2025〕年12月13日までに施行される）。

(4)　今後の展望と課題

　相続法の具体的な改正課題については，序第1節**3**(3)で触れた。ここでは，相続法改正に直結しない問題を含めて，相続制度の今後の展望と課題を述べる。

　現在，わが国における生活形態・家族形態に関しては，多様化，国際化，高齢化という現象が挙げられる。家族形態の多様化は，とくに相続人の範囲をめぐる問題に直接・間接に影響を与えうる。誰を相続人とし，どれだけ相続分を与えるかは，親族制度，家族観や社会事情を考慮した政策的判断によるからである。例えば，近年では，同性愛者の権利主張が高まり，その共同生活関係にも法的保護を与えるか，与えるとしてどのような形で与えるか（例えば，立法

によって婚姻類似の保護を与えるか）という問題がわが国でも議論されている。このような議論の帰結は直接的には親族制度に影響を与えうるものだが，親族制度を基礎として定まる相続人の範囲にも間接的に影響を及ぼすだろう。また，未婚率の上昇や少子化によって相続人不存在の事例が年々増加しているが，このことは，将来，相続人の範囲を狭く限定する現行制度に見直しを迫るか，遺言制度の利用をより促進させることになろう。

次に，国際化や規制緩和により，国際結婚・養子縁組をする人や国外に資産を持つ人も増えており，渉外的相続事件が増加傾向にある。国際相続をめぐる問題は，諸外国の相続法制（および夫婦財産制）の多様性から，今後さらに重要性を増すだろう。

最後に，高齢化によって，相続による次世代への財産移転の時期が遅くなった結果，相続に従来期待されていた機能はあまり働かなくなっている。今日では，子は，中高年になった頃に親を相続するのがふつうであり，相続が遺族（子）の生活保障として実際に機能することはほとんどない。他方で，核家族化・少子化の延長線上には家族規模の縮小とこれに伴う家族の機能の縮小があり，今後，高齢者の介護や扶養などを国家が担う比重が増すとすれば，相続制度の意義も改めて問われることになるかもしれない（ Column Ⅱ1-1 〔242頁〕も参照）。

③ 相続の根拠

(1) 相続制度の必要性

私有財産制の下では，人は生きている間，財産を所有することが保障されている（憲29条1項）。死ねば，人は権利能力を失い，その財産は所有者を失う。私有財産制をとる以上は，所有者の死亡時に，その財産が誰か個人に承継されるのが望ましい。これが相続制度である。

相続制度がなくても私有財産制は存立しうるかもしれない。しかし，第1に，相続制度がない結果，死者の財産が無主物になるとすれば，動産については，これを最初に占有した人が所有者となるため（無主物先占：239条1項），死にそうな人の死を待ちかまえて財産を奪い合う人々があらわれ，社会は極めて不安定になるかもしれない（なお，現行法上，無主の不動産は国庫に帰属する。239条2

項）。債務も債務者の死亡とともに消滅するとすれば，取引の安全が損なわれる。第2に，死者の財産をすべて国家に帰属させることとした場合には，遺産が無主物になるのを避けられるし，富の再分配も実現できる（相続税はそのような機能を果たす）。しかし，人々が自分の死後，家族または意中の人に財産を遺すという期待や動機を多少なりとももっているとすれば，国家への遺産の帰属は，生産活動や貯蓄（投資）への人々のインセンティヴを低下させることになる可能性がある。

(2)　相続の根拠

　相続制度を肯定する場合，次に問題になるのは，誰に承継させるべきかである。承継者決定のルールは2つある。1つは，社会で公認された規範（親族制度）に基づくもの（法定相続制度），もう1つは，死者の生前の意思に基づくもの（遺言制度）である。

　このうち，遺言制度については，私有財産制の延長という視点から正当化がなされることが多い（異論もある）。

　他方，法定相続については，死者との親族関係によって遺産を承継する権利（相続権）が認められる根拠として，①遺産の中に存する潜在的持分の清算，②親族的共同生活関係に基づく生活保障，③被相続人の意思の推定，④血縁（血の代償）が挙げられる。しかし，①〜④のいずれかで完全に説明することは困難である。①②に対しては，現行民法は，共同生活や被相続人の財産形成に対する貢献の有無・程度を考慮しない。とくに血族相続人は，被相続人と生計を同じくしていない場合も多いし，平均寿命が延びた今日では，被相続人の子は通常は独立した成人であり，扶養を要する未成年者であることは例外的である。③は遺言と法定相続との整合的な説明には適する（法定相続＝遺言がない場合の補充的規定）が，法定相続は被相続人の意思に合致しないこともある。例えば，法定相続とは異なる意思が明確である場合でも，意思が遺言で示されない限り法定相続が適用される。この場合に，被相続人が法定相続を望んだとみなされる根拠は，③では説明できず，①②④によって説明するしかない。最後に，④は，被相続人の財産の実質を親族共同体の財産（家産）と捉え，世代に沿って血縁者に財産が承継されるとするが，配偶者（非血縁者）にはあてはまらない。

　法定相続人とされる一定範囲の親族は，被相続人との親族関係ゆえに，通常は①〜④のいずれかに該当するだろうが，現行民法は，実質を問題にせずに，画一的に親族関係の存否のみを相続権の基準とする。結局，法定相続権の統一的な根拠づけは困難といわざるをえない。

> **Column Ⅱ1-1　法定相続制度の正当性**
>
> 　本文で述べたように，死者の親族が財産を承継することを根拠づけるのは難しい。しかしそもそもなぜ法定相続制度については，他の制度以上にその根拠が問われるのだろうか。
>
> 　前近代には，財産のほか，貴族などの身分や職業も，親から子へと制度的に世襲（承継）された。近代以降，身分や職業の世襲は否定されたが，法定相続制度は，財産の世襲を現代においてなお存続させる制度だということになる。資本主義社会では，人は自らの労働によって財産を取得するのが基本とされ，その財産を用いて自由な経済活動をおこなうことが保障されている。しかし，相続という「不労所得」が認められる結果，親が裕福かそうでないかによって，個人のスタートラインに不平等が生じる。この点で，なぜ親の財産を子が承継できるのか，法定相続制度の根拠を明確にすることが求められるのである。
>
> 　個人の自由な経済活動を保障するために不平等の是正が必要であると考える論者からは，相続否定論も強く主張されている。このような立場からは，富の集中や固定を解消するために，相続税による富の再分配機能をより強化すべきだということになる。

第2節　相続の過程

1 死亡による相続の開始

　かつては，隠居を開始原因とする生前相続が存在したが，現在では，相続は人の死亡によってのみ開始する（882条）。自然人の権利能力は，死亡によって消滅する。その結果，死者に帰属した財産は帰属先を失い，新たな帰属先を決める必要が生じる。そのための制度が相続である。民法は，相続について以下に掲げる原則を前提とする。もっとも，以下の原則は，そのまま貫くと，相続人や第三者（とくに相続債権者，相続人の債権者）の保護との関係で不都合が生じる場合もあるので，修正されたり，例外が設けられたりしている。

　（i）　**当然・直接・包括の承継**　　被相続人に属していた権利・義務は，その帰属先を失った瞬間に，すなわち被相続人の死亡時に，その相続人へ，「直ちに」移転する。承継は，相続人の意思に関係なく法律上「当然に」生じ，なんらの手続も要しない（**当然承継**）。なお，相続人は，原則として，被相続人の財産に属する「一切の」権利義務（正確には，そのような権利義務を有する法的地位）を包括的に承継する（**包括承継**）。

　（ii）　**同時存在の原則**　　（i）の当然承継主義を前提にすれば，相続人となる者は，被相続人の死亡時に，少なくとも胎児として存在していること（権利能力を有すること）が必要である。これを**同時存在の原則**という。

② 法定相続の過程

　法定相続における基本的な過程を見ながら，当然承継主義およびその修正もあわせて概観しておこう。なお，相続人が1人のみの場合を単独相続，複数いる場合を共同相続という。

　以下では，3人の子（A・B・C）がいるXが，土地（2000万円），建物（1000万円），およびG銀行に対する債務3000万円を遺して死亡したという共同相続の例をもとに，法定相続の基本的な流れを説明する（Xの遺言はないとする）。共同相続では，⑴被相続人の死亡→⑵遺産共有→⑶各相続人による相続の承認や放棄→⑷遺産分割→⑸相続財産に対する各相続人の具体的取得部分の確定，という流れをたどる（なお，相続の対象となる財産は，条文によって「相続財産」と呼ばれたり「遺産」と呼ばれたりする。相続財産の多義性については，　Column Ⅱ6-1　〔321頁〕参照）。単独相続の場合は，以上の過程のうち，⑵⑷はない。単独相続人は，（⑶で相続を放棄しない限り）相続財産をすべて承継する。

（1）　被相続人の死亡＝相続開始時

　子A・B・Cは相続人となり（887条1項），Xの財産に属する権利義務を包括的に承継する（896条）。積極財産（土地・建物）だけでなく，消極財産（G銀行に対する債務）も相続する。ただし，X個人の身分・人格と密接に結びつき，他人に帰属させるのが不適切な法的地位があれば，それは例外的に相続の対象とはならない（同条ただし書⇒本編第4章）。

設例のように相続人が複数いる場合には，各相続人は，各自の法定相続分（900条4号）に応じて被相続人の権利義務を承継する（898条・899条）。したがって，Aは，相続開始時において，土地・建物について法定相続分に応じた持分（1/3）をもち，債務も1/3を負担する（⇒本編第2章・第5章）。このように，当然承継の原則からは，Aは，相続開始の事実の知・不知や自己の意思に関係なく，当然に相続させられることになる。

(2)　遺 産 共 有

相続開始以後，相続財産である土地・建物について，A・B・Cが，法定相続分1/3ずつの割合で共有する状態が生じる（ただし，相続人の範囲や相続分は，(3)の結果，変動する可能性がある）。これを遺産共有という（898条・899条⇒本編第6章）。

遺産共有の状態は，(4)の遺産分割手続を経て，誰がどの相続財産を確定的に取得するかが決まるまで存続する。損害賠償債権などの可分債権や可分債務については，相続開始時において，法律上当然に，法定相続分に応じて各相続人に分割される。したがって，Aは，(1)の時点で，G銀行に対する債務1000万円分（1/3）を負う。

(3)　各相続人による相続の承認や放棄

当然承継主義の下では，例えば相続財産が債務超過の場合には，相続人は当然に債務を承継し，自己の固有財産から相続債務を弁済する義務を負うことになる。しかし，私的自治の原則によれば，人は，自己の意思によらずに権利義務の承継を強制させられるべきではない。そこで，相続人は，相続を承認・放棄することができるようになっている（⇒本編第3章）。Aは，(1)を知った時から3か月以内に相続を承認するか放棄するかを選択することができる（915条）。期間内に何も選択しなければ，Aは，当然承継の原則と同内容で相続を承認した（＝単純承認した）とみなされ（921条2号），法定相続分どおりに積極財産と債務を承継したことになる。放棄すれば，Aは相続開始時から相続人ではなかったことになり，相続財産を一度も承継しなかったことになる（939条）。ここでは，誰も相続放棄しなかったものとして話を進める。

(4)　遺 産 分 割

遺産共有の下では，相続財産は各相続人に暫定的に帰属しているにすぎない。遺産共有のままでは，土地・建物を各相続人が使用したり処分したりするにも不便なので，どの財産が誰のものになるかを確定し，遺産共有関係を解消する必要がある。この手続を遺産分割という。

各相続人が遺産分割で取得する相続財産の割合は，具体的事情（ある相続人が，被相続人からの生前贈与により特別の利益を得た，または，被相続人の財産の維持・増加について特別の寄与をした等）を考慮して算定され，相続人間の実質的公平を図るように，遺産分割手続を経て形成される。これを具体的相続分という（⇒本編第5章第4節）。

遺産分割は，まず相続人全員で協議して決める（協議分割：907条1項）。協議がまとまらない場合は，Aは，B・Cを相手方として，家庭裁判所に調停や審判を申し立てることができる（調停分割・審判分割：907条2項）。調停でも分割が成立しなければ，合意による解決は断念し，家庭裁判所に決めてもらうことになる（審判分割）。協議分割でも調停分割でも，全員が合意すれば具体的相続分と異なる分割をしてもよい。審判分割の場合は，家庭裁判所が，具体的相続分に従って，遺産の種類や性質，各相続人の年齢・職業・心身の状態および生活の状況その他一切の事情を考慮して，分割をおこなう（906条）。

(5)　相続財産に対する各相続人の具体的取得部分の確定

(4)で，Aが土地，Bが建物を取得する旨の協議分割がおこなわれたとする。実際の過程では，遺産分割によって，A・B・Cが具体的にどの相続財産を取得するかがはじめて決まる。しかし，民法は，遺産分割に遡及効を与え（909条本文），遺産分割によって相続人が取得した個別財産は，相続開始時において被相続人からその相続人に直接に承継されたものとする。したがって，Aは，相続開始の時にXから土地を単独で承継したことになる。相続開始から遺産分割までの間に生じていた遺産共有状態は，遡及的になかったこととされるのである（しかし，909条ただし書に注意）。

3 法定相続と債権者

(1) 当然承継主義と清算主義

　もし，債務者の死亡によって債権が消滅するならば，取引の安全が害されることになり，ひいては債務者の利益も損なわれる（例えば，高齢になると金銭を借りられなくなってしまう）。そこで，わが国では，**当然承継主義**により，被相続人の財産に属した権利義務をそのまま相続人に承継させることで，被相続人の債権者（相続債権者という）の保護を図っている。しかし，債権者保護の方法としては，債務者の死亡時に，債務者が有していた積極財産と消極財産を清算する方法（**清算主義**）もありえ，英米法系では清算主義を採る国もみられる。この場合は，相続財産はいったん遺産管理人に帰属し，彼が積極財産で消極財産を弁済した後に，残る積極財産があれば相続人が相続する。清算主義の下では，消極財産の相続は生じる余地がない。

(2) 清算の必要性

　当然承継主義の下でも，相続債権者や相続人の債権者は不利益をこうむる場合がある。例えば，**2**で用いた設例で，A に債権者 Z がいるとすると，本来，G 銀行は X の責任財産を，Z は A の責任財産を引当てにしていたところ，相続によって，A と X の責任財産は混合する。この場合に，もし，A の固有財産が債務超過であれば，G 銀行が引当てにできる責任財産が減ることになる。逆に，A の相続した相続財産が債務超過であれば，Z が引当てにできる責任財産が減ることになる。そこで，民法は，例外的に，相続財産を清算できる場合を定めている（⇒本編第 9 章）。

第 3 節　相続の開始

1 被相続人の死亡

(1) 死　　亡

　死亡とは，人の生命活動が停止することである。通常は，人の生命活動を維

持している脳と心肺がほぼ同時に機能を停止するので，死の定義が問題になることはない。しかし，脳だけが機能を停止した場合に，これを人の死として扱うかは議論がある。臓器の移植に関する法律（平 9 法 104 号）によれば，脳幹を含む全脳の機能が不可逆的に停止するに至ったと判定された場合を脳死という（臓器移植 6 条 2 項）。ある人について，同法に基づいて脳死と判定され，かつ臓器移植のための臓器の摘出がなされた場合には，脳死と判定された時点で民法上も死亡したことになろう。

　なお，死亡の事実が確実に証明できない場合でも，次の (2)・(3) については，死亡したものと扱われて相続が開始する。

(2)　失 踪 宣 告

　住所または居所を去り，帰ってくる見込みのあまりない者（不在者）については，生きているとみなされるので，相続は開始しない。しかし，不在者は，生死不明の状態が一定期間継続すると，利害関係人からの請求に基づき，家庭裁判所の審判により死亡したものと扱われる（失踪宣告。家事別表第一 56 項）。具体的には，①生存が証明された最後の時から 7 年間生死不明の場合（普通失踪：30 条 1 項）には，その 7 年の期間が満了した時に死亡したものとみなされる（31 条）。②戦争や船の沈没など，死亡の原因となるべき危難に遭遇し，その危難が去った時から 1 年間生死不明の場合（危難失踪：30 条 2 項）は，危難の去った時に死亡したものとみなされる（31 条）。

(3)　認 定 死 亡

　ある者が水難・火災その他の事変によって死亡したことが確実である場合に，死体が確認されなくても，取調べをした官公署等が死亡を認定し，市町村長に死亡の報告をし，それに基づいて戸籍に死亡の記載がなされれば，その者は，戸籍記載の年月日に死亡したものと事実上推定される（戸 89 条）。近年では，東日本大震災（平成 23〔2011〕年）や御嶽山噴火（平成 26〔2014〕年）による行方不明者について，認定死亡の制度が適用された。

2 相続開始の場所

　相続は，被相続人の住所において開始する（883条・22条）。883条は相続事件の裁判管轄に関する規定であるが，民事訴訟法や家事事件手続法は，事件の種類ごとに具体的な管轄を定めている（民訴5条14号・15号，家事191条など）。

第 **2** 章
相 続 人

第 1 節　序
第 2 節　相続人と相続順位
第 3 節　欠格と廃除

> 　被相続人の財産を相続する権利（相続権）は，被相続人と一定の親族関係にある者に対して認められる。まず，第 1 節，第 2 節では，誰に相続権が認められるか（相続人の範囲）について扱う。次に，相続人は，その親族法上の地位に基づいて認められた相続権を，自らの意思で放棄する場合もあれば（相続放棄。本編第 3 章第 5 節で扱う），一定の事由に基づいて，自らの意思によらずに剥奪される場合もある。第 3 節は後者の場合を扱う。

第 1 節　序

1　同時存在の原則

　相続人は，被相続人の死亡（相続開始）時にその財産を当然かつ包括的に承継する者だから，権利能力を有していること，すなわち相続開始時に存在していることが必要である（**同時存在の原則**）。互いに相続権をもつ者どうしの間では，先に死亡した一方を，その死亡時に存在する他方が相続することになる。両者が同時に死亡した場合には，互いに相手を相続できない。

　例えば，X には妻 A，子 B，父母 G・H がいるとする（次頁**図表Ⅱ2-1**）。この場合に，X の財産を承継する者は，X と B の死亡の先後関係によって次のように異なる。

もし①Ｘ②Ｂの順で死亡したならば，①Ｘの死亡により，Ａ（890条）とＢ（887条1項）がＸの財産を2分の1ずつ相続し（900条1号），②Ｂの死亡により，ＡがＢを相続する（889条1項1号）。結果として，Ｘの財産はすべてＡに承継されることになる。これに対して，①Ｂ②Ｘの順で死亡したならば，先に死亡したＢは親

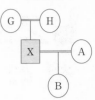

Ｘを相続できず，Ａ（890条）が3分の2，Ｇ・Ｈ（889条1項1号）が各6分の1の割合で，Ｘの財産を相続する（900条2号・4号）。

　このように，互いに相続権をもつ者どうしの間の死亡の先後は，その相続人の確定にとって重要な基準となる。しかし，ＸとＢが同一の危難で死亡した場合のように，死亡の順序を確実に証明するのが困難な場合もありうる。そこで，数人の者が死亡した場合に，そのうちの1人が他の者の死亡後になお生存していたことが明らかでないときは，これらの者は同時に死亡したものと推定される（**同時死亡の推定**：32条の2）。同時死亡の推定がなされると，他の者の死亡時に自分も死亡したことになるので，互いに相手を相続できない。**図表Ⅱ2-1**でＸとＢの死亡の順序が明らかでないときは，同時に死亡したと推定され，ＸとＢの間で互いに相続が生じない結果，ＸをＡとＧ・Ｈが相続し，ＢをＡが相続することになる。

② 同時存在の原則の例外──胎児の出生擬制

　人は出生してはじめて権利能力をもつ（3条1項）ので，同時存在の原則によれば，相続人となるべき者が相続開始時に胎児である場合は，相続権はないことになる。例えば，被相続人Ｘが死亡したが，死亡の前日に嫡出子Ａが，翌日に非嫡出子Ｂが出生したという場合に，ＡもＢもＸとの法的父子関係が等しく認められても，Ａには相続権があって，Ｂには相続権がない。しかし，胎児は，近い将来に人として権利能力をもつであろう存在である。それにもかかわらず，その出生が被相続人死亡の前日である場合と翌日である場合とで，その法的地位が大きく異なるのは公平でない。このような不公平を解消するために，民法は，胎児を既に生まれたものとみなしてその権利能力を擬制し（886条1項），相続権を保障する（同様に胎児の保護のためにその権利能力を擬制す

る場面として，損害賠償請求権〔721条〕，遺贈〔965条〕がある）。なお，上記設例におけるBは，Xから胎児認知を受けるか，死後認知によって，その出生時からXとの父子関係が生じるところ（784条），さらに886条1項が適用されて，Xの相続に関しては胎児の時点で既に生まれたものとみなされる結果，Xの相続開始時においてXの子であったことになるので，Bは相続権を有する。

　胎児が生きて生まれなかった場合には，出生は擬制されない（886条2項）。胎児に現実に権利能力が認められるのは，後日生きて生まれた場合に限られる。そこで，生きて生まれるかどうか未確定の胎児の段階で実際に権利能力を認めるか，具体的には，胎児の母が代理して胎児の権利を行使できるかが問題になる。考え方は2つある。1つは，胎児の段階では権利能力を認めないが，生きて生まれた場合には胎児の時に遡って権利能力があったとする考え方（停止条件説・**人格遡及説**。大判昭和7・10・6民集11巻2023頁）である。この考え方によれば，胎児の段階では権利能力がないので，母の代理による権利行使もありえない。生きて生まれれば，その子は相続開始時から相続権をもっていたことになる。したがって，もし子の出生前に他の相続人らが遺産分割を行っていても，相続人の一部を除外した無効な遺産分割となるので，やり直しが必要になる。もう1つは，胎児の段階で権利能力を認めるが，死産の場合には権利能力がはじめからなかったとする考え方（解除条件説・**制限人格説**）である。この考え方によれば，胎児はすでに相続権をもつので，母の代理により遺産分割で権利を主張できる。しかし，もし死産だったならば，胎児は相続開始時から相続人でなかったことになるので，遺産分割は胎児に帰属するとされた財産に関して無効となり，その限りで改めて遺産分割が必要になる。

　いずれにせよ，胎児出生前の遺産分割には実益も必要性も低いわりに上記のような問題が生じうるので，現実には胎児の出生を待って遺産分割手続を進めることになろう。

第2節　相続人と相続順位

1 相続人の範囲

　相続人となりうるのは，(1)被相続人
の配偶者，および，(2)被相続人と法律
上，血のつながりがある者（血族）で
ある。**図表Ⅱ2-2**のＸが死亡した場合
において，相続人となりうるのは，(1)
配偶者Ａ，(2)①子Ｂ・Ｃ・Ｄ，②直系
尊属Ｇ・Ｈ，③兄弟姉妹Ｉ・Ｊ・Ｋであ
る。配偶者Ａは常に相続人となるが，

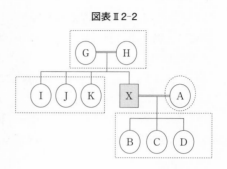

図表Ⅱ2-2

血族相続人については①②③の順序が定められ，存在する最も順位の早いグル
ープの者だけが相続人となる。

2 配偶者相続人と血族相続人

（1）配偶者相続人

　被相続人に配偶者がある場合には，配偶者は常に――血族相続人がいればそ
の者とともに，いなければ単独で――相続人となる（890条）。夫婦別産制の下
では，婚姻中に配偶者の一方が形成した財産に対する他方配偶者の協力につい
て，婚姻継続中に財産的な評価はなされない。婚姻解消時（離婚・死亡）には
じめて配偶者の一方の財産に対する他方配偶者の協力（潜在的持分）が観念さ
れ，「清算」がなされる。離婚の場合には財産分与が，死別の場合には配偶者
相続権が清算の機能を果たす。

　相続に関する法律関係の画一的処理の必要上，「配偶者」とは，戸籍でその
存在を確認しうる法律婚の配偶者を指し，内縁配偶者を含まない。内縁配偶者
は，生前解消の場合には財産分与規定（768条）の類推適用によって財産の清
算を求めうるが，死別の場合には配偶者相続権（890条）の規定はもちろん，
財産分与規定も類推適用されない（最決平成12・3・10民集54巻3号1040頁⇒第

1編第2章第6節**3**(3)(ii))。内縁生存配偶者が被相続人の死亡に際して被相続人の財産を取得するには，相続以外の方法，例えば被相続人から死因贈与や遺贈を受けることが考えられる。相続法上は，内縁生存配偶者は，被相続人に相続人がいない場合に特別縁故者として被相続人の財産からの分与を求める（958条の2）ことができるにすぎない（1050条の特別寄与者にもあたらない）。

(2)　血族相続人

　被相続人と一定の血族関係にある者は，その血縁に基づいて相続人となる（親族の概念について，第1編第1章第2節参照）。血族相続人には順位があり，先順位の血族相続人がいない場合にはじめて，後順位の血族相続人が相続権をもつ。「先順位の血族相続人がいない場合」とは，先順位の相続人全員が相続開始以前に死亡した場合のほか，相続欠格（891条）・廃除（892条・893条）によって相続権を失った場合や，相続放棄（939条）をした場合をいう。

　(i)　第1順位の相続人　　第1順位の相続人は，被相続人の子である（887条1項）。**図表Ⅱ2-2**ではB・C・Dである。

　子とは，分娩の事実（母子関係，最判昭和37・4・27民集16巻7号1247頁），嫡出推定または認知（父子関係）や，養子縁組によって被相続人との間に法的親子関係が成立した子である。嫡出子か否かは問わない。普通養子は，実親の相続および養親の相続の両方について，子としての相続権をもつ。しかし，特別養子は，縁組によって実方の血族との親族関係が終了するので（817条の9），実親の相続について相続権をもたない。

　継親子関係（例えば女性が前夫の子を連れて後夫と婚姻した場合の，前夫の子と後夫との関係）は法的親子関係ではなく1親等の姻族関係にすぎない。前夫の子（継子）と後夫が養子縁組をしないかぎり，後夫と継子の間で相続は生じない。

　被相続人の死亡以前に子が死亡したり，欠格や廃除によって子が相続権を喪失したりして，被相続人に子がいなくなった場合でも，孫（直系卑属）がいるときは，第2順位の相続人が相続権を得るのではなく，孫が子の代わりに相続人となる（代襲相続：887条2項・3項⇒**3**）。

　(ii)　第2順位の相続人　　第2順位の相続人は直系尊属である（889条1項1号）。**図表Ⅱ2-2**ではG・Hである。直系尊属は，被相続人に子（直系卑属）が

いない場合に相続権をもつ。

被相続人に親等の異なる直系尊属がいる場合（例えば父母と祖父母がいる場合）には，親等の近い直系尊属（父母）のみが相続権をもつ（同号ただし書）。普通養子の相続については，実方および養方の直系尊属がともに相続権をもつ。特別養子の相続については実方の直系尊属には相続権がない（817条の9）。

(iii) **第3順位の相続人**　第3順位の相続人は兄弟姉妹である（889条1項2号）。**図表Ⅱ2-2**ではⅠ・Ｊ・Ｋである。兄弟姉妹は，被相続人に子（直系卑属）・直系尊属がいない場合に相続権をもつ。兄弟姉妹が被相続人の死亡以前に死亡したり，相続欠格や廃除により相続権を喪失した場合でも，兄弟姉妹に子がいる場合には，子が兄弟姉妹の代わりに相続人となる（代襲相続：889条2項⇒**3**）。

3 代 襲 相 続

(1) 趣　　旨

多くの場合は，親→子→孫というように生命の生じた順に死亡し，財産が相続される。しかし，子がたまたま親より先に死亡した場合は，同時存在の原則により，子が親を相続できない結果，親の財産が孫へと承継されなくなる。**図表Ⅱ2-3**で，被相続人Ｘの子Ｂ・Ｃ・Ｄのうち，ＤがＸより先に死亡した場合に，Ｃの子Ｑは，Ｃが相続したＸの相続財産をＣの相続を通じて承継できる

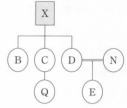

図表Ⅱ2-3

が，Ｄの子Ｅは，もはやＸの相続財産を承継できない。上から下の世代へという自然な財産承継に対する期待を考えると，そのような偶然の事情によって，孫のうち，被相続人の子が受けた（はずの）財産を承継できる者とそうでない者が生じるのは公平ではない。そこで，相続人となるべき子または兄弟姉妹が一定の事由により相続権を失った場合には，その者の子が，その者の受けるはずだった相続分を，被相続人から直接に相続できる（887条2項・889条2項）。これを**代襲相続**という。相続権を失ったために自らは相続できない者を**被代襲者**，被代襲者の順位に上がってその相続分を被相続人から相続する者を代襲者（**代襲相続人**）という。代襲相続制度は，血族関係に基づいて被代襲者を承継し

うる地位にある子に，その相続利益や期待権を保護するものである。

　例えば，**図表Ⅱ2-3**において，被相続人Ｘの子Ｂ・Ｃ・Ｄのうち，ＤがＸより先に死亡した場合は，Ｄの子Ｅ（Ｘの孫）が，Ｄと同じ相続順位で，Ｂ・Ｃとともに Ｘ を相続する。被代襲者の配偶者には代襲相続権はないので，Ｄの配偶者ＮはＤを代襲してＸを相続することはできない。被代襲者の配偶者に代襲相続権を認めないのは，配偶者が再婚した場合に被相続人の財産が家の外に流出する点が不合理と考えられたことによる。このように，沿革的には代襲相続は「祖先の財産の，子孫による承継」という意味があった。

(2)　被代襲者と代襲原因

　(a)　**被代襲者**　　代襲される者は，被相続人の子（直系卑属）または兄弟姉妹に限られる（887条2項・3項，889条2項）。

　(b)　**代襲原因**　　被代襲者が，①相続開始以前に死亡した場合，②相続欠格（891条）や③廃除（892条・893条）により相続権を失った場合に，代襲相続が生じる（887条2項）。①は相続開始「以」前の死亡が代襲原因なので，被相続人と被代襲者が同時に死亡した場合（32条の2）も，代襲相続が生じる。

　相続放棄は代襲原因ではない。民法は，相続放棄した者を「初めから相続人とならなかったものとみな」し（939条），相続放棄を代襲原因から除く（昭和37〔1962〕年改正による）。相続放棄者は，相続開始時に暫定的に被相続人の遺産を取得したのちにそれを放棄したと見れば，自分の系統には遺産はいらないという趣旨の任意処分をしたと捉えることができるからである。

(3)　代襲相続人

　(a)　**要　件**　　(i)　**被代襲者の子であること**　　代襲相続人は，被代襲者の子でなければならない。すなわち，被相続人の子の子（孫）や被相続人の兄弟姉妹の子（おい・めい）である。

　被相続人の子の子が代襲相続人となるには，その者は被相続人の直系卑属でなければならない（887条2項ただし書）。したがって，被代襲者が被相続人の養子である場合に，縁組「前」に生まれた被代襲者の子には，代襲相続権はない。養子縁組の日から養子（被代襲者）と養親（被相続人）との間に親族関係が

生じるので（727条），縁組「後」に養子の子が生
まれた場合は，養子の子と被相続人は親族関係に
あるが，養子縁組「前」に生まれた養子の子（養
子の血族）と被相続人との間に親族関係は生じな
いからである。**図表Ⅱ2-3**で，DがXの養子であ
るとする。DがXより先に死亡した場合に，D
の子EがDを代襲してXを相続できるのは，E
がD・X間の養子縁組「後」に生まれた子である
場合に限られる。

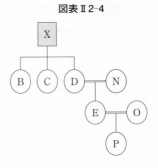

図表Ⅱ2-4

　図表Ⅱ2-4で，被相続人Xの子B・C・Dのうち，DがXより先に死亡し，
Dの子EもXより先に死亡している場合は（Eの死亡はDより先でも後でもよい），
Eの子Pが，E，さらに，Dを代襲してB・CとともにXを相続する。このよ
うに，被代襲者が被相続人の子である場合に，被代襲者の子（被相続人の孫）
も代襲相続権を失ったとき（被相続人の死亡以前に死亡したときや，被相続人の相
続に関して欠格・廃除により相続権を喪失したとき）は，被代襲者の子に直系卑属
（被相続人の曾孫）がいれば，直系卑属が代襲相続権をもつ（887条3項）。これ
を**再代襲**という。889条2項は，887条3項を準用していないので，被代襲者
が被相続人の兄弟姉妹の場合は再代襲はない。

　(ii)　相続開始時に存在していること　　代襲相続人は，相続開始時に被相続
人の財産に属した権利義務を相続するので，被相続人の死亡時に，少なくとも
胎児として存在することが必要である（同時存在の原則）。

　(b)　被代襲者と代襲者の関係　　**(i)　被代襲者の相続についての相続権の要
否**　　被代襲者の子は，被代襲者の相続について廃除されても，被相続人を代
襲相続することができる。また，被代襲者の子は，被代襲者の相続について
891条2号～5号に基づいて欠格者とされる場合でも，被相続人との関係では
欠格者でないので被相続人を代襲相続できる。しかし，被代襲者の子が，被代
襲者の殺害（891条1号）を理由に被代襲者の相続について欠格者となっている
場合は，被相続人の相続についても，先順位の相続人の殺害（891条1号）を理
由に欠格者となるので，代襲相続権はない。**図表Ⅱ2-3**で，DがXより先に死
亡している場合に，Dの子Eは，Dから廃除されていても，Xを代襲相続す

ることができる。しかし，Dを殺害したためにEがDの相続について欠格者となっている場合は，Xの相続についても欠格者となるのでXを代襲相続することはできない。なお，被代襲者の子は，被代襲者の相続を放棄しても，被代襲者の相続に関してのみ，相続人とならなかったものとみなされる（939条）と考えるべきである。したがって，この場合も，被代襲者の子は，被相続人を代襲相続することができる。

(ii)　**代襲原因発生時の存在の要否**　　代襲者は，被代襲者に欠格事由が発生したり被代襲者が廃除されたりした時点に存在する必要はない。したがって，被代襲者が欠格・廃除により相続権を失ってから被相続人が死亡するまでの間に，懐胎された子や被代襲者と養子縁組した者にも，代襲相続権がある。しかし，代襲原因が被代襲者の死亡の場合は，代襲者は，被代襲者の死亡時に少なくとも胎児として存在し，被代襲者を相続しうる立場になければならない。自然生殖の場合は，被代襲者の死亡「後」にその子が懐胎されることはほぼありえないが，生殖補助医療を用いた場合はありうる。例えば，父の死後にその保存精子を用いて懐胎された子は，仮に父子関係が認められるとしても，父死亡時には胎児としてすら存在していなかったのだから父を相続しえない。そのため，死後懐胎子は，父を代襲して父の父（祖父）を相続することもできない（最判平成18・9・4民集60巻7号2563頁）。

(4)　代襲相続の効果

　代襲相続人は，被代襲者に代位して被代襲者の相続権を行使するのではなく，本来は自己固有の権利として代襲相続権を行使する。代襲相続人は，被代襲者の相続順位に上がって被相続人を直接相続する。しかし，1人の被代襲者に複数の代襲相続人がいる場合に，各自の相続分は被代襲者の受けるべきだった相続分を等分したものとなる点で（901条1項ただし書→900条4号），その地位は代位的である。**図表Ⅱ2-5**で，被相続人Xの子B・C・Dのうち，DがXより先に死亡している場合に，Dの子E・Fは，Dを代襲して，B・CとともにXを相続する。各自の法定相続分

図表Ⅱ2-5

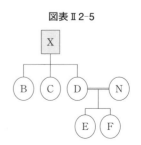

は，B・Cが各1/3で，E・Fは，Dが相続するはずだった相続分を等分して，各1/6となる。

> **Column Ⅱ2-1　法定相続情報証明制度**
>
> 　相続が生じると，相続人は，相続に関する諸手続——相続財産である不動産の登記名義の移転，有価証券の名義の変更，相続税の申告など——をおこなう必要がある。その際には，相続人は，手続ごと・手続機関（法務局・銀行・証券会社・税務署等）ごとに，相続を証明する書類一式（被相続人の戸籍謄本・除籍謄本や相続人の相続資格を証明する書類など）を提出しなければならない。これに要する時間面・費用面のコストは大きく，相続登記未了の不動産が生じる一因であるとも指摘されていた。そこで，手続コストを軽減するために，平成29（2017）年5月29日より「法定相続情報証明制度」の運用が開始された。この制度は，相続人が，法務局（登記所）に対して，①所定の必要書類（被相続人の出生から死亡までの連続した戸除籍謄本，被相続人の住民票の除票，相続人全員の戸籍謄抄本）と，②A4サイズの用紙で作成した「法定相続情報一覧図」（被相続人の氏名・住所・生年月日・死亡年月日と，各相続人の氏名・住所・生年月日・被相続人との続柄を記載した図）を提出し，②の法定相続情報一覧図の保管を申し出るものである。①②の内容に誤り等がないことを登記官が確認すると，法定相続情報一覧図は，申出日の翌年から起算して5年間保管される。そのうえで，認証文付きの「法定相続情報一覧図の写し」が作成され（偽造防止措置の施された専用紙で作成される），相続人に対して無料で交付される（複数通の交付も可能である）。以後の相続手続において，相続人は，相続を証明する書類として，法定相続情報一覧図の写しを利用することができる。

4　相続資格の重複

　(a)　**基本的な考え方**　　法定相続人は，被相続人またはその血族と普通養子縁組をすることによって，被相続人の相続において，観念上，本来の相続権と養子縁組に由来する相続権とを重複して持つ場合がある（**図表Ⅱ2-6**参照）。このような場合に，相続人が2つの相続権を行使しうるかどうかについては，相続権を基礎づける2つの身分が民法上排斥しあう関係にあるかどうかが基準となる。基本的には，2つの身分が排斥しあう関係にない限りは，相続権の重複が認められる（有力説）。

　(b)　**重複の具体例**　　①　被相続人が孫を養子にした場合に，養子の実親

図表Ⅱ2-6

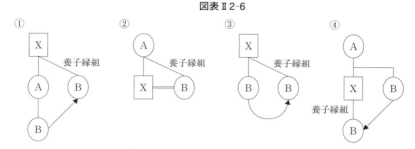

X：被相続人
B：相続資格が重複する者

（被相続人の子）が被相続人の死亡以前に死亡すれば，孫は親の代襲者としての相続権と被相続人の養子としての相続権をもつ（血族相続権の重複）。実孫であることと養子であることは両立しうるので，相続権の重複行使が認められる。

②　被相続人が自分の親の養子と婚姻した場合に，養子は，被相続人の配偶者としての相続権をもつ。この場合に，被相続人に直系卑属・直系尊属がいないときは，養子は，兄弟姉妹としての相続権ももつ（配偶者相続権と血族相続権の重複）。配偶者であることと兄弟姉妹であることは，少なくとも養子縁組の場面では両立しうるので，この場合も相続権の重複行使が認められる。ただし，戸籍先例は，①では両方の相続分を併せ取得するが，②では配偶者としての相続分のみを有するとする。その理由は明示されていないが，配偶者相続権と血族相続権とは本来別建てのものであるという立場から，先例を支持する見解もある。

③　被相続人が自己の嫡出でない子を養子にした場合は，実子（非嫡出子）としての相続資格と養子（嫡出子）としての相続資格の重複が観念上考えられるが，被相続人の非嫡出子であることと嫡出子であることは民法上両立しえないので，養子は養子（嫡出子）としての相続権しか行使できない。

④　被相続人が自分の兄弟姉妹を養子にした場合は，被相続人の養子としての相続資格と，被相続人の兄弟姉妹としての相続資格の重複が観念上ありうるが，兄弟姉妹としての相続資格（第3順位）は子としての相続資格（第1順位）に劣後するので，この場合にはそもそも相続資格の重複行使の可能性がない。

もっとも，子としての相続権を放棄して，兄弟姉妹として相続することができるかどうかは問題になりうる。二重資格の場合の相続放棄については，重複する相続資格を一体のものと捉えて，子としての放棄は当然に兄弟姉妹としての放棄になるとする見解（戸籍先例）と，各相続資格ごとに放棄が可能とする見解（大判昭和15・9・18民集19巻1624頁。旧法下の事案で，被相続人の直系尊属として放棄しても後順位の戸主として相続できるとしたもの）に分かれる。

相続資格を重複して有する者に欠格事由がある場合には，いずれの資格に基づく相続権もなくなると考えられる。被相続人が相続資格を重複して有する者を廃除する場合も，被相続人の意思は，どの資格であれ，相続からその者を除外する趣旨と考えられるので，廃除の効果はすべての相続資格に及ぶ。

第3節 欠格と廃除

1 相続権を奪う制度

887条から890条までの規定によって相続権が認められる者であっても，一定の事由がある場合はその相続権が剝奪されることがある。そのような場合として，民法は相続欠格（891条）と相続人の廃除（892条以下）を定める。相続欠格は，被相続人の意思に関係なく，一定の事由があれば法律上当然に相続権が剝奪される制度である。相続人の廃除は，一定の事由があれば被相続人の意思によって相続権が剝奪される制度である。

2 相 続 欠 格

(1) 欠 格 事 由

被相続人との身分関係によれば相続権をもつべき者であっても，以下の①〜⑤に該当する者は，当然に相続権がない。これを**相続欠格**という（891条1号〜5号）。

① 故意に被相続人または先順位もしくは同順位の相続人を死亡するに至らせ，または至らせようとしたために刑に処せられた者（1号）

② 被相続人の殺害されたことを知って，告発・告訴しなかった者（2号）

③　詐欺・強迫によって，相続に関する被相続人の遺言の作成・撤回・取消し・変更を妨げた者（3号）

④　詐欺・強迫によって，被相続人に，相続に関する遺言の作成・撤回・取消し・変更をさせた者（4号）

⑤　相続に関する被相続人の遺言書を偽造・変造・破棄・隠匿した者（5号）

①の行為は被相続人や先順位・同順位の相続人に対する生命侵害（「刑に処せられた」ことを要件とする点に注意。しかし，少年法上の保護処分が課された場合にも891条1号の類推適用を認めた裁判例として，東京高判令和5・7・18LEX/DB25595618がある），③～⑤の行為は被相続人の遺言の自由に対する侵害であり，いずれも相続制度の基礎を破壊するような重大な非行・不正行為である（なお，②は近親の復讐を義務とする考え方に基づいており，現行の検察制度の下ではほとんど問題にならない）。

相続欠格制度は，相続による財産取得秩序を乱して違法に利得しようとする行為をした者に対する民事上の制裁である。したがって，多数説によれば，少なくとも3号～5号の欠格事由にあたる行為をした相続人は，その行為自体についての故意だけでなく，その行為によって被相続人の相続で不当に利益を得る意思をも有していた場合に，欠格者とされる（**二重の故意説**）。判例も，891条5号に関する事例について同様の趣旨を判示している（最判平成9・1・28民集51巻1号184頁。なお，1号の欠格事由について二重の故意を不要とした裁判例として，前掲東京高判令和5・7・18）。例えば，被相続人の遺言が方式不備で無効の場合に，相続人が方式を具備させて有効な遺言書としての外形を作出する行為は，遺言書の偽造・変造行為にあたるが，被相続人の意思を実現させるためにその法形式を整える趣旨でその行為をしたにすぎないときは，891条5号にいう相続欠格者にあたらない（最判昭和56・4・3民集35巻3号431頁）。また，相続人が遺言書を破棄・隠匿した行為が，相続に関して不当な利益を目的とするものでなかったときも，891条5号にいう相続欠格者にあたらないとされる（前掲最判平成9・1・28）。

(2)　欠格の手続

廃除の場合と異なり，欠格には審判手続や公示方法がない。欠格事由がある

と思われる相続人に対して，他の相続人は，相続開始後に，相続人の地位不存在確認の訴えなどを起こして，欠格事由の存在を主張するしかない。

(3)　欠格の効果

　欠格事由が相続開始前に生じた場合はその時から，相続開始後に生じた場合には相続開始時に遡って，その者の相続資格が法律上当然になくなる（通説）。相続欠格者は被相続人から遺贈を受けることもできない（受遺欠格：965条→891条。ただし(4)参照）。

　相続欠格者は，対象となる被相続人の相続に関してのみ，相続資格を失う（**欠格の相対性**）。例えば，Ｘが父Ａを殺害した場合に，Ｘは，Ａの相続や祖父Ｂ（Ａの父）の相続については相続資格がないが（891条1号。Ａの相続では被相続人を殺害したことが，Ｂの相続では先順位の相続人Ａを殺害したことが，Ｘの欠格事由となる），Ｘの子Ｃの相続では相続資格を失わない。

　相続開始後に欠格であることが判明した者が，それまでに遺産分割によって相続財産を取得したり，第三者に相続財産を譲渡した場合には，相続回復請求（884条）の問題になる。相続欠格者は相続財産について無権利である以上，第三者は，相続欠格者から相続財産を譲り受けたとしても，目的物を取得することはできないのが原則である（大判大正3・12・1民録20輯1019頁）。ただし，192条や，場面は限られるが94条2項の類推適用によって保護される余地がある。

(4)　欠格の宥恕（ゆうじょ）

　相続欠格は公益的な性質を有する制度なので，被相続人の意思によって欠格の効果を消滅させる（欠格者を宥恕する）規定はない。しかし，同順位の推定相続人の殺害（891条1号）を理由に欠格者となった者について，被相続人が欠格者を宥恕し，その相続資格を認める旨の意思表示をしたものと推認して，欠格者の相続資格を肯定した審判例がある（広島家呉支審平成22・10・5家月63巻5号62頁）。学説でも被相続人の財産処分の自由を強調する方向にあり，被相続人の意思や感情の表示（宥恕）によって欠格者の相続資格が回復するとの見解が有力であるが，欠格者であることを知りながら被相続人が欠格者にした遺贈

を有効とすれば足りる（受遺資格のみの回復）という見解もある。

3 相続人の廃除

（1）廃除の意義

（a）**遺留分権の剥奪**　ある相続人について，相続資格を当然に否定されるほどの重大な事由はないが，被相続人がその者に財産を相続させたくないのももっともだと思われるような事由がある場合には，被相続人の意思に基づいて，家庭裁判所がその相続人の相続権を剥奪する。これを**廃除**という（892条・893条）。

　ある相続人に財産を相続させたくない場合に，被相続人は，生前処分や遺言によって財産を他に処分したり，その相続人の相続分をゼロにしたりすることが考えられる。しかし，相続人が被相続人の配偶者，直系卑属や直系尊属である場合（兄弟姉妹以外の場合）には，遺留分権をもつ（1042条1項）。遺留分権とは，被相続人の財産の一定割合（遺留分）を確保しうる地位であり，遺留分権を有する者は，遺留分を侵害する贈与・遺贈等を受けた者に対して，遺留分侵害額に相当する金銭の支払を請求することができる（本編第11章参照）。廃除は，これらの者から遺留分権を奪うために，その基礎となる相続権を剥奪する制度である。したがって，廃除の対象となるのは，相続が開始した場合に相続人となるべき者（推定相続人）のうち，**「遺留分を有する」**者に限られる。遺留分を有しない推定相続人（兄弟姉妹）に相続に基づく利益を何も与えたくなければ，被相続人は，生前処分や遺言で財産を他に処分すれば足りる。

（b）**他の制度と廃除**　配偶者や養親・養子から相続権を奪いたければ，離婚（763条・770条）・離縁（814条）によって親族関係そのものを解消する方法もある。被相続人は，離婚・離縁の請求と並行して，廃除の申立てをすることもできる。

（2）廃　除　事　由

　廃除によって，相続人に本来保障されるべき相続権（および遺留分権）が剥奪されるので，廃除には一定の事由が必要である。民法は，廃除事由として①推定相続人が被相続人に対して虐待や重大な侮辱をしたこと，②推定相続人にそ

263

の他の著しい非行があることを挙げる（892条）。①②はいずれも，客観的に見て，これによって被相続人と推定相続人との間の信頼関係が破壊されたと評価しうるものであることを要する（その関係の修復を著しく困難にするものである場合も含む）と解されている。もっとも，推定相続人の行為によって信頼関係が破壊されたとしても，その行為を誘発するなど被相続人にも責任がある場合には，廃除は認められない（東京高決平成8・9・2家月49巻2号153頁）。

　裁判例では，末期がん患者の妻（被相続人）に対して，療養に不適切な環境を作り出し，その環境での生活を強いたり，人格を否定する発言をしたりした夫（釧路家北見支審平成17・1・26家月58巻1号105頁），父（被相続人）の多額の財産をギャンブルにつぎこんで減少させ，父が自宅を売却せざるをえない状況に追い込んだ長男（大阪高決平成15・3・27家月55巻11号116頁）や，幼い頃から非行を繰り返し，長じて暴力団員と婚姻し，父母が婚姻に反対していたことを知りながら，父の名で披露宴の招待状を出すなどした娘（東京高決平成4・12・11判時1448号130頁）について，廃除が認められている。

(3) 廃除の手続

　廃除は，被相続人が生前に家庭裁判所に請求するか（892条，家事188条・別表第一86項），遺言で廃除の意思を表示することによってなされる（893条）。遺言による廃除の場合は，被相続人の死後に，遺言執行者が遅滞なく廃除の申立てを行う。遺言による場合，廃除の趣旨か否かが問題になることがある。例えば，ある相続人に「相続させない」または「財産を与えない」旨の遺言は，廃除の趣旨とは限らず，単に相続分をゼロとしたにすぎない可能性がある（広島高決平成3・9・27家月44巻5号36頁）。後者の場合は，相続人は相続分がないだけで，遺留分はなお有する。

　廃除の申立てがなされ，審判の確定前に相続が開始した場合や，廃除の遺言があった場合に，家庭裁判所は，管理人の選任や遺産の処分禁止など，遺産の管理について必要な処分を命ずることができる（895条，家事別表第一88項）。

(4) 廃除の効果

　生前廃除の場合，廃除の審判が確定すると，被廃除者はその時から相続権を

失う（戸籍で公示される。戸97条）。遺言廃除の場合は，被廃除者は，相続開始時に遡って相続権を失う（893条後段）。廃除の申立て後に相続が開始し，その後に廃除の審判が確定した場合も，廃除の効果は相続開始時に遡って生じる。

　相続欠格者と同様に，被廃除者は，廃除者である被相続人の相続に関してのみ相続資格を失う。例えば，Xが父Yに廃除されると，Xは，Yの相続についてのみ相続資格を失う。この場合にXに子Zがいれば，ZはXを代襲してYを相続する（887条2項）。欠格者と同様，被廃除者は相続財産について最初から無権利である。なお，欠格者と異なり，被廃除者は，被相続人から遺贈を受けることはできる（965条は892条を準用していない）。

(5)　廃除の取消し

　廃除は，被相続人の意思に基づいて相続人の相続資格を剝奪する制度なので，被相続人は，被廃除者の相続資格を回復させたければ，家庭裁判所の審判によって，いつでも廃除を取り消すことができる（894条1項）。

　廃除が取り消されると，取消しの効果は遡って生じ，被廃除者は最初から推定相続人であったことになる（894条2項→893条後段）。もっとも，被相続人は，被廃除者に遺贈をすることができるので，廃除を取り消さなくても被廃除者に相続財産を承継させることができる。

第**3**章
相続の承認・放棄

第 1 節　当然承継主義と相続人の選択権
第 2 節　承認・放棄に関する総則
第 3 節　単純承認
第 4 節　限定承認
第 5 節　相続放棄

　民法は相続人による相続財産の無限の承継を原則とする一方で，原則どおりに無限に承継するか（単純承認）・しないか（限定承認・相続放棄）を，相続人が一定期間内に選択できるようにしている。この章では，相続の承認・放棄制度の概要を見たのち（第 1 節），承認・放棄行為の効力や選択権行使の期間（第 2 節），および，承認・放棄の要件・効果（第 3 節〜第 5 節）を扱う。

第 1 節　当然承継主義と相続人の選択権

　当然承継主義によれば，被相続人の死亡によって当然に相続の効力が生じる。相続人が相続開始を知ったかどうか，相続する意思があるか否かを問わず，相続財産（積極財産・消極財産）は，相続開始とともに直ちに相続人に帰属する（896 条本文）。これは，相続財産がその所有者の死亡によって一瞬たりとも無主の状態にならないようにするための措置であり，相続人に相続財産を強制的に承継させることを目的としているわけではない。そこで，民法は，私的自治の原則に基づき，相続人に対して，相続財産を承継するか否かを選択する自由を保障している。これが相続の承認・放棄制度である。

　相続人は，相続開始後，一定期間（熟慮期間）内に，相続を承認・放棄する

ことができる（915 条 1 項）。相続の承認・放棄によってはじめて，相続の効果が相続人に確定的に帰属したり，しなくなったりする。

　承認には単純承認と限定承認の 2 つがある。相続人は，**単純承認**をすれば，当然承継の原則どおりに，その相続分に応じて相続財産（積極財産・消極財産）を全面的に承継する（920 条）。**限定承認**をすれば，単純承認と同様に，相続人はその相続分に応じて相続財産をすべて承継するが，相続債務については相続した積極財産の限度においてのみ責任を負う（922 条）。**放棄**をすれば，相続人ははじめから相続をしなかったことになる（939 条）。

第 2 節　承認・放棄に関する総則

1　承認・放棄の性質

(1)　意思表示による承認・放棄

　民法は，承認・放棄の効果が生じるには，その旨の意思表示（相手方のない単独行為）を要する旨を定める（915 条・920 条・922 条・938 条）。相続人がいずれの意思表示もしなかった場合や，その他一定の事由が生じた場合には，当然承継の原則どおり，単純承認したとみなされる（法定単純承認：921 条）。したがって，原則とは異なる選択（限定承認・放棄）をするには，常に意思表示を要するが，原則どおりの選択（単純承認）をするには，意思表示によらなくてもよい。以下の (2) ～ (4) では，承認・放棄の意思表示についての総則を扱う。

(2)　財産に関する法律行為

　(a)　**序**　　相続の承認・放棄は，被相続人との間の親族関係に基づいて生じる相続人としての地位に変動をもたらす行為（身分行為）である。しかし，純粋に身分の変動のみを問題とするのではない。相続人の地位に付随して問題になるのは，もっぱら相続財産に関する権利・義務の帰属であり，その意味で相続の承認・放棄は，財産に関する法律行為である。

　(b)　**行為能力**　　財産に関する法律行為なので，相続人が承認・放棄をするには，行為能力を有していなければならない。例えば，未成年者である相続人

が承認・放棄するには，その法定代理人の同意を得るか（5条1項），法定代理人が代わりにする必要がある（824条・859条）。

　(c)　**利益相反の場合**　　法定代理人が未成年者や被後見人に代わって承認・放棄をする場合に，利益相反が生じることがある。例えば，配偶者Aと未成年の子B・Cが相続人である場合に，(i)AがB・Cを代理して，B・Cの相続放棄をすることは，B・Cの相続放棄によってAの相続分が増加するという関係にあるので利益相反行為となる（826条1項）。この場合は，B・Cのために特別代理人を選任する必要がある。しかし，すでに相続放棄をしたAが，B・Cを代理して相続放棄する場合は，B・Cの放棄によってAが利益を得ることはないので，利益相反行為にならない（最判昭和53・2・24民集32巻1号98頁。ただし後見人の事例である）。(ii)AがBのみを代理してBの相続放棄をする場合には，Bの相続分だけCの相続分が増加するので，利益相反行為になる（同条2項）。したがってBのために特別代理人を選任する必要がある。

　(d)　**要式性**　　限定承認・放棄は，家庭裁判所に対して申述しておこなう（要式行為：924条・938条）。家庭裁判所が申述を受理する審判をすれば，限定承認・放棄が成立する（家事別表第一92項・95項，家事201条，家事規106条1項）。

　単純承認の意思表示についてはとくに方式はないが，少なくとも単純承認の意思を外部に表示する行為をすることが必要である。そのような表示行為には，単純承認の意思を推認しうる行為も含まれうるが（黙示の意思表示），民法はそのような場合を法定単純承認事由の1つ（921条1号）として扱っている。

(3)　承認・放棄の撤回・取消し・無効

　(a)　**撤　回**　　一度した承認・放棄は，撤回できない（919条1項）。

　(b)　**取消し**　　行為能力の制限（5条，9条，13条1項6号・4項，17条4項），錯誤（95条），詐欺・強迫（96条），後見監督人の同意の欠如（864条・865条・867条）などの取消原因があれば，取り消すことができる（919条2項）。取消権は，追認することができる時から6か月経過すれば時効によって消滅するし，承認・放棄の時から10年経過したときも消滅する（同条3項）。限定承認や放棄の取消しは家庭裁判所に申述しておこなう（同条4項，家事別表第一91項）。単純承認の意思表示が誰かに対してなされた場合は，その相手に対して取消し

の意思を表示することになろう。取り消した後，相続人は遅滞なく改めて承認・放棄をおこなうことになる。

(c) **無　効**　限定承認・放棄について申述を受理する審判がなされても，限定承認・放棄が確定的に有効となるわけではない。例えば，放棄をするには，①法定の方式を具備していること，②熟慮期間内に申述がなされていること，③相続人本人またはその法定代理人が申述すること，④申述が真意であること，⑤法定単純承認事由（921 条）がないことが必要である。家庭裁判所はこれらの要件を審査したうえで受理審判をするが，もし，要件を欠く申述について受理審判が確定したとしても，利害関係人は，後日，訴訟で放棄の無効を主張することができる（最判昭和 29・12・24 民集 8 巻 12 号 2310 頁）。

(4)　承認・放棄の自由と債権者

相続債権者や相続人の債権者が，相続人に代位して承認・放棄をすること（423 条）はできない（多数説）。また，債務超過の相続財産について，相続債務を弁済する資力のある相続人が相続放棄をしても，相続債権者は，これを詐害行為として取り消すこと（424 条）はできない（最判昭和 49・9・20 民集 28 巻 6 号 1202 頁）。取消権行使を認めると債務の相続を強制することになり不当であること，債権者は本来の債務者（被相続人）の財産のみをあてにすべきで，たまたま生じた相続により相続人の財産から満足を得ようという期待は保護されるべきではないことが，その理由である。このように，相続を承認するか放棄するかは相続人の意思に委ねられるべきことであり，他人の意思の介入は許されないと考えられている。

債務超過の状態にある相続人が，積極財産のほうが多い相続財産について相続放棄した場合に，相続人の債権者がこれを詐害行為として取り消すことも，多数説によれば，同様にできない。しかし，この場合は，責任財産の増加への債権者の期待は保護に値するとして，取消権行使を認める学説も有力である。

② 承認・放棄の時期

(1)　相続開始「後」の承認・放棄

承認・放棄の機会を実質的に保障する趣旨から，承認・放棄の意思表示は，

必ず相続開始後になされなければならず，相続開始「前」に承認または放棄の意思表示をしても（単独行為によるのであれ，被相続人や他の推定相続人との間の契約によるのであれ），無効である。

(2)　承認・放棄のための期間——熟慮期間

相続人は，「自己のために相続の開始があったことを知った時」から3か月以内に，相続を承認または放棄しなければならない（915条1項本文）。この期間を**熟慮期間**という。

(3)　熟慮期間の起算点

「自己のために相続の開始があったことを知った時」とは，①相続開始の原因たる事実（被相続人の死亡・失踪宣告など），および②それによって自分が相続人となったことを知った時をいう（大決大正15・8・3民集5巻679頁）。相続財産（積極財産・消極財産）の有無や状況は，相続人の意思決定の基礎となる事情であるが，熟慮期間の起算にあたっては，相続人が相続財産の存在を認識したかどうかは斟酌されない。相続人は，①②を知った場合には，通常，その時から3か月以内（熟慮期間内）に相続財産を調査して（915条2項），その状況を認識できるので，これに基づいて相続を承認するか放棄するかを決定することが可能になる。相続人が複数いる場合には，熟慮期間は，各相続人について別々に進行する（最判昭和51・7・1家月29巻2号91頁）。

しかし，熟慮期間内に相続人が相続財産を調査できないか，相続人に調査を期待するのが困難な場合もありうる。そのような場合として，まず，(ア)相続財産の内容が複雑な場合など，熟慮期間内には相続人が相続財産の調査を完了できないため，承認・放棄を選択できない場合が考えられる。このような場合に，家庭裁判所は，相続人などの利害関係人または検察官の請求により熟慮期間を伸長することができる（915条1項ただし書）。また，(イ)相続財産がないと誤信したために相続財産の調査をせず，（相続財産の存在を認識していればしたであろう）放棄等の選択をしなかったという場合もありうる。この場合も，熟慮期間は相続人が①②の事実を知った時から起算されるのが原則である。しかし，事案の具体的事情によっては，起算点の決定にあたり，例外的に相続財産の存在

についての認識が考慮されることもある。例えば，被相続人と没交渉だった相続人が，生活保護受給者であった被相続人には相続財産が何もないと誤信して，相続に関する手続を何もしなかったところ，約 1 年後，相続債権者が被相続人に対して連帯保証債務の履行を求めた請求を認容した判決の正本の送達を受けて，はじめて債務の存在を知ったという事例がある。相続人は債務の存在を知ってから 3 か月以内に相続放棄の申述をおこない，家庭裁判所がこれを受理したが，この相続放棄の効力が争われた。最高裁は，相続人が①②を知った時から 3 か月以内に相続放棄等をしなかったのが，相続財産が全く存在しないと信じたためであり，かつ，被相続人の生活歴，被相続人と相続人との間の交際状態その他諸般の事情からみて当該相続人に相続財産の調査を期待することが著しく困難な事情があって，相続人において上記のように信じるについて相当な理由があると認められるときには，例外的に，熟慮期間は「相続人が相続財産の全部又は一部の存在を認識した時又は通常これを認識しうべき時から起算すべきもの」とした（最判昭和 59・4・27 民集 38 巻 6 号 698 頁）。上記のように，最高裁は，相続人が積極財産・消極財産ともに全く存在しないと信じた場合に限り，起算点の例外を認める。ただし，下級審裁判例には，相続人が，被相続人に積極財産があると認識していてもその財産的価値がほとんどなく，一方，消極財産については全く存在しないと信じ，かつそのように信ずるにつき相当な理由がある場合についても，消極財産の全部または一部の存在を認識した時またはこれを認識しうべかりし時から起算するとしたものがある（東京高決平成 19・8・10 家月 60 巻 1 号 102 頁）。

(4)　熟慮期間の起算点に関する特則

(a)　**再転相続**　　X の相続人 A が，X の相続につき承認・放棄をしないまま熟慮期間内に死亡した場合には，A の相続人である B は，X の相続についての承認・放棄をする権利を含めて，A の権利義務を相続する。これを再転相続という。この場合に，B（再転相続人）は，X の相続に関して承認・放棄の選択をすることができるが（916 条），その選択ができる期間は，B が，「自己のために相続の開始があったことを知った時」，すなわち，A からの相続により X の相続における相続人としての地位を自己が承継した事実を知った時から 3

か月以内である（最判令和元・8・9民集73巻3号293頁）。

Column Ⅱ3-1　**再転相続人による承認・放棄の選択**

　再転相続人Bは，Aの相続（第2の相続）を自由に承認・放棄できるが，Xの相続（第1の相続）を，第2の相続についてした選択と無関係に，自由に承認・放棄できるか。再転相続人の有する第1の相続を承認・放棄しうる地位を，①再転相続人としての固有の地位と捉えると，第1・第2の各相続の承認・放棄は別個に自由になしうるので，Bは第2の相続を放棄しても，第1の相続を承認・放棄できる。しかし，②Aが有した第1の相続を承認・放棄する地位が第2の相続によってBに承継されたと捉えると，Bは，第2の相続を承認すれば第1の相続を承認・放棄できるが，第2の相続を放棄すれば，遡及的にAの地位を承継しない結果（939条），第1の相続を承認・放棄できない（第2の相続の放棄前に第1の相続を承認・放棄していても，遡及的に無効になる）。この問題について，判例（最判昭和63・6・21家月41巻9号101頁）は，折衷的な立場をとる。すなわち，再転相続人は，第2の相続を放棄していないときは，第1の相続を放棄することができ，かつ，第1の相続についてした放棄は，第2の相続を承認・放棄するうえで障害にならない。そして，その後に再転相続人が第2の相続を放棄しても，先に再転相続人たる地位に基づいて第1の相続についてした放棄の効力は，遡って無効にならない（身分関係の法的安定という，919条1項と同様の趣旨に基づくものとみられる）。

(b)　**相続人が未成年者・成年被後見人の場合**　　相続人が未成年者や成年被後見人のときは，熟慮期間は，その法定代理人が未成年者や成年被後見人のために相続が開始したことを知った時から起算される（917条）。承認・放棄をなしうる法定代理人がいないときは，法定代理人が選任されて，この者が相続開始を知った時から熟慮期間を起算すべきである。

③　承認・放棄と相続財産の管理

(1)　熟慮期間中の相続財産の管理

　相続財産は，相続開始と同時にいちおう相続人に承継される（896条本文）が，承認・放棄をするまでは，確定的には相続人に帰属しない。そこで，承認・放棄をするまでの間，相続人は，相続財産を，その固有財産から分別された特別財産として管理しなければならない。その際，相続人は「その固有財産におけるのと同一の注意」をもって相続財産を管理する義務を負う（918条）。

　相続人による管理が困難な場合には，家庭裁判所は，利害関係人または検察官の請求により，いつでも，相続財産の保存に必要な処分を命ずることができる（897条の2第1項本文，家事別表第一89項）。「相続財産の保存に必要な処分」としては，相続財産の換価処分や管理人の選任などがある。家庭裁判所が相続財産の管理人を選任した場合は，相続財産の管理人について不在者の財産管理に関する規定（27条～29条）が準用される（897条の2第2項）。

(2)　承認・放棄後の相続財産の管理

　単純承認をすれば相続財産は相続人の固有財産となる。相続財産を固有財産と区別する必要がなくなるので，918条にいう相続人の管理義務はなくなる。単純承認した相続人が複数いる場合は，以後，遺産分割までの間，249条以下の規定に基づいて相続財産を共同管理する（⇒本編第6章第1節・第3節）。

　限定承認や放棄をした場合も，ただちに管理義務が消滅するわけではない。相続人は，限定承認をした場合は926条に基づいて引き続き管理義務を負う。相続放棄した場合も，放棄の時に相続財産を現に占有していたときは，940条に基づき，一定期間は当該財産の保存義務を負う。

第3節　単純承認

1　単純承認の意義・効果

　単純承認とは，相続開始によっていちおう生じた相続の効果を，全面的・確定的に帰属させる行為である。その結果，相続人は「無限に」被相続人の権利義務を承継する（920条）。すなわち，相続財産中，消極財産が積極財産より多い場合は，相続人は自己の財産をもって相続債権者に弁済しなければならない。

　単純承認には，意思表示による場合と，一定の事由が存在するために単純承認したものとみなされる場合（**法定単純承認**：921条）とがある（もっとも，単純承認とは921条に掲げる事実に法が与えた効果であって意思表示ではない，とする説も有力である）。ほとんどの単純承認は法定単純承認によるものであり，意思表示による場合はまずない。

2　法定単純承認

(1)　法定単純承認が生じる場合

　以下の事由がある場合に，相続人は単純承認したものとみなされる（921条）。

　(a)　**相続財産の全部または一部の処分**　　熟慮期間経過前であっても，相続人が相続財産を処分した場合には，単純承認したものとみなされる（921条1号）。処分したということは，相続財産を自己の財産とする意思（黙示の単純承認）があると推認できるし，第三者から見ても単純承認があったと信じるのが当然だと認められるからである（最判昭和42・4・27民集21巻3号741頁）。したがって，処分行為は，相続人が相続開始の事実および自己が相続人であることを知ってしたか，または，被相続人の死亡を確実に予想しながらしたものでなければならない（前掲最判昭和42・4・27）。

　処分行為は，限定承認や放棄をする「前」のものに限られ（大判昭和5・4・26民集9巻427頁），相続財産の譲渡や相続債権の取立てのような法律上の処分のほか，故意の損壊などの事実行為を含む。保存行為や短期の賃貸借契約の締結（602条）は，処分にあたらない（921条1号ただし書）。

　921条1号は，相続人が制限行為能力者である場合は，その法定代理人による処分行為について適用される（旧法下の判例であるが，大判昭和6・8・4民集10巻652頁）。なお，不在者が相続した財産を不在者財産管理人が家庭裁判所の許可を得て売却した場合に，不在者について本号による単純承認の効力が生じるとした裁判例があるが（名古屋高判平成26・9・18LEX/DB25446769），その当否について今後の議論が待たれる。

　(b)　**熟慮期間の徒過**　　相続人が限定承認や放棄をしないまま熟慮期間を経過したときは，単純承認したものとみなされる（921条2号）。

　(c)　**背信行為**　　限定承認や放棄をした後でも，相続人が，相続財産の全部または一部について，その所在を相続債権者に分からなくしたり（隠匿），ひそかに（相続債権者の不利益になることを承知のうえで）消費したり，悪意で（相続債権者を詐害する意思で）相続財産の目録（924条）に記載しなかった場合も，単純承認したものとみなされる（921条3号）。これらの行為は相続債権者に対する背信行為であり，このような場合にまで，相続債権者の保護を劣後させ，

相続人に限定承認や放棄の利益を与える必要はないからである。

　ただし，放棄者の放棄によって新たに相続人となった者が相続を承認した後は，放棄者が921条3号所定の行為をしても，単純承認したとみなされない（同号ただし書）。新たに相続人となった者の相続権を保護するためである。

(2)　法定単純承認の取消し

　処分行為による場合（921条1号）は，処分行為自体に単純承認の黙示の意思表示をみることができる。そうすると，処分行為が能力の制限，錯誤や詐欺・強迫を理由に取り消される場合は，919条2項の類推適用により，単純承認の効力も遡って消滅するといえそうである。しかし，判例は，921条1号が相続人に単純承認の意思があると信頼した第三者を保護する趣旨の規定であることを理由に，処分行為が無効だったり取り消されたりした場合も，単純承認の効果を維持する（大判昭和6・8・4民集10巻652頁）。

　判例（最判昭和59・4・27民集38巻6号698頁）は，相続財産の状態を誤信したために限定承認や放棄をせずに熟慮期間を徒過した事例で，915条の熟慮期間の起算点をずらすことによって，実質的な選択の機会を相続人に確保した。学説には，上記のような判例の対応に加えて，錯誤や詐欺・強迫によって徒過した場合は，熟慮期間の徒過を単純承認の黙示の意思表示とみて，919条2項による単純承認の取消しを認めるべきだとするものもある。

第4節　限定承認

1　限定承認の意義

　限定承認とは，「相続によって得た財産の限度においてのみ被相続人の債務及び遺贈を弁済すべきことを留保して」相続を承認する旨の意思表示である（922条）。限定承認によって，相続人は，被相続人の一切の権利義務を承継するが，相続債務については，相続財産中の積極財産の限度においてのみ弁済の責任（物的有限責任）を負う。限定承認は，相続財産が債務超過かどうか不明で，単純承認するか放棄するかを決めかねる場合に，有効な選択肢である。

2 限定承認の要件

　限定承認をするには，熟慮期間内に（915条1項），相続財産の目録を作成し，これを家庭裁判所に提出して申述する（924条）。家庭裁判所が申述を受理する審判をすれば，限定承認が成立する。

　単純承認や放棄と異なり，限定承認は**相続人全員が共同してしなければならない**（923条）。包括受遺者がいる場合は，包括受遺者も共同してする必要がある（⇒本編第10章第5節 **5** (2)(b)）。熟慮期間は，起算点の最も遅い相続人を基準に計算される。したがって，921条2号により単純承認したとみなされる相続人がいても，他の相続人の熟慮期間が経過していなければ，相続人全員で限定承認できる。

　相続人中に相続を放棄した者がいる場合，この者は初めから相続人でなかった（939条）ので，この者を除く他の相続人全員で限定承認することはできる。相続人中に，相続財産を処分した者（921条1号）がいれば，もはや限定承認できない。しかし，921条1号に該当する者がいることが，限定承認の申述受理後に判明した場合には，他の相続人には限定承認の効果が維持されるが，当該相続人は単純承認した場合と同等の責任を負う（937条）。限定承認後に相続財産を隠匿等した相続人がいる場合（921条3号）も937条の問題となる。

3 限定承認の効果

　相続人は被相続人の権利義務をすべて承継するが，相続債務については，相続した積極財産の限度でのみ弁済する責任を負う。したがって，限定承認がなされると，まず，相続財産中の積極財産から相続債務や遺贈が弁済される（清算手続）。清算手続の結果，残った積極財産があれば相続人に帰属する。積極財産で弁済しきれなかった相続債務や遺贈が残っても，相続人は弁済の義務を負わない（清算手続の流れについては，本編第9章第2節参照）。

第5節 相続放棄

1 相続放棄の意義

相続放棄とは，相続開始によりいちおう生じた相続の効果を，全面的・確定的に消滅させる行為である。放棄をすれば，相続人は，相続開始時にさかのぼって相続財産を取得しなかったことになる。

2 相続放棄の要件

放棄は，熟慮期間内に家庭裁判所に申述しておこなう（938条）。家庭裁判所が申述を受理する審判をすれば，放棄が成立する。

3 相続放棄の効果

相続放棄をした者は，その相続に関してはじめから相続人でなかったものとみなされる（**放棄の遡及効**：939条）。放棄は代襲原因ではないので（887条2項），放棄者の子は，放棄者を代襲して被相続人を相続することはできない（相続資格が重複する場合の相続放棄の効果については，本編第2章第2節**4**参照）。

放棄によって，相続人の相続分や範囲に変動が生じることがある。例えば，配偶者Aと子B・Cが相続人である場合，法定相続分はAが1/2，B・Cが各1/4であるが（900条1号・4号），もしBが相続放棄すれば，相続人はA・Cのみだったことになるので，Cの法定相続分は1/2になる。もし子B・Cが放棄した場合に，被相続人に父Dがいれば，第2順位の相続人であるDが相続人だったことになり，Aが2/3，Dが1/3の法定相続分を有する。

相続放棄の遡及効は絶対的であり，これを第三者保護の観点から制限する旨の規定はない。放棄者の意思を尊重するためである。したがって，ある相続人の相続放棄の結果，相続により相続財産たる土地について権利を取得した者は，権利の取得を，何人に対しても登記なくして主張することができる（最判昭和42・1・20民集21巻1号16頁）。例えば，被相続人の子A・B・Cのうち，Aが相続放棄をしたにもかかわらず，Aの債権者Gが，相続財産たる甲土地につ

いて，Aも相続したものとしてAに代位して共同相続登記をしたうえで，A
の持分1/3について仮差押登記をしても無効である。相続放棄者Aは，相続
開始の前後を通じて，甲土地について権利を取得したことはない（939条）。
B・Cは，Aの相続放棄による自己の持分の増加を，登記がなくても第三者G
に対抗できる。このように，相続放棄については遡及効が貫徹され，177条は
適用されない。というのは，もし遡及効が制限されてGによる差押えが有効
になるとすれば，Aは相続財産中の積極財産から利益を受ける（Gに対する債
務を免れる）のに消極財産の承継は免れられるので，相続人間に不公平が生じ
る。また，Aの相続放棄があっても，遺産分割まではB・Cによる遺産共有の
状態が存続するだけであり，B・Cが直ちに相続登記をしなかったとしても登
記懈怠の責任を問うべきではないからである。なお，上記の例で，相続放棄後
にA自らが持分1/3をGに譲渡した場合は，これが921条3号の要件に該当
すればAは単純承認したことになり，Gへの処分行為は有効である。

第4章

相続の対象

第1節　序——包括承継主義
第2節　相続財産に属しない財産
第3節　相続財産の範囲

　本章では，最初に，相続による財産の承継の性質（包括承継）について説明した上で，相続の対象とならない財産の諸類型や，相続の対象となる財産（とくに解釈論上問題があるもの）について説明する。

第1節　序——包括承継主義

　896条は，「相続人は，相続開始の時から，被相続人の財産に属した一切の権利義務を承継する」として，**包括承継主義**の原則を規定している（同条ただし書の規定する一身専属的な権利義務などの例外については後述する⇒本章第2節**2**）。これは，次のことを意味する。

　例えば，売買契約に基づく財産権の移転は，**特定承継**であり，売主に属していた特定の財産権が個々の契約に基づいて個別に移転していくことになる。これに対し，**包括承継**である相続については，相続という1つの原因に基づいて，被相続人に属したさまざまな権利義務が，一括して全体として相続人に承継されることになる。

　しかも，相続人に承継される「権利義務」には，個々の所有権・知的財産権・担保権，個々の債権・債務などの個別具体的な権利義務だけではなく，法律関係ないし法的地位というべきものも含まれる。例えば，契約の申込みを受

けた地位，売主の担保責任を負う地位，契約や取得時効における善意者・悪意者などの地位，契約上の地位に伴う取消権・解除権などの形成権なども相続人に承継される。

　これらの権利義務は，相続開始と同時に何の行為も要せず当然に包括的に承継されることになる（**当然包括承継**）。

第2節　相続財産に属しない財産

1 序

　相続開始時に被相続人の財産に属した一切の権利義務が原則として相続の対象となるが，例外として，後記**2**で説明する「**一身専属的な権利義務**」（896条ただし書）は，相続の対象とならない。また，後記**3**で説明する「**祭祀に関する権利**」（897条）は，相続一般とは別個のルールによって祭祀主宰者に承継される。

　したがって，相続開始時に被相続人の財産に属していた権利義務のうち，「一身専属的な権利義務」と「祭祀に関する権利」を除いたものが相続の対象となる「**相続財産**」を構成する（　Column Ⅱ6-1　〔321頁〕参照）。

　上記の2つの例外のほか，後記**4**で説明する死亡退職金などの「死亡時に発生するが被相続人に属しない財産」も，被相続人から相続によって承継する財産ではないという意味において，相続財産を構成しないことになる。

2 一身専属的な権利義務

　896条ただし書は，被相続人に属した財産のうち「被相続人の一身に専属した」権利義務については，包括承継主義の例外として，相続人に承継されないものとする。後述するように，被相続人の人格や身分に強く結びついた権利義務などがこれにあたる。

（1）　民法上の明文のあるもの

　民法上の明文のあるものとして，いずれも任意規定と解されているが，①使

用貸借の借主の地位（597条3項），②代理における本人・代理人の地位（111条1項），③委任者・受任者の地位（653条1号），④組合員の地位（679条1号），などがある。⑤被用者の債務も625条2項が直接規定するものではないが，同項の趣旨から同様に解される。上記のうち，①については個人的な恩恵に基づくものであり，②〜⑤については個人的な信頼関係に基づくものであることから，当事者の特別な合意がない限り相続による承継が否定されている（ただし，いずれもすでに発生している個別具体的な権利義務関係については相続の対象となることに注意）。

(2)　民法上の明文のないもの

第1に，身分関係に強く結びついた権利義務として，扶養の権利義務（877条）や親権（820条）などは，一身専属的な権利義務と解されている。これに対し，離婚の際の財産分与（768条）のうち，清算的財産分与に関する権利義務については，その財産的な性質に照らし，相続による承継が異論なく認められている（扶養的財産分与の権利義務については後述する⇒本章第3節 **2** (2)）。

第2に，請負契約上の債務については明文はないが，その中でも画家が絵を描く債務のように，当該債務者に特有の技能に基づく非代替性を有するものについては，一身専属性が肯定されている。

第3に，個人的な信頼関係に基づくもの（個人的な恩恵に基づく面もあろう）として，身元保証契約上の責任は，責任が具体化する前については，相続による承継が否定されている（大判昭和18・9・10民集22巻948頁）。

第4に，そのほか，後述（本章第3節 **3** (2)(a)）のように一般の借家権（借家契約の借主の地位）は相続の対象となるが，公営住宅の使用権については当然には相続されない（最判平成2・10・18民集44巻7号1021頁）。これは，一定の条件を満たす者に入居が認められるという，個人的な境遇に基づいて与えられる権利だからである。

(3)　他の一身専属性

一身専属性を有する権利かどうかは，相続の可否（896条ただし書）について問題となるだけでなく，債権者代位の可否（423条1項ただし書）や，譲渡の可

否（債権譲渡の可否について466条1項ただし書参照）についても問題となる。伝統的通説は，相続や譲渡の可否を「**帰属上の一身専属性**」の問題，債権者代位の可否を「**行使上の一身専属性**」の問題として区別している。ただし，非相続性と非譲渡性は，同じ「帰属上の一身専属性」の問題とされているが，両者は本来は趣旨を必ずしも同じくするものではないので，相続は認められるが譲渡が否定される権利があってもよいだろう。

3 祭祀に関する権利

(1) 祭祀主宰者の決定

墓地・仏具・位牌などの**祭祀に関する権利**については，共同分割相続になじまず，従来からの習俗を尊重すべき性質を有するために，相続財産一般とは別の承継のルールが定められている。すなわち，897条は，「前条の規定にかかわらず」，①「被相続人の指定」，②指定がなければ，その地方の「慣習」，③慣習も明らかでなければ，家庭裁判所による判断，という順位で祭祀主宰者が決定される旨を定めている。

①の「被相続人の指定」については，黙示の指定が認められることもある。被相続人との生活関係の密接度を前提とした上で，唯一の不動産の受贈者であったこと（名古屋高判昭和59・4・19家月37巻7号41頁）や墓の名目上の建立者として刻印されていたこと（長崎家諫早出審昭和62・8・31家月40巻5号161頁）などから認められた事例がみられる。

③の家庭裁判所による判断では，生活関係の密接度のほか，仏壇や墓の管理者かどうかなどが重要な要素とされており，このような判断要素に基づいて，被相続人の先妻の長男や次男ではなく，後妻を祭祀主宰者に指定した事例（東京高決平成6・8・19判時1584号112頁）もみられる。

祭祀に関する権利は897条が「前条の規定にかかわらず」と規定しているように，相続財産一般とは別系統の承継であって，高価な墓地を承継しても903条の特別受益として考慮されることはない（906条で考慮される余地はあろうか）。

(2) 祭祀主宰者と遺骨の帰属

遺骨は，祭祀に関する権利ではないが，897条の祭祀主宰者に帰属するとい

うのが判例の立場とみられる（最判平成元・7・18家月41巻10号128頁：慣習に従って祭祀を主宰すべき者に帰属したとしてその者への引渡しを命じた原審判断を是認した事例）。上記判例の「帰属」とは，純粋な「物」の所有権としての帰属ではなく，原則的には埋葬のための管理権にとどまるものと解すべきである。裁判例には，生存配偶者たる妻が，亡夫の祭祀を原始的に主宰し，その遺骨の所有権を原始的に取得したとして，亡夫（長男）の実家の墓に埋葬された遺骨を姻族関係終了後に引き取って改葬することを認めたものがある（東京高判昭和62・10・8家月40巻3号45頁）。所有権という判示には問題があるが，家の祭祀と配偶者の祭祀の違いを踏まえた判断をした点は注目される。

4 被相続人の死亡時に発生するが被相続人に属しない財産

（1）　死亡保険金

　被相続人を被保険者とする死亡保険金請求権は，被相続人の死亡によって発生する点では相続との共通性を有する。被相続人が自らをその受取人にしていた場合には，相続財産を構成し，相続法に基づいて相続人に承継されるとするのが通説である。しかし，以下に述べるそれ以外の場合には，相続財産を構成しないと解するのが判例である。

　(a)　**特定の相続人を受取人に指定した場合**　　この場合の死亡保険金請求権について，判例（大判昭和11・5・13民集15巻877頁，最判昭和40・2・2民集19巻1号1頁，最判平成14・11・5民集56巻8号2069頁，最決平成16・10・29民集58巻7号1979頁など）は，①保険金受取人が自らの**固有の権利**として取得するものであって，②被相続人から承継取得したものではなく，③相続財産に属するものでもないとする。

　では，死亡保険金請求権を遺贈・贈与やこれに準ずるものとして903条の特別受益として考慮する余地はないのか。前掲最決平成16・10・29は，上記の理由のほか，④保険料と保険金に等価の関係がなく，被保険者の稼働能力に代わる給付でもないので，実質的に被相続人の財産に属していたとみることもできないこと，などを理由に，贈与や遺贈に当たるものではなく，それに準ずるものでもない，として，903条を適用することを否定した（①②は生前贈与に当たらないこと，①②③は死因贈与や遺贈に当たらないこと，④はこれらに準ずるもので

はないことの理由に対応する）。ただし，「保険金受取人である相続人とその他の共同相続人との間に生ずる不公平」が「903条の趣旨に照らし到底是認することができないほどに著しい」特段の事情がある場合については，例外として，903条の類推適用による持戻しの対象となることを認めた（死亡保険金と遺留分の算定・侵害額との関係については，本編第11章第2節 **1** (1)(a)で言及する）。

　(b)　「相続人」が受取人とされている場合　　判例は，この場合についても，原則として，死亡時に相続人になった者が契約に基づいて取得するものであり（最判昭和40・2・2民集19巻1号1頁），共同相続人が受け取るべき額については，契約の解釈として法定相続分の割合によるべきものとしている（最判平成6・7・18民集48巻5号1233頁）。この場合も，(a)の場合と同じく903条の特別受益には該当しないことになる（特段の事情により903条が類推適用される場合は考えにくい）。

(2)　死亡退職金・遺族給付

　死亡退職金や遺族給付も，契約上あるいは法律上の固有の地位に基づいて原始的に取得するものと解されている（死亡退職金について相続財産に属さず，遺族の固有財産とした最高裁判決として，最判昭和55・11・27民集34巻6号815頁参照）。

　903条の特別受益の規定が適用されるかどうかについても，死亡保険金と同様に問題となる。裁判例は分かれているが，学説では適用肯定説が多い。賃金の後払いの趣旨を強調すれば肯定に傾くが，遺族の生活保障の趣旨で特定の遺族に与えられる場合が多いことから適用を否定的に解すべきであろう。ただし，死亡保険金に関する判例と同様，903条の趣旨に照らし共同相続人間の不公平が著しい特段の事情がある場合には，同条を類推適用する余地があろう。

(3)　香典・葬儀費用

　香典は，喪主に対する贈与であって，相続財産を構成しないと解されている。葬儀費用については，上記の点からも喪主が負担すべきものであって，相続財産に対する請求はできないと解すべきである（東京地判昭和61・1・28家月39巻8号48頁〔反対：東京地判昭和59・7・12判時1150号205頁〕）。

第3節　相続財産の範囲

1　物　　権

(1)　序

所有権・用益物権が相続の対象になることに問題はない（物権に準じた権利である知的財産権も同様である）。また，抵当権などの担保物権も，被担保債権の相続に随伴した形ではあるが，相続の対象となる。

問題となるのは，以下に述べる占有権である。

(2)　占　有　権

(a)　**占有権の相続の可否**　　占有権について現実的支配を重視すれば，被相続人の死亡によって占有権は消滅し，相続人が現実の支配を開始することによって固有の占有権を取得するものと考えられる。しかし，通説は，自己のためにする意思は，占有権の取得では問題となるが，占有の継続については問題とならないとして，相続人がたとえ相続の開始を知らない場合であっても，目的物に対する支配可能性があれば，特別の事情がない限り，相続によって当然に占有権を承継するという立場をとる。このような立場は，①相続開始後に目的物が侵害された場合にも占有訴権を行使する資格が相続人に与えられたり，②取得時効における占有の継続が相続人に認められるという点で実益がある。

判例も，「特別の事情がない限り，従前その占有に属したものは，当然相続人の占有に移る」（物権的請求権の相手方としての占有者に関する判示であるが，最判昭和44・10・30民集23巻10号1881頁）として同様の立場をとる。

(b)　**取得時効における問題**　　上記②のように，被相続人の占有を承継することで取得時効において有利になる場合がある一方，被相続人が悪意の占有者の場合は，相続人が自己の占有のみを主張したほうが有利となる場合もありうる。判例（最判昭和37・5・18民集16巻5号1073頁）は，被相続人の占有をそのまま承継することだけを認めていたかつての立場を変更し，相続のような包括承継についても187条1項が適用されるとして，相続人が自己の占有のみを選

択することも認めた。

　一方，被相続人の占有が他主占有である場合に，相続人が自己については自主占有であるということを主張できるかという問題もある。判例は，相続人が新たに当該不動産を事実上支配することにより占有を開始し，所有の意思があると認められる場合には，185 条の「新権原」による自主占有になりうるとする（最判昭和 46・11・30 民集 25 巻 8 号 1437 頁：当該事案では否定）。また，他主占有者の相続人が独自の占有に基づく取得時効の成立を主張するためには，事実的支配が外形的客観的にみて独自の所有の意思に基づくものと解される事情（自主占有事情）の存在を自ら証明すべきだとする（最判平成 8・11・12 民集 50 巻 10 号 2591 頁：取得時効肯定例）。

2 債権・債務

　相続の可否が解釈上とくに問題となるものについて説明する（本章第 2 節 2 (2) も参照。預金債権など共同相続に関わる問題は本編第 6 章第 2 節 3 を参照）。

(1) 損害賠償請求権

　(a)　序　　不法行為に基づく損害賠償請求権も金銭債権の一種であるので，被相続人が有した損害賠償請求権が相続の対象となることは一般論としてはあまり問題はない（判例は，相続分に応じて当然に分割単独債権として各共同相続人に帰属するという立場をとる⇒本編第 6 章第 2 節 3 (2)）。ただし，被害者が即死したことによる損害賠償請求権については，逸失利益に関するものであれ，精神的損害に関するものであれ，そもそも即死した被害者に損害賠償請求権が帰属していたかどうかがまず問題となる。また，被害者の生命・身体・名誉などの人格権が侵害されたことによる慰謝料請求権については，896 条ただし書の帰属上の一身専属権かどうかが問題となる。

　(b)　被害者即死の場合の逸失利益の損害賠償請求権　　(ⅰ)　大審院は，被害者が重傷後死亡した事例において，被害者が天寿を全うしたら得たであろう逸失利益の損害賠償請求権を死亡前に取得し，それを死亡時に遺族が相続する旨の判決（大判大正 9・4・20 民録 26 輯 553 頁）を経て，被害者が即死した事例において，被害者の死亡による逸失利益の賠償請求権の相続を正面から認めており

（大判大正 15・2・16 民集 5 巻 150 頁），判例として確立している。①即死の場合に人格が消滅しているとして損害賠償請求権が発生しないとすることは，即死でない場合との不均衡を生ずること，②即死の場合も傷害と死亡との間に観念上時間の間隔があるので，被害者が受傷の瞬間に損害賠償請求権を取得して，それが死亡により相続されると考えられること，がその理由である。

(ii)　これに対し，学説では，(ｱ)上記の②の説明が技巧的で不自然であること，(ｲ)子が天寿を全うしたら得たであろう利益を余命の短い親が相続する（逆相続）という不合理な結果を生じうること，(ｳ)被害者の死亡によって影響を受ける関係になくても多額の損害賠償請求権を相続する「笑う相続人」が生じること，などを批判し，被害者 X の近親者が，相続人として X の損害を賠償請求する**「相続構成」**ではなく，扶養利益が侵害されたことによる自己固有の損害を賠償請求する**「扶養構成」**をとるべきだとする説が多数を占めている。

その一方で，相続構成をなお支持する学説も有力であり，これらの批判は必ずしも致命的ではないとする。むしろ，扶養構成をとった場合の問題点として，(ｲ)相続構成よりも賠償額が低くなること，(ﾛ)不均衡が生じること（即死の場合と労働能力を 100% 喪失する重傷を負って損害賠償に関する合意や債務名義が成立した後に死亡した場合の不均衡や，負傷よりも死亡のほうが賠償額が低くなりうる不均衡），(ﾊ)相続構成よりも計算基準や請求権者の範囲が不明確になること，などが指摘できるので，判例の立場が妥当である。

もっとも，相続構成をとる判例においても，被害者の妻子が相続放棄をした場合（最判平成 12・9・7 判時 1728 号 29 頁）や相続権のない内縁の妻（最判平成 5・4・6 民集 47 巻 6 号 4505 頁）などについては扶養構成による請求を認めている。

(c)　**慰謝料請求権**　　(i)　被害者の生命・身体侵害による慰謝料請求権の相続については，判例は上記とは異なる展開をみせた。判例は，当初は，慰謝料請求権の相続を否定していたが，被害者本人が請求の意思表示をすれば相続を認める立場に転じた（大判大正 8・6・5 民録 25 輯 962 頁）。しかし，被害者が「残念残念」といった場合は請求の意思表示ありとして相続が認められる（大判昭和 2・5・30 新聞 2702 号 5 頁）一方，他の裁判例では死に際の言葉によって請求の意思表示であるか否か（相続が肯定されるか否か）が左右されたことから（即死の場合との不均衡からも），判例の意思表示相続説は批判を浴びた。

　そこで, 最高裁は, 判例を変更し, 「〔被害者が〕請求権を放棄したものと解しうる特別の事情がないかぎり」, 「損害の賠償を請求する意思を表明するなど格別の行為をすること」なく, 当然に慰謝料請求権が相続されるとした (最大判昭和 42・11・1 民集 21 巻 9 号 2249 頁)。なお, 上記判決は被害者の生命・身体の侵害による慰謝料請求権に関する事例であるが, 判旨の一般論はそのような限定をせずに慰謝料請求権一般に関する判示をしており, その後の最高裁は名誉毀損による慰謝料請求権が相続の対象となることを前提とする判断をしている (最判昭和 58・10・6 民集 37 巻 8 号 1041 頁)。

　(ii)　これに対し近時の多数説は, 慰謝料請求権は一身専属権 (896 条ただし書) として相続の対象とならず, 遺族は 711 条の固有の慰謝料請求権を行使すれば足りる, と主張する。

　しかし, ①重傷を負って慰謝料に関する合意や債務名義が成立した後に死亡した場合 (相続を認めざるをえない) との不均衡が残ること, ②財産的損害賠償請求権との統一的処理による簡明性と便宜性, ③フランスの判例・学説においても慰謝料請求権の相続が認められていることから, ここでも判例を支持すべきである。なお, 安全配慮義務や医療過誤などで債務不履行構成をとった場合, 711 条は適用されないとするのが判例であり (最判昭和 55・12・18 民集 34 巻 7 号 888 頁), この点からも慰謝料請求権の相続を認める実益がある。

(2)　財産分与請求権・財産分与義務

　離婚は成立したが財産分与 (768 条) はまだ交渉中であった AB の一方が死亡した場合 (A が財産分与義務を負う場合), (a)死亡した B の相続人 B' は B の財産分与請求権を相続したとして A に請求することができるか, あるいは, (b)B は, 死亡した A の相続人 A' が A の財産分与義務を相続したとして財産分与の請求をすることができるか, が問題となる (なお, (a)(b)とも相続開始前の B の A に対する請求の意思表示を前提条件とするか否かについては争いがある)。財産分与の清算・扶養・慰謝料の 3 要素を区別せずに包括的に論ずる学説もあるが, 要素ごとに検討すべきであろう (次頁**図表Ⅱ 4-1** 参照)。

　①清算の要素：清算的財産分与に関する権利・義務のいずれも, 婚姻中に形成した夫婦共同財産の清算という純粋に財産上の問題であるので, 相続の対象

図表Ⅱ4-1

	(a)分与請求権の相続	(b)分与義務の相続
①清算の要素	○	○
②扶養の要素	×	肯定否定の対立がある
③慰謝料の要素	○	○

になることに問題はない。

②扶養の要素：扶養の要素は婚姻の事後的効果と考えることができる。

そこで，夫婦間の扶養請求権が，夫婦関係という身分関係や権利者の要扶養状態に基づく一身専属的な権利であることから，扶養的財産分与の権利についても一身専属権として相続の対象とならないとする説が多い。

また，扶養的財産分与の義務についても，夫婦間の扶養義務が夫婦関係という身分関係に基づく一身専属的義務として相続されないのと同様に，相続の対象とならないとする説が多い。これに対し，離婚の際に義務者が有していた財産から現に要扶養状態にある権利者に支出されるべきものとして，義務者の財産と一体として相続人に承継させるという構成で相続を肯定した裁判例もある（大分地判昭和62・7・14判時1266号103頁）が，論理にやや無理がある。

③慰謝料の要素：判例の立場を前提とすれば，権利・義務のいずれについても，通常の金銭債権・金銭債務と同じく相続の対象となる。

なお，上記①②③は，内縁解消に伴う財産分与にもあてはまる。内縁解消後，財産分与審判手続中に分与義務者が死亡した場合に，分与義務の相続を認めた裁判例もみられる（大阪高決平成23・11・15家月65巻4号40頁：清算の要素のみ肯定し，扶養の要素は要扶養状態にないことを理由に否定）。

(3)　身元保証債務・信用保証債務・普通の保証債務

(a)　序　　身元保証債務・信用保証債務のいずれについても，①内容が不確定であることや，②本人との個人的な信頼関係に基づくことから，相続による承継は否定的に解されているが，普通の保証債務の相続については肯定されている（いずれも保証契約から発生する債務であるが，片務契約上の債務であり，契約上の地位の相続として後記**3**で一緒に論ずる必要性に乏しいのでここで扱う）。

(b)　**身元保証債務**　　判例は基本的身元保証債務の相続を否定する（大判昭和 18・9・10 民集 22 巻 948 頁）が，保証人の相続開始前に具体化していた損害賠償債務については，通常の債務と異ならないとして，相続を肯定する（大判昭和 10・11・29 民集 14 巻 1934 頁）。

(c)　**信用保証債務**　　判例は，限度額および期限の定めのない継続的信用保証契約について，特段の事情のない限り，保証人の死後に生じた債務について相続人は保証債務を負担しないとした（最判昭和 37・11・9 民集 16 巻 11 号 2270 頁）。上記の契約に基づく基本的信用保証債務は相続されないが，相続開始前に具体化した債務は相続されるという点では身元保証債務の場合と共通する。ただし，判旨の反対解釈からは，限度額または期限の定めがある契約の場合については，基本的信用保証債務も相続の対象となる余地がある。

(d)　**普通の保証債務**　　上記(b)(c)とは異なる普通の保証債務（連帯保証を含む）についても，①内容が不確定であることや，②個人的な信頼関係に基づくことから，基本的保証債務の相続性を否定する学説もあるが，判例・通説は相続を肯定している。①②のような性質が認められるとしても，身元保証や限度額または期限の定めのない継続的信用保証に比べて，あまり強いものではないからである（①に関しては，少なくとも保証債務額の上限はある程度確定している）。

3　契約上の地位

(1)　序

契約上の地位は，前述（本章第 2 節 **2** (1)）のように，民法上明文で相続による承継が否定されている場合（使用貸借契約の借主の地位〔597 条 3 項〕，代理における本人・代理人の地位〔111 条〕，委任者・受任者の地位〔653 条〕，組合員の地位〔679 条〕など：いずれも任意規定）や，契約の趣旨から一身専属性が認められる場合（請負債務の非代替性を前提とした請負契約の請負人の地位）などの例外的な場合（これらの場合もすでに発生している個別具体的な権利義務関係は相続の対象となることに注意）を除けば，相続の対象となる。

(2)　借地借家契約の借主・貸主の地位

(a)　**借主の地位**　　借地借家契約の借主の地位（借地権・借家権）は，財産権

の一種であるので，相続の対象となるのが原則である（ただし，公営住宅の使用権が当然には相続の対象とならない点について，本章第2節**2**(2)参照）。借主の地位を共同相続した場合の賃料債務は特段の事情のない限り性質上不可分債務と解されている（大判大正11・11・24民集1巻670頁：賃料債務は可分債務のようにもみえるが，目的物全体の使用収益権に対応していることから，上記のように解して，賃借権を相続した各相続人が全部について履行すべきものとする）。

　相続人がいない場合は，居住目的の賃借権については内縁配偶者等による承継が借地借家法36条で認められる（相続人がいる場合の内縁配偶者の保護については第1編第2章第6節**3**(5)を参照）。

　(b)　**貸主の地位**　　賃貸借契約の目的物の相続承継に伴ってその貸主の地位も相続人に承継される。共同相続の場合，使用収益させる債務はその性質から不可分債務とされている（最判昭和45・5・22民集24巻5号415頁）が，賃料債権（相続開始後遺産分割までの分）は相続分に応じた分割単独債権として各共同相続人に帰属する（最判平成17・9・8民集59巻7号1931頁。相続開始前の既発生分も可分債権の共同相続に関する判例理論で分割単独債権となる）。

(3)　ゴルフクラブ会員契約

　前述（本章第2節**2**(1)）のように組合員の地位は，組合員同士の信頼関係に基づくものであることから，相続による承継が否定されている（679条：ただし任意規定）。そこで，団体性を有する預託金制ゴルフクラブにおいても，会員としての契約上の地位（会員権）が当然に相続の対象となるかが問題とされた。

　当初，最高裁（最判昭和53・6・16判時897号62頁）は，会員が規約違反による除名の無効を主張して訴訟提起中に死亡した事例で，当該クラブに死亡を会員資格喪失事由とする規約があることを理由に，「会員たる地位は一身専属的なものであって，相続の対象となりえない」とした（判決の論理から相続人に対する預託金の払戻しまで否定されるわけではない）。

　その後，判例（最判平成9・3・25民集51巻3号1609頁）は，理事会による承認があれば会員の地位の譲渡を認める旨の規約は存在するが，会員が死亡した場合に関する規約が存在しない事例において，譲渡と相続を区別する理由はないとして，譲渡に準じた手続で相続人が会員としての地位を承継することがで

きるとした。クラブの団体性が必ずしも強くないことや，会員権の売買が広く行われている現状に照らせば，死亡を会員資格喪失事由とする規約があったとしても，譲渡に準じた手続による相続承継を認めるべきだろう。

　なお，判例（最判平成9・12・16判例時1629号53頁）は，会員の地位の相続承継が可能であるにもかかわらず相続人が会員の地位の相続を希望せずに，預託金の返還を希望している場合について，会員と同様に預託金の据置期間満了まで返還請求することはできないとしている。

(4)　無権代理人の地位と本人の地位──無権代理と相続

　(a)　**序**　　無権代理人が本人の代理人と称して相手方と契約をした場合，①本人は，相手方に対して追認を拒絶することによって本人に契約の効力が生じないことを確定させることができる（113条）一方，②無権代理人は，本人の追認を得ることができなければ，（117条2項の定める場合を除き）相手方に対して履行または損害賠償の責任を負うことになる（117条1項）。

　では，無権代理人が死亡して本人が単独相続したことで，または，本人が死亡して無権代理人が単独相続したことで，両者の資格が同一人に帰属した場合，上記の①本人としての追認拒絶権や②無権代理人としての117条の責任はどうなるのか（そのまま相続人に承継されて両者の資格が併存することになるのか，それとも，両者の資格が融合して本人が自ら法律行為をしたのと同様の効果を生ずることになるのか）。また，その点に関して，本人が無権代理人を相続した場合と無権代理人が本人を相続した場合とで違いがあるか否か，が問題となる。

　以下，本人の無権代理人単独相続型（A型），無権代理人の本人単独相続型（B型），無権代理人と他の相続人の本人共同相続型（B'型），第三者の無権代理人・本人双方相続型（C型）の順に説明する（記号は便宜上のものである）。

　(b)　**本人の無権代理人単独相続型（A型）**

　(ⅰ)　本人としての追認拒絶権　　後記(c)のように，判例は，無権代理人が本人を単独相続した場合（B型）について両者の資格が融合する旨の立場（資格融合・当然有効説）をとるが，本人が無権代理人を単独相続した場合（A型）については異なる立場をとる。

　B型については，「自らした無権代理行為につき本人の資格において追認を

拒絶する余地を認めるのは信義則に反
するから，右無権代理行為は相続と共
に当然有効となると解するのが相当で
ある」としても，《本人が無権代理人
を単独相続した場合（A 型）》につい
ては，「相続人たる本人が被相続人の
無権代理行為の追認を拒絶しても，何

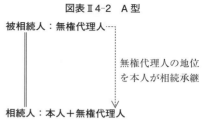

図表 II 4-2　A 型
被相続人：無権代理人

無権代理人の地位
を本人が相続承継

相続人：本人＋無権代理人

ら信義に反するところはない」から，無権代理行為は本人の相続により当然有
効となるものではない，とする（最判昭和 37・4・20 民集 16 巻 4 号 955 頁）。

　すなわち，A 型については，無権代理人と本人の資格は融合せずに併存し
（**資格併存説**），本人の資格に基づく追認拒絶をしても信義則に反しない（無権代
理行為の効果は本人に帰属しない）ことになる。

　(ii)　**無権代理人としての責任**　　さらに，判例（最判昭和 48・7・3 民集 27 巻
7 号 751 頁）は，「民法 117 条による無権代理人の債務が相続の対象となること
は明らかであって，このことは本人が無権代理人を相続した場合でも異ならな
いから，本人は相続により無権代理人の右債務を承継するのであり，本人とし
て無権代理行為の追認を拒絶できる地位にあったからといって右債務を免れる
ことはできない」とする（本人が他の相続人と無権代理人を共同相続した場合〔A'
型〕も同様とする）。

　すなわち，本人の資格に基づいて追認拒絶をして無権代理行為の効果が帰属
することを拒むことはできるが，その一方で，無権代理人の地位も承継してい
るので，117 条 2 項の定める場合を除き相手方の選択に従って履行責任または
損害賠償責任を負うことになる（117 条 1 項：無過失責任である）。

　(iii)　**無権代理人の責任の内容**　　前述の最判昭和 48・7・3 は，無権代理人
が本人の代理人と称して連帯保証した金銭債務について，無権代理人を相続し
た本人に 117 条の履行責任を認めたものであった。しかし，その後，A 型と
類似した利益状況にある《所有者が他人物売主を相続した場合》に関し，判例
（最大判昭和 49・9・4 民集 28 巻 6 号 1169 頁）が，「信義則に反すると認められる
ような特別の事情のない限り……売主としての履行義務を拒否することができ
る」として，不動産の給付義務を否定したことから，A 型における 117 条の

履行責任が議論となった。

　学説は，上記の117条の履行責任について，金銭や不特定物の給付義務は免れないが，特定物の給付義務は免れる，という形で上記2判決を整合的に理解しようとした。近時の多数説も，①もともと本人は相手方からの履行請求を拒むことができ，相手方は無権代理人に対し117条に基づく損害賠償しか請求できなかったにもかかわらず，たまたま本人が無権代理人を相続して特定物の給付が可能になったことで相手方からの117条に基づく履行請求を拒めないとして本人が不利に扱われるのは不当である，②本人としての追認拒絶が信義則上認められてそこでは特定物の権利移転が否定されながら，相続した無権代理人としての履行責任が肯定されるのは，追認拒絶を認めた意味がなくなる，などの理由により，上記のような解釈を認める。

　これに対し，相続放棄の自由や117条2項の要件の存在（同項に当たる場合は追認を拒絶すれば履行責任を負うことはない）などを理由に，特定物の給付についても履行責任を肯定する説もある。

(c)　無権代理人の本人単独相続型（B型）

　(i)　資格融合・当然有効説　　すでに(b)で触れたように，判例は，無権代理人が本人を単独相続した場合（B型）について，「本人と代理人との資格が同一人に帰する」ことで「本人が自ら法律行為をしたのと同様な法律上の地位を生じた」ことに

図表Ⅱ4-3　B型

被相続人：本人

本人の地位を無権代理人が相続承継

相続人：無権代理人＋本人

なり，契約は当然に有効になるという，**資格融合・当然有効説**をとっている（大判昭和2・3・22民集6巻106頁〔家督相続〕，最判昭和40・6・18民集19巻4号986頁）。後述（(e)）のように，判例は，第三者が無権代理人を本人と共同相続した後に本人を単独相続した場合（C型）についてもB型と同じく資格融合・当然有効説をとっている（最判昭和63・3・1家月41巻10号104頁。この結論は信義則の見地からも是認できるとする）。

　(ii)　資格併存・信義則違反説　　このように判例は，無権代理人（または無権代理人の地位を相続した第三者）が本人を単独相続した場合には資格融合・当

然有効説をとっているが，この理論を無権代理人と他の相続人が本人を共同相続した場合（B'型）についてまで貫くことにはやや無理がある。そこで判例は，後述（(d)）のようにB'型については，資格併存説を前提とした判断をしている（最判平成5・1・21民集47巻1号265頁：相続分の限度で資格融合・当然有効説をとった原判決を破棄）。

　学説では，A型・B'型だけではなく，B型についても無権代理人と本人の資格の併存を認めることを共通の基本としつつ，相手方からの履行請求に対し，無権代理行為をしておきながら相続した本人の地位に基づいて追認を拒絶して履行を拒むことは信義則違反として許されない（履行を拒めない結果として追認したことになる）とするのが多数説である。この説は，無権代理行為を当然に有効とするものではないので，善意の相手方が履行請求をする代わりに取消権（115条）を行使する余地を認める点でも説得的である。

　(iii)　本人による追認拒絶後の相続　　では，もし本人が生前に追認拒絶をしていたらどうか。判例（最判平成10・7・17民集52巻5号1296頁）は（無権代理人の地位を相続した後に生前に追認拒絶をしていた本人の地位を相続したというC型の事案であるがB型にも共通する判示として），「その後に無権代理人が本人を相続したとしても，無権代理行為が有効になるものではない」とする。追認拒絶によって本人への効果不帰属が確定した以上は，その後は，「本人であっても追認によって無権代理行為を有効とすることができず」，無権代理人が本人を相続しても「〔その〕効果に何ら影響を及ぼすものではない」というのがその理由である。なお，上記判決は，無権代理人が本人による「追認拒絶の効果を主張すること」も原則として信義則に反するものでないとするが，無権代理人としての責任（117条）を負うことになるのはいうまでもない（この場合はA型と異なり特定物の給付であっても履行義務を負うべきだろう）。

　(d)　無権代理人と他の相続人の本人共同相続型（B'型）

　(i)　追認可分説　　無権代理人と他の相続人が本人を共同相続した場合（B'型）について，学説では，資格併存・信義則違反説を前提として，無権代理人（次頁**図表Ⅱ4-4**の共同相続人①）は，相続した本人の地位に基づいて追認拒絶をすることは信義則違反として許されず，相続分の限度で相手方からの履行請求に応じなければならない（相続分の限度で，追認したことになり，かつ，無権代理行

為の効果が帰属することに
なる）とする説が有力で
あった。

図表Ⅱ4-4　B'型

被相続人：本人

本人の地位を
無権代理人と
共同相続

共同相続人①：
無権代理人＋本人1/2

共同相続人⑪：本人 1/2

　後記(ii)の最判平成5・
1・21の原審も，資格融
合・当然有効説を前提と
するものではあるが，同
様の結果となる判断をした。すなわち，本人を共同相続した無権代理人につい
ては，相続分の限度において，資格が融合し，かつ，無権代理行為が当然に有
効になる，とした。

　なお，本人を無権代理人とともに共同相続した他の相続人については，上記
（追認可分説）のいずれの立場においても，相続分の限度で本人の地位に基づく
追認拒絶をすることが信義則上許容される（無権代理行為の効果は，本人を共同相
続した他の相続人には，相続分の限度においても帰属しない）。

　(ii)　追認不可分説　　これに対し，判例（最判平成5・1・21民集47巻1号265
頁）は，①B'型において「無権代理行為を追認する権利は，その性質上相続人
全員に不可分的に帰属する」ものであって，「共同相続人全員が共同してこれ
を行使しない限り，無権代理行為が有効となるものではない」，②「他の共同
相続人全員が無権代理行為の追認をしている場合に無権代理人が追認を拒絶す
ることは信義則上許されない」（全員で追認した扱いになり全部有効となる）とし
ても，「他の共同相続人全員の追認がない限り，無権代理行為は，無権代理人
の相続分に相当する部分においても，当然に有効となるものではない」（無権
代理人の117条の責任のみが問題となる），として原判決を破棄した。

　学説では，相続分の限度での効果帰属・不帰属を認めた場合に①'共同相続人
や相手方の利益を害しうる場合（特定物の給付など）と②'そうでない場合（金銭
の給付など）とを区別して，少なくとも②'の場合については(i)で述べた追認可
分説をとるべきだとする説も有力であるが，上記判決は，「無権代理行為が金
銭債務の連帯保証契約についてされた場合においても同様である」としている。

　(e)　第三者の無権代理人・本人双方相続型（C型）

　(i)　先に相続した資格で判断する説　　本人と無権代理人を父母とする子が，

無権代理人の地位を本人
と共同相続した後，（無
権代理人を相続した）本人
の地位を単独相続した場
合，無権代理行為の効力
はどうなるか。

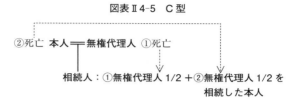

図表Ⅱ4-5　Ｃ型

②死亡　本人＝＝無権代理人　①死亡

相続人：①無権代理人 1/2 ＋②無権代理人 1/2 を
　　　　　　　　　　　　　　　　相続した本人

　判例は，自ら無権代理行為をした者でなくても，いったん無権代理人の地位
を《包括的に承継》した以上は，無権代理人が本人を相続した場合（Ｂ型）と
同じく，「本人の資格で無権代理行為の追認を拒絶する余地はなく，本人が自
ら法律行為をしたと同様の法律上の地位ないし効果を生ずる」として，資格融
合・当然有効説をとっている（最判昭和 63・3・1 家月 41 巻 10 号 104 頁。付加的な
判示として，このことは信義則の見地からも是認できるとする）。

　判例の立場からは，先に本人を相続した後に無権代理人を相続した場合には，
Ａ型と同じく，本人の資格で追認拒絶をしても信義則に反しないことになる
（無権代理行為の効果は帰属しないが 117 条の責任は負う）と考えられるが，同時死
亡の場合にどうなるかは必ずしも明らかでない（この場合も資格併存になるのが
自然であろうか）。

　(ii)　自ら無権代理行為をしたかどうかで判断する説　　上記判決は，追認拒
絶をしても信義則に反しないとした原判決の判断を破棄して上記のように判示
したものであるが，学説では原審と同様の結論を主張する説が多い。その理由
として，①追認拒絶が信義則に反するかどうかは，《自ら無権代理行為をした
か》どうかで決すべきであることや，②判例の立場は無権代理人を先に相続す
るかどうかで結論が大きく変わる点が不当であることが主張されている。

第**5**章

相　続　分

第1節　相続分の意義
第2節　法定相続分
第3節　指定相続分
第4節　具体的相続分

　この章では，相続分を扱う。相続分の多義性について述べたのち（第1節），法定相続分（第2節），指定相続分（第3節），具体的相続分（第4節）のそれぞれについて，その意義と内容を扱う。

第1節　相続分の意義

　複数の相続人（共同相続人）がいる場合には，各共同相続人は，遺産分割までの間，相続財産の総体に対して権利ないし地位（相続分〔①〕）を有する（例えば，905条にいう相続分）。相続財産の総体に対して各相続人が有する権利の割合（持分率）も，相続分（②）と呼ばれる（899条）。②の相続分は，被相続人の意思に基づいて定められる（902条1項）。これを指定相続分という。被相続人による相続分の指定がないときは，②の相続分は民法の規定に従って定まる（900条・901条）。これを法定相続分という。

　相続財産から各共同相続人が取得する抽象的な価額（相続分〔③〕）は，相続財産（積極財産）の総額に，各自の②の相続分を乗じたものである。しかし，共同相続人の中に，被相続人から生前に一定の贈与を受けた者がいるときは，その受贈額を相続財産の価額に加算したものを基礎として，各共同相続人が実際に取得すべき相続財産（積極財産）の価額または割合（相続分〔④〕）が算定さ

れる（903 条 1 項にいう「その者の相続分」）。④は具体的相続分と呼ばれる。民法は，①〜④のいずれも「相続分」と呼んでおり，相続分という用語は多義的に用いられている。なお，相続債務の承継割合が②または④のいずれに基づくかについては議論があるが，判例は②によるとする。

　以下では，法定相続分，指定相続分，具体的相続分の順に説明する。

第 2 節　法定相続分

1 序

　民法は，相続分の指定がない場合に備えて，相続分を定める（900 条・901 条）。これを**法定相続分**という。法定相続分の大まかなルールは次のとおりである。まず，配偶者は常に相続人となるが，配偶者と第何順位の血族相続人が相続人になるかによって，配偶者と当該血族相続人のグループに割り振られる相続分が異なる。同順位の血族相続人が複数いる場合は，各共同相続人の相続分は原則として均等である（900 条 4 号。ただし書に注意）。

2 相続人とその法定相続分

　配偶者と第 1 順位〜第 3 順位の血族相続人の組み合わせごとに，法定相続分は次のようになる（具体例は，次頁**図表Ⅱ5-1**の関係図による）。

　①配偶者と第 1 順位の血族相続人（子）の場合は，法定相続分は，配偶者が 1/2，子が 1/2 である（900 条 1 号）。子が数人いれば，子全員についての総体的な相続分である 1/2 を，嫡出・非嫡出の別を問わず，均等に分ける（同条 4 号。 Column Ⅱ5-1 〔301 頁〕参照）。

　〔**具体例 1**〕配偶者 A と，被相続人の子 B・C・D が相続人である場合，法定相続分は，A が 1/2，B・C・D は各 1/6 である。

　代襲相続が生じた場合（887 条 2 項・3 項）は，代襲相続人の相続分は被代襲者の受けるべきであった相続分と同じである（901 条 1 項）。被代襲者について代襲資格を有する者が数人いる場合は，各代襲相続人の相続分は，被代襲者が受けるべきであった相続分を均等に分けたものである（901 条 1 項ただし書→900

条4号）。

〔**具体例2**〕配偶者Aと，被相続人の子B・C，死亡した子D（被代襲者）の子E・F（代襲者）が相続人である場合，法定相続分は，Aが1/2，B・Cが各1/6，E・Fが各1/12である。

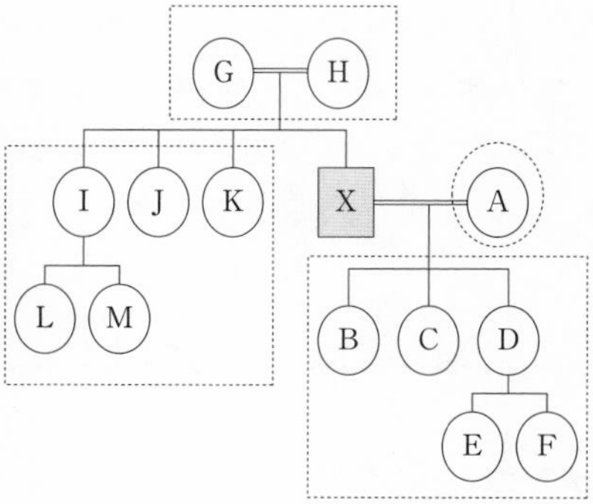

②配偶者と第2順位の血族相続人（直系尊属）の場合は，相続分は，配偶者が2/3，直系尊属が1/3である（900条2号）。直系尊属が数人いれば，総体的な相続分1/3を均等に分ける（同条4号）。

図表Ⅱ5-1

〔**具体例3**〕配偶者Aと，被相続人の父母G・Hが相続人である場合，法定相続分は，Aが2/3，G・Hが各1/6である。

③配偶者と第3順位の血族相続人（兄弟姉妹）の場合は，法定相続分は，配偶者が3/4，兄弟姉妹が1/4である（900条3号）。兄弟姉妹が数人いれば，その総体的な相続分1/4を均等に分ける（同条4号）。ただし，半血の兄弟姉妹（被相続人と，父母の一方のみを同じくする兄弟姉妹）がいる場合は，その相続分は全血の兄弟姉妹（被相続人と，父母の双方を同じくする兄弟姉妹）の半分である（同条4号ただし書）。

〔**具体例4**〕配偶者Aと，被相続人の兄弟姉妹I・J・Kが相続人である場合，法定相続分は，Aが3/4，I・J・Kがそれぞれ1/12である。仮にKが半血の兄弟である場合は，相続分は，Aが3/4，I・Jが各2/20，Kが1/20である。

兄弟姉妹について代襲相続が生じた場合に（889条2項），代襲相続人の相続分は，子について代襲相続が生じた場合と同じである（901条2項・1項）。

〔**具体例5**〕配偶者Aと，被相続人の兄弟姉妹J・K，死亡した兄弟I（被代襲者）の子L・M（代襲者）が相続人である場合，法定相続分は，Aが3/4，J・Kが各1/12，L・Mが各1/24である。

④血族相続人がいない場合は，配偶者による単独相続となる。配偶者がなく，血族相続人のみが相続人となる場合に，同順位の血族相続人が複数いるときは，均等に分ける（900条4号）。

Column Ⅱ 5-1　嫡出でない子（非嫡出子）の相続分

　民法 900 条 4 号ただし書には，平成 25（2013）年の民法改正前は，非嫡出子の相続分を嫡出子の相続分の 1/2 とする旨を定めている部分があった（以下，「本件規定」という）。それによれば，299 頁の〔具体例 1〕で D が嫡出でない子の場合は，法定相続分は，A が 1/2，B・C が各 2/10，D が 1/10 となった。しかし，「嫡出子」「嫡出でない子」という身分は，憲法 14 条 1 項にいう社会的身分にあたる。そのため，本件規定は憲法 14 条 1 項に反し違憲かどうかが問題とされていた。この問題に関し，最大決平成 25・9・4 民集 67 巻 6 号1320 頁（以下，「本決定」という）は，種々の事柄の変遷（婚姻・家族形態の多様化とそれに伴う国民の意識の変化，諸外国の立法の趨勢，わが国が批准した国際人権規約・児童の権利条約とこれに基づき設置された委員会による勧告等，嫡出・非嫡出の区別に関わる法制等の変化，これまでの最高裁判例における反対意見や補足意見の内容）を総合的に考察すれば，「家族という共同体の中における個人の尊重」がより明確に認識されてきたことは明らかであり，このような認識の変化に伴い，「父母が婚姻関係になかったという，子にとっては自ら選択ないし修正する余地のない事柄を理由としてその子に不利益を及ぼすことは許されず，子を個人として尊重し，その権利を保障すべきであるという考えが確立されてきている」として，遅くとも平成 13 年 7 月当時には，立法府の裁量権を考慮しても，本件規定の合理的な根拠は失われており，憲法 14 条 1 項に違反し無効であったと判示した。

　本決定により，本件規定は，平成 13 年 7 月以後に開始した相続については無効となる（直近で合憲とされた平成 12 年 10 月から平成 13 年 6 月までは，憲法適合性が判断されていないグレーな期間となる）。したがって，本件規定に基づいてなされた遺産分割等も無効となるべきところ，本決定は，法的安定性の確保の観点から，平成 13 年 7 月以後に開始した相続であっても，本件規定を前提としてすでに関係者間において裁判，合意等により法律関係が確定的なものとなった場合には，例外的に違憲と判断せず，無効とならないとした。すなわち，本件規定を前提とした遺産分割によって嫡出子がすでに受けた相続財産について，非嫡出子が不当利得返還請求をすることはできない。そして，遺産中の可分債権・可分債務については，「債務者から支払を受け，又は債権者に弁済をするに当たり，法定相続分に関する規定の適用が問題となり得るものであるから，相続の開始により直ちに本件規定の定める相続分割合による分割がされたものとして法律関係が確定的なものとなったとみることは相当ではなく，その後の関係者間での裁判の終局，明示又は黙示の合意の成立等により上記規定を改めて適用する必要がない状態となったといえる場合に初めて，法律関係

が確定的なものとなったとみるのが相当である」と述べた。

　しかし，このような扱いには複数の問題点があることが指摘されている。第 1 に，このような扱いは，法律関係（各相続人への遺産の帰属）は，遺産分割時に，その時点の相続分に基づいて確定するという考え方を前提とするが，これは《相続に関する権利関係（相続人・遺留分権利者の範囲，相続財産の範囲・価額，相続分・遺留分）は相続開始時を基準として確定される》という相続法の原則に抵触する。第 2 に，「法律関係が確定的なものとなった」場合とはどのような場合か，必ずしも明確ではない。例えば，遺産の一部についてのみ遺産分割が成立している場合，すでになされた遺産分割協議が無効である場合や，明示的な遺産分割協議がなされていない場合などの処理が問題となりうる。その他，遺産分割は未了だが本件規定を前提として嫡出子が遺産である可分債権の弁済を受けていた場合に，不当利得返還義務が生じるのか，すでになされた遺産分割について，相続人が担保責任（911 条）を負う場合にその責任の内容はどうなるのか等の問題も指摘されている。

　本決定を受けて，平成 25（2013）年 12 月に民法が改正され（同年 12 月 11 日公布），本件規定は削除された。改正後の民法 900 条 4 号は，平成 25 年 9 月 5 日以後に開始した相続について適用される。

3 法定相続分による相続財産の承継

　相続分の指定がない場合には，各共同相続人は，898 条 2 項により，相続開始とともに，法定相続分に従って相続財産に属する個々の財産上に持分を有する（債務も承継する）。子 A・B が共同相続人である場合，遺産分割までの間，2 人は，相続財産に属する甲土地について相続分に応じて共有するが，一方は他方の持分について無権利である。したがって，遺産分割未了の間に，A が甲土地につき単独所有名義の登記をして，甲土地を第三者 D に譲渡して登記を移転したとしても，A は（したがって D も），B の持分について無権利なので，B は，D に対し，自己の持分権を登記なくして対抗することができる（899 条の 2 第 1 項の反対解釈。最判昭和 38・2・22 民集 17 巻 1 号 235 頁も参照）（⇒本編第 6 章第 2 節 **2** (2)(b)）。

第3節　指定相続分

1 相続分の指定の方法

　被相続人は，遺言によってのみ，相続人の相続分を指定することができる（902条1項。第三者に指定を委託してもよい）。これを**指定相続分**という。

　相続分の指定方法はさまざまである。例えば，相続人が配偶者Aと子B・Cであり，相続財産が甲土地（3000万円）と乙土地（1000万円）のみである場合を例に説明すると，①相続人全員の相続分を割合的に指定する場合（例「Aに遺産の3/5，B・Cに各1/5を与える」）や，②一部の相続人の相続分を割合的に指定する場合（例「Bに遺産の1/3を与える」）がある（902条2項）。②の場合に，配偶者Aの相続分は，Bの指定相続分を除いた残部の1/2となるか，それとも，Bの相続分指定に関係なく，相続財産の1/2で固定されていると見るかは議論がある。後者は，被相続人の意思の推定，または配偶者相続権の根拠（生存配偶者の生活保障，潜在的持分権の清算）を理由として配偶者の相続分を優先する考え方であるが，いずれとみるべきかは，遺言者の意思解釈によって決まる。また，③「相続させる」旨の遺言（「Cに乙土地を相続させる」というように，特定の相続人に特定の遺産を相続させる旨の遺言。特定財産承継遺言）は遺産分割方法の指定であるが，相続分の指定を伴う可能性がある（　Column Ⅱ5-2　参照）。

　なお，①〜③の遺言は常に相続分の指定と解釈されるわけではない。遺言者の意思解釈によっては，①②の遺言は割合的包括遺贈，③の遺言は相続分指定を伴わない遺産分割方法の指定や，特定遺贈と解釈される可能性もある。

> **Column Ⅱ5-2**　「相続させる」旨の遺言（特定財産承継遺言）と相続分指定
>
> 　本文中の例で，「Cに乙土地を相続させる」という遺言は，(ア) Cに乙土地《だけ》を与える趣旨（＝限定型）であれば，遺産分割方法の指定に加えて，Cについて法定相続分とは異なる相続分が指定されたと解釈できる。しかし，設例のように，Cの取り分として法定相続分以下の財産が指定されている場合には，(イ) Cの法定相続分どおりの取り分の中に乙土地が含まれるべきことを指示したにすぎず（純粋な分割方法の指定），Cの法定相続分を変更する趣旨でな

い（＝中立型）と解釈される可能性が高い。さらに，㈡ Cに乙土地を《余分に》与える趣旨（＝先取型）とも解釈される可能性もあるが，この場合には，Cは乙土地を取得するだけでなく，甲土地について法定相続分どおりの権利を取得する。

② 相続分の指定の効力

被相続人が自ら相続分を指定したときは，その遺言が効力を生じた時から，被相続人が遺言で第三者に指定を委託したときは，第三者が指定をすれば相続開始時に遡って，相続分指定の効力が生じる。相続分の指定は，当該相続人個人を対象としてなされる場合が多いであろう。したがって，相続分指定の遺言がある場合において，相続分を指定された相続人が被相続人の死亡以前に死亡したために代襲相続が生じたときは，通常は，相続分指定は代襲相続人には及ばないと解すべきだろう。しかし，遺言者意思が代襲相続人への指定相続分の帰属を排除しない趣旨であれば，代襲相続人は指定相続分を取得しうる。

③ 指定相続分による相続財産の承継

各共同相続人は，指定相続分に従って，相続財産に属する個々の財産上に持分を有する（898条2項）。もっとも，各共同相続人は，相続分指定による権利の承継のうち，その法定相続分を超える指定部分の承継については，対抗要件を備えなければ第三者に対抗することができない（899条の2第1項。最判平成5・7・19家月46巻5号23頁の考え方は採用されなかった）。例えば，共同相続人は子A・Bであり，被相続人の遺言により，Aが1/3，Bが2/3の相続分指定を受けたとする。遺産中の甲土地につき，Aがその法定相続分（1/2）に応じた持分を第三者Dに譲渡した場合に，Bが自己の法定相続分を超える指定部分（1/6）の承継をDに対して対抗するには，登記が必要である。同様に，遺産に含まれる可分債権も，指定相続分がある場合にはこれに応じて各共同相続人に承継されるが，相続分指定による債権の承継は，債務者対抗要件（467条1項）を備えなければ，法定相続分を超える指定部分について債務者に対抗することができない。上述の例で，債務者Sに対する300万円の金銭債権が遺産である場合に，BがSに対して指定相続分（200万円）に従って履行請求するには，

債務者対抗要件を備える必要がある。債権の譲渡人に相当するのは被相続人の地位を包括的に承継した共同相続人全員（A・B）なので，Bが債務者対抗要件を備えるには，A・BがSに通知をする必要がある。しかし，899 条の 2 第 2 項は，B 単独の通知によっても債務者対抗要件を備えることができる旨を定める。すなわち，法定相続分を超えた相続分を取得した B が，当該債権に係る遺言の内容を明らかにして（例えば，遺言の原本を提示したり，債権の承継に関する記述部分の写しを S に交付するなどして），S に対してその承継の通知をすれば，A・B が S に通知をしたものとみなされ，債務者対抗要件が具備される。

　可分債務についても，各共同相続人は，内部的には指定相続分どおりに分割・承継する。しかし，相続債権者は，共同相続人の 1 人に対してその指定相続分に応じた債務の承継を承認した場合を除き，各共同相続人に対し，法定相続分に従って請求することができる（902 条の 2。最判平成 21・3・24 民集 63 巻 3 号 427 頁の考え方を採用したものである）。したがって，上述の相続分指定のある事例で，相続債権者 G に対する 300 万円の金銭債務が遺産である場合に，A は，法定相続分に従った履行（150 万円の弁済）を G から求められた場合は，これに応じなければならない（150 万円を弁済した後，A は B に対して事務管理または不当利得に基づき，50 万円を求償することになる）。G が B に対して指定相続分に応じた債務の承継を承認し，指定相続分に従った履行（200 万円の弁済）を求めた場合には，B はこれに応じなければならない。

第 4 節　具体的相続分

1 具体的相続分の意義

（1）　遺産分割の基準としての具体的相続分

　各共同相続人は，相続開始とともに，指定または法定相続分に基づいて個々の相続財産について持分を有する（898 条 2 項）。この遺産共有状態は遺産分割によって解消される。遺産分割では，指定相続分（額）または法定相続分（額）どおりに分割が行われることもあるが，多くの場合は，指定または法定相続分に一定の修正を加えた相続分額が遺産分割の基準となる。これを**具体的相続分**

という。具体的相続分は，遺産分割において**共同相続人間の実質的公平**を実現するためのものである。したがって，遺産分割の不要な単独相続では，算定する必要はない。具体的相続分の算定は，次の2つの場合に行われる。

第1に，被相続人から贈与や遺贈を受けた共同相続人がいる場合である。被相続人Xの子A・B・Cが共同相続人で，相続開始時にXが有した財産が3000万円である場合に，法定相続分によれば，A・B・Cの相続分額は各1000万円となる。法定相続分は，被相続人が「相続開始時」に有していた財産について，共同相続人間の取得額の公平を図るものである。しかし，この公平は，共同相続人への相続以外の方法（贈与・遺贈）による財産移転によって，実質的に崩される。例えば，XがAに対して開業援助のために2000万円の生前贈与をしていた場合に，相続開始時の財産3000万円についてのみ法定相続分による公平を図るとすれば，結果的にAは，受けた贈与の分だけB・Cより多くの財産を取得することになる。このような場合に，民法は，XからのAの受益をXからの相続によるもの（**相続分の前渡し**）と同視する。そして，相続の際に，受益した価額を相続財産に計算上持ち戻して，Aの指定または法定相続分を計算し，すでに得た受益分をそこから差し引いて，Aが取得しうる相続財産の額（具体的相続分）を算定する（903条）。これが**特別受益の持戻し**である。これによって，被相続人から共同相続人への相続開始「以前」の財産移転をも考慮して，相続開始「時」の積極財産につき実質的に公平な取得額が算定される。

第2は，被相続人の財産の維持・増加について特別の貢献をした共同相続人がいる場合である。このような場合に，法定相続分に従って相続財産を分配するだけでは，共同相続人間の実質的公平が図れない。例えば，被相続人の家業を助けてCが長年無償で働き，A・Bは他に仕事を持ち，家業に関わりがなかった場合，実質的には，相続開始時の被相続人の財産にはCの出捐が含まれている。このような場合に，被相続人の財産についてCの共有持分を認めたり，被相続人に対する不当利得返還請求権を認めたりすることも考えられるが，家族間での出捐はこのような法的構成で完全には捕捉できないことも多い。そこで，民法は，共同相続人による特別の貢献を相続財産に占める割合・額として評価して（これを寄与分という），その共同相続人の相続分に加算することを認

めている（904 条の 2）。これが**寄与分制度**である。

　具体的相続分の算定に関する 903 条〜904 条の 2 の規定は，相続開始時から 10 年を経過した後にする遺産分割には原則として適用されない（904 条の 3）。この場合の遺産分割は，法定相続分または指定相続分によって行われることになり，特別受益および寄与分は考慮されない（⇒本編第 6 章第 5 節）。

(2)　具体的相続分と消極財産

　具体的相続分は，相続財産中の積極財産について，遺産分割における分割基準を設定するものである。消極財産（可分債務）は，具体的相続分ではなく，指定または法定相続分によって承継される。したがって，具体的相続分がゼロとなった共同相続人も，指定または法定相続分に応じた消極財産を負担する。

2　相続人に対する贈与・遺贈の考慮──特別受益の持戻し

(1)　特別受益とされる財産

（a）**定　義**　　**特別受益**とは，被相続人から共同相続人に対して「遺贈」された財産，および，婚姻や養子縁組のため，もしくは生計の資本として「贈与」された財産をいう（903 条 1 項）。

　共同相続人の 1 人に対する贈与・遺贈を，共同相続人の相続分額の算定の際にどのように考慮すべきかは，本来は，被相続人の意思によって決まる問題である。被相続人が共同相続人 A のみに財産（甲）を贈与した場合，① A の相続分を変更する意図はなく，単に甲を A に取得させたいという趣旨（中立的贈与），② A に与える財産は甲のみとする趣旨（限定的贈与），③相続とは別に A に甲を余分に与える（共同相続人間の平等を破る）趣旨（先取的贈与）が考えられる。民法は，共同相続人の特別受益を原則として①と見て，その価額を相続財産に持ち戻して，指定または法定相続分（一応の相続分）を計算し，そこから，その共同相続人がすでに得た受益を差し引いて，具体的相続分を算定する（903 条 1 項）。その結果，具体的相続分がゼロ以下になる（特別受益の額がその共同相続人の一応の相続分額を超えている）場合は，当該特別受益を②と見て，その共同相続人が特別受益をそのまま確保できることにした（同条 2 項）。

　被相続人が①②とは異なる旨の明示または黙示の意思（**持戻し免除**の意思表

示）を表示した場合には，その特別受益は③として扱われ，相続財産に持ち戻されない（同条3項。黙示の意思が推認された事例として，東京高決昭和51・4・16判タ347号207頁。計算例について，**(4)(b)**参照）。なお，被相続人が，20年以上婚姻関係にある配偶者に対して，居住用不動産を遺贈・贈与した場合は，持戻し免除の意思表示があったものと推定される（903条4項）。同様に，配偶者居住権を遺贈した場合についても持戻し免除の意思表示が推定される（1028条3項→903条4項）。（贈与等の時点で）婚姻期間が20年以上ある夫婦の間で，居住用不動産の贈与等がされた場合は，当該不動産が長期にわたる夫婦間の協力によって形成された財産であること，および，当該贈与等は配偶者の老後の生活保障を意図したものであることが，定型的に認められると考えられるからである。

(b) 遺 贈　　共同相続人に対する特定遺贈・包括遺贈は常に特別受益となる（相続人でない者に対する遺贈は，903条1項にいう「被相続人が相続開始の時において有した財産」に含まれない）。「相続させる」旨の遺言（特定財産承継遺言）による受益も，特別受益として持ち戻される（最判平成3・4・19民集45巻4号477頁◀**判例 Ⅱ10-2**▶〔422頁〕は，「遺産分割の協議又は審判においては，当該遺産の承継を参酌して残余の遺産の分割がされることはいうまでもない」と述べる。903条1項の類推適用を認めた事例として，広島高岡山支決平成17・4・11家月57巻10号86頁）。なお，共同相続人に対する遺贈は，持戻しの対象ではあるが，903条との関係では相続開始時に存在する相続財産を構成する財産（相続財産から未だ逸出していない財産）として扱われるので，相続財産の額に加算されない。その意味では遺贈の「持戻し」は不要である。遺贈について持戻しが免除された場合は，遺贈を除外した相続財産が，具体的相続分算定の基礎財産となる。

(c) 贈 与　　**(i) 婚姻・養子縁組・生計の資本のための贈与**（903条1項）　婚姻・養子縁組のための贈与としては，持参金や結納金が挙げられる。生計の資本としての贈与は，広く生計の基礎として役立つ財産上の給付で，扶養義務の範囲を超えるものをさす。居住用不動産の贈与や独立した子の生計への資金援助が典型例であるが，被相続人の土地を共同相続人の1人が無償で使用していた場合も，使用貸借契約が成立しているものとして，借地権相当額が特別受益として持ち戻されることがある（しかし，持戻し免除の意思表示があると見るべき場合も多い）。高等教育の学資も，被相続人の資力や社会的地位に照らして

扶養義務の範囲を超えると認められる場合には，特別受益に該当する。

　なお，903条1項の要件に該当しない贈与でも，「相続分の前渡し」と見られる程度に多額ならば，特別受益とされるべきである。

　(ⅱ)　死亡保険金請求権　　共同相続人の1人を受取人とする死亡保険金請求権は，保険契約に基づいて保険金受取人が自己固有の権利として取得する権利であり（最判昭和40・2・2民集19巻1号1頁），903条1項にいう遺贈・贈与に当たらず，原則として持戻しの対象にならない。しかし，その対価というべき保険料を保険契約者＝被相続人が支払った結果として，共同相続人の1人が保険金請求権を取得することは，共同相続人間の公平を損ないうる。そこで，特段の事情がある場合には，903条の類推適用により，死亡保険金請求権は持戻しの対象となる（最決平成16・10・29民集58巻7号1979頁）。特段の事情は，保険金の額およびその遺産総額に対する比率，保険金受取人である相続人および他の共同相続人と被相続人との関係（同居の有無や被相続人の介護等に対する貢献度）や，各共同相続人の生活実態等の諸般の事情を総合判断して，「保険金受取人である相続人とその他の共同相続人との間に生ずる不公平が民法903条の趣旨に照らし到底是認することができないほどに著しい」ものであると評価すべき場合に，肯定される。問題は，特段の事情が肯定される場合に持ち戻される価額である。被相続人による保険料支払に着目すると①払込済み保険料総額や解約価額となり，保険契約における保険契約者と保険金受取人と間の対価関係を生前贈与と捉えれば②保険金額となる。しかし，①は他の共同相続人に不利になり，②は保険金受取人である相続人に不利になる。そこで，学説では，折衷的に③保険契約者が死亡時までに支払済みの保険料総額の総保険料に対する比率を保険金額に乗じた額とする説が有力である。

　(ⅲ)　死亡退職金等　　死亡退職金等の遺族給付は，903条1項の贈与・遺贈に該当しないし，法律や会社の就業規則等の定める受給権者が自己固有の権利として取得する点（最判昭和55・11・27民集34巻6号815頁）や，特定の遺族の生活保障を目的とする点を重視すれば，特別受益として扱うべきではない（特別受益性を否定した例として，大阪家審昭和53・9・26家月31巻6号33頁，大阪家審昭和59・4・11家月37巻2号147頁など）。しかし，賃金の後払いとしての性質を重視して，共同相続人間の公平の観点から特別受益性を肯定する見解もある。

(2) 特別受益者

(a) **序** 特別受益となる贈与・遺贈は，共同相続人に対するものに限られる。したがって，相続放棄をした者は，初めから相続人にならなかったものとみなされるので（939条），その者に対する贈与・遺贈は持戻しの対象にならない。問題は，相続人が，相続資格を取得する前に903条1項所定の贈与を受けた場合や，相続人の近親者が，被相続人から贈与を受けた場合に，これらの贈与も当該相続人の特別受益として評価され，持戻しの対象となるかどうかである。持戻しの根拠（「相続分の前渡し」としての特別受益の性質）と制度の目的（共同相続人間の実質的公平）のいずれを重視するかによって，結論は異なる。

(b) **受贈後に推定相続人となった場合** (i) 代襲相続人 代襲相続人は，代襲原因が発生すれば，被相続人の推定相続人となる。したがって，代襲相続人が代襲原因発生「後」に得た特別受益が持戻しの対象になるのは当然である。しかし，代襲相続人が代襲原因発生「前」に受けた特別受益については議論がある。通説は，代襲原因発生前は，代襲者はまだ相続人ではないので，代襲者に対する贈与は相続分の前渡しとはいえないとして，持戻しの対象とならないとする。これに対して，共同相続人間の公平という観点から，相続開始時に相続人である以上は，受益の時期を問わず持戻しの対象とする説も有力である。裁判例には，推定相続人になる前になされた贈与は原則として持戻しの対象にならないが，相続分の前渡しと評価しうる特段の事情がある場合には持戻しの対象になるとしたものがある（福岡高判平成29・5・18判時2346号81頁）。

(ii) 受贈後に婚姻・養子縁組等により推定相続人になった者 贈与を受けた時点では被相続人の推定相続人でなかったが，その後，被相続人との婚姻や養子縁組等によって相続人となった場合には，その贈与が持戻しの対象になるかどうかが問題になる。共同相続人間の公平の観点からは，その者が相続開始時に相続人である以上，その者が受けた贈与は，受益の時期に関係なくすべて持戻しの対象になる（神戸家明石支審昭和40・2・6家月17巻8号48頁）。他方，相続分の前渡しとしての性質を重視すれば，推定相続人になる前になされた贈与は原則として持戻しの対象にならないが，贈与が養子縁組や婚姻と牽連関係を有する場合には，相続分の前渡しと評価しうるので持戻しの対象になる。

(c) **相続人の近親者が贈与を受けた場合** (i) 被代襲者の特別受益 公平

の観点からは，代襲相続人は，被代襲者の受けた贈与を持ち戻さなければならない（通説，前掲福岡高判平成29・5・18）。代襲相続人は，被代襲者自身が被相続人を相続していれば受けたであろう相続利益以上のものを受けるべきではないし，被代襲者に特別受益があれば，その直系卑属である代襲相続人もその利益を実質的に享受していると思われるからである。

　(ii)　相続人の配偶者・子に対する贈与　　相続人の配偶者や子に対する贈与は，当該相続人に対する贈与ではないので，持戻しの対象にならない。しかし，これらの者に対する贈与が，実質的には当該相続人に対して直接なされた贈与と同視しうるときは，当該相続人の特別受益として持戻しの対象とされる。

(3)　特別受益たる財産の価額評価

　具体的相続分の算定に際して，特別受益たる財産は，その現物ではなく価額が，相続財産の価額に加算される（持戻し）。903条1項は遺贈目的物がなお相続財産中にあると考えているので，特別受益が遺贈である場合は加算の必要はない。特別受益が贈与である場合は，贈与の価額は相続開始時の価額に換算される。贈与されたのが金銭であれば，贈与時の金額を相続開始時の貨幣価値に換算し（遺留分算定の基礎財産についての判例であるが，最判昭和51・3・18民集30巻2号111頁），不動産や動産ならば相続開始時の価額に換算する。

　贈与目的物である不動産や動産は，受贈者の行為（損壊・売却等）によって滅失したり価格に増減が生じたときでも，相続開始時になお原状のままあるものとみなして価額が評価される（904条）。受贈者の行為によらない（不可抗力による）滅失・価格の増減については904条の適用はなく，滅失については特別受益がないものとして扱われ，価格の増減についてはその増減した財産について相続開始時の価額が算定される。ただし，不可抗力による滅失の場合でも，受贈者がその財産の価値的代償を得ている場合には，その代償について特別受益があるものとして扱われる。

(4)　特別受益がある場合の相続分の算定方法

　(a)　**算定方法**　　特別受益者がいる場合，各共同相続人の具体的相続分は，次のように算定される（903条1項）。

① まず，具体的相続分を算定するための基礎財産（みなし相続財産）を算定する。これは，「被相続人が相続開始の時において有した財産」の価額に，共同相続人らが受けた特別受益たる「贈与」の価額を加算したものである（なお，死因贈与の価額は，相続財産に含まれているものとして扱い，加算しない）。「被相続人が相続開始の時において有した財産」とは，相続債務を控除しない積極財産をさす。

② 次に，①のみなし相続財産に，その共同相続人の指定相続分または法定相続分を乗じて，その者の一応の相続分額を算定する。

③ ②の相続分額から，その者の受けた贈与・遺贈の価額を控除した残額が，その者の具体的相続分となる。

---

① 相続開始時において被相続人が有した財産の価額＋共同相続人らが受けた特別受益たる贈与の総額＝みなし相続財産

② みなし相続財産×各共同相続人の指定または法定相続分＝一応の相続分

③ ②－各共同相続人の受けた贈与・遺贈の額＝各自の具体的相続分

(b) **具体例** 被相続人 X の相続財産のうち，積極財産は 6000 万円，相続債務は 2000 万円あり，相続人は子 A・B・C であり，X による相続分指定はないとする。この設例をもとに，特別受益者がいる算定例を 3 つ挙げる（以下，生前贈与の価額はいずれも相続開始時のものとする）。

(ア) A は X から開業資金として 2000 万円の生前贈与を受け，B は婚姻費用として X から 1000 万円の生前贈与を受けていた場合

　①みなし相続財産：6000＋2000＋1000＝9000 万円

　②一応の相続分は，A・B・C いずれも，9000×1/3＝3000 万円

　③各自の具体的相続分は，

　　A：3000－2000＝1000 万円

　　B：3000－1000＝2000 万円

　　C：3000 万円

(イ) A は X から開業資金として 4500 万円の生前贈与を受け，B は X から 2000 万円の遺贈を受けた場合

①みなし相続財産：6000＋4500＝10500万円（遺贈2000万円は積極財産6000万円の中に含まれている）

②一応の相続分は，A・B・Cいずれも，10500×1/3＝3500万円

③各自の具体的相続分は，

　A：3500－4500＝－1000万円

　B：3500－2000＝1500万円（これとは別に遺贈2000万円を受ける）

　C：3500万円

　一応の相続分から特別受益を控除した結果がゼロ以下となる共同相続人（超過特別受益者）は，単に相続財産から何も取得できないだけで，超過した受益を返還する必要はない（903条2項）。その結果，この超過分を他の共同相続人が負担する形で，各自の具体的相続分が改めて計算されることになる。その計算方法については，2つの考え方があるが，以下の(1)の考え方が一般的である。

(1)　超過特別受益者Aを除く他の共同相続人B・Cは各自，上記で算定された具体的相続分の「割合」で遺産の分配を受ける。

　　Bへの遺贈を控除した遺産の価額：6000－2000＝4000万円

　　4000万円を，B：C＝1500：3500＝3：7で分配する。

　　したがって，B・Cの最終的な具体的相続分は，

　　　B：4000×3/10＝1200万円

　　　C：4000×7/10＝2800万円

(2)　Aの超過受益1000万円を，他の共同相続人B・Cが指定または法定相続分の割合（1/3：1/3＝1：1）で負担する。各自の最終的な具体的相続分は，上記で算定された具体的相続分からこの負担分を控除した額となる。

　　超過受益分の負担は各自，1000×1/2＝500万円

　　したがって，B・Cの具体的相続分は，

　　　B：1500－500＝1000万円

　　　C：3500－500＝3000万円

(ウ)　BはXから住宅建築費用として3000万円の生前贈与を受け，CはXから1500万円の遺贈を受け，いずれについてもXが持戻しを免除した場合

①みなし相続財産：6000－1500＝4500万円（持戻し免除の贈与は加算されず，持戻し免除の遺贈は相続財産から控除される）

②一応の相続分は，A・B・Cいずれも，4500×1/3＝1500万円（持戻し免除の贈与・遺贈は控除されない）

③各自の具体的相続分は，

A：1500万円

B：1500万円（このほかに3000万円の生前贈与を受けている）

C：1500万円（このほかに1500万円の遺贈を受ける）

3 相続財産に対する寄与の考慮——寄与分

(1) 定　義

共同相続人の中に，「被相続人の財産の維持または増加」について「特別の寄与」をした者がいる場合に，その寄与を評価し，この者に特別に与えられる金額または遺産総額に関する持分割合を，**寄与分**という（904条の2）。

(2) 寄与の主体

寄与分として評価されるのは，共同相続人がした寄与に限られる。共同相続人でない者がした寄与は，寄与分として評価されない。相続欠格者・被廃除者・相続放棄者は相続人ではないので，寄与分も認められない。代襲相続人は，代襲原因発生の前後を問わず，自らのした寄与を寄与分として主張できるほか，被代襲者の死亡による代襲相続の場合には，被代襲者の寄与を自己の寄与分として主張できる（通説，横浜家審平成6・7・27家月47巻8号72頁）。

相続人の配偶者や子が被相続人の財産の維持・増加につき特別の寄与をした場合，これらの者は，相続人ではないので904条の2による寄与分が認められることはないが，その寄与が評価される方法として，①1050条の定める「特別寄与者」として，その寄与に応じた金銭（特別寄与料）の支払を相続人らに対して請求するか（⇒ Column Ⅱ5-3 〔318頁〕），②当該相続人の「補助者」として扱われて，当該相続人の寄与分としてその寄与を考慮してもらうか（東京家審平成12・3・8家月52巻8号35頁など，従来の裁判例で認められてきた方法である），どちらかの方法を選択できると考えられる（もっとも，①によることができる場合は，②の方法は排斥されるという考え方もありうる）。

(3) 寄与の態様

(a) **寄与の類型**　　寄与は，被相続人の財産の維持・増加に寄与する行為でなければならない。民法は，①被相続人の事業に関する労務の提供，②被相続人の事業に関する財産上の給付，③被相続人の療養看護，④その他の方法を挙げる。④の例としては，被相続人の扶養や財産管理，事業に関係のない財産上の給付（例えば被相続人の建物建築につき資金を一部負担するなど）がある。寄与分の対象となるのは，相続開始時までになされた寄与行為である。

(b) **「特別の」寄与**　　寄与は「特別の」寄与でなければならない。そのためには，①共同相続人がその寄与に対する相応の対価・補償を得ていないこと（無償性），②被相続人との身分関係において通常期待される程度を超えるものであることが必要である。夫婦間の協力扶助義務（752条）や，直系血族・兄弟姉妹間の扶養義務（877条1項）などの義務の履行としての行為は，義務の履行として通常期待される範囲を超えたものでなければ，特別の寄与として評価されない。また，③寄与行為が相当期間に及び，専従性がある場合（継続性・専従性）も，特別の寄与とされる可能性が高い。

(c) **相続財産の維持・増加**　　寄与行為によって，被相続人の財産が維持されたり，増加したりしたことが必要である。維持は，共同相続人のした財産上の給付によって被相続人の財産を支出・処分せずに済んだ場合など，財産の減少を防止した行為も含む。寄与によって一時的に維持されたり増加した財産がその後減少した場合でも，ただちに寄与分が否定されるわけではなく，寄与がなければもっと減少していたといえる場合には，寄与分が認められうる。

(4) 寄与分の決定

(a) **方　法**　　寄与分は，共同相続人間の協議で定める。協議が調わないときや協議をすることができないときは，寄与をした者の申立てに基づき，家庭裁判所の調停や審判で定められる（904条の2第2項，家事別表第二14項）。

(b) **寄与分算定の基準**　　寄与分は，寄与の時期，寄与の方法および程度，相続財産の額その他一切の事情を考慮して定められる（904条の2第2項）。共同相続人の数，相続債務の額，遺産分割の結果の妥当性，各共同相続人の受けた贈与や遺贈の額なども考慮される。寄与した者が，寄与の対価として贈与等

（特別受益）を受けている場合には，実質的に寄与に対する清算がなされていると見て寄与分を認めなかったり，寄与分額から特別受益の価額を差し引いた残りを寄与分としたりする。この場合には，特別受益について，持戻し免除の意思表示（903条3項）が推認される（通説，東京高決平成8・8・26家月49巻4号52頁）。

(c) **寄与分額の上限**　寄与分の額は，相続財産の価額から遺贈の価額を控除した額を超えることができない（904条の2第3項）。したがって，遺言で遺産全部が他に遺贈されている場合には，寄与分を定めることはできない。

　条文上は，遺留分（⇒本編第11章第5節）を侵害するような寄与分を定めることも可能であり，仮にそのような寄与分が定められても遺留分侵害額請求の対象にはならない。しかし，他の共同相続人が遺留分を有していることは，寄与分の決定の際に考慮されるべき事情の1つとなる（東京高決平成3・12・24判タ794号215頁は，寄与分は遺留分によって当然に制限されるものではないが，寄与分の決定にあたっては他の者の遺留分を侵害する結果になるかどうかを考慮すべきだとして，長男の寄与分を遺産総額の7割とした原審判を取り消し，差し戻した）。

(5) 寄与分がある場合の相続分の算定方法

(a) **算定方法**　寄与分を有する共同相続人がいる場合，その具体的相続分は次のように算定される（904条の2第1項）。

① まず，相続開始時において被相続人が有した財産（積極財産）の価額から，その者の寄与分額を控除する。これが具体的相続分を算定する基礎財産（みなし相続財産）となる。

② 次に，①のみなし相続財産に，その者の相続分（指定相続分または法定相続分）を乗じて，その者の一応の相続分額を算定する。

③ ②の相続分額にその者の寄与分額を加算したものが，その者の具体的相続分となる。

(b) **具体例**　被相続人Xの相続財産のうち，積極財産は6000万円，相続債務は2000万円あり，相続人は子A・B・Cとする（相続分指定もない）。いずれの相続人にも特別受益はなく，Cに1500万円の寄与分が認められた場合には，具体的相続分は次のようになる。

①みなし相続財産：6000 − 1500 = 4500 万円

②一応の相続分は，A・B・C いずれも，4500 × 1/3 = 1500 万円

③各自の具体的相続分は，

　A：1500 万円

　B：1500 万円

　C：1500 + 1500 = 3000 万円

(6) 寄与分と特別受益がある場合の，具体的相続分の算定方法

(a) 算定方法　　寄与分を有する者と特別受益がある者とがいる場合には，各共同相続人の具体的相続分は次のように算定される。

> ① 相続開始時において被相続人が有した財産の価額 + 共同相続人らが受けた特別
> 　　受益たる贈与の総額 − 寄与分が認められた者の寄与分額 = みなし相続財産
> ② みなし相続財産 × 各共同相続人の指定または法定相続分 = 一応の相続分
> ③ ② − 各共同相続人の受けた贈与・遺贈の額 + 各共同相続人の寄与分額
> 　　 = 各自の具体的相続分

(b) 具体例　　被相続人 X の相続財産のうち，積極財産は 6000 万円，相続債務は 2000 万円あり，相続人は子 A・B・C であるとする（相続分指定もない）。A は開業資金として X から 2000 万円の贈与を，B は婚姻費用として X から 1000 万円の贈与を受けており，X の療養看護に尽くした C には 1500 万円の寄与分が認められた場合，具体的相続分は次のようになる（生前贈与の価額はいずれも相続開始時のものとする）。

①みなし相続財産：6000 + 2000 + 1000 − 1500 = 7500 万円

②一応の相続分は，A・B・C いずれも，7500 × 1/3 = 2500 万円

③各自の具体的相続分は，

　　A：2500 − 2000 = 500 万円

　　B：2500 − 1000 = 1500 万円

　　C：2500 + 1500 = 4000 万円

　仮に，算定の結果，A が超過特別受益者となった場合には，A の一応の相続分を超過した分を，B・C がどのように負担するかが問題になる。学説は，

負担割合を法定相続分によるとする説もあるが，具体的相続分によるとする説が有力である。具体的相続分による説は，さらに，寄与分を差し引いた比率による説と寄与分を含めた比率による説に分かれるが，寄与分を含めた比率によれば，結果的に寄与分が縮減され，寄与分を認めた趣旨に反するとして，寄与分を差し引いた比率によるとするものが有力である。

4 具体的相続分の法的性質

具体的相続分は，実体的権利ではなく，「遺産分割手続における分配の前提となるべき計算上の価額又はその価額の遺産の総額に対する割合」である（最判平成12・2・24民集54巻2号523頁）。具体的相続分は遺産分割の前提問題として審理判断されるべき事項であって，実体法上の権利関係ではないので，共同相続人の1人が，自己の具体的相続分の価額または割合の確認を求めて訴えを提起しても，訴えは確認の利益を欠き，不適法である（前掲最判平成12・2・24）。

特別受益の有無も，遺産分割の前提となる具体的相続分を算定する過程で問題となる事項にすぎないので，遺産分割の前提問題として審理判断されるべきものであり，遺産分割事件を離れて別個独立に確認する必要はない。したがって，ある財産が特別受益であることの確認を求める訴えは，確認の利益がないとして不適法とされる（最判平成7・3・7民集49巻3号893頁）。そもそも，特定の財産が特別受益にあたるかどうかを判決で確認しても，相続開始時における相続財産の範囲および価額等が定まらなければ具体的相続分は定まらないので，これだけでは相続分をめぐる紛争を直接かつ抜本的に解決できない。特定の財産が特別受益かどうかは，もっぱら遺産分割審判の中で判断される。

寄与分も遺産分割の前提問題であり，遺産分割手続と合一に処理される必要がある。そのため，寄与分を定める審判の申立ては，遺産分割の請求（907条2項。請求には，調停の申立ても含む）があった場合にすることができる（904条の2第4項）。遺産分割手続と離れて，独立して寄与分についてのみの審判を求めることはできない（浦和家飯能出審昭和62・12・4家月40巻6号60頁）。

> **Column Ⅱ5-3　相続人以外の親族がした寄与の考慮**
>
> 被相続人の親族ではあるが相続人でない者は，被相続人の財産の維持・増加に特別の寄与をした場合に，遺産に対する持分（904条の2に基づき相続人が有

する寄与分）が与えられることはないが，以下の要件の下で，相続人に対して，特別寄与料を請求することができる（1050 条）。

(1)　**特別寄与の主体**　被相続人の親族（725 条）であって，相続人ではない者に限られる。被相続人の相続における相続人はもちろん，相続欠格者・被廃除者・相続放棄者も，特別寄与者とはならない（1050 条 1 項括弧書）。

(2)　**特別の寄与**　(1)の要件にあてはまる者は，被相続人に対して「無償で」療養看護その他の労務の提供をしたことにより，被相続人の財産の維持・増加について「特別の寄与」をした場合に，特別寄与者として特別寄与料を請求することができる（1050 条 1 項）。「特別の寄与」とは，寄与の程度が一定の程度を超えたものをいう。月に数回程度入院先等を訪れて診察・入退院等に立ち会ったり，手続に必要な書類を作成したり，身元引受けをした程度では，専従的な療養看護等を行ったものではなく，特別の寄与は認められないとした裁判例（静岡家審令和 3・7・26 家判 37 号 81 頁）がある。寄与に対する対価を得ていた場合や遺贈等を受けた場合は無償性の要件を欠くので，特別寄与料の請求はできない。

(3)　**特別寄与料の請求手続**　特別寄与者は，その寄与に応じた額の金銭（特別寄与料）の支払を，相続開始後に，相続人に対して請求することができる（1050 条 1 項）。特別寄与料の請求の可否およびその額は，特別寄与者と相続人との間の協議で定める。協議が調わないとき，または協議をすることができないときは，特別寄与者は，家庭裁判所に対して，協議に代わる処分を請求することができる（同条 2 項本文）。特別寄与者は，相続の開始および相続人を知った時から 6 か月を経過したとき，または相続開始時から 1 年を経過したときは，家庭裁判所に対する請求をすることができない（同項ただし書。いずれの期間も除斥期間である）。特別の寄与に関する審判の申立てがあった場合に，家庭裁判所は，寄与の時期・方法・程度，相続財産の額その他一切の事情を考慮して特別寄与料の額を定め（同条 3 項），相続人に対してその支払を命じることができる（家事 216 条の 3）。

(4)　**特別寄与料の額**　特別寄与料の額は，被相続人が相続開始時に有した財産の価額から遺贈の価額を控除した残額を超えることができない（1050 条 4 項）。相続人が数人ある場合には，各相続人は，特別寄与料の額に各自の指定または法定相続分を乗じた額を負担する（同条 5 項）。したがって，指定相続分が 0 である相続人は，遺留分侵害額請求権を行使した場合でも，特別寄与料を負担しない（最決令和 5・10・26 裁判所ウェブサイト）。

第6章

遺産の共有と分割

第1節　序
第2節　遺産共有とその対象
第3節　遺産の管理
第4節　相続分の譲渡・取戻し
第5節　遺産分割

　本章では，相続開始から遺産分割終了までの遺産共有に関わる諸問題として，遺産共有の性質と対象となる財産（第2節），分割までの遺産の管理（第3節），905条の相続分の譲渡と取戻しの制度（第4節），遺産分割の方法・対象・当事者・効力（第5節）について説明する。なお，第2節では預貯金の仮分割・一部行使，第5節では一部分割・遺産分割前に処分された財産の扱いなど，平成30（2018）年改正で導入された制度に触れる。令和3（2021）年改正は本章に関わる部分が多い。

第1節　序

　本編第4章第2節で述べたように，被相続人に生前帰属していた財産（積極財産と消極財産）のうち，一身専属的な権利義務（896条ただし書）と祭祀財産（897条）を除いたものが，**相続財産**となりうる（ただし，例えば，特定遺贈〔本編第10章第5節参照〕や死因贈与の対象となった財産については，相続開始と同時に，特定遺贈や死因贈与という相続とは別の特定権原により受遺者や受贈者に権利が移転する点で，相続〔や割合的包括遺贈〕を権原として《遺産共有になる財産》という意味における相続財産〔遺産〕からは離脱することになる〔第三者との関係について残る問題を含めて　Column Ⅱ6-1　参照〕）。

では，相続財産を構成する財産は，どのように各共同相続人に帰属するか，また，そのプロセスにどのような問題があるか。この章で扱うこれらの事項を最初に概観しておくことにする。

相続財産の中には，①不法行為に基づく損害賠償債権のように相続開始と同時に法律上当然に分割されて，各共同相続人に相続分に応じた分割単独債権として帰属するものもある（最判昭和29・4・8民集8巻4号819頁：本章第2節**3**(2)参照）一方で，②不動産のように，共同相続人間の遺産共有（898条：本章第2節**1**参照）の状態から，遺産分割の手続（907条：本章第5節で扱う）を経て，初めて単独の権利として各共同相続人に帰属するものもある。

> **Column Ⅱ6-1　相続財産の多義性**
>
> 896条が，被相続人に属していた一身専属的なものを除く一切の権利義務が相続開始時から相続人に承継されるとし，897条が，祭祀に関する権利の承継について「前条の規定にかかわらず」として特別な規定を置いていることから，「相続の対象」としての「相続財産」については，《相続開始時に被相続人に属していた一切の権利義務のうち，一身専属的なものと祭祀に関する権利を除いたもの》，と定義することができる。
>
> 898条は，相続財産は共同相続人の共有に属するとし，906条以下は，遺産の分割の手続を規定する。したがって，相続財産や遺産については，《相続開始時に相続（や割合的包括遺贈〔990条〕）を権原として共有状態になり遺産分割手続を要する財産（遺産共有の財産）》を意味する場合がある。この意味における相続財産（遺産）から外れる財産として以下のものがある。第1に，損害賠償債権のような可分債権や可分債務は，共有状態にならず，遺産分割をするまでもなく当然に分割単独債権債務として各共同相続人に帰属する。第2に，特定の財産を相続させる旨の遺言（特定財産承継遺言）の目的物も，判例の立場では，遺産共有にならず直ちに特定の相続人の単独所有に帰する（本章第5節**2**(2)(d)）。第3に，特定遺贈や死因贈与の目的物は，（相続開始時に被相続人に属していた財産という意味では相続財産に属するが）そもそも相続とは別の特定権原によって受遺者や受贈者に権利が移転して遺産共有から外れる点において第1・第2の場合とは異なる形で，上記の意味における相続財産や遺産から除外されることになる（ただし，特定遺贈・死因贈与による物権変動や特定の財産を「相続させる」旨の遺言〔特定財産承継遺言〕による〔法定相続分を超える〕物権変動が対抗要件を備えていない場合については，第三者に対抗できない不完全な物権変動にとどまり，相続人から相続分に応じた共有持分を譲渡されて先に登記

を備えた第三者には対抗できないので，上記の場合の第三者との関係の限りでは，なお遺産共有の状態にあるともいえる）。

しかし，その一方で，922条では，「相続によって得た財産」から遺贈が弁済されることから，こちらの意味の相続財産の中には遺贈の目的物が含まれることになる。

さらに，903条は被相続人が相続開始時に有した財産に特別受益となる生前贈与を加えたものを「相続財産」とみなしており，この「みなし相続財産」には遺贈のほかに特別受益となる生前贈与も含まれることになる。

このように，相続財産や遺産は各規定や制度ごとに多義的に使い分けられていることに注意が必要である。

例えば，被相続人が，甲（2000万円）・乙（1000万円）・丙（1000万円）という3つの不動産を残して死亡して，子A・Bが相続人になったとする。丙についてBに遺贈する旨の遺言があった場合は，相続開始と同時に丙はBの単独所有となるが，甲と乙については，共同相続人であるAとBの持分2分の1ずつの遺産共有となる。各自の具体的相続分を計算すると，Aは2000万円，Bは1000万円となる（本編第5章第4節参照）ので，それぞれの額に合うように，甲をAに，乙をBに分割する旨の遺産分割協議が成立すれば，遺産共有という暫定的な状態は終了し，甲と乙はAとBそれぞれの単独所有になる。

なお，令和3（2021）年に上記プロセスに関する重要な改正がされた。①相続等により（および遺産分割により相続分を超えて）不動産所有権を取得した者の登記申請の義務化（不登76条の2第1項・2項。⑦相続開始と所有権取得を知った日から3年以内にABは甲乙の共有登記，Bは丙の単独登記をし，④遺産分割の日から3年以内にAは甲，Bは乙の単独登記をする義務を負う。⑦の期間内に直ちに遺産分割と単独登記をしてもよい）。②遺産の管理に関する規定の整備（遺産共有中の使用関係等⇒本章第3節）。③相続開始10年経過後は（具体的相続分ではなく）法定相続分または指定相続分による遺産分割を原則とする（904条の3。Bへの遺贈を考慮せず各2分の1が基準となりうる⇒本章第5節 **1**（i）①）。④相続開始10年経過後は（遺産分割手続によらず）共有物分割訴訟による分割も原則可とする（258条の2第2項⇒本章第2節 **1**（3））。

そのほか，上記の例のような相続開始後の遺産共有が遺産分割によって終了するまでのプロセスには次の問題もある。①AとBは，遺産分割の前に，甲

と乙から成る相続財産全体に対する2分の1の相続分を有することになり，この遺産分割前の相続分を第三者に譲渡することもできる（905条⇒本章第4節）。また，②AとBは，遺産分割前に，甲・乙それぞれについての共有持分を第三者に譲渡することもできると解されている（909条ただし書参照⇒本章第2節 **1**(2)(b)・**2**(2)）。

第2節　遺産共有とその対象

1 遺産共有の意義

(1)　民法898条と遺産共有

898条1項は，「相続人が数人あるときは，相続財産は，その共有に属する」とする。この条文が規定する遺産「共有」の性質について，後述のように，①学説では，共有説と合有説との議論がなされてきたが，②判例は，共有説をとって，249条以下に規定する「共有」とその性質を異にするものではないとしてきた。

令和3（2021）年の改正で新設された898条2項は，上記判例の立場を原則とする旨を明らかにした。すなわち，「相続財産について共有に関する規定を適用するときは，第900条から第902条までの規定により算定した相続分をもって各相続人の共有持分とする」として，⑦遺産共有について，原則として，249条以下の共有の規定が適用されるとともに，④その適用にあたっては法定相続分または（指定があるときは）指定相続分が共有持分とされるとした（④も従来の解釈の明文化である）。

上記改正は，共有説から出発するものであるが，あくまで「原則として」通常の共有と同様に扱うものである。遺産共有固有の「例外的」な性質を考える上で，以下では合有説も検討しておくことにする。

(2)　共有説と合有説

(a)　**基本的立場の違い**　　**共有説**は，遺産の共有を249条以下の共有に近いものと解し，遺産の共有持分の処分の自由を積極的に認める立場である。フラ

ンス民法が，共同相続人に対し，遺産中の個々の財産について処分の自由な共有持分を認める個人主義的な立法をしていることから，日本においても同様に解する説である。

　一方，ドイツ民法は，共同相続人に対し，遺産全体に対する持分の処分は認めるが，遺産中の個々の財産に対する持分の処分を認めない「合有」という形態をとって（遺産中の個々の財産の共有持分が処分されて散逸することが避けられる），遺産に一体性・団体性を付与している（相続債務については，相続分による分割が否定され，債権者の保護が図られる）。**合有説**は，日本においても，遺産の一体性・団体性を強調して，遺産の共有をドイツの「合有」に近いものと解する説であり，676条が組合財産の持分処分を制限しているのと同じように，遺産中の個々の財産に対する持分の処分を制限的に解する立場である。

　(b)　**民法909条との関係**　　戦前は，現在の909条のただし書に対応する規定がなかったため，合有説に有利な状況にあった。すなわち，例えば，AとBがそれぞれ甲と乙を遺産共有していて，Bが有する甲の共有持分が第三者Cに移転したとしても，AとBが遺産分割で甲をAに分割すれば，909条本文の規定する**遡及効**によってBは遡って無権利者となり，Cは権利を取得できないことになってしまう。現在は同条ただし書の規定によってCの権利が保護されている（⇒本節**2**(2)(a)）が，当時はただし書がなく，遺産の共有持分が第三者に移転しても後で権利の取得が否定される余地があったことから，持分処分の自由を否定した676条と同様の規定と解することができたからである。

　ところが，戦後になってただし書が追加されて，第三者Cが保護されるようになったため，持分処分の自由を前提とした個人主義的な規定と解することができるようになり，共有説に有利な状況になった。

　合有説の側は，これに対し，909条ただし書は，あくまでも取引安全のために設けられた例外的な規定であって，ただし書で保護される第三者は遺産分割前の財産であることについて善意でなければならないという限定解釈をして反論したが，条文の文理に反するため（仮にこのような解釈をとったとしても，第三者は通常は登記簿を見ることで上記の点について悪意となり，ただし書が事実上空文化されてしまうという問題もあるため），今日では共有説のほうが支配的である。

(3) 判例の立場

一方，判例は，戦前・戦後を一貫して共有説をとってきた。最高裁（最判昭和30・5・31民集9巻6号793頁）は，「相続財産の共有（民法898条，旧法1002条）は，民法改正の前後を通じ，民法249条以下に規定する『共有』とその性質を異にするものではない」とした上で，「遺産の共有及び分割に関しては，共有に関する民法256条以下の規定が第一次的に適用せられ，遺産の分割は現物分割を原則とし，分割によって著しくその価値を損する虞があるときは，その競売を命じて価格分割を行うことになるのであって，民法906条は，その場合にとるべき方針を明らかにしたものに外ならない」とした。

とはいえ，907条は，物権法の共有物の分割手続とは異なる手続を規定しており，判例も，共同相続人間の遺産共有については，258条の地方裁判所に対する訴訟による分割請求手続は適用されず，907条1項の協議または同条2項の家庭裁判所の審判手続によらねばならないとしてきた（最判昭和62・9・4家月40巻1号161頁：前述のように令和3〔2021〕年に新設された258条の2第1項で上記の判例法理が明文化されるとともに，同条2項本文で相続開始10年経過後は共有物分割訴訟による分割も可能とされた〔同項ただし書の例外がある〕。なお，個別の遺産共有持分を譲渡された共同相続人以外の第三者からの分割請求が共有物分割訴訟である点については後述する〔⇒本節 **2** (2)(a)(ii)〕)。

(4) ま と め

このように，判例は，遺産共有を基本的には物権法の共有と解してきたが，少なくとも907条によって定められた手続の面では別個の扱いをしてきた。さらに，907条以外にも，遺産共有について，物権法の共有とはやや違った扱いをした規定がみられる。

例えば，共同相続人の1人が相続分（遺産分割前の相続財産全体に対する割合的な持分）を第三者に譲渡しても他の共同相続人による取戻権が905条で認められている点や，906条を全体の指針に遺産を一体として適切に分割することが原則とされている点には，遺産の**一体性・団体性**をみてとることもできる。

したがって，原則的には共有であるが，相続財産の特殊性から例外的に変更される部分もある，と説明するのが妥当なところであろう。そして，その変更

されている部分については，上記のような遺産の一体性・団体性を強める点で合有的に変更されている側面のほか，合有とは必ずしも関係のない，遺産共有があくまでも遺産分割までの**過渡的・暫定的な性質**を有することとの関係で変更されている側面をみることもできよう（⇒本章第3節(1)(3)）。

　その意味で，前述のように新設された898条2項は，遺産共有について，あくまでも「原則として」通常の共有と同様に扱うもので，遺産共有固有の「例外的」な部分も残ることになる。

2　物　　権

(1)　序

　所有権を共同相続した場合は，共同相続人間の「共有」となり（898条1項），遺産分割の対象となる。この「共有」については，**1**で説明したように，物権法上の「共有」に近いものと解するのが判例・多数説であり（令和3〔2021〕年改正で新設された898条2項はこれを踏まえた規定である），共同相続人は，遺産分割前の遺産中の不動産や動産の共有持分を譲渡することができる（(2)ではこの共有持分が譲渡された場合に関する問題を扱う）。

　一方，本権（所有権）とともに占有権を共同相続した場合は，共同相続人間で共同占有になると解するのが通説であり，担保物権を共同相続した場合は，準共有（264条）になると解されるが，いずれも独立して遺産分割の対象とはならず，占有権は本権，担保物権は被担保債権の帰属に従う。

　なお，物権ではないが関連するものとして，借地権を共同相続した場合は，準共有となり，共同相続人は賃料について特段の事情がない限り不可分債務を負うとするのが通説・判例（大判大正11・11・24民集1巻670頁）である（遺産分割の結果，共同相続人の1人が借地権を取得した場合，それ以降はその者が単独で賃料債務を負う）。

(2)　共有持分の処分をめぐる問題

(a)　共有持分の第三者への移転　　(i)　被相続人を共同相続した子ABCが遺産中の甲不動産をそれぞれ3分の1の持分で共有していたところ，Cの持分が第三者Dに移転した場合，後にABC間で甲をAに分割する協議が成立した

としても，Dは909条ただし書により，同条本文の遡及効に妨げられることなく3分の1の共有持分を取得することができる。ただし，同条ただし書で保護されるためには，権利保護資格要件として登記を必要とするのが通説（最判昭和50・11・7民集29巻10号1525頁もかかる解釈を前提とする）である（899条の2第1項は，文理上は遺産分割前の第三者を排除しておらず，同項を適用すると第三者Dではなく Aのほうが登記を要することになるが，同項は遺産分割後の第三者に関する規定と解するのが一般的である。なお，第三者Dについて本文のような説明がされることが多いが，少なくともDが登記を備えた段階では，Cが有した持分は906条の2〔⇒本章第5節**3**(1)(b)〕によらなければ遺産分割の対象にはならず，対象にされてもCが遺産分割で取得した扱いをするにとどまる，というのがより正確な説明になろう）。

　では，Cが特別受益（903条）を受けていた場合など，Cの具体的相続分の割合が3分の1を下回っていた場合はどうか。具体的相続分は，遺産分割手続の中で特別受益や寄与分を計算した上で確定されるものであって，遺産分割前に外部からはわからないので，取引安全の見地から，この場合もDは3分の1の持分を取得することができると解されている（この後始末は906条の2による⇒本章第5節**3**(1)(b)）。CがDに持分を売却した場合だけではなく，Cの債権者DがCの持分を差し押さえた場合も同様である。

　(ii)　Dへの持分譲渡の結果，ABD間で共有関係になった場合，**1**(3)で説明したように，Dは，258条の手続によって共有物の分割を請求することになる（前掲最判昭50・11・7，最判昭和53・7・13判時908号41頁）。判例は必ずしも明確ではないが，Dの持分についてのみ258条の共有物分割訴訟の手続（地方裁判所に提訴する）で分割し，残りのAB間における分割については，907条の遺産分割手続（共同相続人間の協議または家庭裁判所の審判）によることになる（遺産分割の手続によるか，共有物分割訴訟によるかという問題は，平成30〔2018〕年改正前の遺留分減殺請求の場面でも出てくる：本編第10章第4節**1**参照）。

　上記のように遺産分割と共有物分割訴訟の別々の手続を踏むことは煩雑である。前述のように，相続開始10年経過後は，遺産共有について共有物分割訴訟による分割も可能になり（258条の2第2項本文。同項ただし書の例外がある），一回的解決ができることになった。

　(b)　**共有持分を有することの対抗**　　上記(a)の事例を少し変えて，被相続人

を共同相続した子 ABC が遺産中の甲不動産をそれぞれ 3 分の 1 の持分で共有していたところ，C が遺産分割協議書を偽造して甲不動産を単独で取得したように虚偽の登記をした上で，甲不動産を第三者 D に譲渡して登記を移転した場合はどうか。

　C の登記は AB の持分に関する限り無権利の登記であって，登記に公信力がない以上，D も AB の持分に関する限り，その権利を取得できない，という理由により，判例（最判昭和 38・2・22 民集 17 巻 1 号 235 頁）は，AB は登記なくして各自の法定相続分に応じた共有持分を D に対抗しうるとする（C が本来有する 3 分の 1 の共有持分については，D は C から取得することができる）。次に述べる 899 条の 2 第 1 項が「〔法定〕相続分」に対応する部分については対抗要件の具備を求めなかったのは，上記判例の考え方を採用したものである。

　なお，改正前の判例は，指定相続分に応じた共有持分の取得（最判平成 5・7・19 家月 46 巻 5 号 23 頁）や，特定の財産を「相続させる」遺言（特定財産承継遺言）による所有権の取得（最判平成 14・6・10 家月 55 巻 1 号 77 頁）をも含めて，相続を権原とする所有権の取得について，共通の考え方をして，登記なくして第三者に対抗できるとしていた。しかし，平成 30 年改正で新設された 899 条の 2 第 1 項は，取引安全の見地から，「〔法定〕相続分を超える部分」については，登記がなければ第三者に対抗できないものとした。

3 債権・債務

(1)　序

　金銭債権・金銭債務のような可分債権・可分債務を共同相続した場合については，**1**で述べた共有説と合有説の対立を背景に，当然に分割帰属するか，合有的に帰属するかの対立がある（(2) (3)で説明する）。

　これに対し，不可分債権や不可分債務を共同相続した場合については，相続人全員に帰属することに異論をみない。すなわち，**不可分債権**は，共同相続人が共同して，または，各相続人が総債権者のために，履行を請求することができ（428 条・429 条），**不可分債務**は各相続人が全部について履行する義務を負う（不可分債務の相続ではないが，共同相続によって賃料債務が不可分債務になることについて，本編第 4 章第 3 節 **3** (2) (a)を参照）。

　なお，**金銭**は一種の債権とみる余地もあるが，遺産中の金銭は，有体物として他の動産と同じく遺産共有の形で共同相続人に帰属し，相続財産として金銭を保管している相続人に対し遺産分割前に相続分に応じた金銭の支払を請求することはできない，とするのが判例（最判平成 4・4・10 家月 44 巻 8 号 16 頁）の考え方である。判例は，「金銭の所有権者は，特段の事情のないかぎり，その占有者と一致する」（最判昭和 39・1・24 判時 365 号 26 頁）とするが，相続財産として金銭を保管する場合は，上記の「特段の事情」にあたることになる。

　株式・委託者指図型投資信託受益権・個人向け国債についても，下記のように，相続分に応じて当然に分割されず，遺産分割の対象となるとするのが判例である（最判平成 26・2・25 民集 68 巻 2 号 173 頁）。

(2)　可 分 債 権

(a)　平成 28 年大法廷決定までの問題状況　　(i)　判例は，**1**で述べた個人主義的な共有説や 427 条の原則に基づき，金銭債権などの可分債権の共同相続について，相続分に従って当然に分割されて単独債権として承継されるとする**分割債権説**（当然分割説）をとってきた（最判昭和 29・4・8 民集 8 巻 4 号 819 頁〔不法行為に基づく損害賠償債権〕，最判平成 16・4・20 家月 56 巻 10 号 48 頁〔預貯金債権。後述する平成 28 年大法廷決定で判例変更〕）。

　ただし，近時の最高裁は，金銭債権であっても，共同相続で当然に分割されない（遺産分割手続でその最終的な帰属を決することを要する）例外があることを続けて判示している（下記①③）。すなわち，①定額郵便貯金債権については，分割払戻しをしないなどの権利行使に関する法令上の制限に照らして，当然に分割されないとした（最判平成 22・10・8 民集 64 巻 7 号 1719 頁）。また，金銭債権類似の問題として，②個人向け国債については，法令上の制限に照らして，株式と投資信託受益権については，権利の内容・性質などに照らして，当然に分割されないとした（最判平成 26・2・25 民集 68 巻 2 号 173 頁）。さらに，上記を踏まえて，③共同相続された投資信託受益権に基づく元本償還金等が被相続人名義の口座に入金された場合の預り金返還債権も同様とされた（最判平成 26・12・12 判時 2251 号 35 頁）。

　(ii)　分割債権説に対しては，債務者が共同相続人からの個別の請求に応じな

ければならない煩雑さや，相続分を知らずに超過弁済する恐れから，批判もあった。そこで，団体主義的な合有説を前提に，可分債権は共同相続人全員に合有的に帰属し，債権の行使は相続人全員でする必要があるとする**合有債権説**も有力であった（銀行の窓口ではこのような扱いがされる場合が多かった）。

(iii)　一方，分割債権説を前提とする下級審裁判例にも，共同相続人間で預貯金債権について遺産分割の対象とする明示または黙示の合意がある場合には，分割対象とする傾向がみられた（東京家審昭和 47・11・15 家月 25 巻 9 号 107 頁，福岡高決平成 8・8・20 判時 1596 号 69 頁）。

しかし，共同相続人間に合意が成立しない場合は問題が残る。すなわち，例えば，共同相続人が AB 2 人（相続分は各 1/2）で，B は特別受益（903 条）として 4000 万円を生前贈与されていて，見るべき相続財産が 4000 万円の預貯金債権のみで，上記の合意が成立しない場合はどうか。合意があれば，903 条に従って A が預貯金債権を全部取得するが，合意が成立しない場合は，AB が 2000 万円ずつ当然に分割された預貯金債権を取得するだけで，A は B に対して何も請求できないことになる（903 条の具体的相続分は遺産分割手続を通じて形成されるものであって，遺産分割を要せずに 427 条で法定相続分に従って当然に分割される以上，B には法律上の原因がないとはいえず，不当利得の問題にはならない）。

(b)　**平成 28 年大法廷決定**　最大決平成 28・12・19 民集 70 巻 8 号 2121 頁は，上記と類似した事案のもと，以下の説示をして，判例変更をした。

(i)　①遺産分割は，「被相続人の権利義務の承継に当たり共同相続人間の実質的公平を図ることを旨とする」ことから，「被相続人の財産をできる限り幅広く対象とすることが望ましく」，また，「現金のように，評価についての不確定要素が少なく，具体的な遺産分割の方法を定めるに当たっての調整に資する財産を遺産分割の対象とすることに対する要請も広く存在する」。

②このような遺産分割方法の「調整に資する財産」として，預貯金は，「確実かつ簡易に換価することができる」点で，現金に近い。

③共同相続で「一般の可分債権が相続開始と同時に当然に相続分に応じて分割されるという理解を前提としながら，遺産分割手続の当事者の同意を得て預貯金債権を遺産分割の対象とする」実務上の運用も以上の事情を背景とする。

④「預貯金一般の性格等を踏まえつつ……**各種預貯金債権の内容及び性質**を

みると，共同相続された普通預金債権，通常貯金債権及び定期貯金債権は，いずれも，相続開始と同時に当然に相続分に応じて分割されることはなく，**遺産分割の対象**となるものと解するのが相当である。」

(ii)　大法廷決定は，上記説示のもと，預貯金債権に関する判例（前掲最判平成 16・4・20）を変更する旨を判示したものであって，金銭債権などの「可分債権」一般について当然分割説をとる判例（前掲最判昭和 29・4・8）の**原則は維持**されている（貸金債権，代金債権，損害賠償債権などは当然に分割される）。

(c)　**預貯金の払戻しに関する新たな法制**　　大法廷決定（および定期預金に関する最判平成 29・4・6 判時 2337 号 34 頁）によって，遺産分割前の預貯金債権は，準共有となり，その全部または一部の払戻しを受けるには，共同相続人の全員による共同行使を要することになった。共同相続人の1人は，遺産分割前については，全員の共同行使によるしか払戻しを受けられず（遺産分割を経なければ自己の取り分についても単独で払戻しを受けることができず），葬儀費用・生活費・相続税・相続債務等のための緊急の払戻しが困難になる場合がある。そこで，下記の**(i)預貯金債権の仮分割**，および，**(ii)遺産分割前の預貯金債権の行使**による払戻しの制度が平成 30 年改正で新設された。

(i)　家事事件手続法 200 条 3 項は，預貯金債権に関する限り，一定の要件の下，仮分割一般に関する同条 2 項の要件を緩和した。

すなわち，仮分割一般と同様，①遺産分割の審判または調停の申立てがされている（本案が係属している）場合に，②その申立人または相手方の申立てに基づき，㋐「相続財産に属する債務の弁済，相続人の生活費の支弁その他の事情により」，預貯金債権を行使する必要があると家庭裁判所が認めるときに，㋑他の共同相続人の利益を害しない限り，㋒「特定」の預貯金債権の全部または一部を申立人に「仮に取得させる」ものである。

㋑については，法定相続分を乗じた範囲が基本となるが，事情に応じて変わりうる（相続債務を弁済する場合はより多くなる可能性，代償分割が必要になる場合は少なくなったり否定される可能性がある）とされる。㋒については，本分割では仮分割分を含めて新たに調停・審判がされることになる。

(ii)　909 条の 2 は，遺産分割前の共同相続人に，裁判所の関与なく，「単独で」，預貯金債権に対する下記の範囲での権利行使を認めるものである。

　すなわち，相続開始時の預貯金債権の額（口座単位）×1/3×払戻しを求める相続人の法定相続分，により算出される金額について，債務者ごと（その金融機関に複数の口座がある場合は合算）に法務省令で定める額（150万円）を上限として，一部払戻しを認めるものである（同条前段）。

　払戻しを受ける金銭の使途を問わない代わりに，法定相続分の3分の1という制限を受けるものであって，相応の理由をもってより多くの払戻しを受けるためには上記(i)の制度によることになる。

　この払戻しは**遺産の一部分割**の効力を有し（同条後段），その部分は確定する（具体的相続分を超える払戻しについては代償金による清算を要する）。

　なお，909条の2に基づく払戻し請求権は，単独での譲渡や差押えの対象にならない一方，当該預貯金債権の準共有持分が差し押さえられた場合には，相続人は同条に基づく請求ができなくなると解されている。

(3) 可 分 債 務

(a) 分割債務説と合有債務説ないし不可分債務説　　**(i)** 可分債務についても，判例は，個人主義的な共有説や427条の原則に基づいて，法定相続分に従って当然に分割承継されるとする**分割債務説**に立つ（大決昭和5・12・4民集9巻1118頁。相続分の指定があっても，対外的には，債権者がその効力を承認しない限りは，法定相続分による〔最判平成21・3・24民集63巻3号427頁。902条の2で明文化〕）。例えば，3000万円の金銭債権を有していた債権者は，債務者が死亡してその子ABCが共同相続した場合は，ABCそれぞれに1000万円の限度でしか請求できないことになる。

　もし債務が分割されないとするならば，ABCそれぞれが3000万円の限度で責任を負うことになるので，判例のように債務を分割帰属させる立場は，そのことによる債権者の不利益よりも，分割されない場合の相続人の不利益の回避のほうを優先する考え方といえる。

　(ii) これに対し，学説では，債務者は債権者の同意なく債務の一部を免責される形で第三者に移転することはできない（免責的債務引受には債権者の同意が必要）という原則に反し，債権者が相続人のなかに無資力者がいた場合のリスクを負担する結果となって，不当である，とする批判が多い。

　共有説を支持する学説では，①可分債務を共同相続した場合は**不可分債務**となるとする説が主張されている（先の事例では，債権者は「ABC のいずれ」に対しても 3000 万円を請求できる）。

　一方，合有説を支持する学説では，②可分債務を共同相続した場合は**合有債務**になるとする説（債権者は ABC「全員」に対して 3000 万を請求しなければならない点が①と異なる）や，③相続財産を引当てとする**合有債務**と相続人の固有財産を引当てとする**分割債務**が併存すると解する説（相続財産からは 3000 万円を取り立てることができるが，ABC 各人の固有財産からはそれぞれ 1000 万円の限度でしか取り立てることができない）が主張されている。

　(iii)　もっとも，上記の学説の立場をとった場合は，相続人の負担が重くなる反面，とくに①②説では，債権者は，相続財産だけではなく，各相続人の固有財産についても全額を取り立てることができて，かえって過度な保護になるのではないかという疑問が残る一方，③説は煩雑である。

　判例の分割債務説は，相続人については，積極財産が相続分に従って分割帰属するのに対応して消極財産も同様の形で帰属する点で，また債権者については，相続によって債権が分割される代わりに相続人の固有財産からも取り立てることができる点で，一定のバランスがとれていると評価することもできよう。分割債務説は，平成 30（2018）年改正・令和 3（2021）年改正でそれぞれ新設された 902 条の 2 や 898 条 2 項とも整合的である。

　(b)　**連帯債務**　例えば，被相続人 A が，B とともに 1000 万円の連帯債務を負っていた場合，A を共同相続した子 CD は，それぞれ法定相続分で分割した 500 万円の限度で B と連帯することになるのが判例（最判昭和 34・6・19 民集 13 巻 6 号 757 頁）の立場である。すなわち，債権者は，A が死亡する前は，AB のいずれに対しても 1000 万円を限度に請求できたのにもかかわらず，A 死亡後は，B には 1000 万円を限度に請求できるものの，CD にはそれぞれ 500 万円の限度でしか請求できないことになる。

　これに対し，多くの学説は，誰からも全額の弁済を受けられるという連帯債務の担保力を弱めるものだと批判し，連帯債務の担保力を維持するために，CD ともに 1000 万円の連帯債務を負うべきだとする。

　なお，いずれの立場をとっても，連帯債務者の内部的な負担部分については，

CD ともに，A の負担部分 500 万円を法定相続分で分割した 250 万円になると解されている。

第3節　遺産の管理

(1)　序

相続開始から遺産分割が終了するまでの間の共同相続人による**遺産の管理**については，①遺産（相続財産）の管理に関する固有の規定，②遺産共有に準用される物権編の共有物の管理の規定とも，従前は必ずしも十分でなかった。そこで，令和 3 (2021) 年に所有者不明土地問題への対応の一環として，上記①②の両面において改正がされた。

(2)　遺産の管理に関する規定

(a)　**注意義務**　　相続開始後，承認・放棄をするまでの間，共同相続人は「その固有財産におけるのと同一の注意」をもって相続財産を（固有財産から分別して）管理する義務を負う（918 条⇒本編第 3 章第 2 節**3**）。また，限定承認をした場合（926 条 1 項）も，上記の注意をもって相続財産の管理を継続しなければならない。

相続放棄時に相続財産に属する財産を「現に占有」している者については，相続人や相続財産の清算人に当該財産を引き渡すまでの間，「自己の財産におけるのと同一の注意」をもって「保存」する義務を負う（940 条 1 項。918 条・926 条 1 項の「その固有財産におけるのと同一の注意」と同じ義務である）。

単純承認後の管理についてはとくに規定されていないが，共有物について新設された 249 条 3 項の適用により「善良な管理者の注意」をもって使用する義務を負うことになる。

(b)　**管理人の選任**　　被相続人の遺言により遺言執行者が選任されているときは遺言執行に必要な範囲で遺言執行者が遺産を管理する（1012 条）。また，遺産分割の申立てがされた場合，家庭裁判所は，申立てまたは職権により，遺産分割審判前の保全処分として，「財産の管理者」を選任することができる（家事 200 条 1 項）。

　令和 3（2021）年改正で新設された 897 条の 2 第 1 項は，「家庭裁判所は，利害関係人又は検察官の請求によって，いつでも，相続財産の管理人の選任その他の相続財産の保存に必要な処分を命ずることができる」とした。遺産分割前の遺産共有の状態にある場合などに適用される（相続人があることが明らかでない場合において相続財産の清算人が選任されていないときも同様である。同項ただし書参照）。

　(c)　**遺産の管理費用**　遺産の管理費用は，885 条の「相続財産に関する費用」として相続財産から支弁される（同条ただし書により相続人の過失によるものを除く）。相続財産中の不動産に関する固定資産税，火災保険料，修理費用などがこれに当たる（共同相続人の 1 人が独占的に使用しているときはその者の負担とするのが公平な場合もある）。

(3)　共有の規定の準用

　(a)　**保存行為**　遺産の保存行為（財産の現状や価値を維持するための行為）は，252 条 5 項により共同相続人が各自で行うことができる。家屋の修理，貸金債権の時効の完成猶予のほか，判例では，不法登記の抹消請求（最判昭和 31・5・10 民集 10 巻 5 号 487 頁：共同相続人の 1 人が勝手に単独登記をした事例），不法占拠者に対する妨害排除請求（大判大正 12・4・17 評論 12 巻民法 303 頁）などが認められている。

　これに対し，被相続人の占有で取得時効が完成していた場合，共同相続人の 1 人は相続分の限度でしか時効を援用できない（最判平成 13・7・10 家月 54 巻 2 号 134 頁：直接に受けるべき利益の存する限度でしか援用できない）。

　(b)　**管理行為**　改良行為（保存行為を超えるが(c)の変更行為には至らないもの）は，管理行為として，252 条 1 項により，相続分（法定相続分または指定相続分）に従った持分価値の過半数で決せられる（所在等不明共有者がいる等の場合の過半数に関する同条 2 項も参照）。利用行為（財産の性質に従ったもの）も管理行為に当たるので，原則として，上記の決定による。遺産中の土地を駐車場として貸す行為やその賃料の取立てのほか，判例では，使用貸借契約の解除がこれに当たるとされる（最判昭和 29・3・12 民集 8 巻 3 号 696 頁）。

　新設された 252 条 4 項では，管理行為に属するものとして，5 年以内の土地

の賃貸等（同項1号が定める山林の賃貸借等を除く）の設定，3年以内の建物の賃貸借等の設定などが明記された。さらに，共有物の管理者の選任・解任（同条1項の過半数で決する）や，管理者の権限等（252条の2）に関する規定も設けられた。

　従来議論となってきたのは，被相続人の建物に同居してきた共同相続人の1人が，相続開始後もその建物を単独で占有している場合に，多数持分権者が252条1項（改正前は同条本文）を根拠に明渡請求ができるかという問題である。最高裁（最判昭和41・5・19民集20巻5号947頁）は，少数持分権者は自己の持分によって共有物を使用収益する権限を有し（249条），これに基づいて共有物を占有するのであるから，多数持分権者はその理由を主張立証せずに当然に明渡しを請求することはできない旨の判示をした（被相続人の妻X_1と子X_2～X_8〔持分12分の11〕から子Y〔持分12分の1〕に対する請求の事例）。この判決は，「遺産共有の暫定性」に照らして，遺産分割による根本的な解決に委ねた側面もあるが，㋐249条に基づく少数持分権者の使用権と㋑252条に基づく持分価格の過半数による使用方法の決定との調整を図ったものといえる。では，㋐㋑をどう調整すべきか。改正法は，①共有物を使用する共有者があるときの利用方法の変更も上記の過半数で決定できる（同条1項後段）としつつ，②「共有者間の決定に基づいて」共有物を使用する共有者に「特別の影響を及ぼすべきとき」は，その「承諾」を要するものとした（同条3項）。②はあくまでも共有者間に利用方法の定めがあって実際に利用されている場合が想定されている。

　なお，持分を超える使用の対価（249条2項）については後記 **(4)** 参照。

　(c)　**変更・処分**　　変更行為（財産の性質を変える行為〔軽微変更を除く〕）には，共同相続人全員の同意が必要である（251条1項）。令和3年改正で，所在等不明共有者がいる場合に変更を求める裁判もできるとされる（同条2項）とともに，軽微変更（「その形状又は効用の著しい変更を伴わないもの」）については，持分価格の過半数で決定できるとされた（同条1項括弧書・252条1項）。

　共同相続人の1人が相続財産の農地を勝手に宅地造成した事例で，最高裁（最判平成10・3・24判時1641号80頁）は，これは共有物の「利用」ではなく「変更」の問題であって，他の共有者は持分権に基づいて行為の禁止や原状回復を求めることができるとした。ただし，同判決は，共有物の将来における分

割・帰属など諸般の事情に照らして，請求が権利濫用により否定される余地も残している（遺産共有の暫定性を考慮している）。

　相続財産の処分行為は，相続人全員の持分権の処分である以上は，全員の合意が必要である（所在等不明共有者がいる場合の処分のための手続につき，不明共有者の持分の取得・譲渡に関する262条の2・262条の3参照）。なお，売却代金（代償財産）は，これを遺産分割の対象とする合意をするなど特段の事情のない限り，相続財産には加わらないとするのが判例である（最判昭和54・2・22家月32巻1号149頁）。

(4)　生前の使用貸借契約の合意の推認

　上記(3)(b)で述べたように，相続開始前から被相続人Aの許諾を受けてその建物に同居してきた共同相続人の1人Yが，相続開始後もその建物を単独で占有している場合に，多数持分権者である他の相続人Xらは当然にその明渡しを請求できるわけではない。では，Xらは，そのようなYに対し，持分を超えて占有しているとして，賃料相当額について不当利得（703条）に基づく請求をすることができるか。

　判例（最判平成8・12・17民集50巻10号2778頁）は，上記のようなYについて，特段の事情がない限り，被相続人との間において，「相続が開始した後も，遺産分割により右建物の所有関係が最終的に確定するまでの間は，引き続き……無償で使用させる旨の合意があったものと推認される」として，被相続人死亡時から少なくとも遺産分割終了時まで，被相続人の地位を承継した他の相続人が使用貸借契約の貸主となるとした（Xらの請求を否定。改正後の配偶者短期居住権は，配偶者相続人が遺産共有する居住建物〔1037条1項1号〕のほか，他に遺贈されるなど遺産分割の対象外のもの〔同項2号〕にも認められる）。

　なお，上記と同様の手法は，相続権を持たない内縁配偶者の居住等の利益の保護にも用いられている。すなわち，「内縁の夫婦がその共有する不動産を居住又は共同事業のために共同で使用してきたときは，特段の事情のない限り，両者の間において，その一方が死亡した後は他方が右不動産を単独で使用する旨の合意が成立していたものと推認するのが相当であ」り（「無償使用を継続させることが両者の通常の意思」であり），共有者間の「合意が変更され，又は共有

関係が解消されるまでの間」は，共有物を単独で無償使用しうるとされている（最判平成 10・2・26 民集 52 巻 1 号 255 頁）。

　令和 3 年改正で，「共有物を使用する共有者は，別段の合意がある場合を除き，他の共有者に対し，自己の持分を超える使用の対価を償還する義務を負う」（249 条 2 項）とされたが，上記 2 つの判例は，この「別段の合意がある場合」になろう（被相続人との合意が相続人に承継される）。

第 4 節　相続分の譲渡・取戻し

(1)　序

　905 条は，共同相続人の 1 人が遺産の分割前にその相続分を第三者に譲渡したときは，他の相続人はその価額および費用を償還してこれを取り戻すことができる旨を規定する。ここでいう**「相続分」**とは，相続財産全体（消極財産を含む）に対する割合的な持分のことであり（遺産分割前の**「相続人の地位」**ということもできる），相続分の譲渡を認めることによって，遺産分割に時間がかかる場合でも，相続人が相続による経済的利益を早期に得ることができるようにしたものである。その一方で，共同相続人以外の第三者に相続分が譲渡されて，相続財産をめぐる法律関係に第三者が入ることによって生じうるトラブルを防ぐために，相続分の取戻しを認めたものである。

(2)　相続分の譲渡

(a)　**要　件**　　譲渡の相手方は，905 条の規定する第三者だけではなく，共同相続人でもよい（共同相続人が遺産分割を自己に有利に進めるために他の相続分を譲り受ける場合がある）。

　譲渡の対象は，相続分の一部でもよい（多数説）。一部譲渡は法律関係を複雑にする（それを理由に否定する説もある）が，割合的持分のさらにその一部の割合を譲渡したとしてもとくに大きな問題が生ずるわけではないからである。

　相続分の譲渡にはとくに方式が規定されていないので，当事者間の合意だけで譲渡が成立するが，これを譲渡人以外の共同相続人に主張するために対抗要件を備える必要があるか否かについては説が分かれている。裁判例は，相続分

の譲渡は各種の個別的な権利変動とは別の問題であるとして，対抗要件を不要とする傾向にある（東京高決昭和 28・9・4 家月 5 巻 11 号 35 頁。新潟家佐渡支審平成 4・9・28 家月 45 巻 12 号 66 頁〔共同相続人間の二重譲渡の事例〕も参照）。学説は，後述する取戻権（905 条 2 項により 1 か月以内の行使を要する）を確保するため，467 条 1 項を類推適用して共同相続人に対する通知を要すると解する説が多かったが，上記の裁判例の理由付けには無理がなく，近時は裁判例と同じく対抗要件を不要とする説が増えている（分割の安定性を害する結果となることは少ないという判断であろうか）。

　(b)　**効　果**　　相続分の譲渡は，債務も含めた相続財産全体に対する持分の譲渡であるが，そのような債務者側の事情によって債権者に同意なく債務が他者に移転することは債権者の保護に欠けることになる。したがって，対内的には譲渡人から譲受人に債務が移転するが，対外的には両者が併存的に債務を負うと解するのが多数説である。

　相続分の譲受人は遺産の管理や遺産分割の手続に参加できる一方，相続分を全部譲渡した相続人は参加資格を失うとするのが多数説であり，裁判例もこのような立場をとるものが多い（大阪高決昭和 54・7・6 家月 32 巻 3 号 96 頁など）。共同相続人が相続分の譲受人になった場合は，従前の相続分と新たに取得した相続分を合計した相続分を有する相続人として遺産分割に加わることになる（最判平成 13・7・10 民集 55 巻 5 号 955 頁）。

　なお，無償による相続分の譲渡は，遺留分の算定に関して特別受益となる「贈与」（903 条 1 項・1044 条 3 項）に該当することがある（最判平成 30・10・19 民集 72 巻 5 号 900 頁。本編第 11 章第 2 節 **1** (1)(a)(ii)参照）。

(3)　相続分の取戻し

　(a)　**要　件**　　相続分が第三者に譲渡されたときは，譲渡人以外の共同相続人は，譲渡から 1 か月以内であれば，価額および費用を償還して相続分を取り戻すことができる（905 条）。相続分が共同相続人に譲渡された場合は，一部の共同相続人の相続分が増えただけで第三者の介入という問題は生じないので，905 条は（類推）適用されない。また，個別の財産に対する持分が譲渡された場合にも（類推）適用されない（通説・判例〔最判昭和 53・7・13 判時 908 号 41 頁〕）。

　この取戻権は，形成権であって，譲受人に対する一方的な意思表示で足り，相手方の承諾は不要であるが，取戻権を行使するにあたり，その時点における相続分の時価を現実に提供しなければならない。

　(b)　**効　果**　　取戻権の行使により，相続分の譲受人は相続分を失う。共同相続人が全員で行使した場合は，償還した価額の割合に応じて相続分が帰属する。共同相続人の1人が行使した場合については，その者に独占的に帰属するという説と，共同相続人全員に各人の相続分の割合に応じて帰属する（その代わり，取戻権を行使した相続人は，償還した価額を上記の割合に応じて他の相続人に請求できる）という説が対立しているが，前者の説のほうが素直であろう。

第5節　遺 産 分 割

1 序

　(i)　共同相続人間の遺産共有は暫定的・過渡的なものであって，遺産分割によって最終的な所有の帰属が確定する。遺産分割には以下の特徴がある。

　①　遺産共有の段階では，共同相続人は法定相続分または（指定があるときは）指定相続分に応じた持分を有する（898条2項の新設で明文化された）が，遺産分割の際は，903条・904条・904条の2による具体的相続分に応じて分割されるのが通常である。

　もっとも，そのような分割は相続人の負担が重く時間がかかる場合があることなどから，分割の促進・円滑化を図るべく，令和3（2021）年改正により904条の3が新設された。同条本文は，《相続開始時から10年経過後の遺産分割》については，原則として，903条・904条・904条の2による具体的相続分に応じた分割ではなく（特別受益や寄与分の主張はできない），《法定相続分または指定相続分に応じた分割》とした（例外として，㋐相続開始の時から10年経過前に，相続人が家庭裁判所に遺産の分割の請求をしたときや，㋑上記の10年の期間満了前6か月以内に遺産の分割を請求することができない「やむを得ない事由」が相続人にあった場合〔被相続人の生死不明や10年経過後の相続放棄で新たに相続人になった等〕において，その事由が消滅した時から6か月経過前に，当該相続人が家庭裁判所

に遺産の分割の請求をしたときは，その限りでないとした〔同条ただし書1号・2号〕）。相続開始10年経過後については，遺産分割ではなく共有物分割訴訟による分割も可能になった（新設された258条の2第2項本文。同項ただし書の例外がある）。

②　遺産分割は，物権法上の共有物の分割とは異なり，遺産全体について，906条を指針として財産や相続人に関する諸般の事情を考慮してされる。

③　遺産分割の方法のなかでも共同相続人の協議による場合（907条1項）については，共同相続人の自由な意思が尊重される。すなわち，上記①に関しては，共同相続人の間で合意が成立すれば具体的相続分に反する分割をすることも可能である。また，上記②に関しても，被相続人が遺言で遺産分割の方法を指定した場合にはそれに従って分割されるのが原則であるが，遺産分割協議でそれに反する分割をすることもできる。

④　遺産分割は遺産を包括的に分割するものであるので，分割の安定性を図るための規定が置かれたり（910条），解釈論でその点が考慮されることがある（例えば，遺産分割協議の法定解除を否定した最判平成元・2・9民集43巻2号1頁）。

⑤　遺産分割請求権は共有物分割請求権と同じくそれ自体は消滅時効にかからず，共同相続人はいつでも分割を求めることができる（907条）。ただし，⑦被相続人の遺言で，相続開始時から5年を超えない期間を定めて，分割を禁ずることができる（908条1項）ほか，⑦共同相続人の契約（同条2項）や，⑦家庭裁判所の審判（同条4項：審判分割の請求がされたが「特別の事由」があるとき）により，5年以内の期間を定めて全部または一部について分割を禁ずることができる（更新も可能だが終期は相続開始時から10年を超えられない〔同条3項・5項〕）。胎児がいるときや，相続資格・遺産の範囲について争いがあるときなどに分割禁止となることがある。

(ii)　以下では，①遺産分割にはどのような方法があるか（後記**2**），②遺産分割の対象となる財産は，積極財産である（最判令和元・8・27民集73巻3号374頁：消極財産〔相続債務〕は含まれない）が，遺産共有となる財産それ自体に限られるのか，それとも，遺産の売却代金や果実（賃料等）なども対象となりうるのか（後記**3**），③遺産分割手続の当事者に関してどのような問題があるか（後記**4**），④遺産分割の効力に関してどのような問題があるか（後記**5**）などについて説明する。

2 遺産分割の方法

(1) 序

遺産分割には3つの方法がある。第1に，被相続人の遺言による**遺産分割方法の指定**（908条1項）があればこれが優先される。第2に，遺言による分割方法の指定がない場合や，指定していない部分については，**遺産分割協議**による（907条1項）。ただし，遺産分割協議によって遺産分割方法の指定に反する分割がされることもある。第3に，遺産分割協議が調わない場合は，家庭裁判所の**審判**で分割される（同条2項）が，これに先立って調停による分割が試みられることがある（家事244条・274条1項）。

(2) 遺産分割方法の指定

(a) **序**　被相続人は，遺言で遺産分割の方法を定めることができる（908条）。これを後記(3)(a)で説明する分割の具体的方法（現物分割・換価分割など）の意味に限定して解する学説もある。しかし，判例は，特定の財産を特定の相続人に分割することを指定することも認めており，これには，「純粋な遺産分割方法の指定」と「相続分の指定を伴う遺産分割方法の指定」がある（後記(b)(c)）。なお，被相続人は，遺言で，遺産の分割の方法を定めることを第三者に委託することや，相続開始から5年を超えない期間を定めて分割を禁ずることもできる（908条）。

(b) **純粋な遺産分割方法の指定**　例えば，被相続人が9000万円の財産を残して死亡して子ABCがこれを共同相続したところ，その中の甲土地（2000万円）をAに分割するように指定した遺言が残されていた場合はどうか（特別受益を受けた者はないとする）。

このような遺言は，Aに甲土地しか与えないという特別な意思表示がない限り，Aの相続分を変更するものではなく，Aの3000万円の取り分のなかに甲土地を割り当てるという趣旨に解すべきである（903条1項の中立的遺贈と同様の考え方であるが，遺産分割方法の指定の場合は相続を放棄した場合に資格を失う点が遺贈と異なる）。Aの相続分を変更するものではなく，純粋に遺産分割方法だけを指定するものなので，「純粋な遺産分割方法の指定」と呼ぶことがある。

⒞ **相続分の指定を伴う遺産分割方法の指定**　例えば，被相続人が9000万円の財産を残して死亡して子ABCがこれを共同相続したところ，その中の甲土地（4500万円）をAに分割するように指定した遺言が残されていた場合はどうか（特別受益を受けた者はないとする）。

このように，Aに対して本来の相続分を超える額の財産を分割する指定をした場合（903条2項の限定的遺贈と同様に，特段の意思表示がない限り，甲土地しか与えないという趣旨に解すべきである），遺産の分割方法の指定をするだけではなく，Aの相続分を変更する意思も伴っているのが通常である。そこで，これを「相続分の指定を伴う遺産分割方法の指定」と呼ぶことがある（相続分の指定を伴うときは，債務の内部的負担割合が法定相続分から指定相続分に変更されることになる）。

⒟ **「相続させる」旨の遺言の性質**　被相続人が，共同相続人の1人に特定の遺産を「相続させる」旨の遺言（**特定財産承継遺言**〔1014条2項参照〕）を残していた場合，これが遺産分割方法の指定にあたるのか，それとも遺贈にあたるのかが問題となっていた（詳しくは本編第10章第6節参照）。

上記の遺言について，判例（最判平成3・4・19民集45巻4号477頁〈**判例Ⅱ10-2**〉〔422頁〕）は，①当該遺産を当該相続人に「他の共同相続人と共にではなくして，単独で相続させようとする」趣旨であって，遺贈と解すべき特段の事情がない限り，遺産分割方法の指定と解すべきである，②特段の事情がない限り，何らの行為を要せずして被相続人の死亡時に直ちに当該遺産が当該相続人に相続により承継され，協議や審判を経る余地はないとする（遺産共有や分割手続を経ることなく直ちに当該相続人が単独で所有権を取得し単独で登記ができる効力を認める点で遺言者に過大な力を与えていると批判する説もあるが，遺言執行者を指定した特定遺贈の効力〔直ちに受遺者が単独で所有権を取得し遺言執行者と受遺者の共同で登記ができる〕と大きな違いはない）。判例に基づき1014条2項が規定されている。

法定相続分を超える特定の遺産を「相続させる」旨の遺言（特定財産承継遺言）は，特段の事情がない限り，相続分の指定を伴うもの（この場合は，⒞で述べたように，債務の内部的負担割合が変更されることになる）とみるべきだろう（⇒ **Column Ⅱ5-2**　〔303頁〕）。

(3)　遺産分割協議

(a)　**分割の具体的方法**　(i)　遺産分割協議による分割には以下の5つの方法がある（(4)で述べる審判分割も同様であるが，審判分割では特別の事情がない限り①②の方法が基本となる）。被相続人が甲土地と乙土地を残して死亡して，子ABがこれを共同相続した場合を例に説明する。

①　**現物分割**は，現物それ自体を分割する方法であり，甲土地・乙土地とも，分筆することによって，それぞれをAとBで分け合う場合がこれにあたる（あるいは甲乙ともABで物権法上の共有とする場合もこれにあたる）。

②　**個別配分**（これも現物分割ということがある）は，現物をそのまま配分する方法であり，甲土地をAに分割し，乙土地をBに分割する場合がこれにあたる。

③　**換価分割**は，遺産を金銭に換えて分割する方法であり，甲乙ともに第三者に売却してその代金をABで折半する場合がこれにあたる。

④　**代償分割**は，現物を特定の相続人が取得する代わりに他の相続人にその相続分に応じた金銭を支払う方法であり，Aが，甲乙とも取得する代わりに，Bに対し甲乙の評価額の半額を支払う場合がこれにあたる。

⑤　そのほか，例えば，甲土地の所有権をAが取得して，その借地権をBが取得するように，**利用権の設定**という方法が用いられることもある（1028条1項の配偶者居住権はこのような手法の立法化である）。

これらの方法を用いて（複数の方法を組み合わせることもある）906条を指針にしながら具体的相続分に合うように分割することが遺産分割協議の典型といえるが，共同相続人全員が合意して協議が成立する限り，具体的相続分から外れた分割をすることもできる（後述〔(b)〕する「事実上の放棄」はその一例である）。

(ii)　上記の分割方法とは別の次元の手法として，907条1項は，共同相続人（全員）の「協議」による「一部の分割」を認める（**遺産の一部分割**。909条の2の預貯金債権の一部行使も一部分割の効果を有するが共同相続人の1人の単独行使による）。これは平成30年改正前からの解釈の明文化である。共同相続人の協議が成立すれば，特定の預金・不動産など遺産中の一部の財産を分離独立させて先行して確定的に分割することができる（協議が成立しなかった場合は審判の項目〔本節(4)(c)(iii)〕を参照）。一部分割・残部の分割の全体を通じて，具体的相続分

（特別受益や寄与分を考慮）や 906 条を指針とした分割が目指されることになる。

　(b)　**事実上の放棄の方法**　　上述のように，遺産分割協議により具体的相続分を有する共同相続人の取り分をゼロ（またはそれに近い名目的なもの）にすることも可能であり，（915 条・938 条の規定する相続の放棄に対するものとして）「**事実上の放棄**」と呼んでいる。特定の相続人に財産を集中させるためにこのような方法がとられることも少なくない。事実上の放棄の方法には，①実際はそうでなくても，すでに特別受益となる生前贈与（903 条）を十分に受けているので，具体的相続分はゼロであるという趣旨の証明書（**相続分皆無証明書，相続分不存在証明書，特別受益証明書**などと呼ばれる）を作る方法と，②ゼロまたはゼロに近い名目的な財産を分割をする旨の遺産分割協議書を作る方法がある。①は，事実上の放棄をする相続人が，遺産中の財産（主に不動産）ごとに個別に書類を作成すれば足りるが，②は共同相続人全員で書類を作成する必要がある。

　①については，特別受益となる生前贈与の事実がなかったとして，後でその効力が争われることがあるが，裁判例では，自己の取り分をゼロとする意思がある限り，有効とされている（東京高判昭和 59・9・25 家月 37 巻 10 号 83 頁）。

　(c)　**遺産分割協議の瑕疵**　　遺産分割協議は，共同相続人の全員の合意に基づくので，民法総則の法律行為・意思表示の無効・取消事由が適用される。ただし，分割の安定性を図るために，錯誤の重要性（95 条 1 項）の判断は厳格にされるべきである（同条 3 項については広く解すべきである）。

　錯誤無効（当時。平成 29〔2017〕年改正後は取消し）が認められたものとして，遺産分割方法を指定した遺言の存在を知らずに遺産分割協議をした事例（最判平成 5・12・16 家月 46 巻 8 号 47 頁）や，相手方の誤った説明によって取得できる額を誤信して本来の 5 分の 1 程度の額を取得する遺産分割協議に応じた事例（東京地判平成 11・1・22 判時 1685 号 51 頁）がみられる。一方，認められなかったものとして，遺産分割協議の際に他の相続人の生活を保障する約束をして全財産を取得した相続人がその義務を怠ったとしても要素の錯誤（当時）にならないとされた事例（神戸家審平成 4・9・10 家月 45 巻 11 号 50 頁）や，遺産の評価額を誤信して分割したとしても 95 条ただし書（平成 29 年改正後は同条 3 項）により無効（平成 29 年改正後は取消し）を主張できないとされた事例（東京高判昭和 59・9・19 判時 1131 号 85 頁）がみられる（後者は 911 条の問題になる場合がある）。

　遺産分割協議の際に共同相続人の一部が欠けていた場合（詳しくは，審判分割の場合と併せて **4**(4)(b)で述べる）は，910条が適用される場合を除き，無効と解される。また，対象となるべき財産の一部が脱落していたときは，そのことによって分割全体の結果に影響があるかどうかで判断されるべきである。

　(d)　**遺産分割協議の解除**　　(i)　判例は，遺産分割協議が成立した場合，共同相続人の 1 人が協議において負担した債務について不履行があったとしても，他の相続人は541条によって遺産分割協議を解除することはできない，とする（最判平成元・2・9民集43巻2号1頁：被相続人の共同相続人である妻と複数の子との間で，子の1人が被相続人の妻の扶養をすることなどを合意して他の子よりも多くの財産を取得する遺産分割協議をした事例）。その理由として，①遺産分割協議はその性質上協議の成立とともに終了し，その後は協議において債務を負担した相続人と他の相続人との債権債務関係が残るだけであり，②このように解しなければ，遡及効（909条本文）を有する遺産の再分割を余儀なくされ，法的安定性が著しく害される結果になることを挙げている。

　他方，判例は，共同相続人全員による，遺産分割協議の全部または一部の合意による解除や再分割については，法律上当然には妨げられないとして，これを認めている（最判平成2・9・27民集44巻6号995頁）。

　(ii)　前者の判例の①の理由は，遺産分割の効力が遡及して被相続人から直接財産を取得したことになるという「宣言主義」（**5**を参照）を強調して，遺産分割の成立によって，共同相続人間の遺産共有や共有持分の交換は存在しなかったことになる以上は，上記の債権債務関係だけが残ることになる，というものである。しかし，宣言主義をとる909条本文がある一方で，909条ただし書や911条のような，共同相続人間の遺産共有や共有持分の交換が存在したことを前提とする「移転主義」（**5**を参照）的な条文も存在することから，上記①の理由付けは決定的とはいえない。

　では②の法的安定性はどうか。債務不履行解除においても，合意解除においても，第三者の権利は解除によって害されることはない（前者は545条1項ただし書，後者は合意の相対効に基づく）ので，対外的な法的安定性の問題は生じない。したがって，②で問題となるのは，対内的な法的安定性ということになる。合意解除においては全員の合意により対内的な法的安定性の問題は生じないの

で，債務不履行解除だけを否定する判例の立場は，対内的な法的安定性の問題を決め手にするものとみることができる。

　債務不履行をされた相続人の保護よりも，対内的な法的安定性を重視するのであれば，判例を支持すべきことになる（なお，前掲最判平成元・2・9は，債務不履行をした相続人以外は全員解除を求めていたので，対内的な法的安定性はあまり問題とならない事案ではあったが，債務不履行解除一般を考える上では，債務不履行をした相続人以外にも解除を求めない相続人がいる場合を念頭に置かなければならなかったのであろう）。これに対し，前者のほうを重視して債務不履行解除を認めるべきだとする学説も有力である（この立場は，遺産分割協議の無効・取消しがありうることからも，対内的な法的安定性を過度に重視すべきではないとする）。

　(e)　**遺産分割協議と詐害行為**　　判例は，相続放棄については，「身分行為」である（424条2項参照）として，詐害行為取消しの対象とならないと解している（最判昭和49・9・20民集28巻6号1202頁〔被相続人の債権者による取消しの事例〕：学説では相続人の債権者による取消しについては肯定する説も有力である）。これに対し，同じ相続法上の法律行為であり，「事実上の相続放棄」の方法としても用いられる遺産分割協議については，詐害行為取消しの対象となると解している（最判平成11・6・11民集53巻5号898頁）。その理由として，同判決は，「遺産分割協議は，相続の開始によって共同相続人の共有となった相続財産について，その全部又は一部を，各相続人の単独所有とし，又は新たな共有関係に移行させることによって，相続財産の帰属を確定させるものであり，その性質上，財産権を目的とする法律行為であるということができるからである」としている。学説では，260条の適用による説も有力であったが，この判例については支持するものが多い。

　では，どのような場合に詐害行為として取り消すことができるか。遺産分割協議の結果，共同相続人である債務者が法定相続分よりも少ない財産しか取得しなかった場合でも，それが具体的相続分（生前贈与などの特別受益や他の共同相続人の寄与分を考慮したもの）を下回るものでなければ詐害行為ということはできない。また，具体的相続分を下回る場合であっても，配偶者相続人の居住の確保のためにそのような結果となった場合など，906条の趣旨に照らして合理的な内容であれば，詐害行為の客観的要件と主観的要件の相関判断によって詐

害性が否定されることもありうる。

遺産分割協議が詐害行為にあたる場合は，分割協議によって具体的相続分よりも多くの財産を取得した受益者を被告として，協議の取消しと受益者に移転した財産の回復を裁判所に請求することになる（424 条・424 条の 7・424 条の 6）。

(4) 審判による分割

(a) 序　　審判分割は，共同相続人の協議が調わない場合に，家庭裁判所が，906 条を指針に，具体的相続分を基準として，審判で分割するものである（907 条 2 項）。審判に先立って調停による分割（調停前置ではなく職権によるもの）が試みられるのが通常である（家事 244 条・274 条 1 項）が，調停が不調に終わると審判の手続に移行する。

遺産分割審判の成立まで長い時間がかかることもある。そこで，審判前の保全処分（家事 105 条）として，共有持分が譲渡されて分割に支障をきたすおそれがある場合に処分禁止をかけたり（札幌高決平成 2・11・5 家月 43 巻 7 号 93 頁〔一般論〕），相続人が生活費等に困る場合に遺産の仮分割が認められる場合がある（東京家審昭和 57・8・23 家月 35 巻 10 号 89 頁〔貸付信託債権〕。なお，預貯金債権については，新設された家事事件手続法 200 条 3 項が，一定の要件の下，仮分割一般に関する同条 2 項の要件を緩和した⇒本章第 2 節 **3** (2)(c)(i)）。

(b) 分割審判の前提問題　　家庭裁判所は，分割の審判に入る前に，遺産分割の前提問題として，①相続人の確定，②遺産の範囲の確定，③遺産の評価について判断することになる。

(i) まず，①②の判断について，そもそも家事審判手続で判断してよいかどうかが憲法 32 条・82 条との関係で問題となった。すなわち，分割審判それ自体は，実体法上の権利関係を前提に裁判所が後見的な立場から裁量権を行使して分割を具体的に形成するものであって，非訟事件の性質を有するので，非公開で職権探知主義をとる審判手続で判断することができる。これに対し①②は，実体法上の権利関係であって，その存否を確定するためには，訴訟事項として公開・対審の判決手続で判断すべきではないか，という問題である。

判例（最大決昭和 41・3・2 民集 20 巻 3 号 360 頁）は，前提問題についての家庭裁判所の判断には既判力がなく，別に民事訴訟を提起することは妨げられず，

審判の前提となった権利関係が否定された場合は，その限度で審判の効力が失われるので，憲法に違反するものではないとする（ただし，後で審判が覆されるのは無駄であるので，実務では，前提問題の①②に関する審判には既判力がないことを説明して，先に訴訟を提起するかどうかを選択させているようである）。

なお，②については，ある財産が遺産に属することの確認を求める訴訟を提起することが認められている（最判昭和61・3・13民集40巻2号389頁：共有持分をもつことの確認を求めても，相続で取得したことについては既判力が及ばず，遺産分割手続で分割すべきかどうかについての終局的な紛争解決とはならないからである）。その他，協議による分割にも共通する①②に関する問題については後記**3**・**4**で触れることにする。

(ii) ③については，遺産の評価の基準時を相続開始時とすべきか，分割時とすべきかが問題となる。

遺産分割の効力が相続開始時に遡及する（909条）ことを重視して，相続開始時説をとる学説や審判例もある。しかし，分割時までに長い時間が経ったり，大きな社会変動があったりして，評価額が大きく変化する場合があるので，そのような場合でも相続人間の公平が確保されるように，分割時説をとる学説や審判例（新潟家審昭和34・6・3家月11巻8号103頁，大阪高決昭和58・6・20判タ506号186頁など）が優勢である。ただし，具体的相続分については相続開始時を基準とする評価で計算される（通説：判例も同旨〔最判昭和51・3・18民集30巻2号111頁参照〕）ので，そのようにして計算された具体的相続分の割合（具体的相続分率と呼ばれることがある）に合うように，分割時に評価された各財産の額を割り振ることになる。

なお，土地の評価については，固定資産税評価額は実勢価格よりも安いので，原則として不動産鑑定士による評価をすべきものとされている。

(c) **審判分割の具体的方法**　以上の前提問題を解決したうえで，家庭裁判所は，906条を遺産分割の全体の指針とし，特別受益（903条）や寄与分（904条の2）に関する裁判所としての判断（または当事者の合意）を踏まえた具体的相続分の割合に沿って，審判による分割を行う。

(i)　審判分割は現物分割または個別配分を原則とするが，家事195条は，特別の事情があるときは，代償分割を認めている。代償分割は，共同相続人の一

部に相続分を超える割合の財産を得させる代わりに，他の相続人に対して代償金の債務を負担させるものであるので，支払能力があるかどうかを判断しなければならない（最決平成 12・9・7 家月 54 巻 6 号 66 頁。支払能力を超えているとして代償分割の審判が取り消された事例として名古屋高決昭和 47・11・27 家月 25 巻 7 号 30 頁）。支払の分割や猶予は認められることが多いが，担保の設定について認められた審判例は少ない。

(ii)　さらに，現物分割が困難で代償分割も適当でないなど必要があるときは，換価分割がされることもある（家事 194 条。ごく例外的に現物分割の一種の共有分割がされることもある）。

そのほか，被相続人と配偶者が居住していた家屋が遺産の大きな割合を占めているが，現物分割・換価分割・代償分割のいずれも適当でない場合については，他の相続人に所有権を取らせて，配偶者に使用権を設定することもある（浦和家審昭和 41・1・20 家月 18 巻 9 号 87 頁。配偶者以外に使用権を設定した事例として，高松高決昭和 45・9・25 家月 23 巻 5 号 74 頁，東京家審昭和 52・1・28 家月 29 巻 12 号 62 頁も参照：ただし，厳密には，なぜ裁判所が本来は契約に基づく使用貸借権や賃借権を設定できるのかという理論的な問題は残る。1028 条 1 項・1029 条の配偶者居住権はこのような手法の立法化である）。

(iii)　**一部分割**の協議や調停が成立しなかった場合は，家庭裁判所の審判で判断される（907 条 2 項本文〔改正前の解釈の明文化〕）。協議による一部分割（(3)(a)(ii)）で述べたように，一部分割と残余の分割の全体を通じて，具体的相続分（特別受益と寄与分を考慮）や 906 条を指針とした分割が目指される。ただし，一部分割をすることで上記の分割に支障が生ずるときなど，「他の共同相続人の利益を害するおそれがある場合」には，認められない（907 条 2 項ただし書）。

③ 遺産分割手続の対象

(1)　対象となる財産の範囲

(a)　**序**　　対象となる財産の範囲についてはすでに以下の点を説明した。

①　遺産共有となる財産（　Column Ⅱ6-1　〔321 頁〕。ただし，分割前の処分・滅失や取得時効の完成で対象外となることがある）のほか，貸金債権など相続開始時に分割単独債権として各相続人に帰属する可分債権（⇒本章第 2 節 ③ (2)(b)(ii)）

も，共同相続人の合意があれば，遺産分割の対象となりうると解されている。消極財産（相続債務）は遺産分割の対象に含まれない（最判令和元・8・27民集73巻3号374頁）が，相続人間で相続債務の内部的負担の合意をすることは妨げられない。

　②　遺産に属するかどうか争いがある場合（例えば，共同相続人 ABC の中の A名義となっている甲不動産が，A が代金を負担して購入した A の固有財産であるか，被相続人が代金を負担したものであって被相続人の遺産に属するものであるかについて ABC 間に争いがある場合）については，分割審判の前提問題として家庭裁判所で判断してもらうことも（ただし既判力はない），訴訟を提起して甲不動産が遺産に属することの確認を求めることも，いずれも可能である。

　以下，別の問題として，第1に，遺産分割前に処分されても遺産分割時に遺産として存在しているものとみなされる財産，第2に，相続開始後に遺産に生じた変化という点で共通する，遺産の果実（賃料など），代償財産（売却代金）などが分割手続の対象となるか，第3に，共同相続人の1人が遺産分割前に死亡して他の共同相続人が遺産の共有持分権を相続した場合に，独立して遺産分割の対象となるか，第4に，遺産共有持分と通常の共有持分が併存する場合の分割手続，について説明する。

　(b)　**遺産分割時に遺産として存在しているものとみなされる財産**　　遺産の分割前に遺産の全部または一部が処分された場合，平成30年改正前は，（共同相続人全員の同意があれば代金等の代償財産を分割「手続」の対象にできるとしても）処分されたものを除いた遺産分割時に存在する遺産のみが分割の対象とされてきた。そして，遺産を処分した共同相続人については，処分で得た利益を差し引くことなく，遺産分割を受けることができる不当な結果となっていた。例えば，子 ABC が甲絵画（300万円）と乙土地（900万円）を相続した後，A が甲を勝手に売却して代金を得た（相手方が即時取得した）場合，A を含めた共同相続人全員の同意がなければ，A が得た利益を遺産分割で考慮することはできなかった（乙につき ABC とも取得額として各300万円を主張でき，BC は A に対し不法行為または不当利得に基づく各100万円の金銭債権を有するにとどまった）。

　これに対し，906条の2は，共同相続人「全員の同意」（同条1項）を原則としつつ，処分した共同相続人（上記の例では A）については「同意を得ること

を要しない」で，「当該処分された財産」（甲：代償財産〔売却代金〕ではない）が「遺産の分割時に遺産として存在するものとみなす」ことを認めた。甲を考慮して，乙につき，A は取得額として 100 万円しか主張できず，BC は取得額として各 400 万円を主張できる。公平な分割を実現できる一方，審判分割の前提問題として相続開始後に処分された財産があるかどうかの判断が必要になる。

　(c)　**遺産に生じた変化と分割手続**　　遺産分割手続の対象となるかどうかが問題となるものとして，遺産の果実，売却代金（代償財産）のほか，これに関連して管理費用について検討する。

　(i)　果　実　　遺産から生じた賃料，株の配当金，営業用資産からの収益などが問題となる。

　果実の性質については，遺産とは別個の共同相続人間の共有財産と解する説が多いが，遺産分割手続の対象となるかについて，①遺産を総合的・合目的的に分配する遺産分割手続の中でその果実も合わせて分配するのが紛争の一回的解決からしても合理的であるとして，遺産分割手続の対象に含める説と，②総合的・合目的的分配や紛争の一回的解決だけを重視するのではなく，遺産分割手続の迅速性をも重視する考え方から，一定の場合のみ分割手続の対象とする説に分かれている。

　②は，果実の中には把握や算定が難しく，職権探知主義をとる審判手続では事実の解明が十分にできずに時間がかかる場合がありうることを考慮するものであり，把握や算定が容易かどうかの1つの目安として，相続人全員が合意した場合に限って遺産分割手続の対象となりうるとする説が家庭裁判所の実務では支配的である（東京高決昭和 56・5・18 家月 35 巻 4 号 55 頁，東京高決昭和 63・1・14 家月 40 巻 5 号 142 頁）。

　そのような状況の中で，相続開始後に遺産中の賃貸不動産から発生した賃料債権について，「遺産とは別個の財産というべきであって」，「各共同相続人がその相続分に応じて分割単独債権として確定的に取得」して，その帰属は「後にされた遺産分割の影響を受けない」，とする判例が出た（最判平成 17・9・8 民集 59 巻 7 号 1931 頁）。原審は遺産分割の遡及効（909 条：本節**5**(1)参照）により元物たる賃貸不動産を取得した相続人に帰属するという説をとったが，本判決はこれを否定した。相続開始後の賃料債権は「遺産とは別の財産」であって

909条の遡及効は本来及ばないことから，427条の分割債権の原則に従ったものとみることができる（賃貸借契約の貸主の地位の相続という観点は希薄である）。なお，この判決が「確定的に取得」というのは，後にされた遺産分割の遡及効の影響を受けないことを意味するにとどまり，共同相続人の間で賃料債権を遺産分割の対象とする合意が成立した場合に，遺産分割の中で相続分とは異なる形で帰属させることを否定する趣旨ではない（前述の家庭裁判所の実務を否定するものではない）と解されている。

(ii) 管理費用　　管理費用は，885条の「相続財産に関する費用」として遺産から支弁されるべきものとして，遺産分割手続の中で清算できるとする学説や審判例が多い。これに対し，果実の場合と同じく，共同相続人の間に争いがなく，遺産分割手続の対象とする合意がある場合に限定すべきだという説も有力である。

(iii) 代償財産　　遺産の売却代金や滅失損傷による損害賠償債権などの代償財産については，相続人間に争いがなければ分割の対象としても問題がないが，争いがある場合は，分割を遅延させることになる。判例（最判昭和54・2・22家月32巻1号149頁）は，共有持分権を有する共同相続人全員によって他に売却された土地は「遺産分割の対象たる相続財産から逸出する」とともに，「その売却代金は，これを一括して共同相続人の1人に保管させて遺産分割の対象に含める合意をするなどの特別の事情のない限り，相続財産には加えられず，共同相続人が各持分に応じて個々にこれを分割すべきものである」とする（最判昭和52・9・19家月30巻2号110頁は，かかる売却代金「債権」については，相続分に応じた分割単独債権になるとする）。果実について共同相続人の合意を要件として遺産分割の対象とする説は，この判例と軌を同じくするものである。

(d) **遺産の共有持分権者が死亡した場合**　　例えば，被相続人Aの財産を配偶者Bと嫡出子CDEが共同相続したが，Aの遺産について遺産分割がされる前にBが死亡し，Bには固有財産がなくAの遺産の共有持分権だけが残された場合，Bについて遺産分割を要するか。

Aの遺産に対するBの相続分は，遺産を取得しうる抽象的な地位であって，遺産分割を要せず，相続人であるCDEに900条の割合に応じて当然承継されると解するならば，Aを被相続人とする遺産分割だけが問題となる。

　しかし，判例（最決平成17・10・11民集59巻8号2243頁）は，このような考え方を否定して次のように判断した。Bが取得したAの遺産についての相続分に応じた共有持分権は，実体上の権利であって，Bの遺産として遺産分割の対象となる。これをCDEに分割帰属させるには，遺産分割手続が必要であり，Bから特別受益を受けた者があるときは903条により持戻しをして具体的相続分を算定しなければならない。

　(e)　**遺産共有持分と通常の共有持分が併存する場合**　　例えば，甲の共有者A・B・XのうちXが死亡してB・Cが共同相続した場合，A・Bの共有持分とB・Cの遺産共有持分が併存する。判例は，①この共有関係を解消するには，共有物分割訴訟（258条）を提起して，その判決で遺産共有持分者B・Cに分与された財産を，さらに遺産分割（907条）の対象とする，②全面的価格賠償の賠償金も遺産分割でその帰属が確定するものであって，支払を受けた者は遺産分割がされるまで保管する義務を負う，③Aに甲を取得させる全面的価格賠償の分割判決において，B・Cが保管すべき賠償金の範囲を定めてAに支払を命ずることができる，とする（最判平成25・11・29民集67巻8号1736頁）。

　なお，①に関し，前述のように，相続開始10年経過後は，遺産共有について共有物分割訴訟による分割も可能になり（258条の2第2項本文。同項ただし書の例外がある），一回的解決ができることになった。

(2)　対象となる財産の過不足

　遺産分割手続から，遺産の一部が遺漏していた場合はどうか。原則として遺産分割は有効であり，遺漏していた遺産のみを改めて分割すればよい。例外として，その財産が分割時に存在していれば，遺産分割の結果が大きく異なった蓋然性が高いという特別な事情があるときは，無効と解すべきであり（遺産分割協議の場合は95条の取消原因となる），分割をやり直すべきである。

　分割された財産の一部が遺産ではなかった場合も，原則として，遺産分割は有効であって，911条の担保責任の規定で処理すべきであるが，例外として，その財産が分割時に存在しなければ遺産分割の結果が大きく異なった蓋然性が高いという特別な事情があるときは，上記と同様に無効と解すべきである。

4　遺産分割手続の当事者

（1）　序——当事者の範囲

　遺産分割の当事者は，①907条が規定する「共同相続人」（具体的相続分がなくても当事者となる）のほか，相続人に準ずる者として，②割合的包括受遺者（990条）や，③相続分の譲受人（905条）が含まれる。また，④遺言執行者（1006条）が指定されているときは遺言執行者も分割に関与する（1012条）ほか，一部の学説は，⑤共有物に関する260条に基づき相続債権者や相続人債権者も分割に関与できると主張している。そのほか，共同相続人の代理人として分割に参加する者として，⑥共同相続人が制限行為能力者である場合の法定代理人や，⑦共同相続人が行方不明の場合の不在者財産管理人（25条）がいる。

　以下では，主に上記の①（およびその代理人）にかかわる問題として，胎児がいる場合，行方不明者がいる場合，遺産分割後に当事者の過不足が判明した場合の問題を検討することにする（⑥の親権者や特別代理人が本人に代理して遺産分割協議をした場合における利益相反行為〔826条〕の問題は親権〔第 1 編第 3 章第 4 節 **4** (2)(d)〕で扱う）。

（2）　胎児がいる場合

　胎児には相続能力が認められる（886条）が，①生きて生まれた場合に遡って相続人となる人格遡及説ないし停止条件説（判例・通説）と②死産の場合に遡って相続資格を失う解除条件説（有力説）の対立がある（⇒本編第 2 章第 1 節 **2** ）。

　①説では，出生までは協議・審判の当事者になれないのに対し，②説では，（明文の規定なく解釈で代理人を認めることに批判もあるが）胎児の法定代理人ないし特別代理人を通じて協議・審判の当事者になれる（保全処分もできる）と解されている。いずれにせよ，出産まで分割を待つのが通常である。

（3）　相続人の一部が行方不明の場合

　相続人の一部が行方不明の場合，利害関係人の請求によって，家庭裁判所が不在者財産管理人を選任して（25条），遺産分割を行うことになる。ただし，

不在者財産管理人が行方不明の相続人を代理して協議による分割をするために
は，家庭裁判所の許可を要する（28 条）。

　不在者財産管理人が選任されて遺産分割の協議・審判がされた後に，相続人
である行方不明者が相続開始後に死亡していたことが判明した場合も，協議・
審判は有効であって，死亡が判明した者の相続人がその地位を承継することに
なる。これに対し，遺産分割の協議・審判がされた後に，行方不明者が相続開
始前に死亡していたことが判明した場合は，学説は無効説と有効説に分かれて
いるが，特別の事情がない限り有効と解すべきである。特別の事情がない限り，
代襲相続人がいればその者が取得し，代襲相続人がいなければ当該財産のみを
再分割すれば足りるからである。

(4)　分割後に当事者の過不足が判明した場合

(a)　一部の無資格が協議・審判後に判明した場合　　協議・審判を全部無効と
する説もある。しかし，分割の安定性を考慮して，原則として，無資格者に分
割された部分のみを無効として再分割をし，無資格者に重要な財産を分割した
など，無資格者がいなければ分割の結果が大きく異なったであろう特別の事情
があるときのみ全部無効として全部の再分割をすべきである（東京家審昭和
34・9・14 家月 11 巻 12 号 109 頁，大阪地判平成 18・5・15 判タ 1234 号 162 頁も同趣
旨：なお，無資格者の子や孫が代襲相続人となるときは，特別の事情がない限り，代襲
相続人にそのまま取得させれば足りよう）。

(b)　協議・審判後に相続資格者が判明した場合　　(i)　相続開始後に認知によ
って新たに共同相続人になった者　　相続開始後に死後認知の訴え（遺言認知
への適用には争いがある）によって共同相続人に加わったが，その者が遺産の分
割を請求しようとしたときに，すでに分割その他の処分がされていた場合，そ
の者は価額のみによる支払の請求権を有する（910 条。学説は，相続回復請求権の
一種として，認知時から 884 条の 5 年の期間制限にかかると解している）。910 条の
「価額」の算定の基礎となる「遺産」は，遺産分割の対象たる積極財産のみで
あり（最判令和元・8・27 民集 73 巻 3 号 374 頁。他の共同相続人間で相続債務の負担
合意をしていても相続債務は被認知者を含む共同相続人に当然承継されるので消極財産
は考慮されない），支払請求時が算定の基準時となる（最判平成 28・2・26 民集 70

巻2号195頁。請求時から支払債務が遅滞に陥る）。

　910条は，784条ただし書の例外として被認知者の相続利益を保護する一方で，分割の安定性の要請との調整を図るために，価額での支払により分割の効力を維持したものである（分割時には相続人ではなく，分割時には瑕疵がなかった点に注意）。

　このように，910条は，あくまでも，「他の共同相続人」の既得権と被認知者の利益との調整を図るための規定であって（最判昭和54・3・23民集33巻2号294頁参照），子が認知されたために相続権を失う者（被相続人の直系尊属・兄弟姉妹等）と被認知者との関係には適用がないと解すべきである。この関係は相続回復請求権（884条）の問題であって，現物を請求できるとするのが通説である（910条を類推適用する少数説もあるが，現物の請求が否定される点で疑問である）。

　(ii)　相続開始後に新たに子と推定された者　令和4（2022）年の嫡出推定・嫡出否認制度の改正に伴い，上記の者の価額支払請求権に関する778条の4が新設された（⇒第1編第3章第2節**2**(3)(e)(ii)）。910条と同様の趣旨から，分割等の効力を維持しつつ上記の者の相続利益を保護したものである。

　(iii)　分割後に当初からの共同相続人の存在が判明した場合　学説では，遺産分割後に当初から共同相続人であった者が判明した場合にも910条を類推適用する説が多い。これに対し，判例（前掲最判昭和54・3・23）は，遺産分割後に被相続人である母との「母子関係の確認」がなされた場合について，父子関係が「形成」される死後認知とは異なるとして，910条の類推適用を否定する。

　死後認知の場合は，遺産分割の時点ではその相続人は存在しておらず，分割の時点では瑕疵はなかった以上，分割を維持して910条の価額の支払による処理をすることには理由がある。これに対し，遺産分割時に共同相続人として存在していた者が後日判明した場合については，分割のその時点において重大な瑕疵があった以上，遺産分割の安定性よりも，その者の利益（遺産の持分を有し分割の際に現物を取得しえた利益）を重視して，価額の支払による処理（910条の類推適用）をすることなく，分割を無効として，分割をやり直すべきである（判例を支持すべきである）。

5 遺産分割の効力

(1)　遺産分割の遡及効

　被相続人の財産は，遺産共有の状態を経て，遺産分割によって特定の相続人に帰属するというプロセスをたどるが，909 条本文は，遺産分割は相続開始時に遡ってその効力を生ずるとしている。これは，上記のプロセスにかかわらず，相続人は，相続開始時に被相続人から直接権利を取得するという構成をとるもので，遺産分割はそのような効力を宣言するものとみる立場である（分割の**宣言主義**）。これに対し，相続人は，遺産分割によって，他の共同相続人からその持分を取得するとみる立場もある（分割の**移転主義**）。

　宣言主義の分割の遡及効は，分割前に登場した第三者を害するので，909 条ただし書で遡及効が制限されており，ここでは宣言主義が後退して移転主義的な扱いになっている（そのほか，後述する 911 条の共同相続人の担保責任も移転主義的な扱いといえる）。さらに，遺産共有をなかったものとして，被相続人から直接権利を取得するという宣言主義は擬制にすぎないとして，909 条ただし書以外の場面でも移転主義的な解釈がとられることもある（(2) を参照）。

(2)　遺産分割と対抗問題

　被相続人が甲不動産・乙債権を含む財産を残して死亡し，子 ABC が共同相続人となった事例について，遺産分割と対抗問題を検討する。

　(a)　**遺産分割と所有権**　　上記の事例で，甲不動産を C が単独で取得する旨の遺産分割がされた「後」に，その旨の登記がされない間に，A の有していた共有持分の譲受人 D が登場して登記を備えたらどうか（あるいは A の債権者 D が A の有していた共有持分の差押登記をしたらどうか）。909 条本文の遺産分割の遡及効（宣言主義）を重視すれば，A は遡って無権利者となって，その譲受人 D は共有持分を取得できないと解する余地もある。しかし，判例（最判昭和 46・1・26 民集 25 巻 1 号 90 頁）は，遺産分割は，相続開始時に効力が遡るものではあるが，《第三者 D に対する関係においては，A が相続時にいったん取得した権利が遺産分割時に A から C に移転したのと実質的に異ならない》という移転主義的な理由から，C は登記をしなければ遺産分割による法定相続分を

超える甲不動産の所有権取得を第三者Dに対抗できないとした（最判昭和42・1・20民集21巻1号16頁は，相続放棄後の第三者との関係では939条の遡及効を「絶対的」なものとして第三者を無権利者とするのに対し，遺産分割に関しては遡及効を徹底しないことについて，909条ただし書を理由とするが，この規定は《遺産分割前》の第三者について遡及効を制限したものであるから，その趣旨を《遺産分割後》の第三者に及ぼしたものといえる）。

　平成30年改正で新設された899条の2第1項は，遺産分割による場合（判例を明文化）と相続分の指定や特定財産承継遺言による場合（判例を変更⇒本章第2節**2**(2)(b)）とを問わず，相続による権利承継の法定相続分を超える部分については，対抗要件を備えなければ第三者に対抗することができないとする。

　(b)　**遺産分割と債権**　　899条の2第2項は，債権についても同様の趣旨の新たな規律をする。すなわち，遺産分割の場合はその内容（遺産分割協議書や審判書など）を，相続分の指定等の場合は遺言の内容（遺言書やその写しなど）を，債権を承継した相続人が債務者に対して，確定日付のある証書（内容証明郵便等）により通知しなければ，法定相続分を超える部分の相続承継を第三者に対抗することができない（467条の債権譲渡の一般原則からは，①確定日付のある証書によらなければ債務者対抗要件にとどまる一方，②債務者に対する共同相続人全員による通知や債務者の承諾も，確定日付のある証書によれば，その場合も第三者対抗要件を備えたことになる）。

(3)　遺産分割と担保責任

　(a)　**権利または物に関する不適合**　　(i)　序　　共同相続人は，他の共同相続人に対し，「売主と同じく」，相続分に応じた「担保の責任」を負う（911条。914条の規定する遺言による別段の意思表示があればそれに従う）。前述のように，909条本文は，遺産分割の宣言主義を規定しているが，実質的には，共同相続人間で共有持分を移転していることや，分割によって不適合のある財産を取得した相続人とそうでない相続人との間の公平を図る見地から，このような移転主義的な規定を置いた（各自の相続分に応じて権利または物に関して不適合のない財産権を互いに移転する義務を負わせた）とみることができる（調停や審判による分割にも適用されよう〔後者に関し，名古屋高決平成10・10・13家月51巻4号87頁〕）。

(ii)　準用される規定　　561条から572条までのどの規定が準用されるかは議論がある（競売に関する568条や912条に明文の規定がある債権に関する569条が除外されることに異論はない）が，562条の追完の責任まで共同相続人に負わせるのは不当であろう（全部他人物の場合に561条を準用せずに再分割すべきとする説もあるが，95条が適用される事案かどうかの問題であって，同条が適用されない場合は561条・415条で処理すべきである）。

(iii)　担保責任の内容　　追完は否定すべきである（前述(ii)）が，解除（564条・565条・541条）はどうか。遺産分割協議の法定解除（541条）を否定する判例（最判平成元・2・9民集43巻2号1頁〔本節**2**(3)(d)〕）の立場からは，ここでも解除は否定すべきである（ただし，遺産分割において重要な要素を占めていた財産について，相続財産でなかったことや価値が著しく低いことが後で判明し，もしそのことが分割時にわかっていたら遺産分割の結果が大きく変わったであろう蓋然性が高い場合には，遺産分割の効力を否定する余地がある〔遺産分割協議の場合は95条による〕）。

したがって，売主の代金減額や損害賠償の責任に準じるべきであり（前者については代償金の減額と解される），「相続分に応じ」た責任は，（共同相続人間の担保責任の性質に照らし）不適合がなかったとしたら遺産分割の結果として取得したであろう財産の価値の割合に応じた責任と解すべきである。

例えば，共同相続人ABC間で唯一の相続財産である甲土地を評価額1200万円として，Aが全部の所有権を取得する代わりに，BCに各400万円の代償金を支払う旨の遺産分割協議が成立したが，甲土地の一部が他人物で900万円の評価額しかなかった場合，300万円の差額分を，ABCが400：400：400＝100：100：100の計算により100万円ずつ負担する（Aは，BCに対し代償金につき各100万円の減額請求をして，各300万円にする）ことになる。

また，共同相続人ABC間で甲土地（2000万円），乙預金（1000万円），丙預金（900万円），丁絵画（100万円）を各評価額に基づき，Aは甲を，Bは乙を，Cは丙と丁をそれぞれ取得する旨の遺産分割をした後で，丁が贋作で無価値であることが判明した場合，100万円の差額について，ABCが2000：1000：1000＝50：25：25の計算により，Aが50万円，Bが25万円，Cが25万円を負担する（Cは，Aに対し50万円，Bに対し25万円の損害賠償を請求する）ことになる。

(iv)　期間制限　　566条が準用される場合（目的物の種類・品質に関する不適

合）には，不適合を知ってから1年以内にその旨を通知しなければ権利行使ができなくなる（相手方が悪意・重過失の場合を除く〔同条ただし書〕）。期間内に上記通知をすれば，166条1項の消滅時効にかかるまでは損害賠償等の請求が可能となる（最判平成13・11・27民集55巻6号1311頁参照。1年の期間制限がない類型は消滅時効のみ）。

(b)　**その他の類型**　　そのほか，遺産分割で取得した債権を回収できなかった相続人と他の相続人との公平を図るために，共同相続人が，その相続分に応じて分割時における債務者の資力を担保する旨の規定（912条）が置かれている。また，担保責任を負う共同相続人の中に償還をする資力のない者がいる場合において，求償する相続人と他の資力のある相続人の公平を図るために，求償者と他の資力のある者が，その相続分に応じて分担をする旨の規定（913条）も置かれている。これらの規定も遺言で排除しうる（914条）。

第7章

配偶者の居住の権利

第1節　序
第2節　配偶者居住権
第3節　配偶者短期居住権

　本章では，平成30（2018）年の相続法改正で創設された「配偶者の居住の権利」について説明する。具体的には，配偶者居住権（1028条〜1036条）と配偶者短期居住権（1037条〜1041条）である。ともに，相続開始後，配偶者の居住を保護するための制度であるが，両者は，まったく異なる制度である点に，注意が必要である。

第1節　序

　平成30（2018）年の相続法改正における第1の検討項目が「配偶者の居住権の保護」であった。そして，同改正によって，配偶者の「居住」を保護するために，居住用不動産の遺贈等の持戻し免除の意思表示の推定（903条4項⇒本編第5章第4節 **2** (1)(a)），配偶者居住権（1028条〜1036条），配偶者短期居住権（1037条〜1041条）という3つの制度が新設された。以下では，配偶者居住権および配偶者短期居住権について説明する。

　両居住権は令和2（2020）年4月1日から施行された。両居住権のうち配偶者居住権は不動産登記の対象とされている（1031条1項，不登3条9号）。令和4（2022）年の登記統計によると，配偶者居住権の設定登記は，件数が892，個数が922であった。

第 2 節　配偶者居住権

■1　序──配偶者居住権のイメージ

　夫 A・妻 B の夫婦は，A の所有する不動産（甲土地・乙建物）に居住していた。A が死亡して，相続が開始した。A の相続人は，B および子 C の 2 名である。相続財産は，甲土地（1500 万円相当）および乙建物（500 万円相当）ならびに預貯金 2000 万円である。

　B と C で法定相続分（各 1/2）による遺産分割をする。B が住み慣れた上記不動産への居住を希望する場合，B は上記不動産全部の所有権（2000 万円相当）を取得し，C は預貯金全部を取得することになる。しかし，B が預貯金を一切取得できないとすると生活費に窮する事態になりかねない。

　そこで，平成 30（2018）年の相続法改正によって，B のために乙建物に配偶者居住権（1028 条〜1036 条）を設定することができるとした。まず，乙建物の権利関係を「所有権」と「配偶者居住権」とに分解する。配偶者居住権の評価額が 400 万円であるとする。B と C は，B が配偶者居住権（400 万円相当）と預貯金 1600 万円を取得し，C が甲土地の所有権（1500 万円相当）および乙建物の所有権（500 万円 − 400 万円＝100 万円相当）ならびに預貯金 400 万円を取得する，という遺産分割協議を成立させることができる。結果的に，B は配偶者居住権を権原として乙建物に継続して居住することができ，生活資金（預貯金の一部）を確保することもできる。

　以下，配偶者居住権の性質，成立，効力，消滅，そして課題の順に説明する。

■2　配偶者居住権の内容

（1）性　　質

　配偶者居住権は，法律婚の配偶者のみに認められる帰属上の一身専属権である。配偶者居住権は，使用・収益権のみが認められ（1032 条 1 項），譲渡できない（同条 2 項）。なお，配偶者が相続を放棄して相続人の地位を喪失した場合でも，遺贈・死因贈与によるのであれば，配偶者は配偶者居住権を取得すること

ができる。

　一般に，配偶者居住権は賃借権に類似する法定の権利と説明される（使用貸借権に類似する部分もある。1036条参照）。賃借権との違いは，賃料に相当する金銭の支払義務がない点であるが，配偶者居住権の対価は，遺産分割手続において，配偶者居住権を金銭的に評価することで尽くされている。

(2) 成　　立

　配偶者は，被相続人（遺言者）からの遺贈（1028条1項2号・964条），被相続人との間の死因贈与契約（554条），他の共同相続人との間の遺産分割協議（1028条1項1号・907条1項）または同調停によって（1028条1項1号・907条2項，家事244条・274条1項），配偶者居住権を取得することができる。遺言による場合は，遺贈に限定され，いわゆる「相続させる」旨の遺言（特定財産承継遺言：1014条2項）によることはできない。配偶者が配偶者居住権を必要としない場合，遺贈であれば遺贈だけを放棄することができるが（986条），特定財産承継遺言の場合には，相続そのものを放棄しなければならなくなるためである。

　また，配偶者は，家事審判によっても（1029条，家事別表二12項），配偶者居住権を取得することができる。審判による場合，前提として，共同相続人間の合意（1029条1号）または取得の必要性（同条2号）が求められる。

　配偶者居住権の対象は，相続開始時（被相続人の死亡時）に配偶者が居住していた被相続人の相続財産に属する建物（居住建物）である。被相続人の土地（居住建物の敷地）は対象ではない。配偶者居住権は，被相続人と第三者との共有建物については成立させられないが（1028条1項ただし書），被相続人と配偶者との共有建物については成立させることができる。

(3) 効　　力

　配偶者居住権の効力は居住建物の全部に及ぶ（1028条1項）。

　配偶者居住権が遺贈・死因贈与の対象とされた場合には，1028条3項が903条4項を準用していることから，婚姻期間が20年以上の夫婦については，配偶者居住権（の価額）が持戻し免除の推定を受けることになる。

　配偶者は，居住建物を従前の用法に従い，善管な管理者の注意（善管注意義

務）をもって，使用・収益しなければならず（1032 条 1 項），無断で増改築した
り，第三者に使用・収益させたりすることができない（同条 3 項）。また，配偶
者は，居住建物を修繕することができ（1033 条），通常の必要費を負担する
（1034 条）。必要費には居住建物ないしその敷地の固定資産税などが含まれる。

　居住建物に設定された配偶者居住権は不動産登記（不登 3 条 9 号）の対象と
なる（1031 条）。登記がされれば第三者に対抗力を有することになるが，居住
建物の敷地は配偶者居住権の登記の対象ではない。

(4)　消　　滅

　配偶者居住権は，原則，終身の権利であり（1030 条），配偶者の死亡によっ
て消滅する。また，被相続人の遺言，共同相続人間の協議・調停，審判によっ
て，配偶者居住権の存続期間（終期）を定めることもできる（同条ただし書）。

　配偶者に用法違反等があった場合には，是正の催告をしたうえで，建物所有
者は意思表示によって配偶者居住権を消滅させることができる（1032 条 4 項）。

　配偶者居住権が消滅した場合，配偶者またはその相続人は，居住建物を所有
者に返還しなければならない（1035 条 1 項）。この場合，返還義務者は原状回復
等の義務を負う（同条 2 項→599 条 1 項・2 項・621 条）。

　配偶者が通常の必要費以外の費用を支出していた場合は，その償還を請求す
ることができる（1034 条→583 条 2 項，1036 条→600 条）。

　配偶者が配偶者居住権を放棄することができるかどうか明文の規定はないが，
配偶者居住権は賃借権（＝債権）類似の権利であるから，放棄可能と解される。

3　配偶者居住権の課題

　配偶者居住権については，立法の当初から，さまざまな課題が指摘されてい
る。

　まず，配偶者居住権の評価である。冒頭の例では，配偶者居住権を 400 万円
として説明したが，配偶者は終身にわたって 2000 万円相当の不動産を使用・
収益できることになるから，配偶者居住権の評価額はより高額になると考えら
れる。また，配偶者の年齢が 40 歳代であるような場合，平均余命に基づくと
配偶者居住権の存続期間が数十年間となり，結果として，配偶者居住権の評価

が高額になる。配偶者居住権の評価額と所有権の評価額とが大きく異ならない事態となれば，配偶者居住権を設定する意義が薄れる。適切かつ明確な評価方法の確立が配偶者居住権にとって最大の課題である。なお，配偶者居住権および居住建物の敷地の所有権等の相続税法上の評価額の計算方法については，平成 31（2019）年の同法改正で規定がされた（相税 23 条の 2）。

次に，配偶者居住権を設定した後，配偶者が疾病や障害で施設等に入所し，配偶者居住権が不要になっても，建物所有者の合意を得なければ，第三者に居住建物を使用させて配偶者が収益を得たり，建物所有者に配偶者居住権を買い取ってもらったりすることができない，という点も大きな課題である。

第 3 節　配偶者短期居住権

1 序

判例（最判平成 8・12・17 民集 50 巻 10 号 2778 頁）は，「相続開始前から被相続人の許諾を得て遺産である建物において被相続人と同居してきた」共同相続人の 1 人について，特段の事情のない限り，被相続人との間に相続開始時から少なくとも遺産分割終了時まで無償で使用させる旨の合意があったと推認し，被相続人の地位を承継した他の相続人等との間で「使用貸借契約関係の存続」を認める（本編第 6 章第 3 節(4) および 249 条 2 項の「別段の合意」参照）。この判例は，配偶者相続人についても射程を有するが，あくまでも当該建物について配偶者相続人が遺産分割に参加する場合が前提とされている。

そこで，改正法はこの判例を踏まえつつ，配偶者が，被相続人と同居してきた建物について，遺産分割に参加しない場合を含めた形で，一定期間無償使用を認める配偶者短期居住権（1037 条以下）を制定した。

2 要件および内容

(1) 要　件

配偶者短期居住権は，①配偶者が，②被相続人所有の建物に，③相続開始の時に，④無償で居住していた（かつ現在も居住している）場合に，認められる

（1037条1項柱書本文）。配偶者居住権のような遺産分割や遺贈によることなく，要件を満たす限り，相続開始時に当然に発生したことになる。

　ただし，その配偶者が，㋐相続開始時に配偶者居住権を取得したとき，または，㋑欠格（891条）・廃除（892条以下）により相続権を失ったときは発生しない（1037条1項柱書ただし書）。これに対し，相続を放棄した配偶者も要保護性は変わらないので発生は否定されないが，内縁配偶者は配偶者に含まれないとされている（下記の(2)(ii)の配偶者に準ずる解釈をする余地はなかろうか）。

(2)　内容（対象・期間等）

　配偶者短期居住権は，「居住建物について無償で使用する権利」（債権）であり，「居住建物の一部のみを無償で使用していた場合にあっては，その部分」が対象となる（1037条1項柱書：配偶者が建物の1階に居住して子世帯が2階に居住していた場合は1階部分が対象となる）。その期間は，次の(i)(ii)の区分による。

　(i)　「配偶者を含む共同相続人」間で居住建物を遺産分割をする場合は，①遺産分割で居住建物の帰属が確定した日，または，②相続開始時から6か月を経過する日の，「いずれか遅い日」まで（1037条1項1号）。

　(ii)　上記(i)以外，すなわち，配偶者が居住建物の遺産分割に参加しない場合（居住建物が配偶者以外に遺贈・「相続させる」旨の遺言・死因贈与で与えられた場合や，配偶者が相続放棄や遺言で相続分を失った場合など）は，「居住建物取得者」による配偶者短期居住権の「消滅の申入れ」（同条3項）の「日から6箇月を経過する日」まで（同条1項2号）。

　要するに最短でも6か月の期間は保障されることになる（同様の期間を定めたものとして395条1項参照）。

3　効　力　等

(1)　配偶者の使用等

　配偶者は，「従前の用法に従い，善良な管理者の注意をもって」，居住建物の「使用」をしなければならない（1038条1項）。

　配偶者は，自ら使用するほか，居住建物取得者（1037条1項1号の場合は他の共同相続人全員）の同意を得て第三者に使用させることはできる（1038条2項。

介護のために子に同居させる場合は配偶者の履行補助者として同意を要しないとされる）。しかし，第三者に賃貸するなど「収益」することは（配偶者居住権とは異なり）一切認められない。使用権により一定の利益を受けることになるが，具体的相続分の算定においては（配偶者居住権と異なり）考慮されない。

　配偶者短期居住権は，使用借権と同様，第三者対抗力はなく，また，（配偶者居住権と異なり）対抗要件を具備することはできない（居住建物取得者が他に譲渡等することで使用できなくなった場合は，1037条2項違反として損害賠償を請求できるにとどまる）。

　居住権の譲渡は禁止される（1041条・1032条2項：配偶者居住権と共通）。

(2)　居住建物の修繕等・費用負担

　1041条で配偶者居住権の規定（1033条・1034条）が準用される。

(3)　消　滅　等

　配偶者短期居住権は，①存続期間の満了（1037条1項），②配偶者の1038条1項・2項違反（同条3項。配偶者居住権と異なり無催告で消滅請求しうる），③配偶者居住権の取得（1039条），④配偶者の死亡（1041条・597条3項），⑤目的物の全部滅失（1041条・616条の2）により消滅する。消滅したときは，1040条1項により，同項の定める場合（配偶者居住権の取得〔同条本文・1039条〕，居住建物の共有持分を有する〔1040条1項ただし書〕）を除き，下記の返還義務を負う。

　1040条2項で，収去について使用借権の599条1項・2項が準用されるが，原状回復義務については賃借権の621条が準用される結果，通常損耗・経年変化は原状回復の対象とならない（配偶者居住権も同じ〔1035条2項〕）。

(4)　費用償還請求権等の期間制限

　上記(2)の費用償還請求権と上記(3)②の場合の損害賠償請求権については，600条の期間制限がある（1041条。配偶者居住権も同じ〔1036条〕）。

第 **8** 章
相続回復請求権

第 1 節　序
第 2 節　適用範囲
第 3 節　相続回復請求権の行使と消滅

　本章では，相続回復請求権（884条）がどのような意義を有する制度であるか（第1節），どのような当事者間の請求がこれに該当するか（第2節），相続人による行使や時効との関係でどのような問題があるか（第3節）について説明する。

第 1 節　序

(1)　意義・沿革

　法律上は相続人ではないが戸籍上は相続人とされている者（藁の上からの養子・無効な縁組による養子など）や，相続欠格に該当する者が，相続人として相続財産を占有している場合がある。このように，相続人ではないにもかかわらず，相続人と称して相続財産の全部または一部を占有し，相続権を侵害している者がいる場合，真の相続人（**真正相続人**）は，上記の者（**表見相続人**）に対して相続財産の回復を請求することができる（884条）。これを**相続回復請求権**という。後述（本章第2節 **2**）のように判例は，上記の場合のほか，共同相続人の一部が，自己の本来の相続持分を超える部分について，真正相続人の相続権を否定し，自己の相続持分と主張して占有管理している場合（共同相続人を一部除外して遺産分割をした場合や，共同相続人の1人が遺産分割協議書を偽造して単独登記した場合）にも，「当該部分の表見相続人」としての扱いをして，真正相続人

からの請求を相続回復請求権としている（判例はこのようにして884条の適用範囲を拡げる一方で，表見相続人の主観的要件の絞りによって同条の適用範囲を大幅に制限している点に注意されたい）。

　相続回復請求権について，884条は，起算点の異なる5年と20年の期間制限を定めるだけで，とくに積極的な効果は定めていない。物的財産の回復を請求する場合，物権的請求権に基づく請求であれば，相手方が時効取得しない限り請求権が消滅することはないのに対し，相続回復請求権については，なぜ期間制限（とくに5年という短期のそれ）が定められているのか。

　相続回復請求権は，ローマ法以来，相続権を侵害された真正相続人を保護するためのものであり，フランス法を模した旧民法においても権利行使期間は30年とされていた。しかし，明治民法を起草する際，家制度の中心をなす家督相続人（戸主）の地位を早期に安定させるために，比較法的に極めて特異な短期の権利消滅期間が導入され，それが戦後の民法大改正の際もそのまま残されて，今日に至ったものである。

(2)　今日における意味

　では今日，相続回復請求権にはいかなる意味があるのか。

　かつて主張された**独立権利説**は，《相続人としての地位を回復することによって，相続財産を包括的に回復する権利（個々の財産に関する個別的な請求権とは別個独立の権利)》として相続回復請求権を捉えるものであり，相続財産の中の個々の財産を明示する必要がないとする点で期間制限とは別の積極的な意味を見出すものである。これに対し，**集合権利説**は，現在の制度では請求の対象を特定しないで訴訟を提起し強制執行をすることは不可能であるなどとして上記の説を批判し，相続回復請求権を《相続財産中の個々の財産に関する個別的な請求権の集合体》として捉える。今日の多くの学説は後者の立場を基本としているとみられる。また，古い判例には独立権利説をとったものもあるが，今日の判例はむしろ集合権利説を基本としているとみられる。

　集合権利説からは，相続回復請求権は上記の個別的な請求権がそれぞれ短期の期間制限にかかることで，相続財産に関する権利関係を早期に安定させる制度とみることになる。換言すれば，相続財産に関する個別の請求権（物権的請

求権や不当利得返還請求権）のうち一定範囲のものを相続回復請求権と性質決定する（本章第2節 **2** (2)の最判平成11・7・19民集53巻6号1138頁参照）ことで期間制限にかからせて，権利関係を早期に安定させる制度ということができる。

この点に関して注目される近時の学説として，後述する大法廷判決や，相続人確定の上で戸籍が有する機能を踏まえて，《戸籍上は相続人ではない真正相続人から戸籍上相続人とされている表見相続人に対する相続回復請求権を短期に消滅させることによって，戸籍上の相続人の地位や当該相続にかかわる法律関係を早期に確定し安定させるための制度》として相続回復請求権を捉える見解がみられる（この説は戸籍の閲覧制限が強まっている点が問題とされている）。

そのほか，884条を請求権ではなく訴権を規定したものとみる点で集合権利説や独立権利説と前提を異にする説（訴権説）も一部で主張されている。**訴権説**は，884条は《相続資格の存否を決め手にして争いを処理するために設けられた特殊な訴権》を規定したものであると主張し，共同相続人間の争いや転得者を相手方とする争いについては，相続資格に関する争いではないとして同条の適用外とするものである。理論的に明快な説であるが，判例からはやや乖離している（本章第2節 **3** 末尾参照）。

いずれにせよ，戦前の家制度を背景とした期間制限が戦後も残されたことで，相続回復請求権は説明が難しい制度となっている。

第2節　適 用 範 囲

1 序

884条は，相続権を侵害された真正相続人またはその法定代理人が相続回復請求権を行使しうる旨とその期間制限を規定するだけであり，どのような当事者間の請求が相続回復請求権として同条の期間制限の対象となるのか，その適用範囲は必ずしも明確ではない。

明文で規定された《相続権を侵害された真正相続人》および《その法定代理人》のほか，上記の真正相続人に準ずる者としての《相続分の譲受人》については，884条の請求権者になりうることに異論はない。

　これに対し，《共同相続人》同士を当事者とする請求，《真正相続人または表見相続人からの転得者》を一方当事者または両当事者とする請求については，議論があるほか，請求の相手方としての《表見相続人》についても，主観的要件の要否に関する議論がある。

2 共同相続人間の争い

(1) 昭和 53 年大法廷判決

　判例は，①共同相続人の一部の者が相続分を超えて占有支配している場合についても，表見相続人による相続権の侵害として相続回復請求権の問題になる，②共同相続人であると否とを問わず，表見相続人として 884 条の消滅時効を援用できるのは善意かつ合理的事由が存在する場合に限られる，という立場をとる。このことを初めて明らかにしたのが次の判決である。

> ◆判例 Ⅱ8-1◆ **最大判昭和 53・12・20 民集 32 巻 9 号 1674 頁**
>
> 【事案】被相続人 A には，相続人として，妻 B，すでに死亡している長男 C の子 Y₁，すでに死亡している次男 D の子 E と X，三男 Y₂，および，四男 Y₃ がいた。しかし，A の相続財産について E と X を排除して遺産分割がされ，Y₁，Y₂，Y₃ が本件各不動産について相続を原因とする単独登記をしたため，X が Y らに対し，共有持分権 12 分の 1（当時の法定相続分）に基づき，移転登記の抹消を請求。原審は，Y らによる消滅時効の援用を認めず，X の請求を共有持分に基づく更正登記手続を認める限度で認容。Y らが上告。
>
> 【判旨】(i)「共同相続人のうちの 1 人又は数人が，相続財産のうち自己の本来の相続持分をこえる部分について，当該部分の表見相続人として当該部分の真正共同相続人の相続権を否定し，その部分もまた自己の相続持分であると主張してこれを占有管理し，真正共同相続人の相続権を侵害している場合につき，民法 884 条の規定の適用をとくに否定すべき理由はない」，(ii)相続人ではないこと（自己の相続持分を超えること）を知りながら，または，相続人である（自己の持分がある）ものと信ずべき合理的事由がないにもかかわらず相続財産を管理占有する者は相続回復請求権の制度が対象とする者ではなく，消滅時効を援用することはできない，(iii)Y らが共同相続人である X の存在を知りながら所有権移転登記をしたことは明らかであり，消滅時効を援用することはできない，として上告を棄却した。
>
> 　なお，相続回復請求権は「相続人たる地位」の回復を目的とするものであり，

図表Ⅱ8-1

	多数意見		少数意見
相手方	悪意または合理的 事由なし	善意かつ合理的 事由あり	（善意悪意を 問わない）
非相続人	不適用	適用	適用
共同相続人	不適用	適用	不適用

地位の回復が問題とならない共同相続人間の争いには同条の短期消滅時効は適用されない，と主張する6人の裁判官の少数意見がある（**図表Ⅱ8-1**参照）。

多数意見の考え方を整理するとこうなる。①相続回復請求権が消滅時効を定めたのは，表見相続人が外見上相続によって財産を取得したような事実状態が生じたのち，相当年月を経てから真正相続人に権利を回復させることにより，当事者または第三者の権利義務関係に混乱を生じさせないよう，相続権の帰属とこれに伴う権利関係を早期にかつ終局的に確定させる趣旨に出たものである，②共同相続人の一部の者による侵害も相続持分を超える部分については非相続人による侵害の場合と異なるものではなく，相続をめぐる権利関係を早期に確定させる必要性は共同相続人間の争いの場合も違いはない，③したがって，前記判旨(i)のように解すべきであるが，前記判旨(ii)のように，悪意または合理的事由のない相手方については，一般の物権侵害者ないし不法行為者と変わらず，相続回復請求権の制度の対象として消滅時効の援用を認めるべきではない。

多数意見も少数意見も，本件事案については884条の適用が否定される結論に変わりはないが，884条の適用範囲が大きく異なる。

多数意見に対する少数意見の批判として，①善意・悪意で消滅時効の「援用」の可否が変わるのは消滅時効の一般論に反する，②共同相続人間に884条を適用することで転得者の保護を図ろうとするのは，相続人の権利よりも取引安全を優先するもので不当である，という点は説得的である。しかし，少数意見の難点として，相続人ではない無権利者が回復請求を受けた場合よりも共同相続人が回復請求を受けた場合のほうが不利な扱いを受ける（短期消滅時効による保護を受けない）という大きなアンバランスがある。一方，多数意見は，①上記のようなアンバランスがないことに加えて，②884条が適用されるのは，戸

籍上は相続人であるが法律上は相続人ではないことを本人が知らなかった場合
など，極めて限定された場合であって，前述（本章第1節(2)）のように884条
の存在意義を見出しにくい中で，その適用範囲を大幅に制限している点におい
ても，妥当な解釈といえよう。

(2)　判例理論の精緻化

　昭和53年大法廷判決を踏まえて，同判決の《善意かつ合理的事由の存在》
に関するより精緻な解釈論を展開したのが，平成11年判決（最判平成11・7・
19民集53巻6号1138頁）である。同判決は，以下の3点を明らかにした。

　①《善意かつ合理的事由の存在》の判断の基準時は，侵害の開始時点である
（学説には全期間を通じて《善意かつ合理的事由の存在》がなければならないという説
があったがこれを否定したものである）。

　②《善意かつ合理的事由の存在》は，相続権侵害の事実についてではなく，
他に共同相続人が存在することについてである。

　③《善意かつ合理的事由の存在》の立証責任は消滅時効を援用する被告の側
にある（884条の適用を制限する方向がより強く示されたことになる）。

　本件は，被相続人の死亡から21年後に，被相続人名義のままであった土地
について市の区画整理事業に伴い共同相続人のXらが脱落した形で共有登記
がなされ，その後この土地が売却された際に，登記名義人のYらだけで代金
を分配したため，XらがYらに不当利得に基づく返還請求をしたものである。
Yらは，Xらの請求は相続回復請求権にあたるとして，相続開始後20年の経
過による時効消滅の主張をし，原審は，共有登記の際にYらが善意であった
としてYらの主張を認めたが，最高裁は上記②を決め手として（市がXを除外
した共有登記をした時点で〔代金分配の時点を基準時と解する余地もあろう〕YらがX
の存在について悪意であったとして）Yらの時効援用を認めなかった。

　なお，本判決および後述する昭和23年判決（最判昭和23・11・6民集2巻12
号397頁）に照らせば，相続権の侵害がなくても相続開始時から20年の消滅
時効が進行し，20年を経過した後に相続権の侵害がなされた場合は，侵害時
に②の要件を満たす限り，直ちに時効の援用・完成が認められることになる。

3 転得者がからむ争い

本章の冒頭で述べた相続回復請求権の定義からは**図表Ⅱ8-2**の①の請求が884条の適用対象となるが，転得者がからむ②〜④の請求にも適用があるか否かが問題となる。

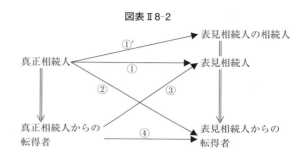

図表Ⅱ8-2

判例は，①′ の表見相続人の相続人に対する請求については 884 条の適用を認める（戦前のものであるが大判昭和 10・4・27 民集 14 巻 1009 頁）ものの，②の表見相続人からの転得者（特定承継人）に対する請求については 884 条の適用を否定している（戦前のものであるが大判大正 5・2・8 民録 22 輯 267 頁）。また，③の真正相続人からの転得者（特定承継人）を原告とする請求については，消滅時効が問題となった事件ではないが，相続回復請求権は真正相続人しか行使できないとした判例（旧法に関するものであるが最判昭和 32・9・19 民集 11 巻 9 号 1574 頁）の趣旨からは，これも適用が否定されよう。したがって，②③およびこれらを相乗させた④の請求については 884 条の適用は否定されることになろう。以上からは，転得者（特定承継人）がからむ請求については，相続権の侵害の問題ではなく一般の財産権の侵害の問題と解するのが判例の立場といえる。

これに対し，学説では，相続回復請求権が有する相続に関する権利関係の早期確定機能を強調し，転得者がからむ全ての場合（②③④）について 884 条を適用して短期消滅時効による取引の安全を図る説が主張されているほか，上記の判例の立場を前提としながら，転得者の取引の安全を図るための工夫をする説も主張されている。その代表例として，②の転得者との関係について，884 条を直接適用できないとしても，時効の援用権者の拡大という形で，表見相続人のもとで完成していた時効を転得者が援用することを認める説が有力である（判例も，あまり明確ではないが，前述した最大判昭和 53・12・20 民集 32 巻 9 号 1674 頁〈**判例 Ⅱ8-1**〉〔372 頁〕の趣旨や最判平成 7・12・5 家月 48 巻 7 号 52 頁からは，表見

相続人が時効を援用できる場合には転得者も時効を援用できるとする立場をとるように
もみえる）。そのほか，94 条 2 項の類推適用や 32 条 1 項後段の類推適用などに
よって転得者の取引安全を図ろうとする説も主張されている。

　なお，相続資格の存否を決め手とする争いかどうかで相続回復請求権の適用
範囲を判断する訴権説の立場からは，転得者がからむ請求については相続資格
の存否を直接の争点とするものではないので相続回復請求権の問題とはされな
い（この点は判例と同じであるが，共同相続人間の争いについては原則として相続回復
請求権の問題としない点や善意悪意を問わない点で判例と異なる）。

第 3 節　相続回復請求権の行使と消滅

(1)　相続回復請求権の行使と相続人

　戦前の判例（大判大正 7・4・9 民録 24 輯 653 頁）は，A が X を被相続人とする
A の相続権を侵害した A' に対し相続回復請求権を行使しないまま死亡した場
合について，相続回復請求権は一身専属権であるとして A の相続人 B による
相続回復請求権の相続承継を否定したが，A の相続権を侵害した A' に対し B
は自己の相続権が侵害されたことを理由として相続回復請求をすることができ
るとした（B が自己の相続権侵害を知ってから 5 年の期間制限にかかるものとした）。

　一方，戦後の判例（最判昭和 39・2・27 民集 18 巻 2 号 383 頁）は，A が X を被
相続人とする A の相続権を侵害した A' に対する相続回復請求権を行使しない
で死亡して，B が相続人となり，さらに B が死亡して C が相続人になった場
合について，C の A' に対する相続回復請求権の 20 年の期間制限（消滅時効：
(2)参照）の起算点は，A の被相続人 X の相続開始時（X の死亡時）であるとし
た（この点では，A の相続回復請求権が相続承継されたのと変わらないことになる）。

(2)　5 年と 20 年の期間制限

　884 条の 5 年の期間制限は，条文の文言どおり消滅時効と解されている。起
算点の「相続権を侵害された事実を知った時」とは，自分が（も）相続人であ
ること，および，相続から除外されていることを知った時（大判明治 38・9・19
民録 11 輯 1210 頁）と解されている。

20 年の期間制限については争いがある。多数説は除斥期間と解するのに対し，判例（最判昭和 23・11・6 民集 2 巻 12 号 397 頁）は消滅時効と解している（時効の完成猶予や放棄が認められる）。ただし，同判決は，相続権の侵害の有無にかかわらず相続開始時から 20 年の経過で請求権が消滅するとしており，権利を行使しうるときからの起算をしていない点では除斥期間に近いともいえる。

(3)　取得時効との関係

884 条は，相続権の侵害を知ってから 5 年，相続開始時から 20 年の期間制限を規定するので，真正相続人が表見相続人に対して相続回復請求権を行使した場合，表見相続人が 162 条 2 項の規定する 10 年の取得時効の抗弁を主張することも考えられる。戦前の判例は，いわば相続回復請求権の規定のほうが優先適用されるように解して，表見相続人による取得時効の抗弁を否定する（大判昭和 7・2・9 民集 11 巻 192 頁）。一方，表見相続人からの転得者との関係（**図表Ⅱ8-2 の②**）では，相続回復請求権の規定が適用されないとする判例を前提に，取得時効の抗弁を認めるとともに，187 条 1 項により前主である表見相続人の占有をも併せて時効取得を認めている（大判昭和 13・4・12 民集 17 巻 675 頁）。

学説では，884 条と 162 条の制度は別個独立のものであって，表見相続人本人についても取得時効の抗弁を認めるべきであり，上記の大審院昭和 7 年判決は今日維持されるべきものか疑わしいとする見解が有力である。884 条について必ずしも積極的な意義が認められないとするならば（本章第 1 節 (2) 参照），有力説のように優先適用を否定する解釈をとるのが妥当であろう。

なお，かりに 884 条優先説を維持した場合，884 条の適用がある《善意かつ合理的事由のある》表見相続人には取得時効の抗弁が認められないのに対し，884 条の適用がない《悪意または合理的な事由のない》表見相続人には取得時効の抗弁が認められるという不均衡が生じかねないが，そのような問題を回避したとみられる判例がある。共同相続人 Y が勝手に他の共同相続人 X₁・X₂ の相続放棄の手続をして遺産中の不動産を単独登記して単独で占有した事例で，X₁・X₂ の相続回復請求権に対する Y による消滅時効の主張を否定するとともに，単独相続したと信ずるについて合理的な事由がないとして，Y の自主占有による取得時効の主張も否定した（最判昭和 54・4・17 判時 929 号 67 頁）。

第 9 章

相続財産の清算

第 1 節　清算の必要性
第 2 節　限定承認における清算手続
第 3 節　財産分離
第 4 節　相続人の不存在

　民法は，被相続人の死亡時にその積極財産と消極財産とを一切清算せずに，そのまま相続人に承継させること（当然包括承継主義）により，相続債権者の保護を図る。しかし，例外的に相続財産の清算が行われる場合もある。この章では，例外的に相続財産を清算する制度として，限定承認・財産分離・相続人の不存在を扱う。清算が必要とされる場合とその理由を見たのち（第 1 節），各制度の清算手続の流れ（第 2 節～第 4 節）を扱う。

第 1 節　清算の必要性

　当然包括承継主義によれば，相続財産（積極財産・消極財産）は，相続開始と同時に相続人に帰属し，相続人の固有財産と混合する。その結果，相続財産と混合した相続人の財産は，相続債務と相続人の固有の債務との双方の責任財産を構成する（920条）。相続債権者と相続人の債権者は，平等の立場で相続人の財産から弁済を受けることができる。この場合に，相続財産が債務超過のときは，相続人および相続人の債権者に不利益をもたらし，相続人の固有財産が債務超過のときは，相続債権者に不利益をもたらす。そこで，民法は，例外的に，相続財産を相続人の固有財産に混合させず，別建ての財産として相続財産について管理・清算する制度（限定承認・財産分離）を用意している。相続人は，相続放棄（938条）をすれば相続財産を承継しないが，相続を承認する場合でも，

限定承認（922 条⇒本編第 3 章第 4 節）をすれば，相続財産中の積極財産の限度でのみ相続債務を弁済すればよい。他方，相続人が単純承認した場合は，相続債権者または相続人の債権者は，自己の利益を守るために**財産分離**（941 条以下）によって責任財産の混合を防ぐことができる。これは，相続財産と相続人の固有財産を分離し，相続財産の清算手続を経て，相続債権者は相続財産から，相続人の債権者は相続人の固有財産からそれぞれ優先的に弁済を受けられるようにするものである。もっとも，限定承認・財産分離とも，手続の不備や煩雑さなどから，実際はほとんど用いられていない。

相続人のあることが明らかでない場合も，後に現れるかもしれない相続人の固有財産から分離された特別財産として，相続財産を管理・清算する必要がある。そのために**相続人の不存在**の制度がある（951 条以下）。

以下では，このように，相続人の固有財産から切り離された独自の財産として相続財産が管理・清算される場合を扱う。

> **Column Ⅱ9-1**　**相続財産の破産**
>
> 　限定承認や財産分離と同様の機能をもつ制度として，相続財産の破産がある（破産法第 10 章）。相続財産破産は，相続財産が債務超過の場合に，相続財産を換価して相続債権者らに公平に配当するとともに，清算後の残余債務のみを相続人の負担として承継させることで，相続人の固有財産を保護するものである。相続財産につき破産手続開始決定がなされると，相続財産は破産財団を構成し，その管理処分権は，相続人ではなく，破産管財人に属する。相続人等が相続財産に関してなした行為は破産者がした行為とみなされ（破 234 条），破産管財人はこれを否認することができる（破 160 条〜176 条）。破産債権者としてそこから弁済を受けることができるのは，相続債権者・受遺者であり，相続人の固有債権者は，破産財団に対して権利を行使しえない。
>
> 　限定承認・財産分離・相続財産破産の相違点は以下の点である。第 1 に，限定承認・財産分離が相続人による簡易な清算手続であるとすれば，相続財産破産は，選任された破産管財人による，より公平かつ厳格な清算手続である。第 2 に，限定承認は，相続債権者や相続人の債権者との関係で責任財産の範囲を限定する効力をもつが，財産分離や相続財産破産には責任限定効はない。したがって，相続財産の破産手続が終了し，残余債務がある場合には，相続債権者は，限定承認がなされていない限り，相続人の固有財産に対してなお権利を行使できる。相続財産の破産手続開始決定がなされても，同時に限定承認または

財産分離をするのは差し支えない（破 228 条本文）。その場合は，破産手続終結の決定（破 220 条）等により，破産による清算手続がなされなくなるまで，限定承認または財産分離の手続は中止される（破 228 条ただし書）。

第 2 節　限定承認における清算手続

1 相続財産と相続人の固有財産の分離

　限定承認がなされると，相続財産と相続人の固有財産が分離されて，相続債務は相続財産のみを責任財産として弁済される。そのため，限定承認者（相続人）が被相続人に対して有した権利義務も，相続による混同（179 条・520 条）では消滅しなかったものとみなされる（925 条）。混同による消滅を認めると，限定承認者に優先弁済の利益を与えたり，限定承認者の固有財産を相続債務の弁済に供したりしたことになり，限定承認制度の趣旨（公平な弁済・相続債務の責任の限定）に反するからである。限定承認者が 1 人の場合はこの者が，限定承認者が複数の場合はその中から家庭裁判所が選任した相続財産の清算人が，限定承認者全員のために，「その固有財産におけるのと同一の注意」をもって，相続財産の管理をする義務を負う（926 条 1 項・936 条 3 項）。

2 債権の申出の催告

　清算手続では，積極財産・相続債務の額を確定したうえで，積極財産の限度で相続債務や遺贈が弁済される。まず，限定承認者または相続財産の清算人は，限定承認後 5 日以内または相続財産の清算人の選任後 10 日以内に，相続債権者および受遺者に対して，限定承認をした旨と，2 か月以上の申出期間内に債権の申出がない場合には清算から除斥する旨を付記し，債権の申出をすべき旨の公告をする（927 条 1 項・2 項・4 項，936 条 3 項）。限定承認者または相続財産の清算人は，知れている相続債権者および受遺者には個別に債権の申出を催告しなければならない（927 条 3 項）。公平な清算のため，申出期間満了前は，相続債権者および受遺者からの請求に対し弁済を拒絶できる（928 条）。

3　申出をした債権者等への弁済

　申出期間の満了後，知れている相続債権者や申出をした相続債権者のうち，①優先権のある相続債権者，②優先権のない相続債権者の順に，債権額の割合で弁済される（929条）。期限や条件付きの債権は，930条に従って弁済される。相続債権者への弁済後，残余があれば③受遺者に弁済される（931条）。

　未履行の特定遺贈の目的物は相続債務の引当てとなる財産であり，相続債権者と受遺者は当該目的物について対抗関係に立つ。限定承認者が931条に違反して，先に受遺者に対抗要件を備えさせた場合には，限定承認者は相続債権者に対して損害賠償責任（934条）を負う。被相続人から不動産の死因贈与を受けた相続人が限定承認した場合も，受贈者としての限定承認者と相続債権者は対抗関係に立つ。しかし，限定承認者は，登記を先に備えても，信義則上，相続債権者に対して不動産の所有権の取得を対抗できない（最判平成10・2・13民集52巻1号38頁）。

　配当弁済にあたり，金銭以外の相続財産を換価するときは，競売による（932条）。限定承認者または相続財産の清算人は，家庭裁判所の選任した鑑定人の評価に従いその価額を弁済に供すれば，競売を止めることができる（同条ただし書）。相続債権者および受遺者は，自己の費用で競売または鑑定に参加することができる（933条→260条2項）。

4　申出のなかった債権者等への弁済

　以上の清算手続が終了しても残余がある場合に限り，期間内に申出をしなかった相続債権者も，残余財産から弁済を受けることができる（935条）。

第3節　財産分離

1　財産分離の意義

　相続債権者や相続人の債権者の利益を保護するために，相続財産を相続人の固有財産から区別して，相続財産を清算するのが財産分離である。第1種財産

分離と第 2 種財産分離がある（家事別表第一 96 項）。

　相続財産は消極財産よりも積極財産のほうが多い状態であるが，相続人の固有財産が債務超過であるという場合に，相続人が単純承認することによって相続債権者または受遺者が不利益を受ける事態を防ぐためにおこなうのが，**第 1 種財産分離**である（941 条）。これは，相続開始時から 3 か月以内，または相続財産が相続人の固有財産と混合しない間に，相続債権者または受遺者の請求によりおこなわれる。これに対して，相続財産が債務超過であるにもかかわらず，相続人が相続放棄や限定承認をしない場合に，相続人の債権者が不利益を被らないためにおこなうのが，**第 2 種財産分離**である（950 条）。これは，相続人が限定承認をすることができる間または相続財産が相続人の固有財産と混合しない間に，相続人の債権者の請求によりおこなわれる。

2　財産分離の手続

　(a)　**家庭裁判所の審判**　　財産分離の請求があれば，家庭裁判所は相続財産の管理について必要な処分を命じることができる（943 条，950 条 2 項→943 条，家事別表第一 97 項）。財産分離の請求があると，以後，相続人は「その固有財産におけるのと同一の注意」をもって相続財産の管理をしなければならない（944 条，950 条 2 項→944 条）。

　家庭裁判所は，財産分離の必要性が認められる場合に，審判で財産分離を命じる。例えば，相続人がその固有財産について債務超過の状態にあり，または，そのような状態に陥るおそれがあることなどから，相続財産と相続人の固有財産とが混合することによって相続債権者等がその債権の全部または一部の弁済を受けることが困難となるおそれがあると認められる場合に，家庭裁判所は，第 1 種財産分離を命ずることができる（最決平成 29・11・28 判時 2359 号 10 頁）。審判が確定すると，相続人の相続財産に対する処分権は奪われるが，相続財産をめぐる取引の安全を図るため，相続財産中の不動産については，財産分離の登記をしなければ，財産分離を第三者に対抗できない（945 条，950 条 2 項→945 条）。

　(b)　**他の債権者等に対する公告**　　財産分離の審判が確定すると，財産分離の請求をした者は 5 日以内に，相続債権者・受遺者に対して財産分離があった

こと，および 2 か月以上の期間内に配当加入の申出をすべきことを公告しなければならない（941 条 2 項，950 条 2 項→927 条。第 2 種財産分離の場合は，知れている相続債権者・受遺者に各別に申出の催告をする必要がある）。公正な弁済を実現するため，相続人は，財産分離請求期間および配当加入申出期間内は，相続債権者や受遺者に対して弁済を拒絶できる（947 条 1 項，950 条 2 項→928 条）。

(c)　**相続財産からの配当**　　申出期間が満了すると，相続財産から相続債権者へ配当がおこなわれる（947 条 2 項・3 項，950 条 2 項→929 条～934 条）。第 1 種財産分離では，財産分離の請求をした相続債権者・配当加入の申出をした相続債権者や受遺者は，相続人の債権者に優先して，各自の債権額の割合に応じて相続財産から弁済を受ける（942 条・947 条 2 項）。第 2 種財産分離では，配当加入の申出をした相続債権者だけでなく，相続人に知れている相続債権者も相続財産から弁済を受けることができる（950 条 2 項→929 条）。財産分離は，相続財産について，相続債権者にいわば包括的な先取特権を付与するようなものであり，相続債権者は，相続財産の売却代金債権，相続財産の賃貸に基づく賃料債権や相続財産の滅失等に基づく損害賠償債権に物上代位権を行使できる（946 条，950 条 2 項→304 条）。

このように，第 1 種財産分離・第 2 種財産分離のいずれでも，相続債権者らは，まず相続人の債権者に優先して相続財産から弁済を受ける。そして，相続財産から全額の弁済が得られなかった場合は相続人の固有財産からも弁済を受けられるが，この場合は相続人の債権者に劣後する（948 条，950 条→948 条）。

(d)　**財産分離の請求の防止**　　財産分離があれば，相続人は，相続債権者への弁済のために相続財産を売却しなければならないこともある（947 条 3 項→932 条）。しかし，被相続人から承継した財産を手放すことを相続人が望まない場合もある。相続債権者が財産分離を請求するのは，自己の債権の保護を図るためであり，他の方法で債権の満足が得られるならば，財産分離に固執する必要はない。そこで，相続債権者が財産分離を請求した場合に，相続人は，その固有財産で弁済したり担保を提供したりすれば，第 1 種財産分離を阻止・消滅させることができる（949 条本文）。もっとも，相続人の固有財産による相続債権者への弁済は，固有財産を引当てとする相続人の債権者の地位を害するおそれがある。第 1 種財産分離を相続人が阻止しようとした場合，相続人の債権者

は，第2種財産分離を申し立てることもできるが，より簡易な手段として，自己の損害を立証して異議を述べることによって，第1種財産分離を実現・継続させることが認められている（同条ただし書）。

第4節　相続人の不存在

1 相続人の不存在の意義

（1）　相続財産の管理・清算の必要性

被相続人に相続人がいれば，当然包括承継主義により，相続財産は相続開始と同時に相続人に帰属する。相続人は相続財産を管理し，相続債権者や受遺者に対して弁済する義務を負う。しかし，相続人がいるかどうかが明らかでない場合には，さしあたり相続人による相続財産の管理が期待できないので，相続財産の帰属主体を暫定的に決めて，管理・清算をさせる必要がある。そして，捜索しても相続人が現れなかった場合には，相続財産を終局的に誰に帰属させるかを決めなければならない。民法は，相続人がいるかどうかが明らかでない場合に，相続財産を法人とし（951条），家庭裁判所にその清算人を選任させ（952条），この者に相続財産の管理・清算手続をおこなわせる。手続中に相続人が現れないときは，清算後の残余財産を特別縁故者（958条の2）または国庫（959条）に帰属させる（手続の流れについては，次頁**図表Ⅱ9-1**参照）。

（2）　「相続人のあることが明らかでないとき」

相続人不存在の制度は，「相続人のあることが明らかでないとき」（951条）に機能する。「相続人のあることが明らかでないとき」とは，戸籍上の相続人がいないことが明らかな場合や，戸籍上の相続人がいても，その全員が相続欠格や廃除によって相続資格を失ったり相続放棄をした場合をいう。戸籍上の相続人がいるかぎりは，たとえその者が行方不明や生死不明であっても，相続人不存在の手続は開始しない。この場合の相続財産の管理は，不在者の財産管理制度（25条以下）や失踪宣告制度（30条以下）による。戸籍上の相続人が存在しない場合でも，相続財産全部の包括受遺者がいるときは，包括受遺者は相続

図表Ⅱ9-1　相続人の存否不明の場合の手続

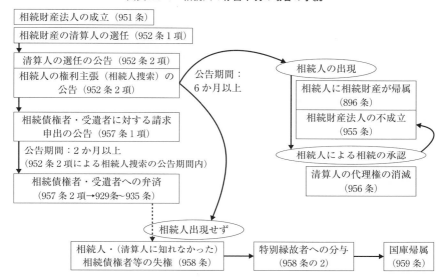

人と同一の権利義務を有するので（990条），「相続人のあることが明らかでないとき」にあたらない（最判平成9・9・12民集51巻8号3887頁）。

2 相続財産の管理・清算手続

(1) 相続財産法人と相続財産の清算人

(a) 相続財産法人の成立　相続人のあることが明らかでないときは，相続財産は，被相続人死亡時において，法律上当然に法人となる（**相続財産法人**：951条）。相続財産の帰属主体は後に現れるかもしれない相続人であるが，その存在が不分明の間はその者による管理の可能性がないので，相続財産は帰属主体から分離された特別財産として，独自に管理される必要がある。この必要から，対外的に相続財産自体に法人格を付与したのである。

相続財産法人が成立すると，利害関係人（相続債権者・相続債務者・受遺者・特別縁故者として分与を申し立てる者など）または検察官の請求により，家庭裁判所が**相続財産の清算人**を選任し，遅滞なくこれを公告する（952条，家事別表第一99項）。事実上，相続財産法人は，相続財産の清算人が選任されて初めてその

存在が顕在化する。

　(b)　**相続財産の清算人の権利義務**　　相続財産の清算人は，相続財産法人の代理人であり，不在者の財産管理人と同じ権利義務を有する（953条→27条〜29条）。相続財産の清算人は，相続財産法人または後に現れるかもしれない相続人のために管理・清算を行うので，委任に関する規定が準用される（家事208条→家事125条6項→644条・646条・647条・650条）。また，相続財産の清算人は，相続債権者や受遺者に対して，財産状況報告義務を負う（954条）。

(2)　相続人の捜索

　家庭裁判所は，相続財産の清算人を選任した旨の公告をする際に，6か月以上の期間を定めて，相続人があるならばその期間内に権利を主張すべき旨も公告しなければならない（952条2項，相続人捜索の公告）。

　(a)　**相続人として権利を主張する者があるとき**　　相続人捜索の公告期間内に相続人が現れて相続を承認した場合は，相続財産は相続開始時から相続人に帰属していたことになり，相続財産法人は相続開始時に遡って消滅する（955条）。この場合に，清算人は，相続財産の帰属主体である相続人のために相続財産の管理行為をしていたことになるので，相続人不分明の間に清算人が行った権限内の行為は有効である（955条ただし書）。清算人は，相続人が相続の承認をした時に代理権を失う（956条1項）。この場合に，清算人は，遅滞なく相続人に対して清算に係る計算をしなければならない（同条2項）。

　(b)　**相続人として権利を主張する者がないとき**　　相続人捜索の公告期間内に相続人として権利を主張する者がない（相続人が現れないか，現れても相続を承認しない）場合は，相続人の不存在が確定する。公告期間内に権利を主張しなかった相続人は失権する（958条）。

(3)　相続財産の清算

　相続人捜索の公告があったときに，清算人は，すべての相続債権者および受遺者に対して，2か月以上の期間を定めて，この期間内に請求の申出をすべき旨を公告しなければならない（957条1項前段）。請求申出の公告期間は，相続人捜索の公告期間内に満了するものでなければならない（同項後段）。請求申出

の公告期間が満了すると，①優先権を有する債権者，②期間内に申出をした（または清算人に知れている）債権者，③期間内に申出をした（または清算人に知れている）受遺者の順に配当弁済される（同条2項→929条～931条）。①の債権者については，優先権の対抗要件を相続開始時に備えていなければならない（最判平成11・1・21民集53巻1号128頁）。清算手続の終了後に残余財産がある場合に，請求申出の公告期間の満了後に申出をした（または清算人に知れた）債権者等は，残余財産についてのみ権利を行使しうる（935条）。

　相続人捜索の公告期間内に相続人が現れなかったときは，清算人に知れなかった相続債権者および受遺者は，権利（弁済によって消滅する性質の権利）を行使することができなくなる（958条）。

③　相続財産の終局的帰属

(1)　相続人不存在と相続財産の帰属ルール

　相続人の不存在が確定した際（958条）に，清算手続後に残った相続財産があれば，その終局的な帰属を決定しなければならない。まず，被相続人と特別の縁故があった者（**特別縁故者**）がいれば，家庭裁判所の審判により，この者に相続財産の全部または一部が分与される（958条の2，家事別表第一101項）。被相続人と特別の縁故のあった者がいる場合は，相続財産を国庫に帰属させるよりもその者に与えるほうが，被相続人の合理的意思（被相続人が遺贈したならばこの者にであろう）に合致するし，これらの者の生活保障を図ることもできるからである（なお，後述するように，近年では，被相続人に対して福祉サービスを提供した地方公共団体や公益目的の団体〔福祉施設等〕が特別縁故者とされた事例が散見されており，特別縁故者への財産分与制度の意義として，社会政策の実現や財産の有効活用といった点も指摘されている）。特別縁故者がいない場合や特別縁故者への分与後もなお残余財産がある場合に，相続財産は最終的に**国庫**に帰属する（959条）。

(2)　特別縁故者に対する相続財産の分与

　相続人捜索の公告期間の満了後3か月以内に，ある者から相続財産の分与の申立てがなされれば，家庭裁判所は，その者が被相続人の「特別縁故者」であ

り，かつ，分与が相当と認められる場合に，その者に相続財産の全部または一部を分与することができる（958条の2）。一定の身分関係に付随して当然に相続権が認められる相続人とは異なり，特別縁故者として相続財産の分与を受ける権利は，家庭裁判所の審判によってはじめて形成される権利にすぎない。したがって，審判前に，自ら特別縁故者として遺言の無効確認を求めることはできない（最判平成6・10・13家月47巻9号52頁）。

　特別縁故者とは，「被相続人と生計を同じくしていた者，被相続人の療養看護に努めた者その他被相続人と特別の縁故があった者」であり（958条の2第1項），特別縁故者かどうかは，何らかの親族関係の有無によってではなく，密接な実質的関係の有無によって判断される。特別縁故者の典型例は内縁配偶者や事実上の養子であるが，審判例では，被相続人の療養看護に特別に（報酬以上に）尽力した友人，付添看護師や地方公共団体，生活資金を援助してきた，被相続人の勤務していた会社の代表取締役や，被相続人の経営していた学校法人などにも分与が認められている。被相続人が入居していた老人ホーム・障害者支援施設等は，提供した福祉サービスに対する対価を得ていた場合には，原則として特別縁故者になりえない。しかし，そのサービスが通常期待される程度を超え，近親者の行う世話に匹敵するかそれ以上のものであったと評価される場合は，特別縁故者と認められることがある（名古屋高金沢支決平成28・11・28判時2342号41頁）。被相続人の成年後見人であった者は，職務につき正当な報酬を得ていれば，特別縁故者になりえない。しかし，報酬を得ておらず，被相続人と職務の程度を超える親しい関係にあり，その療養看護等に献身的に尽くしたという場合は，成年後見人も特別縁故者と認められることがある（大阪高決平成20・10・24家月61巻6号99頁）。被相続人の葬儀を執り行ったり遺産を管理した場合など，被相続人の死後にはじめて縁故が生じた者については，条文の文言に反することや，祭祀相続の肯定につながることから，学説・実務とも特別縁故者に当たらないとする説が有力であるが（特別縁故者性を否定した裁判例として，東京高決昭和51・7・8家月29巻10号134頁，横浜家小田原支審昭和55・12・26家月33巻6号43頁など），特別縁故者性を肯定した裁判例もある（岡山家備前出審昭和55・1・29家月32巻8号103頁など）。

　特別縁故者は分与の審判が確定すると相続財産を取得するが，その法形式は，

被相続人からの相続による承継取得ではなく，958条の2に基づく相続財産法人からの財産移転である。

> **Column Ⅱ9-2**　特別縁故者への分与の対象となる相続財産
>
> **(1)　共有持分権**　共有者の1人が死亡し，その相続人の不存在が確定した場合において，その共有持分は，958条の2によって特別縁故者に帰属するか，255条によって他の共有者に帰属するかが問題になる。255条は，国庫に帰属させるよりは，現に共有物を管理使用する他の共有者に帰属させる方がよいという政策的配慮に基づくが，判例（最判平成元・11・24民集43巻10号1220頁）は，958条の2の制度趣旨（被相続人の合理的意思を推測し遺贈制度を補充する趣旨）を優先させ，共有持分は958条の2に基づく特別縁故者に対する財産分与の対象となり，財産分与がなされないときにはじめて，255条により他の共有者に帰属するとした。
>
> **(2)　居住用建物の賃借権**　居住用建物の賃借人が死亡しても，その賃借権は消滅せず，相続財産となる。死亡した賃借人に相続人がいない場合において，当該建物に賃借人の内縁配偶者や事実上の養子が同居しているときは，その同居者が当該建物の賃借人の権利義務を承継する（借地借家36条1項）。
>
> 　同居者がいない場合には，賃借権は958条の2に基づく分与対象になるが，分与審判の性質は相続によらない財産移転なので，分与審判をするにあたっては賃貸人の承諾が必要である。

(3)　国庫への帰属

　特別縁故者からの相続財産の分与請求がない場合，特別縁故者からの分与請求が認められなかった場合，および，特別縁故者に対する分与がなされた後も残余財産がある場合には，残余財産は国庫に帰属する（959条）。残余財産全部が相続財産法人から国庫へ引き継がれた時点で，国家に当該財産が帰属し，相続財産法人は消滅する（最判昭和50・10・24民集29巻9号1483頁）。相続財産の清算人の代理権もこの時点で消滅する。

第10章
遺　言

第1節　序
第2節　遺言の成立
第3節　遺言の方式
第4節　遺言の解釈と無効・取消し
第5節　遺　贈
第6節　遺産分割方法の指定
第7節　遺言の撤回
第8節　遺言の執行

　　この章では遺言を扱う。遺言の自由は保障されているが，制限もある（第1節）。制限の1つが要式性である（第2節，第3節）。成立した遺言は，遺言者の生前に撤回されると消滅し（第7節），効力否定要件があると効力が否定される（第4節）。遺言が有効に成立した場合に，遺言に含まれる各処分行為はその性質に応じた効力を生じ（第5節，第6節），遺言執行手続によって内容が実現される（第8節）。

第1節　序

1 遺言の自由

　　人は，生前に，法律行為によって自己の法律関係を自由に形成することができる（法律行為自由の原則）。さらに人は，自己の死後の法律関係をも定めることができる。人がした意思表示の効力をその人の死後に生じさせる法律行為を，**遺言**という。民法は，私有財産権を実質的に保障するために，遺言制度を設け

て死後にまで財産処分の自由を広げている（**遺言自由の原則**）。

　遺言制度は，表意者（遺言者）の最終意思（遺言者がその死亡時に最も近い時点で抱いた意思）を尊重し，実現することを目的とする。遺言者の自由意思を尊重するという観点から，遺言をする時点において満15歳以上の者は，単独で有効に遺言をすることができる（遺言能力：961条・963条）。行為能力に関する規定は遺言には適用されない（962条）。遺言では，遺言者自身の意思が尊重されるべきであり（遺言代理の禁止），また，たとえ不合理な内容の遺言であろうと，その効力は遺言者の死亡時に生じるので，遺言者の利益が害されることはないからである。

　遺言の自由を保障するために，遺言に対する他人の介入は厳格に排除される。遺言の代理は認められないし，遺言の自由に対する侵害行為は相続欠格事由（891条3号～5号）や受遺欠格事由（965条）とされる。遺言者の意思の真正性や独立性を確保するために，遺言には方式が要求される（960条）。

　遺言者は，生存中はいつでも何度でも，遺言の全部または一部を自由に撤回できる（1022条）。撤回の自由を放棄することはできず（1026条），これによっても遺言の自由は強く保障されている。

2　遺言の自由の制限

(1)　制限の必要性

　法律行為の自由は，法律行為をするかどうかについての自由，相手方選択の自由，方式の自由，内容形成の自由という原則からなる。しかし，遺言では，方式の自由と内容形成の自由が制限されている。また，遺言者（被相続人）が自由に処分できる財産の範囲は制限されないが，その相続人の最低限の相続権（遺留分権）を保障するため，遺贈等によって遺留分を侵害された相続人には遺留分侵害額請求権が与えられている（遺留分制度⇒本編第11章）。

(2)　要　式　性

　遺言は，遺言者が死亡してはじめて効力を生じる（985条1項）。遺言の効力発生時には遺言者が存在しないので（死後行為），遺言者の死後も，遺言者の意思表示が真意に基づくことを担保する必要がある。そのため，民法は，遺言者

に方式に従って遺言をさせることにしている（**要式行為**：960条）。

(3) 遺言事項の限定

　遺言は相手方のない単独行為である。これは，他人との法律関係を遺言者が遺言によって一方的に形成し，その効果をその他人に押し付けることを意味する。遺言でどんな行為でも自由にできるとすると，行為の名宛人や遺言の履行義務者の利害に大きく影響するし，遺言者の死後に遺言内容を確定できないこともある。そこで，他者の意思に抵触しない事項や，抵触しても遺言者の意思が優先されるべき事項だけが，遺言でなしうる行為（遺言事項）として法定されている。例えば以下の行為が挙げられる。遺言事項に該当しない遺言は無効である。

　①　家族関係に関する事項：認知（781条2項），未成年後見人の指定（839条）・未成年後見監督人の指定（848条）

　②　法定相続に関する事項：推定相続人の廃除・廃除の取消し（893条・894条2項），相続分の指定およびその委託（902条），特別受益者の相続分に関する事項（903条3項），遺産分割方法の指定およびその委託・遺産分割の禁止（908条），遺産分割における共同相続人間の担保責任に関する定め（914条），受遺者・受贈者の遺留分侵害額の負担に関する定め（1047条1項2号ただし書）

　③　②以外の財産処分に関する事項：遺贈（964条），遺贈の効力に関する定め（988条・992条・994条2項・995条・997条2項・998条・1002条2項・1003条の各ただし書など），配偶者居住権の存続期間（1030条ただし書），一般財団法人の設立（一般社団152条2項），信託の設定（信託3条2号）

　④　遺言執行に関する事項：遺言執行者の指定およびその委託（1006条1項），特定財産に関する遺言の執行に関する定め（1014条4項），遺言執行者に関する定め（1016条1項・1017条1項・1018条1項の各ただし書）

　⑤　遺言の撤回（1022条）

第2節　遺言の成立

　遺言は，遺言者の意思表示のみによって成立する（相手方のない単独行為）。

ただし，この意思表示は民法に定められた方式でしなければならない（要式行為：960 条）。例えば，遺言者（X）が，遺言の方式に従って，死後に財産を他人（A）に与える旨の意思を表示すれば（遺贈：964 条），遺贈は成立する。A がこの意思表示を受領したかどうかは，遺言の成否を左右しない。遺贈は X の死亡と同時にその効力を生じ（985 条 1 項），X の財産は当然に A に帰属する。

遺言としてなされた意思表示が法定の方式を具備していなければ，遺言としては成立せず，効力を生じない（しかし，その場合でも死因贈与としての効力が認められることはある。最判昭和 32・5・21 民集 11 巻 5 号 732 頁）。次節では，とくに方式要件について詳述する。

第 3 節　遺言の方式

1 普通方式と特別方式

遺言の方式には，**普通方式**と**特別方式**がある（967 条）。普通方式の遺言には，自筆証書遺言（968 条），公正証書遺言（969 条・969 条の 2），秘密証書遺言（970 条〜972 条）の 3 つがある。特別方式の遺言には，死亡危急者遺言（976 条），伝染病隔離者遺言（977 条），在船者遺言（978 条），船舶遭難者遺言（979 条）の 4 つがある。

遺言は，普通方式によるのが原則である。しかし，普通方式によることが不可能か著しく困難な場合は，例外的に特別方式によることが許される（967 条）。

2 普通方式の遺言

(1) 自筆証書遺言
(a) **要件・方法**　　自筆証書遺言は，遺言者が遺言書の全文・日付・氏名を自書し，これに押印すれば，成立する（968 条 1 項）。なお，968 条 1 項所定の方式に従った自筆証書に，これと一体のものとして相続財産目録を添付する場合は，この目録に限り，自書要件が緩和されている（同条 2 項前段。後述(f)参照）。

(b) **遺言書の自書**　　自筆証書遺言の作成には，証人や立会人の立会いも公証人の関与もない。全文・氏名・日付を自書させることによって，筆跡から遺

言者本人が作成したことが判定でき，これによって，遺言が遺言者の真意に基づくことが担保され，証拠が保全される（後掲最判昭和 62・10・8）。したがって，①筆跡が分かる方法で，②遺言書の用紙に遺言者自身が直接書いた場合に限り，自書の要件が満たされる。①によれば，他人に口述筆記させた場合やワープロによる作成は自書の要件を満たさない。DVD に録画する方法で遺言した場合も，たとえ本人の真意や本人が作成したことが確実であるとしても，自書の要件を満たさない。筆跡が残る方法ならば，使用する筆記具に制限はなく，カーボン紙による複写の方法で作成された場合も自書として有効である（最判平成 5・10・19 家月 46 巻 4 号 27 頁）。

　②の前提として，遺言者は，遺言作成時に自書能力（文字を知り，自らの意思で筆記する能力）を有していなければならない。遺言者が，病気のため視力や体力が衰えて 1 人では満足な字が書けないため，運筆について他人の添え手による補助を受けたとしても，単に筆記を容易にするための支えを借りただけであり，添え手をした者の意思が介入した形跡のないことが筆跡から判定できる場合ならば，自書として有効である（最判昭和 62・10・8 民集 41 巻 7 号 1471 頁）。

　(c)　**日付の自書**　　日付の記載は，遺言書完成時の遺言能力の存否や，複数の遺言書がある場合にその先後関係を判断するために要求される。したがって，日付の記載は，暦日である必要はなく，遺言完成の年月日が客観的に特定できればよいので，例えば「私の 60 歳の誕生日」「娘の結婚式の日」という記載も要件を満たす。他方，判例によれば，「2010 年 9 月吉日」のような記載は暦上の日を特定できないので，要件を満たさない（最判昭和 54・5・31 民集 33 巻 4 号 445 頁）。これに対しては，日付の要件の趣旨をふまえ，遺言者に他に遺言書がなく，「2010 年 9 月」に遺言能力があったことが明らかならば，日が特定できなくても要件を満たすと考える立場もある。

　記載されるべき日付は，遺言が真に成立した日，すなわち，方式要件がすべて充足された日の日付である（最判昭和 52・4・19 家月 29 巻 10 号 132 頁）。遺言書の作成が複数日に渡っておこなわれた場合は，すべての方式が具備された完成日を記載すべきである。もっとも，全文・氏名を自書し，その日の日付を記載して 1 か月後に押印をした事案で，押印した日の日付が記載されるべきだとしつつも，これと相違する日付が記載されているからといって遺言が直ちに無

効となるものではないと判示した裁判例がある（最判令和 3・1・18 判時 2498 号 50 頁）。

遺言書に記載された日付が誤っていても，その誤記であることおよび真実の完成日付が遺言書の記載その他から容易に判明する場合には，遺言は無効にならない（最判昭和 52・11・21 家月 30 巻 4 号 91 頁）。

(d) **氏名の自書**　氏名の記載は，遺言者の特定のために要求される。遺言者が特定でき，他人との混同が生じないのであれば，氏または名のみでもよいし（大判大正 4・7・3 民録 21 輯 1176 頁。「をや治郎兵衛」という氏のない記載を適法とした事例），戸籍上の氏名に限らず，通称や芸名でもよい。

(e) **押　印**　押印（印章を押すこと）は，自書の要件と同様に，遺言者の同一性およびその意思の真正性を担保する機能をもつ。さらに，重要な文書には作成者が署名したうえ押印することで文書の完成を示すというわが国の慣習により，押印は，当該文書を正式な遺言とする遺言者意思を明確にし，文書の完成を担保する機能ももつ（最判平成元・2・16 民集 43 巻 2 号 45 頁）。日本の慣習になじまない帰化外国人が作成した，署名のみで押印を欠く自筆証書遺言について，968 条を適用する実質的根拠がなく，押印を要求しなくとも遺言の真正を危うくするおそれはないとして遺言書を有効と認めた原審の判断を支持した最高裁判例がある（最判昭和 49・12・24 民集 28 巻 10 号 2152 頁）。立法当時と比べて，今日の日本社会では署名の通用性が増しており，署名に加えて押印を要求する必要はないとの立法論も強い。

使用すべき印章には制限はなく，三文判でも指印（最判平成元・2・16 民集 43 巻 2 号 45 頁）でもよい。花押（図案化された署名の一種）を書くことは，押印と同視することはできず，押印の要件を満たさない（最判平成 28・6・3 民集 70 巻 5 号 1263 頁）。押印の趣旨によれば，遺言の書面自体に押印すべきであるが，遺言書の書面には署名のみで押印がなく，当該遺言書を入れた封筒の封じ目に押印がある事例で，押印の要件を満たすとしたものがある（最判平成 6・6・24 家月 47 巻 3 号 60 頁）。

(f) **財産目録を添付する場合**　968 条 1 項の規定にかかわらず，自筆証書に相続財産（遺贈の目的である権利が相続財産に属しない場合〔997 条 1 項〕は，その権利）の全部または一部の目録を添付する場合には，その目録については自書

することを要しない（968条2項前段）。例えば，「別紙目録記載の財産をAに遺贈する」旨と日付・氏名を自書して押印した自筆証書に，Aに遺贈すべき財産の目録として，不動産ならばその地番・地積等，預貯金債権ならばその金融機関名・口座番号等を記載した別紙を添付する場合がそうである（**巻末書式⑤参照**）。財産目録は，パソコン等の機器や他人の代筆によって作成することができるほか，不動産の登記事項証明書や通帳の写し等を利用することも認められる（今後の議論を待つ必要があるが，目的物を特定することができるものならば目的物の写真〔動産等〕や地図等を用いることも許されうると思われる）。

　自書によらない財産目録を自筆証書に添付する場合には，遺言者は，目録の各頁（自書によらない記載が両面にある場合にはその両面）に署名・押印をしなければならない（968条2項後段）。財産目録の偽造・変造を防止する趣旨である。なお，自筆証書（遺言書本文）に押捺する印と財産目録に押捺する印は，同一の印でなくてもよい。

> **Column Ⅱ10-1** 自筆証書遺言の保管制度
>
> 　平成30年民法改正に際して，自筆証書遺言の偽造・変造・紛失等のリスクを減らすことを目的として，自筆証書遺言の保管制度が新設された（法務局における遺言書の保管等に関する法律）。自筆証書遺言の遺言者本人は，法務局（遺言書保管所）に出頭して，遺言書原本の保管を申請することができる（遺言保管4条6項）。申請に係る遺言書は，法務局に原本が保管され（同法6条1項），遺言書保管ファイルにその画像データ（同法7条1項・2項）が保管される。保管された自筆証書遺言には検認の規定（1004条1項）が適用されない（同法11条）。遺言書の保管申請件数は，令和5年10月までの累計で6万2234件である。
>
> 　遺言者は，法務局に対して，保管された遺言書の返還と画像データの消去（同法8条1項・4項）のほか，遺言書の閲覧を求めることもできる（同法6条2項）。
>
> 　遺言者以外の者は，遺言者の死後に，①遺言書保管事実証明書の交付（同法10条），②遺言書の閲覧（同法9条3項），③遺言書情報証明書の交付（同条1項）を請求することができる。①は自己に関係する遺言書（関係遺言書）の保管の有無，関係遺言書が保管されている場合には遺言書保管ファイルに記録されている一定の事項を証明した書面の交付を求めるものであり，①の請求は何人でもなしうる。③は，遺言書保管ファイルに記録されている事項を証明した

書面の交付を求めるものであり，②③の請求は，関係相続人等（遺言者の相続人，受遺者，遺言執行者等）がすることができる。なお，遺言者以外の者が遺言書の原本の交付を求めることはできない。

(2)　公正証書遺言

(a)　**要件・方法**　　公正証書遺言は，以下のように作成される（969条1号〜5号。なお969条は改正されている〔未施行〕。⇒(d)参照）。①証人2人以上の立会いのもとで，遺言者が遺言の趣旨を公証人に口頭で直接伝える（口授）。②公証人は口述を筆記し，③筆記したものを公証人が遺言者および証人に読み聞かせ，または閲覧させる。④遺言者および証人は，その筆記の正確なことを承認した後，⑤署名・押印する（ただし，遺言者が署名することができない場合は，公証人がその事由を付記して，署名に代えることができる）。⑥最後に公証人が，方式に従って作成したものであることを付記して，署名・押印する。

以上の方法で，同じ内容の遺言公正証書が3通作成される（原本，正本および謄本）。このうち，原本は公証役場に保管され，正本・謄本は遺言者や遺言執行者に交付される。

なお，在外邦人も，日本民法の規定に従って遺言をすることができ（遺言準拠法2条），公正証書遺言や秘密証書遺言を在外邦人がするときは，日本の領事が公証人の職務を行う（984条。遺言者・証人による押印は不要である）。

(b)　**要件の履践の順序**　　公正証書遺言の要件は，条文上，上記の①〜⑥の順序で履践されることが予定されている。しかし，実務では，遺言者またはその依頼を受けた者が遺言の趣旨の下書きを公証人にあらかじめ交付し，これに基づいて公証人が事前に証書を作成し，これを遺言者・証人に読み聞かせて，遺言者・証人が筆記の正確なことを承認するという，法定の順序とは異なる順序（②③①④⑤⑥）で作成され，①と④が兼ねられる場合がある。これによって遺言が方式違反となるかどうかは，遺言者の真意の確保およびその内容の正確性の担保という目的が，個々の方式要件そのものによって図られるとみるか，その順序自体もこのような目的を担う方式要件とみるかに関わる。判例は，個々の要件がすべて満たされれば，その順序が法定の順序と異なっていても，方式違反にはならないとする（最判昭和43・12・20民集22巻13号3017頁）。

(c) **口　授**　(b)で述べたような場合において，順序の違背の結果，個々の方式要件が満たされていないと評価される場合には，遺言は無効である。とくに，①と④が兼ねられている場合に，遺言者がどの程度の口述をすれば①の「口授」の要件を満たすかが問題になる。基本的には，口授ありとするには，遺言者の口述と公証人の筆記とが，その趣旨において一致していることが必要である。判例によれば，肯定・否定の挙動のみで言語による陳述がなければ口授とはいえないが（最判昭和51・1・16家月28巻7号25頁），相続人3名と妾に均等の割合で土地・家屋を遺贈する旨の公正証書遺言につき，読み聞かせ後に遺言者が「この土地と家は皆の者に分けてやりたかった」旨を述べた事例では，口授ありとされている（前掲最判昭和43・12・20）。

(d) **公正証書遺言に関する法改正**　民法・公証人法の改正により，公正証書遺言の作成方法は公証人法の規定に従うことが予定されている（令和5〔2023〕年6月14日公布，令和7〔2025〕年12月13日までに施行予定）。それによれば，遺言公正証書は，原則として電磁的記録をもって作成される（改正後の公証人法36条）。現969条3〜5号と969条の2第2項は削除され，改正後の公証人法37〜40条の定める方法によることになる。

Column II 10-2　公証制度

　公証制度とは，私人間の法律紛争を未然に防いだり，私的な法律関係の明確化や安定化を図ったりすることを目的に，証書の作成などの方法により，一定の事項を公証人に証明させる制度である。公証人は，公証人法に基づいて法務大臣が任命する公務員であり，長年の実務経験を有する裁判官，検察官や弁護士の中から任命されることが多い。私人からの嘱託によって公証人がその権限に基づいて作成する文書が公正証書である。公正証書は，私文書よりも証明力が高く，その文書が作成名義人の意思に基づいて作成されたこと（文書の成立の真正性）について強い推定が働く。民法上の制度には，公正証書遺言のほかにも，公正証書を利用しうるものがある。例えば，債権譲渡は，その旨が公正証書によって債務者に通知されると，第三者対抗要件を備える（467条2項，民法施行法5条1項1号）。また，事業に係る貸金等債務の個人保証契約については，保証契約締結に先立ち，保証意思を明確にするために，公正証書（保証意思宣明公正証書）の作成が要件とされている（465条の6）。

---

(3)　秘密証書遺言

(a)　**要件・方法**　　秘密証書遺言は，以下のように作成される。遺言者は，まず遺言書に署名・押印し，その遺言書を封じ，遺言書に用いた印章で封印する。次に，遺言書の入った封書を公証人1人および証人2人以上の前に提出し，自己の遺言書であることならびに遺言書の「筆者」の氏名および住所を申述する。公証人が，遺言書提出日と遺言者の申述内容を封紙に記載した後，遺言者・証人・公証人が署名・押印する（970条1項1号～4号）。

秘密証書遺言では，遺言書本文は自書する必要はなく，ワープロによる作成や他人の代筆も許される。公証人が遺言提出日を記載するので，遺言者自身が日付を書く必要もない。しかし，署名・押印は遺言者自身がする必要がある。

(b)　**秘密証書遺言の「筆者」**　　遺言者の死後，遺言について紛争が生じたときに筆者を尋問して遺言の真実性を担保するために，筆者についての申述が要求される。「筆者」とは，遺言内容の記載という事実行為をおこなった者をいう。したがって，遺言者が遺言書の文章を含めその作成をほぼすべて他人に委ね，他人がワープロを操作して遺言書本文を入力・印字した場合は，ワープロ操作者が「筆者」である（最判平成14・9・24家月55巻3号72頁）。しかし，同じく他人がワープロで入力・印字した場合であっても，遺言者自身がワープロを操作して印字したと同視することが許される特段の事情があるとき（例えば，遺言者自身があらかじめ自筆で作成した原稿を添えて，ワープロ操作者に直接した依頼に基づき，ワープロ操作者が原稿文どおりに機械的に入力・印字したような場合）は，遺言者が「筆者」である。

(c)　**自筆証書遺言への転換の可能性**　　秘密証書遺言が，秘密証書遺言としては要件を欠いて無効である場合でも，自筆証書遺言の要件を充足していれば，自筆証書遺言として効力を認められる（無効行為の転換：971条）。

(4)　各普通方式の特徴

自筆証書遺言は，作成費用がかからず（筆記具と紙と印鑑があればよい），遺言の存在やその内容を秘密にできるものの，法律の専門家が作成に関与しないため，方式不備で無効となる場合や，文意不明により遺言の効力をめぐる紛争が生じることも多い。また，遺言書の紛失・偽造・改ざんの危険性も高い。もっ

とも，自筆証書遺言の保管制度（⇒ Column Ⅱ10-1 〔396 頁〕参照）を利用することで，そのような事態を防ぐことはできる。

　公正証書遺言は，法律の専門家（公証人）が関与するので，方式不備のおそれが少なく，遺言の効力をめぐる紛争も生じにくい。遺言の原本が公証役場に保管されるので（原本とは別にその電磁的記録も保管される），紛失・偽造・改ざんのおそれもない。さらに，公正証書遺言は，家庭裁判所の検認手続を経る必要がない（1004 条 2 項）。しかし，作成手続が多少面倒で費用もかかるほか，遺言の存在やその内容がすべて他人（証人・公証人）に知られてしまう点でデメリットがある。なお，公正証書遺言は，年間で約 11 万件作成されている。

　秘密証書遺言は，公正証書遺言と同様に，法律の専門家（公証人）が関与することで他人による偽造・改ざんのおそれを減らすことができる一方，遺言の存在を明らかにしつつその内容を他人に秘密にできる点で公正証書遺言とは異なるメリットがある。

Column Ⅱ10-3　言語・聴覚・視覚機能障害者と遺言

　公正証書遺言における「口授」・「読み聞かせ」の要件や，秘密証書遺言における自己の遺言書であることや筆者についての「申述」の要件にもかかわらず，口のきけない者や耳が聞こえない者も，公正証書遺言や秘密証書遺言をしたり，遺言の証人になることができる。口のきけない者が公正証書遺言をするには，「口授」に代えて通訳人の通訳または自書により遺言の趣旨を伝える（969 条の 2 第 1 項）。耳の聞こえない者が，公正証書遺言の遺言者や証人になる場合は，公証人は筆記内容の「閲覧」によるか（969 条 3 号），「読み聞かせ」に代わる通訳人の通訳により，筆記内容の正確さを確認してもらう（969 条の 2 第 2 項・969 条 3 号。なお，これらの規定は削除される予定である〔⇒(2)(d)参照〕）。口のきけない者が秘密証書遺言をするには，自己の遺言書である旨やその筆者の氏名および住所を，通訳人の通訳により申述するか，または封紙に自書することで，970 条 1 項 3 号の「申述」に代えることができる（972 条）。口がきけない者が死亡危急者遺言や船舶遭難者の遺言の遺言者になる場合（976 条 2 項・979 条 2 項）や，耳の聞こえない者が死亡危急者遺言の遺言者や証人になる場合（976 条 3 項）も，配慮がなされている。

　目の見えない者も，遺言の証人になることができる（最判昭和 55・12・4 民集 34 巻 7 号 835 頁）し，自書能力さえあれば（他人の添え手で，始筆・改行にあたり手を用紙の正しい位置に導いてもらう必要はあるかもしれないが），自筆証書

遺言をすることができる。目の見えない者は，自書能力がない場合でも，公正証書遺言をすることはできる。遺言の趣旨は口述すればよく，署名ができないときは公証人がその事由を付記して，遺言者の署名に代えることができるからである（969条4号ただし書）。しかし，秘密証書遺言については，969条4号ただし書に相当する規定がないため，目の見えない者が自分で署名できない場合は，秘密証書遺言をすることができない。

3 特別方式の遺言

　普通方式による遺言の作成が不可能か著しく困難な場合は，例外的に，特別方式による遺言が許される。そのような場合としては，(1)遺言者が死亡の危機に瀕した場合（死亡危急者遺言・船舶遭難者遺言）と，(2)遺言者が交通の遮断された場所（隔絶地）にいる場合（伝染病隔離者遺言・在船者遺言）が挙げられる。(1)では，遺言者が遺言内容を口授できるが署名・押印はできないという場合を想定して，(2)では，遺言者が公正証書遺言や秘密証書遺言をしたくても公証人の関与を求めることができないために，特別方式が定められている。

　例外的な方式なので，特別方式による遺言は，遺言者が普通方式によって遺言できるようになった時から6か月間生存すれば効力を失う（983条）。また，(1)の場合に認められる遺言では，遺言者は遺言内容を口授するのみで遺言証書の作成に関与しない（遺言者の署名もない）ので，遺言証書作成後，一定の期間内に家庭裁判所による確認を受けなければ，遺言者死亡時にその効力を生じない（976条4項・979条3項）。家庭裁判所は，遺言が遺言者の真意に出たとの心証を得なければ確認することができない（976条5項・979条4項）。

(1) 遺言者が死亡の危機に瀕した場合に認められる方式

　(a) **死亡危急者遺言（976条）**　疾病その他の事由により死亡の危急に迫った者が用いることのできる遺言方式である。証人3人以上が立ち会い，その1人に遺言者が遺言の趣旨を口授する。口授を受けた証人は，口授内容を筆記して，遺言者および他の証人に読み聞かせ，または閲覧させる。各証人は，筆記の正確なことを承認した後に，署名・押印する。遺言者のいない場所で署名・押印が行われた場合であっても，筆記内容に改変を加えた疑いのない事情の下

で遺言書作成の一連の過程に従って遅滞なくなされたものと認められるときは，有効である（最判昭和47・3・17民集26巻2号249頁）。以上の方法で成立した遺言は，遺言の日から20日以内に，証人の1人または利害関係人から請求して，家庭裁判所による確認を得なければ，効力を生じない（976条4項）。

(b) 船舶遭難者遺言（979条）　船舶が遭難し，その船舶中で死亡の危急に迫った者が用いることのできる遺言方式である。証人2人以上の立会いのもとで，遺言者が遺言内容を口頭で述べる。証人は，遺言の趣旨を筆記し，署名・押印する。遺言者や他の証人への読み聞かせや閲覧も不要である。筆記は遺言者の面前でする必要はなく，船舶遭難の状況を脱してからでよい。

　以上の方法で成立した遺言は，証人の1人または利害関係人から遅滞なく家庭裁判所に請求し，その確認を得なければ，効力を生じない（979条3項）。

(2) 遺言者が交通の遮断された場所にいる場合に認められる方式

(a) 伝染病隔離者遺言（977条）　伝染病のため隔離された者など，一般社会との交通が事実上または法律上自由になしえない場所にいる者（例えば地震等によって交通が遮断された場所にいる者や刑務所内にいる者など）が用いることのできる方式である。立会人として警察官および証人1人以上の立会いが必要である。遺言者は，立会人および証人の立会いのもとで，自ら遺言証書を作成し（代筆でもよい），遺言者，（代書した者がいる場合は）筆者，立会人および証人が各自，その遺言書に署名・押印する（980条）。これらの者のうち署名・押印できない者がいる場合は，立会人または証人がその事由を付記しなければならない（981条）。

(b) 在船者遺言（978条）　船舶中にいる者が用いることのできる方式である。立会人として船長または事務員1人および証人2人以上の立会いが必要とされるほかは，遺言の作成方法は，伝染病隔離者の遺言の場合と同じである（980条・981条）。

4 各方式におおむね共通する要件

(1) 遺言の変更の方式

遺言に加除・訂正その他の変更をした箇所がある場合には，遺言者は，その箇所を指示し，その箇所を変更した旨を付記して署名したうえ，その箇所に押印しなければならない（968条3項）。その変更が遺言者自身によるものであることを担保する（他人による変造を防ぐ）趣旨である。

自書によらない財産目録を添付した自筆証書遺言については，この目録の変更にも968条3項が適用される（968条3項括弧書）。自書によらない目録の変更の態様としては，(i)目録中の記載に変更を加える場合と，(ii)目録の差替えによる場合（「目録α記載の財産をAに遺贈する」旨の自筆証書に添付した目録αを削除し，新たな目録βを添付する場合）が考えられる。(i)では，加除・訂正その他の変更それ自体は自書する必要はないが，968条3項に従い，変更箇所の指示と変更した旨の付記を自書で行い，これに署名し，変更箇所に押印をしなければならない。(ii)では，①遺言書本文について，「目録α」とある自書部分を抹消してそこに押印し，「本文中の『目録α』を『目録β』に変更する」旨の訂正文言を自書し，訂正文言を付記した箇所に署名して，②目録αはその全体を抹消して押印し，目録β（968条2項後段により，自書によらない場合は全頁に署名・押印があることを要する）には押印をしなければならない。

変更の方式は，偽造・変造のおそれのない公正証書遺言を除くすべての遺言方式に適用がある（970条2項・982条）。遺言内容の変更を伴わない明らかな誤記の訂正には，この加除の方式は適用されない（最判昭和56・12・18民集35巻9号1337頁）。

変更について方式違反があった場合は，その変更のみが無効となり，遺言は変更のない遺言として効力を有するのが原則であるが，変更によって変更前の遺言が方式違反になったり，変更前の文言が判読できない場合には，遺言全部やその条項全部が無効になる（通説）。

(2) 証人・立会人の欠格事由

(a) **法律上の欠格者**　自筆証書遺言を除く遺言方式では，証人や立会人の

立会いが要求される。証人は，遺言者からの要請に基づいて，遺言書の作成およびその内容が遺言者の真意に出たものであることを保証する者であり，立会人は，遺言作成の場に職務上立ち会って遺言作成の事実を証明する者である。いずれも，遺言者が他人の干渉なしに真意に基づいて遺言作成する場を確保すべき任務を負う。したがって，このような任務に必要な判断能力を欠く者や，遺言内容に利害関係をもち，遺言に不当な影響を与える可能性のある者は，証人・立会人になれない。そのような欠格者として，民法は，①未成年者，②遺言作成時の推定相続人および受遺者，③②の配偶者および直系血族，④公証人の配偶者，4親等内の親族，書記および使用人を挙げる（974条）。

　欠格者が証人となって作成された遺言は，欠格者に証人資格がない結果，民法の要求する証人の員数が欠ける場合は，方式要件を満たさないのでその全部が無効となる。所定数の適格者が証人として立ち会ったのであれば，その場に欠格者が同席していたとしても，遺言は有効である（最判平成13・3・27家月53巻10号98頁）。証人適格を有する所定数の証人によって，遺言書の作成およびその内容が本人の意思に合致することが保証されていたと見ることができるからである。ただし，欠格者の同席によって遺言内容が左右されたり，遺言者が自己の真意に基づいて遺言をすることを妨げられたりするなどの特段の事情がある場合は，遺言は，遺言意思の欠缺・瑕疵を理由に，無効となりうる。

　(b)　**事実上の欠格者**　　974条に該当しない場合でも，証人・立会人としての職務を果たすことができない者は，事実上，証人・立会人となることができない。例えば，公正証書遺言では，証人は遺言証書に署名しなければならないので，自署できない者は証人になれない。

　証人は，公証人の「筆記」の正確さを確認しなければならないが，筆記を目で見て確認する必要はなく，筆記の「読み聞かせ」の内容と口授との同一性を確認すれば足りるので，目が見えない者も証人になることができる（最判昭和55・12・4民集34巻7号835頁，なお Column Ⅱ10-3 〔400頁〕も参照。ただし，遺言書に図表が添付されている場合や遺言内容が複雑な場合は，目が見えない者が証人となっても，筆記の正確さを確認することができないため，方式違反により遺言は無効となりうる）。

(3)　共同遺言の禁止

　2人以上の者が同一の証書で遺言をすること（**共同遺言**）はできない（975条）。共同遺言を許すと，一方の遺言者の意思内容や撤回の自由が他方の意思によって制約されるおそれがあるし，一方の遺言が失効した場合に他方の遺言の効力に疑義が生じるからである。共同遺言として禁止されるのは，①同一の証書に複数の者が遺言を記載しており（形式的要素），②その証書で示された各遺言者の意思内容が相互に関連し，各自の意思表示を他から独立して抽出できない場合（実質的要素）である。①と②の要素を備えていれば共同遺言として全体が無効となる。

　裁判例では，夫婦共同名義の遺言が問題になる事例が多く，いずれかの遺言部分に975条以外の無効原因があることも多い。妻の関与なしに夫が勝手に夫婦共同名義の遺言を作成した場合は，妻の遺言部分は妻の意思表示がないので無効である。この場合に，夫の遺言部分と妻の遺言部分に内容上の関連がなく，両者を容易に切り離すことができるならば，夫の単独遺言として有効とされる余地がある（最判平成5・10・19家月46巻4号27頁，東京高決昭和57・8・27家月35巻12号84頁）。他方，夫が死亡すれば妻がまず全財産を相続し，夫婦が死亡した場合には子らが相続するという趣旨の遺言を，妻の承諾を得て夫が同一証書に作成し，夫婦双方の氏名も夫が書いた事例では，妻の遺言部分は妻による氏名の自書がないので無効であるが，共同遺言にあたるとして，夫の単独遺言としても有効とはされなかった（最判昭和56・9・11民集35巻6号1013頁）。

第 4 節　遺言の解釈と無効・取消し

1　遺言の解釈

(1)　序

　遺言の方式に従って表示された意思表示が，どのような内容の遺言として成立しているかを確定する作業を，遺言の解釈という。

　遺言の文言が不明確・多義的な場合や，遺言者が定めなかった部分（欠缺）がある場合などは，遺言の内容を確定・補充する必要がある。遺言内容を確定

する方法には，遺言の解釈のほか，任意規定の適用がある。民法は，とくに特定遺贈の効力について，多くの任意規定（解釈・補充規定）を用意している（988条・992条・994条2項・995条・997条2項・999条・1001条・1002条2項・1003条など）。これらの規定は，遺言者意思の推定をその根拠とし，遺言者が異なる意思を有する場合には適用されない。これらの解釈・補充規定のほか，遺言に定めがない部分や遺言が効力を生じない場合には法定相続が適用されるので（995条参照），法定相続もこのような任意規定の1つといえる。遺言の解釈と任意規定の適用とで結論が異なる場合には，まず遺言の解釈が優先すべきである。解釈や任意規定（法定相続の規定を除く）によっても遺言の内容を確定できなければ，その遺言は不成立である。

(2)　遺言の解釈

　遺言は相手方のない単独行為なので，表示に対する相手方の信頼を保護する必要がない。したがって，遺言の解釈では，もっぱら遺言書に記された遺言者の真意（主観的意思）が探究され，かつ，可能な限り有効に解釈すべきだとされる（最判昭和30・5・10民集9巻6号657頁，最判昭和58・3・18家月36巻3号143頁，最判平成5・1・19民集47巻1号1頁）。

　真意の探究のためには，遺言書（他の条項との関連など）のほか，遺言書外の諸事情（遺言書作成当時の事情や遺言者が置かれていた状況など）を解釈資料として用いることも許される。遺言書外の事情を用いて探究された表示の主観的意味が客観的意味と異なる場合は，前者で遺言内容が確定される。ただし，遺言書外の事情から遺言書におよそ書かれていないような内容を読み取り，遺言の内容とすることは許されない。遺言を要式行為とした趣旨に反するからである。判例には，「法的に定められたる相続人を以って相続を与へる」との遺言条項につき，遺言書外の事情から，相続権のない藁の上からの養子に遺贈する趣旨であると解する余地があると判示したものがある（最判平成17・7・22家月58巻1号83頁）。

　複数の解釈可能性があり，遺言が有効になる解釈と無効になる解釈の2通りが考えられる場合は，前者（有効解釈）が採用されるべきである（通説・判例〔最判昭和30・5・10民集9巻6号657頁〕）。後者の解釈可能性しかない場合は，

遺言は無効である。判例には，遺産を「公共に寄与する」旨の遺言（受遺者が不明確な遺言）につき，公共目的を達成できる団体等に遺贈する趣旨であり，かつ遺言執行者に受遺者として特定の者を選定することを委託する趣旨を含むとして，有効としたものがある（前掲最判平成 5・1・19）。

◁判例 II 10-1▷ 最判昭和 58・3・18 家月 36 巻 3 号 143 頁

【事案】 昭和 51 年 12 月 24 日に死亡した A は，昭和 49 年 3 月 7 日に自筆証書遺言（本件遺言）を作成していた。本件遺言は，A が経営していた B 材木店の経営に関する条項，妻 Y に対する生活保障に関する条項など，11 の条項からなる。このうち，第 7 項（本件条項）には，「(1)本件不動産は Y に遺贈する。(2)本件不動産は，B 材木店が経営中は置場として必要につき一応そのままにして，(3) Y 死後は，X₁ に 2，C に 2，X₂ に 2，X₃ に 3，D に 3，E に 3，F に 3，G に 2 の割合で分割所有する（X₁〜X₃ と C は A の弟妹，D は A の甥，E〜G は Y の弟妹）。換金できにくいため，B 材木店に賃貸して収入を右の割合で各自取得する。ただし右の割合で取得した本人死亡の場合はその相続人が権利を継承する」旨が記載されていた。また，第 11 項には，Y が一括して遺贈を受けた場合の不動産の税金が分割した場合より甚しく安いときは，Y が全部（あるいは一部）相続して，その後，前記の割合で頒合しても差し支えない旨が記載されていた。A の死亡後，Y は，本件条項に基づき，A から本件不動産の単純遺贈を受けたものとして，昭和 52 年 6 月 13 日に，自己単独名義の所有権移転登記を経由した。そこで，X らは，本件条項は X らに対する停止条件付遺贈であるとして，その確認及び Y 単独名義の登記の抹消登記手続を求めた。原審は，本件条項(3)は A の希望を述べたにすぎないとして，X らの請求を棄却した。X ら上告。

【判旨】 破棄差戻。「遺言の解釈にあたっては，遺言書の文言を形式的に判断するだけではなく，遺言者の真意を探究すべきものであり，遺言書が多数の条項からなる場合にそのうちの特定の条項を解釈するにあたっても，単に遺言書の中から当該条項のみを他から切り離して抽出しその文言を形式的に解釈するだけでは十分ではなく，遺言書の全記載との関連，遺言書作成当時の事情及び遺言者の置かれていた状況などを考慮して遺言者の真意を探究し当該条項の趣旨を確定すべきものであると解するのが相当である。」「右遺言書の記載によれば，A の真意とするところは，第一次遺贈の条項は Y に対する単純遺贈であって，第二次遺贈の条項は A の単なる希望を述べたにすぎないと解する余地もないではないが，本件遺言書による Y に対する遺贈につき遺贈の目的の一部である本件不動産の所有権を X らに対して移転すべき債務を Y に負担させた負担

　付遺贈であると解するか，また，Ｘらに対しては，Ｙ死亡時に本件不動産の所
　有権がＹに存するときには，その時点において本件不動産の所有権がＸらに
　移転するとの趣旨の遺贈であると解するか，更には，Ｙは遺贈された本件不動
　産の処分を禁止され実質上は本件不動産に対する使用収益権を付与されたにす
　ぎず，Ｘらに対するＹの死亡を不確定期限とする遺贈であると解するか，の
　各余地も十分にありうるのである。原審としては，本件遺言書の全記載，本件
　遺言書作成当時の事情などをも考慮して，本件遺贈の趣旨を明らかにすべきで
　あったといわなければならない。」

② 遺言の無効・取消し

　遺言者が遺言の方式に従って意思表示をすれば，遺言は成立し，遺言者の死
亡時に効力が発生する（985条1項）。1つの遺言に，複数の意思表示（遺贈，認
知など）が含まれる場合は，遺言の効力発生によって，各意思表示もその効力
を生じる。しかし，(1)遺言＝意思表示の成立過程に問題がある場合や，(2)遺言
の内容に問題がある場合には，遺言全体または当該処分の効力が否定されるこ
とがある。なお，遺贈については，以下の(1)・(2)以外に，遺贈特有の無効原
因がある（本章第5節❸）。

(1) 遺言の成立過程に問題がある場合

　(a) **方式違反がある場合**　　遺言の方式を遵守していない遺言は，そもそも
遺言として成立せず，無効である（960条・975条）。

　(b) **遺言をする能力を欠く場合**　　遺言作成時に意思能力がない者のした遺
言は，その全体が無効である（3条の2）。また，遺言作成時に遺言者に遺言能
力がなければ，遺言はその全体が無効である（963条）。遺言能力とは単独で有
効に遺言できる資格をいう。行為能力の規定は適用されない（962条）ので，
満15歳以上の者は，遺言をすることができる（961条）。制限能力者であっても，
意思能力がある限り，親権者・後見人・保佐人・補助人などの同意なしに，単
独で遺言をすることができる。成年被後見人が，事理弁識能力を一時回復した
時に遺言をする場合は，医師2人以上が立会い，遺言者が事理弁識能力を欠く
状態になかった旨を遺言書に付記し，これに署名・押印しなければならない

（973 条）。

　以上のように，通説によれば，一般的な意思能力ないし事理弁識能力があれば遺言能力があるとされる。しかし，多くの裁判例では，一般的な意思能力を超えて，その遺言の内容を理解する能力が問題とされ，遺言作成の経緯や他人による不当な干渉の有無のほか，当該遺言の具体的内容（内容の複雑さ・重大性，遺産が高額であるなど）との相関関係で，遺言能力の存否が判断されている。

　(c)　**意思に瑕疵がある場合**　他の法律行為と同じく，錯誤や詐欺・強迫によって遺言をした場合は，遺言者（遺言者死亡後はその相続人）は，その遺言を取り消すことができる（95条・96条）。このような遺言の効力を否定したければ，遺言者は遺言を撤回すればよいが，例えば，遺言後に意思能力を失うなどして遺言者自身による撤回が不可能になった場合には，遺言者の取消権をその法定代理人が行使することが考えられる。

(2)　遺言の内容に問題がある場合

　まず，他の法律行為と同じく，公序良俗や強行法規に反する内容の遺言処分は，無効である（90条）。

　次に，遺言に特有の無効原因として，以下の2つがある。①遺言内容が，遺言の解釈によって確定できない場合や，遺言事項に該当しない場合は，遺言は成立せず，無効である。②被後見人がした遺言は，後見の計算（870条）の終了「前」になされたものであって，後見人またはその配偶者もしくは直系卑属の利益になるべき内容であれば，無効である（後見人が直系血族，配偶者または兄弟姉妹の場合は除く。966条）。被後見人の遺言に後見人が不当な影響を及ぼすのを阻止し，後見事務を適正かつ明確にさせる趣旨である。

第 5 節 遺 贈

1 序

(1)　遺贈の意義

　相続財産を相続人に与えることは，法定相続制度によって自動的に実現でき

る。相続人を廃除したり，相続分を変更したり，具体的な遺産分割方法を指示したりする場合にのみ，遺言（廃除・相続分の指定・遺産分割方法の指定）をすればよい。しかし，相続人でない者に相続財産を与えるには，遺言（遺贈）によるしかない（遺言で相続人を指定することはできない）。遺言によって財産を他人（受遺者）に無償で与える行為を遺贈（964条）という。遺贈は，原則としてその内容（誰に・何を・譲渡するか）を自由に定められる。このような遺贈の自由は，財産の所有者に生前に認められていた私有財産権を，その死後にまで延長し保障するものであり，遺言の自由とは，主として遺贈の自由を意味する。

(2)　遺贈の種類

　遺贈には，特定遺贈と包括遺贈の2種類がある（964条）。遺言者が，特定の財産を遺贈する場合を**特定遺贈**といい，財産の全部または割合で示された一部を遺贈する場合を**包括遺贈**という。

Column Ⅱ10-4　死因贈与

　贈与者の死亡によって効力を生じる贈与を死因贈与という。一方当事者の死後の財産処分という点で遺贈と共通するため，死因贈与には，「その性質に反しない限り」，遺贈に関する規定が準用される（554条）。まず，死因贈与にも1022条以下（方式に関する部分は除く）が準用され，贈与者は，いつでも死因贈与の全部または一部を撤回できる（最判昭和47・5・25民集26巻4号805頁）。しかし，裁判上の和解で行われた死因贈与（最判昭和58・1・24民集37巻1号21頁）や，負担付死因贈与で受贈者が負担の全部（に類する程度）の履行をした場合（最判昭和57・4・30民集36巻4号763頁）には，受贈者の期待保護のために贈与者を契約に拘束する必要があるので，死因贈与の撤回は認められない。受贈者が贈与者よりも先に死亡した場合に994条が準用されるかどうかについて，学説は分かれる。死因贈与は受贈者その人に贈与する趣旨だと捉えれば，994条1項が準用されて死因贈与は無効となるが（東京高判平成15・5・28家月56巻3号60頁），目的物の取得について受贈者側に期待権が生じていることからすれば，死因贈与の効力を否定すべきでなく，目的物は受贈者の遺産として相続人に承継されることになる（京都地判平成20・2・7判タ1271号181頁）。遺贈は要式の単独行為であるのに対して，死因贈与は諾成・不要式の契約なので，遺言の方式（960条・967条以下），遺言能力（961条），遺贈の承認・放棄（986条以下）に関する規定は準用されない。

2　受遺者・遺贈義務者

(1)　受　遺　者

　遺贈を受ける者として遺言で定められた者を，**受遺者**という。受遺者は，自然人（相続人も含む）のほか，法人でもよいが，遺言の効力発生時に存在していなければならない（同時存在の原則。994 条も参照）。遺言の効力発生時に胎児である者も，すでに生まれたものとみなされて受遺者となることができる（965 条→886 条）。しかし，生きて生まれなければ遺贈は効力を生じない（886 条2 項）。受遺者にも相続人の欠格事由に関する 891 条が準用されるので（965 条→891 条），故意に遺贈者を死亡させて刑に処せられたり（891 条 1 号），詐欺・強迫によって遺贈者に遺言を作成させたりした（同条 4 号）受遺者は，遺贈を受けることはできない（受遺欠格）。

　遺贈は，遺言者の死亡によってはじめてその効力を生じる（985 条 1 項）。遺言者の生前は，受遺者は，将来遺贈の目的たる権利を取得することについて期待権すら持たない（最判昭和 31・10・4 民集 10 巻 10 号 1229 頁）。

　遺贈の効力は，受遺者が遺贈の事実を知っていたかどうか，遺贈を承諾していたかどうかに関係なく生じる（985 条 1 項）。しかし，受遺者の意思に反して，遺贈の効力を受遺者に強制的に帰属させるべきではないので，受遺者は，遺贈を承認するか放棄するかを選択することができる。遺贈の承認・放棄の方法は遺贈の種類（特定・包括）によって異なる。

(2)　遺贈義務者

　遺贈の履行義務を負う者（**遺贈義務者**）は，被相続人の法的地位を承継した相続人である。相続人がいる場合でも，遺言執行者があるときは，遺言執行者のみが遺贈を履行することができる（1012 条 2 項）。相続人の不存在の場合には，相続財産の清算人が遺贈の履行義務を負う。遺贈の履行義務は，被相続人（遺言者）が生前に負っていた債務とともに相続財産（消極財産）を構成する。

3　遺贈の無効・取消し

(1)　遺言の無効・撤回

　遺贈を含んだ遺言そのものが方式違反で成立していなかったり，遺言者に遺言能力がなかった場合は，遺贈も無効である。また，遺贈を含んだ遺言が撤回された場合（1022 条以下）も，遺贈は効力を生じない。

(2)　法律行為一般の無効・取消事由

　遺贈も法律行為であるので，法律行為一般に関する無効・取消事由があれば，遺贈の効力は否定される。例えば，意思能力のない者がした遺贈や，公序良俗や強行法規に反する遺贈は無効である（3 条の 2・90 条）。もっとも，愛人に対する遺贈も，愛人関係の維持・継続ではなく，愛人の生活保全を目的とするものであって，相続人らの生活基盤を脅かすようなものでなければ，公序良俗に反しない（最判昭和 61・11・20 民集 40 巻 7 号 1167 頁）。

(3)　遺贈特有の無効事由

　(a)　**受遺者が存在しない場合**　　遺言者の死亡以前に受遺者が死亡した場合は，遺贈は無効である（994 条 1 項）。同時存在の原則による。相続の場合（887 条 2 項・3 項）と異なり，受遺者の地位は受遺者の相続人には承継されない。遺言者の遺贈意思は，通常，受遺者その人に向けられているからである。停止条件付遺贈で，条件成就前に受遺者が死亡したときも，遺言者が別段の意思を表示していない限り，遺贈は無効である（994 条 2 項）。

　(b)　**遺贈目的物が相続財産に属しない場合**　　遺言者死亡の時点で，遺贈目的物が相続財産に属していなければ，原則として遺贈は無効である（996 条）。そのような場合として，①遺贈目的物が他人物である場合と，②遺贈成立後（遺言書完成後）の事情変更により，遺言者死亡時に遺贈目的物が相続財産中に存在しない場合がある。①の他人物の遺贈については，遺言者は，自分の財産だからこそ遺贈するのであり，他人の物を遺贈義務者に取得させて遺贈をおこなうことまでは通常は意図しないので，原則として無効とされる。しかし，遺言者が，相続財産に属するかどうかにかかわらずその物を遺贈したと認められる

場合は，例外的に無効にならない（同条ただし書）。②において，遺贈成立後に遺言者が遺贈目的物を第三者に処分したり，自ら滅失させた場合であれば，そもそも当該遺贈を定める遺言は撤回されたものとみなされる（1023 条 2 項・1024 条）。遺贈目的物が滅失したり，変造されたり，遺言者がその占有を失った場合に，遺贈目的物の代償物が相続財産中に存在するとき（999 条・1001 条）は，例外的に遺贈は無効にならない。

(c)　**遺贈の放棄**　　受遺者が遺贈を放棄すると，遺贈は遺言者の死亡時に遡って効力を失う（986 条 2 項）。

(d)　**遺贈の無効と遺贈目的物の帰属**　　(a)(c)の事由により遺贈が無効である場合は，受遺者が受けるべきだったものは，遺贈者の相続人に帰属する（995 条）。

4　特定遺贈

(1)　意　　義

遺言者が，特定の財産を遺贈する場合を**特定遺贈**という。特定遺贈では，権利ないし財産的利益のみが受遺者に与えられる。

相続人に対して特定遺贈をすることは可能である。しかし，「特定の遺産を特定の相続人に相続させる」旨の遺言（特定財産承継遺言）は，その趣旨が遺贈であることが明らかであるかまたは遺贈と解すべき特段の事情がない限り，遺贈と解すべきではない（最判平成 3・4・19 民集 45 巻 4 号 477 頁◆判例 Ⅱ 10-2◆〔422頁〕）。このような遺言は，遺産分割方法の指定であって，特定の財産が相続開始時にその相続人に承継されるという効果をもつ（「相続させる」旨の遺言〔特定財産承継遺言〕⇒本章第 6 節 **2**）。

(2)　遺贈目的物

(a)　**特定遺贈の対象**　　特定遺贈の対象となるのは，特定物でも（神戸市○区△町 2 丁目 1 番地にある宅地），不特定物（ロマネ・コンティ 10 本のうち 3 本）でも，一定額の金銭でもよい。特定の財産を与える場合だけでなく，受遺者が遺言者に対して負う債務を遺言で免除する場合も，特定遺贈である。

(b)　**遺贈の物上代位性**　　遺贈目的物が相続財産に属しない場合は，遺贈は原則として無効である（996 条）。しかし，遺贈目的物が滅失したり，変造され

たり，遺言者がその占有を失ったりした場合に，遺言者がこれによって第三者に対して償金請求権（火災保険金請求権，損害賠償請求権など）を取得しており，遺言の効力発生時に償金請求権が存続しているときは，この償金請求権が遺贈されたものと推定される（999 条 1 項）。

遺贈成立後に，遺贈目的物が他の物と付合または混和した場合に，遺言者が合成物または混和物の所有権や共有持分権を取得したときは，その所有権や共有持分権が遺贈されたものと推定される（同条 2 項）。

債権が遺贈の目的とされていたが，遺言者が生前に弁済を受け，かつ，その受け取った物が，遺贈の効力発生時になお相続財産中にあるときは，その物が遺贈されたものと推定される（1001 条 1 項）。金銭債権の遺贈の場合は，遺言者が生前に弁済を受けたが相続財産中にその債権額に相当する金銭がないときでも，その金額を遺贈したものと推定される（同条 2 項）。

(3)　受遺者による承認・放棄

特定遺贈の受遺者は，いつでも，遺贈を放棄することができる（986 条 1 項。ただし，債務免除を内容とする遺贈は放棄できない）。受遺者が遺贈義務者に対して承認の意思表示をすると，遺贈の効力は確定する。受遺者が遺贈義務者に対して放棄の意思表示をすると，遺言者の死亡時に遡って遺贈の効力は消滅する（同条 2 項）。一度した承認・放棄は撤回することができない（989 条 1 項）。しかし，承認・放棄の意思表示が，意思無能力（3 条の 2）を理由に無効になったり，能力の制限（5 条 2 項，9 条，13 条 1 項 7 号・4 項，17 条 4 項，865 条），錯誤（95 条）や詐欺・強迫（96 条）を理由に取り消されることはある（989 条 2 項→919 条 2 項・3 項）。

遺贈義務者やその他の利害関係人は，受遺者に対して，相当の期間を定めて，遺贈を承認または放棄するよう催告することができる。受遺者がこの期間内に承認または放棄の意思を表示しなかったときは，遺贈を承認したものとみなされる（987 条）。

遺贈の効力発生後に，受遺者が承認も放棄もしないで死亡したときは，遺贈を承認または放棄する地位が，受遺者の相続人に，その相続分に応じて承継される。受遺者の相続人は単独で，各自の相続分に応じて遺贈を承認または放棄

できる（988条本文）。ただし，遺言者が別段の意思を表示していた場合はその意思による（同条ただし書）。

(4) 効　　力

(a) **物権的効力**　　特定物の遺贈の場合は，遺贈の効力が発生すると同時に，目的物の所有権は，遺贈者から受遺者に直接移転する（**物権的効力**。大判大正5・11・8民録22輯2078頁）。しかし，この移転に完全な排他性を備えさせるには，対抗要件を具備する必要がある（最判昭和39・3・6民集18巻3号437頁，最判昭和46・11・16民集25巻8号1182頁）。遺贈目的物が不動産の場合に，所有権登記移転手続は遺贈義務者と受遺者の共同申請による（ただし，遺贈が相続人に対してなされた場合に限り，登記権利者〔受遺者〕の単独申請によることができる。不登63条3項）。例えば，遺贈者Xが甲土地をAに遺贈した場合に，甲土地は，Xの死亡と同時にXからAに移転する。Xの単独相続人Bは遺贈者Xの地位を承継しており，遺贈義務者として，Aに対して甲土地の登記移転義務を負う。ここで，Bが，甲土地につき相続を原因とする所有権移転登記をして，甲土地を第三者Cに譲渡し，その旨の移転登記をしたとする。この場合に，Aは，登記がないので，甲土地の取得をCに対して主張することはできない（177条）。債権が遺贈された場合も同様であり，遺贈の効力発生時に受遺者に債権は帰属するが，その旨が遺贈義務者から債務者に通知されなければ，受遺者は，遺贈による債権の取得を債務者に対抗することができない（467条1項。最判昭和49・4・26民集28巻3号540頁）。

　不特定物の遺贈の場合は，遺贈の効力が発生した時点ではまだ目的物が特定されていないので，受遺者は目的物を特定して自己に移転するよう請求する権利を有する。その後，遺贈義務者が遺贈目的物を特定した時に，目的物の所有権が受遺者に移転する（東京高判昭和23・3・26高民集1巻1号78頁）。

(b) **遺贈義務者の引渡義務**　　遺贈義務者は，遺贈の目的である物または権利を，相続開始の時（その後に当該物または権利が遺贈の目的として特定された場合には，その特定された時）の状態で引き渡し，または移転する義務を負う（998条本文）。したがって，特定物の遺贈において，相続開始時に，当該目的物の品質・数量等に不適合があったり，当該目的物が第三者の権利を負担していた場

合に，受遺者は不適合を理由に追完や損害賠償を請求することはできない。不特定物の遺贈の場合も，遺贈義務者は，特定された時の状態で当該特定された目的物を引き渡す等すればよい。ただし，遺言者が別段の意思を表示した場合には，その意思に従う（998条ただし書）。

　他人物の遺贈が有効とされる場合（996条ただし書）に，受遺者は，遺贈義務者に対して，目的物を取得して自己に移転するよう求めることができる（997条1項）。遺贈義務者は，目的物を取得できなかったり，取得のために過分の費用を要する場合には，受遺者に対して，その物の価額を弁償しなければならない（同条2項）。ただし，遺言者が別段の意思を表示した場合には，その意思に従う（同項ただし書）。

　(c)　**受遺者の権利義務**　　(i)　担保請求権　　受遺者は，遺贈が弁済期に至らない間は，遺贈義務者に対して相当の担保を請求することができる（991条）。ただし，遺言者が別段の意思を表示した場合には，その意思に従う（条文はない）。

　(ii)　果実取得権　　遺贈目的物が果実を生じる場合（賃貸中の不動産の遺贈など）は，受遺者は，遺贈の履行を請求できる時（通常は遺言者死亡時）から果実を取得する。ただし，遺言者が別段の意思を表示した場合には，その意思に従う（992条）。

　(iii)　費用償還義務　　遺言者の死亡後，遺贈目的物が受遺者に引き渡されるまでの間に，遺贈義務者が目的物について費用を支出した場合は，受遺者はその費用を遺贈義務者に償還する義務を負う（993条1項→299条）。また，遺贈義務者が果実を収取するために通常の必要費を支出した場合に，受遺者は，果実の価格を超えない限度で，遺贈義務者に対して必要費を償還する義務を負う（993条2項）。

5　包括遺贈

(1)　意　　義

　(a)　**定　義**　　遺産の全部または割合で示された一部を遺贈する場合を，**包括遺贈**という。遺産の全部を目的とする遺贈を全部包括遺贈，遺産のうち，一定割合で示された部分を目的とする遺贈を割合的包括遺贈という。包括遺贈の

受遺者を包括受遺者と呼ぶ。包括遺贈の対象は，特定の財産ではなく，被相続人の遺産（積極財産だけでなく，消極財産を含む）の全部または一定割合である。

(b) 包括遺贈と相続分の指定 例えば，相続人である子Ａ・Ｂ・Ｃのうち，Ａに対して遺産の4分の1を与える旨の遺言がなされた場合は，その趣旨が①包括遺贈と②相続分の指定のいずれなのかが問題になる。原則として②と解されるが，①・②は例えば次の点で効果が異なる。第1に，Ａが相続を放棄した場合，①ならば，Ａは受遺者として遺産を取得することができるが，②ならば相続人ではない以上，何も取得できない。第2に，①ならば，残りの4分の3の遺産は法定相続によるので，Ａは残りの遺産からも財産を取得できる可能性がある。その際，Ａの具体的相続分の算定において，遺贈として受けた4分の1の遺産はＡの特別受益として考慮される。②ならば，Ａの取得する財産は，法定相続分を下回る指定相続分（4分の1）に限られる。

(2) 効 力

(a) 包括受遺者の地位 包括受遺者は，遺贈の効力発生と同時に，積極財産だけでなく消極財産をも承継する。この点で，包括受遺者の地位は相続人に似ている。そこで，民法は，包括受遺者が相続人と同一の権利義務を有する旨を定める（990条）。もっとも，包括受遺者は遺言者の意思に基づいて，相続人は被相続人との一定の親族関係から生じる相続権に基づいて，遺産を取得するのであり，包括受遺者を相続人と完全に同一に扱うことはできない。例えば，相続人ならば，他の相続人が相続を放棄すれば自己の相続分が増加することがあるが，包括受遺者は，他の相続人や受遺者が放棄した場合でも，遺言で示された割合どおりの遺産しか取得できない（最判令和5・5・19民集77巻4号1007頁）。包括受遺者には遺留分もない。

(b) 包括遺贈の効力 包括遺贈が効力を生じると，包括受遺者は，遺贈された割合で，遺産を当然かつ包括的に（債務も含めて）承継する（896条・899条）。しかし，包括受遺者は，自己のために包括遺贈があったことを知った時から3か月以内（熟慮期間）に，家庭裁判所に申述することによって，遺贈を放棄したり限定承認したりすることができる（990条・915条以下。986条は適用されない）。放棄も限定承認もせずに熟慮期間を経過すれば，遺贈を単純承認し

たことになる（921 条 2 号）。

　割合的包括遺贈の場合に，包括受遺者は，遺産に属する個々の財産の上に受遺分に応じた持分を有し，相続人や他の包括受遺者とともに遺産を共有する（898 条）。遺産分割手続によって遺産共有は解消される（906 条以下）。また，包括受遺者は，受遺分に応じて遺産中の債務も承継する。しかし，包括遺贈の効力は，相続債権者が承諾しない限り，相続債権者には及ばない。

　遺産に含まれる不動産について，相続人は，登記がなくても法定相続分に応じた持分の取得を第三者に対抗することができ（最判昭和 38・2・22 民集 17 巻 1 号 235 頁），遺産分割による財産の取得につき，相続を原因とする移転登記手続を単独ですることができる。これに対して，包括受遺者は，特定遺贈の場合と同じように，その旨の登記がない限り，遺贈による権利の取得を第三者に対抗することができないし（全部包括遺贈について，大阪高判平成 18・8・29 判時 1963 号 77 頁），移転登記手続をする場合は，個々の不動産につき遺贈義務者と包括受遺者との共同申請による。例外的に，包括遺贈が相続人に対してなされた場合に限り，登記権利者（受遺者）の単独申請により，所有権移転登記手続をすることができる（不登 63 条 3 項）。

6　付款を伴う遺贈

(1)　条件・期限付遺贈

(a)　定　義　　遺言者は，特定遺贈または包括遺贈をするにあたり，その効力の発生を実現の不確実な事実にかからせることができる（停止条件付遺贈：985 条 2 項）。始期や終期を定めることもできる（期限付遺贈）。例えば，「私が死んで 1 周忌が来たら，A に甲土地を遺贈する」というのは始期付遺贈であり，「A に甲土地を遺贈する。もし A が遺贈を放棄した場合は，B に甲土地を遺贈する」（いわゆる補充遺贈）場合は，A への単純遺贈と B への停止条件付遺贈を含む。しかし，遺言の内容によっては，条件や期限を付けることが許されない場合もある。

(b)　効　力　　遺贈に停止条件や始期が付けられている場合は，遺言者の死亡後に条件が成就した時や期限の到来した時に遺贈の効力が生じる（985 条 2 項）。それまでは受遺者は遺贈義務者に対して履行を請求できない。停止条件

付遺贈で，受遺者が条件の成就前に死亡したときは，遺言者が別段の意思を表示していなければ，遺贈は失効する（994 条 2 項）。受遺者は，履行期が到来するまでの間，遺贈義務者に対して相当の担保を請求することができる（991 条）。

(c) **後継ぎ遺贈の効力**　「私（X）の所有する甲不動産を A に与える。A の死亡後は，甲を B に与える」旨の遺贈は，A の死亡を終期とする X から A への期限付遺贈（第 1 次遺贈）と，A の死亡を始期とする X から B への期限付遺贈（第 2 次遺贈）を含む。A 死亡時に，第 1 次遺贈の効力は消滅し（135 条 2 項），甲不動産は A の相続財産にならずに，死者 X から B へ遺贈されることになる。このように，第 1 次受遺者の受ける遺贈利益を，一定の条件の成就または期限の到来により第 2 次受遺者に移転させる旨の遺贈を後継ぎ遺贈という。学説の多くは，（第 1 次受遺者の死亡を終期とする）期限付きの所有権を創設することは民法上認められないことや，A の相続人や債権者と B との法律関係が理論的に明確でないことを理由に，第 2 次遺贈の効力を否定する。判例は，①甲不動産を B に移転すべき負担を A に負わせた負担付遺贈，② A 死亡時に，甲不動産の所有権が A に存するときは，その時点で B に移転する旨の遺贈，③ A 死亡を不確定期限とする B への遺贈であり，A は甲不動産の使用収益権を有するにすぎない，という複数の解釈の可能性を指摘する（最判昭和 58・3・18 家月 36 巻 3 号 143 頁）。

(2) 負担付遺贈

(a) **定　義**　例えば，「A に 1000 万円を与える。その代わり，A は私の父 B を扶養すること」や「A に 1000 万円を与えるが，そのうち 200 万円は B に与えること」（いわゆる裾分け遺贈）のように，遺言者は，受遺者（A）に一定の給付義務を課して，特定遺贈や包括遺贈をすることができる（負担付遺贈）。負担の履行によって利益を得る者（B）を受益者という。「負担」は，受遺者の行為（作為・不作為）を内容とする。公序良俗に反することや，一身専属的な行為であって法律上強制できないこと（再婚しないこと等）を内容とする負担は無効である。負担が無効である場合に，遺贈自体の効力がどうなるかは，遺言の解釈による。多くの場合は，負担が無効ならば遺言者は遺贈しなかっただろうと考えられるので，遺贈自体が無効となるだろう。

⒝　**効　力**　　負担付遺贈は，遺言者の死亡によって効力を生じる。負担が履行されたかどうかは，遺贈の効力に影響しない。

受遺者は，負担付遺贈を承認すると，負担を履行する義務を負う。受遺者は，遺贈の目的の価額を超えない限度でのみ，負担した義務を履行する責任を負う（1002 条 1 項）。相続人が限定承認をした場合は，受遺者は遺贈の全額を取得できないことがある（922 条・931 条）。この場合に，受遺者は，負担付遺贈の目的の価額が減少した割合に応じて，負担した義務を免れる（1003 条）。同様に，受遺者が遺留分侵害額支払債務を負う場合も，遺贈の目的の価額に対する侵害額の割合に応じて負担した義務を免れる（同条）。受遺者が負担付遺贈を放棄すると，受益者が受遺者になることができる（1002 条 2 項）。

負担が履行されない場合に，遺言者の相続人や遺言執行者（1012 条）は，受遺者に対して負担の履行を求めることができる。有力説によれば，負担の受益者も，第三者のためにする契約（537 条〜539 条）の場合と同様に，負担の履行請求権を有する。遺言者の相続人は，相当の期間を定めて履行を催告することができ，期間内に履行されないときは，家庭裁判所に負担付遺贈に係る遺言の取消しを請求することができる（1027 条，家事別表第一 108 項。民法 1027 条は，負担付の特定財産承継遺言にも類推適用される〔仙台高決令和 2・6・11 判時 2503 号 13 頁〕）。この取消しは，双務契約における債務不履行に基づく解除に類する（通説）。取消しによって負担付遺贈は遡及的に効力を失い，遺贈目的物は，相続人に帰属する（995 条本文）。この場合に，受益者は相続人に負担の履行を求めることはできない。

Column Ⅱ10-5　信託と遺言

後継ぎ遺贈はその効力が疑問視されているが，このような効力を有する財産処分は，遺族の生活保障や個人企業経営者による後継者確保の手段として需要がある（家族間で利用された信託の効力が問題になった事例として，東京地判平成 30・10・23 金法 2122 号 85 頁）。そこで，信託法は，平成 18（2006）年改正で類似の効果をもたらす信託の設定を認めた（信託 91 条）。信託とは，委託者が信託行為（契約・遺言）によって他人（受託者）に一定の財産（信託財産）の管理処分権を与え，委託者の定めた信託目的に従って，受託者が受益者のために信託財産の管理や処分をおこなう法律関係である。例えば，自己の土地・家屋を信託財産とする信託を設定し，妻の生存中は妻を受益者として家屋に居住し続

けられるようにし，妻死亡時には子が受益権を取得するという形の信託を設定する場合（後継ぎ遺贈型の受益者連続の信託）がそうである。遺言制度では有効性に疑義ある行為が信託制度の下では可能となることについては議論があったが，信託法は，後継ぎ遺贈型の受益者連続の信託について存続期間を制限し（信託91条），信託の受益権の取得も当然に遺留分侵害額請求の対象とすること（条文はない）によって，相続法秩序に配慮している。

第6節　遺産分割方法の指定

1 序

(1)　分割方法の指定のしかた

被相続人は，遺言で，遺産分割の方法を指定したり，第三者に分割方法の指定を委託したりすることができる（908条）。分割方法の指定は，必ずしも，相続人全員およびすべての遺産についてなす必要はない。

遺産分割方法の指定には，①単に分割態様（現物分割か，換価分割か，代償分割か）を指定する場合のほか，②具体的な分割の実行（どの財産をどの相続人に帰属させるか）を指定する場合もある。例えば，子A・B・Cが相続人である場合に，「不動産はすべて売却し，得られた代金をA・B・Cで分けよ」（①の例）や，「遺産のうち甲土地はAに相続させる」（②の例）という遺言がそうである。このうち，②の，特定の遺産を特定の相続人に相続させる旨の遺言は，**「相続させる」旨の遺言**（**特定財産承継遺言**：1014条2項）と呼ばれる。

(2)　効　　力

特定財産承継遺言以外の遺産分割方法の指定（(1)①）については，遺言に従って遺産分割がおこなわれてはじめて，各相続人に帰属すべき具体的な遺産が確定する。遺言執行者がいない場合は，相続人全員の合意によって指定と異なる分割をすることも可能である。

他方，特定財産承継遺言の場合（(1)②）は，遺産分割手続を経ずに，特定の財産が，相続開始時に特定の相続人（受益相続人）に帰属する（最判平成3・

4・19 民集 45 巻 4 号 477 頁〈判例 II 10-2〉）。この場合も，相続人全員の合意があれば特定財産承継遺言と異なる分割をすることは可能であろう。しかし，法律構成としては，受益相続人が遺言によっていったん取得した当該特定財産を他の相続人に譲渡したことになろう。

〈判例 II 10-2〉**最判平成 3・4・19 民集 45 巻 4 号 477 頁**
【事案】死亡した A の相続人は，A の夫 Y_1（甲山太郎），長女 Y_2（甲山春子），二女 X_1（乙川夏子），三女 X_2（丙野秋子）であった。X_1 には，夫 X_3（乙川一郎）がいた。A は，土地①〜⑦と，土地⑧の共有持分 4 分の 1 を有していたが，土地①〜④を「乙川一家の相続とする」旨の遺言（遺言ア）を，土地⑤および⑥を「乙川夏子の相続とする」旨の遺言（遺言イ）を，土地⑦を「乙川一郎に譲る」旨の遺言（遺言ウ）を，土地⑧の共有持分を「丙野に相続させてください」との遺言（遺言エ）をしていた。そこで，X らは，土地①〜⑧について所有権または共有持分権を有することの確認を求めて，訴えを提起した。原審は，遺言ア（X_1 に関する部分）・イ・エは遺産分割方法の指定であり，受益相続人が遺言の趣旨を受け容れる旨の意思を他の共同相続人に明確に表示した時点で遺産の一部分割が成立した結果，相続時に遡って受益相続人が当該遺産を取得するとして，X らの所有権・共有持分権を有することを確認した。Y_1 が上告した。
【判旨】棄却。「遺言書において特定の遺産を特定の相続人に『相続させる』趣旨の遺言者の意思が表明されている場合，……遺言者の意思は，右の各般の事情を配慮して，当該遺産を当該相続人をして，他の共同相続人と共にではなくして，単独で相続させようとする趣旨のものと解するのが当然の合理的な意思解釈というべきであり，遺言書の記載から，その趣旨が遺贈であることが明らかであるかまたは遺贈と解すべき特段の事情がない限り，遺贈と解すべきではない。……したがって，右の『相続させる』趣旨の遺言は，正に同条〔908 条〕にいう遺産の分割の方法を定めた遺言であり，他の共同相続人も右の遺言に拘束され，これと異なる遺産分割の協議，さらには審判もなし得ないのであるから，このような遺言にあっては，遺言者の意思に合致するものとして，遺産の一部である当該遺産を当該相続人に帰属させる遺産の一部の分割がなされたのと同様の遺産の承継関係を生ぜしめるものであり，当該遺言において相続による承継を当該相続人の受諾の意思表示にかからせたなどの特段の事情のない限り，何らの行為を要せずして，被相続人の死亡の時（遺言の効力の生じた時）に直ちに当該遺産が当該相続人に相続により承継されるものと解すべきである。」

2　特定財産承継遺言

(1)　性　　質

(a)　**遺贈との関係**　　「A（特定の相続人）に特定の財産を相続させる」という遺言は，Aが相続人であることを一切考慮しなければ，遺贈（964条）と解することもできる。このような遺言が，遺産分割方法の指定（相続人としての承継）か特定遺贈（受遺者としての承継）かのいずれにあたるかは，遺言の解釈による。判例は，遺産に含まれる特定の財産を特定の相続人に相続させる旨の遺言（特定財産承継遺言）は，遺贈と解すべき特段の事情がない限り，その財産をその相続人に承継させることを内容とした遺産分割方法の指定であるとする（前掲最判平成3・4・19 ◆判例 Ⅱ10-2▶）。

　特定財産承継遺言と特定遺贈との最も大きな相違は，その放棄の方法と効果にある。特定財産承継遺言による受益は，相続による承継なので，相続放棄（938条）によってしか放棄できない。この場合に，受益相続人は，相続放棄をすると，特定財産承継遺言によって承継するとされた特定の財産だけでなく，他の相続財産も全く相続できなくなる。これに対して，特定遺贈は986条によって放棄できる。この場合に，遺贈を受けた相続人には，受遺者としての地位と相続人としての地位が併存しているところ，受遺者としては遺贈による受益を放棄して，相続人としては（自身が放棄した遺贈目的財産を含めた）相続財産を相続できることになる（逆に，相続を放棄して相続債務を免れつつ，受遺者として遺贈だけを受けることもできる）。もっとも，特定財産承継遺言による財産の承継が，遺贈によるそれと同様に扱われる場面もある。例えば，特定財産承継遺言によって受益相続人は当該特定財産を相続開始時に承継するので，具体的相続分の算定の場面では，特定財産承継遺言による承継財産は，遺贈による受益と同様に，特別受益として扱われる。また，遺留分侵害額請求の場面では，特定財産承継遺言による受益相続人は，受遺者と同様に扱われる（1046条1項括弧書）。

(b)　**相続分の指定との関係**　　遺産分割方法の指定そのものは，法定相続分を前提として遺産の分配方法を定めるものであるが，特定財産承継遺言は，相続分の指定（902条）を伴う場合が少なくない。相続分の指定を伴うかどうかは遺言の解釈による（ ◆Column Ⅱ5-2▶ 〔303頁〕参照）が，特定の相続人に与え

るとされた特定の財産の額がその相続人の法定相続分を超える場合には，通常は，相続分指定を伴うと見るべきである。

(2) 効 力

(a) **被相続人による「遺産分割」に基づく権利の帰属** 特定財産承継遺言に基づいて，特定の財産について，相続開始時＝遺言の効力発生時に遺産の一部分割がおこなわれたことになる。その結果，特段の事情（当該遺言に基づく承継を受益相続人の受諾の意思表示にかからせた等）のない限り，何らの行為を要することなく，相続開始時に特定の財産が受益相続人に帰属する。

特定財産承継遺言に基づいて生じた受益相続人への不動産所有権の移転について，受益相続人は，相続を原因とする所有権移転登記手続を単独ですることができる（最判平成7・1・24判時1523号81頁）。なお，特定財産承継遺言による権利取得は，相続による権利取得なので，受益相続人は，相続放棄をすれば，当該財産もその他の財産も取得できない。

(b) **債務の承継** 特定財産承継遺言が相続分指定を伴う場合は，相続債務も指定相続分どおりに受益相続人に承継される。もっとも，相続分の指定の効力は，相続債権者が承認しない限り，相続債権者には及ばない（最判平成21・3・24民集63巻3号427頁。902条の2によって明文化された）。

(c) **受益相続人の先死と遺言の効力** 遺贈は，受遺者が遺言者の死亡以前に死亡したときは，その効力を生じない（994条1項）。これに対して，特定財産承継遺言で受益相続人が被相続人の死亡以前に死亡した場合に，判例は，994条1項を類推するのではなく，遺言者の意思解釈の問題として処理する。すなわち，特定の財産を特定の相続人に「相続させる」旨の遺言（特定財産承継遺言）がある場合に，遺言者の意思は，通常は，《当該受益相続人その人に》当該財産を取得させることに向けられている。したがって，当該相続人が遺言者の死亡以前に死亡した場合は，遺言は原則として効力を生じない（特定財産承継遺言が相続分の指定を伴うときは，これも含めて失効する）。しかし，当該「相続させる」旨の遺言条項と遺言書の他の記載との関係，遺言書作成当時の事情および遺言者の置かれていた状況などから，「推定相続人が遺言者の死亡以前に死亡した場合には，……当該推定相続人の代襲者その他の者に遺産を相続さ

せる」旨の意思を遺言者が有していたとみるべき特段の事情が認められるとき
は，遺言は，《当該相続人の代襲者その他の者に》当該財産を取得させる趣旨
であると解釈され，その効力を生じる（最判平成 23・2・22 民集 65 巻 2 号 699 頁）。

(3)　特定財産承継遺言と対抗問題

(a)　**他の相続人からの譲受人と受益相続人との関係**　　特定財産承継遺言があ
る場合でも，当該特定財産について二重譲渡が生じることがある（不動産物権
変動論において二重譲渡が可能であるのと同じである。⇒LQ 民法 II・第 4 章第 2 節）。
この場合に，受益相続人は，特定財産承継遺言による権利の承継（＝相続によ
る権利の承継）に関し，その法定相続分を超える部分については，対抗要件を
備えなければ第三者に対抗することができない（899 条の 2 第 1 項。最判平成
14・6・10 家月 55 巻 1 号 77 頁は本条によって否定された）。例えば，子 A・B のみ
が相続人であり，「甲土地を A に相続させる」旨の遺言があるとする。甲土地
につき，B が B 単独名義の登記をしたうえで，第三者 C に譲渡し，C への所
有権移転登記をしたとする。この場合に，特定財産承継遺言により甲土地を承
継した A は，その法定相続分を超える部分（1/2）の取得については，登記を
備えていないので C に対抗することができない（A の法定相続分〔1/2〕につい
ては，B は〔したがって C も〕無権利であるので，A は登記がなくても C に対抗できる。
899 条の 2 第 1 項の反対解釈）。なお，上記の例で，特定財産承継遺言ではなく，
A への甲土地の遺贈を定めた遺言がある場合も，適用条文は異なるが結論は
同じになる。すなわち，甲土地の B の法定相続分に応じた持分については，A
と C は二重譲渡の関係に立ち，登記を備えた C は，B から C への物権変動を
A に対抗することができる（177 条。B の持分以外の部分については，無権利者 B
による譲渡であり，登記による対抗の問題にはならない）。

(b)　**被相続人からの譲受人と受益相続人との関係**　　被相続人 X が，その所
有する甲土地を A に譲渡した後に，甲土地を相続人 B に「相続させる」旨の
遺言（特定財産承継遺言）をして，死亡したとする。この場合に，X の相続人で
ある B は，A に対して譲渡人として負う債務を含め，X の地位を包括承継し
たので，A と B は当事者関係に立つ。したがって，B が，遺言に基づいて甲
土地につき相続を原因とする自己への移転登記をしたとしても，A は，B に対

してXからAへの所有権の移転を主張することができる。

　他方，Xが甲土地をAに譲渡した後，相続人Bを受遺者として甲土地を「遺贈」する遺言をしたとする。そして，Xの相続開始後に，遺言に基づいて遺贈を原因とするBへの移転登記がなされたとする。この場合には，Bは，譲渡人たる地位を相続していても，遺贈による譲受人たる地位を失うことはなく（すなわち両地位は併存し），後者の地位においてはAと対抗関係に立つ。したがって，Bは，「遺贈」を原因とする登記を備えれば，遺贈による所有権の取得をAに対して対抗できると考えられる。

第7節　遺言の撤回

1 撤回の自由

　遺言が成立した後，その効力が発生する（遺言者が死亡する）までの間に長期間が経過する場合も少なくないが，この間に遺言の基礎となった事情（遺言者の家族関係や財産状態）に変化が生じたり，遺言者の意思が変わったりすることがある。このような場合に，遺言者は，いつでも遺言を撤回することができる。

　意思表示は，その効力発生前は，表意者において自由に撤回できるのが原則である。契約の申込みの撤回が，申込みを受けた者の利益のために制限される場合があるのに対して（523条1項・525条1項など），遺言の撤回には何の制限もない。遺言者が遺言を撤回しない旨の意思表示をしても無効であり（1026条），**撤回の自由**は強く保護されている。その理由は2点ある。第1に，遺言制度は，遺言者の最終意思を尊重することを目的としており，撤回の自由を無制限に認めて，死亡の直前まで遺言の自由を保障する必要がある。第2に，遺言は相手方のない単独行為であり，遺言処分の名宛人は遺言の効力発生までは法律上の利益を取得せず，撤回によって害される第三者の権利は存在しない。

2 撤回の方法

(1)　概　　説
　遺言者は，いつでも自由に，遺言の全部または一部を撤回することができる。

しかし，遺言の撤回は，相続人・受遺者・遺言執行者の法的地位に重大な影響を及ぼすので，単に遺言者の内心の意思が前の遺言で示された意思と異なるというだけでは，撤回は認められない。前の遺言を撤回する意思が遺言の方式に従って表示されるか，遺言者自身のした法律行為や事実行為から，前の遺言とは異なる意思の存在が推測される場合に，撤回が認められる。

(2)　遺言で撤回の意思表示をした場合

　遺言を撤回する意思は，原則として遺言の方式に従って表示されていなければ，撤回の効力を生じない（1022条）。これは，撤回意思の真意性と明確性の確保という要請に基づく。撤回遺言で用いる方式は，撤回の対象となる遺言で用いられた方式と同じでなくてもよい。

(3)　前の遺言と抵触する遺言や法律行為をした場合

　(a)　**概　説**　　撤回意思が遺言によって明示されていない場合でも，(i)遺言者が前の遺言と内容的に抵触する遺言をした場合（1023条1項）や，(ii)遺言者（またはその任意代理人）が，遺言完成後に，遺言と抵触する法律行為をした場合（同条2項）にも，その抵触する部分について，遺言は撤回されたとみなされる。例えば，遺言者が，甲不動産をAに遺贈する旨の遺言をした後，甲不動産をBに遺贈する旨の遺言をした場合(i)や，Bに生前贈与した場合(ii)に，Aへの遺贈が撤回されたことになる。この場合には，撤回意思の存在が推測されるし，明確な撤回意思がなかったとしても，後の遺言や生前行為で示された遺言者の最終意思が尊重されるべきだからである。

　(b)　**抵触の意義**　　前の遺言は，後の遺言や生前処分その他の法律行為と「抵触」する限度で，撤回されたとみなされる。

　抵触の有無・範囲は，前の遺言の効力を否定しなければ後の遺言や法律行為の内容を実現できないかどうか（形式的・客観的な抵触）だけでなく，客観的な抵触がない場合であっても，諸般の事情から，遺言者が前の遺言と両立させない意図で後の遺言や法律行為をしたといえるかどうか（実質的・主観的な抵触）によって判断される（大判昭和18・3・19民集22巻185頁。1万円を遺贈する旨の遺言をしたのち，遺言者が遺贈の代わりに5000円を生前に受遺者に贈与することにし，

受遺者もそれ以上の金銭を要求しない旨の約束をした事案で，遺贈と生前贈与の抵触を認めた）。例えば，遺言者が，甲不動産を A に遺贈する旨の遺言をした後，乙不動産を A に遺贈する旨の遺言をした場合や乙不動産を A に生前贈与した場合には，前の遺言と後の遺言・法律行為は両立可能であり，客観的な抵触はない。しかし，諸般の事情（遺言の解釈・法律行為に至った事情・遺言者の資産や家族関係・目的物の性質や価格その他）から，A に与える不動産を甲から乙に変更する趣旨でなされたことが明らかならば，甲不動産の遺贈の撤回が擬制される。

　(c)　**身分行為による撤回の可能性**　　例えば，遺言者が妻に遺贈する旨の遺言をした後に妻と協議離婚した場合は，財産行為（遺贈）と身分行為（離婚）が実質的に抵触するかどうか，抵触するとして，撤回が認められるかどうかが問題になる。判例は，遺言者が，終生扶養を受けることを前提として養子縁組をしたうえ所有不動産の大半を養子に遺贈する旨の遺言をしたが，その後，養子に対する不信感から協議離縁し，法律上も事実上も養子から扶養を受けることがなくなった事例で，協議離縁が遺贈と両立させない趣旨でなされたものであることを理由に，協議離縁による遺贈の撤回を認めている（最判昭和 56・11・13 民集 35 巻 8 号 1251 頁）。

　(d)　**抵触行為の効力**　　前の遺言と抵触する行為（遺言・生前処分等の法律行為）が無効な場合や取り消されて効力を生じない場合は，撤回の効力も生じない（名古屋高判昭和 58・6・28 判タ 504 号 106 頁）。判例（最判昭和 43・12・24 民集 22 巻 13 号 3270 頁）・多数説によれば，抵触行為に条件・期限が付されており，遺言者の死亡時にその効力が不確定である場合も，撤回の効力は生じない。

(4)　遺言書または遺贈目的物を破棄した場合

　撤回意思が遺言で表示されていない場合でも，遺言者が前の遺言書や遺贈目的物を故意に破棄したときは，破棄した部分について，遺言を撤回したものとみなされる（1024 条）。「破棄」とは，遺言書や目的物を物理的に損傷する行為が典型であるが，遺言書の文面を判読不能にする行為等も含む。このような事実行為を故意に行ったことに，撤回意思を認めることができるからである（もっとも，実際には撤回意思がなかった場合も，故意の破棄であれば撤回の効力は生じる）。最高裁判例には，遺言者が，自筆証書の遺言書面全体に，左上から右下

にかけて赤色ボールペンで故意に斜線を引いた行為につき，遺言の全ての効力を失わせる意思の表れとみるのが相当であるとして，1024 条前段による遺言の撤回を認めたものがある（最判平成 27・11・20 民集 69 巻 7 号 2021 頁）。遺言者が過失によって遺言書を破棄したときは，撤回の効力は生じない。しかし，破棄された遺言書の内容を再現するのは困難であろう。なお，公正証書遺言の場合は原本が公証役場に保管されているので，遺言者が手元にある正本を破棄しても撤回の効力は生じない。

　遺言者が遺贈目的物を過失によって破棄した場合は，撤回の効力は生じないが，遺贈の効力も生じない。第三者によって遺贈目的物が破棄された場合に，遺言者が償金請求権などを取得していれば，その権利が遺贈対象となりうる（999 条 1 項）。

③ 撤回の効力

　撤回されると，遺言は，撤回がなされた時点に，撤回された範囲で消滅する。撤回行為（事実行為〔1024 条〕を除く）が撤回されたり，取り消されたり，効力を失ったりしても，撤回された原遺言は原則として消滅したままで，復活しない（**非復活主義**：1025 条本文）。撤回行為が失効しても，遺言者が原遺言の復活を常に希望するかどうかは明らかでないので，原遺言を自動的に復活させるよりも，遺言者に改めて遺言をさせるほうが真意を担保できると考えられたからである。したがって，原遺言の復活の意思が明らかな場合には，遺言者の意思どおりに原遺言の復活を認めてもよい。民法は，撤回行為が錯誤・詐欺・強迫を理由に取り消された場合は，原遺言が復活する旨を定める（同条ただし書）。このような場合は，撤回行為そのものが遺言者の真意に基づいておらず，遺言者の意思が原遺言の復活を希望することが明白だからである。さらに，判例は，1025 条ただし書の法意にかんがみ，遺言者が第 1 遺言（原遺言）を第 2 遺言で撤回した後，さらに第 3 遺言で第 2 遺言を撤回した場合において，遺言者の意思が原遺言の復活を希望するものであることが第 3 遺言の記載から明らかであるときも，原遺言が復活するとする（最判平成 9・11・13 民集 51 巻 10 号 4144 頁）。

第8節　遺言の執行

1 遺言内容を実現する手続

(1)　遺言書の検認・開封

　公正証書遺言を除くすべての方式の遺言書については，その保管者や発見者（相続人）は，相続の開始を知った後，遅滞なく，遺言書を家庭裁判所に提出して，その検認を請求しなければならない（1004条1項・2項，家事別表第一103項）。なお，自筆証書遺言の保管制度を利用した自筆証書遺言については，公正証書遺言と同様に，検認は不要である（遺言保管11条）。遺言書が封印のある封筒に入れられている場合は，家庭裁判所において相続人またはその代理人が立ち会って開封されなければならない（1004条3項）。遺言書を提出しなかったり，家庭裁判所外で開封したり，検認手続を経ずに遺言を執行した者がいても，遺言やその執行の効力に影響はないが，その者は5万円以下の過料に処せられる（1005条）。

　検認手続は，遺言書の変造・隠匿の防止を目的として，遺言書の現状（方式・記載などの外部的状態）を確認し，証拠を保全する手続である。遺言が遺言者の真意に基づくかどうか，有効かどうか等の実質的判断はなされないので（大決大正4・1・16民録21輯8頁），検認によって遺言の有効性が確定するわけではない。遺言に無効原因があれば，検認後に遺言の無効を争うことができる。

　検認がなされると，利害関係人（相続人・受遺者）に対してその旨の通知がなされるので（家事規115条），利害関係人の知らないうちに遺言が執行される事態を防ぐことができる。

(2)　遺言の執行

(a)　**遺言の執行の必要性**　　遺言で相続分が指定されれば（902条），遺言者の死亡によって遺言の効力が生じると同時に，相続人は指定されたとおりの相続分を有する。他方，遺言で特定人に対して不動産を遺贈する旨が定められている場合は（964条），遺言者の死亡によって遺言の効力が生じると同時に，そ

の不動産の所有権は受遺者に移転するが，この移転に排他性を備えさせるために，（遺言者の代わりに）遺言内容を実現する義務を負う者が移転登記手続をする必要がある。遺言認知（781条2項）の場合，遺言の効力発生時に認知の効力は生じるが，遺言執行者がその届出をしなければならない（戸64条）。遺言で相続人を廃除する旨が定められていても，遺言者の死亡のみで廃除の効力は生じず，遺言執行者が家庭裁判所に廃除の請求をして，その旨の審判を得る必要がある（893条）。このように，遺言事項には，その内容を実現するために，遺言内容を実現する義務を負う者（下記(b)）による一定の行為を要しないもの（未成年後見人の指定〔839条1項。届出は，遺言執行者や相続人ではなく，未成年後見人に指定された者がすればよい。戸81条〕，相続分の指定〔902条〕など）と，要するもの（認知〔781条2項，戸64条〕，相続人の廃除〔893条〕，遺贈〔964条〕）がある。遺言の内容を実現する行為を遺言の執行という。

　(b)　**遺言を執行する者**　　生前行為では，法律行為をした者がその実現（履行）について責任を負う。遺言の場合は，遺言者本人が死亡しているので，執行を要する遺言事項については，遺言者以外の誰かが執行する必要がある。

　相続人は，被相続人（遺言者）から一切の権利義務を承継するから（896条），原則として遺言内容を実現する義務も承継している。例えば，相続人A・Bがいる被相続人Xが，不動産をDに遺贈したとする。この場合に，A・Bは，相続によって，不動産の移転に関するXの法的地位を承継するので，受遺者Dとの共同申請によって登記移転手続を行う義務を負う。

　しかし，遺言は相続人の利害と対立する内容をもつことも多いので，相続人には公正な執行が期待できない場合がある。そのような場合には遺言執行者が置かれる。遺言執行者がいる場合は，遺言の執行は遺言執行者に全面的に委ねられ，相続人には，遺言の執行に関して何の権限も義務もない。とくに，遺言事項のうち，認知，相続人の廃除またはその取消しについては，相続人の利害に大きく関わるので，相続人ではなく遺言執行者がその手続を行わなければならない（781条2項・戸64条，民893条・894条2項・戸97条）。

2 遺言執行者

(1) 遺言執行者の指定・選任

　遺言執行者を定める手続は3つある。①遺言者が，遺言で指定する場合（1006条1項），②遺言者が遺言で第三者に指定を委託し，第三者が指定する場合（同条1項〜3項）と，③利害関係人（相続人，受遺者，相続債権者など）の請求により，家庭裁判所が選任する場合（1010条，家事別表第一104項）である。

　未成年者および破産者を除き，誰でも遺言執行者になることができる（1009条）。相続人も，遺言執行者になることができるが，受遺者や他の相続人などと利害が反する場合は善管注意義務（1012条3項→644条）に違反するのでなれない。自然人だけでなく法人も遺言執行者になることができる。遺言執行者は複数でもよい（1006条1項）。

(2) 遺言執行者の就職

　遺言執行者に指定・選任されても，遺言執行者になる義務はない。遺言執行者に指定・選任された者は，就職を承諾するか辞退するかを決めて，その旨を相続人に対して意思表示する必要がある。相続人その他の利害関係人は，遺言執行者に対して，相当の期間内に就職を承諾するか否かを確答するよう催告することができる。遺言執行者に指定された者が期間内に確答しなかったときは，就職を承諾したものとみなされる（1008条）。

　就職を辞退したときは，遺言執行者は存在しないことになる。この場合に，遺言執行者を選任する必要があれば，利害関係人は家庭裁判所に遺言執行者の選任を請求することができる（1010条）。

(3) 遺言執行者の解任・辞任

　遺言執行者がその任務を怠ったとき，その他正当な事由があるときは，利害関係人（相続人，受遺者，相続債権者，共同遺言執行者など）は，その解任を家庭裁判所に請求することができる（1019条1項，家事別表第一106項）。また，遺言執行者は，正当な事由があるときは，家庭裁判所の許可を得て辞任できる（1019条2項，家事別表第一107項）。

3 遺言執行者による遺言執行

(1)　遺言執行者の権利義務

　遺言執行者は，就職をすれば，直ちにその任務を行わなければならない（1007条1項）。また，その任務を開始したときは，遅滞なく，遺言の内容を相続人に通知しなければならない（同条2項）。

　遺言執行者は，遺言の内容を実現するため，遺言の執行に必要な一切の行為をする権利義務を有する（1012条1項）。権利義務の範囲は，遺言の内容によって定まる。遺言執行者が複数いる場合は，保存行為を除く管理処分行為につき，過半数で決する（1017条）。

(2)　遺言執行者の任務

　(a)　**相続財産の目録の作成**　　遺言執行者は，就職すると遅滞なく，自己の管理処分権の対象となる相続財産について，目録を作成して相続人に交付しなければならない（1011条1項・1014条1項）。相続財産の現状と，遺言執行者の管理処分権の対象を明らかにする趣旨である。

　(b)　**各遺言事項の執行行為**　　①認知の場合（781条2項）は，就職の日から10日以内に，遺言の謄本を添付して（被認知者が成人の場合はその承諾書を添付して）戸籍上の届出をする（戸64条）。②相続人の廃除やその取消しの場合（893条・894条2項）は，遅滞なく家庭裁判所に廃除の審判の申立てをおこない，審判が確定したときは，10日以内に戸籍上の届出をする（戸97条・63条1項）。③包括遺贈の場合は，遺産分割の結果，受遺者が不動産を取得したときは，遺言執行者は，受遺者との共同申請により，移転登記手続を行う（東京高決昭和44・9・8家月22巻5号57頁）。受遺者の選定を遺言執行者に委託する旨の遺言が有効である場合は，受遺者の選定も遺言執行者の任務である（最判平成5・1・19民集47巻1号1頁）。④特定遺贈の場合は，目的たる権利は遺言者の死亡と同時に受遺者に直接移転しているが，遺言執行者は，この移転に排他性を与えるために，対抗要件具備行為をする義務を負う。具体的には，受遺者への引渡し（動産），受遺者との共同申請による所有権移転登記手続（不動産），債務者への債権譲渡通知，債務者からの承諾の受領（債権）が必要である。遺言執

行者がある場合には，遺贈の履行は，遺言執行者のみが行うことができる
（1012条2項）。⑤特定の遺産を特定の相続人に承継させる旨の遺言（特定財産承
継遺言）がある場合に，当該特定財産は，相続開始時に，相続を原因として，
受益相続人に承継される。特定財産承継遺言の目的が不動産の場合には，受益
相続人は，被相続人から受益相続人への所有権移転登記（相続登記）手続を単
独でなしうるが（不登63条2項），遺言執行者があるときは，遺言執行者がこ
の移転登記手続をすることもできる（1014条2項）。同様に，特定財産が動産や
債権である場合も，遺言執行者は対抗要件具備行為をする権限を有する。特定
財産承継遺言の対象財産が預貯金債権である場合は，遺言執行者は，預貯金の
払戻しを請求することができるほか，預貯金債権の「全部」が特定財産承継遺
言の目的となっている場合に限り，預貯金契約の解約の申入れをすることもで
きる（同条3項）。ただし，遺言者が遺言で別段の意思を表示した場合は，その
意思に従う（同条4項）。特定財産承継遺言の対象である不動産について，他の
相続人が相続開始後に自己への所有権移転登記をしたため，遺言の実現が妨害
される状態が出現した場合には，遺言執行者は，当該所有権移転登記の抹消登
記手続のほか，真正な登記名義の回復を原因とする所有権移転登記手続を求め
ることができる（最判平成11・12・16民集53巻9号1989頁）。

　これに対して，相続分の指定のみの場合は，相続人にその指定相続分に応じ
た持分の移転登記を取得させることは遺言の執行に必要な行為ではなく，遺言
執行者の職務権限に属しない。遺産に属する不動産について，相続分指定の遺
言に反する所有権移転登記がされたとしても，遺言執行者がその抹消登記手続
を求めることはできない（最判令和5・5・19民集77巻4号1007頁）。

　(c)　**訴訟追行権**　　遺言執行者は，遺言の執行に関連する権利を主張したり，
自己の名において，訴訟の原告や被告になることができる（法定訴訟担当。最判
昭和51・7・19民集30巻7号706頁）。例えば，特定の不動産の遺贈の執行とし
て所有権移転登記手続を受遺者が求める場合，その相手方は遺言執行者である
（最判昭和43・5・31民集22巻5号1137頁）。遺言執行者が当事者となって受けた
判決の効力は，相続人に及ぶ（最判昭和31・9・18民集10巻9号1160頁）。

(3)　遺言執行者と相続人の関係

(a)　**遺言執行者の法的地位**　　遺言執行者は，遺言者の意思を公正かつ忠実に実現するために行為する者である。遺言執行者が，その権限内において，遺言執行者であることを示してした行為は，相続人に対して直接その効果を生じる（1015 条）。相続によって，遺言者の財産その他の法的地位は相続人に包括的に承継されていることによる。遺言者の意思と相続人の利益は対立することが多いが，遺言執行者は，遺言執行にあたり，遺言者の意思のみに従えばよい。

(b)　**委任の規定の準用**　　遺言執行者と相続人の間には，委任に関する規定が準用される（1012 条 3 項・1020 条）。遺言執行者は，遺言執行について善管注意義務を負い（644 条），相続人に対して報告義務（645 条），受取物の引渡義務（646 条），金銭消費責任（647 条）を負う。義務違反があれば，解任事由となるし，損害賠償義務も生じる。遺言執行者の職務は，広範に及び，高度な法律知識を要することも少なくなく，適切な執行のために弁護士等の専門家に職務を委託すべき場合もある。そこで，遺言執行者は，自己の責任で第三者にその任務を行わせることもできる（1016 条 1 項）。この場合に，遺言執行者は，第三者に任務を行わせることについてやむをえない事由があるときは，相続人に対してその選任および監督についての責任のみを負う（同条 2 項）。他方で，遺言執行者は相続人に対して，費用償還請求権（650 条）を有する。

(c)　**相続人の管理処分権限の制限**　　遺言者の意思を尊重し，遺言内容を公正に実現するために，遺言執行者には，遺言執行に必要な一切の行為をする権利義務が与えられる（1012 条 1 項・1014 条 1 項）。遺言執行者がある場合は，相続人は，相続財産の処分その他遺言の執行を妨害する行為をすることができない（1013 条 1 項・1014 条 1 項）。遺言執行者に与えられた管理処分権の範囲内で，相続人は相続財産の管理処分権を奪われる。例えば，特定物遺贈の場合は，相続人は，当該特定物の管理処分権を失うが，その他の相続財産は自由に処分できる。「遺言執行者がある場合」には，遺言執行者として指定された者が就職を承諾する前も含む（最判昭和 62・4・23 民集 41 巻 3 号 474 頁）。

　1013 条 1 項に違反して相続人が第三者に対して相続財産を処分した場合に，処分行為は原則として無効である（同条 2 項本文）。すなわち，A に甲土地を遺贈する旨の遺言がある場合に，遺言執行者があるときは，遺言者の単独相続人

Bは，甲土地の管理処分権限をもたない。したがって，Bが第三者Cに甲土地を譲渡し，Cがその旨の登記を備えたとしても譲渡は無効であり，受遺者Aは甲土地の所有権の取得を登記なくして対抗することができるのが原則である。しかし，そうすると，遺言や遺言執行者の存在を公示する制度がないために，事情を知らないCが不測の損害を被るおそれがある。そこで，取引安全の観点から，第三者が遺言執行者の存在につき善意である場合は（無過失であることは要しない），処分行為は有効とされる（同項ただし書）。すなわち，Cが善意である場合は，BからCへの譲渡は有効であり，これとAへの遺贈とは対抗関係に立つので，Aは，登記がなければ甲土地の所有権の取得をCに対抗することができない。なお，相続債権者や相続人の債権者は，遺言執行者がある場合でも（そしてこれについて善意か悪意かも問わず），相続財産についてその権利を行使すること（相殺・差押え・強制執行のほか，代位により相続登記をすること等も含む）ができる（同条3項）。

(4) 遺言執行者の報酬

遺言に報酬の定めがある場合や，遺言に定めがない場合でも，家庭裁判所が相続財産の状況その他の事情により報酬を定めたときは，任務の終了後に，遺言執行者は報酬を受けることができる（1018条，648条2項・3項，648条の2）。

4 遺言執行の費用

遺言の執行に関する費用には，検認，遺言執行者の選任，相続財産の目録作成や管理に関する諸費用や，遺言執行者の報酬などがある。遺言執行に関する費用は相続財産から支払われる（1021条本文）。しかし，これらの費用によって遺留分を減ずることはできない（同条ただし書）。例えば，被相続人Xが2000万円の財産から1500万円をAに遺贈し，この遺言執行につき，遺言執行者Bが100万円の費用を支出したとする。Xの単独相続人Cは，相続財産500万円を相続し，執行費用の支払債務も負う。この場合に，Cは，遺留分侵害額（500万円）に執行費用（100万円）を加算した額について，受遺者Aに遺留分侵害額請求をしたうえで，Bに対して100万円を支払う。

第11章
遺 留 分

第1節　序──遺留分制度の意義と構造
第2節　遺留分額と侵害額の算定
第3節　遺留分侵害額請求の方法
第4節　遺留分侵害額請求権の性質と効力
第5節　遺留分と寄与分
第6節　遺留分侵害額請求権の消滅と行使の制限

第1節では，遺留分制度の意義や平成30（2018）年改正に触れた上で，遺留分侵害額請求権などの制度の基本的な仕組みについて概観する（第1節**1**と併せて第4節を先にみておくことも有用である）。第2節では，遺留分額や侵害額の計算の仕方，第3節では，遺留分侵害額請求の相手方や主体が複数ある場合の方法など，やや技術的な説明が続く。第4節では，改正前の減殺請求権と改正後の侵害額請求権の性質などを扱う。第5節では，遺留分と寄与分の関係，第6節では，遺留分侵害額請求権の時効消滅や権利濫用等による行使の制限について説明する。

第1節　序──遺留分制度の意義と構造

1 遺留分制度の意義

　被相続人は，生前に自分の財産の処分の自由を有するのと同様に，死後についても遺言によって財産を自由に処分することができる。その一方で，民法は，残された相続人の生活の保障や，潜在的持分の清算などを確保するために，遺言による処分の自由を一部制限して，一定範囲の相続人（配偶者・直系卑属・直系尊属）に一定額の財産を取得する権利を保障している（被相続人による贈与に

は遺産の前渡しの側面があるので，贈与も制限の対象としている）。これが**遺留分**の制度である。

　戦前の相続法は，家督相続制度が中心であり，遺留分制度も，戸主による家の財産の処分を制限して散逸を防ぐことで，家督相続人に家業の財産的基盤を確保することに主眼があった。これに対し，戦後の相続法は，均分相続の原則を採用し，各遺留分権利者に遺留分を確保したため，遺留分制度は，遺贈や生前贈与などによって特定の者に財産を集中させようとする被相続人の意思を制限する（戦前とは対照的な）機能を有することになった（中小企業の経営者が後継者に事業用資産を集中させようとしても，遺留分制度による制約を受けることから，円滑な経営の承継のために上記制約を緩和する方策を定めた「中小企業における経営の承継の円滑化に関する法律」が平成20〔2008〕年に成立した）。

　このような戦後の遺留分制度の機能を積極的に肯定する見解が多かったが，近時は，遺留分制度の見直しや，解釈論において被相続人の意思のほうをより尊重する方向の議論も提起されている。その背景として，とくに子については，かなり年長となって十分な経済的な基盤が形成されてから親を相続することが多くなり，（それ以外の配偶者・未成年の子・老親についてはともかく）遺留分で保護する必要性に乏しい場合が増えていることが指摘できよう。

　平成30（2018）年改正では，改正前の遺留分減殺請求権が遺留分を侵害する遺贈・贈与に対する「減殺」（遺贈等を失効させる含意がある）による「物権的効果」（および「現物返還の原則」）をとっていたのを，改正後の遺留分侵害額請求権の効果として「金銭債権」のみが発生する（1046条1項）ものに変更した。これは，遺留分権利者を（従前より劣る）一般債権者の地位に置く点で，上述した近時の状況が1つの背景をなしているが，次の点がより重要である。

　すなわち，「物権的効果」と「現物返還の原則」は，上述した戦前の制度下においては家督相続人に家業を承継するための財産的基盤を確保する意味があった。しかし，上述した戦後の制度下においては，特定の者に遺贈や贈与で財産を集中させても，減殺請求権を行使した遺留分権利者との間で（物権的効果に基づく）「共有関係」をめぐる複雑な法律関係や新たな紛争を生じさせて，円滑な事業承継を困難にする一因にもなっていた。改正による遺留分侵害額請求権の効果の「**金銭債権化**」は，かかる問題を回避することを主眼とするもので

ある（物権的効果の前提として遺贈や贈与を失効させる必要がなくなったので「減殺」という用語も廃止された）。改正の前後関係については第 4 節も参照されたい。

2 遺留分権利者

(1)　遺留分権利者の種類

1042 条 1 項は，「兄弟姉妹以外の相続人」，つまり，配偶者，子（その代襲者・再代襲者），直系尊属に遺留分を与えている。

子の代襲相続人（再代襲者を含む）にも遺留分があることは，同条 2 項が代襲相続人（再代襲者を含む）の相続分に関する 901 条を引用していることからもみてとれる。胎児も生きて生まれれば相続権がある（886 条）ので，子としての遺留分を有する。

これらの**遺留分権利者**は，被相続人による他の者に対する遺贈・贈与などによって，遺留分に満たない取り分しか得られない場合，遺留分を侵害する遺贈・贈与などの受遺者・受贈者などに対して遺留分侵害額請求をする（1046条）ことによって，遺留分を確保することができる。

(2)　遺留分権の喪失

遺留分権利者は，欠格・廃除・相続放棄などで相続権を失った場合に遺留分権を失うほか，相続権を失わずに遺留分権のみを喪失する方法として，**遺留分の放棄**が認められている（遺留分を放棄したからといって相続を放棄したことにはならない）。

遺留分の放棄は，遺産の集中を図るためにされた遺贈や贈与の効力を失わせない趣旨でされるものであり，相続開始前の放棄（事前放棄）については，家庭裁判所の許可を要する（1049 条 1 項：同項の反対解釈により相続開始後は自由に放棄できる）。上記の許可の審判がされた場合も，その後の事情変更を理由とする審判の取消しの余地があると解されている。

遺留分の放棄は，相続の放棄とは異なり，他の遺留分権利者の遺留分を増加させることにならない（同条 2 項）。一方，被相続人の子が，①遺留分を放棄した後に相続人にならずに次順位の直系尊属が相続人になった場合は，その遺留分には影響がないのに対し，②事前放棄後，相続開始前に死亡してその子が代

襲相続人になった場合は，被代襲者と同様，遺留分が失われる（東京地判令3・11・26 LEX/DB25602283）。

　なお，遺留分の放棄のほかに，次に述べる遺留分侵害額請求権（個別の請求権）の放棄も解釈上認められている。

3　遺留分侵害額請求権とその行使

(1)　請 求 権 者

（ⅰ）　遺留分権利者は，被相続人による遺贈・贈与などによって，遺留分に満たない取り分しか得られない場合，受遺者・受贈者などに対し，遺留分侵害額に相当する金銭の支払を請求することができる（1046条）。

（ⅱ）　遺留分権利者のほか，「その承継人」も遺留分侵害額請求権を行使できる（1046条）。この承継人には，遺留分権利者の相続人，包括受遺者，相続分の譲受人のような包括承継人だけではなく，遺留分権利者から個々の遺留分侵害額請求権を譲り受けた特定承継人も含まれる。

　遺留分権利者が無資力の場合に，その債権者が改正前の減殺請求権を代位行使できるか否かについて学説は対立してきたが，最高裁は原則としてこれを否定する立場をとった（最判平成13・11・22民集55巻6号1033頁）。判旨の論理構造に照らせば，効果が金銭債権化された改正後の遺留分侵害額請求権についても同様の帰結が維持されよう。

> **Column Ⅱ11-1**　**遺留分減殺請求権の債権者による代位行使の可否**
>
> 　上記判決は，遺留分権利者が減殺請求権を第三者に譲渡するなど，「権利行使の確定的意思を有することを外部に表明したと認められる特段の事情」がある場合を除き，これを債権者代位権の目的とすることはできないとした。その理由として，①「民法は，……侵害された遺留分を回復するかどうかを，専ら遺留分権利者の自律的決定にゆだねたものということができる（1031条，1043条〔改正後の1046条，1049条に対応〕参照）」ので，「遺留分減殺請求権は，前記特段の事情がある場合を除き，行使上の一身専属性を有する」と解される，②「債務者たる相続人が将来遺産を相続するか否かは，……極めて不確実な事柄であり，相続人の債権者は，これを共同担保として期待すべきではない」などとした。しかし，①は関係条文の構造から遺留分権利者の自律的決定の尊重を導いているが，無資力の場合まで遺留分権利者「のみ」の意思に行使が委ね

られたといえるのか（慰謝料請求権については財産性よりも人格性のほうが優越
するものとして行使上の一身専属性が認められたとしても，減殺請求権については，
財産性のほうが優越するものとして債権者による代位行使を認めるべきではない
か），②に対しては，債権者代位権については被保全債権を取得した後に債務
者が取得した権利であってもその客体となりうると解されている以上，共同担
保として期待すべきかどうかは問題とならないのではないか，などの疑問が残
る。なお，上記判決が例外的に代位行使を認める《権利行使の確定的意思の外
部表明》があった場合については，相続開始後に遺留分権利者が債権者に対し
減殺請求権の行使を確約した場合も含まれるとする見解が有力であり，遺留分
侵害額請求権についても同様に解することができよう。

(2)　相 手 方

1046 条 1 項は，遺留分侵害額請求権を行使して侵害額に相当する金銭の支
払を請求する相手方として，①「受遺者」，②「受贈者」を規定するとともに，
遺留分の章における「受遺者」には，③「特定財産承継遺言により財産を承継
し又は相続分の指定を受けた相続人」が含まれるとする（「特定財産承継遺言」
とは特定の財産を特定の相続人に「相続させる」旨の遺言〔1014 条 2 項の「遺産の分割
の方法の指定として遺産に属する特定の財産を共同相続人の 1 人又は数人に承継させる
旨の遺言」〕である）。

　上記③は相続を権原とする点では遺贈と異なるが，遺言により財産処分を受
けた点で共通することから，改正前の減殺請求権の相手方として受遺者に準ず
るものと解されてきた（相続分の指定につき最決平成 24・1・26 家月 64 巻 7 号 100
頁参照）。改正法はこれを明文化したものである。

　上記①〜③の相続人などの包括承継人も相手方になると解される。

(3)　侵害額請求権の行使

　遺留分侵害額請求権の行使は**相手方に対する意思表示**によってなせば足り，
必ずしも裁判上の請求によらなくてもよい（改正前の最判昭和 41・7・14 民集 20
巻 6 号 1183 頁参照）。遺留分侵害額請求権が発生して，その行使が可能になるの
は，相続開始時である（相続が開始して初めて，遺留分を有する相続人であることや，
遺留分侵害の事実が確定するからである）。

第2節　遺留分額と侵害額の算定

1 遺 留 分 額

(1)　遺留分算定の基礎となる財産

1043 条 1 項は，「**遺留分を算定するための財産の価額**」（遺留分算定の基礎となる財産）について，次の計算式のように規定している。

①遺留分算定の基礎となる財産（遺留分を算定するための財産の価額）

＝②相続開始時の積極財産（被相続人が相続開始の時において有した財産の価額）

　＋③贈与財産（〔1044 条・1045 条の〕被相続人の贈与した財産の価額）

　－④債務（債務の全額）

上記については，「②相続開始時の積極財産」には遺贈や死因贈与の目的が含まれている点のほか，具体的相続分算定の基礎となる財産（903 条 1 項）とは異なる扱いとして，「③贈与財産」は共同相続人以外に対するものも算入の対象となる点，「④債務」が控除される点，さらに，「寄与分」が定められている場合（904 条の 2 参照）に，これを控除しない点が重要である（なお，条件付きの権利や存続期間の不確定な権利の価額については，家庭裁判所が選任した鑑定人の評価による〔1043 条 2 項〕）。以下，上記③④について問題となる点を述べる。

(a)　**相続人に対する贈与とそれ以外の贈与の区別**　　贈与財産については，相続人に対する贈与（903 条参照）とそれ以外の一般贈与との区別がある。

(i)　一般贈与について，1044 条 1 項前段は，「相続開始前の 1 年間」に**相続人以外の者**にした**贈与**をすべて算入の対象とする一方，同項後段は，「1 年前の日より前」にした贈与であっても当事者双方が遺留分侵害について悪意の場合は算入の対象とする（判例は，悪意の要件について，当事者双方が遺留分侵害について認識し，かつ，将来被相続人の財産について少なくとも増加がないことを予見していたことを必要とする〔大判昭和 11・6・17 民集 15 巻 1246 頁〕）。上記の 1044 条 1 項の要件を満たす一般贈与が，算入の対象となるとともに，1047 条 1 項で遺留分侵害額の負担の対象となる。

死亡保険金の受取人として指定・変更された相続人以外の第三者が，1046

条 1 項の受贈者や受遺者に当たるかが問題となるが，判例（最判平成 14・11・5 民集 56 巻 8 号 2069 頁）は，死亡保険金について，㋐被相続人から承継取得するものではないこと，㋑相続財産を構成するものではないこと，㋒保険料と保険金に等価の関係がなく，被保険者の稼働能力に代わる給付でもないので，実質的に被相続人の財産に属していたとみることもできないこと，などを理由に，改正前 1031 条の贈与・遺贈〔1046 条 1 項の受贈者・受遺者に対応〕に当たるものではなく，それに準ずるものでもないとする（㋐は贈与ではないこと，㋑は遺贈ではないこと，㋒はこれらに準ずるものではないことの理由となる一方，判例は，「共同相続人」を受取人とする死亡保険金について，同様の理由により 903 条 1 項の贈与や遺贈ではないとしつつ，共同相続人間の不公平が著しい「特段の事情」がある場合には類推適用を認める〔最決平成 16・10・29 民集 58 巻 7 号 1979 頁〕が，遺留分侵害額の算定・負担に関しても贈与や遺贈に準ずる余地があるかが問題として残されている）。

　(ii)　相続人に対する贈与について，1044 条 3 項は，㋐その価額を「婚姻若しくは養子縁組のため又は生計の資本として受けた贈与の価額に限」り，かつ，㋑算入期間について一般贈与に関する同条 1 項の「1 年」を「10 年」とする。

　㋐は，相続人に対する贈与は，特別受益に当たる相当額以上の価額のものに「限」り算入の対象とし，特別受益に当たらないものは 1044 条 1 項の一般贈与としても算入の対象としないことを明確にした。また，改正前 1044 条による 903 条準用に関する次の解釈を明文化した。すなわち，特別受益に当たる贈与について 903 条 1 項の「共同相続人」の要件を満たさない単独相続した相続人に対するものも遺留分算定の基礎に算入する通説（特別受益となる生前贈与が遺産の前渡しの性格を有する点は共同相続・単独相続で変わりがないと考えられる）や，持戻し免除の意思表示があっても，被相続人の財産処分の自由を制限し，相続人に一定割合の取得を保障する遺留分制度の趣旨に照らし，遺留分算定の基礎については算入の対象とされるとする判例（最決平成 24・1・26 家月 64 巻 7 号 100 頁）の立場を明文化したものである。

　他方，㋑は，改正前 1044 条による 903 条準用に関する判例を否定し，「相続開始前の 10 年間」について，相続人に対する上記㋐の贈与をすべて算入（および 1047 条 1 項による遺留分侵害額の負担）の対象にしたものである。ただし，1044 条 1 項後段・3 項の文理から，被相続人・受贈者双方が遺留分侵害につい

て悪意のときは10年前より前のものも対象となる（遺留分侵害の悪意につき前記(i)の一般贈与に関する前掲大判昭和11・6・17参照）。

改正前の判例（最判平成10・3・24民集52巻2号433頁：改正前の1030条〔1044条1項に対応〕の要件を満たさない贈与であっても，相続人に対する上記㋐の贈与をすべて算入の対象としつつ，「相続人に酷であるなどの特段の事情」があるときは減殺の対象とならないとした）の問題点として，相当古い贈与であっても原則として遺留分算定の基礎に算入されて，請求を受ける受遺者等の法的安定性を害することが指摘され，改正に至った。しかし，相続放棄等で相続人でなくなれば1044条3項から同条1項の贈与に変わるというアンバランスは残っている。

なお，共同相続人間においてされた無償による相続分の譲渡は，当該相続分に財産的価値があるとはいえない場合を除き，譲渡人を被相続人とする相続において，遺留分算定の基礎に算入される特別受益となる「贈与」（903条1項・1044条3項）に当たる（最判平成30・10・19民集72巻5号900頁）。

(iii) そのほか，負担付贈与や不相当な対価による有償行為の価額について，1045条は以下のように規定する。

負担付贈与の価額は，贈与の目的の価額から負担の価額を控除したものとする（同条1項）。算入の対象も1047条による負担の対象も，同じ上記の価額であることが明確化された（改正前は算入の対象を贈与の価額とする説があった）。

有償行為ではあるが対価が不相当に低い場合（例えば被相続人Aが1000万円の土地をBに100万円で売った場合），当事者双方が遺留分権利者に損害を加えることについて悪意のときは，当該対価を負担の価額とする負担付贈与とみなす（1045条2項）。先の例では，100万円の負担付贈与とみなして，これを控除した900万円の価額を算入の対象とし（同条1項），かつ，1047条による負担の対象にする（改正前の算入・減殺・対価の償還をめぐる複雑な法律関係を改正）。

(b) 贈与・相続開始時の財産の評価　遺留分算定の基礎となる贈与や相続開始時の財産の評価の基準時はいつか。遺留分権が具体的に発生する相続開始時と解するのが素直であり，早期に遺留分額が確定するので，通説はこの立場をとる。判例（最判昭和51・3・18民集30巻2号111頁）も，特別受益となる金銭の贈与に関して，「贈与の時の金額を相続開始の時の貨幣価値に換算した価額をもって評価すべきもの」として，通説と同様の立場をとる。

相続開始時の財産に債権が含まれていた場合，債権の額面がそのまま算入されるのではなく，債務者の資力や担保の有無を考慮した取引価額による。

受贈者の行為によって，贈与の目的財産が滅失し，または，その価額に増減があった場合，1044 条 2 項で 904 条が準用されるので，目的財産が相続開始時においてなお原状のままであるものとみなして算定される（904 条は 903 条の贈与に関する規定であるが，1044 条 2 項が 1 項の贈与の価額に準用しているので遺留分算定の基礎に算入される贈与すべてに準用される）。

(c)　**債　務**　債務（相続債務の全額）を控除するのは，遺留分制度が，遺留分権利者が負担する相続債務を差し引いた「純取り分額」（後記 **2** (1)(a)参照）について一定額を確保しようとしたからである。

被相続人の所得税のような公法上の債務も控除の対象に含まれるが，相続財産に関する費用（相続税・管理費用など）や遺言執行に関する費用は控除の対象にならない（885 条・1021 条参照）。そのほか，被相続人の保証債務について，将来支払うかどうかもその額も不確実であることを理由に控除される債務にあたらないとした裁判例がある（東京高判平成 8・11・7 高民集 49 巻 3 号 104 頁）。

(2)　総体的遺留分率・個別的遺留分率と各人の遺留分

1042 条 1 項は，直系尊属のみが相続人であるときは被相続人の財産の 3 分の 1（1 号），それ以外の場合は被相続人の財産の 2 分の 1（2 号）を遺留分と規定する。これは相続人（遺留分権利者）全員の**総体的遺留分率**を規定したものであり，同条 2 項で 900 条・901 条による各自の法定相続分を乗じた割合と規定される結果，各遺留分権利者の**個別的遺留分率**は以下のように計算される。

個別的遺留分率＝総体的遺留分率×法定相続分率

例えば，妻と子 2 人が相続人である場合は，以下のようになる。

妻の個別的遺留分率＝1/2×1/2＝1/4
子各人の個別的遺留分率＝1/2×1/4＝1/8

さらに，前述した遺留分算定の基礎となる財産の額に個別的遺留分率を掛け合わせることで，各遺留分権利者の**遺留分額**が算出される。

　　　遺留分額＝遺留分算定の基礎となる財産の額×個別的遺留分率

　上記は，従来の多数説に基づいて 1042 条 1 項・2 項が明文化した計算方法
である。改正前は，特別受益を得た遺留分権利者について，上記の計算結果か
らさらに特別受益額を控除したものを遺留分額とする説明も一部みられた（最
判平成 8・11・26 民集 50 巻 10 号 2747 頁）が，多数説や改正法は，遺留分侵害額
の算定の際に特別受益を控除するので，最終的な侵害額の計算は変わらない。

2　遺留分侵害額

(1)　遺留分侵害額の算定方法

(a)　**遺留分侵害額と純取り分額**　　遺留分権利者が被相続人から現実に得た
利益である**純取り分額**が遺留分額に達しないときに，その差額が**遺留分侵害額**
となり，その額に相当する金銭の支払の請求が認められる（1046 条 1 項）。

　ここでいう純取り分額とは，①特別受益額（遺贈または 903 条 1 項の贈与の価
額）と，②具体的相続分額（903 条・904 条などで算定した遺産分割で取得する価額）
を加えたものから，③相続債務負担額（〔指定〕相続分に応じた債務負担額）を控
除したものである（各詳細は後述する〔(b)〕が，債務負担額を控除するのは，遺留分
算定の基礎となる財産について相続債務の全額を控除したことに連動するものである）。
これを計算式に表わすと以下のようになる（用語法は異なるが最判平成 8・11・26
民集 50 巻 10 号 2747 頁も同旨に帰する）。

　　　遺留分侵害額（1046 条 2 項）

　　　＝遺留分額

　　　　－純取り分額（①特別受益額＋②具体的相続分額－③相続債務負担額）

　　　＝遺留分額（1042 条 1 項・2 項）

　　　　－①特別受益額（「遺留分権利者が受けた遺贈又は第 903 条第 1 項に規定す
　　　　　　る贈与の価額」）

　　　　－②具体的相続分額（「第 900 条から第 902 条まで，第 903 条及び第 904 条
　　　　　　の規定により算定した相続分に応じて遺留分権利者が取得すべき遺産の
　　　　　　価額」）

　　　　　　＋③相続債務負担額（「被相続人が相続開始の時において有した債務のうち，
　　　　　　第 899 条の規定により遺留分権利者が承継する債務の額」）

　(b)　**遺留分侵害額の算定に関する問題**　　前記(a)の考え方を踏まえた計算式を，
前記計算式中の①〜③それぞれの末尾に付いているかぎ括弧内の文言で規定し
たのが 1046 条 2 項である（①が同項 1 号，②が同項 2 号，③が同項 3 号に対応）。
以下①〜③に関する問題を検討する。

　前記②に関しては，904 条の 2 の規定がなく，寄与分が考慮されないことが
重要である。①の特別受益額は相続開始時に確定しているが，寄与分は相続開
始後の同条 2 項の手続で決定されるからである（なお，①に関し，1046 条 2 項は，
遺贈について「特定財産承継遺言による財産の承継」を含むものとしていない〔1047 条
1 項参照〕が，903 条の「遺贈」に準ずるものとした裁判例〔広島高岡山支決平成 17・
4・11 家月 57 巻 10 号 86 頁〕もあることから解釈問題になろう）。

　前記③に関しては，相続分の指定がされた場合，相続債務負担額について，
㋐指定相続分と㋑法定相続分のうち，㋐の割合の負担額による立場が改正前の
判例でとられた（最判平成 21・3・24 民集 63 巻 3 号 427 頁。「相続人間において，遺
留分権利者の手元に最終的に取り戻すべき遺産の数額を算出するもの」であることを理
由とする。つまり，遺留分侵害額の算定は相続人間の法律関係の最終的な調整である以
上は，相続債権者との関係において法定相続分で債務を負担したとしても，そのような
暫定的な法律状態を前提として侵害額の算定をすべきではなく，あくまでも相続人間で
求償関係が終了した後の指定相続分による債務負担状態を前提として算定すべきとし
た）。1046 条 2 項 3 号は，「899 条」による債務承継額を規定することで，この
判例を明文化した（899 条にいう「相続分」は，902 条による遺言による「相続分」
の指定があるときは，指定相続分になる。包括遺贈で法定相続分が修正されるときも同
様に解される）。なお，③の相続債務負担額は，第 3 節 **4** で説明する 1047 条 3
項の「**遺留分権利者承継債務**」に対応する（1046 条 2 項 3 号）。

(2)　算定の具体例

(i)　**事例①**　　被相続人 X は相続開始時に，1200 万円の甲不動産，900 万
円の預金，900 万円の債務を有していた。X は，唯一の相続人である子 A に

対し 9 年前の A の婚姻の際に現在の貨幣価値で 750 万円にあたる金銭を贈与
し，友人 B には相続開始の半年前に 450 万円の金銭を贈与する一方，遺言の
なかで，友人 C には 300 万円の金銭，友人 D には甲不動産を遺贈する旨を記
していた。この場合の遺留分算定の基礎となる財産，A の遺留分額，遺留分
侵害額は次のように計算される（なお，相続人は 1 人であるので，法定相続分率は
1/1，具体的相続分は相続開始時の財産から遺贈を支出した残額である 600 万円となる）。

> 遺留分算定の基礎となる財産
>
> ＝相続開始時の積極財産＋贈与財産（1044 条 1 項・3 項の贈与）－債務
>
> ＝（1200 万円＋900 万円）＋（450 万円＋750 万円）－900 万円
>
> ＝2400 万円
>
> 遺留分額
>
> ＝遺留分算定の基礎となる財産×総体的遺留分率×法定相続分率
>
> ＝2400 万円×1/2×1
>
> ＝1200 万円
>
> 遺留分侵害額
>
> ＝遺留分額－純取り分額（特別受益額＋具体的相続分額－相続債務負担額）
>
> ＝遺留分額－特別受益額－具体的相続分額＋相続債務負担額
>
> ＝1200 万円－750 万円－600 万円＋900 万円
>
> ＝750 万円

(ii)　事例②　　事例①で債務額が 900 万円ではなく 3300 万円であったらど
うか。遺留分算定の基礎となる財産はゼロになるので遺留分額もゼロになる。
　そこで，遺留分がゼロであるから遺留分侵害額請求権はないとする考え方が
ありうる一方，あくまでも下記のように計算式をそのまま当てはめて遺留分侵
害額である 1950 万円を請求できるという考え方もありうる。ただし，このよ
うな場合，相続放棄がされて遺留分権も失われるのが通常であろう。

> 遺留分侵害額
>
> ＝遺留分額－特別受益額－具体的相続分額＋相続債務負担額
>
> ＝0－750 万円－600 万円＋3300 万円

　＝1950 万円

第 3 節　遺留分侵害額請求の方法

1 序

　前述（本章第 1 節**3**(3)）のように，遺留分侵害額請求権の行使は相手方に対する意思表示によってすれば足り，必ずしも裁判上の請求によらなくてもよい。以下では，遺留分侵害額請求の相手方や主体が複数の場合に，どのような方法で請求がされるかについて説明する。

2 遺留分を侵害する相手方が複数いる場合

(1)　受遺者と受贈者

　1047 条 1 項 1 号は，受遺者と受贈者がいるときは，受遺者が先に**遺留分侵害額を負担**する（受遺者を先に請求の相手方とする）旨を規定する。遺贈は，相続開始によって効力が生じ，相続財産から支出されるのに対し，贈与はすでに相続財産から逸出していることを考慮したものである（遺言者の意思で変更できない強行法規である）。

　なお，本条の「受遺者」には「特定財産承継遺言により財産を承継し又は相続分の指定を受けた相続人」が含まれる（1046 条 1 項参照）ので，本節の説明では「受遺者」には上記が含まれることに注意されたい。

(2)　複数の受遺者・同時贈与の受贈者

　(i)　1047 条 1 項 2 号は，受遺者または同時贈与の受贈者が複数いるときは，遺言者に特段の意思表示がない限り，その遺贈・贈与の目的の価額の割合に応じて負担する旨を規定する。

　第 2 節**2**(2)(i)の事例①では，⑦生前贈与（450 万円）された B よりも，300 万円の金銭と 1200 万円の不動産をそれぞれ遺贈された C・D が先に遺留分侵害額を負担し，かつ，①侵害額である 750 万円について，遺贈の目的物の価額の割合に応じて C・D が負担することになる（A は以下の負担額を C・D に請求

しうる）。

> Cの負担額：750万円×300万円/1500万円＝150万円
>
> Dの負担額：750万円×1200万円/1500万円＝600万円

(ii)　先の事例では，受遺者が相続人以外の第三者であったが，受遺者や受贈者が相続人（遺留分権利者）である場合の特有の問題がある。

1047条1項柱書は，「目的の価額」について「受遺者又は受贈者が相続人である場合にあっては，当該価額から第1042条の規定による遺留分として当該相続人が受けるべき額を控除した額」とする。相続人（遺留分権利者）に対する「遺贈」が「減殺」の対象となる場合において，当該遺贈の目的の価額のうち受遺者の遺留分額を超える部分のみが「目的の価額」に当たるとした改正前の判例（最判平成10・2・26民集52巻1号274頁）の準則を踏まえたものである。遺留分を超える部分まで請求されることで請求の循環が生ずることを避ける趣旨で，相続人（遺留分権利者）に対する「贈与」も含めた形で明文化された。

(3)　複数の贈与

また，先の事例では，受遺者に対する請求で足りたが，受遺者に対する請求だけでは足りない場合は，1047条1項3号により，「後の贈与に係る受贈者」（相続開始時に近い時期の受贈者）から順次「前の贈与に係る受贈者」（古い時期の受贈者）が負担することになる（請求の相手方になる）。

死因贈与については，遺贈の規定が準用される（554条）ため，遺贈（受遺者）の扱いをするか，あくまでも贈与（受贈者）の扱いをして受遺者が負担した後に請求の相手方とするかが問題となる。改正前の裁判例（東京高判平成12・3・8高民集53巻1号93頁）では，契約締結によって成立する点でこれを贈与として扱った上で，「通常の生前贈与よりも遺贈に近い贈与として，遺贈に次いで，生前贈与より先に減殺の対象とすべきもの」とした（「相続させる」旨の遺言については，ここでは遺贈と同様に扱うべきものとした）ものがある。しかし，下級審裁判例であって，学説上異論もあるため，今回の改正では明文化が見送られた。

> Column Ⅱ 11-2　相続分の指定・持戻し免除と遺留分（改正の前後関係）
>
> 　相続分の指定について，改正前の 902 条 1 項には，ただし書があり，「遺留
> 分に関する規定に違反することができない」としていたが，削除された。改正
> 前は，この規定により，遺留分減殺の対象とされ，遺留分割合を超過する相続
> 分を指定された相続人の相続分は，減殺の意思表示により，遺留分割合を超過
> する部分についてその割合に応じて減殺・修正されると解されていた（最決平
> 成 24・1・26 家月 64 巻 7 号 100 頁）。改正後は，遺留分減殺請求権の「物権的効
> 果」と「現物返還の原則」を改めて，遺留分侵害額請求権の効果として「金銭
> 債権」のみが発生することになった（1046 条 1 項）。これは，遺留分を侵害す
> る特定遺贈や贈与も，その効力を（遺留分権利者による権利行使後も）維持する
> ことを前提とする。遺留分を侵害する相続分の指定もその効力を維持して遺留
> 分侵害額の「負担」の対象にとどめる考え方から，改正法では，ただし書は削
> 除された（上記判例は否定される）。
>
> 　持戻し免除の意思表示について，改正前の 903 条 3 項は，「遺留分に関する
> 規定に違反しない範囲内で」効力を認めていたが，削除された。改正前は，こ
> の規定により，①（生前贈与自体に対する減殺に先立って生前贈与の効力を維持
> したまま）持戻し免除の意思表示が独立して減殺の対象にされ，遺留分を侵害
> する限度で意思表示が失効し，その結果，②生前贈与の価額が，上記の限度で，
> 遺留分権利者の具体的相続分に加算され，かつ，受贈者の具体的相続分から控
> 除されていた（前掲最決平成 24・1・26）。しかし，改正法は，上記のように，
> 遺留分を侵害する被相続人による行為の効力を維持したまま，遺留分侵害額に
> 相当する金銭債権を発生させるという考え方に立っている。持戻し免除の意思
> 表示についても同様であり，その趣旨から上記の文言は削除された（上記判例
> は否定される）。その結果，遺留分を侵害する「持戻し免除の意思表示」があ
> っても，改正前のような具体的相続分の計算上の修正というプロセスはなくな
> り，遺留分侵害額の「負担」の問題に一本化されるものと考えられる。

3 請求権者が複数の場合

　侵害額請求権者が複数いる場合は，各自の遺留分侵害額に相当する金銭の支
払を，《各自の侵害額の割合に応じて》，受遺者・受贈者の順など，1047 条の
規定に従って請求することになる。例えば，200 万円の侵害額の A と 300 万
円の侵害額の B がいて，目的額が 300 万円の受遺者 P と目的額が 1200 万円の
受贈者 Q がいた場合，受遺者 P に対し，A は 120 万円，B は 180 万円を請求

し，受贈者 Q に対し，A は 80 万円，B は 120 万円を請求することになる。

　もし，上記の例で，目的額が 300 万円の受遺者 P に対し A が先に侵害額の全額 200 万円を請求できるとすると，B は受遺者 P に対し 100 万円しか請求できず，受贈者 Q に対し 200 万円を請求しなければならないが，これは公平を害することになる。なぜなら，受贈者 Q に対する請求が Q の無資力によって失敗した場合のリスクを，B が負うことになってしまうからである（1047 条 4 項）。

　ただし，上記の例を少し変えて，PQ とも受遺者だった場合は，上記のような受贈者の無資力や受遺者・受贈者の順は問題とならず，単純に遺贈の目的の価額の割合に応じて割り振る（1047 条 1 項 2 号）ことで足りる。A は P に対し 40 万円，Q に対し 160 万円を請求し，B は P に対し 60 万円，Q に対し 240 万円を請求することになる。

④ 受遺者・受贈者による遺留分権利者承継債務の弁済等

　1047 条 3 項は，遺留分権利者から侵害額請求（1046 条 1 項）を受けた受遺者・受贈者が当該遺留分権利者の「**遺留分権利者承継債務**」（1046 条 2 項 3 号が規定する，遺留分権利者が 899 条の〔指定〕相続分に応じて承継する相続債務）を弁済・免責的債務引受等によって消滅させた場合の法律関係を規定する（最判平成 8・11・26 民集 50 巻 10 号 2747 頁が減殺請求に影響がないとしていたのを改めた）。

　1047 条 3 項前段は，侵害額請求を受けた受遺者・受贈者が遺留分権利者承継債務を消滅させる行為をした場合，消滅した債務額の限度で，遺留分権利者に対し，同条 1 項により負担する金銭債務の消滅を請求しうるとする。実質的には相殺に近い意義を有することから，金銭債務を消滅させる意思表示の時的制限は規定されていない（なお，遺留分権利者が破産した場合，破産法 72 条 1 項 2 号～4 号の相殺禁止規定の類推適用の有無が問題とされている）。

　1047 条 3 項後段は，上記行為により受遺者・受贈者が遺留分権利者に対して取得した求償権が，金銭債務を消滅させたその額の限度で消滅するとする。

第4節　遺留分侵害額請求権の性質と効力

1 改正前の減殺請求権の性質と効力

　平成30（2018）年改正前の遺留分減殺請求権の性質について，通説・判例（最判昭和57・3・4民集36巻3号241頁。最判昭和41・7・14民集20巻6号1183頁，最判昭和51・8・30民集30巻7号768頁も参照）は，形成権であって，減殺の意思表示という形成権の行使によって，遺留分を侵害する限度で贈与や遺贈の効果が失われ，遺留分権利者に目的物の権利が直ちに帰属する，という形成権＝物権的効果説をとってきた。

　遺留分権利者が，遺留分を確保するために減殺の目的物を取り戻すためには，その前提として，遺贈や贈与の効力を否定しておく必要がある。形成権説は，そのために，減殺の意思表示という形成権の行使によって遺贈や贈与の効力を失わせるという法的構成をとっていた（形成権＝物権的効果説は，売買契約について形成権たる取消権が行使された場合の効果と類似する）。

> **Column Ⅱ 11-3**　改正前の物権的効果の問題点（金銭債権化の改正の背景）
>
> 　上記のように改正前は，減殺請求権の物権的効果に基づく現物返還の原則がとられ，受遺者や受贈者の選択による価額弁償（改正前1041条）がされない限り，①目的物が全部減殺された場合は直ちに遺留分権利者の単独所有となり，②一部が減殺された場合は遺留分権利者との共有関係となった（贈与・特定遺贈・全部包括遺贈については共同相続人間でも物権法上の共有となり，907条の遺産分割手続〔最終的には家庭裁判所の審判〕ではなく，258条の手続〔最終的には共有物分割訴訟〕により分割される。特定遺贈・全部包括遺贈につき，最判平成8・1・26民集50巻1号132頁参照）。とくに②の場合は，前述（本章第1節*1*）のように，遺留分権利者との間で「共有関係」をめぐる複雑な法律関係や新たな紛争を生じさせて，円滑な事業承継を困難にする一因にもなるなどの問題が指摘されていた。そこで，次に述べるように，改正後の遺留分侵害額請求権はその効果として金銭債権が発生するものとして，上記の問題を解消した。

2 改正後の遺留分侵害額請求権の性質と効力

(1)　改正後の基本的な枠組み

平成30（2018）年改正後の遺留分侵害額請求権も**形成権**と解されているが，改正前とは発生する効果が異なる。

遺留分を侵害した受遺者や受贈者に対する（一方的な）行使の意思表示によって，遺留分侵害額に相当する金銭支払請求権が発生し（1046条1項），受遺者や受贈者は1047条の規定する「負担」額に応じた金銭債務を負うことになる（受遺者には，「特定財産承継遺言により財産を承継し又は相続分の指定を受けた相続人」が含まれる〔1046条1項参照〕）。

物権的効果が発生せず，金銭債権が発生するにとどまる結果，改正前のように，遺留分を侵害する遺贈や贈与の効果を失わせる必要はなくなり（それに伴って「減殺」という用語も改正された），侵害額請求権が行使されても，遺留分を侵害する遺贈・特定財産承継遺言・相続分の指定・贈与・持戻し免除の意思表示の効力は維持される（改正前902条1項ただし書の削除や改正前903条3項の文言の一部修正はこれを受けたものである⇒ Column Ⅱ11-2 〔451頁〕）。

(2)　金銭債権化に伴う新たな制度——支払期限の許与

1046条が遺留分侵害額請求権の効果を金銭債権化したことに対応して，1047条1項の負担額の金銭を直ちに準備することができない受遺者や受贈者の利益のための制度が設けられた。

すなわち，1047条5項は，同条1項による金銭債務の全部または一部の支払につき，受遺者または受贈者の請求により，裁判所は「相当の期限」を許与することができるとした（196条2項や借地借家法13条2項を参考にした制度であり，支払期限を許与する判決を出す場合は，その支払期限の到来の翌日から支払済みまで法定利率による金員の支払を命ずることになる）。

第5節　遺留分と寄与分

(1)　序

　遺留分と寄与分の関係は，(2)以下で述べるように，かなり複雑である。寄与分に関する規定が新たに立法された際に遺留分との関係について十分な手当がされなかったことや，遺留分侵害額請求権が地方裁判所における訴訟で行使されるのに対し，寄与分の認定が家庭裁判所の審判で行われるという手続上の違いも，その背景にある。

(2)　寄与分と遺贈との関係

　寄与分と遺留分の関係を考える前提として，寄与分と遺贈との関係からみていくことにする。

　寄与分は，共同相続人の協議または家庭裁判所の審判によって初めて権利として形成され（904条の2第1項・2項参照），相続開始時の財産から遺贈として支出される部分に食い込まない範囲でしか認められない（同条3項）。

　したがって，全財産が遺贈された場合は，遺留分侵害額請求はできるが，寄与分は一切認められないことになる。ここでは，寄与分よりも遺贈が優先し，遺贈よりも遺留分が優先することになる（寄与分＜遺贈＜遺留分）ので，寄与分よりも遺留分が優先することになる（寄与分＜遺留分）。

(3)　寄与分と遺留分との関係

　1043条1項は寄与分を考慮していないので（改正前1044条も904条の2を遺留分に準用していなかった），寄与分は遺留分算定の基礎においては（具体的相続分の算定の基礎とは異なり）控除されず，遺留分の額に影響を与えない（遺留分侵害額の算定でも寄与分は純取り分で考慮されず影響を与えない〔1046条2項参照〕）。一方，1047条は寄与分を遺留分侵害額の負担の対象としていない。したがって，遺留分を侵害する寄与分が認められることがありうるとともに，寄与分が遺留分を侵害していても侵害額請求をすることはできないことになる。

　ここでは，(2)と違って，遺留分よりも寄与分のほうが優先することになり，

三すくみの関係が生じてしまうことになる（寄与分＜遺贈，遺贈＜遺留分，遺留分＜寄与分）。

ただし，これは，すでに審判等で寄与分が定められており，その効力を動かせないと仮定した場合の議論である。

そこで，寄与分を定めるに当たって遺留分のことも「一切の事情」（904条の2第2項）のなかで考慮するべきだとして，遺留分を侵害する結果となる寄与分の審判を取り消すことが認められるのであれば（肯定例として，東京高決平成3・12・24判タ794号215頁），寄与分よりも遺留分のほうが優先し，三すくみの関係は解消されることになる。

もっとも，そもそも寄与分を定めるに当たって遺留分をどこまで優先して考慮すべきかという問題は残る（前掲東京高決平成3・12・24は，遺留分の侵害となる寄与分の認定を一切許さないとするものではなく，「特別な事情」があれば許されるとする）。また，寄与分の趣旨であっても，遺贈・特定財産承継遺言・相続分の指定・贈与という方式をとった場合は，遺留分の算定・侵害額の負担の対象になるが，寄与分のほうを重視する事情があれば，逆に，侵害額請求のほうが権利の濫用によって否定される余地もあろう（東京高判平成4・2・24判時1418号81頁参照）。

第6節　遺留分侵害額請求権の消滅と行使の制限

1 序

遺留分侵害額請求権は，相続開始時に発生するが，①相続放棄，②遺留分の放棄，③個別の遺留分侵害額請求権の放棄，④1048条の規定する期間制限などによって消滅するほか，⑤権利の濫用や信義則によって行使が制限されることがある。以下では，④，④と取得時効との関係，および，⑤について説明する。

2 遺留分侵害額請求権の期間制限

(1) 民法1048条前段と後段の法的性質

遺留分侵害額請求権について，1048条前段は，「遺留分権利者が，相続の開

始及び遺留分を侵害する贈与又は遺贈があったことを知った時から 1 年間行使しないときは，時効によって消滅する」とし，同条後段は，「相続開始の時から 10 年を経過したときも，同様とする」と規定する（引用部分は改正前 1042 条と趣旨は変わらず，「減殺すべき」から「遺留分を侵害する」に用語が変わったにとどまる）。

近時の学説の多数説は，短期と長期の期間制限がされている場合の一般的な解釈として，前段の 1 年を消滅時効，後段の 10 年を除斥期間と解している。

前段の 1 年について改正前からの条文の文言どおり消滅時効とするのが従前の判例（最判昭和 57・3・4 民集 36 巻 3 号 241 頁）であり，改正後も同様に解されるが，後段の 10 年に関する判例は見当たらない（消滅時効とする下級審裁判例として，大阪高判平成 13・2・27 金判 1127 号 30 頁）。

なお，1 年の消滅時効期間の満了前 6 か月以内の間に「未成年者又は成年被後見人」の遺留分権利者に法定代理人がない場合は，時効の完成猶予の規定（158 条 1 項）が適用される。上記 6 か月以内の間に「精神上の障害により事理を弁識する能力を欠く常況にある」遺留分権利者に法定代理人がない場合についても，少なくとも時効期間満了前の申立てに基づき後見開始の審判がされたときは，同規定が類推適用される（最判平成 26・3・14 民集 68 巻 3 号 229 頁）。

(2) 期間制限の対象

(i) 改正前の遺留分減殺請求権について，前述（本章第 4 節**1**）のように，判例・通説は，形成権と解し，改正前 1042 条の期間制限にかかるのは，形成権としての減殺請求権だけである（形成権行使の結果としての返還請求権などは消滅時効の一般原則による）としていた。

すなわち，判例は，改正前 1042 条にいう「減殺の請求権」は，「形成権である減殺請求権そのものを指し，右権利行使の効果として生じた法律関係に基づく目的物の返還請求権等をもこれに含ましめて同条所定の特別の消滅時効に服せしめることとしたものではない」（最判昭和 57・3・4 民集 36 巻 3 号 241 頁）として，（民法総則の取消しの場合と同様に）形成権と返還請求権の 2 段階構成をとった上で，「遺留分権利者が減殺請求により取得した不動産の所有権又は共有持分権に基づく登記手続請求権は，時効によって消滅することはない」とした

（最判平成7・6・9判時1539号68頁）。

　学説も，判例と同様，形成権説を前提に2段階構成をとる立場が多い。このような立場からは，（遺留分減殺の効果として発生する物の返還請求権等は消滅時効にかからないが）価額弁償（改正前1040条）や贈与や遺贈の目的物が金銭であるときは，減殺の効果として発生するのは不当利得返還請求権であって，債権一般の消滅時効（改正前167条1項）にかかると解されていた。

　(ii)　改正後の遺留分侵害額請求権についても，形成権と解されており，遺留分を侵害した受遺者や受贈者に対する行使の意思表示によって，当該受遺者・受贈者の負担額に応じた金銭債権が発生する（1046条・1047条）。

　したがって，改正後の1048条の期間制限についても，形成権としての侵害額請求権が対象となり，1年の消滅時効期間内に侵害額請求権行使の意思表示を相手方にすれば，その効果として発生する金銭債権については166条1項の消滅時効の一般原則によることになる。

(3)　消滅時効の起算点

　1048条後段の10年の期間制限の起算点（「相続開始の時」）は明確であるが，前段の1年の消滅時効の起算点（とくに「遺留分を侵害する贈与又は遺贈があったことを知った時」の要件）については解釈が問題となる。

　以下の判例は，改正前の「減殺すべき贈与又は遺贈があったことを知った時」の要件に関する判断であるが，改正後の「遺留分を侵害する贈与又は遺贈があったことを知った時」についても同様の解釈が維持されよう（傍点は引用者）。

　判例は，上記の要件について，遺留分権利者が単に被相続人の財産の贈与があったことを知っただけではなく，その贈与が減殺すべきもの（遺留分を侵害するもの）であることまでを知る必要がある，としてきた（大判明治38・4・26民録11輯611頁。後述する最判昭和57・11・12民集36巻11号2193頁も参照）。

　大審院は，上記を前提に，遺贈を目的とした遺言が真正に成立しその内容が遺留分を侵害することを認識することが必要だとして，遺留分権利者が遺贈の無効を主張している場合について，遺贈が減殺すべきもの（遺留分を侵害するもの）であることを知ったことにはならない，とした（大判昭和13・2・26民集17

巻 275 頁）ため，学説からは，時効期間が経過した後に贈与または遺贈の無効確認訴訟を提起すれば，その敗訴時が時効の起算点となってしまうという批判が出された。

そこで，最高裁（前掲最判昭和 57・11・12）は，大審院からの基本的な考え方を維持しつつも上記の批判を受け入れて，遺留分権利者が減殺すべき（遺留分を侵害する）贈与の無効を主張していたとしても，被相続人の財産の「ほとんど全部」が贈与されていることを認識している場合は，事実上および法律上の根拠があって「無効を信じているため……減殺請求権〔侵害額請求権〕を行使しなかったことがもっともと首肯しうる特段の事情」が認められない限り，贈与を減殺できることを知っていたものと推認するのが相当であるとした。

これを受け，遺留分権利者による遺贈無効の主張が第 1 審判決で斥けられたことをもって消滅時効の進行を認めた裁判例がみられる（東京高判平成元・9・14 東高民時報 40 巻 9～12 号 109 頁，東京高判平成 12・7・13 家月 53 巻 8 号 64 頁）。

(4)　遺留分侵害額請求の意思表示の有無と消滅時効の成否

前述（(2)(ii)）のように，1048 条前段の 1 年の期間制限は，形成権としての遺留分侵害額請求権を対象とするものであり，「遺留分を侵害する贈与又は遺贈があったことを知った時」から 1 年以内に受贈者または受遺者に対する侵害額請求の意思表示をしておけば，それによって発生した金銭債権の行使を急ぐ必要はない（消滅時効の一般原則である 166 条 1 項による）。そこで，いかなる意思表示があれば侵害額請求権の行使があったとされるかが，消滅時効との関係で問題となる。

改正前の裁判例では，①口頭弁論において贈与の事実を否認したにすぎない場合（最判昭和 25・4・28 民集 4 巻 4 号 152 頁）には減殺請求権の行使が否定される一方，②全財産を相続させる旨の遺言の受遺者に対し，自己の分け前を要求し，受遺者が遺産を独占することに応諾しない旨の意思表示をして遺産分割協議書への押印を拒否した場合には減殺請求権の行使ありとされている（京都地判昭和 60・4・30 金判 721 号 32 頁）。以上からは，改正後についても，相手方に対して，遺留分の侵害を理由とする権利主張の意味を含む意思表示が積極的にされる必要があるといえる。

　一方，遺産分割の協議の申入れや調停申立てが侵害額請求権の行使にあたるかについて，改正前の判例（最判平成10・6・11民集52巻4号1034頁）は以下のように判示した。すなわち，「遺産分割と遺留分減殺とは，その要件，効果を異にするから，遺産分割協議の申入れに，当然，遺留分減殺の意思表示が含まれているということはできない」としつつ，①全財産が一部の相続人に遺贈され，②減殺請求権を行使する者が遺贈の効力を争わない場合には，遺産の分配を求めるには遺留分減殺によるしかないので，特段の事情がない限り，遺産分割協議の申入れに減殺の意思表示が含まれていると解するのが相当であるとした。

　改正法においても，遺産分割協議と遺留分侵害額請求は要件・効果が異なるので，分割協議の申入れが直ちに侵害額請求の意思表示を含むものと解釈することはできない（物権的効果を有する減殺請求権から金銭債権が発生する侵害額請求権への改正で遺産分割協議との違いはより顕著になり，ますます上記のようにいえる）。遺留分を主張しなければ何も取り分がない場合に遺産分割協議を申し入れたときのように，遺留分の侵害を理由とする権利主張の意味を含む意思表示が積極的にされたといえる（侵害額請求の意思表示が含まれていると意思解釈できる）特段の事情が必要である。

③　遺留分侵害額請求権と取得時効との関係

(1)　改正前の判例

　改正前の遺留分減殺請求権の物権的効果・現物返還の原則の下，生前贈与に対する減殺請求に対し，受贈者が目的物について，取得時効を援用し，原始取得したとして，減殺の効果を免れることができるかが問題とされた。

　判例は，「自己の物」について取得時効を認める立場（最判昭和42・7・21民集21巻6号1643頁，最判昭和44・12・18民集23巻12号2467頁）を前提に，以下の理由により，取得時効の援用を否定した（最判平成11・6・24民集53巻5号918頁）。すなわち，①民法は，法的安定性に一定の配慮をしながら（改正前1030条〔1044条1項に対応〕前段，同1035条〔1047条1項3号に対応〕，同1042条〔1048条に対応〕等），「減殺の対象としての要件を満たす贈与については，それが減殺請求の何年前にされたものであるかを問わず，減殺の対象」としている，②もし取得時効の抗弁を認めるならば，「遺留分権利者は，取得時効を中断す

る法的手段のないまま」，権利を取得できない（不当な）結果となるとした。

(2)　改正法における意味

改正前の減殺請求権の物権的効果と現物返還の原則は，改正法により，遺留分侵害額請求権の行使による金銭債権の発生に変更された。したがって，生前贈与の目的物の返還を免れる目的との関係においては，取得時効の援用を否定した本判決の意味は失われることになる。

しかし，例えば，相続開始 11 年前の土地の贈与時に被相続人・受贈者の双方が遺留分侵害について悪意であった場合，その土地の取得時効を援用して，原始取得したものであって生前贈与によるものではない（遺留分の算定・侵害額の負担の対象ではない）という抗弁を封ずるという点では一定の意義が残ろう。

4　遺留分侵害額請求権と権利濫用・信義則違反

遺留分侵害額請求権も，一般の権利と同様，**権利の濫用**や**信義則違反**を理由にその行使が制限される場合がある。裁判例では，介護負担の不均衡などを理由とする権利不行使の事前合意の存在が問題となった類型や，身分関係の形骸化が問題となった類型がみられる。

（i）遺留分の事前放棄の合意に反して侵害額請求権が行使されたとしても，事前放棄は家庭裁判所の許可がなければ効力を有しない（1049 条 1 項）ので，それだけで直ちに権利の濫用にあたるものではなく，実質的な判断を要する。以下の改正前の「減殺請求権」に関する裁判例は，改正後の「侵害額請求権」についても同様に解される。

①被相続人と約 21 年間同居して世話をしてきた長女に不動産を単独相続させることを被相続人の他の子らも同意したにもかかわらず減殺請求がされた場合について，《申立てがあれば事前放棄が許可されたであろう事情》が認められるとして権利の濫用にあたるとされた事例（東京高判平成 4・2・24 判時 1418 号 81 頁）がある一方，②一般論として，権利の濫用とされるには，上記の事情だけではなく，《身分関係が完全に形骸化して減殺請求権の行使を認めることが正義衡平の観点に照らして不当と認める事情》をも要するとした裁判例もある（東京地判平成 15・6・27 金法 1695 号 110 頁）。しかし，合理性のある明確な合

意があってその効力を認めないことが不当な結果になる場合についてまで，①だけでなく②の事情も必要だとして権利濫用が否定されるのは，遺留分制度で保護する必要性に乏しい場合が増えている（本章第1節 **1** 参照）中で厳格にすぎよう。減殺請求権を放棄する裁判上の和解がされたが家庭裁判所の許可の申立てがされなかったことを奇貨として請求権が行使された場合について，和解条項の重要性や減殺請求を認めると二重取りの結果になることなどを理由に，減殺請求が信義則違反にあたるとされた裁判例（東京地判平成 11・8・27 判タ 1030 号 242 頁）に照らしても，権利不行使の事前合意がある類型においては，必ずしも②の事情まで要するとはいえないだろう。

　(ii)　一方，身分関係の形骸化が問題となった裁判例として，①養親と同居して介護してきた養子にされた遺贈に対し，養親子関係が形骸化して事実上の離縁状態にあった他の養子からされた減殺請求について権利の濫用とされた事例（名古屋地判昭和 51・11・30 判時 859 号 80 頁）がある一方，②被相続人である夫と長年別居してきた妻による減殺請求について，夫の愛人との同居が別居の原因であることや生活費の送金があったことなどから夫婦関係が形骸化していたとまではいえないとして権利の濫用にあたらないとされた事例（東京地判平成 4・5・27 金法 1353 号 37 頁）もある。身分関係が形骸化していたかどうかは，被相続人が生前に離縁・離婚や廃除の請求をしたらそれが認められるような関係にあったかどうかが重要な要素といえよう。ただし，相続権（遺留分権）は，本来は身分関係の内実を問わないものであるので，（権利不行使の事前合意がなく）身分関係の形骸化だけを理由とする権利濫用の認定は厳格にされるのが筋であろう。

> **Column Ⅱ11-4**　**遺留分制度と信託**
>
> 　遺留分制度は相続制度の「公序」であり，信託契約によって潜脱されないかが問題となっている。平成 30（2018）年改正前であるが，最高裁は，多数説に反し，（貯蓄型をとくに区別せずに）死亡保険金を遺留分の算定・減殺の対象とすることに否定的な立場を示した（最判平成 14・11・5 民集 56 巻 8 号 2069 頁⇒本章第 2 節 **1** (1)(a)(i)）。信託財産の設定（例：被相続人が A 信託銀行との間で，不動産所有権を A に移転し，受益権として次男 B が A から 10 年間毎月 20 万円受け取る旨の信託契約を生前に締結）も，死亡保険金と同様，被相続人からの贈与等に直接あたらないため，議論になってきた。前述の「公序」に照らし，死亡

保険金と同列に扱うことには否定論が強く，贈与に準じて改正後 1044 条を類推適用する説が多いが，侵害額の算定・負担の対象を信託財産とするか，受益権とするかの対立がある。改正前の裁判例では，信託契約の一部を公序良俗違反（90 条）で無効としつつ，受益権を算定・減殺の対象としたものがある（東京地判平成 30・9・12 金法 2104 号 78 頁）。

法制審議会家族法制部会「家族法制の見直しに関する要綱案」の概要

　法務省法制審議会家族法制部会は，令和3（2021）年3月から，「離婚及びこれに関連する制度の見直し」の検討を重ねてきた。令和6（2024）年1月，同部会は「家族法制の見直しに関する要綱案」を取りまとめた。今後，法制審議会総会が「要綱案」を踏まえた「要綱」を法務大臣に答申し，法務省は同年の通常国会に「要綱」に基づいた民法等の改正案を提出する予定である。

　以下では，「要綱案」の概要を紹介する。

第1　親子関係に関する基本的な規律

1　父母（親権者に限らない。）の責務等の明確化

　(1)　父母による子の人格の尊重等，ならびに，子の扶養の程度について，子が父母と同程度の生活を維持できる程度としなければならない旨の規定を新設する。

　(2)　父母による子に関する権利の行使または義務の履行に関し，父母が相互に協力しなければならない旨の規定を新設する。

2　親権の性質の明確化（818条1項，833条）

　親権に関する818条1項を改正する。また，子に代わる親権の行使（833条）についても，所要の改正を行う。

現　　行	要綱案
第818条①成年に達しない子は，父母の親権に服する。	親権は，成年に達しない子について，その子の利益のために行使しなければならない。

第2　親権及び監護等に関する規律

1　親権行使に関する規律の整備（818条3項）

　(1)　婚姻中の父母による親権の行使について，共同行使を原則とし，単独行使を例外とする旨を明確化した規定を新設する。

　(2)　上記(1)の共同行使の原則にかかわらず，子の監護・教育に関する日常の行為については，単独行使できる旨の規定を新設する。

　(3)　特定の事項に係る親権の行使について，父母間で協議が調わない場合には，家庭裁判所の判断で単独行使を定めることができる旨の規定を新設する。

2　父母の離婚後等の親権者の定め（819条，765条1項）

　(1)　未成年の子のいる夫婦の協議離婚・裁判離婚において，父母の「双方又は一方」を親権者に定める旨を規定する。つまり，離婚後の共同親権が導入される。

　また，現行 819 条各項を共同親権化に対応した内容に改めるとともに，親権者変更についての要件・手続を精緻化する。

　現行 819 条と「要綱案」の対応は下表の通りである（下線は筆者による）。

現　　行	要綱案
第 819 条① 父母が協議上の離婚をするときは，その協議で，その<u>一方を親権者</u>と定めなければならない。	ア 父母が協議上の離婚をするときは，その協議で，その<u>双方又は一方を親権者</u>と定める。
② 裁判上の離婚の場合には，裁判所は，<u>父母の一方を親権者</u>と定める。	イ 裁判上の離婚の場合には，裁判所は，<u>父母の双方又は</u>一方を親権者と定める。
③ 子の出生前に父母が離婚した場合には，親権は，母が行う。ただし，子の出生後に，父母の協議で，父を親権者と定めることができる。	ウ 子の出生前に父母が離婚した場合には，親権は，母が行う。ただし，子の出生後に，父母の協議で，<u>父母の双方又は</u>父を親権者と定めることができる。
④ 父が認知した子に対する親権は，父母の協議で父を親権者と定めたときに限り，父が行う。	エ 父が認知した子に対する親権は，母が行う。ただし，父母の協議で，<u>父母の双方又は</u>父を親権者と定めることができる。
⑤ 第 1 項，第 3 項又は前項の協議が調わないとき，又は協議をすることができないときは，家庭裁判所は，父又は母の請求によって，協議に代わる審判をすることができる。	オ 上記ア，ウ，若しくはエの協議が調わないとき，又は協議をすることができないときは，家庭裁判所は，父又は母の請求によって，協議に代わる審判をする。
⑥ 子の利益のため必要があると認めるときは，家庭裁判所は，子の親族の請求によって，親権者を他の一方に変更することができる。	カ 子の利益のため必要があると認めるときは，家庭裁判所は，<u>子又は</u>その親族の請求によって，親権者を変更することができる。 ≪キ・ク略≫

　さらに，父または母が「子の心身に害悪を及ぼすおそれがある」場合や，DV などにより「父母が共同して親権を行うことが困難」な場合には，裁判所が「父母の一方を親権者と定めなければならない」との規定を設ける。

　(2)　現行 765 条 1 項を改正し，「親権者の定めがされている」または「親権者の指定を求める家事審判又は家事調停の申立てがされている」ときは，離婚の届出を受理す

ることができる旨を規定する。

3 離婚後の子の監護に関する事項の定め等（766条）

(1) 離婚後の子の監護について，父母による分掌を可能とする規定を設ける。

(2) 子の監護者が指定された場合の権利義務に関する規定を設ける。

第3 養育費等に関する規律

1 養育費等の請求権の実効性向上（先取特権の付与）（306条）

夫婦間の協力・扶助義務（752条），婚姻費用分担義務（760条），子の養育費（766条），扶養（877条〜880条）などに基づく債権（定期金債権）に関し，債権者は，子の監護に必要な費用として，政省令で定める額について，債務者の総財産について先取特権（306条）を有する旨の規定を新設する。

2 法定養育費（766条）

(1) 養育費を定めずに協議離婚をした場合に，一定の要件で，一定の期間，父母の一方が他方に対して，政省令で定める養育費を請求できる規定を新設する。

(2) 家庭裁判所が養育費債務について，免除や支払の猶予などを命じることができる規定を新設する。

3 裁判手続における情報開示義務（家事事件手続法・人事訴訟法）

夫婦間の協力・扶助義務（752条），婚姻費用分担義務（760条），子の養育費（766条），扶養（877条〜880条）などの調停・審判事件において，家庭裁判所は当事者に対して，収入や財産の状況の情報の開示を命じることができるようにする。人事訴訟に附帯して行われる子の養育費などの分担についても同様とする。

4 執行手続における債権者の負担軽減（民事執行法）

第4 親子交流に関する規律

1 父母の婚姻中の親子交流（766条）

別居親と子の交流を現行の面会交流から「親子交流」と再定義する。そして，父母の婚姻中の親子交流について，父母が協議で定めることとし，協議が調わない場合等は，家庭裁判所が定める旨の規定を新設する。

2 裁判手続における親子交流の試行的実施（家事事件手続法・人事訴訟法）

子の監護ならびに養育費の調停・審判事件において，家庭裁判所の関与の下で親子交流の「試行的実施」を行うことができる旨の規定を新設する。

3 親以外の第三者と子との交流に関する規律

家庭裁判所は，父母以外の親族と子との交流の実施について定めることができる旨の規定を新設する。

第5 養子に関する規律

1 養子縁組がされた場合の親権者の明確化（818条2項）

2 未成年養子縁組及びその離縁の代諾に関する規律（797条，811条3項・4項）

第6 財産分与に関する規律

1 考慮要素の明確化等（768条3項）

家庭裁判所が財産分与について審理・判断する際の考慮要素（要件）を明確化する。そして，この要件の中に，平成8年民法改正要綱で提案された財産分与における「2分の1ルール」を規定する（ Column I 1-1 〔20頁〕）。

2 期間制限（768条2項ただし書）

財産分与請求の期間制限（768条2項ただし書）を，現行の2年から5年にする。

3 裁判手続における情報開示義務（家事事件手続法・人事訴訟法）

財産分与の調停・審判事件において，家庭裁判所は当事者に対して，収入や財産の状況の情報の開示を命じることができるようにする。人事訴訟に附帯して行われる財産分与についても同様とする。

第7 その他（754条，770条1項）

夫婦間の契約取消権に関する754条，ならびに，精神病離婚に関する770条1項4号を削除する。これらも，平成8年民法改正要綱の実現である（ Column I 1-1 〔20頁〕）。

＊

以上は，令和6（2024）年1月31日時点の情報に基づく記述である。「要綱案」ならびに「要綱」の詳細については，法務省法制審議会のウェブサイトを参照されたい。

なお，改正法については，成立後，有斐閣のウェブサイトの本書の詳細ページ（https://www.yuhikaku.co.jp/books/detail/9784641179578）に解説を掲載する予定である。

氏名	前原　正一
本籍	京都府京都市南区東寺町弐丁目四番

昭和六拾弐年六月七日編製

長男

父	前原　正太
母	治子
夫	正一
出生	昭和参拾六年壱月壱日

昭和参拾六年壱月壱日京都府京都市で出生同月拾四日父届出入籍㊞
昭和六拾弐年六月七日太田紀子と婚姻届出京都府京都市北区竜安寺町七拾八番地前原正太戸籍から入籍㊞

妻

父	太田　一平
母	良子
妻	紀子
出生	昭和四拾弐年弐月四日

昭和四拾弐年弐月四日京都府京都市で出生同月七日父届出入籍㊞
昭和六拾弐年六月七日前原正一と婚姻届出京都府京都市北区大安寺町四拾九番地太田一平戸籍から入籍㊞

長男

父	前原　正一
母	紀子
（一史）	一史
出生	平成弐年壱月拾参日

平成弐年壱月拾参日京都府京都市で出生同月弐拾日父届出同日同市長から送付入籍㊞
令和参年九月壱日浦田由樹と婚姻届出京都府京都市中京区堀川町五拾番新戸籍編製につき消除

この謄本は、戸籍の原本と相違ないことを認証する。

令和参年九月九日

京都市南区長　木津川　治長　職㊞

468

（電算化戸籍の例）

		全 部 事 項 証 明
本　　籍 氏　　名	京都市中京区堀川町 50 番 前原一史	
戸籍事項	令和 3 年 9 月 1 日編製	
戸籍に記載されている者	【名】一史 【生年月日】平成 2 年 1 月 13 日 【父】前原正一 【母】前原紀子 【続柄】長男	
身分事項 　　出　　生	【出生日】平成 2 年 1 月 13 日 【出生地】京都市南区 【届出日】平成 2 年 1 月 20 日 【届出人】父	
婚　　姻	【婚姻日】令和 3 年 9 月 1 日 【配偶者氏名】浦田由樹 【従前戸籍】京都市南区東寺町 2 丁目 4 番　前原正一	
戸籍に記載されている者	【名】由樹 【生年月日】平成 4 年 2 月 24 日 【父】浦田直人 【母】浦田陽子 【続柄】三女	
身分事項 　　出　　生	【出生日】平成 4 年 2 月 24 日 【出生地】大阪府高槻市 【届出日】平成 4 年 2 月 28 日 【届出人】父	
婚　　姻	【婚姻日】令和 3 年 9 月 1 日 【配偶者氏名】前原一史 【従前戸籍】大阪府高槻市淀川町 2 丁目 8 番　浦田直人	
戸籍に記載されている者	【名】紬 【生年月日】令和 3 年 11 月 8 日 【父】前原一史 【母】前原由樹 【続柄】長女	
身分事項 　　出　　生	【出生日】令和 3 年 11 月 8 日 【出生地】大阪府高槻市 【届出日】令和 3 年 11 月 19 日 【届出人】母 【送付を受けた日】令和 3 年 11 月 22 日 【受理者】京都市中京区長	

発行番号　1234567890（京都市中京区本所）

これは、戸籍に記録されている事項の全部を証明した書面である。

令和 3 年 11 月 30 日　　　　　　　　京都市中京区長　加茂川　歩　　印

（電子公印使用）

書式②　婚姻届

婚姻届

令和3年9月1日届出
京都市中京区長　殿

	夫になる人	妻になる人
氏名	前原　一史	浦田　由樹
生年月日	平成2年1月13日	平成4年2月24日
住所	京都府京都市南区東寺町 二丁目4番6号	大阪府高槻市淀川町 二丁目8番8号
本籍	京都府京都市南区東寺町 二丁目4番地	大阪府高槻市淀川町 二丁目8番地
父母の氏名 父母との続き柄	父　前原　正一　　母　前原　紀子　長男	父　浦田　直人　　母　浦田　陽子　長女

(4) 婚姻後の夫婦の氏・新しい本籍　　☑夫の氏　□妻の氏　京都府京都市中京区堀川町50番地
(5) 同居を始めたとき　令和2年4月

初婚・再婚の別　☑初婚　□再婚（　死別・離別）

届出人署名　夫　前原　一史　　妻　浦田　由樹

記入の注意

この届は、あらかじめ用意して、結婚式をあげる日または同居を始めた日のうち早いほうから書けます。

証人

	佐野　元秋	本野　ひとみ
氏名		
生年月日	平成元年11月1日	平成3年12月31日
住所	京都府京都市南区東寺町 二丁目10番8号	大阪府高槻市淀川町 六丁目1番2号
本籍	愛知県名古屋市中区本丸 一丁目1番地	東京都調布市大島町 八丁目8番地

◎　署名は必ず本人が自署してください

連絡先
電話（　　）
自宅・勤務先・呼出

書式③　離婚届

離　婚　届

令和 4 年 2 月 28 日 届出

京都市中京区 長 殿

	夫	妻
氏名	前原　一史	前原　由樹
生年月日	平成2年 1月 13日	平成4年 2月 24日
住所	京都府京都市中京区 堀川町 50番 9号	京都府京都市中京区 堀川町 50番 9号
	世帯主の氏名 前原　一史	世帯主の氏名 前原　一史
本籍	京都府京都市中京区堀川町	50番地
	筆頭者の氏名 前原　一史	

父母及び養父母の氏名 父母との続き柄
夫の父　前原　正一　続き柄 長男
母　　　紀子　続き柄
妻の父　浦田　直人　続き柄 三女
母　　　陽子

離婚の種別
協議離婚　令和4年 4月 21日成立
調停　　　年 月 日成立
審判　　　年 月 日確定

婚姻前の氏にもどる者の本籍
夫は　令和2年 4月 から
妻は　令和3年 12月 まで
（同居を始めたとき）

もとの戸籍にもどる
新しい戸籍をつくる

別居する前の住所

別居する前の世帯のおもな仕事
1. 農業だけまたは農業とその他の仕事を持っている世帯
2. 自由業・商工業・サービス業等を個人で経営している世帯
3. 企業・個人商店等（官公庁は除く）の常用勤労者世帯で勤め先の従業者数が1人から99人まで
4. 3にあてはまらない常用勤労者世帯及び会社団体の役員の世帯
5. 1から4にあてはまらないその他の仕事をしている者のいる世帯
6. 仕事をしている者のいない世帯

夫妻の職業

その他

届出人署名
夫　前原　一史　印
妻　前原　由樹　印

書式④　出生届

出生証明書

| 子の氏名 | 前原　紬 | | 男女の別 | 1 男　②女 |

生まれたとき：令和 3 年 11 月 8 日　午後 9 時 18 分

生まれたところ及びその種別	①病院　2診療所　3助産所　4自宅　5その他
生まれたところ	大阪府高槻市淀川町 1丁目 1番地
施設の名称	淀川総合病院

体重及び身長：体重 3200 グラム　身長 48 センチメートル

単胎・多胎の別：②単胎　2多胎（　子中第　子）

| 母の氏名 | 前原　由樹 | 妊娠週数 | 満 40 週 5 日 |
| この母の出産した子の数 | 出生子（この出生子及び出生後死亡した子を含む）1 人　死産児（妊娠満22週以後）胎 |

上記のとおり証明する。

1医師　②助産師　3その他	
(住所)	大阪府高槻市淀川町 1丁目 1番号
(氏名)	医療法人淀川総合病院　本田　勝夫

※出生届の手続等について、悩みや困ったことなどがあれば、お近くの市区町村窓口で受けられます。詳しくは法務省のホームページをご覧ください。

記入の注意

出　生　届

令和 3 年 11 月 19 日届出

京都市中京区　長　殿

(1) 子の氏名	前原　紬		父母との続き柄	☑嫡出子でない子 ☑男 ②女 長女
(2) 生まれたとき	令和 3 年 11 月 8 日　午後 9 時 18 分
(3) 生まれたところ	大阪府高槻市淀川町一丁目 1 番 号
(4) 住所	京都府京都市中京区堀川町 50 番 9 号
	世帯主の氏名　前原　一史　世帯主との続き柄　長女
(5) 父母の氏名　生まれたときの年齢	父 前原　一史　平成 2 年 2月 24日（満 29歳） 母 前原　由樹　平成 4年 2月 24日（満 29歳）
(6) 本籍	京都府京都市中京区堀川町 50 番地 筆頭者の氏名　前原　一史
(7) 同居を始めたとき	令和 2 年 4 月

連絡先：電話　自宅・勤務先・呼出

番　　　方

届出人

署名　前原　由樹　印

生年月日　平成 4 年 2 月 24 日生

事件簿番号

書式⑤　自筆証書遺言

物件等目録

第1　不動産
1.　土地
　　所　在　神戸市灘区一甲町二丁目
　　地　番　123番4
　　地　積　180.60㎡
2.　建物
　　所　在　神戸市灘区一甲町二丁目123番地4
　　家屋番号　123番4の1
　　種　類　居宅
　　構　造　れんが造瓦葺平屋建
　　床面積　100.30㎡

第2　預金
1.　イノシシ銀行　六甲谷支店　普通預金
　　口座番号：9876543
2.　ウリボー信用金庫　三宮支店　普通預金
　　口座番号：1234567

以上

高野太郎

遺　言　書

1.　別紙目録第1記載の不動産を、長男
　　高野浮に相続させる。

2.　別紙目録第2記載の預金を、長女
　　岡崎啓子に相続させる。

3.　下記の子を認知する。
　　住所　神戸市灘区六甲谷町2丁目1番3号
　　氏名　北白川陽菜
　　生年月日　平成20年3月8日
　　本籍　神戸市中央区加納町6丁目5番
　　戸籍筆頭者　北白川利子

令和元年5月5日
　　　高野太郎

473

事 項 索 引

あ 行

「青い鳥」判決 ……………………………94
赤ちゃんポスト ……………………………142
悪意の遺棄 …………………………………91
悪魔ちゃん事件 ……………………………186
悪魔の証明 …………………………………146
あっせん機関 …………………………161, 175
後継ぎ遺贈 …………………………………419
家制度 ……………………………………18, 236
遺 骨 ………………………………………282
遺 言 ………………………………………390
　　──の解釈 ……………………………405
　　──の開封 ……………………………430
　　──の確認 ……………………………401
　　──の検認 ……………………………430
　　──の執行 ……………………………431
　　──の撤回 ……………………………426
　　──の取消し …………………………408
　　──の変更 ……………………………403
　　──の方式 ……………………………393
　　──の無効 ……………………………408
遺言事項 ……………………………………392
遺言執行者 …………………………………432
　　──の解任・辞任 ……………………432
　　──の権利義務 ………………………433
　　──の就職 ……………………………432
　　──の選任 ……………………………432
　　──の訴訟追行権 ……………………434
　　──の法的地位 ………………………435
遺言自由の原則 ……………………………391
遺言認知 ……………………………………143
遺言能力 ……………………………………408
遺 産
　　──の一部分割 ……………332, 344, 350
　　──の果実 ……………………………352
　　──の仮分割 …………………………331, 348
　　──の管理 ……………………………334

　　──の売却代金 ………………………353
遺産共有 ……………………………………323
遺産分割 ……………………………………340
　　──と対抗問題 ………………………358
　　──の効力 ……………………………358
　　──の前提問題 ………………………348
　　──の遡及効 …………………………358
　　──の対象 ……………………………351
　　──の当事者 …………………………355
　　──の方法 ……………………………342
　　──前の遺産の処分 …………………351
　　──前の預貯金債権の行使 …………331
遺産分割協議 ………………………………344
　　──と詐害行為 ………………………347
　　──の解除 ……………………………346
　　──の瑕疵 ……………………………345
遺産分割請求権 ……………………………341
遺産分割方法の指定 ……………………342, 421
意思無能力者 ………………………………201
慰謝料請求権の相続 ………………………287
遺 贈 ……………………………………
　　──と遺留分侵害額の負担 ……449, 450
　　──の物上代位性 ……………………413
　　──の無効・取消し …………………412
　　──の持戻し …………………………307
　　期限付── ……………………………418
　　条件付── ……………………………418
遺贈義務者 …………………………………411
　　──の引渡義務 ………………………415
遺族給付 ……………………………………284
一時保護 ……………………………………179
逸失利益 ……………………………………286
一身専属的な権利義務 ……………………280
一夫一婦制（一夫一妻制） ………………76
移転主義（遺産分割） ……………………358
遺留分 ………………………………………316
　　──算定の基礎となる財産 …………442
　　──制度 ………………………………437

——と寄与分 ……………447, 455
——の放棄 ……………439
死亡保険金と—— ……………442
特別受益と—— ……………443
遺留分額 ……………445
遺留分権 ……………263
遺留分権利者 ……………439
遺留分権利者承継債務 ……………447, 452
遺留分侵害額
——請求の意思表示 ……………459
——の算定 ……………446
——の負担 ……………449
遺留分侵害額請求権 ……………440
——と権利濫用 ……………461
——と債権者代位権 ……………440
——と取得時効 ……………460
——の期間制限 ……………456
——の金銭債権化 ……………438, 454
——の行使 ……………441
——の消滅時効 ……………457
——の性質 ……………454
遺留分率 ……………445
医療行為への同意 ……………216
姻　族 ……………24
——関係終了の意思表示 ……………27
インフォームドコンセント ……………216
氏 ……………30
——の変更 ……………33, 34
呼称上の—— ……………31, 34
嬰児殺 ……………142
縁　組 ……………160
——の取消し ……………170
——の無効 ……………168
宣言型の—— ……………172
断絶型の—— ……………172
非断絶型の—— ……………168, 172
縁組意思 ……………162
縁氏続称 ……………172
応急処分義務 ……………220
親子関係 ……………122
——不存在確認の訴え ……………126

か　行

外観説（推定の及ばない子）……………135
外形説（形式的判断説）……………193
介護保険法 ……………221
懐　胎 ……………124
改定標準算定表 ……………104
価額の支払請求権 ……………133, 154, 356, 357
駆け込み寺……………88
苛酷条項……………90
家産共有の思想 ……………235
家事事件手続規則 ……………7
家事事件手続法……………7, 12
家事審判 ……………11
家事調停 ……………10
家事調停委員 ……………10
果　実 ……………352
家　族 ……………2
家族法 ……………2
家長権 ……………179
家庭裁判所 ……………7
家庭裁判所調査官 ……………9
家庭破綻説（家庭崩壊説）（推定の及ばない子）……………135
家督相続制度……………18, 236
家督相続人……………370
可分債権の共同相続 ……………329
可分債務の共同相続 ……………332
換価分割 ……………344
監護者 ……………102
監護費用の償還制限 ……………132, 151
慣習（法）……………16
間接強制 ……………103, 105, 188
間接交流 ……………103
完全養子縁組 ……………172
監督義務者責任 ……………214
管理権喪失 ……………196, 198
管理行為 ……………335
管理費用 ……………335, 353
危機介入 ……………199
棄　児 ……………142

儀式婚主義……………………………41
帰属上の一身専属性 ……………………282
協議離縁 …………………………………170
協議離婚……………………………………81
強制認知……………………………………145
共同遺言……………………………………405
共同親権 ……………………6, 101, 180
共同相続……………………………………243
共同相続人…………………………………298
共有説 ……………………………………323
共有物の使用 ……………………336, 338
共有物分割訴訟 ……………325, 327, 341
共有持分の処分………………………323, 326
虚偽嫡出子出生届……………………139, 143
居住建物……………………………………364
居所指定権…………………………………185
寄与分………………………………………314
　　──の算定 ……………………………315
近親婚………………………………………176
　　──の禁止………………………………49
金銭の共同相続……………………………329
禁治産………………………………………208
口　授………………………………………398
具体的相続分………………………………305
　　──の算定 ……………………………317
　　──の性質 ……………………………318
具体的方途論………………………………92
車の両輪（介護保険制度と成年後見制度）
　　…………………………………………221
形式的意思説……………………………44, 162
形式的審査…………………………………82
芸娼妓養子 ………………………………161
形成権（遺留分侵害額請求権）…454, 458, 459
形成権＝物権的効果説 …………………453
形成訴訟 …………………………………145
継続性の原則 ……………………………182
契約財産制…………………………………66
契約上の地位の相続 ……………………290
契約取消権…………………………………65
芸養子 ……………………………………162
血液型 ……………………………………135

血縁説（推定の及ばない子）……………135
血　族……………………………………24
血族相続人 ………………………………253
検察官………………………………13, 146
限定承認……………………………………275
　　──における清算手続 ………………380
現物分割……………………………………344
権利の濫用 …………………117, 139, 461
合意説（推定の及ばない子）………………135
合意に相当する審判………………………11
好意認知……………………………………149
行為能力者 ………………………………202
公営住宅の使用権 ………………………281
公益的取消し………………………………56
公開停止手続………………………………12
後見制度支援信託 ………………………215
行使上の一身専属性 ……………………282
公証人………………………………………398
公職選挙法 ………………………………210
公正証書……………………………………220
公正証書遺言 ……………………………397
公的義務説 ………………………………179
公的扶助……………………………………224
香　典……………………………………284
合有債権説 ………………………………330
合有債務説 ………………………………333
合有説 ……………………………………324
効力要件説………………………………47
高齢者虐待防止法 ………………………222
国籍法違憲判決 …………………………153
戸　主……………………………18, 236
　　──制度…………………………………18
呼称上の氏…………………………………31
個人の尊厳 ………………………………21
戸　籍……………………………………28
　　──と性…………………………………35
　　──と相続回復請求権 ………………371
　　──の記載………………………………28
　　──の訂正………………………………29
　　──の編成………………………………28
戸籍筆頭者…………………………………29

子どもの代理人‥‥‥‥‥‥‥‥‥‥12
子どもの貧困‥‥‥‥‥‥‥‥‥85, 104
子の出自を知る権利‥‥‥‥‥142, 176
子の承諾‥‥‥‥‥‥‥‥‥‥‥‥144
子の引渡請求‥‥‥‥‥‥‥‥‥‥187
子の利益‥‥‥‥‥‥‥‥‥‥‥‥106
個別的遺留分率‥‥‥‥‥‥‥‥‥445
個別配分‥‥‥‥‥‥‥‥‥‥‥‥344
ゴルフクラブ会員契約と相続‥‥‥291
婚　姻
　　――の効果‥‥‥‥‥‥‥‥‥‥59
　　――の届出‥‥‥‥‥‥‥‥‥‥43
　　――の無効‥‥‥‥‥‥‥‥‥‥51
　　――の要件‥‥‥‥‥‥‥‥‥‥41
婚姻意思‥‥‥‥‥‥‥‥‥‥‥‥44
　　――の存在時期‥‥‥‥‥‥‥‥47
婚姻住居の保護‥‥‥‥‥‥‥‥‥108
婚姻準正‥‥‥‥‥‥‥‥‥‥‥‥154
婚姻障害‥‥‥‥‥‥‥‥‥‥‥‥48
　　――と婚約‥‥‥‥‥‥‥‥‥‥38
　　――と内縁‥‥‥‥‥‥‥‥‥113
婚姻適齢‥‥‥‥‥‥‥‥‥‥‥‥48
婚姻の取消し‥‥‥‥‥‥‥‥‥‥55
　　――の効果‥‥‥‥‥‥‥‥‥‥58
婚姻費用
　　――の分担‥‥‥‥‥‥‥‥‥‥67
　　過去の――‥‥‥‥‥‥‥‥‥‥68
婚姻予約‥‥‥‥‥‥‥‥‥‥37, 111
婚姻を継続し難い重大な事由‥‥‥94
婚氏続称‥‥‥‥‥‥‥‥31, 59, 95
婚　約‥‥‥‥‥‥‥‥‥‥‥‥‥37
　　――の効果‥‥‥‥‥‥‥‥‥‥39
　　――の成立‥‥‥‥‥‥‥‥‥‥38
　　――の不当破棄‥‥‥‥‥‥‥‥39

さ　行

債権者代位権‥‥‥‥‥‥‥‥‥‥440
　　――と承認・放棄‥‥‥‥‥‥269
　　遺留分侵害額請求権と――‥‥440
債権の共同相続‥‥‥‥‥‥‥‥‥328
再構成家族‥‥‥‥‥‥‥‥‥‥‥110

再婚禁止期間‥‥‥‥‥‥‥‥42, 95
財産管理‥‥‥‥‥‥‥‥‥205, 213
　　――の事務分掌‥‥‥‥‥‥‥205
財産管理契約（見守り契約）‥‥‥221
財産管理権‥‥‥‥‥‥‥‥180, 191
財産分与‥‥‥‥‥‥‥‥‥‥‥‥99
　　――義務の相続‥‥‥‥‥‥‥288
　　――請求権の相続‥‥‥‥‥‥288
　　――と詐害行為取消し‥‥‥‥99
財産分離‥‥‥‥‥‥‥‥‥‥‥‥381
　　第1種――‥‥‥‥‥‥‥‥‥382
　　第2種――‥‥‥‥‥‥‥‥‥382
財産目録‥‥‥‥‥‥‥‥‥‥‥‥395
　　――の変更‥‥‥‥‥‥‥‥‥403
祭祀主宰者‥‥‥‥‥‥‥‥‥‥‥282
祭祀に関する権利‥‥‥‥‥‥‥‥282
在船者遺言‥‥‥‥‥‥‥‥‥‥‥402
再代襲‥‥‥‥‥‥‥‥‥‥‥‥‥256
再転相続‥‥‥‥‥‥‥‥‥‥‥‥271
再統合（親子関係・家族関係）‥‥199
裁判認知‥‥‥‥‥‥‥‥‥‥‥‥145
裁判離縁‥‥‥‥‥‥‥‥‥‥‥‥170
裁判離婚‥‥‥‥‥‥‥‥‥‥‥‥87
債務者の財産状況の調査‥‥‥‥‥105
債務の共同相続‥‥‥‥‥‥‥‥‥328
裁量的離婚請求棄却‥‥‥‥‥‥‥94
詐害行為（取消権）
　　――と承認・放棄‥‥‥‥‥‥269
　　遺産分割協議と――‥‥‥‥‥347
　　財産分与と――‥‥‥‥‥‥‥99
里　親‥‥‥‥‥‥‥‥‥‥123, 161
　　――委託‥‥‥‥‥‥‥‥‥‥123
　　――制度‥‥‥‥‥‥‥‥‥‥178
三代戸籍禁止の原則‥‥‥‥‥‥‥28
算定表（養育費）‥‥‥‥‥‥‥‥104
死因贈与‥‥‥‥‥‥‥‥‥‥‥‥410
　　――と遺留分侵害額の負担‥‥450
JR東海事件‥‥‥‥‥‥‥‥‥‥215
私益的取消し‥‥‥‥‥‥‥‥‥‥56
資格併存説‥‥‥‥‥‥‥‥293, 295
資格融合説‥‥‥‥‥‥‥‥292, 294

試験養育期間 …………………………175
死後懐胎子 …………………………157
　　――と代襲相続 …………………257
死後事務委任契約 …………………221
死後認知 ………………148, 157, 356
死後離縁………………………27, 171
事実婚 ………………………………110
事実婚主義……………………………41
事実上の放棄 ………………………345
自書能力 ……………………………394
自然血族………………………………24
実　　方 ……………………………167
実　　子 ……………………………123
実子斡旋事件（菊田医師事件）……172
実質説（実質的判断説）……………193
実質的意思説 ………………44, 83, 162
実質的共有説…………………………70
実質的審査 …………………………85
実質的な共有財産……………………97
実親子関係 …………………………122
失踪宣告………………………92, 247
指定相続分 …………………………303
私的義務説 …………………………179
私的扶養 ……………………………224
　　――の優先 ……………………225
児童虐待防止法 ……………………199
児童相談所 ……………175, 178, 179
児童相談所長 ………………175, 204
児童の権利に関する条約 …………106
児童福祉法 ……………………123, 178
自筆証書遺言
　　――の保管制度 ………………396
死亡危急者遺言 ……………………401
死亡子認知 …………………………145
死亡退職金 ……………………284, 309
死亡保険金 …………………………283
　　――請求権 ……………………309
市民後見人 …………………………210
氏名の振り仮名………………………35
氏名の読み方…………………………35
社会的養護 …………………………178

借地権
　　――の共同相続 ………………326
　　――の相続 ……………………290
借地借家契約と相続 ………………290
受遺欠格 ……………………………411
受遺者 ………………………………411
集合権利説（相続回復請求権）……370
重婚 …………………………………141
重婚的内縁 …………………………113
　　――の効果 ……………………117
　　社会保障給付と―― …………120
重婚の禁止 ………………………49, 56
熟年離婚………………………………79
熟慮期間 ……………………………270
出　　産 ……………………………124
取得時効 ……………………………460
準禁治産 ……………………………208
準　　婚 ……………………………111
準　　正 ……………………………154
純取り分額 …………………………446
障害者虐待防止法 …………………222
障害者権利条約 ……………………222
消極的破綻主義………………………89
使用貸借契約 ………………………337
証　　人 ……………………………404
証人欠格者 …………………………404
　　事実上の―― …………………404
職業許可権 …………………………186
職権探知主義…………………………12
所有者不明土地 ……………………238
自立支援 ……………………………199
人格遡及説 …………………………250
新家庭形成説（推定の及ばない子）………135
親　　権 ……………………………179
　　――喪失 ………………………196
　　――停止 ………………196, 197
　　――の終了 ……………………200
親権者 …………………………101, 180
　　――の変更 ……………………182
親権代行者 …………………………184
親権無制限回復説 …………………183

人工授精 ……………………………155
人工生殖 ……………………………155
人口動態統計 ………………………78
人事訴訟 ……………………………12
人事訴訟法 …………………………13
身上監護（権）……………180, 184, 205
身上配慮義務 ………………………213
人身保護法 …………………………187
新生児の取り違え …………………140
親　族 ………………………23, 26
親族後見人 …………………………209
親族養子 ……………………………166
信　託 …………………………420, 462
親　等 ………………………………25
審判分割 ……………………………348
審判離縁 ……………………………170
審判離婚 ……………………………86
信用保証債務 ………………………290
推定家督相続人 ……………………19
推定相続人 …………………………263
推定の及ばない子 …………126, 146
捨て子 ………………………………142
ステップファミリー ………………110
性格の不一致 ………………………76
生活扶助義務 ………………228, 230
生活保持義務 ………………228, 231
税金養子 ……………………………162
制限行為能力者 ……………………202
　　――制度 ………………………202
　　――の資格制限 ………………210
制限人格説 …………………………250
清算主義 ……………………………246
生死不明 ……………………………92
生殖補助医療 ………………122, 155
生殖補助医療特例法 ………122, 158
精神病離婚 …………………………92
性同一性障害（GID）………35, 129
性同一性障害者の性別の取扱いの特例に関
　する法律 …………………………129
成年後見 ……………………209, 211
成年後見監督人 ……………………218

成年後見人 …………………………212
成年子認知 …………………………144
成年被後見人 ………………………212
性別役割分担 ………………………181
成立要件説 …………………………47
積極的破綻主義 ……………………90
節税養子 ……………………162, 163
宣言主義（遺産分割）………………358
選択的夫婦別氏制度 ………………31
船舶遭難者遺言 ……………………402
専門里親 ……………………………178
占有権の共同相続 …………………326
占有権の相続 ………………………285
　　取得時効と―― ………………285
葬儀費用 ……………………………284
創設的届出 …………………………29
相　続 ………………………………240
　　――登記の申請の義務化 ……322
　　――と新権原 …………………286
　　――の開始原因 ………………246
　　――の開始地 …………………248
　　――の根拠 ……………………240
相続回復請求権 ……………154, 369
　　――と取得時効 ………………377
　　――と消滅時効 ………………376
相続欠格 ……………………………260
　　――の相対性 …………………262
　　――の宥恕 ……………………262
相続構成 ……………………………287
相続債権者 …………………246, 436
相続財産 ……………………280, 320
　　――の管理 ……………………272
　　――の国庫帰属（959条）……389
　　――の清算人 …………380, 384
　　――の多義性 …………………321
　　――の破産 ……………………379
相続財産法人 ………………………384
「相続させる」旨の遺言→特定財産承継遺
　言 …………………………303, 343
相続資格の重複 ……………………258
相続税 ………………………………242

相続土地国庫帰属法 …………239
相続人 ………………252
　──の順位 ………………252
　──の地位 ………………338
　──の不存在 ………………384
相続人捜索 ………………386
相続分 ………………298, 338
　──の譲渡 ………………338, 444
　──の取戻し ………………339
相続分皆無証明書 ………………345
相続分の指定（→指定相続分）………303
　──と遺留分 ………………451
　──と遺留分侵害額 ………………447
　──と代襲相続人 ………………304
　──を伴う遺産分割方法の指定 …343, 423
相続分不存在証明書 ………………345
相続放棄 ………………277
　──の遡及効 ………………277
総体的遺留分率 ………………445
相対的効果説 ………………113, 118
贈　与
　──と遺留分侵害額の負担 ………449, 450
　特別受益となる── ………………308
訴権説（相続回復請求権）………………371
措置から契約へ ………………222
損害賠償請求権の相続 ………………286
尊　属………………25

た　行

体外受精 ………………156
待婚期間………………42
胎　児 ………………250
　──と遺産分割 ………………355
胎児認知 ………………144
代襲原因 ………………255
代襲相続 ………………254
代襲相続人 ………………255, 310
　──の相続分 ………………257
代償財産 ………………353
代償分割 ………………344, 349
代諾縁組 ………………166

代　表 ………………191
代理懐胎 ………………156
代理権 ………………217
代理権濫用 ………………193
代理出産 ………………156
代理母 ………………156
多数当事者の抗弁 ………………146
立会人 ………………404
単純承認 ………………273
断絶養子縁組 ………………172
単独縁組 ………………164
単独親権 ………………101, 181
単独相続 ………………243
担保責任（共同相続人間）………………359
担保物権
　──の共同相続 ………………326
　──の相続 ………………285
父を定めることを目的とする訴え ………140
嫡　出 ………………126
嫡出子 ………………124, 167
嫡出推定 ………………124, 125, 156, 357
　──されない嫡出子 ………………125
　──される嫡出子 ………………125
　──の及ばない子 ………………133
嫡出性
　──の承認 ………………129
嫡出でない子→非嫡出子
嫡出否認 ………………124, 125
　──の訴え ………………125
中央当局 ………………190
中間戸籍 ………………176
中小企業における経営の承継と遺留分 …438
懲　戒 ………………185
懲戒権 ………………185, 199
超過特別受益者 ………………313
調停委員会………………10
調停前置主義 ………………8
調停調書………………10
調停に代わる審判 ………………8, 11, 86
調停離縁 ………………170
調停離婚………………85

直接強制 ……………………………188
直　系 ……………………………24
直系姻族 ……………………………24
賃料債権 ……………………………352
追　認 ……………………………196
通　達 ……………………………127
連れ子養子 ……………………………162
DNA鑑定 ……………………135, 147
抵触行為による撤回 ……………………427
貞操義務………………………………62
提訴権者 ……………………………130
DV（ドメスティック・バイオレンス）…77
　　──防止法………………………77
　　デート── ……………………78
撤回遺言による撤回 ……………………427
撤回された遺言の復活 ……………………429
撤回の自由 ……………………………426
手続代理人 ……………………………12
転縁組 ……………………………168
転　籍 ……………………………29
伝染病隔離者遺言 ……………………402
同　意 ……………………………217
同意権（保佐人）……………………217
同居義務………………………………60
同居協力扶助義務………………………60
同時死亡の推定 ……………………250
同時存在の原則 ……………………249
同日養子の禁止 ……………………164
同氏同籍の原則………………………28
同性愛行為 ……………………………91
同性愛養子 ……………………………162
同性カップル ……………………50, 114
同性婚 ……………………………51, 168
当然承継主義 ……………243, 266, 378
特定遺贈 ……………………………413
　　──と対抗要件 ……………………415
　　──の承認・放棄 ……………………414
特定財産承継遺言 ……303, 421, 423, 441, 449
　　──と対抗要件 ……………………425
　　──の効力 ……………………………424
　　──の執行 ……………………………434

特別縁故者 ……………………………388
特別寄与料 ……………………314, 319
特別受益 ……………………………307
　　──証明書 ……………………………345
　　──の持戻し（→持戻し免除）………308
特別受益者 ……………………………310
特別代理人 ………………131, 192, 195, 215
特別養子 ……………………………161, 172
　　──の効果 ……………………………176
　　──の成立要件 ……………………173
　　──の離縁 ……………………………176
特別養子縁組 ……………………………158
匿名出産 ……………………………142
独立権利説（相続回復請求権）………370
届出婚主義 ……………………………41
届出前の翻意………………………………48

な　行

名 ……………………………34
内　縁 ……………………………110
　　──から生まれた子 ……………155
　　──の効果 ……………………………114
　　──の不当破棄 ……………………114
　　──の要件 ……………………………112
内縁配偶者 ……………………………252
　　──の居住権 ……………………117
内密出産 ……………………………142
中川善之助 ……………………………2, 22
中川理論 ……………………………2, 22
成田離婚………………………………79
二重の故意説 ……………………………261
日常家事債務
　　──と表見代理 ……………………73
　　──の連帯責任 ……………………72
2分の1ルール ……………………………80
任意後見 ……………………………209
任意後見監督人 ……………………220
任意後見契約 ……………………………220
任意後見受任者 ……………………220
任意後見人 ……………………………220
任意認知 ……………………………143

認諾離婚 ……………………………94
認　知 ………………………124, 141, 189
　　──の訴え …………………………145
　　──の効力 …………………………153
　　──の遡及効 ………………………153
　　──の取消し ………………………151
　　──の無効 …………………………149
　　母の── ……………………………142
認知準正 ………………………………154
認知症基本法 …………………………223
認知請求権の放棄 ……………………149
認知能力 ………………………………143
認定死亡………………………………92, 247
年金分割………………………………80
ノーマライゼーション ………………208

は　行

ハーグ国際私法会議 …………………190
ハーグ条約 ……………………………190
パートナー関係 ………………………112
パートナーシップ ……………………168
パートナーシップ証明 ………………51
配偶者…………………………………24
　　──の同意 …………………………164
配偶者居住権 …………………………362
　　──の一身専属性 …………………363
　　──の設定登記 ……………………362
配偶者相続人 …………………………252
配偶者短期居住権 ………………362, 366
　　──の譲渡禁止（一身専属性）……368
廃　除 …………………………………263
　　──の取消し ………………………265
破綻主義………………………………87
母親優先原則 …………………………181
卑　属 …………………………………25
被代襲者 …………………………255, 310
非嫡出子（嫡出でない子）………32, 124, 140
　　──の相続分 ………………………301
PTSD（心的外傷後ストレス障害）………178
否認権 …………………………………129
被保佐人 ………………………………212

被補助人 ………………………………212
秘密証書遺言 …………………………399
表見相続人 ……………………………369
夫婦間の契約取消権……………………65
夫婦間の不動産使用 …………………61
夫婦共同縁組 …………………………164
夫婦共有制………………………………6, 69
夫婦財産契約……………………………96
夫婦財産制………………………………66
夫婦財産の清算 ………………………96
夫婦同氏の原則 ………………………31, 59
夫婦同籍の原則 ………………………28
夫婦別産制………………………………6, 69
夫婦別氏（夫婦別姓）…………………20
不可分債権の共同相続 ………………328
不可分債務説 …………………………333
不可分債務の共同相続 ………………328
復氏（離婚復氏）………………………31, 95
父　権 …………………………………179
父債子還…………………………………19
不在者財産管理人 ……………………355
父子関係 ………………………………123
不実認知 ………………………………149
不受理申出制度…………………………82
扶助義務…………………………………61
負　担 …………………………………419
　　──の不履行 ………………………420
負担付遺贈 ……………………………419
普通養子 ………………………………162
物権の相続 ……………………………285
不貞行為…………………………………62, 76, 91
不妊治療 ………………………………155
扶　養 …………………………………224
　　──の順位 …………………………226
　　──の程度・方法 …………………227
　　──の当事者 ………………………225
扶養義務者 ……………………………225
扶養構成 ………………………………287
扶養料
　　──の求償 …………………………230
　　──の返還請求 ……………………232

過去の―― ………………………153, 229
フレンドリーペアレントルール …………182
分割債権説 ………………………………329
分割債務説 ………………………………332
分　籍 ………………………………………28
踏んだり蹴たり判決…………………………89
分娩者＝母ルール ………………………124
分娩の事実 ………………………………124
平成 8 年民法改正要綱 ………………6, 20
兵隊養子 …………………………………168
別　居 ……………………………………107
変更行為 …………………………………336
妨害排除請求 ……………………………187
包括遺贈 …………………………………416
　　――と相続分の指定 ………………417
　　――と対抗要件 ……………………418
　　――の承認・放棄 …………………417
　　全部―― ……………………………416
　　割合的―― …………………………416
包括受遺者 ………………………………417
包括承継主義 ………………243, 279, 378
傍　系 ……………………………………24
傍系姻族………………………………………24
報告的届出……………………………………29
報酬付与審判 ……………………………208
法　人 ………………………………205, 213
法制審議会…………………………………20
法定血族…………………………………24, 167
法定後見 …………………………………209
法定財産制…………………………………66
法定相続 …………………………………240
法定相続情報証明制度 …………………258
法定相続分 ………………………………299
法定代理人 ………………………………203
法定単純承認 ……………………………274
法は家庭に入らず…………………………77
法律婚主義…………………………………41
保護命令 ……………………………………78
保　佐 ……………………………………212
保佐監督人 ………………………………218
保佐人 ……………………………………212

母子関係 …………………………………123
補充遺贈 …………………………………418
補　助 ……………………………………212
保証債務 …………………………………290
補助監督人 ………………………………218
補助人 ……………………………………217
保存行為 …………………………………335
本　籍 ……………………………………29
本人の無権代理人単独相続 ……………292

ま　行

マッチング ………………………………175
三行半 ………………………………………88
未成熟子 ……………………………………90
未成年後見 …………………………180, 202
未成年後見監督人 ………………………207
未成年後見人 ……………………………204
みなし相続財産 ……………………312, 322
身分行為……………………………………2, 22
身分行為意思………………………………45
身元保証債務 ……………………………290
民事執行法 …………………………105, 188
民法総則 ……………………………………4
無権代理行為 ……………………………196
無権代理と相続 …………………………292
無権代理人
　　――の責任 …………………………196
　　――の本人単独相続 ………………294
無効行為の転換（無効行為転換理論）
　　……………………………144, 177, 399
無効な婚姻の追認…………………………54
無効な離婚（届）の追認…………………84
無戸籍者問題 ……………………………126
婿養子 ……………………………………162
命名権 ……………………………………186
妾養子 ……………………………………162
面会交流 ……………………102, 181, 188
面接交渉 …………………………………102
持戻し免除 ………………………………307
　　――と遺留分…………………443, 451
　　――の意思表示の推定 ……………308

モラル・ハラスメント……………………76

や　行

結　納………………………………………40
有責主義……………………………………87
有責配偶者からの離婚請求………………89
養育費………………………67, 103, 181
　——算定表 ………………………104
　——の返還請求 …………………232
養　方 ………………………………167
養　子 ………………………………160
要式行為 ………………143, 169, 392
養子適格 ……………………………163
養　親 ………………………………160
養親子関係 …………………………122
養親適格 ……………………………164
要保護性 ……………………………173
預貯金債権の仮分割 ………………331
預貯金債権の共同相続 ……………330

ら　行

利益相反行為 …………192, 206, 215, 268
離　縁 ………………………160, 170
離縁原因 ……………………………171
離縁復氏 ……………………………171

履行勧告 …………………………………103
離　婚………………………………………75
　——の効果…………………………95
　——の届出…………………………82
　——の無効…………………………82
　——の要件…………………………81
離婚意思………………………………81
　——の存在時期……………………84
離婚原因 …………………………88, 91
離婚後共同親権制度 ………………109
離婚後単独親権制度 ………………109
離婚調停……………………………76
離婚復氏……………………………31
両性の本質的平等…………………21
臨　検………………………………199
臨時保佐人 …………………………217
臨時補助人 …………………………218
臨終婚………………………………45
連帯債務の共同相続 ………………333

わ　行

和解離婚……………………………………94
藁の上からの養子 …………………139, 177

判 例 索 引

民法判例百選Ⅰ～Ⅲに掲載されている判例は，その巻数と項目番号を示した。
　　百選Ⅰ　　潮見佳男＝道垣内弘人編『民法判例百選Ⅰ〔第9版〕総則・物権』
　　百選Ⅱ　　窪田充見＝森田宏樹編『民法判例百選Ⅱ〔第9版〕債権』
　　百選Ⅲ　　大村敦志＝沖野眞已編『民法判例百選Ⅲ〔第3版〕親族・相続』
　　例えば〔百選Ⅲ-1〕は，Ⅲ巻の項目番号1の判例であることを表す。
　　頁の太字は，判例紹介欄のある頁を示す。

明治～大正

大判明治38・4・26民録11輯611頁······················458
大判明治38・9・19民録11輯1210頁 ····················376
大判明治38・11・2民録11輯1534頁 ····················161
大判大正3・12・1民録20輯1019頁·····················262
大決大正4・1・16民録21輯8頁··························430
大連判大正4・1・26民録21輯49頁·············38, 111, 114
大判大正4・7・3民録21輯1176頁·····················395
大判大正5・2・8民録22輯267頁·······················375
大判大正5・11・8民録22輯2078頁·····················415
大判大正6・2・28民録23輯292頁·························40
大判大正7・4・9民録24輯653頁·······················376
大判大正8・2・8民録25輯189頁·······················177
大判大正8・4・23民録25輯693頁·····················113
大判大正8・5・12民録25輯760頁·····················115
大判大正8・6・5民録25輯962頁·······················287
大判大正9・4・20民録26輯553頁·····················286
大判大正9・5・28民録26輯773頁·············38, 117, 119
大判大正11・6・3民集1巻280頁·······················111
大判大正11・11・24民集1巻670頁···············291, 326
大判大正12・4・17評論12巻民法303頁················335
大判大正13・1・24民集3巻45頁·······················231
大判大正15・2・16民集5巻150頁·····················287
大決大正15・8・3民集5巻679頁·······················270

昭和元～20年

大判昭和2・3・22民集6巻106頁·······················294
大判昭和2・5・30新聞2702号5頁 ····················287
大判昭和3・11・24新聞2938号9頁 ····················40
大判昭和5・4・26民集9巻427頁·····················274
大決昭和5・9・30民集9巻926頁 ······················60

大決昭和 5・12・4 民集 9 巻 1118 頁 ………………………………………332
大判昭和 6・2・20 新聞 3240 号 4 頁………………………………………38
大判昭和 6・8・4 民集 10 巻 652 頁………………………………274, 275
大判昭和 6・11・27 新聞 3345 号 15 頁 …………………………………113
大判昭和 7・2・9 民集 11 巻 192 頁………………………………………377
大判昭和 7・10・6 民集 11 巻 2023 頁………………………111, 116, 251
大判昭和 10・4・27 民集 14 巻 1009 頁 …………………………………375
大判昭和 10・10・15 新聞 3904 号 16 頁 ………………………………40
大判昭和 10・11・29 民集 14 巻 1934 頁 …………………………………290
大判昭和 11・5・13 民集 15 巻 877 頁 …………………………………283
大判昭和 11・6・17 民集 15 巻 1246 頁 …………………………442, 444
大判昭和 11・11・4 民集 15 巻 1946 頁 …………………………………177
大判昭和 13・2・26 民集 17 巻 275 頁 …………………………………458
大判昭和 13・4・12 民集 17 巻 675 頁 …………………………………377
大判昭和 15・7・6 民集 19 巻 1142 頁 …………………………………119
大判昭和 15・9・18 民集 19 巻 1624 頁 …………………………………260
大判昭和 16・2・3 民集 20 巻 70 頁 ……………………………………45
大判昭和 16・5・20 民集 20 巻 629 頁 …………………………………48
大判昭和 18・3・19 民集 22 巻 185 頁 …………………………………427
大判昭和 18・9・10 民集 22 巻 948 頁 …………………………281, 290

昭和 21〜30 年

東京高判昭和 23・3・26 高民集 1 巻 1 号 78 頁…………………………415
最判昭和 23・11・6 民集 2 巻 12 号 397 頁……………………………374, 377
最判昭和 23・12・23 民集 2 巻 14 号 493 頁 …………………………163
最判昭和 25・4・28 民集 4 巻 4 号 152 頁 ……………………………459
最判昭和 26・2・13 民集 5 巻 3 号 47 頁………………………………230
最判昭和 27・2・19 民集 6 巻 2 号 110 頁………………………………89
最判昭和 27・10・3 民集 6 巻 9 号 753 頁………………………………54
東京高決昭和 28・9・4 家月 5 巻 11 号 35 頁……………………………339
最判昭和 29・1・21 民集 8 巻 1 号 87 頁………………………147, 155
最判昭和 29・3・12 民集 8 巻 3 号 696 頁………………………………335
最判昭和 29・4・8 民集 8 巻 4 号 819 頁〔百選 Ⅲ-69〕………321, 329, 331
最判昭和 29・4・30 民集 8 巻 4 号 861 頁 ………………………………145
最判昭和 29・12・24 民集 8 巻 12 号 2310 頁……………………………269
最判昭和 30・5・10 民集 9 巻 6 号 657 頁 ………………………………406
最判昭和 30・5・31 民集 9 巻 6 号 793 頁………………………………325

昭和 31〜40 年

最判昭和 31・2・21 民集 10 巻 2 号 124 頁 ……………………………97
最判昭和 31・5・10 民集 10 巻 5 号 487 頁………………………………335

最判昭和31・7・19民集10巻7号908頁 ・・・・・・・・・・・・・・・・・・・・・・・・52
最判昭和31・9・13民集10巻9号1135頁 ・・・・・・・・・・・・・・・・・・・・・147
最判昭和31・9・18民集10巻9号1160頁 ・・・・・・・・・・・・・・・・・・・・・434
最判昭和31・10・4民集10巻10号1229頁 ・・・・・・・・・・・・・・・・・・・・411
最判昭和32・5・21民集11巻5号732頁 ・・・・・・・・・・・・・・・・・・・・・393
最判昭和32・9・19民集11巻9号1574頁 ・・・・・・・・・・・・・・・・・・・・375
最判昭和33・3・6民集12巻3号414頁 ・・・・・・・・・・・・・・・・・・・・・・65
最判昭和33・4・11民集12巻5号789頁〔百選Ⅲ-23〕・・・・・・・・・111, 114, 115
最判昭和33・7・25民集12巻12号1823頁・・・・・・・・・・・・・・・・・・・93, 94
新潟家審昭和34・6・3家月11巻8号103頁・・・・・・・・・・・・・・・・・・・・349
最判昭和34・6・19民集13巻6号757頁〔百選Ⅲ-72〕・・・・・・・・・・・・・・333
最判昭和34・7・3民集13巻7号905頁・・・・・・・・・・・・・・・・・・・・・・53
最判昭和34・7・14民集13巻7号1023頁・・・・・・・・・・・・・・・・・・・・・71
最判昭和34・8・7民集13巻10号1251頁◀判例Ⅰ2-6▶〔百選Ⅲ-13〕・・・・・48, 84
東京家審昭和34・9・14家月11巻12号109頁 ・・・・・・・・・・・・・・・・・・356
最判昭和35・2・25民集14巻2号279頁〔百選Ⅲ-50〕・・・・・・・・・・・・・・195
岡山地判昭和35・3・7判時223号24頁・・・・・・・・・・・・・・・・・・・・・・46
最判昭和35・3・15民集14巻3号430頁〔百選Ⅲ-45〕・・・・・・・・・・・・・・187
東京高決昭和35・9・15家月13巻9号53頁・・・・・・・・・・・・・・・・・・・228
東京地判昭和36・4・25家月13巻8号96頁 ・・・・・・・・・・・・・・・・・・116
最大判昭和36・9・6民集15巻8号2047頁〔百選Ⅲ-10〕・・・・・・・・・・・・・69
最判昭和37・4・10民集16巻4号693頁◀判例Ⅰ3-6▶・・・・・・・・・・・・・**149**
最判昭和37・4・20民集16巻4号955頁〔百選Ⅰ-32〕・・・・・・・・・・・・・・293
最判昭和37・4・27民集16巻7号1247頁〔百選Ⅲ-32〕・・・・・・・・124, 142, 253
最判昭和37・5・18民集16巻5号1073頁 ・・・・・・・・・・・・・・・・・・・285
最判昭和37・8・10民集16巻8号1700頁〔百選Ⅰ-35〕・・・・・・・・・・・・・・55
最判昭和37・10・2民集16巻10号2059頁 ・・・・・・・・・・・・・・・・・・・193
最判昭和37・11・9民集16巻11号2270頁 ・・・・・・・・・・・・・・・・・・・290
広島高決昭和37・12・12家月15巻4号48頁・・・・・・・・・・・・・・・・・・・226
最判昭和38・2・1民集17巻1号160頁 ・・・・・・・・・・・・・・・・・・・・・115
最判昭和38・2・22民集17巻1号235頁〔百選Ⅲ-77〕・・・・・・・・302, 328, 418
広島高決昭和38・6・19家月15巻10号130頁 ・・・・・・・・・・・・・・・・・・115
最判昭和38・9・5民集17巻8号942頁〔百選Ⅲ-22〕・・・・・・・・・・・・・38, 39
最判昭和38・9・17民集17巻8号968頁・・・・・・・・・・・・・・・・・・・・・187
最判昭和38・11・28民集17巻11号1469頁 ・・・・・・・・・・・・・・・・・・・45
最判昭和38・12・20民集17巻12号1708頁・・・・・・・・・・・・・・・・・・・・39
最判昭和38・12・20家月16巻4号117頁 ・・・・・・・・・・・・・・・・・・45, 52
最判昭和39・1・24判時365号26頁〔百選Ⅰ-73〕・・・・・・・・・・・・・・・・329
最判昭和39・2・27民集18巻2号383頁・・・・・・・・・・・・・・・・・・・・・376
最判昭和39・3・6民集18巻3号437頁〔百選Ⅲ-80〕・・・・・・・・・・・・・・・415
最判昭和39・8・4民集18巻7号1309頁・・・・・・・・・・・・・・・・・・・・・171

最判昭和 39・9・4 民集 18 巻 7 号 1394 頁 ················40
最判昭和 39・9・8 民集 18 巻 7 号 1423 頁 〈判例Ⅰ3-8〉〔百選Ⅲ-41〕················**169**
最判昭和 39・10・13 民集 18 巻 8 号 1578 頁················117
東京家審昭和 39・12・14 家月 17 巻 4 号 55 頁················102
最判昭和 40・2・2 民集 19 巻 1 号 1 頁 ················283, 284, 309
神戸家明石支審昭和 40・2・6 家月 17 巻 8 号 48 頁················310
最判昭和 40・6・18 民集 19 巻 4 号 986 頁················294
最大決昭和 40・6・30 民集 19 巻 4 号 1089 頁 〈判例 0-1〉〔百選Ⅲ-7〕················**11**, 60
最大決昭和 40・6・30 民集 19 巻 4 号 1114 頁················11, 68, 229
広島高松江支決昭和 40・11・15 家月 18 巻 7 号 33 頁················118

昭和 41〜50 年

浦和家審昭和 41・1・20 家月 18 巻 9 号 87 頁················350
長崎家審昭和 41・2・11 家月 18 巻 9 号 60 頁················228
最大決昭和 41・3・2 民集 20 巻 3 号 360 頁················11, 348
最判昭和 41・5・19 民集 20 巻 5 号 947 頁〔百選Ⅰ-70〕················336
最判昭和 41・7・14 民集 20 巻 6 号 1183 頁 ················441, 453
東京高判昭和 41・11・8 家月 20 巻 2 号 35 頁················48
最判昭和 42・1・20 民集 21 巻 1 号 16 頁〔百選Ⅲ-79〕················277, 359
最判昭和 42・2・2 民集 21 巻 1 号 88 頁 ················65
最判昭和 42・2・17 民集 21 巻 1 号 133 頁〔百選Ⅲ-53〕················231, 232
最判昭和 42・2・21 民集 21 巻 1 号 155 頁················117
最判昭和 42・4・18 民集 21 巻 3 号 671 頁················193
最判昭和 42・4・27 民集 21 巻 3 号 741 頁················274
最判昭和 42・7・21 民集 21 巻 6 号 1643 頁〔百選Ⅰ-41〕················460
最大判昭和 42・11・1 民集 21 巻 9 号 2249 頁〔百選Ⅲ-60〕················288
最判昭和 42・12・8 家月 20 巻 3 号 55 頁 ················54, 84
最判昭和 43・5・31 民集 22 巻 5 号 1137 頁················434
最判昭和 43・8・27 民集 22 巻 8 号 1733 頁················146
最判昭和 43・10・8 民集 22 巻 10 号 2172 頁〔百選Ⅲ-49〕················194
東京家審昭和 43・11・7 家月 21 巻 3 号 64 頁 ················227
東京地判昭和 43・12・10 家月 21 巻 6 号 88 頁················120
札幌高決昭和 43・12・19 家月 21 巻 4 号 139 頁················225
最判昭和 43・12・20 民集 22 巻 13 号 3017 頁················398
最判昭和 43・12・24 民集 22 巻 13 号 3270 頁················428
最判昭和 44・2・13 民集 23 巻 2 号 291 頁················213
最判昭和 44・4・3 民集 23 巻 4 号 709 頁 ················45, 47
最判昭和 44・5・29 民集 23 巻 6 号 1064 頁〈判例Ⅰ3-1〉················**134**, 146
東京家審昭和 44・8・20 家月 22 巻 5 号 65 頁················118
東京高決昭和 44・9・8 家月 22 巻 5 号 57 頁················433
最判昭和 44・9・26 民集 23 巻 9 号 1727 頁················64

最判昭和 44・10・30 民集 23 巻 10 号 1881 頁 ································285
最判昭和 44・10・31 民集 23 巻 10 号 1894 頁 〈判例Ⅰ2-1〉〔百選Ⅲ-1〕········44, 46, 83
最判昭和 44・12・18 民集 23 巻 12 号 2467 頁 ····························460
最判昭和 44・12・18 民集 23 巻 12 号 2476 頁 〈判例Ⅰ2-4〉〔百選Ⅲ-9〕········73, 74
最判昭和 45・4・21 判時 596 号 43 頁〔百選Ⅲ-2〕····················45, 47
最判昭和 45・5・22 民集 24 巻 5 号 415 頁 ·····························291
東京地判昭和 45・9・8 判時 618 号 73 頁··································61
高松高決昭和 45・9・25 家月 23 巻 5 号 74 頁 ·························350
最判昭和 45・11・24 民集 24 巻 12 号 1943 頁 〈判例Ⅰ2-8〉〔百選Ⅲ-14〕··········93
最判昭和 46・1・26 民集 25 巻 1 号 90 頁〔百選Ⅲ-78〕················358
東京地判昭和 46・5・31 判時 643 号 68 頁·······························115
最判昭和 46・7・23 民集 25 巻 5 号 805 頁 〈判例Ⅰ2-10〉〔百選Ⅲ-18〕··········98
最判昭和 46・9・21 民集 25 巻 6 号 823 頁 ······························68
最判昭和 46・11・16 民集 25 巻 8 号 1182 頁 ···························415
最判昭和 46・11・30 民集 25 巻 8 号 1437 頁 ···························286
最判昭和 47・3・17 民集 26 巻 2 号 249 頁 ·····························402
福岡家小倉支審昭和 47・3・31 家月 25 巻 4 号 64 頁 ···················231
最判昭和 47・5・25 民集 26 巻 4 号 805 頁 ·····························410
最判昭和 47・7・25 民集 26 巻 6 号 1263 頁 〈判例Ⅰ2-2〉〔百選Ⅲ-3〕········52, 54
東京家審昭和 47・11・15 家月 25 巻 9 号 107 頁 ·······················330
名古屋高決昭和 47・11・27 家月 25 巻 7 号 30 頁 ······················350
福岡地小倉支判昭和 48・2・26 判時 713 号 108 頁·······················40
最判昭和 48・4・12 民集 27 巻 3 号 500 頁 〈判例Ⅰ3-7〉················165
大阪家審昭和 48・6・30 家月 26 巻 3 号 51 頁 ···························68
最判昭和 48・7・3 民集 27 巻 7 号 751 頁 ·······························293
神戸家審昭和 48・11・27 家月 26 巻 8 号 63 頁·························229
大阪家審昭和 49・3・26 家月 27 巻 3 号 70 頁 ·························118
最判昭和 49・4・26 民集 28 巻 3 号 540 頁 ·····························415
大阪高決昭和 49・6・19 家月 27 巻 4 号 61 頁 ·························229
最判昭和 49・7・22 家月 27 巻 2 号 69 頁 ·····························194
最大判昭和 49・9・4 民集 28 巻 6 号 1169 頁 ···························293
最判昭和 49・9・20 民集 28 巻 6 号 1202 頁 ·······················269, 347
最判昭和 49・12・24 民集 28 巻 10 号 2152 頁 ···························395
最判昭和 50・4・8 民集 29 巻 4 号 401 頁〔百選Ⅲ-40〕············139, 177
東京地判昭和 50・4・16 判タ 326 号 249 頁····························70
札幌高決昭和 50・6・30 判時 809 号 59 頁 ·····························68
最判昭和 50・10・24 民集 29 巻 9 号 1483 頁 ···························389
最判昭和 50・11・7 民集 29 巻 10 号 1525 頁 ···························327
大阪家審昭和 50・12・12 家月 28 巻 9 号 67 頁························226

昭和 51〜60 年

最判昭和 51・1・16 家月 28 巻 7 号 25 頁 ･･･････････････････････････398

最判昭和 51・3・18 民集 30 巻 2 号 111 頁･･･････････････311, 349, 444

東京高決昭和 51・4・16 判タ 347 号 207 頁 ･･････････････････････308

最判昭和 51・7・1 家月 29 巻 2 号 91 頁･･･････････････････････････270

東京高決昭和 51・7・8 家月 29 巻 10 号 134 頁･･･････････････････388

最判昭和 51・7・19 民集 30 巻 7 号 706 頁･･･････････････････････434

横浜地判昭和 51・7・23 判タ 347 号 273 頁 ･･････････････････････55

最判昭和 51・8・30 民集 30 巻 7 号 768 頁･･･････････････････････453

名古屋地判昭和 51・11・30 判時 859 号 80 頁 ･･････････････････462

東京家審昭和 52・1・28 家月 29 巻 12 号 62 頁･･･････････････････350

横浜地判昭和 52・3・24 判時 867 号 87 頁 ･･････････････････････70

最判昭和 52・4・19 家月 29 巻 10 号 132 頁･･･････････････････････394

最判昭和 52・9・19 家月 30 巻 2 号 110 頁･･･････････････････････353

最判昭和 52・11・21 家月 30 巻 4 号 91 頁･･･････････････････････395

最判昭和 53・2・24 民集 32 巻 1 号 98 頁 ･･････････････194, 206, 268

最判昭和 53・2・24 民集 32 巻 1 号 110 頁〔百選Ⅲ-31〕･･･････144

東京高決昭和 53・5・30 家月 31 巻 3 号 86 頁 ･･････････････････226

最判昭和 53・6・16 判時 897 号 62 頁･･･････････････････････････291

最判昭和 53・7・13 判時 908 号 41 頁〔百選Ⅲ-65〕･･････････327, 339

大阪家審昭和 53・9・26 家月 31 巻 6 号 33 頁 ･･････････････････309

最判昭和 53・11・14 民集 32 巻 8 号 1529 頁 判例Ⅰ2-9 〔百選Ⅲ-17〕････68, **96**

最大判昭和 53・12・20 民集 32 巻 9 号 1674 頁 判例Ⅱ8-1 〔百選Ⅲ-100〕････**372**, 375

大阪地判昭和 54・2・15 交民集 12 巻 1 号 231 頁 ･･････････････116

最判昭和 54・2・22 家月 32 巻 1 号 149 頁･･･････････････････337, 353

最判昭和 54・3・23 民集 33 巻 2 号 294 頁･･･････････････････････357

最判昭和 54・3・30 民集 33 巻 2 号 303 頁 判例Ⅰ2-3 ･･････････････**62**

最判昭和 54・4・17 判時 929 号 67 頁･･･････････････････････････377

東京高決昭和 54・4・24 家月 32 巻 2 号 81 頁 ･･････････････････119

東京家八王子支審昭和 54・5・16 家月 32 巻 1 号 166 頁･･･････197

最判昭和 54・5・31 民集 33 巻 4 号 445 頁 ･･････････････････････394

大阪高決昭和 54・7・6 家月 32 巻 3 号 96 頁 ･･････････････････339

最判昭和 54・11・2 判時 955 号 56 頁 ･･････････････････････････149

岡山家備前出審昭和 55・1・29 日家月 32 巻 8 号 103 頁 ･････388

長野家伊那支審昭和 55・3・4 家月 33 巻 5 号 82 頁･･･････････105

最判昭和 55・7・11 民集 34 巻 4 号 628 頁･･･････････････････････101

名古屋地判昭和 55・11・11 判時 1015 号 107 頁 ･･･････････････75

最判昭和 55・11・27 民集 34 巻 6 号 815 頁 ･･････････････････284, 309

最判昭和 55・12・4 民集 34 巻 7 号 835 頁〔百選Ⅲ-86〕･･････401, 404

最判昭和 55・12・18 民集 34 巻 7 号 888 頁･･･････････････････････288

甲府地判昭和 55・12・23 判時 1023 号 107 頁･･･････････････････41

横浜家小田原支審昭和 55・12・26 家月 33 巻 6 号 43 頁‥‥‥‥‥‥‥388

札幌高判昭和 56・2・25 判タ 452 号 156 頁 ‥‥‥‥‥‥‥‥‥‥‥‥‥‥116

最判昭和 56・4・3 民集 35 巻 3 号 431 頁 ‥‥‥‥‥‥‥‥‥‥‥‥‥‥‥261

神戸地判昭和 56・4・28 家月 34 巻 9 号 93 頁 ‥‥‥‥‥‥‥‥‥‥‥‥‥232

東京高決昭和 56・5・18 家月 35 巻 4 号 55 頁 ‥‥‥‥‥‥‥‥‥‥‥‥‥352

仙台高決昭和 56・8・24 家月 35 巻 2 号 145 頁〔百選Ⅲ-52〕‥‥‥105, 227

最判昭和 56・9・11 民集 35 巻 6 号 1013 頁〔百選Ⅲ-87〕‥‥‥‥‥‥405

東京高決昭和 56・9・30 家月 35 巻 1 号 87 頁 ‥‥‥‥‥‥‥‥‥‥‥‥‥58

最判昭和 56・11・13 民集 35 巻 8 号 1251 頁〔百選Ⅲ-91〕‥‥‥‥‥428

最判昭和 56・12・18 民集 35 巻 9 号 1337 頁‥‥‥‥‥‥‥‥‥‥‥‥‥403

最判昭和 57・3・4 民集 36 巻 3 号 241 頁 ‥‥‥‥‥‥‥‥‥‥‥453, 457

最判昭和 57・3・19 民集 36 巻 3 号 432 頁‥‥‥‥‥‥‥‥‥‥‥‥‥‥148

最判昭和 57・3・26 判時 1041 号 66 頁 判例Ⅰ2-5 〔百選Ⅲ-12〕‥‥45, **83**

東京高判昭和 57・4・27 判時 1047 号 84 頁‥‥‥‥‥‥‥‥‥‥‥‥‥‥40

最判昭和 57・4・30 民集 36 巻 4 号 763 頁〔百選Ⅲ-90〕‥‥‥‥‥‥410

徳島地判昭和 57・6・21 判時 1065 号 170 頁‥‥‥‥‥‥‥‥‥‥‥‥‥39

東京家審昭和 57・8・23 家月 35 巻 10 号 89 頁‥‥‥‥‥‥‥‥‥‥‥‥348

東京高決昭和 57・8・27 家月 35 巻 12 号 84 頁‥‥‥‥‥‥‥‥‥‥‥‥405

最判昭和 57・9・28 民集 36 巻 8 号 1642 頁〔百選Ⅲ-4〕‥‥‥‥‥‥‥56

最判昭和 57・11・12 民集 36 巻 11 号 2193 頁 ‥‥‥‥‥‥‥‥458, 459

最判昭和 57・11・18 民集 36 巻 11 号 2274 頁‥‥‥‥‥‥‥‥‥‥‥‥195

大阪高判昭和 57・11・30 家月 36 巻 1 号 139 頁 ‥‥‥‥‥‥‥‥‥‥‥115

最判昭和 58・1・24 民集 37 巻 1 号 21 頁 ‥‥‥‥‥‥‥‥‥‥‥‥‥‥410

最判昭和 58・3・18 家月 36 巻 3 号 143 頁 判例Ⅱ10-1 〔百選Ⅲ-88〕‥‥**407**, 419

最判昭和 58・4・14 民集 37 巻 3 号 270 頁〔百選Ⅲ-25〕‥‥‥‥‥‥121

大阪高決昭和 58・6・20 判タ 506 号 186 頁 ‥‥‥‥‥‥‥‥‥‥‥‥‥349

名古屋高判昭和 58・6・28 判タ 504 号 106 頁 ‥‥‥‥‥‥‥‥‥‥‥‥428

最判昭和 58・10・6 民集 37 巻 8 号 1041 頁 ‥‥‥‥‥‥‥‥‥‥‥‥‥288

東京高決昭和 58・12・16 家月 37 巻 3 号 69 頁〔百選Ⅲ-8〕‥‥67, 118

最判昭和 58・12・19 民集 37 巻 10 号 1532 頁‥‥‥‥‥‥‥‥‥‥83, 99

大阪家審昭和 59・4・11 家月 37 巻 2 号 147 頁‥‥‥‥‥‥‥‥‥‥‥309

名古屋高判昭和 59・4・19 家月 37 巻 7 号 41 頁‥‥‥‥‥‥‥‥‥‥282

最判昭和 59・4・27 民集 38 巻 6 号 698 頁〔百選Ⅲ-81〕‥‥‥271, 275

東京地判昭和 59・7・12 判時 1150 号 205 頁‥‥‥‥‥‥‥‥‥‥‥‥284

東京高判昭和 59・9・19 判時 1131 号 85 頁 ‥‥‥‥‥‥‥‥‥‥‥‥‥345

東京高判昭和 59・9・25 家月 37 巻 10 号 83 頁‥‥‥‥‥‥‥‥‥‥‥345

最判昭和 60・2・14 訟月 31 巻 9 号 2204 頁‥‥‥‥‥‥‥‥‥‥‥‥‥113

京都地判昭和 60・4・30 金判 721 号 32 頁‥‥‥‥‥‥‥‥‥‥‥‥‥459

東京高決昭和 60・9・19 家月 38 巻 3 号 69 頁‥‥‥‥‥‥‥‥‥‥‥‥33

昭和 61〜64 年

東京地判昭和 61・1・28 家月 39 巻 8 号 48 頁 ……………………………284

最判昭和 61・3・13 民集 40 巻 2 号 389 頁〔百選Ⅲ-66〕………………349

札幌高判昭和 61・6・19 判タ 614 号 70 頁 ………………………………71

東京高決昭和 61・9・10 判時 1210 号 56 頁 ……………………………231

最判昭和 61・11・20 民集 40 巻 7 号 1167 頁〔百選Ⅰ-11〕……………412

東京地判昭和 61・12・11 判時 1253 号 80 頁 ……………………………61

東京地判昭和 62・3・25 判タ 646 号 161 頁 ……………………………119

最判昭和 62・4・23 民集 41 巻 3 号 474 頁………………………………435

大分地判昭和 62・7・14 判時 1266 号 103 頁 …………………………289

長崎家諫早出審昭和 62・8・31 家月 40 巻 5 号 161 頁 …………………282

最大判昭和 62・9・2 民集 41 巻 6 号 1423 頁 判例 Ⅰ2-7 〔百選Ⅲ-15〕……89, 98, 171

最判昭和 62・9・4 家月 40 巻 1 号 161 頁 ………………………………325

最判昭和 62・10・8 民集 41 巻 7 号 1471 頁 ……………………………394

東京高判昭和 62・10・8 家月 40 巻 3 号 45 頁〔百選Ⅲ-56〕…………283

浦和家飯能出審昭和 62・12・4 家月 40 巻 6 号 60 頁 …………………318

東京高決昭和 63・1・14 家月 40 巻 5 号 142 頁 ………………………352

最判昭和 63・3・1 民集 42 巻 3 号 157 頁 ………………………………170

最判昭和 63・3・1 家月 41 巻 10 号 104 頁 ……………………………294, 297

最判昭和 63・6・21 家月 41 巻 9 号 101 頁〔百選Ⅲ-82〕……………272

平成元〜10 年

最判平成元・2・9 民集 43 巻 2 号 1 頁〔百選Ⅲ-75〕……………341, 346, 347, 361

最判平成元・2・16 民集 43 巻 2 号 45 頁 ………………………………395

最判平成元・3・28 家月 41 巻 7 号 67 頁 ………………………………90

最判平成元・4・6 民集 43 巻 4 号 193 頁〔百選Ⅲ-38〕………………151

最判平成元・7・18 家月 41 巻 10 号 128 頁 ……………………………283

東京高判平成元・9・14 東高民時報 40 巻 9〜12 号 109 頁 ……………459

最判平成元・11・10 民集 43 巻 10 号 1085 頁〔百選Ⅲ-33〕…………149

東京高判平成元・11・22 家月 42 巻 3 号 80 頁 …………………………90

最判平成元・11・24 民集 43 巻 10 号 1220 頁〔百選Ⅲ-57〕…………389

最判平成 2・7・19 家月 43 巻 4 号 33 頁…………………………………146

広島家審平成 2・9・1 家月 43 巻 2 号 162 頁 …………………………229

最判平成 2・9・27 民集 44 巻 6 号 995 頁 ………………………………346

最判平成 2・10・18 民集 44 巻 7 号 1021 頁 ……………………………281

東京地判平成 2・10・29 家月 44 巻 4 号 56 頁 …………………………135

札幌高決平成 2・11・5 家月 43 巻 7 号 93 頁 …………………………348

札幌高決平成 3・2・25 家月 43 巻 12 号 65 頁 …………………………68

最判平成 3・4・19 民集 45 巻 4 号 477 頁 判例 Ⅱ10-2 〔百選Ⅲ-92〕………308, 343, 413, **422**, 423

東京地判平成 3・7・18 判時 1414 号 81 頁 ……………………………119

大阪高決平成 3・9・4 判時 1409 号 75 頁 ………………………………34

名古屋地岡崎支判平成 3・9・20 判時 1409 号 97 頁 ……………………………94

広島高決平成 3・9・27 家月 44 巻 5 号 36 頁 ………………………………264

東京高決平成 3・12・24 判タ 794 号 215 頁 …………………………316, 456

東京高判平成 4・2・24 判時 1418 号 81 頁 …………………………456, 461

最判平成 4・4・10 家月 44 巻 8 号 16 頁〔百選Ⅲ-67〕…………………329

東京地判平成 4・5・27 金法 1353 号 37 頁 ………………………………462

東京地判平成 4・8・26 家月 45 巻 12 号 102 頁 ………………………71

神戸家審平成 4・9・10 家月 45 巻 11 号 50 頁 …………………………345

最判平成 4・9・22 金法 1358 号 55 頁…………………………………221

新潟家佐渡支審平成 4・9・28 家月 45 巻 12 号 66 頁 …………………339

京都地判平成 4・10・27 判タ 804 号 156 頁 ……………………………119

最判平成 4・12・10 民集 46 巻 9 号 2727 頁〔百選Ⅲ-51〕……………195

東京高決平成 4・12・11 判時 1448 号 130 頁〔百選Ⅲ-55〕…………264

最判平成 5・1・19 民集 47 巻 1 号 1 頁〔百選Ⅲ-89〕………406, 433

最判平成 5・1・21 民集 47 巻 1 号 265 頁〔百選Ⅰ-33〕……295, 296

東京地判平成 5・3・31 判タ 857 号 248 頁 ……………………………39

最判平成 5・4・6 民集 47 巻 6 号 4505 頁…………………………116, 287

最判平成 5・7・19 家月 46 巻 5 号 23 頁………………………304, 328

最判平成 5・10・19 民集 47 巻 8 号 5099 頁……………………………188

最判平成 5・10・19 家月 46 巻 4 号 27 頁〔百選Ⅲ-85〕………394, 405

最判平成 5・11・2 家月 46 巻 9 号 40 頁…………………………………90

最判平成 5・12・16 家月 46 巻 8 号 47 頁………………………………345

最判平成 6・1・20 家月 47 巻 1 号 122 頁………………………………64

神戸家明石支審平成 6・1・26 家月 47 巻 6 号 78 頁 …………………34

東京家八王子支審平成 6・1・31 判時 1486 号 56 頁〔百選Ⅲ-44〕…187

最判平成 6・2・8 家月 46 巻 9 号 59 頁…………………………………90

東京高判平成 6・3・28 家月 47 巻 2 号 165 頁 ………………………136

高松高判平成 6・4・19 判タ 854 号 261 頁 ……………………………115

最判平成 6・4・26 民集 48 巻 3 号 992 頁〔百選Ⅲ-47〕……………188

最判平成 6・6・24 家月 47 巻 3 号 60 頁〔百選Ⅲ-84〕………………395

最判平成 6・7・18 民集 48 巻 5 号 1233 頁……………………………284

横浜家審平成 6・7・27 家月 47 巻 8 号 72 頁…………………………314

東京高決平成 6・8・19 判時 1584 号 112 頁 …………………………282

大阪地判平成 6・8・25 交民集 27 巻 4 号 1089 頁……………………120

最判平成 6・10・13 家月 47 巻 9 号 52 頁 ……………………………388

最判平成 7・1・24 判時 1523 号 81 頁…………………………………424

最判平成 7・3・7 民集 49 巻 3 号 893 頁………………………………318

最判平成 7・3・24 判時 1525 号 55 頁…………………………………121

最判平成 7・6・9 判時 1539 号 68 頁……………………………………458

最判平成 7・7・14 民集 49 巻 7 号 2674 頁〔百選Ⅲ-43〕……………174

最判平成 7・12・5 家月 48 巻 7 号 52 頁………………………………375

最判平成 7・12・5 判時 1563 号 81 頁 ……………………………………………95
最判平成 8・1・26 民集 50 巻 1 号 132 頁 ……………………………………453
最判平成 8・3・8 家月 48 巻 10 号 145 頁 …………………………………53, 54
最判平成 8・3・26 民集 50 巻 4 号 993 頁〔百選Ⅲ-11〕…………………63
福岡高決平成 8・8・20 判時 1596 号 69 頁………………………………………330
東京高決平成 8・8・26 家月 49 巻 4 号 52 頁………………………………………316
東京高決平成 8・9・2 家月 49 巻 2 号 153 頁………………………………………264
東京高判平成 8・11・7 高民集 49 巻 3 号 104 頁 …………………………………445
最判平成 8・11・12 民集 50 巻 10 号 2591 頁〔百選Ⅰ-63〕…………………286
最判平成 8・11・26 民集 50 巻 10 号 2747 頁〔百選Ⅲ-95〕………………446, 452
最判平成 8・12・17 民集 50 巻 10 号 2778 頁〔百選Ⅲ-63〕………62, 337, 366
最判平成 9・1・28 民集 51 巻 1 号 184 頁〔百選Ⅲ-54〕…………………261
最判平成 9・3・25 民集 51 巻 3 号 1609 頁 ……………………………………291
大阪家審平成 9・4・1 家月 49 巻 9 号 128 頁……………………………………34
最判平成 9・4・10 民集 51 巻 4 号 1972 頁〔判例Ⅰ2-12〕………………68, 107
大阪高決平成 9・4・25 家月 49 巻 9 号 116 頁 …………………………………153
最判平成 9・9・12 民集 51 巻 8 号 3887 頁………………………………………385
最判平成 9・11・13 民集 51 巻 10 号 4144 頁……………………………………429
最判平成 9・12・16 判時 1629 号 53 頁 …………………………………………292
最判平成 10・2・13 民集 52 巻 1 号 38 頁〔百選Ⅲ-83〕…………………381
最判平成 10・2・26 民集 52 巻 1 号 255 頁………………………………117, 338
最判平成 10・2・26 民集 52 巻 1 号 274 頁〔百選Ⅲ-98〕………………450
最判平成 10・3・24 民集 52 巻 2 号 433 頁〔百選Ⅲ-97〕………………444
最判平成 10・3・24 判時 1641 号 80 頁 …………………………………………336
最判平成 10・6・11 民集 52 巻 4 号 1034 頁〔百選Ⅰ-24〕………………460
最判平成 10・7・17 民集 52 巻 5 号 1296 頁 ……………………………………295
最判平成 10・8・31 家月 51 巻 4 号 33 頁〔判例Ⅰ3-2〕…………………136
東京高決平成 10・9・16 家月 51 巻 3 号 165 頁……………………………………156
名古屋高決平成 10・10・13 家月 51 巻 4 号 87 頁………………………………359
東京地判平成 10・12・2 判タ 1030 号 257 頁 …………………………………73

平成 11〜20 年
最判平成 11・1・21 民集 53 巻 1 号 128 頁〔百選Ⅲ-58〕………………387
東京地判平成 11・1・22 判時 1685 号 51 頁 ……………………………………345
最判平成 11・6・11 民集 53 巻 5 号 898 頁〔百選Ⅲ-76〕………………347
最判平成 11・6・24 民集 53 巻 5 号 918 頁………………………………………460
最判平成 11・7・19 民集 53 巻 6 号 1138 頁……………………………371, 374
東京地判平成 11・8・27 判タ 1030 号 242 頁……………………………………462
最判平成 11・12・16 民集 53 巻 9 号 1989 頁〔百選Ⅲ-94〕……………434
最判平成 12・2・24 民集 54 巻 2 号 523 頁………………………………………318
東京高判平成 12・3・8 高民集 53 巻 1 号 93 頁〔百選Ⅲ-99〕…………450

東京家審平成 12・3・8 家月 52 巻 8 号 35 頁‥‥‥‥‥‥‥‥‥‥‥‥314
最判平成 12・3・9 民集 54 巻 3 号 1013 頁〈判例 I 2-11〉〔百選Ⅲ-19〕‥‥‥‥**99**
最決平成 12・3・10 民集 54 巻 3 号 1040 頁〔百選Ⅲ-24〕‥‥‥‥‥116, 252
最判平成 12・3・14 家月 52 巻 9 号 85 頁〈判例 I 3-3〉‥‥‥‥‥‥‥‥**136**
最決平成 12・5・1 民集 54 巻 5 号 1607 頁〈判例 I 2-13〉〔百選Ⅲ-20〕‥‥**108**, 189
東京高判平成 12・7・13 家月 53 巻 8 号 64 頁‥‥‥‥‥‥‥‥‥‥‥459
最決平成 12・9・7 家月 54 巻 6 号 66 頁‥‥‥‥‥‥‥‥‥‥‥‥‥350
最判平成 12・9・7 判時 1728 号 29 頁‥‥‥‥‥‥‥‥‥‥‥‥‥‥287
八女簡判平成 12・10・12 判タ 1073 号 192 頁‥‥‥‥‥‥‥‥‥‥‥73
大阪高判平成 13・2・27 金判 1127 号 30 頁‥‥‥‥‥‥‥‥‥‥‥457
最判平成 13・3・27 家月 53 巻 10 号 98 頁‥‥‥‥‥‥‥‥‥‥‥‥404
最判平成 13・7・10 民集 55 巻 5 号 955 頁‥‥‥‥‥‥‥‥‥‥‥‥339
最判平成 13・7・10 家月 54 巻 2 号 134 頁‥‥‥‥‥‥‥‥‥‥‥‥335
最判平成 13・11・22 民集 55 巻 6 号 1033 頁〔百選Ⅲ-96〕‥‥‥‥‥‥440
最判平成 13・11・27 民集 55 巻 6 号 1311 頁〔百選Ⅱ-47〕‥‥‥‥‥‥361
最判平成 14・6・10 家月 55 巻 1 号 77 頁‥‥‥‥‥‥‥‥‥‥328, 425
東京高判平成 14・6・26 家月 55 巻 5 号 150 頁‥‥‥‥‥‥‥‥‥‥90
静岡地決平成 14・7・19 判タ 1109 号 252 頁‥‥‥‥‥‥‥‥‥‥‥78
高知地判平成 14・9・3 判タ 1140 号 298 頁‥‥‥‥‥‥‥‥‥‥‥78
最判平成 14・9・24 家月 55 巻 3 号 72 頁‥‥‥‥‥‥‥‥‥‥‥‥399
最判平成 14・11・5 民集 56 巻 8 号 2069 頁‥‥‥‥‥‥‥283, 443, 462
東京高決平成 14・12・16 家月 55 巻 6 号 112 頁〔百選Ⅲ-42〕‥‥‥‥175
大阪高決平成 15・3・27 家月 55 巻 11 号 116 頁‥‥‥‥‥‥‥‥‥264
東京高判平成 15・5・28 家月 56 巻 3 号 60 頁‥‥‥‥‥‥‥‥‥‥410
東京地判平成 15・6・27 金法 1695 号 110 頁‥‥‥‥‥‥‥‥‥‥‥461
最決平成 15・12・25 民集 57 巻 11 号 2562 頁‥‥‥‥‥‥‥‥‥35, 187
最判平成 16・4・20 家月 56 巻 10 号 48 頁‥‥‥‥‥‥‥‥‥‥329, 331
大阪高判平成 16・10・15 判時 1886 号 52 頁‥‥‥‥‥‥‥‥‥‥‥100
最決平成 16・10・29 民集 58 巻 7 号 1979 頁〔百選Ⅲ-61〕‥‥283, 309, 443
最判平成 16・11・18 家月 57 巻 5 号 40 頁‥‥‥‥‥‥‥‥‥‥‥‥90
最判平成 16・11・18 判時 1881 号 83 頁〔百選Ⅲ-27〕‥‥‥‥‥‥‥112
釧路家北見支審平成 17・1・26 家月 58 巻 1 号 105 頁‥‥‥‥‥‥‥264
最決平成 17・3・8 家月 57 巻 6 号 162 頁‥‥‥‥‥‥‥‥‥‥‥‥101
広島高岡山支決平成 17・4・11 家月 57 巻 10 号 86 頁‥‥‥‥‥308, 447
最判平成 17・4・21 判時 1895 号 50 頁‥‥‥‥‥‥‥‥‥‥‥‥‥121
大阪高判平成 17・6・9 判時 1938 号 80 頁‥‥‥‥‥‥‥‥‥‥‥‥62
最判平成 17・7・22 家月 58 巻 1 号 83 頁‥‥‥‥‥‥‥‥‥‥‥‥406
最判平成 17・9・8 民集 59 巻 7 号 1931 頁〔百選Ⅲ-68〕‥‥‥‥291, 352
最決平成 17・10・11 民集 59 巻 8 号 2243 頁‥‥‥‥‥‥‥‥‥‥‥354
大阪地判平成 18・5・15 判タ 1234 号 162 頁‥‥‥‥‥‥‥‥‥‥‥356
最判平成 18・7・7 民集 60 巻 6 号 2307 頁〈判例 I 3-5〉〔百選Ⅲ-30〕‥‥**139**, 177

大阪高判平成 18・8・29 判時 1963 号 77 頁 ‥‥‥‥‥‥‥‥‥‥‥‥‥‥418
最判平成 18・9・4 民集 60 巻 7 号 2563 頁〔百選Ⅲ-35〕‥‥‥‥‥‥‥‥157, 257
東京高判平成 18・10・12 判時 1978 号 17 頁 ‥‥‥‥‥‥‥‥‥‥‥‥‥‥140
東京高判平成 18・11・21 LEX/DB28131219 ‥‥‥‥‥‥‥‥‥‥‥‥‥‥‥56
仙台高秋田支判平成 19・2・8 家月 59 巻 5 号 81 頁‥‥‥‥‥‥‥‥‥‥‥215
最判平成 19・3・8 民集 61 巻 2 号 518 頁〔百選Ⅲ-26〕‥‥‥‥‥‥‥‥‥114
最決平成 19・3・23 民集 61 巻 2 号 619 頁〔百選Ⅲ-36〕‥‥‥‥‥‥124, 158
最判平成 19・3・30 家月 59 巻 7 号 120 頁 ‥‥‥‥‥‥‥‥‥‥‥‥‥‥107
札幌高決平成 19・6・26 家月 59 巻 11 号 186 頁‥‥‥‥‥‥‥‥‥‥‥‥‥80
東京高決平成 19・8・10 家月 60 巻 1 号 102 頁 ‥‥‥‥‥‥‥‥‥‥‥‥271
高松家審平成 20・1・24 家月 62 巻 8 号 89 頁 ‥‥‥‥‥‥‥‥‥‥‥‥198
京都地判平成 20・2・7 判タ 1271 号 181 頁 ‥‥‥‥‥‥‥‥‥‥‥‥‥410
最決平成 20・2・18 刑集 62 巻 2 号 37 頁 ‥‥‥‥‥‥‥‥‥‥‥‥‥‥206
大阪高判平成 20・2・28 LEX/DB25400319 ‥‥‥‥‥‥‥‥‥‥‥‥‥‥232
最判平成 20・3・18 判時 2006 号 77 頁 ‥‥‥‥‥‥‥‥‥‥‥‥‥‥‥140
最決平成 20・5・8 家月 60 巻 8 号 51 頁 ‥‥‥‥‥‥‥‥‥‥‥‥‥‥‥12
最大判平成 20・6・4 民集 62 巻 6 号 1367 頁‥‥‥‥‥‥‥‥‥‥‥‥‥153
大阪高決平成 20・10・24 家月 61 巻 6 号 99 頁 ‥‥‥‥‥‥‥‥‥‥‥‥388
名古屋高判平成 20・12・25 判時 2042 号 16 頁‥‥‥‥‥‥‥‥‥‥‥‥140

平成 21〜31 年

最判平成 21・3・24 民集 63 巻 3 号 427 頁〔百選Ⅲ-93〕‥‥‥‥305, 332, 424, 447
東京地立川支決平成 21・4・28 家月 61 巻 11 号 80 頁‥‥‥‥‥‥‥‥‥188
名古屋高判平成 21・5・28 判時 2069 号 50 頁 ‥‥‥‥‥‥‥‥‥‥‥‥109
福井家審平成 21・10・7 家月 62 巻 4 号 105 頁 ‥‥‥‥‥‥‥‥‥‥‥‥‥8
最判平成 21・12・4 家月 62 巻 6 号 60 頁‥‥‥‥‥‥‥‥‥‥‥‥‥‥‥19
東京高判平成 21・12・21 判時 2100 号 43 頁‥‥‥‥‥‥‥‥‥‥‥‥‥232
東京高判平成 22・1・20 判時 2076 号 48 頁 ‥‥‥‥‥‥‥‥‥‥‥‥‥147
佐賀家唐津支審平成 22・7・16 家月 63 巻 6 号 103 頁‥‥‥‥‥‥‥‥‥183
東京高決平成 22・7・30 家月 63 巻 2 号 145 頁‥‥‥‥‥‥‥‥‥‥‥‥228
東京高判平成 22・9・6 判時 2095 号 49 頁‥‥‥‥‥‥‥‥‥‥‥‥‥‥140
広島家呉支審平成 22・10・5 家月 63 巻 5 号 62 頁 ‥‥‥‥‥‥‥‥‥‥262
最判平成 22・10・8 民集 64 巻 7 号 1719 頁 ‥‥‥‥‥‥‥‥‥‥‥‥‥329
最判平成 23・2・22 民集 65 巻 2 号 699 頁‥‥‥‥‥‥‥‥‥‥‥‥‥‥425
最判平成 23・3・18 家月 63 巻 9 号 58 頁〔百選Ⅲ-16〕‥‥‥‥‥‥105, 232
広島高判平成 23・8・25 判時 2146 号 53 頁 ‥‥‥‥‥‥‥‥‥‥‥‥‥196
大阪高決平成 23・11・15 家月 65 巻 4 号 40 頁‥‥‥‥‥‥‥‥‥‥‥‥289
最決平成 24・1・26 家月 64 巻 7 号 100 頁‥‥‥‥‥‥‥‥‥441, 443, 451
東京地判平成 25・3・14 判時 2178 号 3 頁 ‥‥‥‥‥‥‥‥‥‥‥‥‥‥211
最決平成 25・3・28 民集 67 巻 3 号 864 頁〔百選Ⅲ-21〕‥‥‥‥‥‥‥‥103
最大決平成 25・9・4 民集 67 巻 6 号 1320 頁〔百選Ⅲ-59〕‥‥‥‥7, 20, 154, 301

最判平成 25・9・26 民集 67 巻 6 号 1384 頁‥‥‥‥‥‥‥‥‥‥‥‥‥‥‥‥‥32

東京家審平成 25・10・1 判時 2218 号 69 頁‥‥‥‥‥‥‥‥‥‥‥‥‥‥‥‥‥80

最判平成 25・11・29 民集 67 巻 8 号 1736 頁〔百選Ⅲ-73〕‥‥‥‥‥‥‥‥‥354

最決平成 25・12・10 民集 67 巻 9 号 1847 頁〔百選Ⅲ-37〕‥‥‥‥‥‥‥‥‥129

最判平成 26・1・14 民集 68 巻 1 号 1 頁〔百選Ⅲ-34〕‥‥‥‥‥‥‥‥‥‥‥150

最判平成 26・2・25 民集 68 巻 2 号 173 頁〔百選Ⅲ-71〕‥‥‥‥‥‥‥‥‥‥329

最判平成 26・3・14 民集 68 巻 3 号 229 頁‥‥‥‥‥‥‥‥‥‥‥‥‥‥‥‥‥457

最決平成 26・4・14 民集 68 巻 4 号 279 頁‥‥‥‥‥‥‥‥‥‥‥‥‥182, 183

大阪高決平成 26・4・28 判時 2248 号 65 頁 ‥‥‥‥‥‥‥‥‥‥‥‥‥‥‥‥204

最判平成 26・7・17 民集 68 巻 6 号 547 頁〔札幌事件〕**判例Ⅰ3-4** ‥‥‥**137**

最判平成 26・7・17 判時 2235 号 14 頁②事件〔大阪事件〕〔百選Ⅲ-29〕‥129, 137

名古屋高判平成 26・9・18 LEX/DB25446769 ‥‥‥‥‥‥‥‥‥‥‥‥‥‥‥274

最判平成 26・12・12 判時 2251 号 35 頁‥‥‥‥‥‥‥‥‥‥‥‥‥‥‥‥‥‥329

東京高判平成 26・12・24 判時 2286 号 48 頁‥‥‥‥‥‥‥‥‥‥‥‥‥‥‥‥150

大阪家審平成 27・3・13 家判 6 号 89 頁‥‥‥‥‥‥‥‥‥‥‥‥‥‥‥‥‥‥138

東京高判平成 27・7・16 家判 5 号 100 頁 ‥‥‥‥‥‥‥‥‥‥‥‥‥‥‥‥‥147

最判平成 27・11・20 民集 69 巻 7 号 2021 頁‥‥‥‥‥‥‥‥‥‥‥‥‥‥‥‥429

最大判平成 27・12・16 民集 69 巻 8 号 2427 頁〔百選Ⅲ-5〕‥‥‥‥20, 42, 95

最大判平成 27・12・16 民集 69 巻 8 号 2586 頁〔百選Ⅲ-6〕‥‥‥‥‥‥50, 59

東京高判平成 28・2・3 民集 71 巻 1 号 58 頁‥‥‥‥‥‥‥‥‥‥‥‥‥‥‥‥163

最判平成 28・2・26 民集 70 巻 2 号 195 頁‥‥‥‥‥‥‥‥‥‥‥‥‥‥‥‥‥356

最判平成 28・3・1 民集 70 巻 3 号 681 頁〔百選Ⅱ-83〕‥‥‥‥‥‥‥‥‥‥215

千葉家松戸支判平成 28・3・29 判時 2309 号 121 頁‥‥‥‥‥‥‥‥‥‥‥‥182

最判平成 28・6・3 民集 70 巻 5 号 1263 頁‥‥‥‥‥‥‥‥‥‥‥‥‥‥‥‥‥395

東京地判平成 28・8・10 判タ 1439 号 215 頁‥‥‥‥‥‥‥‥‥‥‥‥‥‥‥‥214

名古屋高金沢支決平成 28・11・28 判時 2342 号 41 頁‥‥‥‥‥‥‥‥‥‥‥388

最大決平成 28・12・19 民集 70 巻 8 号 2121 頁〔百選Ⅲ-70〕‥‥‥‥‥‥‥330

東京高判平成 29・1・26 判時 2325 号 78 頁‥‥‥‥‥‥‥‥‥‥‥‥‥‥‥‥182

最判平成 29・1・31 民集 71 巻 1 号 48 頁〔百選Ⅲ-39〕‥‥‥‥‥‥‥‥45, 163

福岡高決平成 29・3・17 判時 2372 号 47 頁‥‥‥‥‥‥‥‥‥‥‥‥‥‥‥‥221

最判平成 29・4・6 判時 2337 号 34 頁‥‥‥‥‥‥‥‥‥‥‥‥‥‥‥‥‥‥‥331

福岡高判平成 29・5・18 判時 2346 号 81 頁‥‥‥‥‥‥‥‥‥‥‥‥‥310, 311

最決平成 29・11・28 判時 2359 号 10 頁‥‥‥‥‥‥‥‥‥‥‥‥‥‥‥‥‥‥382

最決平成 29・12・5 民集 71 巻 10 号 1803 頁‥‥‥‥‥‥‥‥‥‥‥‥‥‥‥‥187

最決平成 29・12・21 判時 2372 号 16 頁‥‥‥‥‥‥‥‥‥‥‥‥‥‥‥‥‥‥190

最判平成 30・3・15 民集 72 巻 1 号 17 頁〔百選Ⅲ-48〕‥‥‥‥‥‥‥‥‥‥190

東京地判平成 30・3・20 金法 2112 号 67 頁‥‥‥‥‥‥‥‥‥‥‥‥‥‥‥‥207

東京地判平成 30・9・12 金法 2104 号 78 頁 ‥‥‥‥‥‥‥‥‥‥‥‥‥‥‥‥463

最判平成 30・10・19 民集 72 巻 5 号 900 頁〔百選Ⅲ-64〕‥‥‥‥‥‥339, 444

東京地判平成 30・10・23 金法 2122 号 85 頁〔百選Ⅲ-62〕‥‥‥‥‥‥‥‥420

最決平成 31・1・23 判時 2421 号 4 頁 ‥‥‥‥‥‥‥‥‥‥‥‥‥‥‥‥‥‥‥36

最判平成 31・2・19 民集 73 巻 2 号 187 頁 ……………………………………64
最判平成 31・3・5 判時 2421 号 21 頁…………………………………………170
最決平成 31・4・26 判時 2425 号 10 頁 ………………………………………188

令和元年～

大津家高島出審令和元・5・9 判時 2443 号 54 頁 ……………………………80
東京高決令和元・6・28 判時 2491 号 3 頁……………………………………198
名古屋高判令和元・8・8 家判 34 号 93 頁……………………………………219
最判令和元・8・9 民集 73 巻 3 号 293 頁 ……………………………………272
大阪高決令和元・8・21 判時 2443 号 53 頁 …………………………………80
最判令和元・8・27 民集 73 巻 3 号 374 頁〔百選Ⅲ-74〕…………341, 351, 356
最決令和 2・1・23 民集 74 巻 1 号 1 頁 ………………………………………96
東京高判令和 2・3・4 判時 2473 号 47 頁〔百選Ⅲ-28〕…………………51, 114
東京高決令和 2・3・4 判時 2480 号 3 頁 ……………………………………106
仙台高決令和 2・6・11 判時 2503 号 13 頁 …………………………………420
最決令和 2・8・6 民集 74 巻 5 号 1529 頁 ……………………………………100
東京高判令和 2・8・13 判時 2485 号 27 頁 …………………………………103
東京家審令和 2・9・7 判時 2488・2489 合併号 167 頁………………………175
東京家審令和 2・9・10 判時 2492 号 64 頁 …………………………………11
大阪高判令和 2・11・27 判時 2497 号 33 頁 …………………………………158
最判令和 3・1・18 判時 2498 号 50 頁…………………………………………395
東京地判令和 3・2・16 判時 2516 号 81 頁 …………………………………91
東京地判令和 3・2・17 訟月 67 巻 9 号 1313 頁 ……………………………109
大阪高決令和 3・3・12 判時 2517 号 59 頁 …………………………………11
札幌地判令和 3・3・17 判時 2487 号 3 頁……………………………………51
最決令和 3・3・29 民集 75 巻 3 号 952 頁〔百選Ⅲ-46〕…………………102, 106
最決令和 3・3・29 判時 2535 号 29 頁 ………………………………………106, 189
大阪高決令和 3・3・30 判時 2519 号 49 頁 …………………………………171
最大決令和 3・6・23 判時 2501 号 3 頁………………………………………60
静岡家審令和 3・7・26 家判 37 号 81 頁………………………………………319
最決令和 3・11・30 判時 2523 号 5 頁…………………………………………36
最判令和 4・1・28 民集 76 巻 1 号 78 頁………………………………………99
東京家判令和 4・2・28 判時 2560 号 57 頁…………………………………148
最決令和 4・3・22 裁判所ウェブサイト ……………………………………60
横浜地小田原支判令和 4・4・26 判時 2569 号 44 頁…………………………91
大阪地判令和 4・6・20 判時 2537 号 40 頁 …………………………………51
最判令和 4・6・24 判時 2547 号 18 頁…………………………………………139
東京高判令和 4・8・19 判時 2560 号 51 頁…………………………………148
名古屋高判令和 4・11・15 判タ 1514 号 54 頁 ………………………………211
最決令和 4・11・30 判時 2561・2562 合併号 69 頁 …………………………188
最判令和 4・12・26 民集 76 巻 7 号 1948 頁…………………………………98

最判令和 5・5・19 民集 77 巻 4 号 1007 頁……………………………………417, 434
名古屋地判令和 5・5・30 裁判所ウェブサイト ………………………………………51
東京高判令和 5・7・18 LEX/DB25595618 …………………………………………261
最大決令和 5・10・25 裁判所ウェブサイト………………………………………36
最決令和 5・10・26 裁判所ウェブサイト …………………………………………319

【LEGAL QUEST】

民法 VI　親族・相続〔第 7 版〕

2010 年 10 月 20 日 初　版第 1 刷発行	2019 年 6 月 30 日 第 5 版第 1 刷発行
2012 年 3 月 30 日 第 2 版第 1 刷発行	2022 年 3 月 30 日 第 6 版第 1 刷発行
2015 年 4 月 5 日 第 3 版第 1 刷発行	2024 年 3 月 25 日 第 7 版第 1 刷発行
2017 年 3 月 20 日 第 4 版第 1 刷発行	

著　者　　前田陽一

　　　　　　本山　敦

　　　　　　浦野由紀子

発行者　　江草貞治

発行所　　株式会社有斐閣

　　　　　　〒101-0051 東京都千代田区神田神保町 2-17

　　　　　　https://www.yuhikaku.co.jp/

装　丁　　島田拓史

印　刷　　大日本法令印刷株式会社

製　本　　大口製本印刷株式会社

装丁印刷　萩原印刷株式会社

落丁・乱丁本はお取替えいたします。定価はカバーに表示してあります。
©2024, Y. Maeda, A. Motoyama, Y. Urano.
Printed in Japan ISBN 978-4-641-17957-8